Business and Society
Corporate Strategy, Public Policy, Ethics

企業と社会

企業戦略・公共政策・倫理

上

J・E・ポスト/A・T・ローレンス/J・ウェーバー 著
松野 弘/小阪隆秀/谷本寛治 監訳

ミネルヴァ書房

**BUSINESS AND SOCIETY: CORPORATE STRATEGY,
PUBLIC POLICY, ETHICS, 10/E
by James E. Post, Anne T. Lawrence and James Weber**

Copyright © 2002 by The McGraw-Hill Companies, Inc.

Japanese translation rights arranged with The McGraw-Hill
Companies, Inc.
through Japan UNI Agency, Inc.

推薦の言葉

　マグロウヒル版『企業と社会』シリーズは1966年の刊行以来，米国の企業が社会性の高い企業活動を展開していく場合に，「企業と社会」関係を進展させていくための最もすぐれた，かつ，権威ある著作として，世界の多くの読者から支持されてきました。

　今般，千葉大学大学院教授・松野 弘博士が監訳者代表となって，日本ではじめての「企業と社会」論の邦訳，『企業と社会——企業戦略・公共政策・倫理（上・下）』が刊行されましたことを大変嬉しく思います。

　CSR論は企業の社会的活動を強化していくために大きな役割を果たしてきましたが，企業の社会性を多角的，かつ，複合的に捉えている「企業と社会」論は今日では，企業が社会的存在として，グローバルに社会的役割を推進していくための重要，かつ，有力な経営戦略ツールとなっています。現代企業は「企業と社会」論的なパースペクティヴをもつことなくして，持続可能なマネジメントを行なっていくことは不可能となりつつあります。

　本書は，日本の企業が自らの企業活動と社会的・政治的・文化的環境とをどのようにして有意義にリンクさせていくか，について，広範，かつ，グローバルに理解していくのに際して，きわめて有益な著作です。さらに，日本の企業が自らの社会的使命や社会的役割を果たしていくための示唆的な視点・方法・考え方について，日本の研究者・大学生／大学院生，ビジネスリーダー等が本書を通じて，深く理解してくれることを期待しています。

ピッツバーグ大学経営大学院名誉教授，元米国企業倫理学会会長
W. C. フレデリック，Ph. D.

刊行によせて

　この度，千葉大学大学院・松野弘教授をはじめとする先生方の手によって，ボストン大学 J. E. ポスト教授らの大著『企業と社会』の邦訳書がミネルヴァ書房より刊行されることになった。本著は，「企業と社会」論の領域において現代を代表する書物の一つであるといってよい。「企業と社会」論はもともと，企業と社会の相互関連性が顕著となった20世紀中葉のアメリカにおいて，H. R. ボーエンや J. W. マクガイヤの著作によって体系的展開をみたが，それらに続く「企業と社会」論関連の代表的著作の一つが，1966年刊行の K. デーヴィスと R. L. ブロムストロームの手になる『企業とその環境』（*Business and Its Environment*）であった。この書物は著者，タイトル，および，サブタイトルを変えつつ，2010年には第13版と版を重ねるに至っているが，本訳書は第10版である。このように伝統を有する本書の邦訳が出され，その内容への接近が容易となったことは，かねてより「企業と社会」論，および，「企業の社会的責任」論に関心を寄せてきたものとして，まことに喜ばしく思うものである。

　「企業と社会」論にあっては企業と社会の間の関係をめぐる様々な主題がその考察対象となっているが，主要な考察領域は(1)企業と社会における基本的な動向，ならびに，現代的な特質，(2)企業の社会的責任，(3)企業とその主要なステイクホルダー，および，(4)今日的な社会的責任課題である。また，これら四領域を貫く基本的主題は企業の社会的責任である。このような「企業と社会」論は，経営環境の論，とりわけ，企業の社会的責任の論として展開をみてきたとともに，企業とその経営をめぐる今日的課題を，ステイクホルダー・アプローチの切り口によりつつ包括的に論じている。それは経営環境のうちの市場環境に，そして，株主価値関連の経営目的に焦点を当てつつ，論を展開してきた従来型の経営学研究に欠けていたものを補いつつ，より統合的にして実践性に富む経営学の構築に寄与しようとする。

　今日，企業，ないし，経営者の社会的責任（CSR）への関心が諸方面でこれまでになく高まっており，ビジネスに携わる人々は，社会における企業の役割や企業と社会の間の関係のあり方について考察することを不可避としている。また，ビジネスの世界に属さない一般市民も，消費者や投資家，地域住民等として直接，間接に，かつ多面的に企業と関わりあうようになっており，市民として主体的に社会生活を営むためには「企業と社会」の関係性について理解することが一段と求められている。こうした状況下での本書の刊行は，大変時宜に適ったものであり，経営学徒はもとより，ビジネスパーソンに，そして，広くそれ以外の人々にも，是非一読をお勧めする次第である。

東海学園大学教授／名古屋大学名誉教授　櫻　井　克　彦

序　文

　「企業と社会」との関係は新しく，かつ，有意義な方法で変わり続けている。2002年の世界経済は，アメリカ，日本，ドイツのような先進国，アジアやラテンアメリカ諸国にみられるような経済新興国，数十年にわたる政治的抑圧から解放された東欧諸国，そして，国民の生活を向上させることにつながるような経済的な戦略をいまだ模索し続けている国々などが，社会的，政治的，経済的にクモの巣のように複雑に絡み合うような様相を呈した。
　しかし，経済成長に伴う繁栄は各国，各地域の間で等しく共有されてはいない。収入，情報へのアクセス，および，生活の質の分配は公平ではない。教育を受けた人々は教育を受けていない人々よりも富の配分を多く獲得する傾向がある。知識は新しく高性能の技術の世界で優位性を発揮し，また，教育は経済的優位性の強力な源となる。経済的，政治的，社会的な力の複雑な相互作用を理解する人々は，市場のグローバル化，科学の進歩，および人間と自然との関係の変化などをより深く理解することができる。われわれは，祖父母や親さえもまったく経験していないような複雑で急速に変化する世界を理解することを求められる。この社会的変動の真っ只中で，企業の実態もまた変化している。企業は現代の経済で新しい役割，新しい責任を担っている。また，それ以外にも非常に多くのものが新しいグローバル経済のなかで変化したために，企業のトップは自社の従業員，顧客，供給者，および，投資家に対する自らの活動の影響に関して，これまで以上に注意深く考えることを要求される。企業活動はメディア，政府の役人，および，企業活動が営まれるコミュニティによって注視される。社会は非常に現実的な感覚で，重役たちが企業の将来の方向を描く姿を凝視している。
　本書，『企業と社会』の第10版は，ステイクホルダー――管理者，顧客，従業員，コミュニティの構成員――として，われわれが企業活動と社会の変化をどのように理解し，それらにどのような影響を及ぼし，何を形づくろうとするかについて記している。以下の項目に注目していただきたい。

・アメリカや他の国々の企業は，従来の雇用関係を見直し，非常に柔軟であるけれども，あまり安定的でない形態を採用し，従業員の雇用を保障するというかつての慣習を放棄している。社会契約におけるこうした歴史的な変化は，複雑な経済的，技術的，および社会的な要因によるものである。
・企業のリストラクチャリング，および，再計画は，グローバル市場における激しい競争，製品とサービスの質を改善させようとする圧力，経済的・社会的・政治的情報の迅速な伝達を促進する情報ネットワークの出現によって推進された。かつて，

企業と従業員は地理的条件，技術，および，時間によって保護されていた。今日，それらのバッファー（緩衝物）は消えつつある。
・個々の産業，および，経済セクターに対する政府の政策は，商品・サービスの市場を変化させた。国際的な貿易政策は，今やどの企業の競争的な将来にとっても，また地球に住む60億人以上の幸福にとっても重大な意味をもっている。
・企業と政府は生態系，および，環境上の問題に対して何らかの手段を講じなければならない。危機的状況，不測の出来事，および，人間の活動が天然資源にどのような影響を及ぼすかについてのより深い理解は，開発が環境を破壊せずに持続可能であるならば，環境保護が経済成長とともに達成されるに違いないという合意を生み出す。
・社会の関心は企業経営者と政府の役人の倫理的，道徳的行為に向いている。基準が変更されるのに伴い，企業は新しい公的基準，および，規範を理解し，商慣習を調整し，時折矛盾することもある，倫理的教訓を修復させることを迫られる。社会的価値は国ごとに異なり，倫理的秩序についての容認された概念が存在する。企業はしばしば人々が職場と市場について異なる価値をもつ国々で活動する。
・企業が異なる社会的，政治的な文化をもつ国々において企業活動を行う場合，企業責任，および，倫理的行為の課題はより複雑なものとなる。企業は富裕層と貧困層との間でいまだ大きな差異の存在する国際社会で活動することになる。
・多数の新しい技術が世界の人口の6分の1の日常生活のなかに根づいている。基礎科学——物理学，生物学，化学——の進歩は，農業，通信，および，化学治療に劇的な変化をもたらしている。メディアはこれらの科学的，技術的な発展に期待される劇的な可能性のうちのいくつかを伝えるために，「ニューエコノミー」，「バイオテクノロジー革命」，および，「情報化時代」などのような言葉を用いる。新しい産業が出現し，そして，生活や労働のあり方もそれに従う。しかし，遺伝子組み換え食品，クローン動物，あるいは，ポルノや宣伝目的のためのインターネットの使用などのような深刻な社会的課題事項（social issues）も生じている。

■**本書について**

本書，『企業と社会』の第10版は，こうした複雑な課題事項，および，企業とそのステイクホルダー（利害関係者）に対する衝撃と影響を取り扱っている。著者は，広大な背景をもつ「企業と社会」関係の分析，研究，事例開発に努力を費やしている。この版への取り組みは，執筆者たちにその提案と洞察を分担するように依頼することからはじまった。こうした多くの変更がこの新しい版へ統合されている。

1960年代にキース・デーヴィス教授とロバート・ブロムストロム教授がこの『企業と社会』の初版を執筆して以来，本書は，多くの研究者や学生たちが魅力的，かつ，刺激的な観点から企業活動における中核的な課題事項について議論するのに利用されており，

序　文

　この分野に関して指導的な地位を維持してきている。デーヴィス教授、および、ウィリアム・C. フレデリック教授のすぐれたリーダーシップにより、『企業と社会』はこの分野で高い基準と市場からの評価を継続的に達成してきた。学生たちがすぐに生活し働くことになる組織的、社会的、公序良俗な環境を形成していく新たな課題事項に対しての著者の鋭い視点により、本書は多くの学生たちの職業教育に対しての価値も付加してきた。

　この『企業と社会』第10版では、社会における企業の役割、企業責任の本質、企業倫理・慣習、および、グローバルな経済コミュニティにおける政府と企業の複雑な役割などの中核的課題の再検討がなされている。本書における個人、および、企業の事例は、個々の当該分野の内容をより深く理解するための概念、理論、アイデアを示すものである。

■新しい課題

　第10版は、さらに現代の企業やマネジメント教育における重要な新しいテーマについても取り組んでいる。

- 学際的な教授方法の登場によって、戦略的、業務的管理を含む経済活動の幅を広げるような著作の必要性が生じた。『企業と社会』はあらゆる企業の意思決定が企業内外のステイクホルダーにいかなる衝撃を与えるかを例証することにより、この必要性に応えている。
- 今日のビジネススクールでは、企業の機能を超えたマネジメントの方法について教えている。この第10版では、戦略的、かつ、ステイクホルダー指向の方針で企業の役割を横断する社会的課題事項に取り組んできた企業の例を示すことにしている。
- インターネットの進歩、および、ウェブサイトの激増は、学生や研究者たちが無限に近い情報源から取り出させる情報でその選択肢を豊かにする新しい機会を作り出した。有用なウェブサイトのリストは各章の終わりに記しており、また、多くの原文参照にもインターネット出典が含まれている。

　最後に、「本書はビジョン（未来構想）を伴う本」である。これは単に情報と見解の概説ではない。この『企業と社会』第10版は、変化に対抗する伝統的バッファーが外的変化からもはや企業を保護しない国際社会において、ステイクホルダーの利益を統合し、個人価値を尊重し、コミュニティの開発を支援し、公正に実施される戦略を策定することが可能であるという見解を明確に唱えている。最も重要なことであるが、これらの目的の達成は、企業に経済的な健全性と成功をももたらすことが可能である。実際、これが長期にわたって企業が成功を維持できる唯一の方法なのかもしれない。

謝　辞

　この第10版におけるわれわれの見解の形成に際して，アメリカのみならず，諸外国の大学の同僚たちから多くの提案をいただいたが，その助言に深く感謝の意を表したい。また，本書をできるだけわかりやすくするにあたっては，われわれの講義の受講者や他大学の学生たちからのフィードバックが大いに参考になった。多くの助手や卒業生が，このプロジェクトの全体にわたって寄与してくれた。大いに感謝したい。ボストン大学の助手サラ・クルーズ，ピーター・グレアム，ジェニファー・マイヤーズ，ドゥケーン大学卒で，教材用マニュアルを準備してもらったテファニー・グリティス，デビッド・ワシレスキー，サンノゼ州立大学卒のティモシー・レイフには特別の寄与を受けた。

　また，本書のために経験にもとづいた助言や想像力に富んだ考えを提供してくれた数人の同僚として，ノース・テキサス大学のバーバラ・W. アルトマン博士，ニューメキシコ大学のジャンヌ・ログスドン，ボストン・カレッジのサンドラ・ワードックの援助にも感謝したい。さらに，シナジーメディア・コミュニケーション社の社長，ヨエル・V. コープランドにも感謝したい。彼は二つのシェルの事例のマルチメディア版をプロデュースしてくれた。

　次の査説者，アシュランド大学のエリック・J. エイカーズ，ニューメキシコ大学のヴァージニア・W. ゲルダ，アメリカン大学のキャサリーン・ゲッツ，カリフォルニア州立大学チコ校のグレン・M. ゴメス，フロリダ国際大学のロバート・ヘグナー，クウィニピアク大学のパトリス・ルオマ，テキサス大学ダラス校のダイアン・S. マクナルティ，ライト州立大学のジョセフ・A. ペトリックにも感謝の意を表したい。

　また，マグロウヒル出版のすぐれた編集・製作班にも感謝したい。統括編集者のアンディ・ウィンストンは数カ月にわたり，このプロジェクトを進めてくれた。解決できない問題がなかった，編集責任者のサラ・ストランド，計画通りに進める能力に卓越していた，プロジェクト・マネジャーのアンナ・M. チャン，付録責任者のスー・ロンバーディ，原稿責任者のスティーブ・ゴメス，表紙をデザインしてくれたメアリー・クリスチャンソンの支援にも感謝したい。これらの人々の専門的な支援なしには，このプロジェクトは成功しなかったであろう。

　最後に，何年も前にこのプロジェクトにわれわれを誘ってくれた，キース・デーヴィス教授とウィリアム・C. フレデリック教授に深い謝意を表明したい。テキストを書くにはさまざまな技術が要求される。キースとビルは，われわれに発想を継続させるような著者間の親交，専門性，および，信頼を形成させるモデルとなった。

　　　　ジェームズ・E. ポスト／アン・T. ローレンス／ジェームズ・ウェーバー

序論と概要

　本書は，大きなテーマに沿っていくつかの章に分類される。この序論では，本書の全体的な流れを説明する。各章は，学習する目的，最新の事例，章末ごとのキーポイント（要点）の要約，質問を伴った最新の議論を含ませながら，学生の学習効果を高めることをめざした多くの教授法的な特徴をもっている。付加的なデータは教材用マニュアルを参照されたい。

■第Ⅰ部　社会のなかの企業
　ここでは，「企業と社会」の相互作用に関する基礎概念的なテーマと見解を紹介する。第1章では，企業とそのステイクホルダー（利害関係者）を紹介し，組織とステイクホルダーの関係を理解し，関連づける方法を示す。また，われわれが新世紀へ移行するとともに「企業と社会」の関係を形成していく主要な力，企業の社会的・経済的・政治的・技術的な役割について議論する。
　第2章は，公共的課題事項（public issues）に対応する際に，経営陣と組織が実際に利用する戦略的経営アプローチについて紹介する。企業業績とステイクホルダーの期待のギャップ（格差）を理解することによって，日常的なライフサイクルに存在する公共的課題事項を変革させていくことは可能である。公共的課題事項に対する企業の対応は，企業のパブリック・アフェアーズ機能や課題事項マネジメント・システムを十分に考察することによって検討される。本章は，対応（response）に関しての四つの基本戦略を検討し，企業戦略の中核部分として，組織のステイクホルダーとの関係をどのように管理するかということについて議論している。

■第Ⅱ部　企業と社会環境
　第3章は，企業が成功を収めることにつながり，社会的な信頼の獲得を促すような社会的期待について検討する。本章では，企業の社会的責任の変遷と企業の社会的責任論が世界中の企業によってどのように遂行されているかについて考察する。また，本章では，企業の社会的義務のさまざまな範囲も分析する。経済的，法的，そして，社会的責任の間の強いバランスを保つことは，今日の企業にとって主要な課題である。
　第4章は，社会的に対応する企業がステイクホルダーとの関係をどのようにマネジメントすべきか，について述べる。企業は社会の環境と社会からの期待に対応する社会的戦略を開発しなければならない。本章は企業が社会的に対応する方法で適切に行動しているかどうかを判断するためのモデルを提示する。

■第Ⅲ部　企業と倫理環境

　第5章と第6章は，企業倫理（business ethics）の概念について紹介する。第5章は，倫理的課題事項をどのように認識するかの方法を学ぶこと，および，企業にとってそれらを理解することがどれだけ重要であるかということを強調している。ここでは，不道徳な慣習を削減する国際的な努力が示されている。

　第6章では，職場で倫理的環境をよりよきものにしていくにはどうしたらよいか，その企業努力に焦点を当てている。ここでは，倫理的意思決定のフレームワークと倫理的セーフガードについて検討されている。

■第Ⅳ部　グローバル社会のなかの企業と政府

　第7章は，グローバル経済における政府の役割の変遷について検討する。多くの国々において，政府は国の経済成長，および，社会福祉を促す戦略の策定を担う。本章では，先進諸国の政府の多くの役割と責任について，規制プロセスと実際の活動を含めて分析されている。

　第8章は，規制と政策の分野で企業と政府の関係を管理する戦術について検討する。

　第9章は，今日の迅速な技術変化，および，市場のグローバル化の文脈のなかで，過去の反トラスト法の問題について再考する。世界経済が変化するにつれ，政策策定者は自由競争を促進し，独占力を抑制する際の新しい課題に直面してきた。

■第Ⅴ部　企業と自然環境

　第10章と第11章では，21世紀の登場とともにすべての産業をつくり変えるような，環境問題と天然資源の課題を扱う。急激な人口増加，および，世界の経済における多くの爆発的な発展は，稀少資源に関する新しい課題事項を発生させた。水質汚染，空気汚染，土壌汚染は世界中の企業活動に新しい方向性を検討させることになった。両章では，より持続可能なビジネスモデルに移行するために必要な課題事項と機会の両方を考察する。

■第Ⅵ部　企業と技術変化

　21世紀，「企業と社会」は新しい科学技術の変化によって深遠な影響を受けるであろう。ここでは，学生にとっての課題事項をより徹底的に作成するために，以下の二つの章にわたって，これらの課題事項を広げて取り扱った。

　第12章では，技術を日常生活における「社会力」（social force）として分析する。科学，技術，企業，社会の間の複雑な関係は多くの倫理的，政治的課題事項を生み出している。情報管理の革命，および，先端技術ビジネスの出現により，将来の経営者の役割は大きく変わるであろう。

　第13章では，経営者が複雑な意思決定にどのように取り組むことが可能であるか，ということに焦点を当てる。技術的変化を取り入れた経営はステイクホルダーに衝撃をも

たらし，そのリスクについての理解，それに続く倫理的結果，社会的結果，および，政治的結果の理解が必要である（以上，上巻）。

■第Ⅶ部　ステイクホルダーへの対応

　ここまで検討されてきた中核的な概念やテーマは，企業の主要なステイクホルダーとの関係のマネジメント的行為や多くの新たな社会的課題事項にも適用される。

　第14章では，現代のコーポレート・ガバナンスに関して，株主，経営者，取締役会，および，その他のステイクホルダーの役割と責任の変化を考察する。また，役員報酬に関して論争の的になっている議論も取り上げる。

　第15章では，情報化時代における消費者のプライバシーや製造物責任（PL）改革のような時事問題などを含む，消費者保護に注目する。

　第16章は，コミュニティにおける企業の役割について考察する。本章は，戦略的フィランソロピーやコミュニティ参加型の新しいモデルなど，企業のコミュニティにおける役割を考察していく。コミュニティに対する企業の慈善的精神や従業員の奉仕の心の重要性とともに，教育改革や地域開発における企業の役割についても検討する。

　第17章では，労使関係の変遷に注目する。本章では，世界中の国々における労使関係に対しての政府の影響が述べられている。職場における従業員と雇用者双方の権利に関する倫理的問題について検討する。

■第Ⅷ部　社会的課題事項

　ここでは，変化が実際に生じた，あるいは，変化が生じたように思える，「企業と社会」にとって長期的に重要な三つの分野に注目する。

　第18章は，職場におけるダイバーシティ（多様性）に関する課題事項について考察する。ダイバーシティは現代の職場でどういう意味をもつのか。その便益は何なのか。また，それはいかにして最良の形で達成できるのか。また，本章では，働く親を支援し，かつ性差別を除去するために企業が開発したプログラムについて考察する。

　第19章は，社会におけるメディアの役割，それがどのようにして21世紀の商習慣を形成してきたのか，および，どのようにして社会におけるグループの特徴づけを行なうのかについて分析する。ここでは，メディアとの相互作用に成功した企業と失敗した企業の事例を示す。

　第20章は，業界そのものをつくり変えている強力な長期的，世界規模の変化に注目する。ここでは，反企業感情の風潮を高める一因にもなる，多国籍企業の肯定的，否定的影響について述べる。人種的，宗教的，および，原理的な力の成長がグローバルな通商ビジネスを形成している。責任をもって行動し，課題事項に十分に対応し，倫理規範にもとづいて行われる企業の挑戦は，今日の学生にとって究極的，長期的な挑戦を意味する。

■企業的社会政策の事例研究

　この第10版には，新たに準備された事例を含む九つの事例研究が取り上げられている。これらの事例は議論をより活発にするためや読者が個々の章のなかで取り上げられたトピックに連結する多様な機会を示すために書かれている（以上，下巻）。

［備　考］

　本書『企業と社会』では，第2章「企業と公共的課題事項」(Business and Public Issues)，第11章「環境問題のマネジメント」(Managing Environmental Issues)，第20章「新世紀とグローバルな社会的課題事項」(Global Social Issues for a New Century)，等のように Issues という用語が Public Issues, Issues Management, Social Issues 等のように頻繁に登場している。この Issues という用語は政治学的・社会学的には，問題 (Problems) をより特定化した課題という意味で「争点」という訳語が当てられるのが一般的である。

　しかし，経営学，とりわけ，「企業と社会」論では，企業が公共的利益のために取り組むべき経営上の課題として，Social Issues in Management, (SIM) という言葉がアメリカ経営学会で1970年代より使用され，日本では，社会的課題事項という訳語が当てられているのが一般的となっている。

　本書においても，基本的には，Issues については課題事項という訳語を当てているが，文脈に応じて，課題，問題，争点等の訳語を当てているところもあることに留意していただきたい。［例―第11章「環境問題のマネジメント」(Managing Environmental Issues)］等。例えば，本書の巻末に「用語集」では，Public issue は「企業ステイクホルダーが政治的事項となるような問題や課題事項のことで，それらが法制化，法的規制，その他の公式的な政府行動をもたらす可能性をもっていること」のような説明がなされている。争点という意味での issue についていえば，米国の公共政策・行政学分野では，A. ダウンズ (A. Downs) が提唱した，有名な「争点―関心サイクル・モデル」(issue—attention cycle) がある。これは環境運動における一般市民の環境問題の関心の変容過程を環境争点との関係で分析するための手法である (Downs A. [1972] Up and Down with Ecology—The issue—attention cycle, *The Public Interest*, No. 28, pp 38-50)。ここでは，行政学的・社会学的観点から，issue を争点と訳出しているが，本書の第2章にでてくる，Public Issues に対しては，「企業と社会」論の観点から，公共的課題事項として訳出している。

（松野）

企業と社会（上）
―― 企業戦略・公共政策・倫理 ――

目　次

推薦の言葉　i
刊行によせて　ii
序　文　iii
謝　辞　vi
序論と概要　vii

第Ⅰ部　社会のなかの企業

第1章　企業とステイクホルダー………………………………………………2
1　「企業─政府─社会」の相互依存システム……5
2　「企業と社会」関係の形成への影響力……16
3　21世紀の企業戦略……26

第2章　企業と公共的課題事項……………………………………………33
1　なぜ，公共的課題事項が発生するのか……35
2　公共的課題事項のライフサイクル……40
3　パブリック・アフェアーズの機能……46
4　課題事項のマネジメント……49
5　公共的課題事項への戦略的アプローチの創出……53

第Ⅱ部　企業と社会環境

第3章　企業の社会的責任…………………………………………………62
1　企業の社会的責任が意味すること……64
2　企業の社会的責任はどのようにしてはじまったのか？……66
3　企業の社会的責任論争……70
4　経済的責任，法的責任，そして，社会的責任のバランス……75
5　世界と企業の社会的責任……79

第4章　社会的即応性マネジメント………………………………………87
1　企業の社会的環境……88
2　社会的即応性の遂行……91
3　社会的即応性企業になること……94
4　社会的即応性マネジメントの実践……97
5　企業の社会監査……101

第Ⅲ部　企業と倫理環境

第5章　企業と倫理的ジレンマ……………………………………………110
1　倫理の意味……112
2　組織の職能別企業倫理……116
3　なぜ，企業で倫理問題が発生するのか……121
4　グローバル経済における倫理……125
5　倫理，法，そして，企業の違法行為……129

第6章　倫理的推論と企業の倫理プログラム……………………………138
1　倫理的性格の中心的要因……139
2　企業の倫理問題を分析する……147
3　企業内で倫理を機能させる……152

第Ⅳ部　グローバル社会のなかの企業と政府

第7章　企業と公共政策………………………………………………………168
1　政府と公共政策の役割……170
2　公共政策と企業……174
3　社会福祉政策……179
4　企業活動への政府規制……183
5　国際的な規制……192
6　将来……195

第8章　「企業と政府」関係のマネジメント………………………………202
1　政府関係の戦略的マネジメント……203
2　新世紀の米国政治……209
3　重大な問題……212
4　責任ある企業の政治……223

第9章　反トラスト法，合併，グローバル競争……………………………228
1　企業権力のジレンマ……229
2　反トラスト法の規制……232
3　企業合併……241
4　グローバル競争と反トラスト政策……244

第Ⅴ部　企業と自然環境

第10章　エコロジー，持続可能な開発，グローバル・ビジネス …… 254
1. 地球環境危機……255
2. 地球環境問題……263
3. 国際ビジネス界の対応……269

第11章　環境問題のマネジメント …… 278
1. 政府の役割……279
2. 環境規制の費用と便益……290
3. 経営のグリーン化……292

第Ⅵ部　企業と技術変化

第12章　技術——経済・社会発展の原動力 …… 304
1. 起爆剤としての技術……305
2. ハイテク・ビジネスの出現……309
3. 日常生活における技術……316
4. 特殊な問題——デジタル・デバイド……319

第13章　新しい技術の出現とそのマネジメント …… 327
1. プライバシー保護ビジネス……328
2. 情報セキュリティーの管理……331
3. 成人向け情報の管理……335
4. 知的財産権の保護……337
5. 科学の画期的な進歩をマネジメントする……340

用語集……353
参考文献……377
人名索引……383
事項索引……384
企業名索引……390

下巻　目次

第Ⅶ部　ステイクホルダーへの対応

第 14 章　株主とコーポレート・ガバナンス……………………………… 2
第 15 章　消費者保護…………………………………………………………… 28
第 16 章　コミュニティと企業………………………………………………… 50
第 17 章　従業員と企業………………………………………………………… 84

第Ⅷ部　社会的課題事項

第 18 章　ダイバーシティと労働力………………………………………… 112
第 19 章　企業とメディア…………………………………………………… 142
第 20 章　新世紀とグローバルな社会的課題事項………………………… 168

企業的社会政策の事例研究

事例研究①　オドワラ社と大腸菌の発生 …………………………………… 200
事例研究②　ソルトレークシティとオリンピック招致をめぐる贈収賄スキャンダル …… 214
事例研究③　コロンビア/HCA とメディケア詐欺スキャンダル …………… 225
事例研究④　タバコ協定 ……………………………………………………… 239
事例研究⑤　マイクロソフト社に対する反トラスト法違反訴訟事件 ……… 253
事例研究⑥　ダウ・コーニング社とシリコン製人工乳房論争 …………… 266
事例研究⑦　ナイキ社とオレゴン大学との論争 …………………………… 282
事例研究⑧　ナイジェリアのシェル石油 …………………………………… 297
事例研究⑨　シェル社の変容 ………………………………………………… 312

用語集……327
参考文献……351
[解説]　転換期の企業経営と「企業と社会」論の位置・方向性……355
監訳者あとがき……363
人名索引……368
事項索引……369
企業名索引……375

第Ⅰ部
社会のなかの企業

第1章　企業とステイクホルダー

　企業は、個人、組織、および、社会のさまざまなセグメントとの関係をますます複雑なものにしている。これらの関係は経営者に対して、細心の配慮と行動を求めることになる。どのような組織も強弱の差はあれ、ステイクホルダー（利害関係者）からの影響を受けている。ステイクホルダーとの関係によって、企業が市場と非市場との両方の環境においてどのような行動をとるべきかが決まってくるのである。最新技術、競争、一般市民の意見の変化、環境保護への関心、および、政府の政策、という多くの面で、経営者は企業活動をめぐるステイクホルダーの要求や要請に直面している。また同時に、経済的成果の達成に取り組むことを迫られている。
　本章では、以下のような主要な問題と目的に焦点を絞って論じることにする。
・なぜ、企業と政治と社会は互いに密接に関わっているのか？
・企業は社会の他のセグメントとどのような関係にあるのか？
・企業にとって直接的ステイクホルダーはだれであり、間接的ステイクホルダーはだれなのか？
・なぜ、ステイクホルダーは企業にとって重要なのか、また、企業の存続にどのような影響を及ぼすことになるのか？
・21世紀の企業環境を切り拓いていくのは、どのような変革力なのか？

　連日、報道に値する多くの出来事が企業と経営者の意思決定から生まれている。そのような意思決定とは、新製品、雇用政策、広告、生産や製造のための立地、マーケティング戦略、および、将来の研究開発活動に関するものである。現代社会における企業活動の様相は、ダイナミックであり、多様であり、また、絶え間なく変化している。活気に満ちている出来事もあれば、停滞しているものもある。しかし、企業活動の領域で行なわれるもっとも重要な意思決定のうち多くのものには、世界のなかで「企業と社会」の関係を形成していく時代の潮流と根源的な影響力とが、反映されている。以下はその実例である。(1)

(1)　夏はバカンス、旅、くつろぎの季節である。しかし、近年、航空業界においては、労働契約交渉の時期となっている。労使関係は以前にも増して、深刻な緊張の様相を呈してきている。例えば、ユナイテッド航空のパイロットは、パイロット組合と経営者側との交渉が解決をみないで長引いている間、契約書なしで業務にあたっていた。2000年の夏の期間、ユナイテッド航空では、不満を抱いていたパイロットたちが超過勤務を拒否した。これが、悪天候と空港の混雑で悪化していた航空スケジュールにさらに拍車をかけた。その結末は、会社にとっても乗客にとっても、まるで悪夢であった。結局、ユナイテッド航空は、1カ月当たり2500以上のフライトをキャンセルし、数億ドルの収入を失った。さらに悪いことに、顧客は、

これからは「フレンドリー・スカイ（ユナイテッド航空）」は使わないと断言して，競争相手の航空会社へと流出しはじめた。

(2) 投資家にショックを与えたニュースがあった。アメリカとヨーロッパの政府の役人たちは，携帯電話のサービス・プロバイダーとして先端を走ってきたスプリント（Sprint）社を買収するというMCIワールド・コム（MCI/WorldCom）社の申請を却下した。MCIワールド・コム社そのものが以前に合併してできた企業である。ワールド・コムは，MCIよりも規模は小さかったが，業績のよいグローバル通信企業であり，MCIを340億ドルで買収した。スプリント社買収の申請を拒否したことについて，アメリカの司法省とEUの役人たちは「競争政策」を引き合いに出し，アメリカとヨーロッパの電気通信サービスに反競争的な影響を及ぼすと述べた。消費者グループと競争相手である複数の企業もその買収には反対しており，MCIワールド・コムが以前の合併時に交わした契約の遵守を怠ったことに，厳しい疑問を突きつけた。このような経緯に照らして，政府の役人たちは，MCIワールド・コムがアメリカとヨーロッパの他の企業に対して不当な競争をしないと約束したが，それを遵守すると期待するにはなお疑問が残ると表明した。

(3) ワーナー・ランバート社（Warner-Lambert）は，世界的な製薬会社であり，ニュージャージー州のモーリスプレインに本社がある。アメリカ司法省（the U. S. Justice Department）によると，同社はプエルト・リコの廃水処理工場から排出される汚染レベルについて虚偽の報告を行ない，その罪を認めて300万ドルの罰金を科せられることになった。また，同社は，許容限度を超えた汚染レベルの廃水を3年間放出し，347回にわたってそのような廃水の放出を黙認したことを告発されて，67万ドルの民事の罰金を支払わねばならなかった。工場の管理者は，大腸菌，金属類，石油，油脂を含む34種類の汚染物質に関する廃水サンプルの収集と分析を適切に行なわなかった罪を認めた。その結果，彼は禁固2年3カ月の刑罰を科せられた。

(4) イーストマン・コダック社（Eastman Kodak）の役員が組織改革を公表したとき，ニューヨーク州のロチェスターの市民は不安を感じた。ロチェスターで「ビッグ・ファーザー・イエロー」（Big Father Yellow）と呼ばれているコダック社は長い間，その市で最大の雇用者であり，納税者であり，商品とサービスの購買者であった。コダック社は世界的に知名度の高い会社であり，写真フィルムと画像装置を世界中で販売している。何十年間も写真フィルム事業を独占し，高価格と高利益を実現するために市場支配力を行使してきた。しかし，このような価格戦略は新たな競争を引き起こす誘因ともなった。日本の企業である富士フィルムが，低価格と高品質でアメリカ市場に参入してきた。コダック社は富士フィルムにマーケットシェアを奪われ，会社の業績が悪化したとき，トップ・マネジメントは，新たにグローバルな経営に重点を移すことを公表し，1万人という多数の従業員のリス

トラを発表した。コダック社は従業員に給付金と仕事の斡旋を約束した。ロチェスター市長は，リストラされた従業員が地元で仕事を見つけることができると確信していると述べ，コミュニティに対するコダック社の公約に感謝の意を表した。

2000年には，コダック製品にとって，中国が世界第2位のマーケットになった。

以上の例では，現代の経済制度のもとで企業活動を行なう企業に影響を及ぼしているいくつかの強力な要因に焦点を当ててきた。なぜ，MCIワールド・コム社はスプリント社（Sprint）を合併したいと思ったのか，また，当局はなぜ，それに反対して規制しようとしたのか。なぜ，コダック社は事業の再編成をし，市場としての中国に目を向けねばならなかったのか。企業活動の競争形態の変化は，ワールド・コム社やコダック社のような企業の経営計画に影響を及ぼすことになる。新しい技術は多くの利益を生み出すが，同時に，いくつかの製品を時代遅れのものにし，製造そのものの停止を余儀なくする。競争は，新しくて，すぐれた製品を作り出すような圧力を生み出す。しかし，製品やサービスが個人のプライバシーのような顧客の権利を侵害すれば，倫理的課題事項を引き起こすことにもなりかねない。従業員，投資家，および，その他の顧客の利害が交錯し，ときには対立することは，ユナイテッド航空社やコダック社の問題がまさしく実例となっている。このような衝突は正しいことを行なおうとする企業の挑戦を複雑なものにする。自然環境の重要性，および，企業と経営者による不法行為から一般市民を保護するための政府規制の必要性は，ワーナー・ランバート社に対する司法省の訴訟で明確に示された。これらの例はいずれも，企業と企業活動が行なわれる場である社会との間には複雑であるが，挑戦に値する関係が存在することを明らかにしている。

あらゆる企業活動は，社会の多くの人々，集団，および，組織との間で複雑な関係を形成している。あるものは，意図したとおりの望ましいものであり，あるものは，予期に反した望ましからざるものである。望むと望まざると，自発的であろうとなかろうと，企業活動に関わる人と組織は企業の決定，行動，および業務に利害関係をもっている。顧客，供給業者，従業員，オーナー，債権者，コミュニティは，企業という経済活動によって影響を受けている。彼らは企業と利害関係をもっており，彼らに支持されるかどうかが，企業活動の成功と失敗を分ける重大な要因になり得るのである。

現代の企業は規模の大小にかかわらず，巨大なグローバルビジネス・システムの一部である。インターネットがコミュニケーションの領域を拡大するにつれて，企業はますます知識創造的になり，世界で起きている社会問題，事件，および，利害の対立について詳しく知るようになる。従業員数が50人であるか，5万人であるかにかかわらず，企業が顧客，供給業者，従業員，および，コミュニティと結びつくことは，成功への計り知れない，多方面にわたる，そして，強力な決定要素であることは確かである。それゆえに，企業，政府，および，社会という三者間の関係を市民の立場と経営者の立場の両方から理解することが重要なのである。コミュニティのなかの一市民としての見方であれ，あるいは，経営者，従業員，または，企業家としての見方であれ，われわれ一人ひ

とりは，企業環境が強い力で企業の運命を左右していることを認識する必要がある。成功している企業は経済的活動と社会的活動をどのように融合するかを学んでいる。また，成功している経営者は企業活動を拡大することを学び，全体として利害の衝突を最小にし，利益を最大にすることで価値をつくり出すことを学んでいる。

1 「企業―政府―社会」の相互依存システム

上記の例で示されたように，企業，政府，および，社会の他の諸要因は，強い相互依存の関係にある。企業活動は，社会のなかの他の諸要因に衝撃を与え，政府の決定は多くの場合，直接的にまたは間接的に企業活動に影響を及ぼすことになる。もちろん，企業と政府の両者の意思決定は連続的に社会の他の諸領域に影響を及ぼしていく。このような相互依存関係を調整していくに際して，経営者は企業にとってもっとも重要な関連を理解しておくとともに，経営者自身が社会システムと経済システムからどのような影響を受けているのか，また，経営者の意思決定によってそれらのシステムにどのような影響を及ぼしているのか，ということを理解しておく必要がある。

（1）システム論の観点

一般システム理論は経営思想に大きな影響を与えてきた。この理論によると，すべての生物有機体はそれらの活動の場となる環境のなかの他の諸力と相互に作用し合い，また，影響を受けている。勝ち残る秘訣は適応する能力である。つまり，変化していく環境状況に反応していくことだ。現代の株式会社のような有機体にはシステム分析は強力な武器となり，経営者が企業と他の世界との関係を正しく認識するための強力な手段となる。

図表1－1は，「企業―政府―社会」の関係についての一般的で抽象的な考え方と特定化された実践的な考え方と，がシステムによってつながっていることを示している。その関係に関するもっとも一般的な見方は，国民の経済活動，政治生活，および，文化面との間のシステムによる結びつきを強調する社会的な観点である。どのような社会であれ，経済的，政治的，文化的な影響が融合している。これらの要因の融合は企業，政府，および，コミュニティの組織が社会のなかで果たしている役割を表しており，人々，制度，および理念から生み出される期待を表している。言い換えれば，われわれの活動の場である「現実」は，経済と政治と文化の影響力が融合したものである。

ある程度狭義の観点が図表1－1の中段に描かれている。企業活動は，多くの事業，産業，および，セクターから構成されている。政府には，地方，国政，そして，ますます重要になりつつある国際的なレベルの政治生活が含まれている。また，社会は，多くのセグメント，集団，そして，ステイクホルダーから成り立っている。従来は，企業は市場を通じてのみ他の要素と影響し合うと信じられていた。しかし，「企業と社会」が

第 I 部　社会のなかの企業

図表 1-1　「企業―政府―社会」関係の理解のためのレベル範囲

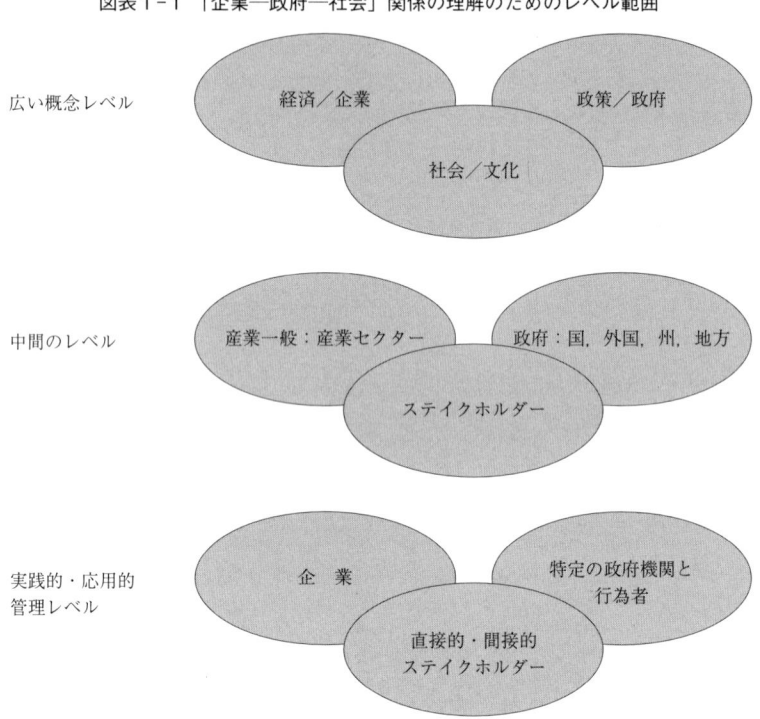

多くの非市場でも同様に相互作用の関係を形成しているという考え方に変わってきたのは，最近のことではない。経済的な要因と同様に，文化的，および，政治的な諸力の影響を受けて，企業の意思決定が行なわれることになる。また，企業は社会の政治生活と文化に対して影響を与えているのである。

　10年ほど前，情報通信会社のベル・アトランティック社（Bell Atlantic 現在の社名は，ベリゾン〔Verizon〕である）が，ニュージーランドの国有情報通信会社と合弁事業を立ち上げた。その合弁事業は，ニュージーランドの市民と自らの企業活動のために情報通信サービス事業を拡大することになった。ニュージーランドと太平洋の他の諸地域との間でファックスが急速に増え，国際電話の使用頻度が急増した。ニュージーランドの人々は世界の人々と迅速にますます多くの通信ができるようになった。地理的にきわめて遠く離れているにもかかわらず，ニュージーランドにおける企業活動は以前には考えられなかった方法で，グローバル経済の重要な市場とつながりをもつことができたのである。

　1990年代にニュージーランドで起こったことが，インターネットと無線通信の普及によって，現在ではさまざまな国で起こっている。資料 1-A で示されているように，

> **資料1-A　2005年のインターネット使用量**
>
> 『コンピュータ事業年鑑』は，世界中でインターネット使用者数が増え続けていると報告している。2000年には，企業用，教育用，および家庭用の使用者を含めると，上位15カ国で使用者総数の80%以上の割合を占めている。アメリカには1億3500万人の使用者がおり，それは世界の約3億7500万人の使用者のうちの36%に当たる数となっている。しかし，この比率は世界の他の国々のインターネット使用率が増加するにつれて，減少していくと思われる。2005年には，世界の60億人のうち10%あまり，つまり，6億人がインターネットを使用するようになると予想されているが，そのときアメリカの比率は25%ほどになるだろう。
>
> 2000年末におけるインターネット利用上位国
>
> | | 利用者数（100万人） | 全体に占めるパーセント |
> |---|---|---|
> | 1. アメリカ合衆国 | 135.7 | 36.20% |
> | 2. 日本 | 26.9 | 7.80 |
> | 3. ドイツ | 19.1 | 5.10 |
> | 4. イギリス | 17.9 | 4.77 |
> | 5. 中国 | 15.8 | 4.20 |
> | 6. カナダ | 15.2 | 4.05 |
> | 7. 韓国 | 14.8 | 3.95 |
> | 8. イタリア | 11.6 | 3.08 |
> | 9. ブラジル | 10.6 | 2.84 |
> | 10. フランス | 9.0 | 2.39 |
> | 11. オーストラリア | 8.1 | 2.16 |
> | 12. ロシア | 6.6 | 1.77 |
> | 13. 台湾 | 6.5 | 1.73 |
> | 14. オランダ | 5.4 | 1.45 |
> | 15. スペイン | 5.2 | 1.39 |
> | 世界全体 | 374.9 | |

出典：eTForecasts.

2005年までには，世界の60億人という人々のうちかなりの数がインターネットを利用するようになると予想されている。例えば，中国の人々は急速に情報通信技術を採用しつつある。何百万人という中国の国民が自分たちの視野を広げるために情報通信技術を使うようになり，文化，企業活動，および，市民生活に大きな変化をもたらしている。重要なことは，この現象が，世界のほぼすべての国で起きているということである。自動車からコンピュータ，飛行機，インターネットまで，企業が新しい技術を導入し，それをさまざまなタイプの顧客に販売し，仕事や娯楽にそれを利用するように一般大衆に薦めるようになると，文化的な波及効果は避けられないものとなっていく。

　このような「企業と社会」の間の密接不可分の関係がもたらす結果の一つは，池に投げた小石がどこまでも広がるさざ波を起こすように，多くの企業活動における意思決定が社会的な影響力をもつことになるということである。そして，もう一つの帰結は，企業の成功が社会が採用する行動と態度によって決まってくるということである。企業は，社会からの要求という重い課題に圧迫されて，窒息する場合もある。税金は，資本投資

の資金が利用可能になるような範囲の水準に決められるか，あるいは，低い税負担の国のコミュニティに再移転しなければならなくなるのを食い止めるような水準に決められるべきである。環境規制によっては，ある産業にとって事業を継続していくためには，あまりにもコストがかかりすぎたり，また，技術的に無理があるということが明らかになることで，工場閉鎖や失業者を生み出すことになるだろう。労働組合が会社の能力以上の賃金や労働条件を要求すれば，市場での競争力を損なわせることになろう。それゆえに，企業活動における意思決定は社会に対して肯定面と否定面の影響をもつ可能性がある。また，社会的な行動は，企業が成功するか失敗するかに大きく作用し，影響を及ぼすことになる[4]。

　こうしたことからわかるように，「企業と社会」は相互に結びついており，相互作用関係にある社会システムを形成している。それぞれが他を必要とし，それぞれが他に影響を与えている。それらは非常に密接に絡み合っているために，一方が起こしたいかなる行動も，他方に確実に影響を及ぼしていく。それぞれは独立しながらも結びついている。企業活動は社会の一部であり，社会は企業活動の決定に多くの場面で深く浸透している。グローバルな通信が急速に広がっている世界では，それらの関係は以前にも増して密接なものになっている。20世紀初頭には，旅といえば，馬車か，汽車か船によるものであった。50年後には，自動車と飛行機が社会を変えていった。同様に21世紀はじめの今日，重要な変化がインターネット，無線通信，そして，他の技術によって引き起こされている。その影響は企業活動，政治，および，文化を通じて現れることになる。本書では全章にわたって，挑戦に取り組んでおり，21世紀における企業と社会の関係をつくり上げようとしている組織と人々の例を取り上げている。

（2）ステイクホルダーの概念

　企業がきわめて頻繁にまた密接に社会と相互作用する場合に，企業と他の集団の間で利害の共有と相互依存関係が発展してくる。すなわち，組織はそのステイクホルダーと相互作用しているのである[5]。**ステイクホルダー**（stakeholders）とは，「組織の決定，政策，および，運営に影響を及ぼし，あるいは，組織からの影響を受けることになる人々や集団」のことである。ステイクホルダーの数と彼らのもつ利害の多様さは，非常に幅広く，企業の決定をきわめて複雑なものにする可能性がある。ステイクホルダーのなかには企業の生み出す利益を分かち合うものもあれば，他方では，企業の活動から生まれるリスクを負担するものもある。もちろん，利益を受ける人は必ずしもリスクを負った人とは限らない。すぐれた決定が行なわれるのは影響を受ける人々や利害に対して，賛否はともあれ，そのような意思決定が及ぼす効果について注意が払われる場合である。対立する意見を比較考量することは，経営者のあらゆる仕事のなかでもっとも大切なことである。

　企業とステイクホルダーの関係は年月の経過とともに，変わってきた（資料1-Bを

第1章　企業とステイクホルダー

> **資料1−B　IBM：三脚椅子の時代は終った？**
>
> 　IBMは世界でもっとも成功している企業組織の一つであり，その組織のなかでステイクホルダーの概念がいかに発展してきたかを示す興味深い例となっている。
> ● トーマス・J．ワトソン氏（Thomas J. Watson, Sr.）は1950年代にIBMの会長だったが，経営者の役割は従業員，顧客，そして株主という三脚からできている椅子のバランスをとるための一翼を担うことだと述べている。三者の同等性を強調するために，ワトソン氏は演説や会合で三つの集団を話題にする場合，常に序列を入れ替えた。当時すでに，重要なのはステイクホルダーであると考えられていた，ということができよう。
> ● それと対照的に，ワトソン氏の息子であるトーマス・J．ワトソン，Jr. は1990年に出版したIBMに関する彼の著作のなかで，上記の三集団の他に多数の，そして，多様なステイクホルダーが生まれていることを強調した。それらのステイクホルダーとは，コミュニティ，芸術団体，大学，外国政府，および，その他多数に上るが，これらは，ワトソン・ジュニアがリーダーシップをとった時代に，会社と相互作用していくことになったものである。
> ● ジョン・エイカー氏（John Akers）は株主や債権者のような重要なステイクホルダーの期待に応えられなかったために，1993年にIBMの最高経営責任者（CEO）の地位を退任させられた。多数の脚をもつ椅子は，バランスを失ってしまったのである。投資家は再び権力の座につき，エイカー氏の職を失わせた。
> ● エイカー氏の後継者であるルイス・V．ガースナー氏（Louis V. Gerstner, Jr.）は会社のすべてのステイクホルダーと相互依存を図ることを力説し，1990年代の終わりにIBMの社運を180度転換するという目覚しい成功に導いた。その結果，IBMのすべてのステイクホルダーに利益をもたらした。それらのステイクホルダーには，投資家，従業員，顧客，コミュニティ，および，IBMが共同参画プログラムによって支援する多くの教育機関が含まれている。

参照のこと。この資料は，IBMにおいてステイクホルダーの概念がどのように発展してきたかを示した例である）。過去においては，経営者は単に彼らの製品を製造し，または，購買することになるステイクホルダーに注意を払ってさえいればよかった。そのために，製品とサービスをできるだけ効率よく，かつ，効果的に市場に供給することに集中するよう努力をしていればよかった。関連の深いステイクホルダーの数は三脚椅子として描かれており，それらは従業員，投資家，および，顧客に限られていた。今日，企業活動はさらに複雑になり，重要なステイクホルダーの数も増えた。経営者は会社のすべてのステイクホルダーの利害に耳を傾け，バランスをとることに積極的に努めている。もしそれぞれの正当な関心事を無視するならば，ステイクホルダーは企業の事業に損害を与えるか，あるいは，企業に協力することを拒否するだろう。

　肯定的な面としては，会社のステイクホルダーは，問題が起こった際に，会社を支え援助協力してくれる頼もしい存在である，ということである。

　　　例えば，マサチューセッツ州のメーサンにある繊維工場のモールデンミルズ社（Molden Mills）は工場が全壊するほどの大規模な火災にあった。その時，従業員，その地域の公務員，州知事，州議会のリーダー，および，著名なビジネス・リーダーらが，救済に乗り出した。会社のオーナーであるアーロン・フォイアースタイン氏（Aaron

Feuerstein）が再建の希望を表明した時，モールデンミルズ社のステイクホルダー・グループは会社の再建に尽力した。州選出の下院議員や上院議員は政府の労働省長官や大統領に会社を支援するために連邦法による救済ができるように説得した。ついに，会社は再開し，実質的に，すべての従業員が新しい工場で仕事に就くことができた。フォイアースタイン氏はビジネス・ヒーローとして迎えられ，多くの賞と名誉ある称号と賞賛を受けた。彼は，その名誉は自分以外の人たちのおかげであるとし，常に，企業の多くの友人や支援者への感謝を忘れなかった。

　否定的な面としては，多くの企業がステイクホルダーの希望を無視したことだ。それは，ステイクホルダーが間違っているという考え方からか，あるいは，不満をもっている消費者，従業員，政府の監視委員たちはさほど重要なものではないという誤った考え方からきている。そんな傲慢な態度は愚かなことであり，しばしば会社に手痛い損失をもたらすことになる。今日では，例えば建築業者は反対の強いコミュニティに工場を建てることができないことをよく知っている。発電所，ゴミ焼却炉，あるいは住宅を建設するためには，コミュニティの人々と一緒に作業を進めていくとともに，関心に応じて，またコミュニティの人々と相互の信頼関係を築き維持してくことが必要になっている。ＡＴ＆Ｔ社の前会長のジョン・デバット氏（John deButts）は三脚椅子のステイクホルダーについてこんな風に述べている。「不愉快なことが繰り返し起こるというイメージでは家具の機能をまったく果たさない。まるでヤマアラシが針を逆さに向けているようなものだ」と。[6]

　今日では，多くのステイクホルダーは企業活動に対して針を刺す力をもっている。しかし，モールデンミルズ社の例が示しているように，ステイクホルダーとの関係は会社の資産のなかでもきわめて重要なものでもある。多くの専門家や経営者層によると，ステイクホルダー関係のネットワークは今日の企業にとって組織がもつ富の源泉である。[7]そのような富を築き損失から護るためには，企業は広範囲にわたり，また，多様化したステイクホルダーのニーズを考慮に入れた経営者と意思決定アプローチを必要とすることになる。企業活動は社会や政治とまったくかかわりのない状態においては遂行できないし，また，すぐれた経営計画はこのような入り組んだステイクホルダー間の問題を考慮に入れなければならない。

（３）直接的ステイクホルダーと間接的ステイクホルダー

　企業は多種多様な仕方で社会と相互作用しており，企業との諸関係もステイクホルダーが異なればそれによって違ってくる。図表１-２は製品とサービスを社会に供給するという重要な目的を遂行する能力に影響を及ぼしている諸集団と企業とが相互作用している関係を示している。投資家（株主）と債権者は会社に金融的資産を提供し，従業員は作業技能と知識で貢献し，供給業者は原材料，エネルギー資源，および，その他の用品を供給する。また，卸売り業者や流通業者，および，小売業者は工場から販売店や

図表1-2　企業と直接的ステイクホルダーとの関係

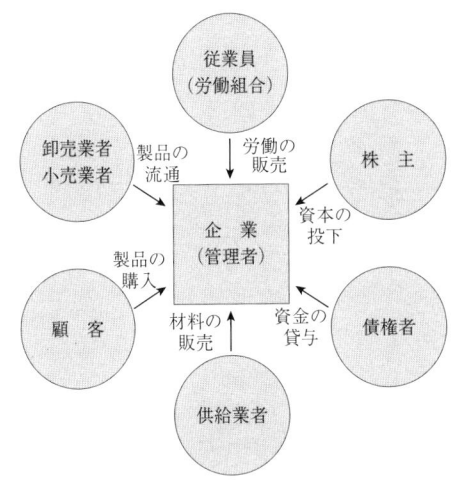

消費者へと製品を移動する役割を担っている。すべての企業は製造された製品やサービスに対して喜んでお金を払ってくれる顧客を必要としている。そして、ほとんどの企業は市場で類似の製品やサービスを提供する他の企業と競争することになる。こうしたことはどのような企業にとっても社会とつながることになる基本的な相互作用であり、このような相互作用は企業の主要な経済的使命を定義するのに役立つものである。

　企業が社会との間でもっている主要な関係には、顧客のために製品やサービスを産出するという重要な使命を遂行するのに欠かせないすべての直接的な関係が含まれている。このような相互作用は通常、市場で行なわれ、売買の過程を伴うことになる。このような直接的な関係は、企業戦略や経営者の方針を決めることになり、**直接的ステイクホルダー**（primary stakeholders—第一次的ともいう）の重要性を明らかにすることになる。この直接的ステイクホルダーは、企業の存続と活動にとってなくてはならない存在であり、そこには、顧客、供給業者、従業員、そして投資家が含まれている。

　しかし、図表1-3が示しているように、企業が関係している領域はこのような直接的関係を超えて、社会の他のステイクホルダーにまで及んでいる。組織の活動のなかで、あるいは組織活動に関わって、他の集団が利害を表明した場合に、間接的な相互作用や関わりが発生する。**間接的ステイクホルダー**（secondary stakeholders—第二次的ともいう）は会社の主要な活動や決定によって直接、あるいは、間接に影響を受けることになる社会のなかの人々や集団である。間接的ステイクホルダーには、一般市民、さまざまなレベルの政府、社会活動グループ、および、その他が含まれている。

　このような相互作用とステイクホルダーを「間接的」と呼ぶが、それは企業が社会との関係で形成している直接的なものよりも重要ではない、という意味ではない。ここで

第 I 部　社会のなかの企業

図表 1-3　企業と間接的ステイクホルダーとの関係

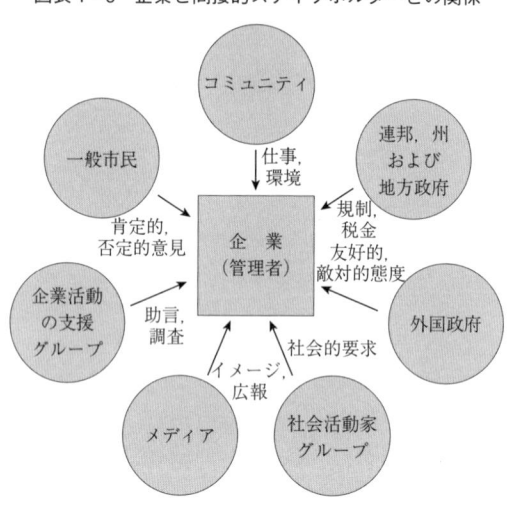

「間接的」というのは，企業活動を遂行していくという通常の活動の結果として生じるものという意味である。直接的，および，間接的という関係領域は，必ずしも明確に区別されるものではない。というのは，一方の領域から他方の領域へと次々に変化していくこともあるからである。例えば，製品（例：自動車）の安全性あるいは環境への影響が顧客にとっての直接的な関心事であると同時に，その製品の使用に伴って蓄積されていく影響がコミュニティ全体にとっての安全性，あるいは，環境への懸念という間接的な関心事につながるかもしれないのである（例：自動車の排気ガスによるスモッグなど）。

　企業活動に関する直接的相互作用と間接的相互作用を結びつけることによって，企業と社会がどのような相互作用モデルを形成しているかがわかる。企業と社会の相互作用モデルは，企業の基本的な役割が社会への経済的貢献であるということを示している。しかし，このことはまた，経営者は企業の経済的な利害と同様に，社会全体の便益になるような決定を行ない行動しなければならない，ということを意味している。最終的に達成すべきことは，可能な限り幅広い方法で，生活の質を高めることであり，そのような生活の質は社会によって規定されるものである。企業は社会が必要とする製品やサービスをつくるために活動し，その活動が社会にどのような影響を及ぼすかを認識し，社会に対する社会的・経済的影響に関心をもつことになる。

（4）ステイクホルダーの利害と権力

　ステイクホルダーの集団には数多くの形態があり，よく組織化されているものもあれば，それほど組織化されていないものもある。その多様さが企業の経営者にとって，ステイクホルダーの関心事を理解し，対応するのを一層難しいものにしている。それぞれ

のステイクホルダーは組織とそれぞれ独自のかかわりをもっており，経営者はそれらの関係を理解し，それに応じて対応しなければならない。例えば，株主は企業のなかで所有権に関わる利害をもっている。企業の経済的な健全性と存続は，株主に対して財政的な影響を及ぼすことになる。すなわち，彼らの個人の富に関わる問題である。顧客，供給業者，小売業者は，それぞれ異なった利害関係をもっている。企業における所有者の一番の関心事は投資に対する見返りを達成することであり，顧客と供給業者の一番の関心事は製品とその代価の交換を有利に運ぶことである。それぞれのステイクホルダーは，お互いに相手の利害に対してさほどの関心を払わない。そして，多くの株式を保有する年金基金から，わずかな株式しか所有しない個人の所有者まで，さまざまな種類の所有者が存在していることを考えれば，それらのステイクホルダーによる構図はかなり複雑なものになっている。

　政府，公共的利益集団，および，コミュニティは別の意味をもつ関係で企業とつながっている。一般的に，彼らの利害は，企業の製品やサービスを売ったり，買ったりする人たちや所有者の財政的利害よりも，広範囲に及んでいる。彼らは環境を保護し，人権を保障し，あるいは，他の幅広い社会的関心を高めていくことを望んでいる。経営者はこのようなステイクホルダーの利害を注意深く追いかけていく必要がある。

　さまざまのステイクホルダーにはまた，種々のタイプがあり，保有している権力の程度も異なっている。この場合のステイクホルダーのもつ権力とは，訴訟を起こしたり，望んだ結果を確実なものにするために経営資源を用いる能力のことを意味している。専門家の多くはステイクホルダーがもつこのような権力には議決権力，経済的権力，および，政治的権力という三つのタイプがあることを認めている。

　議決権力（Voting Power）は，ステイクホルダーが票を投じる正当な権利をもつことを意味している。例えば，それぞれのステイクホルダーは自らが保有する会社の株式の占有率に見合った議決権をもっている。株主は典型的な例として，合併，買収，および，その他の特別な課題事項に対する重要な意思決定のために投票する機会を有している。事情に通じた，知力を用いた投票によって，投資が保護されるように，また，安定した収益が生み出されるように，企業の政策に影響を及ぼしていく。

　顧客，供給業者，および，小売業者は企業に対して経済的権力（economic power）をもっている。供給業者は，企業が契約上の責任に応じない場合は，供給を差し控え，注文に応じることを拒否することができる。顧客は，企業が好ましくない方針を打ち出すならば，その企業の製品を買うのを拒否するだろう。また，顧客は商品の価格が高過ぎ，品質が悪く，安全性も低く，消費に耐え得ないものであれば，そのような製品をボイコットすることができる。

　政府は法律，規制，あるいは，訴訟を通じて，政治的権力（political power）を行使する。政府機関が直接的に政治権力を行使するのに対して，他のステイクホルダーたちは，新しい法律を通過させたり，規制を制定することによって，政府が政治的権力を行

使するように促すことで，間接的に政治的権力を用いることになる。このようにみると，政府機関もまた，企業それ自体を含むステイクホルダーを有していることがわかる。

　　ステイクホルダーがもつ権力の異なったタイプ間での相互作用は，人気映画の主題となった二つの現実生活の場面で説明できる。ジョン・トラボルタ（John Travolta）が演じた「シビル・アクション」（Civil Action）という映画のなかで，マサチューセッツ州のウォバーンに住む市民グループは，飲料水に使う井戸のなかに漏れ出した有毒化学物質を投棄したと申し立てて，W. R. グレイス社（W. R. Grace）とベアトリース食品会社（Beatrice Foods）を訴えた。死亡したり病気にかかった人々の家族では，その遺族らが二つの会社を相手取り，政府に政治的権力を行使するように働きかけた。民間のグループと政府機関によって，調査が実施されることになった。訴訟と市民による圧力によって，有毒物質の投棄と水の供給の保護が重要な政治的課題事項になった。これに類似した話はジュリア・ロバーツ（Julia Roberts）が演じた「エリン・ブロコビッチ」（Erin Brockvich）という映画でも描かれている。カリフォルニア州の公益事業体による大規模なゴミ処分が，コミュニティ住民の発病率が平均的なそれを上回っていることに関連していたのである。ここでもまた，市民は企業に対して法的な訴えを起こし，企業が何年も前から集めていた科学的データを発見することになった。

　ステイクホルダーは単独であっても，一つのタイプの権力の他に，別の権力も行使することができる。上記の二つのケースにおいて，犠牲者の家族は関係した会社を訴えた（政治的権力の行使）が，また，別のタイプの権力ももっていた。彼らはその会社の製品をボイコットすることができたし（経済的権力の行使），あるいは，当該会社の株の一部を買うこともできた。そして，委任状争奪戦で取締役と経営陣を追い出すためにオーナーとして議決権を行使することもできたのである（株主の権力については，下巻第14章でさらに詳しく検討されている）。

（5）ステイクホルダー連合
　ステイクホルダーの集団は，常に，社会のなかで互いにそれぞれの関係を変えている。**ステイクホルダー連合**（stakeholder coalitions）とは，特定の課題や問題に対して共通の見方をするとともに，行動を共にするステイクホルダー同士の一時的な連合体である。連合関係のなかには，まったく地域的であったり，一つの課題や問題に狭く焦点が絞られているものもある。しかしまた，メンバーが国家や世界に拡がっている組織からなる広域的な連合も数多くある。自然環境の保護や人権の向上のための運動は州の組織，国家の組織，および，国際的な組織といった数多くの組織を巻き込みながら，公式的な調整や政策決定がほとんどない状態ですすめられている。他の運動のなかには，非常に多様であるが，中心的な政策立案委員会や集団を通じて調整された手順ですすめられているものもある。

　ステイクホルダー連合は静態的なものではない。今日，一つの企業と密接に関わって

いる諸集団が，明日には関係が希薄になるということもある。ある時にはきわめて突出した議論の対象となっていた課題が，別の課題に取って代わられることもありうる。ある時点では，組織にほぼ全面的に依存していたステイクホルダーが次の時点では，それほどでもないこともある。事態をさらに複雑にしているのは，連携の変化していく過程が大企業のすべての部署で一様に発生するわけではない，ということである。大企業のある部分と関わりをもつステイクホルダーがその組織の別の部分とはほとんど，あるいは，まったく関わりをもたない場合もよくあることである。

　ステイクホルダー同士の連合は，近年，ますます国際的になってきている。通信技術は，政治的な境界線に関係なく，同じ意見をもった人々がたちどころに意見交換できるようにしてしまった。携帯電話，インターネット，コンピュータ，および，ファックスは多国籍企業の企業活動が世界中の異なる地域でどのように展開されているかを監視している集団にとって強力な道具となっている。

　　例えば，フィラデルフィア州に本部がある，アメリカの多国籍企業のスコット製紙会社（Scott Paper Company）がインドネシアの主要な島の一つであるスマトラ島に新しい製紙工場とパルプ処理工場を建設するために，インドネシア政府と契約交渉にあたったとき，インドネシアの環境保護団体が激しく反対した。彼らはその計画に反対であり，新しい工場の建設を止めるために闘う，と宣言した。彼らは製紙工場がスマトラ島の熱帯雨林を間違いなく破壊することになる，と懸念していた。パルプ工場と製紙工場が空気と水の汚染を招くことはよく知られていたので，インドネシアの環境保護団体は天然資源防衛会議（NRDC: Natural Resources Defense Council）を含む，アメリカの友人たちに連絡をとった。NRDCのスタッフはスコット社に対して，どんな圧力をかければ効果があるかを集中的に検討した。その結果，スコットティッシュのような，よく出回っている日用品を含むスコット社の製品の全国的ボイコットが可能である，と結論づけた。このような脅威は，スコット社の重役たちに伝わり，彼らはボイコットに対する会社の脆弱さを認め，インドネシアにおける計画を撤回することに決めた。インドネシア政府は，税収や雇用の創出を期待していたが，当てが外れてしまった。政府は，結局，パルプ工場と製紙工場の建設と経営を日本の企業に要請した。[8]

　この事例が示しているのは，国内の活動家のネットワークと国際的な活動家のネットワークが「企業と社会」の関係が生み出す問題に関心をもったメディアと結びつくことによって，連合をどのように発展させていくかということであり，また，直接行動主義をどのようにして企業に対してますます強力な戦略的要因にしていくか，ということである。企業活動上の問題がグローバルになればなるほど，その取り組みや解決の仕方も同様にますますグローバルになっていくだろう。非政府組織（NGO：nongovernmental organization）は，彼らの企業活動上の相手もまた行なっていることではあるが，地球温暖化[9]，人権，そして，国際貿易のような問題について，議論をするために定期的な会合をもっている。21世紀には，ステイクホルダー同士の連合は，ますます増加するとと

もに，あらゆる産業や企業にとって一層重要なものとなるだろう。

2　「企業と社会」関係の形成への影響力

　企業活動は社会や政治に関わりのない空間で経営されるものではない。実際，ほとんどの企業は好機と脅威の両方が待ち受ける，社会的，経済的，技術的，および，政治的な変化の渦のなかで経営されている。もっぱら地方市場の要求を満たしている小規模の企業でさえも，価格変動，供給の混乱，および，政治的な出来事に由来する不確定要因によって影響を受けることになる。図表1-4は「企業と社会」関係を形成している重要な影響力を示している。これらの影響力のそれぞれのものについては，以下で説明する。これらのテーマについては，本書の該当の章のなかで，繰り返し述べることになる。

（1）経済的競争――戦略的挑戦と社会的挑戦

　経済的な競争は企業においても，また，社会においても，変革のための強力な影響力となる。競争は，顧客へのサービスを効率よく行ない，新しいニーズを発見し，それに応えるために企業を動機づけることになる。企業は，いかにして，また，どこで競争するかについて常に考え続けることになる。本章の最初のイーストマン・コダック社の事例が示しているように，戦略的に再考していくことで企業経営を再構築していくことになる。企業を経営するための組織の変更は企業自身が製品やサービスの質を改善し，コストを引き下げ，そして，顧客に対応するスピードを上げようとする場合に行なわれる。この新しい企業経営の再設計は，**リエンジニアリング**（reengineering）として知られていることである。

　ステイクホルダーに対する企業の責任についての，これまでの考え方は，企業が戦略を見直す際に検討の対象となるだろう。企業活動の拠点を変更することは，人やコミュニティに重要な影響を与える可能性がある。施設が閉鎖されるかもしれず，その際には，設計変更された製造システムや配送サービス・システムによって，取り除かれていく仕事についていた従業員が解雇されることになる。長期間，企業の仕事に関わってきた人たちは，早期退職や解雇通知という精神的な圧力企業を受けることになる。

　企業とステイクホルダーの関係は，多くの場合，お互いがどのような方向に向かって行動すべきかについて暗黙の了解，あるいは，**社会契約**（social contract）を生み出していく。これらの暗黙の了解は，二人の代表的な学者の言葉であるが，「拘束する絆」[10]（tie that bind）と呼ばれる。社会契約は企業の経営戦略が変更される場合に，必然的に影響を受けることになる。従業員への責任も変わらざるをえない。また，企業がコミュニティと関わったり，慈善の寄付を行なうことも，企業が厳しい経済問題に直面すると，減少していくことになる。このような社会契約の変化は1990年代には頻繁に起こった。そのような変化として，アメリカの企業では500万人を越える人々の仕事が削減される

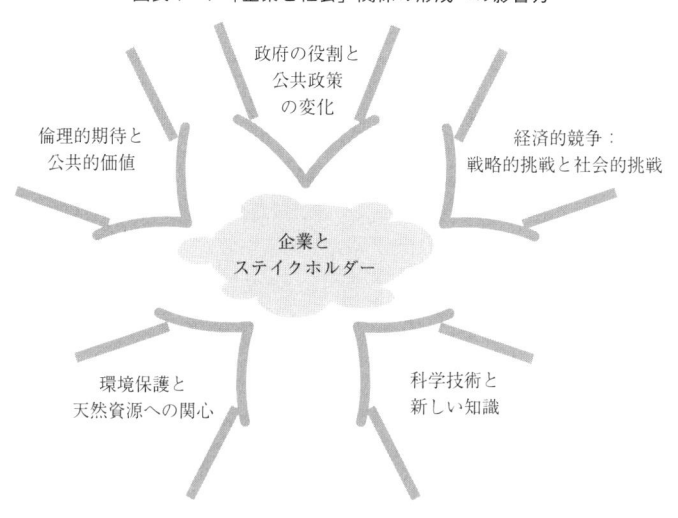

図表 1-4 「企業と社会」関係の形成への影響力

- 政府の役割と公共政策の変化
- 倫理的期待と公共的価値
- 経済的競争：戦略的挑戦と社会的挑戦
- 環境保護と天然資源への関心
- 科学技術と新しい知識

企業とステイクホルダー

ことになり，代表的な観察者たちのなかには「よい会社」は死滅したと結論づける者もいた。このようなダウンサイジングは経済のほとんどの分野で生じることになった。なかでも製造，金融サービス，小売，そして，運輸などの業種が，もっとも厳しい影響を受けることになった。

　企業は多くの場合，人員削減の過程を円滑なものにし，マイナスの影響を最小にしようとした。給付パッケージとして，退職していく従業員に対して，それぞれの勤続年数に応じた保障をするとともに，一定期間（30日から1年まで）の健康管理手当ての継続や再訓練，ないし，教育の支援などを行なった。例えば，コダック社では，失業者に解雇手当，職務訓練，および，新しい仕事の世話をすることで，厳しさを軽減させようとした。しかし，そうした状況のなかで人々は極度の喪失感を感じることになり，それが，自殺，アルコール中毒，精神障害，子どもや配偶者への暴力などの増加，という社会的指標のなかに現れた。企業の経営戦略の変化は他の社会的な関係にも同様の影響を与えている。企業が廃業になると，外部のステイクホルダーは被害を受けることになる。例えば，供給業者，卸売業者，および，その他の企業（レストラン，小売業，銀行，映画館など）すべてが，被害を受けることになる。「相乗効果」によって仕事，税収，および，勤労意欲の減少を地域社会にもたらすことになる。勝ち残った従業員も人員削減に伴う心理的な衝撃を感じており，加えて経営陣が将来どのような行動をとるかということにも不安を感じている。企業のなかには（例：リーバイ・ストラウス [Levi Strauss]），継続雇用される従業員が欲しがっている契約書を作成することで，その不安に応えた。このような約束の文書は，盟約（compacts），誓約（convenants），あるいは，社会契約（social contracts）と呼ばれ，従業員と雇用者の関係がもっている特別な性質を表してい

る。

　観察者たちのなかには，**新しい社会契約**（new social contract）が会社とそのステイクホルダーの間に新しく生まれてきた，と信じている者がいる。なぜならば，企業活動の実態が変化するにつれて，ステイクホルダーとの関係も必然的に変わることになり，企業の責任と行動が新しく想定される条件のもとで進められていくことになるからである。この新しい社会契約が意味していることは，経営者と企業がすべてのステイクホルダーとの関係を理解し，彼らに対する企業の影響力を認識し，さらに会社の活動を通じてマイナス面を最小にするとともに，建設的な貢献を最大にするように，ステイクホルダー・マネジメント活動に従事することである（下巻第17章を参照）。このアプローチは経営者と企業が適切な行動をとり，それを適切な方法で行なうことが可能である，という前提のもとで進められることになる。

　これらの方針に沿って企業戦略を徹底的に立て直すことは，精神力と経営姿勢の問題になってくる。戦略の立て直しは企業の経営幹部が行なうことになり，従業員，顧客，およびその他の人々など，人間を第一順位に置き，経済的要因を第二順位に置くことを積極的に認めようとする人である。一般的には，企業の従業員は，仕事の達成をその質によって評価される。しかし，彼らはまた，家族のメンバーであり，コミュニティの住民であり，教会の信徒であり，政党の支持者であり，また，向上心，問題，希望，そして欲望をもった個人でもある。賢明な経営者は，人々が生産的な資産——**人的資本**（human capital）とも呼ばれる——であると同時に，感情に流されやすい存在でもある，ということをよく理解している。

　調査によれば，社会的評価が好ましく，良好な社会的成果を上げている企業は，その企業を社会のなかに位置づけるという広い視野を創り出していくようなトップ・マネジメントの集団を擁している。事実，こうした経営者たちは多くの場合，社会問題を解決する際には社会に役立つような方法で行なうべきだ，と考えている。このような姿勢をとる経営者たちは短期的な利益の獲得に過度に集中するのではなく，長期的な視野で企業活動を行なっている。企業の将来計画を立てる際に，経済的な目標と同様に，社会的目標に高い優先順位が与えられることになる。このような姿勢は経済的な競争圧力から企業を予防するものではないし，また，企業活動上の困難な課題（例：リストラクチャリングや組織再編成）を経営者が避けられるようにするものでもない。そうではなくて，このような姿勢は企業を取り巻くすべてのステイクホルダーの利害を統合するような企業戦略を立案するのに役立つものである。

　このような理念を現実化する方法を模索している企業には，大規模なものから小規模なものまで数多く存在する。社会的責任のための企業活動，すなわち，経済的，社会的両面で成功するために責任を担っている企業のなかで，ある組織は10年とかからないで1000社以上のメンバー企業をもつまでに成長した。このようなネットワークの発展に寄与しているリーダー企業の一つがボディショップ・インターナショナル（Body Shop

International）である。この会社は，自然化粧品，石鹸，および，洗面用品一式をフランチャイズの店を通じて製造し，販売している。ボディショップの創立者兼経営責任者であるアニータ・ロディック（Anita Roddick）は自らのビジョンを次のように述べている。

> この10年間以上，多くの企業は，私が言うところの「ありふれた企業活動」を追求してきた。私はそれとは違ったもっと小規模な企業活動運動の一端を担ってきた。その運動とは，理想主義を計画の基本に置こうとするものであった。われわれは，企業が建設的な社会変革の原動力になることができ，また，そうならねばならないような洞察力と理解力に役立つ新しいパラダイムないしまったく新しいフレームワークを必要としているのである。おぞましい悪弊を避けるだけではなく，積極的によいことを実践せねばならないのだ。

興味深いことに，近年設立された，技術志向の，新しい企業（ドット・コム企業）の多くは，ボディショップ社によって信奉された理念に類似した価値観をもっている。それらの企業の従業員は非常に熱心に働くが，彼らは楽しみのもてる仕事環境のなかにあり，敬意をもって処遇されていると信じている。このような価値観を生かすことは，これらの企業で働いている多くの人々にとっては，ストック・オプションや金持ちになる機会と同じくらい重要なことである。このような企業の成功は他の企業にその方針の変更を迫ることになる。また，ますます社会志向的になることで，さらに競争力を強化し成功に導くように迫ることになる。

いずれにせよ，このような主張は首尾一貫性をもつことになるだろうが，高度な水準での経済的成果を実現できるかどうかは，いまのところまだ明白ではない。はっきりしていることは，「企業と社会」の関係は絶えず変化しているということであろう。つまり，この関係はここ数年の間に急速に変化してきたし，また，この先の10年間にもこうした傾向は変わらないだろう。企業戦略が成功を収めるためには，企業が社会のなかで建設的な役割を果たし続けることを保障するような経営者を必要とするのである。これらの課題は，第3章と第4章でさらに詳しく論じられている。

（2）倫理的期待と公共的価値

倫理的期待は企業環境のきわめて重要な部分である。一般市民は，企業活動が倫理的に行なわれることを期待し，また，企業の経営者が倫理的な原則を適用することを望んでいる。言い換えれば，経営者が企業の意思決定を行なう際に，何が正当であり何が不当なのか，何が公正であり何が不公正なのか，モラルに適った正しいものとは何か，ということについての指針に従っていることを望んでいる。

倫理的な基準は社会によってそれぞれ異なっている。倫理についての意味の違いにもかかわらず，また，倫理学が規定する意味にさえも違いがあるのだが，異なった社会の人々との間に浸透している共通の倫理的な合意は，文化の違いによって妨げられること

はない。例えば，欧州連合（EU）社会憲章は加盟国間での共通の就業権や人道的な職場待遇を奨励している。経済協力開発機構（OECD）に加盟している29カ国は，そこには世界の先進経済国が含まれているが，国際通商における外交官僚の贈収賄禁止条約を採択した。この種の問題やそれらの取り扱いについては，第5章と第6章で論じられている。

　人権問題は企業活動にとってますます顕著になり，重要なものになってきた。何年にもわたって，国際的な圧力は南アフリカの指導的な政治家たちにアパルトヘイトのような人種差別をやめるよう働きかけてきた。また，南アフリカのビジネス・リーダーに対しても，政府の政策執行に異議を申し立てるように促してきた。ここ最近では，多くの情報源にもとづく圧力が中国，ビルマ（ミャンマー），および，ナイジェリアのような国における人権侵害の申し立てに焦点を当てている。また，アメリカ，カナダ，およびイギリスの宗教団体がグローバルな企業の責任に関する原則を提案した。2000年に，アナン国連事務総長（Secretary-General Kofi Annan）が先進的な企業に関する国連のグローバル・コンパクト（the United Nations Global Compact）を発表した。その内容は，企業活動を行なういずれの場所でも，基本的倫理原則の履行を約束するというものである（第5章と第7章および第20章での議論を参照のこと）。

　問うべきことは，企業は倫理的であるべきかということでもないし，また，経済的効率を優先すべきかということでもない。社会は企業に対して同時に両方であるべきことを要望している。倫理的行動は企業における社会業績の重要な側面である。一般大衆からの支援と信頼，すなわち，企業活動の正当性を維持するためには，企業はこれら二つの社会的要求，すなわち，高い経済業績と高度な倫理的規範をバランスさせ，さらに，統合させる方法を見つけなければならない。企業がステイクホルダーに対して倫理的に行動すれば，社会への貢献は増していく。しかし，企業が倫理的に行動しない場合には，信頼と成功に必要な一般市民の支援を失う危険に直面することになる。

　ビジネス・リーダーは，時の経過につれて変わり続ける**一般大衆からの期待**（public expectations）に応えていくという難題に直面することになる。昨日受け入れられた行動が，今日には許容されるとは限らない。多様な種類のいやがらせや差別はかつてはありふれたことだった。今日では，社会規範がそうした行為を受け入れがたいものにしており，そうした行為を許す経営者は責任をとらされることになる。一般大衆が抱いている倫理的行動への期待というのは，製品に対する顧客の期待と同様に，企業活動に直接関連しているものである。企業は倫理と経済の両方を充たしていなければ，成功はおぼつかない。

（3）政府と公共政策の役割の変化

　政府の役割はここ20年の間にアメリカや多くの国で，急激に変わってきた。1970年代の末に，改革の風が世界の多くの経済的，政治的，そして社会制度を通じて吹き荒れは

第1章　企業とステイクホルダー

じめた。そうした要求が，多くの社会や国家のなかでかなり広範に力を拡散していくことになった。「人々に力を！」が，このような新しい社会的勢力の核心をとらえたスローガンとなった。指導者たちは制度的な権力を以前のようにしっかりとは掌握していないことに気づいた。一般大衆は政治家を信頼しなくなっていき，政府の政策やその遂行に対して影響力や統制を強めたいと思うようになった。社会の主要な制度のトップにあまりにも大きな権力が集中してしまったと考えて，一般大衆はそれに対して民主的な改革を要求したのである。これは政府権力の委譲（devolution）と呼ばれてきた。

アメリカでは，このような政治的な変化が企業活動に影響を及ぼす二つの重要なアイデアをもたらした。すなわち，産業の規制緩和と民営化である。ソ連時代では，「企業と社会」に影響を及ぼした主要なアイデアは，グラスノスチ（情報公開）とペレストロイカ（改革，再建）である。中国では，重要なアイデアは市場のさらなる自由化と経済システムのさらなる分権化であった。どの例をとっても，中央集権的な政府権力は一層の分権化へと道を譲らざるをえなくなった。過去10年間，東欧諸国，ラテン・アメリカ，そして，アジアの多くの国々では，このようなモデルにもとづいたさまざまなレベルの改革が行なわれてきた。共通の結果としては，現代社会における政府と企業の役割についての再評価が行なわれるようになったことである。

企業にとって，政府に関するのこのようなグローバルなレベルでの改革は，何を意味するのだろうか。第一の，もっとも重要なことは，より多くの自由と企業活動の機会を拡げたことである。今まで何もなかった地域に，自由市場が開かれたときに，企業は利益機会を手に入れることができる。例えば，1990年代には，ヨーロッパ，日本，そして，アメリカの企業が大挙して中国に進出した。しかし，それらの企業も，中国の政府当局が企業の意思決定に対して，中央集権的な権力を復活させようとする兆候をみせたとき，例えばインターネットによって広められる内容を制限するというようなとき，慎重な姿勢に変わった。改革は企業活動に機会を与えると同時に，リスクも与えることになる。東欧諸国が政府による統制を緩和させ，西欧諸国との経済的な結びつきを歓迎したとき，多くの企業は利益機会を求めて乗り出していった。しかし，企業のリスクは相当なもので，変動しやすい通貨，汚職，および，文化的な複雑性に起因してひどい損失を被った。東欧諸国は経済的制度や政治的制度の構造転換に苦闘することになるが，その際，政府はインフレ，失業，国民所得の減少という問題に直面することになった。1990年代のはじめに，ある政治学者は次のように予測した。「冷戦は終わった。しかし，これは非常に危険な平和である……。民族と民族の間で，富める者と貧しい者との間で，政府と街頭での抗議行動者たちとの間で，産業資本家と労働者との間で，対立は増大している[07]」。この見方は予言的であった。実際，民族間の対立，イデオロギー間の対立，そして，経済的な対立がボスニア，セルビア，そしてコソボで激烈な展開をみせることになった。政治的な嵐が，多くの場合，異なった方向へ，正反対の方向へと，吹き荒れている。

中央集権的な政府から民主的で自由主義的な政府への展開は，企業にとってプラス面

とマイナス面の両方を生み出している。企業はしばしば，かなり大きな不確実性とリスクに直面していることに気づくことになる。

　　ロシアは，世界でもっとも広大で，資源の豊富な国の一つである。共産主義が崩壊してから，ミヒャエル・ゴルバチョフ（Mikhail Gorbachev），ボリス・エリツィン（Boris Yeltsin），ウラジミール・ジリノフスキー（Vladimir Zhiranovsky），ウラジミール・プーチン（Vladmiri Putin）が権力闘争している間に，政治的な権謀術数に苦しんできた。政治の不確実さは中央アジアの石油産業が発展してくる過程に大きな影響を及ぼしてきた。アメリカの多国籍企業である石油会社のシェブロン社（Chevron）は，かつてのソ連の共和国であるカザフスタンに多大な投資をしてきた。共和国の政治的繁栄が衰退していき，流動化した状況になるにつれ，シェブロン社の政治的リスクも増大していった。競争相手であるロイヤル・ダッチ・シェル社（Royal Dutch Shell イギリス／オランダ）やトータル社（Total フランス）のような伝統のある多国籍石油会社は，シェブロン社が探査してきた地域の掘削権を手に入れようとしている。それぞれの企業は政治家の友人をもっている。新しい国営石油会社である，ロシアのガスプロム（Gazprom）とマレーシアのペトロナス（Petronas）はアメリカ企業を排除しようとして画策している。何十億ドルというオイル・ダラーが危険にさらされており，シェブロン社の取締役たちもそれが非常に危険な状態にあることを知っている。1980年代には，シェブロン社はスーダンに10億ドル投資し，損失を被った。シェブロン社はカザフスタンと中央アジアにビジネス・チャンスがあるとみたが，経営陣は，政治的リスクがビジネス・チャンスを凌駕している可能性のあることを認めている。[18]

　政治的な影響力やイデオロギー的な影響力が不安定であるということは，世界の経済情勢において重要なビジネス・リスクとなる。企業とその経営者はそのようなリスクを無視することができない。そんなことをすれば，致命的な結果を招くことになる。変化する政治の現状を会社の企業戦略のなかにいかに統合していくかということ，を学ぶことは企業と経営者に求められる基本的な要件になってきた。ステイクホルダーをマネジメントしていくことはそのための重要な方法になってくる。

　　例えば，ロイヤル・ダッチ・シェル社は，ペルーのカミシー地域に埋蔵されている石油とガス資源の開発を成功裏に行なう見込みがあるかどうかを評価するために，洗練されたステイクホルダー分析を行なった。この地域には商業上の将来性があるにもかかわらず，同社は次のように結論を下した。もし掘削が開始されれば，環境保護や現地の人々の利害を含めたステイクホルダーのすべての領域の利害が必ずしも適正に護られるものではないということだった。その結果，同社はこのプロジェクトから撤退した。[19]

　ステイクホルダーについてのこのような分析は，将来さらに重要なものになっていくだろう。いくつかの国では，リスクは，古い政治制度の崩壊と新しい制度の設立に伴う問題に関わっている。また，今日のアメリカのような国々においては，挑戦すべき課題は新しい行政，あるいは，「新しい政治」（new politics）が何処へ導こうとしているかを

理解することであろう。

　この数十年の間に，アメリカでは政府の役割がかなり変化してきている（この問題は第7章，第8章，および，第9章で論じる）。政府は，かつて航空，運輸，通信産業を支配してきた「命令と統制」（command and control）というかなり古いタイプの規制をやめてきた。連邦政府は，タバコ産業（下巻の事例研究で検討されている）やマイクロソフト社の反トラスト事例（同じく，下巻の事例研究で論じられている），そして，MCIワールド・コム社（MCF/World Com）の合併で提案されたような状況に対して，依然として重要な法律的行動をとっている。国民の要望に合わせて，州や地方自治体に権限が移転されるような多くの努力がなされたが，連邦政府による権限の行使はまだ高い比率にとどまっている。最近の大統領選挙運動では，教育，医療，環境保護，および経済における連邦政府の役割について，候補者たちの間で意見を異にしている。政治批評家のクリス・マシュウ氏（Chris Matthews）が示唆しているように，「アメリカ人は政治的渋滞を好む」。

　冗談はさておき，これらの問題の重要性を経済学者のミルトン・フリードマン（Milton Friedman）がうまく表現している。彼は「政府が自由市場に介入すべきでない」と論じている。

　　　今日では，世界の歴史のなかのどの時期と比べても，企業はかなり自由に活動できるようになっている。すなわち，企業はどこに進出しようとも，どこから資源を調達しようとも，また，製造した製品をどこで販売しようとも，自由である。われわれが挑戦すべきは，政府が近視眼的にならないように，そして，このようなプロセスを妨げないようにするために，われわれの影響力をはっきりと行使することだ。[20]

（4）生態系と天然資源問題

　企業が取り組むべきもっとも重要な社会的挑戦の一つは，経済活動と環境的な持続可能性との間のバランスをとるように努力することである。農業，鉱業，工業生産は，必要な製品やサービスを供給するとともに，廃棄物や汚染を生み出すことになる。廃棄物や汚染は増大する人口，都市化，そして，よりよい製品とサービスの代償として，社会から価値を差し引くことになる副作用である。工業化社会——アメリカ，日本，ドイツ，ロシア，韓国など——は，世界の汚染と廃棄物のうち（人口に対比して）高い割合を排出している。その理由は，これらの汚染や廃棄物が高い経済活動水準に伴う副産物だからである。第三世界の新興諸国では，急速な経済成長率と汚染管理の能力の限界とによって，それらの国の経済が一段と工業化するのに伴い，世界の環境問題の一つの原因ともなってきている。

　個人的レベルでは，消費者は，自動車，冷蔵庫，エアコン，そして，コンピュータのような汚染排出製品を需要し，購入し，使用しているために，廃棄物と汚染の内容に対する大半の責任を負っている。広く普及した製品包装や洗剤，除草剤，乾電池，不凍液

のような毒性をもつ製品の拡散は，すべて世界的な環境問題の原因となっている。

環境問題がもたらす影響力は，国家という境界をはるかに越えて広がっている。オゾン層の破壊は，世界的規模で健康と農業に脅威を与えている。チェルノブイリの原子力発電施設での稼動中の事故はヨーロッパの数カ国に危険な放射能を撒き散らし，地球に放射能の雲をもたらした。石油の流出は多くの国々の海や海岸を汚してきた。熱帯雨林地域の森林を伐採したり焼き払うことは，世界中の気象に影響を及ぼす可能性がある。

汚染管理，廃棄物の最少化，天然資源の保全を含む**環境保護**（environmental protection）は，すべての国々において高い優先順位が置かれるようになってきた。国際協定では，オゾン層破壊，生物多様性，地球の温暖化のようなもっとも差し迫った問題に取り組むために，交渉がなされてきた。しかし，政府や産業界の指導者たちは資源の利用を必要とする経済活動と資源の保存を必要とする地球環境保護との間で，持続可能なバランスを達成していかなければならないということは出発点に過ぎない，と認めている。ビジネス・リーダーと経営管理者は企業の本社から地域の小売店までのあらゆる段階での企業活動において，彼らの意思決定に環境保護の考え方を取り入れる必要に迫られている。これらの問題については，第10章と第11章で論じられている。

今日では，企業は，製品，製造過程，購買活動，および，企業戦略を，持続可能な経済的，かつ，環境問題への対応の必要性に対して，どのように調整するべきかを学習しつつある。すでにかなり改善されてきたけれども，環境に有害な影響を及ぼすものを減少させていくことは，企業の経営者にとって重要な社会的挑戦課題であることは今後も変わらないだろう。汚染と廃棄物は完全にはなくならないが，それらの量は製品デザインの改善，よりよい管理方式，そして，再利用可能な材料のリサイクルによって，減らすことはできる。環境汚染を引き起こすような事故は防げるし，浄化の努力も新しいノウハウや科学技術によって確実に実現されていくだろう。究極的な目的は人間の要求と自然の限界とが両立可能なるバランスを達成することである。

（5）科学技術と新しい知識

科学技術は，「企業と社会」に影響を与えているもっとも劇的で効果的な力である。科学技術はあらゆる大きさや形や機能をもつ機械に関わっているが，企業が製品を生産する際に，より速いスピードで，より安く，そして，より無駄なく行なえるようにするプロセスに関わっているとともに，活動をスピーディーにし，より信頼の高いものにする新しい学習の形式をフォーマットに組み込んでいくソフトウエアにも関わっている。科学技術は現代社会が必要としているものやさまざまな問題や関心に応えるための新しい装置や新しい取組み方を生み出すために，人間の想像力を活用することに関わっている。実際，政府の統計が示すところによれば，コンピュータや電気通信産業は，1990年代を通じて57％成長し，1999年に8660億ドルを超え，2000年までには1兆ドルを超えるまでに成長し，建設，食品，自動車製造を追い越して，国家の最大の産業となった。

同時にまた，科学技術は，問題を解決したり仕事を遂行するための新しい方法を生み出すために，異なった分野の知識との統合をもたらすことになる。例えば，電気通信における三つのタイプの情報の伝達方式——音声，データ，ビデオ——は広帯域受信装置一つで済ますことが可能になりつつある。無線の送信と受信の装置は，実際にどこにいようとも，どんな種類の情報にでもアクセスできるようになるだろう。

　インターネットが多くの企業活動を変えていくにつれて，個人認証のための安全確保の手段がないということが法律文書へのコンピュータを使ったサインの使用を妨げてきた。2000年にアメリカ議会は法律文書に使われる個人の「デジタル署名」(digital signature) を承認する法案を通過させた。生物計量学（biometrics）という科学が個人認証についての新しい科学技術を生み出したために，このようなことが可能になったのである。

　　　生物計量学は，生物科学とコンピュータ科学を統合した分野の科学である。この新しい知識分野の一つの応用は，身分認証の手続きに関わっている。科学者は同じ指紋の人間が二人といないことを知っている。それゆえに，指紋は身分認証のほぼ絶対確実な方法なのだ。昔は，個人の指にインクが塗られ，紙に押印した。それを他人の押印したものと比べた。連邦捜査局（FBI）のような研究室には何千もの指紋が入っているファイルがある。今では，コンピュータで指紋をデジタル化でき，それをコンピュータの画面に再生できる。かつてのような指紋がファイルに保管されていたときと比べると，格段に速く調べることができるようになった。

　　　生物計量学は今ではこのような認証科学における次の発展段階を可能にしている。新しいスキャナーは画像面に指を置くと，その指紋が身分証明カードの持ち主のものと一致しているかどうかを即座に確認できる。この認証の技術は健康管理証明書の認証，福祉手当の受給資格，クレジットカードの承認をスピード・アップするために使われてきた。[23]

　新しい科学技術はまた，ある人たちに対しては否定的な影響を及ぼす可能性もある。例えば，もし生物計量学のスキャナーが一般的に使われるようになると，インクによる印刷方式は時代遅れなものと判断され，インクパッドの製造業者とインクパッドの会社の従業員の生活が犠牲になる。それにもかかわらず，社会全体にとっては，生物計量学の認証はきわめて効果的であり，資源の生産的な活用法だということが認められている。このように，新しい科学技術は今日の企業に対して，新しい知識とその応用への理解と対応を行なうように迫っている。

　多くの科学技術は競争上の効果をもつのと同様に，広範囲な社会的影響力をもっている。第12章と第13章で述べるように，新しい科学技術を開発する際には，経営者と組織がそれらの技術を使用するにあたって，倫理的な関係を検討するようにしておくべきである。

　　　例えば，医学の専門家がある人から他の人へと腎臓や心臓のような生きた臓器を移植

する方法を学ぶ場合，移植をいつ行なうのか，どんな状態のときに行なうべきかという決定を，病院が受け入れる際の基準をめぐって倫理上の問題が生まれてくる。このような決定は臓器の提供者と移植を受ける者の両方に関わってくる。人間の死を確認できるのは，いつ，どんな状態のときなのか。臓器によっては，提供者が死亡する前に，しかし，医療チームがまもなく死亡すると確信した後に，移植を行なうべきか。生きている提供者が腎臓，眼，肺，あるいは，その他の臓器を引き渡しても大丈夫なのだろうか。

新しい科学技術が利用可能になるにつれ，倫理的な意思決定への説明の要求はますます複雑になってくる。胎児の筋肉組織を使った実験で，一度死んだと思われた細胞を再生させることが可能になった。病院や医療関係者は，脳卒中，脊髄損傷，および，一度は治る見込みがないと思われた手に負えない健康状態の患者を治療するのに，中絶された胎児の筋肉組織が使えるかどうか，を決定するのに苦慮している。

科学技術は，専門家が**知識経済**（knowledge economy）と呼ぶものを創り出しつつある。これは，新しい知識がさまざまな形式で，新しい産業と企業活動を創り出し，個人，家族，コミュニティ，そして，世界中の制度に究極的な形で影響を与えることで，古い産業や企業活動を刷新し，創り直していく経済のことである。このような理由から，科学技術は企業と社会の両方における重要な変革力の一つである，と理解されなければならない。

3　21世紀の企業戦略

どの国においても，「企業—政府—社会」は複雑な相互依存の関係を形成している。システム理論が明らかにしているところによると，すべての有機体——生物学的なものであろうと，（組織のような）社会学的なものであろうと——は，それらにとっての主要な受け入れ環境によって影響を受けている。組織は生き残り，そして存続していこうとすれば，環境の変化や状況にいかに適応していくべきか，ということを学ばなければならない。それにはすぐれたリーダーシップを必要とする。

このような「企業—政府—社会」の入り組んだ相互作用は，一つのステイクホルダー・システム，すなわち，会社の決定や活動において影響を受けるとともに，また，そのような決定に影響されることになる集団を，つくり出すことになる。このようなステイクホルダーについての分析，すなわち，彼らはどのようなもので，どんな力をもっているのか，また，お互いにどんな方法で相互作用しているのかを分析することは，ステイクホルダーの関心や要望の本質やそれらの関係がどのように変化しているのかということを，経営者が理解するのに役立つことになる。ステイクホルダーのネットワークの形成過程が自然なものならば，経営者はこのような関係をどのように理解し活用すべきか，ということを学ばなければならない。21世紀の企業はこれらの考察に関わる企業戦略を策定することが重要であると認識している経営者を擁していなければならない。

「企業と社会」の関係は，絶えず変化している。人々も，組織も，そして，社会的課題事項も変化している。それゆえに，不可避的に新しい問題が発生することになり，経営者は新しい解決方法を見つけ出すことを迫られている。実効性を上げていくためには，企業戦略は一般大衆の心のうちにあるもっとも大きくてもっとも中心的な問題に応えなければならない。人々が企業に期待していることは，競争力があり，収益が上げられ，そして，ステイクホルダーの合理的な期待に見合うような責任ある行動がとれる，ということである。21世紀の企業は，新しい技術，経済的な競争，政治の動向，そして，ステイクホルダーからの影響を受けることになる。ステイクホルダーは製品やサービスを購入し，労働やアイデアを提供し，彼らのコミュニティが親切な受け入れを拡大してくれることで，企業の意思決定のなかに彼らの利益が反映されることを期待しているのである。

■ 本章の要点

(1) 「企業—政府—社会」は相互作用のシステムを形成している。なぜならば，互いに影響し合い，作用し合っており，また，互いの存在なくしては成り立たないからだ。経済的，政治的，そして，文化的な生活は，すべての国で互いに絡み合っている。また同時に，それらは社会の独自性を規定している。

(2) いずれの企業も社会のなかで他の企業と経済的・社会的に関係をもっている。意図したものもあれば，意図しないものもあり，また，肯定的なものもあれば，否定的なものもある。企業の基本的な使命に関わるものは，直接的な関係である。しかし，これらの直接的な活動から生まれてくるものは間接的な関係であり，副次的な関係であるということになる。

(3) 企業と相互作用する関係にあり，そこからの成果に利害関係をもつ人々，集団や組織は，その企業のステイクホルダーである。企業にもっとも密接に，かつ，直接的に関わる人は直接的ステイクホルダーであり，間接的に結びついている人は間接的ステイクホルダーである。

(4) ステイクホルダーは組織に利益をもたらしたり，また，挑戦すべき課題を与えるやり方で，経済的権力，政治的権力，あるいは，他の権力を行使することができる。ステイクホルダーはまた，単独で活動することもできるし，企業に影響を及ぼすために連携を形成することもできる。

(5) 企業が21世紀へと進んでいくにつれて，多くの広範な権力が「企業と社会」の関係に影響を及ぼすようになってきている。これらの権力には経済的競争や企業活動に関する戦略的な重点変更が含まれている。つまり，倫理的な要求や一般大衆の価値基準の変化であり，政府の役割の再評価であり，生態系や天然資源問題であり，また，科学技術がもつ変換機能である。

第Ⅰ部　社会のなかの企業

■ **本章で使われた重要な用語と概念**
ステイクホルダー　直接的ステイクホルダー　間接的ステイクホルダー　ステイクホルダー連合　リエンジニアリング　社会契約　新しい社会契約　人的資本　一般大衆からの期待　環境保護　知識経済

インターネットの情報源
- www.businessweek.com　ビジネス・ウイーク：ビジネスに関する広範な時事的な話題
- www.economist.com　エコノミスト：すぐれた国際報道
- www.fortune.com　フォーチュン：大企業に関する役立つ情報
- www.ethics.org　倫理資源センター
- www.whitehouse.gov/fsbr/ssbr.html　アメリカ合衆国大統領行政府

討論のための事例：インランド・ナショナル・バンク（注―ヴァーチャル（仮想）銀行）

インランド・ナショナル・バンク（INB: Inland National Bank―これは筆者のバーチャル仮想銀行である）の小口取引業務に関する戦略的プラニングの責任者である，エイミー・ミラー（Amy Miller）はある問題に直面していた。INBは最近，他の地方銀行である家庭貯蓄銀行を買収した。INBの上級経営者は会社の小口取引業務を再編しようとしており，いくつかの支店が閉鎖されることになっていた。アメリカの中西部にある中規模都市に拠点をおいていたINBは，コミュニティとの関係と堅実な財務上の業績によってよい評判を得ていた。銀行の支店を再編成するという決断は経済的判断によるものだったが，それによって多くの地域住民にどのような影響が及ぶことになるのか，とエイミーは苦慮していた。とりわけ，彼女は二つの小口取引支店のことを心配していた。

① ロックデール支店

この支店は，家庭貯蓄銀行の小さな支店であった。ここでの問題は明らかであった。コミュニティ住民は高齢で，経済的にも衰退してきていた。家庭貯蓄銀行は長年にわたり設備を近代化してこなかった。それゆえに，設備を改善するためには大きな投資が必要であった。エイミーはそのコストをおよそ50万ドルと見積もった。コミュニティ住民の財政的な将来性がそのような投資に見合うかどうかは明らかではなかった。家庭貯蓄銀行はロックデールに支店をもつ最後に残った銀行であった。他のすべての銀行は5年前までには支店を閉鎖していた。もしその地域の事務所が閉鎖されたら，ロックデールの顧客は車か，バスで10分くらいのカルバー・ハイトのINBの支店を使うしかなかった。カルバー・ハイトの支店はローカルバスの路線にある便利な場所に設置されていた。

② ノース・マディソン支店

エイミー・ミラーはまた，ロックデールに隣接した地域であるノース・マディソンの支店も気がかりだった。ノース・マディソンは，貧しい地域であり，平均所得が一世帯当たり2000ドルであり，市のどのような地域よりも低かった。ノース・マディソンの住民の多くは，生活保護や公的補助を受けていた。家庭貯蓄銀行はノース・マディソンの商業地区のメイン

ストリートに支店事務所があった。INBは10年以上も前にノース・マディソンの地方支店を閉鎖していた。

INBの企業戦略担当の経営責任者は，ノース・マディソンのショッピング街のような便利な場所に，地域の支店の代わりに現金自動預払機（ATM：automatic teller machines）を設置することを話し合っていた。その措置は，支店のなかの合計20の職種を奪うことになる。そのために，従業員のうち一握りの者しか銀行内の他の仕事に就けなくなるだろう。INBの最高経営責任者（CEO）は科学技術が顧客にいかによりよいサービスを提供できるかということを何度も演説してきた。銀行は顧客のために，まもなく新しいオンラインサービスを取り入れることになると発表してきた。

③ 他の諸要因

ロックデールの住民は合併の発表がなされたあと，2～3日の間，家庭貯蓄銀行の支店前でデモのグループを組織した。地元のテレビ局はその様子を報道するために，スタッフの一団を送り込んだ。インタビューに答えた，ある地元住民はこう言った。「INBは年寄を心底嫌っている。ロックデールに住んでいるのは年寄りばかりなんだ。あの連中は，人より金が優先なんだ」と。

INBはまた，何人かの市職員からも抗議の電話を受けた。シーラ・トーマス（Sheila Thomas）はロックデールとノース・マディソンの両地域にまたがる市議会議員に選ばれていた。彼女は銀行の計画について率直に意見を述べ，銀行が市民すべてに誠実に対処しているかどうかに疑問を呈した。テレビのインタビューのなかで，「この銀行が人に換えてATMを置くことで，住民の気持ちをひどく失望させるのは，間違っている」と，トーマスは述べた。エイミー・ミラーはシーラ・トーマスを尊敬していたが，他方ではまた，その市議会議員はメディアを活用する手腕をもつ野心的な政治家であるということも認めた。

INBは連邦政府といくつかの州の銀行部局に規制される業務監査制度のもとで営業活動をしている。当行はこのような関係当局によってよい評価をえていたが，支店の再編計画はそのイメージを汚すことになってしまった。「連邦地域社会再投資法」（CRA：federal Community Reinvestment Act）のもとで，INBはその預金がどこからきて，どこへ投資されるかを開示しなければならなかった。このことは，預金者が生活し，働いているコミュニティに資金が公正に再投資されることを保証するのに役立った。この法律は，銀行がコミュニティのニーズに配慮するように仕向けるために，銀行担当職員にかなりの手段を与えることになった。

コミュニティ住民や商店主からの異議申し立ては，INBの支店閉鎖を許可しなければならなかった州の銀行担当職員の注意を引いた。銀行担当職員がもっていた旧来の基準は，提案された活動によって銀行の財務的な支払能力がよくなるのか，あるいは悪くなるのか，ということであった。最近になって，知事は新しい州銀行理事を任命した。その州銀行理事は「地元に投資を」，「科学技術同様に人々に投資を」と銀行をせきたてる多くのスピーチをしてきた。ロックデールとノース・マディソンには新たな難しい問題が出てきたのである。

④ 決　断

INBの最高経営責任者と上級経営委員会との最近の会合で，ミラーは州の銀行担当職員がINBにロックデールとノース・マディソンの住民によって起こされた問題に応える計画

案を提出するように要請してきていることを知った。彼女はその週末までにINBの最高経営責任者に行動方針を提案しなければならないチームのメンバーに任命された。このチームのリーダーはその日の午後に会合を召集した。彼が提案したのは，INBにとってこの問題を解決する一つの方法はどちらか一つの支店を閉鎖するというものであった。ミラーはロックデールとノース・マディソンの支店についての彼女の分析を，その会議に提出するよう求められた。

検討すべき問題

① この事例におけるステイクホルダーはだれだろうか？ どれが直接的ステイクホルダーであり，どれが間接的ステイクホルダーなのだろうか？ それらはどのような影響力をもっているのだろうか？ それらは，互いにどのように関連しているのだろうか？ INBに対するステイクホルダーたちの関係を関係図に書きなさい。
② もしINBが銀行の支店を一つ，あるいは，両方とも閉鎖すると決定した場合,「企業―政府―社会」の関係はどのような役割を果たし合うことになるのだろうか？ 問題はどのように展開していくのだろうか？ INBの経営陣はどんな事柄に一番重点をおいて考えなければならないのだろうか？
③ エイミー・ミラーはチームになにを提案すべきだろうか？ 一つの支店を閉鎖するという提案は銀行にとって，あるいは，コミュニティにとって，問題の解決になるのだろうか？ あなたは，どちらの支店を閉鎖したらよいと思うだろうか？
④ 銀行は閉鎖の衝撃を和らげるために，どんな措置を講じることができるか，あるいは，講じるべきか？

注
(1) ウォール・ストリート・ジャーナル，ニューヨーク・タイムズ，および，ビジネス・ウイーク誌に掲載された資料にもとづいている。当該企業のウェブサイトも参照のこと。
(2) この金額は，1991年のエクソン・モービルの合併の際の1000億ドルと2000年のドイツテレコムとボーダーフォンの合併の際に提案された1250億ドルを前にして影が薄くなった。
(3) これについては，Robert D. Putnam, *Bowling Alone : The Collapse and Revival of American Community*, New York : Simon and Schuster, 2000.（柴内康文訳『孤独なボウリング』柏書房，2006年）のなかで明らかにされている。また，アミタイ・エツィオーニの *The New Golden Rule*, New York : Basic Books, 1996（永安幸正監訳『新しい黄金律』麗澤大学出版会，2001年）および，*The Spirit of Community*, New York : Crown Publishers, 1993.を参照のこと。
(4) William C. Frederick, *Values, Nature, and Culture in the American Corporation*, New York : Oxford University Press, 1995.
(5) R. Edward Freeman, *Strategic Management : A Stakeholder Approach*, Marshfield, MA : Pitman, 1984., および Thomas Donaldson and Lee E. Preston, "The Stakeholder Theory of the Corporation : Concepts, Evidence, Implications," *Academy of Management Review*, January 1995, pp. 71-83.
(6) John deButts, "A Strategy of

第1章　企業とステイクホルダー

Accountability," in William Dill, ed., *Running the American Corporation*, Englwood Cliffs, NJ : Prentice Hall, 1978 の p. 141頁から引用。
(7) James E. Post, Lee E. Preston, and Sybille Sachs, *Redefining the Corporation : Stakeholder Management and Organizational Wealth*, Palo Alto : Stanford University Press, 2001.
(8)　インドネシア環境連合の代表に対するインタビューにもとづいている。
(9) Andrew Revkin, "Treaty Talks Fail to Find Consensus in Global Warming," *New York Times*, November 26, 2000, pp. A1, A16. を参照のこと。
(10) Thomas Donaldson and Thomas Dunfee, *Ties That Bind*, Boston : Harvard Business School Press, 1998.
(11) John W. Houck and Oliver Williams, eds., *Is the Good Corporation Dead?*, South Bend, IN : University of Nortre Dame Press, 1996. この表現を最初に使ったのは，Robert J. Samuelson, "R. I. P. : The Good Corporation," *Newsweek*, July 5, 1993, p. 41. である。
(12) Post, Preston, and Sachs, *Redefining the Corporation.* また，次も参照のこと。James E. Post, "The New Social Contract," in Oliver Williams and John Houck, eds., *The Global Challenge to Corporate Social Responsibility*, New York : Oxford University Press, 1995., および，Severyn T. Bruyn, *A Future for the American Economy: The Social Market*, Stanford University Press, 1991.
(13) Charles J. Fombrun, *Reputation: Realizing Value from the Corporate Image*, Boston, MA: Harvard Business School Press, 1996. また，組織の戦略的な資産としての評価の役割と管理に焦点を合わせた雑誌である，次も参照のこと。*Corporate Reputation Review*.
(14) Business for Social Responsibility at www.BSR.org を参照のこと。
(15)　アニータ・ロディックの国際通商会議所での演説「企業の責任：美辞麗句ではなく，本当によい仕事を」(*Vital Speeches of the Day* 60. no. 7（January 15, 1994）pp. 196-99. に再録)。また，次も参照のこと。Anita Roddick, *Business as Unusual*, New York : Thorsons/Harper Collins, 2001.
(16)　「29カ国が外交官の賄賂の非合法化に同意する」(Edmund Andrews, *New York Times*, November 21, 1997, pp. A1, C2.)
(17)　「東ヨーロッパが投資家に大きな利益と大きな危険の機会を提供している」(*Wall Street Journal*, January 11, 1991, p. A6.)。東ヨーロッパの展望に関する最近の評価については，*The Economist* を参照のこと。
(18)　「パイプラインをめぐる新たな利害」(Shelia N. Heslin, *New York Times*, November 10, 1997, p. A37.)
(19) Post, Preston, and Sachs, *Redefining the Corporation*, chap. 6.
(20)　ミルトン・フリードマン，「新しい産業革命」(Lindley H. Clark, Jr., *Wall Street Journal*, November 23, 1993, p. A16.) に引用されたもの。
(21) Andrew J. Hoffman, *Competitive Environmental Strategy : A Guide to the Business Landscape*, Washington, DC : Island Press, 2000; Andrew J. Hoffman, *From Heresy to Dogma*, San Francisco : New Lexington Press, 1997, および，Andrew J. Hoffman, ed., *Global Climate Change*, San Francisco : New Lexington Press, 1998.
(22)　「あなたのビジネスにE-ビジネスをどのように取り込むか」（特別報告）(*The Economist*, November 11-17, 2000)。また，次も参照のこと。「情報技術部門が

アメリカ最大の産業に位置づけられた」(Steve Lohr, *New York Times*, November 18, 1997, p. D12.)。

(23) 「生物計量学：これからの新しい問題」(*The Economist*, September 9-15, 2000, pp. 85-91)。また，次も参照のこと。Rolf Boone, "Biometrics Making an Impression in Identification," WWW.dbusiness.com, July 18, 2000.

第2章　企業と公共的課題事項

　企業は多くの公共的・社会的課題事項に直面している。企業はそれぞれ，その活動に関連する独自のステイクホルダー関係および公共的課題事項に対応しなければならない。企業経営者はステイクホルダー関係や公共的課題事項に対応するのに多くの時間を費やすことになる。パブリック・アフェアーズ部門のマネジメント管理という職務を専門に行なう担当者を選任する組織も多く，そうでなくとも，公共的・社会的課題事項への対応はすべての経営者が果たさなければならない職務だと考えられている。

　本章では，以下のような主要な問題と目的に焦点を絞って論じることにする。
・なぜ，戦略的経営は適切なマクロ環境分析に依拠するのか？
・なぜ，ステイクホルダーの期待が，経営者や組織に向けられるのか？
・公共的課題事項が進展するライフサイクルとは，どのようなものなのか？
・企業におけるパブリック・アフェアーズ活動の機能について使命や目的は，どのようなものなのか？
・組織は特定の公共的課題事項に対応するために，どのような戦略を用いることができるのか？
・どのような活動が，課題事項のマネジメントシステムを構築するのか？
・企業は，ステイクホルダー関係を戦略的にマネジメントするために，何をしなければならないのか？

　フォード・モーター（Ford Motor Company：以下，フォード）は，世界でもっとも成功している自動車メーカーの一つである。フォードは世界中の顧客に対して，自動車やトラックの革新的なデザイナーおよびメーカーとしての名声を獲得している。それにもかかわらず，フォードの自動車が顧客の期待に応えていないことがある。それはメーカーの失敗によるものかもしれないし，タイヤなどの重要部品を供給している他の企業の過失によるものかもしれない。2000年，フォードは，自社の人気ラインであるスポーツ・ユーティリティ・ビーグル（SUVs）に危険なタイヤが使用されていることが発覚するという大問題に直面した。そのタイヤは，ブリヂストン・ファイアストーン社（Bridgestone/Firestone：大手タイヤメーカー，フォードの長期にわたる取引先）によって製造されたものであった。60人以上の死者および何百という交通事故がファイアストーン・タイヤ搭載のフォードSUVsに関係していることが明らかになると，両社は一般市民の関心の渦のなかに押し出されることとなった。この事件は，過去，フォード社が直面してきた他の危機を思い起こさせるものであった。

　フォードは過去80年間以上，自動車と軽量トラックを販売してきており，現在でも北米地区において毎年数百万台もの自動車を販売している。例えば，フォードは1990年代

初頭の五年間で，北米地区において2600万台もの自動車と軽トラックを販売した。不幸なことに，これらの自動車が運転手や乗客にとって安全ではなく，危険だと思われるときがあった。フォードは自社製品に対する一般大衆市民の信頼を損ね，また，公共的な課題事項に対する戦略的マネジメント・アプローチを開発しなければならないという深刻な経験に，三度，耐えてきた。製品設計上の最初の大きな問題が，ピント（Pinto）という自動車において発生した。ピントには，他の自動車にぶつけられたとき，瞬時に発火して爆発するという設計不十分な燃料タンクが使われていた。安価な安全装置があれば，こうした発火の多くを防ぐことができたと非難された。結局，フォードがピントをリコールし，被害者家族からの賠償請求に応ずるまで，フォードに対して多くの訴訟が起こされた。

　フォードは1990年代中頃，いわゆる「燃えているフォード」（the Flaming Ford）という事件に直面した(1)。この事件では，内部で漏電を起こし，その結果，オーバーヒートしてステアリング部分で発煙・発火するイグニッション（点火装置）に問題があった。フォードは1993年までに，カナダの自動車保有者では少なくとも300件，アメリカの自動車保有者からは800以上ものこうした火災に関する報告を受けていた。それらの事件のうち多くの場合では，自動車全体が火に包まれてドライバーが負傷した。フォードはイグニッション・システムに欠陥があることを否定し，全体的な安全性を主張した。事件が進展すると，被害者の弁護士の何人かが，集団訴訟で協力してもらうために，同じような問題を経験した他のフォード車の所有者を探しはじめた。弁護士たちは「燃えているフォード車オーナーの会」（Association of Flaming Ford Owner）という名前のウェブサイトを立ち上げた。そのサイトのトップページには炎上するトラックが表示され，「あなたは，火災を起こすイグニッションが使われているフォード製自動車の所有者，2600万人のなかの一人ですか？」と尋ねられる。サイトの閲覧者は，データベースのなかの情報を求めて，所有するフォード車のモデルと製造年をクリックするように促される。このウェブサイトは，イグニッション・システム，未解決訴訟，他の原告に関する最新情報を提供している。このウェブサイトによって，顧客は，昔よりも迅速に，また，完全な情報にもとづいて手続きをとることができるようになった。ただフォードにとって，インターネットの力はそれほど驚くべきことではなかった。なぜならば，ウェブベースでのマーケティング戦略を開発しつつあったのである。しかし，フォード重役らは，顧客や批評家らもビジネスへの対抗手段としてインターネットを利用することには驚きを示したようであった。

　2000年になり，ファイアストーン・タイヤ問題が知られるようになったとき，インターネットはすべての人々の戦略の基礎を担うものになっていた。フォード車オーナーは製品リコールの情報をインターネット経由で得ていた。というのは，フォードとファイアストーンはEメールと自社のウェブサイトを使って状況を公表し，手続きについて説明していた。また，「米国高速道路安全輸送協会」（NHSTA: National Highway

Safety Transportation Agency）は，インターネットを使って一般大衆市民からの情報と反応をモニターしていた。

　技術が商業取引を行なう方法と社会的課題事項（social issues）に対応する方法の両者を変化させている。「ピント」事件では情報を整理するのが困難であったために，進展するのに何年もかかり，「燃えているフォード」事件ではインターネットが幾分，使われたことで，より迅速に進展することになった。「スポーツ汎用車（SUV）のタイヤ」問題では情報通信技術によって，いちはやく一般市民が事情を知るようになった。現在，多くの企業が供給業者，販売先，顧客への対応を改善するためにインターネットを用いている。それと同時に，弁護士，活動家，一般大衆も，公共的課題事項についての知識を獲得し，他の人々を活動の強力なパワーとして組織化するためにインターネットを用いている。それゆえに，インターネットは，企業活動を促進させるための道具でもあり，また，製品，企業活動，社会的影響を含めた諸問題に関する一般大衆の認識を促進させる道具でもある。

　第1章で議論された要点に関していえば，スポーツ汎用者の欠陥タイヤに対するフォードの反応によって，技術が倫理と事業戦略をどのようにして密接な関係にしていったかを知ることができる。現代の企業社会においては，企業の行なうすべての意思決定や誤りをしっかりと観察できるだけの能力をもつ無数のステイクホルダーから逃れることはできないのである。

1　なぜ，公共的課題事項が発生するのか

　フォードの経験が示すように，企業はそのステイクホルダーを無視することができない。顧客，供給業者，競合企業は企業経営者に対して圧力をかけるだけのパワーを迅速に組織化するだけの能力をもっている。もちろん，すべてのクレームが正当なものではないし，すべてのステイクホルダーが道理に適った要求をしているわけでもない。しかし，自社のステイクホルダーの関心事を無視する経営者は自らを危うくすることになるし，企業を窮地に追いやることになるかもしれない。

　現代の企業環境において，組織はもはや，自分の生活が企業活動と密接なかかわりをもつ正当なステイクホルダーを無視することはできない。第一に，多くのステイクホルダー（例えば，株主，従業員，供給業者）は，企業と正当な関わりをもち，通常，企業の成功に対してある程度の価値を提供している。第二に，ステイクホルダーを無視するということは，「燃えているフォード」事件においてフォードが直面した，ある種のキャンペーンというリスクを負うことになる。そのために，多くの組織がステイクホルダー問題が発生するにつれて，問題に対応するためのシステマティックな対策を創出してきたし，また，重要なステイクホルダーとの関わり合いに対して，より戦略的でより長期的な手段を開発してきたのである。

第Ⅰ部 社会のなかの企業

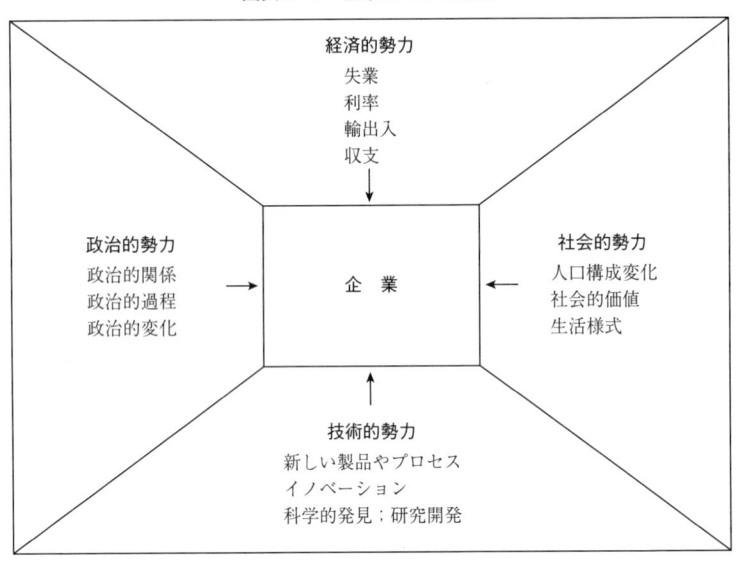

図表2-1 企業のマクロ環境

```
                    経済的勢力
                     失業
                     利率
                     輸出入
                     収支

  政治的勢力                        社会的勢力
   政治的関係      →  企 業  ←      人口構成変化
   政治的過程                         社会的価値
   政治的変化                         生活様式

                    技術的勢力
                     新しい製品やプロセス
                     イノベーション
                     科学的発見；研究開発
```

（1）企業のマクロ環境

　企業は経済的・社会的に有効な戦略を構築するために，環境情報のフレームワークを必要とする。環境分析によって，経営者は課題事項や傾向（第1章参照）に関する情報を獲得し，こうした情報によって，組織は脅威を最小限に抑えて新たな機会を利用する戦略を構築することができるようになる。

　経営者は外部環境のさまざまな箇所で何が起きているのかを理解しておかなければならない。二つの権威ある研究によると，企業とその経営者に関連する環境は社会的，経済的，政治的，技術的という四つに区分されたセグメント（区分）から構成される。(2)こうした企業のマクロ環境は，「事実」（fact），「傾向」（trend），「課題事項」（issue），「理念」（idea）を含めて，ほぼ無限量といえる情報から構成されている。四つのセグメントそれぞれは情報の集約する領域を表していて，そのうちのどれかが企業にとって重要で関連あるものとなる。図表2-1は，企業のマクロ環境における四つのセグメントそれぞれを描いたものである。

　図に示されるように，社会的セグメントは，社会における(1)人口構成変化，(2)生活様式，(3)社会的価値に関する情報に焦点をあてる。経営者は，人口の変化（例えば，ベビーブーム），人口の特性（例えば，平均年齢），新しい生活様式の出現，人口に合った社会的価値，もしくは，人口にそぐわない社会的価値を理解する必要がある。

　経済的セグメントは，社会において企業が直面する一連の経済要因や経済状況に焦点を当てる。例えば，利率，失業，海外からの輸入，その他多くの要因に関する情報が実

際には，すべての企業に関係してくる。経済的セグメントはすべての企業組織に大きな影響力をもっている。

　政治的セグメントは社会における特定の政治的関係，その関係の変化，社会で政治的意思決定が行なわれるプロセスを取り上げる。例えば，租税規約の変化によって，収入や租税負担が再び，配分し直される。これは，社会のさまざまなセグメント間の政治的関係に関わる。企業行動に対して基準を設定する規制機関の設立および解体は，政治的手段の変化の例である。

　技術的セグメント（technological segment）は，社会のなかで起こっている技術的発展と潜在的危険に関連する。ネガティブな社会的影響力を伴う新しい製品・製造方法・原材料，科学的活動の全体的なレベル，科学における進展がこの領域の重要な事柄である。ファイアストーン社（Firestone）の欠陥タイヤやフォードのイグニッション・スイッチのような問題は，多くの企業で行なわれている技術的分析の一つの様相である。

　図表2-1に示されるようなマクロ環境（macroenvironment）は，お互いに関連し，影響し合うセグメントの相互関係システムである。例えば，フォード・モーター社（Ford Motor Company）は，欠陥タイヤ問題に成功裏に対応するために，経営者は社会的，経済的，政治的，技術的要因に関する自らの知識を結集しなければならなかった。フォードは，経済的な問題に対して技術的な解決策を必要としていたと同時に，フォードに対する消費者運動の法的・制度的影響力への理解をも必要としていた。経営者は，その問題が企業にとって危機となったときに，こうした要因について学習する。しかしながら，望まれる方法とは，各セグメントやその相互関係について，それらが組織に影響を与える前に理解するということである。

① 環境スキャニング

　環境スキャニング（environmental scanning）は，外部の社会的，経済的，政治的，技術的環境を分析する経営手法である。スキャニングは非公式的に，もしくは，公式的なマネジメント・プロセスとして行なわれる。どのように行なわれようと，スキャニングには，情報の収集，分析，処理が含まれる。うまく行なわれると，危機を回避し，機会を見出すのを支援することになる。環境スキャニングは以下の方法で，一度，ないし，複数回行なわれる。それは，政府，社会，それぞれのセグメントの進展の傾向分析，企業の産業や経済セクターもしくは企業が事業を展開している国で起こっている事柄の課題事項の分析，企業にとって重要な個人・グループ・組織に関するステイクホルダー分析である。

　・傾向分析（trend analysis）は，将来に向けて，現在の傾向に関する推測や結果を理解して提示することである。とくに，製品やサービスの寿命が長期間にわたる企業にとっては，長期の傾向を理解する必要がある。例えば，生命保険業は，30，40，50年間続くかもしれないような長期契約を結ぶことが多い。保険契約者は保険会社に給付金を支払うよう求めるまでに何十年も生命保険料を支払うことになるかもしれない。

また，寿命が延びてライフスタイルが活動的になっているという傾向は，年金制度や年金契約において保険業者の支払う年数計算を変更させる。こうした傾向やその含意を理解しそこなうと，企業や保険受取人・年金受給者に損害を与える不十分な財務計画をもたらすことになる。

・課題事項の分析では，現在起こりつつある，また，将来起こりそうな，企業に影響を及ぼす特定の事柄について，詳細に評価を行なう。多くの企業では，パブリック・アフェアーズ担当者が，経済的・社会的利益の機会を探しつつ，多数の社会的な課題事項を丹念に追跡・監視する。例えば，ワーナー・ランバート社（Warner-Lambert）では，重大な社会的課題事項に対応することが企業イメージを高め，従業員の自社への誇りを生み出し，自分たちを窮地から救い出すと考えている。ランバート社では，末期的な疾病のホスピス・ケアやドメスティック・バイオレンス（DV）問題への対応など，多様の社会的な課題事項に取り組んでいる。また，発生しつつある課題事項への対応についての教育プログラムやコミュニティへの出張プログラムも提供してきた。[3]

・ステイクホルダー分析（stakeholder analysis）（第1章を参照）は，外部環境を構成する人々，グループ，組織に焦点を当てる。その企業の直接的ステイクホルダーと間接的ステイクホルダーの関心事が何かを理解しようとすることによって，将来，どのような種類の要望が起こりそうなのかを経営者がより的確に予測できるようになる。フォーカス・グループ（意見聴取のための特定の集団）への意見調査や専門家の報告サービスなど，こうした情報を収集するには多くの方法がある。組合幹部やコミュニティの環境保護団体とのインフォーマルな議論は，こうしたグループにとって何が重要な問題なのか，また，なぜ，重要なのかについて経営者が理解するのに，大いに役に立つのである。

企業は一夜にして社会的に即応するようになるのではない。新しい態度が形成され，新しいルーティンワークが学習され，新しい政策と行動プログラムが設計されなければならないのである。社会的に反応するための戦略を達成するには，多くの障害が克服されなければならない。経営者グループ間の報告関係のような構造的なものもあれば，何かを行なう際の今までのやり方を変えていくような文化的なものもある。

（2）公共的な課題事項の発生

企業がステイクホルダーとの良好な関係を構築する新たな方法を追求する理由の一つとして，別のアプローチ，つまり，これまで敵対的なアプローチがたびたび失敗してきたということがある。ある問題の最初の兆候が，期待が満たされていないステイクホルダーやそのグループからの，苦情，反対，抗議ということもある。例えば，ある住民グループが地方工場から出てくる臭いや煙に反対するかもしれない。市民が，地方大学での科学実験のためのサルやネズミの使用に抗議するかもしれない。従業員が，会社のカフェテリアで用意された食事をとり，製造工程で使用される化学薬品からのガスを吸引

図表2-2 「成果と期待」のギャップ

企業 〈成果〉	ステイクホルダー 〈期待〉
←→ ギャップがどれだけ広いか？	
・実際の成果	・期待された企業の成果
・実績	・ステイクホルダーが望むもの
・結果	・満足度
・他者への影響	・失望あるいは怒り

した後に，気分が悪くなったと苦情を申し立てるかもしれない。それぞれの場合でこうした苦情は，企業経営者がより注意深く検討すべき問題の初期の警告なのである。

(3)「成果と期待」のギャップ

　上記のそれぞれの事例では，企業の実績とステイクホルダー組織・グループの期待との間にギャップが生まれていた（図表2-2参照）。ステイクホルダーの期待は正当な企業活動を成り立たせる構成要素について，人々の意見，態度，信念が混在したものである。例えば，コミュニティの住民は工場からの有害排気ガスを受け入れようとは考えない。動物を大切に思う人々は，科学実験の名のもとに動物に苦痛を与えることが道義的な責任を負っているとは考えない。食物から病気にかかったり，ガスで喉が詰まったりする従業員は，このように自分たちの健康を危険にさらすことが企業にとって倫理的に妥当であるとは考えていない。以下の事例は，ある企業がどのようにして，ステイクホルダーの感情のサインを読み取り，「成果と期待」のギャップ（格差―performance-expectations gap）が拡大する前に行動することを決定したのかを示している。(4)

　　2000年11月，玩具メーカーのチャイルド・ガイダンス社（Child Guidance）は，カリフォルニアに本社のあるジャックス・パシフィック社（Jacks Pacific）が製造し，自社ブランド名で販売されていたオモチャ「踊るキャタピラー」(the Wiggle Waggle Caterpillar）を90万個以上リコールした。このリコールはテキサス州エルパソに住む生後5カ月の女の子が，音楽に合わせて踊るキャタピラー玩具の小さなプラスチックボールを咽喉に詰まらせて死に至った後に行なわれた。チャイルド・ガイダンス社は，全製品のリコールを確実にするために，連邦機関である消費者製品安全協会（the Consumer Product Safety Commission）とともに動いた。この製品は，1998年5月から2000年6月にかけて販売されていた。この10インチのおもちゃは4曲の歌を演奏しさまざまな音を出すものだが，さらに2人の子どもが咽喉を詰まらせることになった。親たちは会社に電話すると，同じような価値の別のおもちゃと交換するように勧められた。窒息死した少女とこれらの事件の子どもたちは生後5カ月か，それ以下だったが，キャ

第Ⅰ部　社会のなかの企業

タピラーのオモチャは1歳，および，それ以上の子ども向けに設計されており，また，そのようにラベルにも示してあったと，ジャックス社の社長兼最高執行責任者（COO）スティーヴン・バーマン（Stephen Berman）によると，このおもちゃは，苦情を受け取る以前でも以後でも適切な安全テストすべてに合格していた。「しかし，私たちは思慮深くなることとし，さらなる事件が起こらないことを確実にするためにリコールを行なったのだ」とバーマンは語った。

経営者や組織が自社のステイクホルダーの期待や信念をできるだけ早く理解するのには，十分な理由がある。例えば，安全への関心を理解しないことは，また，チャイルド・ガイダンス社が上記の事例で行なったような適切な対応を行なわないことは，「成果と期待」のギャップを拡大させてしまう。図表2-2に描かれているように，このギャップは，ステイクホルダーの期待と企業の実績との差異を示している。このギャップが拡大するにつれて，ステイクホルダーの反発というリスクも拡大する。

2　公共的課題事項のライフサイクル

ステイクホルダーに関する効果的なマネジメントは，公共的課題事項が予測可能な形で進展するということを理解するところから始まる。言い換えれば，課題事項を巡ってどのようにプレッシャーが形成されていくのか，また，どのようにそれがメディアや政治家の関心を引くような注目の問題に変貌していくのかを「予測すること」は，経営者にとって可能である。

公共的課題事項（public issue）は，ある組織が行なうべきことへのステイクホルダーの期待と企業，政府機関，非営利組織などの実績とのギャップが存在するときに発生する。フォード社の経営陣は，「燃え上がるフォード」メンバーがイグニッションの欠陥問題に最初に気づいたときに，どのように彼らが行動してその問題に反応するのかを予測することができた。企業がこのように対応できる方法の一つが，図表2-3にみられるような**公共的課題事項のライフサイクル**（public issue life cycle）を研究することである。このモデルは，公共的な課題事項が成熟するにつれて経過する基本的段階を図示したものである。

（1）公共的課題事項のライフサイクルの各段階

一般に，社会的関心というものは，その自然的な進展のために，ライフサイクルとみなすことができる一連の段階を通じて発展する。経営者は課題事項が発展するパターンを認識し，初期の警告サインを見抜くことによって，問題を予測し，それが危機的な状態に到達する前に解決するように働きかけることが可能となる。図表2-3に示されるように，公共的課題事項のライフサイクルには四つの段階がある。①ステイクホルダーの期待の変容，②政治的な行動，③公式的な政府行動，④法律の施行である。各段階につ

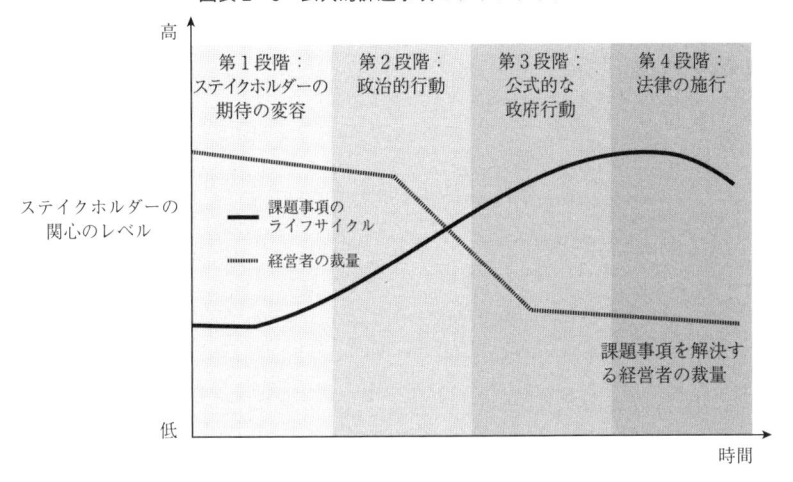

図表 2-3 公共的課題事項のライフサイクル

[図：横軸「時間」、縦軸「ステイクホルダーの関心のレベル」（低〜高）。第1段階：ステイクホルダーの期待の変容、第2段階：政治的行動、第3段階：公式的な政府行動、第4段階：法律の施行。曲線は「課題事項のライフサイクル」が右上がりに上昇していき、「経営者の裁量」（課題事項を解決する経営者の裁量）が右下がりに低下していく様子を示す。]

いては以下で議論する。

① 第1段階：ステイクホルダーの期待の変容

　公共的課題事項は，ステイクホルダーの期待が充たされないときにはじまる。ここでの失敗は地方工場の大気汚染に反対する小規模の住民グループから，研究所の科学的実験に使用されているサルの福祉に対する動物愛護者の懸念，増税を行なう政府への投票者の怒りまで，多くの形態がある。上記で議論したように，いったんギャップが進展すると公共的課題事項の種がまかれることになる。

　　米国のタバコ産業ほど，大きな正当性ギャップに直面している産業も珍しいであろう。この産業は高まりつつある禁煙という風潮のなかで多くの戦いを経験してきた。1960年代まで，喫煙は魅惑的で洗練された行為と見られていた。1940年代の広告には，軍服を身にまとった映画スターが出演し，喫煙が魅力的で愛国的であるという印象を与えるものだった。さらに，広告は女性喫煙者を社会的に解放されて，自立的であるように描いていた。

　　今日では，喫煙に関する一般市民の認識は非常に異なっている。喫煙は喫煙者やその周囲の人にとって危険であるという理由から，受け入れがたいものになっている。健康に関する専門家は，タバコの煙やその健康への悪影響から解放されて生活する権利を一般市民は有している，と主張する。市，州，また，連邦政府さえも，非喫煙者が望まない煙から解放されることを保証するための手続きをとるようになっている。例えば，1993年，喫煙反対の主張者は週10人以上の労働者が定期的に使用する建物（個人の家以外）での喫煙を禁止するために，両議会における立法（the Smoke-Free Environment Act；嫌煙環境法）を提案した。

フィリップ・モリス（Philip Morris）やR. J. レイノルズ（R. J. Reynolds）のようなタバコメーカーは，長い間，健康への影響という課題事項とともに活動してきた。批判が高まるにつれて，タバコメーカーは，喫煙規制に反対する人たちと支持する人たちの両者を識別するようになった。非喫煙者は規制を求めているが，タバコメーカーは喫煙者も権利を有していると主張してきた。こうしたテーマを強調することによって，タバコメーカーは喫煙者と非喫煙者の権利のバランスを保ち，妥当な期待を設定し，妥協の共通基盤をつくり出す方法を見つけることによって議論を形成しようとした。

利益集団はメンバーを保護するために政府に対応を求めることで，課題事項の発生を明らかにすることになるかもしれない。経営者は，他のステイクホルダーたちが政府に何を求めているのかを理解し，政府が自分たちの企業活動のために行動してくれるように依頼する準備をしなければならない。例えば，米国企業は国際貿易の対立によって，外国の競合企業の不公正な貿易慣行に異議を申し立てるよう連邦政府に対して依頼することとなった。

> 米国の自動車メーカーは，日本でより多くの米国車を販売する認可を取り付ける際に，米国連邦政府の支援を求めた。トヨタ，日産，ホンダの自動車など，日本の自動車メーカーが上位の市場地位を確立している米国市場とはきわめて対照的に，日本は，GM（General Motors），フォード，クライスラー（Chrysler）の自動車販売に国内市場を開くことには消極的であった。米国企業は，日本政府の政策が閉鎖市場を悪用していると非難した。それゆえに，米国政府だけが日本に変わるよう働きかけることができたのである。(6)

② 第2段階：政治的行動

どのようにしたら，政府が問題に対応するようになるだろうか。政府機関が対応を求められる公共的な課題事項に関する議題は膨大だが，すべての公共的な課題事項に政府の対応が保証されるとは限らない。毎年，州政府や連邦政府が対応を求められる多くの問題のほとんどが，必要とされる支援を引き出すことができていないのである。なぜならば，政府組織が設置されているところはどこでも，政治的唱導者（political advocates；政策起業家と呼ばれることもいう）が文化の一部となっているからである。

強くて有効なリーダーシップには，常に，革新運動をリードするのに十分なほどに一般大衆の関心を引くことが必要となる。例えば，1960年代のアメリカの市民権運動には，マーチン・ルーサー・キングJr. 博士（Dr. Martin Luther King Jr.）のカリスマ的リーダーシップが存在した。その他の運動でも，さまざまに異なったパーソナリティをもつリーダーが存在していた。ラルフ・ネーダー（Ralph Nader）は彼がアメリカ大統領の候補になるずっと以前に，有名な著書『どんなスピードでも危険』（*Unsafe at Any Speed*）などで，危険な製品の詳細な技術的分析による市民の支援を構築することで，自動車の安全性を要求する戦いを指揮したのである。グロリア・スタイネム（Gloria Steinem）とベティ・フリーダン（Betty Friedan）は女性の権利のすぐれた主張者であっ

た。今はもう亡くなっているシーザー・チャベス（Cesar Chaves）はハンガーストライキと製品ボイコットによって，農家の苦境に市民の関心をひきつけた。マリオン・ライト・エーデルマン（Marion Wrignt Edelman）は児童擁護基金（the Children's Defense Fund）でのリーダーシップを通じて，子どもたちのための強力な発言権をもたらした。これらのリーダーはそれぞれ，市民や政治的指導者の眼前に課題事項を留まらせるために，自らのパーソナリティーと知識を用いたのである。また，改革運動のリーダーシップは政治システムそれ自体のなかから出てくるものでもある。例えば，1990年代半ば，下院議員ニュート・ギングリッジ（Newt Gingrich）は連邦政府の権力を縮小させる政治改革運動を導いた。1990年代後半には，上院議員ジョン・マッケイン（John McCain）は選挙における政治資金調達に関連する規則を変更させるキャンペーンを導いた。

また，ドラマティックな事件は政府に法律制定を促す。インド・ボパールでのユニオン・カーバイド社（Union Carbide）化学工場での汚染事故のような環境危機やより最近ではタコスのなかでの遺伝子組み換えトウモロコシの発見は政府に対して，人々や環境を保護するための法律を強化せよ，という環境保護派の市民の圧力を生み出す役割を果たした（第10章と第11章を参照）。一般市民が企業に挑戦するのに十分な支援基盤を構築するには，数カ月または数年かかることもある。しかしながら，一定の課題事項が解消されずに残っている場合には，グループが正式に組織化され，パンフレット，ニュースレター，ウェブページ，印刷物，および，電子通信などさまざまな方法を通じて，その問題に関するキャンペーンが行なわれる。彼らは，メディアの注意を引きつけ，新聞，テレビ，ラジオ報道という結果をもたらすことになる。このことによって課題事項は，一般大衆の関心を引くものから，政治的重要性をもつものへと移行するのである。

「民間航空委員会」（the Civil Aeronautics Board）が喫煙者は機内では非喫煙者から隔てられなければならないことをルール化したとき，受動的喫煙に反対する政治的運動がはじまった。政治的な進展には，GASP（Group Against Smoking Pollution）などさまざまな喫煙反対グループの設立が関わった。GASPは受動的喫煙（他人のタバコからの煙）によって引き起こされる病気を訴える人々からの要望を受けつけた。彼らは喫煙規制の制定を求める企業を支援した。喫煙反対の活動家は企業が受動的喫煙から非喫煙者を保護しなかったことで訴えられた訴訟にそれなりの政策をとる要因を企業の意欲にもとめた。環境保護庁（the Environmental Protection Agency）は受動的喫煙によって毎年，何千という人が死んでいることを示す統計表を発行し，受動的喫煙の訴訟では，判決は徐々に非喫煙者側が優勢になっていった。

1997年，6万人の航空会社のキャビン・アテンダントが，受動的喫煙による被害を回復させるようタバコ会社を訴えた。この訴訟の審理ははじまったものの，タバコ会社が航空のキャビン・アテンダントとの示談を交渉して終了した。キャビン・アテンダント側は勝利を主張した。受動的喫煙問題において，圧力は形成され続けた。例えば，2000

年には，メリーランド州のフレンドシップ・ハイツ街（Friendship Heights）では，コミュニティに影響を及ぼすかもしれないという理由で，屋外での喫煙がすべて禁止された。タバコ会社は，この規制が憲法違反だと訴え，この訴訟は裁判にまで進んだ。[(8)]

喫煙との戦いは他の場所でも同様に続けられていた。2000年には，三人の原告が補償と懲罰的損害賠償金として，タバコ会社を相手に1450億ドルの陪審員評決を勝ち取った。政府も，喫煙関連疾病への費用のためにタバコ会社を訴えた。例えば，フロリダ州は州の治療施設患者のタバコ関連疾病を治療する費用を取り戻すためにタバコ会社を訴えた最初の州であった。他の州もこれに続くこととなり，こうした訴訟への財務的リスクによって，タバコ産業は各州の検事総長と交渉しなければならなくなった（巻末の事例研究「タバコ協定」を参照）。

政治家は一般市民の関心に興味をもっており，多くの場合，一般市民を代表する活動を主張したがっている。政府高官は，一般市民の期待と企業の実績とのギャップを埋める際に用いられるさまざまな種類の権力を有する新たなステイクホルダーである。かつてワシントンでは，タバコ業界のロビー団体が選出下院議員と上院議員との強力な連合の支援を得ていた。しかし，喫煙反対の圧力が高まるにつれて，役人や政治家の立候補者は喫煙反対の法律を支持して演説するようになった。また，タバコ業界のロビー団体への先鋒的な批判者となるものもいる。政治関係者の関与はより多くのステイクホルダーを形成し，それゆえ，企業や経営者が取り組む課題事項が複雑になっていくのである。

③ 第3段階：公式的な政府行動

多くの人々が政治的対立に巻き込まれるにつれて，その問題を解決するための法律や規制をどのように用いるかについての考えが出てくる。立法案や規制草案が出てきたとき，公共的課題事項は新しい活動レベルに移行する。

過去10年間，喫煙反対活動家を支持して多くの法的措置が取られてきた。喫煙反対の立法化は全国，多くの州，都市で施行されてきた。連邦政府はより有効な警告文を提供するために，タバコのラベルに書かれている健康への警告文をより大きく印刷することと，四半期ごとにメッセージを交換することを要求した。多くのコミュニティでは，レストランにおいて喫煙者が利用することのできる範囲を設定し，職場の非喫煙者は法律上，自分たちの直接の作業場を禁煙ゾーンと宣言することができるようになった。さらに，オフィスビル，レストラン，公共の建物では喫煙を完全禁止にする都市も出てきた。

企業は，通常，法律の制定や修正に対応する際，弁護士，ロビイスト，専門の政治コンサルタントを代理人とする。経営者が政府委員会や規制機関で証言するために呼び出されることもある。企業の顧問弁護士やロビイストはどのような提案が企業にとって最適か，もしくは，最悪かを決定し，企業利益に反する立法案を遅らせ変更する努力を行

なう。

　　タバコ会社は，喫煙反対運動と戦うために，数百人というロビイスト，弁護士，政治顧問を雇っている。タバコ産業は，法律活動とロビー活動にかかる費用として，年間6億5000万ドル以上の支出を計上してきた。彼らは，個別的に，また，産業協会である「タバコ・インスティテュート」(the Tobacco Institute) を通じて，科学調査の結果に異議を唱えた，喫煙反対の提案を打破するために働いてきた。ここでは二つの強力な主張が用いられた。一つは，5000万人のアメリカ人喫煙者もまた，喫煙をするという個人の自由を含んだ権利を有しているという主張であり，もう一つは，タバコ製品にかかる税金は，何百万ドルの収入を計上し，市や州の重要な収入源である，という主張である。喫煙反対の法律を支持していたかもしれない立法者も，タバコの税収を失うことが政府にどのような結果をもたらすのかを危惧して，また，次期選挙において立法への反対キャンペーンをはる喫煙者の怒りを買うことを危惧して，支持をやめてしまうこともある。

④　第4段階：法律の施行

　公共政策の意思決定を行なうことは，政策が自動的に実行されることを意味するわけではない。新しい法律や規制の妥当性は，法的活動を通じて異議を唱えられるのが一般的である。しかしながら，その法的問題が解決されると，企業はその法律を遵守しなければならない。

　新しい法律や規制が施行されるにつれて，ステイクホルダーの課題事項への関心は安定するか，ときには減退する傾向にある。新しい法律に対して，法令の解釈や範囲を検証するためにしばしば訴訟が起こる。その検証裁判が終了すると，通常，法の適用主体は法律に従うであろうし，また，法を遵守することで課題事項への一般市民の関心は減少していくであろう。しかしながら，その法律が破られ無視されると，ステイクホルダーの期待と企業業績との間に新たなギャップが生み出されるため，その問題は再発生することとなる。

　企業は，一連のプロセスのこの段階において，どのように政策が制定されるかに影響を与えるチャンスをまだ有している。鉄鋼会社が汚染管理に関連して行なったように，また，自動車会社がエアバッグや他の安全装置を導入する際に行なったように，企業は法令遵守基準を緩和するように規制当局と交渉することができる。また，法律や規制の合憲性を調査するように法廷に訴えることで，法的な手続きをとることも可能である。そうでなければ，企業は政府の部門同士をお互いに対決させることもできる。例えば，議会の投票は，大統領の決定をも覆すことがある。[9]

（2）継続する課題事項

　公共的課題事項に関する議論は，政策が施行された後でも長い間，続くこともある。政策を支持したグループは，新たな政府高官が法律を変更し，異なった解釈をする可能

資料2-A　企業250社のパブリック・アフェアーズ活動

連邦政府関係（87％）	PR（54％）
州政府関係（83％）	メディア関係（54％）
地域社会関係（61％）	従業員とのコミュニケーション（49％）
取引協会関係（84％）	教育問題関係（35％）
地方政府関係（79％）	ボランティアプログラム（40％）
企業寄付（73％）	広告（28％）
草の根レベルでの管理（81％）	国際的なパブリック・アフェアーズ（43％）
社会問題への管理（83％）	環境問題業務（22％）
政治活動委員会（75％）	株主関係（18％）
公益グループ関係（58％）	機関投資家関係（13％）
規制業務（55％）	消費者関係業務（13％）

出典：Foundation for Public Affairs, State of Public Affair, 2000, Washington, DC：FPA, 2000および J. E. Post and J. J. Griffin, State of Corporate Public Affair, 1996, Washington, DC：FPA, 1997.

性があることを知り，その課題事項を検討し続けることもある。政策に反対したグループは，政策のネガティブな効果を証明するために働くことがあるし，逆に，支持したグループがポジティブな結果を証明するために働くこともある。政府高官は，便益がコスト以上に価値のあるものかどうか，また，より効果的な方法，もしくは，より安価な方法で，政策目標が達成可能かどうかを知ろうとすることもある。

公共的課題事項は，啓発団体，団体連合，政府政策，政策プログラム，法律，規制，裁判所命令，政治的措置の複雑なウェブをつくり出し，互いに重なり絡み合うものである。それぞれの段階で常に何かが起こっており，それが企業や経営者にとって重要な課題事項に関わってくるのである。したがって，企業やその他の利益集団は適切な方法で問題を予測し対応しなければならない。このことが，すぐれたマネジメントのエッセンスなのである。

3　パブリック・アフェアーズの機能

公共的課題事項に端を発する企業への圧力によって，また，ますます複雑になっていく組織とステイクホルダーとの関係によって，多くの企業が対外的な事柄をマネジメントするために専門のスタッフ部門を設置してきた。とりわけ，ステイクホルダーにかかわる課題事項の数が増大してきており，こうした課題事項が企業にとってますます複雑かつ重要になってきていることから考えると，企業のパブリック・アフェアーズ機能の生成は，ここ数十年間における主要なイノベーションとなってきた。

（1）パブリック・アフェアーズ・マネジメント

　パブリック・アフェアーズ・マネジメント（企業の対外的な渉外活動）は，企業の対外関係，とくに，政府，規制機関，コミュニティなどの外部のステイクホルダーとの関係を積極的にマネジメントすることとみなされる。この機能を記述するのに用いられる他の名称として，対外的な事柄（external affairs）とか企業関係（corporate relations）などがある。コミュニティ関係，政府関係，メディア企業関係に対して，別個の部門を設置している企業もある。パブリック・アフェアーズ部門の設置は，高度なパブリック・アフェアーズ業務を展開しているカナダ，オーストラリア，ヨーロッパの多くの企業によって，グローバルな趨勢のようにもみえる。

　この機能を記述するのに多くの名称が用いられているが，組織が外部のステイクホルダーに対して効果的に対応する場合に，どのような活動がマネジメントされるべきかについて，企業間で広い合意が存在する。資料2-Aには，アメリカ大企業，および，中堅企業250社以上のパブリック・アフェアーズ部門によって行なわれた活動の一覧が示されている。

　これらの活動はそれぞれかなり異なっているようにみえるが，これらはすべて多くのステイクホルダーと関係する組織のニーズとつながっている。これらの活動のうちどれだけが，ステイクホルダーと名のつくグループを指しているのか注目してほしい（例：連邦，州，地方政府関係；コミュニティ関係；メディア関係；従業員関係；投資家関係）。他のものは，一つ，ないしは，複数のステイクホルダーと明らかに関係のある活動を指している（例：政治顧問委員会，草の根レベルでの対応，環境問題関係）。ある研究グループは，以下のように記述している。

　　　パブリック・アフェアーズ部門の本質的な役割は，企業の外に向けられた窓のようなものであると考えられ，経営者はその窓を通じて外的な変化を認識・監視・理解し，それと同時に，社会はその窓を通じて企業の政策や業務に影響を及ぼす。この境界をまたぐという役割には，主に，組織から組織への情報の流れが関係している。多くの企業では，その役割は，財務的資源が政治的な寄付金の形で，社会のさまざまなステイクホルダー・グループへと，流れていくことを意味している。

　図表2-4にみられるように，ステイクホルダーに関する課題事項・事柄に関連してパブリック・アフェアーズ活動の責任を定義する際には，三つの重要な要素が有用である。これらは，社会的・政治的知識，内部コミュニケーション，対外的行動プログラムである。それぞれについて以下で議論する。

・社会的・政治的情報（Social and political intelligence）：パブリック・アフェアーズ部門は社会的・政治的知識を収集・分析し，他の経営者たちのために準備を行なう責任がある。課題事項が認識され，傾向が予測され，外部環境にいる活動家が研究される。もし，パブリック・アフェアーズ部門やそのスタッフがいなければ，組織はこうした情報を収集する代替的な方法を開発しなければならない。

第Ⅰ部　社会のなかの企業

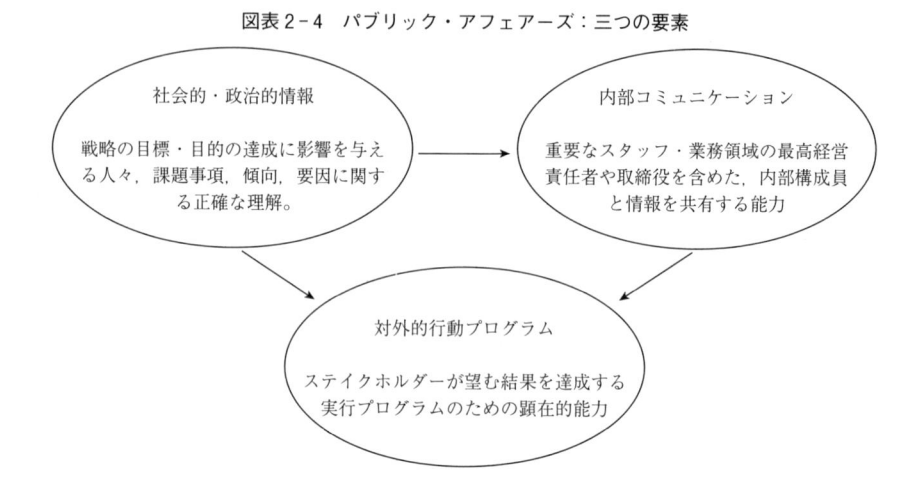

図表2-4　パブリック・アフェアーズ：三つの要素

```
    社会的・政治的情報                      内部コミュニケーション
戦略の目標・目的の達成に影響を与     重要なスタッフ・業務領域の最高経営
える人々，課題事項，傾向，要因に関   責任者や取締役を含めた，内部構成員
する正確な理解。                      と情報を共有する能力

              対外的行動プログラム
         ステイクホルダーが望む結果を達成する
         実行プログラムのための顕在的能力
```

・**内部コミュニケーション**（Internal communication）：パブリック・アフェアーズ部門では，会社全体の他の担当者に，得た情報を伝えなければならない。パブリック・アフェアーズ部門は，通常，最高経営責任者（CEO）や上級役員に対して，日常業務報告書を作成する。特別な報告書が取締役会，戦略策定者，企業活動部門の担当者に対して準備されることもある。多くの公共的な課題事項では，組織のなかのさまざまな部署の担当者の利害や考え方が調整されることを要求する。この調整は複雑な課題事項において健全な見解をつくり出すのにきわめて重要である。

・**対外的行動プログラム**（Extenal action programs）：パブリック・アフェアーズ部門には，重要な外部のステイクホルダーをターゲットとした行動プログラムを作成し，実行する責任がある。企業は報道陣との定期的な相互作用を構築するためのメディアとの接し方に関するプログラムやコミュニティとの接触を強化するための対コミュニティ問題プログラムをもち，企業の要求を代議士や政府高官に聞いてもらうことを確実にするための州・連邦政府へのロビー活動業務を行なうことになる。

ほとんどの企業では，パブリック・アフェアーズ計画や，パブリック・アフェアーズ部門を率いる上級管理者や担当役員を抱えている。こうした人物は企業の重役会議メンバーであることが多く，企業の主要な戦略や政策の意思決定に専門的な意見を提供する。部門や支援スタッフの規模は企業によって広く多様である。多くの企業はパブリック・アフェアーズ問題に対応するために，また，広報活動を計画・調整・実行するのを支援するために，他の業務部門から従業員を配置する。このようにして，企業のパブリック・アフェアーズ部門による政策・計画の策定や実行は，企業の主要な企業活動と密接に関わることになる。

4　課題事項のマネジメント

課題事項のマネジメント（issue management）は構造化されたシステマティックなプロセスであり，そのプロセスを通じて，企業は企業活動にとってもっとも重要な問題の一つである，公共的な課題事項に対応する。多くの要因が絡んでいるため，企業が公共的な課題事項を完全にコントロールすることはほとんどない。しかし，課題事項が発生するにつれて，それを監視するマネジメント・システムや，組織優位性に対するネガティブな影響を最小化し，ポジティブな影響を最大化する活動に担当者を取り組ませるような，マネジメント・システムを構築することは可能である。課題事項のマネジメントの第一線のシステマティックなアプローチを実行しているのが，ダウ・ケミカル社（Dow Chemical Company）である。

　　ダウ・ケミカル社の取締役によると，同社は，早期警告・早期対応を行なうために，1990年代に課題事項のマネジメント・システムを最初に創設した。その目的は，ダウ・ケミカルの経営者たちによると，課題事項を評価し，課題事項のポジティブな可能性を促進・向上させ，ネガティブな可能性を防止・抑制することである。ある経営者がいうには，「その目的は，選択肢が限定され責任が拡大する以前の発展段階初期で，課題事項を認識することである。課題事項のマネジメントと危機管理との違いは，タイミングである」。

公共的課題事項が発展するにつれて，経営者は課題事項への影響力を失っていく。言い換えれば，企業が課題事項への対応に取り組む時期が早ければ早いほど，当該組織やその他の人たちに受け入れられる結果を導きやすくなる。いわゆる課題事項のマネジメント法やプロセスは，こうした目的を達成するために用いられる基本的なツールである。図表２－５は，典型的な課題事項のマネジメント・システムの構成要素を示している。

・**課題事項の認識**（issues identification）：ここでは，社会に関連したさまざまな問題を認識するために，新聞，その他メディア，専門家の見解，コミュニティの関心を積極的に詳しく調べることに関わっている。発生する課題事項を見つけるには多くの方法があるため，担当者は自らの努力をどのように最適に集中させるかを決定しなければならない。企業は，自らの公共政策の利害に関連するようなアイデア，テーマ，課題事項を探索するために，インターネットを含めた電子データベースを用いることが多い。

・**課題事項の分析**（issue analysis）：課題事項の事実や疑惑が認識されると，それらは分析されなければならない。例えば，ダイオキシン問題の分析によって，ダイオキシンの危険にさらされる化学上のプロセスについて科学者同士の間で多くの議論がなされ，また，ダイオキシン汚染は浄化できるかどうか，どのように浄化できるのかについても多くの論争がみられることとなった。同様に，タバコ会社は研究者たちに，受動的喫煙と健康への影響とのつながりを主張する研究すべてを検証させるように投

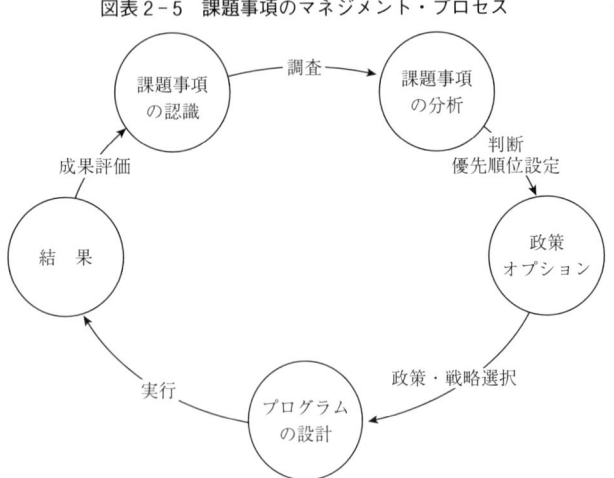

図表2-5　課題事項のマネジメント・プロセス

課題事項の認識 → 調査 → 課題事項の分析 → 判断・優先順位設定 → 政策オプション → 政策・戦略選択 → プログラムの設計 → 実行 → 結果 → 成果評価 → （課題事項の認識へ戻る）

資を行なってきた。課題事項の分析は二つの基本的な疑問に解答を出したいという経営陣の要望によって導かれる。(1)この課題事項は，自分たちの企業活動にどのようなインパクトをもたらすのか？　(2)この課題事項が，公共的課題事項のライフサイクルのさらなる段階に発展する可能性はどれくらいか？

・**政策オプション**（policy options）：課題事項のインパクトと発生可能性は担当者に，この課題事項が企業にとってどれだけ重要かを教えてくれる。しかし，何をすべきかを教えてはくれない。政策オプション（選択）を作成することは，さまざまな選択を創出することにつながる。それには，倫理的考慮，企業の評判・名声，計量不可能なさまざまな要素を組み込んだ複雑な判断が要求される。経営陣は内部施策，業務手続き，製品そのものの変更を決定することもある。例えば，パルプ・製紙会社は自らの製造プロセスから塩素を除去するために，新しい漂白技術を開発するのに投資を行なった。経営陣はまた，政府高官，一般市民，メディアの見解を変えることにも力を注ぐこともある。課題事項への迅速な対応が機が熟していないのであれば，何もしないこともまた，一つの選択肢である。シンクタンクのような調査機関は代替的な政策オプションについての有用アイデア源となりうる。こうした機関は，環境保護政策，税制，最低賃金，規制など多くの政策オプションのトピックについて機関誌を発行している。

・**プログラムの設計**（program design）：政策オプションが選択されると，企業は適切なプログラムをデザインし，実行しなければならない。例えば，タバコ会社は，喫煙反対派が台頭する都市，州，行政区すべてにおいて，反対派に対抗する政策の選択をした。それらのプログラムでは，法案を具体化したり，法案に影響を与えたり，法案を潰すというタバコ産業の介入なしには，喫煙反対の法律が制定されないことを確

実にするようにデザインされていた。この「すべての戦線で戦う」(fight on every front) 政策は，非常に高価なプログラムを求められるのだが，何年もの間，タバコ会社戦略にとって不可欠な部分となっていた。

早い段階での課題事項の認識によって，企業は政治的資本が必要になる前にそれを構築することが可能となる。一般に，企業は他組織を支援することによって名声を得る。そうすることによって，支援された組織が企業の味方となるわけである。何年もの間，フィリップ・モリス社は，芸術のパトロンとなっていた。数百万ドルが，米国中の美術館，芸術ギャラリー，芸術公演団体の支援に使われた。ニューヨークに本社をもつフィリップ・モリス社はニューヨーク市議会によって提議された法令の下で，レストランなど公共の場における完全な喫煙禁止の条例が通過しそうである，という状況に直面した。フィリップ・モリス社の役員たちは当社からの助成金によって恩恵を授かってきた芸術機関に電話し，市議会に申し立てをしてくれるように依頼した。フィリップ・モリス社は仮にこのような禁止令が通過した際には，ニューヨークから撤退し，芸術組織への支援廃止は避けられないことを伝えた。芸術団体は，このことが芸術組織にとってどれだけ重要なことかを市議会に伝えるように依頼されたのである。[12]

・結果の評価 (Evaluation of results)：企業が課題事項のマネジメント・プログラムに取り組むと，その結果について研究し，もし必要ならば調整を行なわなければならない。政治的な課題事項を評価するにはかなりの時間を要するため，特定の課題事項を任された担当者がステイクホルダーの行動や有効性について，最新情報を上級管理者に定期的に報告することが重要となる。企業は課題事項へのアプローチの位置づけを変えたり，再考することもある。

(1) 単一の課題事項のマネジメント

公共的課題事項は伝統的に企業のパブリック・アフェアーズ部門スタッフ，もしくは，政府関係担当スタッフによってマネジメントされる。近年の傾向では，課題事項をマネジメントする責任はその問題によってもっとも大きな影響を受ける企業活動領域の担当者の手に委ねられる。例えば，税率や減価償却明細書に関する課題事項は，会社の税務部門の担当管理者に任されることになり，また，オクラホマ州タルサの工場でのトラック輸送への地元の反対に関する問題は，当然ながらタルサ施設の工場長に任されることになる。国際的な軍事製品・産業製品メーカーである TRW は，「クォーターバック・システム」(quarterback system) を構築することで，営業担当管理者による課題事項のマネジメントの先駆者となった。そのシステムでは，一人の担当者が企業全体から集められた従業員チームの仕事を調整する。

一つの問題が企業活動の複数領域に関わるとき，課題事項のマネジメント・チームがその問題に対応するために形成される。こうしたチームは，「クォーターバック概念」

の上にたち，その課題事項によってもっとも直接的に影響を受ける領域からきた担当者に率いられる。彼女，もしくは彼は，その課題事項を「所有」(own)し，企業がその問題をマネジメントするために適切に行動することを保証する責任を負うことになる。必要に応じて，企業内の他領域からきた専門家がチームに配属される。チームは，電子メールやさまざまな技術を利用して，各部署の従業員によって組織化される。

　　例えば，ダウ・ケミカル社は塩素に関わる公共的な課題事項に対応するために，グローバルな課題事項のマネジメント・チームを構成した。ダウは世界最大の塩素生産企業の一つとして，現在の生産体制において広く用いられている化学薬品である塩素の使用を禁止したり，規制したりする法案に，非常に大きな利害関係をもっていた。グローバルな課題管理チームのメンバーが，米国，ヨーロッパ，アジア太平洋地域から集められ，そのチームは塩素利用の変更によって影響を受ける可能性のあるダウ社製造事業からきた科学者，工場長，マネジャーから構成されていた。グローバルな課題事項のマネジメント・チームはダウが塩素についてのコメントを出すときに矛盾のないようにするために，塩素の科学的研究を分析し，世界中の政府活動を追跡し，問題の多様な側面に対して調査を調整し，会社内の政府関係担当スタッフと協働した。

　課題事項のマネジメント・チームは，通常，その課題事項が企業にとって高い優先順位である限りにおいてのみ設置されていることになる。このことは，現代のマネジメントが企業内の課題事項のマネジメントの任務にタスク・フォースやその他の一時的なチームを利用する傾向にあることを反映している。公共的な課題事項をマネジメントしていくためには，企業活動の他の側面と同様に，大人数のスタッフや費用のかかる官僚機構をつくり出すよりもむしろ，柔軟性が重要であるということを企業は学んできたのである。

（2）複数の課題事項のマネジメント
　多くの公共的課題事項に直面している企業は最大の関心が得られるような優先順位を設定する必要がある。多くの企業は，図表2-6にみられるような課題事項優先順位マトリックスを用いる。企業が積極的に取り組むことのできる問題の数は利用可能な資源，とくに，人的資源にかかっている。もし資源が限定されていれば，高い優先順位の課題事項（企業に最大のインパクトをもち，発生する可能が最大であるもの）のみが，担当者が取り組むべく割り振られる。企業はそれほど重要でない課題事項や産業規模での対応の方が適切な課題事項をフォローするのに，業界組合やコンサルタントを用いることもある。

（3）危機管理
　すべての組織は，従業員たちが完全な情報をもたないで，困難な問題のもとで迅速に行動しなければならないという危機に直面することがあろう。**危機管理**（Crisis

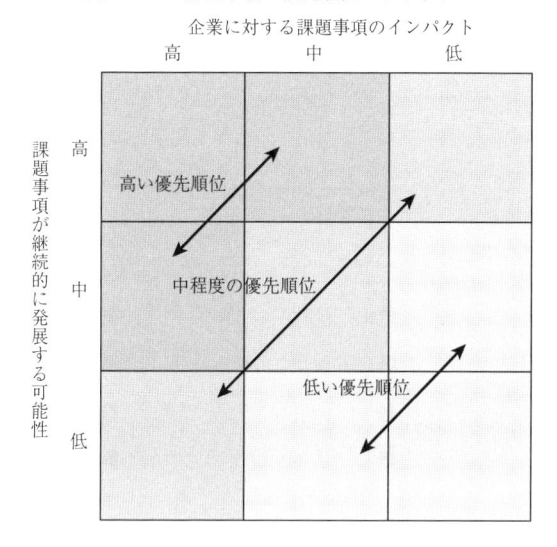

図表2-6　課題事項の優先順位マトリックス

企業に対する課題事項のインパクト

（縦軸：課題事項が継続的に発展する可能性　高・中・低／横軸：高・中・低）

- 高い優先順位
- 中程度の優先順位
- 低い優先順位

management）は，事故，災害，大惨事，傷害などの短期的・即時的な衝撃に対応するために，企業が用いるプロセスである。産業事故（爆発など），石油流出，船舶難破，航空機事故，欠陥製品のリコールが，企業に直面する典型的な危機としてあげられる。企業が行なうべきことや行なうべきでないことについて，外部の専門家，政治家，および，オブザーバーからの強い圧力や多くの提案を生み出しながら，問題が公共的な課題事項のライフサイクルを通じて進展していくことになる。大規模な組織は通常，危機管理計画を作成し，従業員をこうした状況に向けて訓練する。しかし，危機というのは，その特質上，火事場で意思決定をするという重大な感情的プレッシャーを人々に負わせる。危機を効果的に管理していく主要な試みの一つに，メディアへの対応があげられる。これは，下巻第19章において詳細に議論する。

5　公共的課題事項への戦略的アプローチの創出

　図表2-7は，経営者や企業が外部の課題事項に対応する三つの段階を要約したものである。危機として問題が噴出するとき，経営者は強大なプレッシャーのなかで意思決定を行なうことを強いられる。危機は一般に，経営者がメディア，政府当局，従業員，および，関係するコミュニティの人々に対応することを要請する。課題事項のマネジメント（Issue management）では，重要な問題を取り扱うが，企業とその経営者は行動の方向性について考える時間を危機の時に比べて多くもつ。組織が対策を立て，ステイクホルダーと相互作用を行ない，さまざまな課題事項を乗り越えていくことは可能である。

第Ⅰ部　社会のなかの企業

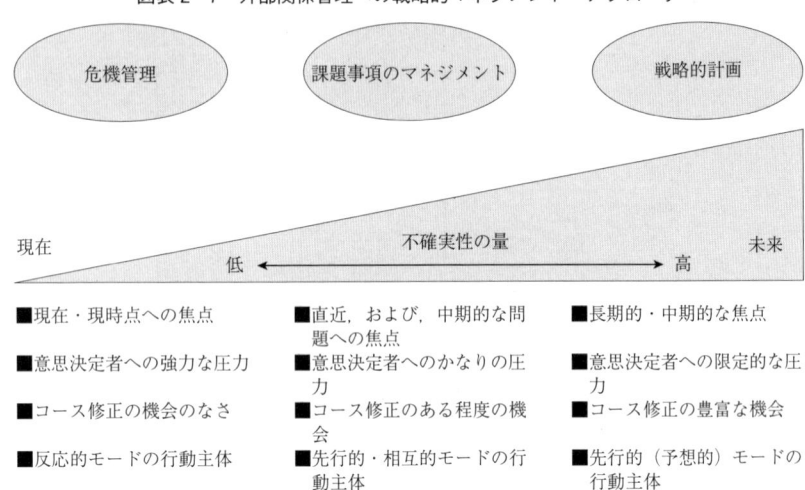

図表2-7　外部関係管理への戦略的マネジメント・アプローチ

危機管理　　　　課題事項のマネジメント　　　　戦略的計画

現在　←　低　　　不確実性の量　　　高　→　未来

- ■現在・現時点への焦点
- ■意思決定者への強力な圧力
- ■コース修正の機会のなさ
- ■反応的モードの行動主体

- ■直近、および、中期的な問題への焦点
- ■意思決定者へのかなりの圧力
- ■コース修正のある程度の機会
- ■先行的・相互的モードの行動主体

- ■長期的・中期的な焦点
- ■意思決定者への限定的な圧力
- ■コース修正の豊富な機会
- ■先行的（予想的）モードの行動主体

　戦略的計画（strategic planning）は情報を収集し，ステイクホルダーと対話し，代替的な行動計画を考慮するのに十分な時間を組織とその経営者に提供する。ステイクホルダー関係や公共的課題事項を効果的にマネジメントしていくために，企業とその経営者はこうした状況すべての重要な課題事項に取り組む準備をしなければならない。このような挑戦への準備を支援するガイドラインがある。

　第一に，経営者は企業のステイクホルダーを認識し，情報の共有，相談，議論を通じて，彼らが影響を受けることになる意思決定に参加する権利を彼らに認めなければならない。第二に，企業は自らの計画がポジティブにもネガティブにも，多くのステイクホルダーに対して，どのように影響を与えるのかを事前に考慮しなければならない。可能な限りいつでもステイクホルダーの支援を生み出すように，また，ネガティブなインパクトが起こるときはそのことにも積極的に言及するように，計画は策定されるべきである。第三に，企業は課題事項を慎重，かつ，首尾一貫してマネジメントし，もし誤って対応した場合には問題が拡大し，他の思いもよらぬ予想外の問題が発生する可能性も認識しておくべきである。

　　例えば，フォードは，供給業者，ディーラー，顧客との重要な関係を構築してきた。フォードは定期的に製品の購入者を調査し，自動車やトラック，サービス問題などさまざまな顧客満足を決定してきた。このアプローチは，企業がステイクホルダーに対する意思決定のインパクトとこれらステイクホルダーからの反応に対応していくという第二の原則への適応に役立つことになる。2000年にファイアストーン・タイヤ問題が発生したとき，フォードは自らの顧客がだれなのか，また，どのように彼らと連絡をとるのかわかっていた。予想外の供給業者が不可避的に登場してくるかもしれない。しかし，

フォードが学んだように，顧客やその他のステイクホルダーの反応をくみ取ることが重要である。イグニッションの炎上事件の解決を拒否したときは，効果的にくみ取ることに失敗した。ファイアストーン・タイヤのリコールの数カ月間，顧客への対応については，当時と比べて非常に効果的であった。

　実際，ステイクホルダー関係や外部の課題事項の「戦略的」マネジメントでは，経営者が組織行動とその多様な価値観を，また，組織のコミットメントとその実行を，つなげていくことが要請される。ステイクホルダーの期待は現在と未来における行動のフレームワークを形成する。効果的な戦略的計画とライフサイクル全体にわたる課題事項のマネジメント法を通じて，企業は組織とその従業員，顧客，供給業者，その他のステイクホルダーに有益なステイクホルダー関係を構築する。

(1) 対応戦略

　企業はさまざまな方法でステイクホルダーの圧力に対応する。ある企業は外部からどれほど強い反対や圧力があったとしても，自らの計画にあくまで固執する。別の企業では，外部からの強い圧力によって強いられた場合にのみ変更を行なう。また，自社の優位となるような方向にステイクホルダーを積極的に誘導しようと試みる企業もある。さらには，自社の目標・目的と，変化しつつある市民のニーズ，目標，期待とを調和させる方法を見出そうとする企業も存在する。これらのアプローチは，図表2-8に示されるように，無反応的，反応的，先行的，相互的な**対応戦略**（strategies of response）にそれぞれ当てはまる。

　企業は特定の課題事項や問題に応答する際に，こうした戦略のいくつかを用いることになる。ときに，企業はある課題事項に対応（反応）するのに，かなり意図的に時間をかけることがある。また，同じ企業なのに，ある課題事項が大問題に発展する前に，その課題事項を意図的に事前阻止しようとするときもある。多くの種類の課題事項に対処する際，これらの戦略の一つもしくはそれ以上に対して，全般な選好を示す企業も存在する。ただそれが，単なるマネジメント・スタイルであるのか，それとも特定の課題事項に対して応答する際に使用する意図的な戦略であるのかは不明である。以下の例が示すように，今日の戦略は，企業環境が変化する場合には，おそらく劇的に変化しなければならないのであろう。

　　　石油会社は長い間，遠隔地や到達困難な地域で石油を探索してきた。沿岸での探索は，ハリケーン，ブリザード，ビルの高さにも匹敵するような高波のなかで，深い海洋に掘削装置を建造して操作しようとするものであり，大きな挑戦でもあった。また，アフリカ，アジア，ラテンアメリカの国々の奥深いジャングルでは，別の種類の問題が持ち上がっていた。ロイヤル・ダッチ・シェル（Royal Dutch Shell）やモービル（Mobil）のような企業が掘削や生産活動の環境への重大なインパクトを無視して操業し，現地の人々の権利を顧みずに運営してきたことについて，長い間，非難されて続けており，世

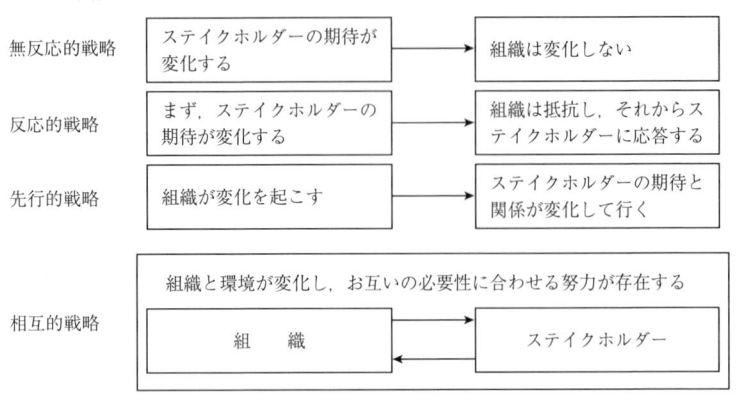

図表2-8　ステイクホルダーの課題事項に対応する四つの基本戦略

無反応的戦略	ステイクホルダーの期待が変化する →	組織は変化しない
反応的戦略	まず，ステイクホルダーの期待が変化する →	組織は抵抗し，それからステイクホルダーに応答する
先行的戦略	組織が変化を起こす →	ステイクホルダーの期待と関係が変化して行く
相互的戦略	組織と環境が変化し，お互いの必要性に合わせる努力が存在する 組織 ⇄ ステイクホルダー	

界的な活動家組織によるボイコットやさまざまな抗議のターゲットとなっていた。シェルやモービルはこうした抗議に妨害されたために，莫大な可能性をもつペルーの僻地カミシーの豊富なガス資源を開発する際には異なった方法を用いた。シェルやモービルは政府高官，現地の環境グループ，国際的なアドバイザーと協働し，現地のインディアン部族や批判者と一緒に作業するように努力した。計画は現地の状況に適応するようになり，シェルやモービルは意見をとりまとめたことで尊敬を獲得し，自らの伝統的なやり方を変更しているのである。そのプロセスはカミシー開発の停止をもたらした。今後，状況が好転したときに，再開するかもしれない。

■ 本章の要点
(1) マクロ環境は，組織に対して経済的，社会的，技術的，政治的な課題事項をもたらす。経営者は鍵となる展開を理解し，企業へのそのインパクトを評価するために，外に目を向けることを学ばなければならない。
(2) ステイクホルダーの期待はそれが満たされない場合，社会的関心の構造を変えるような行動を起こし，それが企業や政府への圧力へとつながる。実績と期待とのギャップの存在は公共的な課題事項の形成を刺激する。
(3) 公共的な課題事項のライフサイクルは政治化，公式的な政府活動，法律によって命じられた変化の実行という進展を描く。すべての公共的な課題事項がこうした段階を経るためには，経営者は実績と期待のギャップが縮まらない場合に何が起こるのかを予測することができる。
(4) 組織の公式的な業務職能は組織目標を達成するために，社会的・政治的環境に関する情報の収集・分析，内部関係者とコミュニケーション，ステイクホルダーとの相互作用といった業務を負う。
(5) 課題事項のマネジメント法には，課題事項の認識と分析が伴う。政策オプションの作成，プログラムの設計，実行，こうした活動の結果の評価である。

(6) ステイクホルダー関係の戦略的マネジメントには，ステイクホルダーとその利害の認識，ステイクホルダーとの関係展開の事前的な計画の策定，課題事項や危機に迅速，かつ，効果的に応答する準備が伴う。

(7) 企業は公共的な課題事項への応答について，無反応的，反応的，事前的，もしくは，相互的戦略を策定することができる。あくまで無反応的戦略に固執する企業も存在するが，ほとんどの企業は，自らがマネジメントしようとする課題事項に対して，個別の戦略を策定する。

■ 本章で使われた重要な用語と概念

マクロ環境　環境スキャニング　「成果と期待」のギャップ（格差）　公共的課題事項
公共的課題事項のライフサイクル　パブリック・アフェアーズ・マネジメント　課題事項のマネジメント　危機管理　対応戦略

インターネットの情報源
・allpolitics.com　新しい社会・政治問題についてのCNN/Timeのレヴュー
・national jounal.com　最新の事柄に関する国内ジャーナルの見出し

討論のための事例：マックスポットライトにおけるマクドナルド

　デイブ・モリス（Dave Morris）とヘレン・スティール（Helen Steel）は世界の世論という法廷のなかで，巨大な多国籍企業に挑戦できるとは思っていなかった。しかし，それは，彼らが行ない，また，行ない続けていることなのである。それを行なうことで，彼らは，世界でもっともすぐれたマーケティング組織の一つに対する戦いに成功してきた。

① 問　題

　デイブ・モリス（43歳）とヘレン・スティール（31歳）は，マクドナルド（McDonald's）が賃金未払いの労働者を利用し，環境を略奪し，人間の健康を危険にさらしていると非難するチラシをロンドンの通りで配ったために，マクドナルドを誹謗中傷しているとして告訴された。「マクドナルドにとって何が悪いのか？」（What's Wrong with McDonald's）というタイトルのそのチラシには，マクドナルドが脂肪・糖分・塩分が高くて，食物繊維・ビタミン・ミネラルの低い製品を販売しており，これらの要因すべてが乳がんや腸・心臓病にかかわりをもつことが主張されていた。また，チラシでは，マクドナルドがジャンクフードを食べさせるために，人目を引く仕掛けを用いて子どもたちを食い物にしたり，従業員に十分な賃金を支払わなかったり，廃棄されたパッケージでゴミの山をつくったり，動物を虐待したり，家畜農場のための道路を建設するのに南アメリカの熱帯雨林の破壊を促進していることが告発されていた。

　マクドナルドはそのブランドネームと名声を守るための世界規模の戦略にしたがって，チラシ配りの中止命令を取り付けるための裁判に持ち込むことを決定した。そのためには，モリスとスティールを告訴し，損害賠償の法廷審理をとり行なうことが必要だった。ロンドン

のメディアはこの論争を取り上げ，この事件を「マックリベル」（McLibel）とすぐに命名した。モリスとスティールは週105ドルの福祉受給生活者とパートタイムのバーテンダーであることが明らかになると，ダビデ（David）とゴリアテ（Goliath）というイメージが上がるようになった。

② 戦略と対抗戦略

英国の名誉棄損法（British libel law）は，米国のそれとは違い，比較的限定的で，言論の自由の保護が誹謗中傷訴訟に対する広範な責任免除をつくり出していた。マクドナルドは，英国の法廷でこの訴訟を押し進めることを決定し，文書による名誉棄損の専門家，リチャード・ランプトン（Richard Rampton）を雇い，法律チームのトップにした。後に明らかになったことだが，ランプトンは，1日当たり3285ドル以上も要求していた。その議事録には，313日間のヒアリングおよび130人を超える目撃者の証言が書かれていた（何人かは2週にわたって証言した）。その裁判では4万部の文書と2万ページ以上の記録謄本が作成された。

マクドナルドがこの訴訟によって自らの事業への批判を阻止できると考えていたら，それはまったくの間違いであった。論争が始まって以降，マックリベル支援キャンペーンが弁護資金の寄付を募り，また，英国で200万を超えるチラシを配ることによってマクドナルドに対する一般市民のキャンペーンを導いたのである。このグループはまた，ウェブサイトをつくり（www.mcspotlight.org），インターネットを利用して，裁判資料，500ページにわたるマクドナルドの概要，フィルム・クリップ，15カ国語ものさまざまな記録といった文書を投稿した。このウェブサイトは，モリスとスティールへの支援を生み出し，マクドナルドへの反対キャンペーンをグローバルに組織化するツールとなった。マクドナルドは，ウェブサイトを閉鎖しようとしたが，モリスとスティールの支援者たちは，キャンペーンを続けるために，他のサイトを立ち上げる恐れがあった。

モリスとスティールは弁護士を雇う余裕もなく，自分自身で裁判を戦うことを選んだ。彼らは支持者からの寄付金で，世界中の目撃者に会いにいった。彼らは法廷でマクドナルドの経営者たちの反対尋問を行ない，自分たちがウソを広げているとして誹謗中傷するチラシをマクドナルドが発行したとして，マクドナルドに対して名誉棄損の反対訴訟を起こした。

③ 交 渉

マクドナルドは，モリスとスティールへの交渉によって，示談にこぎつけようとした。マクドナルドのスポークスマンは，お互いに受け入れ可能な解決にまで達する試みは二つあると語った。モリスとスティールは，マクドナルドが13万ドルから19万ドルの間で損害賠償を求めている，と語った。しかし，マクドナルドは，2人が会社を誹謗し続けないことを保証したいだけだと声明し，法的な形式での損害賠償を請求した。モリスとスティールは，マクドナルドの本社（イリノイ州オークブルック）から，役員たちが三度にわたって，法廷外での示談に同意するように説得しにきた，と主張した。彼らは，同じような主張をしている他の人々を訴えないとマクドナルドが保証しない限りは，示談に応ずることを拒否すると主張した。しかし，この条件はマクドナルドに拒絶された。

④ 評 決

モリスとスティールはもしマクドナルドに裁判手続きで負けた場合，この訴訟に対して上

訴権を行使すると語った。彼らはまた，欧州人権裁判所（the European Court of Human Rights）で訴訟を起こすと脅した。マクドナルドのスポークスマンはもしマクドナルドが最初の裁判でモリスとスティールに負けた場合，上級裁判所の判決まで上訴する，と語った。

この裁判は3年以上にも及び，英国史上最長の事件となった。ロジャー・ベル判事はその評決を言い渡したとき，モリスとスティールが第三世界各国の環境破壊に関する虚偽の声明とマクドナルド食品が一般市民の消費にとって不健康で危険であるという主張によって，マクドナルドを誹謗したことを認めた。しかし，判事はまた，モリスとスティールが子どもの労働，賃金率，いくつかの食品関連の主張などの問題については，マクドナルドを誹謗していないことを認めた。最後に判事はモリスとスティールに，マクドナルドに対して損害賠償として総計10万ドルを支払うように命じた。

モリスとスティールは勝利を宣言し，マクドナルドに対する損害賠償を支払うことを拒絶して，上訴を起こした。彼らの支援者たちは戦いを継続することを明言した。マクドナルドは，誹謗者による批判を受け入れることを学んだ。このウェブサイト（www.mcspotlight.org）は，マクドナルドの政策や業務の多くを批判する世界的な媒体となった。このサイトの「課題事項」（issues）というページには，栄養，広告，雇用，環境，動物，フリースピーチ，拡張範囲，資本主義という問題に焦点が当てられている。

出典：Mcspotlight.org と www.mcdonalds.com。John Vidal, *Burger Culture on Trial*, New York: New Press, 1997; Ray Moseley, "Three-Year Trial Pets Burger Giant against a Pair of Leafleteers", *Boston Globe*, June 15, 1997, p. A23も参照。Eric Schlosser, *Fast Food Nation*, Boston: Houghton Mifflin, 2001も参照。

検討すべき問題

① もともとのステイクホルダーはだれだったのだろうか？ そのステイクホルダーの期待は何だったのだろうか？ モリスとスティールがチラシを配ってから10年後の今日，ステイクホルダーはだれなのだろうか？
② 「成果と期待」のギャップ（格差）を埋めるために，マクドナルドはどのような行動をとることができたのであろうか？
③ この問題は，公共的課題事項のライフサイクルを通じて，どのように発展したのだろうか？ きっかけとなる要因は何だったのだろうか？
④ あなたがマクドナルドの役員だとして，この裁判が始まったときに，課題事項のマネジメントチームを招集するよう頼まれたと仮定しよう。あなたのチームにどのような技能を望むだろうか？
⑤ 現在，マクドナルドはモリスとスティールに対応するために，どのような手順をとることができるだろうか？

注
(1) www.flamingfords.com/flaming1/cgi を参照。また，www.ford.com もあわせて参照。
(2) Liam Fahey & V. K. Narayanan, *Macroenvironmental Analysis for Strategic*

(3) "Warner-Lambert's World, Social Responsibility", www.warner-lambert.com/info/social html, July, 9, 1997.
(4) "Child Guidance Toy Recall", *Los Angeles Times*, July 22, 2000, p. C1.
(5) Richard McGowan, Business, *Politics, and Cigarettes*, Westport, CT: Praeger/Quorum Books, 1995 を参照。1990年代、フィリップ・モリス社とR. J. レイノルズ社は、順応的なテーマを用いて、広告キャンペーンを行なうようになった。RJRが後援する広告には、「ベルリンの壁崩壊」、「ロシアが新しい憲法を承認」、「南アフリカにおける民主主義の勝利」、という三つの表題が描かれていた。四つ目の表題では、対照的な事柄が描かれていた。「全国的に、アメリカ喫煙者の自由への規制は厳しくなる」。その広告のタイトルには「本当に自由な人々の国はどこだろうか？」と書かれていた。*New York Times*, October 25, 1994, p. A17. を参照。2000年には、「フィリップ・モリス社の人々」のヴォランティア活動を強調するような新しいキャンペーンが行なわれた。
(6) ここでの経験は、James E. Post, Lee E. Preston, and Sybille Sachs, Redefinig the Corporation: Stakeholder Management and Organizational Wealth, Palo Alto: Stanford University Press, 2001. の第5章で議論されている。
(7) Ralph Nader, *Unsafe at Any Speed*, New York: Grossman, 1965.
(8) "Nation's Toughest Smoking Ban Is Adopted", *New York Times*, December 13, 2000, Nutimes.com.
(9) 典型的な法的・政治的ロビー活動の有益な事例は、Hanes Johnson and David S. Broder, The System: The American Ways of Politics at the Breaking Point, Boston: Little, Brown, 1996. で議論されている。
(10) James E. Post and Jennifer J. Griffin, "Corporate Reputation and External Affairs Management", *Corporate Reputation Review* 1 (1997), pp. 165-171. を参照。パブリック・アフェアーズ活動の世界的動きは、Henry Stewart Publishing から2001年より刊行されている *Journal of Public Affairs* に記載されている。
(11) Boston University Public Affairs Research Group, *Public Affairs Offices and Their Functions: A Summary of Survey Results*, Boston: Boston University School of Management, 1981, p. 1.
(12) "Hooked on Tobacco Sponsorships", *New York Times*, January 13, 1998, p. 22. この形は長年にわたって育まれたものである。例えば、Maureen Dowd, "Philip Morris Calls in I. O. U. in the Arts", New York Times, October 5, 1994, pp. A1, C4. を参照。フィリップ・モリス社の芸術組織に対する現在の支援形態は、www.philipmorris.com において示されている。
(13) Post, Preston, and Sachs, *Redefining the Corporation* の第6章を参照。

第Ⅱ部
企業と社会環境

第3章　企業の社会的責任

> 　企業が伝統的な経済的目標を追求するのに対して，企業の社会的責任は企業のステイクホルダーに影響を及ぼす企業活動の結果を説明する責任があることを企業に強く要求している。一般大衆は企業が社会的に責任があることを期待し，そして，多くの企業は社会的目標を全社的な企業活動の一部とすることによって応えてきた。社会的に責任がある行動をするためのガイドラインは必ずしも明確ではなく，したがって，何が社会的に責任のある行動を構成するのか，社会的に責任のある行動はどのくらいの範囲であるべきか，社会的に責任があるということはいくらかかるか，に関する論争を生み出している。
> 　本章では，以下のような主要な問題と目的に焦点を絞って論じることにする。
> ・企業の社会的責任は基本的には何を意味しているのか？
> ・社会的責任の考え方はいつどこで生まれたのか？
> ・企業の社会的責任に対する賛否の重要な論争とは何か？
> ・社会的に責任をもちながら，その経済的かつ法的な義務に企業はどのように応えるのか？
> ・企業の社会的責任は世界中の企業によってどのように実践されているのか？

　経営者は株主に対して責任をもっているのか？　というのは，確かに企業の所有者はその企業に投資してきた。経営者はまた，従業員に対しても，コミュニティに対しても，責任，すなわち，社会的責任をもっているのか。従業員の満足とコミュニティの発展は生産性と密接に関連していると思われるので，従業員とコミュニティを社会的に支えることは，経済的にも意味がある。従業員に対する責任とコミュニティに対する責任が衝突すると思われるとき，何が起きるのであろうか？

　1998年，ボーイング社（Boeing）は，追加的に2万人の仕事を削減すると発表したが，同社は同年，総数で4万8000人を削減したことになる。ボーイング社は厳しいグローバル競争と人件費の増大に苦しみ，従業員の削減を必要としている，と経営管理者は説明した。1998年，同社は1億7800万ドルの損失を計上した。それにもかかわらず，同年，ボーイング社は同社が主要な営業活動を展開している27の州と二つの国のコミュニティと共同して，さまざまな慈善事業に5130万ドルの貢献を行なっていた。教育はボーイング社にとって優先的事項であり，同社は一時解雇している従業員の多くが生活しているコミュニティの学校に1900万ドルを寄附していた。ボーイング社はまた，ユナイテッド・ウェイ（United Way）に1000万ドル近く，芸術に700万ドル以上，そして，環境運動には300万ドル以上を寄附していた。ボーイング社の1998年版市民レポートは次のように述べている。すなわち，「われわれの会社があるところはどこにでも，われわれは

第3章　企業の社会的責任

よき企業市民であるように，そして，ボーイング社の人々が生活し，働くことで，コミュニティが向上するように尽力する」と。

ジョイス・ベンダー（Joyce Bender）は一風変わった趣味をもっている。すなわち，彼女はコンピュータの専門家のために仕事を見つけることを楽しんでいた。コンピュータの専門家のために仕事を見つけるということは，西部ペンシルベニアでは重要な問題だった。というのは，この地域の多くの企業は技術的に有能なコンピュータ技術者の不足に苦しんでいたからであった。ベンダーはその起業家精神によって，この経済的需要に取り組むことを決心したが，自分の努力には社会的な責任があるという考えももっていた。彼女は自分の趣味を見つけることに成功したので，コンピュータの専門家を雇用し，彼らを得意先企業に貸し出すという非営利企業のベンダー・コンサルティング・サービス社（Bender Consulting Services）の経営を止めてしまった。こうしたコンピュータの専門家は彼女が求めている求職者ではなかったのである。ベンダーは，コンピュータ・スキルをもっているが身体に障害のある個人を探し出し，職に就かせた。彼女のモットーは「競争的な仕事は自由を意味している」，であった。「あなたは銀行に行くことができない限り，あなたは他の誰でも買うものを買うためのお金がない限り，この国では，あなたは自立しているとか，自由であるとか，ということはありえない」とベンダーはいった。ジョイス・ベンダーと彼女の社会的責任の考え方のおかげで，以前は雇用されることのなかったカレッジや職業学校の卒業生も，現在は，給料を受け取ったり，銀行に行ったり，他のだれとも同じように買い物をしたりしている。[1]

ボーイング社は何千人もの従業員を一時雇用している間も，慈善事業に相当な寄附を行なっているとき，社会的な責任を果たしているといえるのであろうか？　ジョイス・ベンダーが彼女の企業を通して，技術的には能力はあるが，身体的には障害のある求職者のために仕事を探し出すことは，本当の意味の社会的責任を示しているといえるのであろうか？　企業の社会的責任に関するの二つの事例は，さまざまな方法でまたさまざまな程度で実践されているのであろうか？

本章では，社会的に責任があること関する長所と短所を検討している。とりわけ，社会的責任は社会によってなされる回避できない要求であるということを議論している。企業が大規模であろうと小規模であろうと，製造企業であろうとサービス企業であろうと，国内企業であろうと海外企業であろうと，社会的に責任があるように前向きに試みようと，あるいは，すべての面でそれに反して戦おうと——一般大衆が何を期待しているかについては疑いの余地はない。[2]多くのビジネス・リーダーたちもまた，社会的責任という考え方に同意している。

　　　このコミットメントは以下の三つの企業組織——「社会的責任のための全米企業」（BSR：U. S. Business for Social Responsibility），「よりよき企業市民権のための日本会議」（CBCC：Japan's Council for Better Corporate Citizenship），および，「社会的責任のためのカナダ企業」（CBSR：Canadian Business for Social Responsibility）——に広

第Ⅱ部　企業と社会環境

資料3-A　企業の社会的責任を支援する組織

- ●企業責任イノベーションセンター（CSER）──www.cicr.net
  CSERの使命は，責任のある国際的なビジネス実務を再定義し実現化することに企業を導き援助することである。健全な企業の市民性は，パートナーシップを通して，人類の持続可能な発展へと導く。
- ●グローバルな未来基金──www.globalff.org
  グローバルな未来基金は紛争を解決し，さまざまな機会を創造するために，主要な企業，政府，擁護グループとともに活動する。
- ●国際商業会議所（ICC）──www.iccwbo.org
  ICCは，国際的な貿易投資，および，世界的規模での市場経済システムを促進し，国境を越えた企業行動を統治するルールを作成している。
- ●環境と企業活動のための経営研究所（MEB）──www.wri.org/wri/meb
  MEBは，企業活動の成功を通して環境の質を改善すべく企業を援助するために1990年に設立された。MEBは，企業に持続可能な発展のための機会を促進し，環境問題をコア・カリキュラムに統合するためにビジネススクールと共同し，産業に奉仕活動と訓練を提供している。
- ●サステナビリティ社（SustainAbility社）──www.sustainability.co.uk
  サステナビリティ社は戦略的経営のコンサルタント，および，シンクタンクである。1987年に設立されたが，その使命は社会的に責任があり，環境的に健全で，かつ，経済的に利益があり，持続可能な発展を促進することによって，より一層持続可能な世界を創造することを援助することとしている。
- ●持続可能な発展のための世界ビジネス会議（WBCSD）──www.wbcsd.ch
  WBCSDは環境および経済的成長と持続可能な発展に対する義務を共有する国際的な125の企業の連合体である。

出典：California Global Corporate Accountability Project, www.nautilus.org/cap/orgs/bus.html.

く普及した企業会員数をみれば明らかである。

　BSRは三団体のうちで最大であるが，1992年に設立され，「倫理的な価値観，人々，コミュニティ，そして，環境を尊重していることを宣伝する方法で，企業がその商業上の成功を持続しようと努めるアメリカ基準のグローバルな供給源[3]」として機能している。

　BSR，CBCC，そして，CBSRは合併した。というのは，すべての企業ステイクホルダーの利害のバランスをとることは，結果として，より豊かな情報にもとづく意思決定につながり，顧客の忠誠心を組織的に構築し，企業とブランドの評判を高め，しかも長期的な収益性に大いに貢献すると信じたからである。

　企業の社会的責任を宣伝しようとする企業を支援するその他の組織は，資料3-Aを参照していただきたい。

1　企業の社会的責任が意味すること

　以上の企業が認識しているように，**企業の社会的責任**（corporate social responsibility）とは，企業は一般大衆，コミュニティ，および，その環境に影響を与えるどんな行為に

対しても説明責任を負うべきである、ということを意味している。一般大衆やコミュニティに対する損害はできる限り認め、そして、正されるべきであるということを意味している。もし、企業の社会的インパクトによってステイクホルダーの利益が著しく損なわれたり、あるいは、その企業のファンドが積極的な社会的意義をもつことができるならば、企業にある程度の利益の抑制を求められることになるかもしれない。

(1) 多くの企業責任

しかしながら、社会的に責任があるということは企業にその他の主要な使命を放棄しなければならない、ということを意味しているのではない。本章の後半で述べるが、企業は多くの責任、すなわち、経済的、法的、社会的な責任を負っている。経営者の挑戦とは、どんな義務も見失うことなく、包括的な企業戦略にこのような責任を組み込むことである。これらの責任が衝突するときもあるし、また、企業をよりよくするために相互に作用するときもある。したがって、多様な、そして、しばしば競合的な責任をもつということが社会的に責任のある企業は責任のない企業ほどは収益性はないということを意味しているのではない。すなわち、収益性のある企業もあれば、ない企業もあるのである。

社会的責任では、企業に便益を達成するためのコストに対して得られるべき便益を均衡させることが要請される。多くの人々は、企業が社会的に責任をもつべく積極的に努力するとき、企業と社会の両者とも利益がえられる、と信じている。社会的な仕事をすることは企業の競争力を弱めるといって疑っている人もいる。この論争の両者に関する議論は本章の後半で行なうことにしたい。

(2) 社会的責任と企業の権力

企業の社会的責任は、直接的には現代企業の以下の二つの特徴から発展している。すなわち、(1)現代企業が多様なステイクホルダーのために遂行する必須の機能と、(2)現代企業がステイクホルダーの生活に及ぼす巨大な影響力である。仕事の創出、コミュニティ福祉の大部分、享受している生活水準、地方自治体・州・国が行なうサービスのために必要な税金の基盤、そして、銀行機能と金融サービス・保険・運輸・通信・公益事業・娯楽・増大しつつあるヘルスケア、というわれわれが必要とするものを、われわれは企業に頼っているのである。こうした積極的な業務遂行は営利企業形態が、例えば、経済的成長の促進、国際貿易の拡大、さらに、新しいテクノロジーの創造といった多くの社会的利益を得ることができるということを示唆している。

企業の幹部経営者向けの雑誌にしばしば登場する以下のような有名な引用文が、社会のなかで企業に責任ある役割を負わせるべく読者を喚起している。すなわち、

> 企業は50年ほど前から、地球上でもっとも強力な組織になった。どんな社会においても支配的な組織は、すべてのものに対して責任をもつ必要がある。……どんな意思決定

にも，どんな行動にもその種類の責任に照らして検討されなければならない。

1999年，世界の上位100の経済体はグローバル企業であった。上位200の大企業の連結売上高は，世界の経済活動の3分の1以上であった。上位200の大企業は，下から5分の4の人口の2倍の経済的勢力を有していた。世界貿易の3分の1は同一企業内取引に過ぎなかった。

多くの人々は企業の潜在的な影響力に関心がある。現代の営利企業にみられる集中力は，企業がとるどの行動も──個人にとっても，コミュニティにとっても，地球全体にとっても──人間生活の質に影響を及ぼすということを意味している。この義務は，しばしば，責任の鉄則として言及される。**責任の鉄則**（iron law of responsibility）は，社会が責任あると考える方向で権力を行使しないような人々は，結局はその権力を失う傾向がある，ということである。例えば，グローバルなコンピュータ・ネットワーク，瞬間的な電子商取引，さらに指数的に増大化し，世界をますます狭い地球村へと向かわせる情報の収集と蓄積というようなテクノロジーによって，地球という惑星全体が全企業のステイクホルダーとなってしまった。社会はすべて，今や，企業活動の影響を受けている。その結果，社会的責任は世界的な規模での期待となってしまった。

2　企業の社会的責任はどのようにしてはじまったのか？

企業の社会的責任の考え方は米国では20世紀の初頭頃に現れた。当時の企業は，その反社会的，かつ，反競争的なやり方があまりにも巨大で，あまりにも強力で，あまりにも犯罪的である，という理由で攻撃されていた。大恐慌によって，反トラスト法（独占禁止法）（antitrust laws），銀行規制（banking regulations），および，消費者保護法（consumer protection laws）が施行され，企業の権力を抑制することが試みられた。

このような社会的抵抗に直面して，ごく少数の富裕な企業経営者は利益だけではなく，広く社会的な目的のために自発的に，企業にその権力と影響力を行使するように進言した。その富裕なビジネス・リーダー──鉄鋼メーカーのアンドリュー・カーネギー（Andrew Carnegie）は好例である──のなかには自らの富の多くを教育機関や慈善施設に寄附し，偉大な慈善家となった者もいた。自動車メーカーのヘンリー・フォード（Henry Ford）のように，自社の従業員のレクリエーションと健康への要求を支援する温情主義的なプログラムを開発した者もいた。強調されるべき点は，企業は利益を上げる努力に加えて，あるいは，それと並行して社会に対して果たすべき責任をもっていると，これらのビジネス・リーダーたちは信じていた，ということである。

社会において企業の役割が拡大しているという企業の社会的責任の初期の考え方の結果として，二つの広範な原則が出現した。すなわち，それらは図表3-1，ならびに，本章の以下の節で述べられている。これらの原則は20世紀における社会的責任についての経営思想を形成し，さらに企業の社会的責任の現代的な概念の礎石となっている。

第3章　企業の社会的責任

図表3-1　企業の社会的責任の基本原則

	慈善原則	スチュワードシップ原則
定　義	・企業は社会の貧困層に対し自発的に援助すべきである。	・企業は、公共の管財人として行動し、企業の意思決定および政策によって影響されるすべての人々の利害を考慮すべきである。
活動のタイプ	・企業の慈善事業 ・社会的利益の獲得と促進していくための善を推し進める自発的活動	・企業と社会の独立性を認識すること ・社会におけるさまざまなグループの利益と要求をバランスさせること
事　例	・企業の慈善事業財団 ・社会問題を解決するための私的企業のイニシアティヴ ・貧困層との社会的パートナーシップ	・啓発された自己利益 ・法的な必要条件を満たすこと ・企業の戦略的計画に対するステイクホルダー・アプローチ

（1）慈善原則

　慈善原則（charity principle），それは社会の富裕層が不運な人々に対しては慈善的であるべきであるという考えであり，非常に古い概念である。いつの時代にも王様は，貧しい人々に必要なものを供給することが期待されてきた。封建時代から現代に至るまで，巨大な富をもっている人々にとっても同じことがいえる。別な世界地域の聖なる文献でもそうであるように，聖書の数節もこのもっとも古い原則を援用している。アンドリュー・カーネギーやその他の富裕なビジネス・リーダーたちは公共図書館を寄附したり，貧しい人々のためにセツルメント・ハウスを支援したり，教育施設に現金を寄附したり，その他のコミュニティ組織に資金を提供したりなどするとき，彼らは「われらが兄弟の番人」である，という長い伝統を維持し続けたことになる。

　　アンドリュー・カーネギーとジョン・D. ロックフェラー（John D. Rockefeller）は，現代の慈善事業の巨大な提供者という道を切り開いたパイオニアとして常に賞讃されている。かつて，世界的な新聞はその寄附額について評価を行なったことがあった。『ロンドン・タイムズ』紙（the London Times）は1903年には，カーネギーは2100万ドル，ロックフェラーは1000万ドルの，寄附があったことを報道していた。1913年には，『ニューヨーク・ヘラルド』紙（the New York Herald）がカーネギーが3億3200万ドル，ロックフェラーが1億7500万ドルという最終的な寄附金額を報じている。これらはすべて，法人税やその他の税金対策が寄附への外的な動機付けとなる以前のことであった。公共的利益に対する感情は，内なる源から生まれてくるものであった。

　社会の貧困層へのこうした種類の個人的な援助は，20世紀初頭の数十年間はとくに，必要なものであった。当時は，社会保障制度，老人への医療ケア，失業者への失業手当ての支払い，そして，広い範囲で貧困層を支援する組織であるユナイテッド・ウェイは存在していなかった。家庭内トラブルの相談，身体的虐待の犠牲となる婦人と子どもの保護，精神病患者や身体障害者の取り扱い，あるいは，極貧層のケアを行なうことがで

きる組織はほとんど存在していなかった。富裕な産業家たちが個人的な援助という方法で，他の人々を助けようと手を差し伸ばすとき，コミュニティの生活状況を改善するという責任の取り方を受け入れることであった。そうすることで，ビジネス・リーダーたちは思いやりがなく，利益しか興味がない，という批評家の非難を和らげることができたのである。

　しばらくして，こうしたコミュニティに対する必要額は，最富裕の個人，あるいは，家族の富を凌いでいった。1920年代初頭，慈善のやり方は所有者だけからではなく，営利企業それ自体にもとづいて行なわれるようになった。個人の慈善から企業の慈善へのシフトのシンボルは1920年代の共同募金運動であり，今日広く行なわれているユナイテッド・ウェイ運動の先駆者であった。ビジネス・リーダーたちはこの企業慈善の形態を強く支持し，貧困層や極貧層への援助拡大のためにすべての企業や従業員の努力を結集するように駆り立てていった。ビジネス・リーダーたちは年金制度，従業員持ち株制度，生命保険プログラム，非雇用基金，労働時間の制限，そして，高い賃金などに関する制度を確立した。彼らは，住居，教会，学校，図書館を建て，医療と法律のサービスを提供し，また，慈善活動を行なった。

　今日の営利企業のなかには，企業の社会的責任とは，それと類似的な慈善的寄附を行なうことによってコミュニティのさまざまな問題に参加することを意味している，という企業もある。「アメリカ資金調達会議連合」（AAFC: American Association of Fundraising Council）は1990年には，前年を14％も上回る最高110億ドルを団体で寄附した，ことを報告した。同様に，個人的な寄附は7％アップして1440億ドル近くに上り，慈善基金からの贈与は1999年では，もっとも増加幅の大きい17％もアップして，200億ドル近くを示した。活動的なビジネスマンのポール・ニューマン（Paul Newman）のリーダーシップの下で，米国の上位企業の最高経営責任者（CEO）グループが企業の慈善活動を促進する委員会を立ち上げた。このグループは――シティコープ（Citicorp），ジョンソン・エンド・ジョンソン（Johnson & Johnson），そして，チェイス・マンハッタン（Chase Manhattan）からのトップ経営者を含む24人の最高経営責任者から構成されているが，年間150億ドルの寄附へと駆り立てるために，株式会社　アメリカをせっついてメンバーの個人的な慈善のための寄附額を増加させた。この促進運動のニュースにもかかわらず，AAFCは，2000年の慈善寄附額は企業の収益性と同じ歩調とはならず，税引前利益のたった1.2％に過ぎなかった，と報告した。とはいうものの企業の社会的責任がとる形式は慈善による寄附だけではないのである。

（2）スチュワードシップ原則

　今日の企業経営者の多くは自分自身のことを一般の公益にもとづいて行動する受託（stewards），あるいは，管財人（trustee）とみなしている。彼らの企業は私的に所有され，株主のために利益を上げようとするけれども，**スチュワードシップ原則**（stewardship

第 3 章　企業の社会的責任

principle) に従うビジネス・リーダーたちは，だれもが——とくに，困窮している人々が——企業行動から利益を得るように配慮する義務があると信じている。この観点によれば，企業経営者は公的な受託人の立場にあった。彼らは広大な資源を管理しているが，その使用が基本的には人々に影響を及ぼすことになるのである。彼らはこの種の重大な影響力を行使するがゆえに，単にステイクホルダーだけでなく，社会一般のためとなるように資源を使用する責任を負っている。この意味で，これまで彼らは社会にとって，公益の受託人であり，管財人であった。したがって，彼らは経営の意思決定をする場合，とりわけ社会的責任をもって行動することが期待されている。

　この種の考え方は結局，現代のステイクホルダー・マネジメント理論を生み出したが，それは本書の第 1 章で述べられている。この理論によれば，企業経営者は企業が行なうことに利害関係のあるすべての集団とうまく相互に影響し合うことが必要である。もしそうしなければ，彼らの企業は経済的に十分効果が出ないであろうし，社会的に責任のある企業として一般大衆に十分受け入れられないであろう。かつて，ある企業経営者は次のように述べた。すなわち，「株主であるなしにかかわらず，従業員であるなしにかかわらず，顧客であるなしにかかわらず，一般大衆は誰でも企業のステイクホルダーである。アメリカ社会でまさに生きるということは，だれでも企業のステイクホルダーとなるということである。」と。スチュワードシップ責任とは，以下の二つの事例によって説明される。

　　ザ・プリンス・オブ・ウエールズ・ビジネス・リーダー・フォーラム（the prince of Wales Business Leaders Forum）は国際ホテル環境イニシアティヴと呼ばれる環境責任プログラムを立ち上げた。そのプログラムは，ウェブ基準の環境ベンチマーク手法をつくり出したが，その手法を使って世界中のホテルは天然資源の組織的な使用にアクセスし，例えば，その地域の水の廃棄やエネルギー消費を最小にすることを可能にした。そのプログラムはホテルは排水をリサイクルすることによって，また，その他の応用的な使用を容易にすることによって，どのようにコスト削減するかの示唆を与えた。

　　デンマークに本拠を置くバイオテクノロジー企業のノヴォ・ノルディスク社（Novo Nordisk）は，企業活動に関して常にステイクホルダーと協議することによって，スチュワードシップ原則にコミットしていることを示している。この企業は工場ごとにステイクホルダーのチームを形成し，企業活動が工場周辺のコミュニティ住民にどのように影響を与えているか，について現地のコミュニティ側の人々と話し合った。ノヴォ・ノルディスク社はまた，仕入先と消費者グループと相談し，この会社がうまく経営されていたか，あるいはまずい経営がなされていたかについてフィードバックするように，常に従業員による調査が行なわれた。毎年，この企業は追加的話し合いに環境グループを招待した。

第Ⅱ部　企業と社会環境

図表3-2　企業の社会的責任の賛否両論

企業の社会的責任の賛成論	企業の社会的責任の反対論
・企業権力と責任のバランス ・政府規制の抑止 ・企業の長期的利益の促進 ・ステイクホルダーの要求の変化に対する反応 ・企業が引き起こした社会問題の是正	・経済的効率性と利益の低下 ・競争企業間における不均衡なコストの負担 ・ステイクホルダーに転嫁される隠れコストの負担 ・企業に欠如している社会的スキルの要求 ・個人ではなく，企業に責任を置くこと

3　企業の社会的責任論争

　企業の社会的責任に関するディベートのどちらの側にも有力な論拠がある。ある人がそのディベートの両サイドの論争から攻撃を受けるとき，その人は社会環境における企業行動を判定し，しかもよりバランスのとれた企業判定を行なうための，よりよい位置にいることになる。

(1) 企業の社会的責任を支持する論争

　企業の社会的責任に賛成するのはだれか？　多くの企業経営者はそれはよい考えだと信じている。だから，もっとも活動的なグループは環境を保護し，消費者を擁護し，従業員の安全と健康を守り，仕事上の差別的待遇を阻止し，インターネットを使用したプライバシーの侵害に反対し，また，高い投資収益率を維持するように努力しているのである。政府の役人もまた，一般大衆を不正なビジネス実務から守る法律や条令によって，企業が法令遵守することを保証している。換言すれば，企業の支持者も批評家も，企業が社会的に責任があるように行動することを望む理由を知っているのである。彼らが使う主な論争は図表3-2にリストされている。

① 企業権力と責任のバランス

　今日の営利企業は多大な権力と影響力をもっている。権力をもっている人はだれでも権力には義務が伴わなければならない，とほとんどの人々は信じている。この義務については，本章の前半で述べているが，責任の鉄則と呼ばれている。社会的責任にコミットしている企業は自らがもっている権力を誤って使うとその権力を失うであろう。本書の後でも検討するが，話題となったマイクロソフト社（Microsoft）の反トラスト事件は，企業が独占的な力を乱用したと社会が決定した一例であり，司法省は競争市場におけるマイクロソフト社の支配を減ずる行動をとったのである。

② 政府規制の抑止

　企業支持者のためのもっとも説得力ある論争の一つは，自発的な社会的行動は政府規制量の増大に一定の限界を設けるであろう，ということである。「企業と社会」の両者

の自由を減少させる規制もあるが，自由とは望ましい公益なのである。企業の場合，規制は経済的なコストを付加し，意思決定における柔軟性を制限する傾向がある。企業の観点からすると，意思決定の自由さは企業に市場と社会の力を一致させようとするイニシアティヴを維持することを可能にする。この見解はまた，民主主義社会において権力をできる限り分権化しておくことを望む政治哲学と一致している。政府はすでに巨大な組織になっており，その集権化された権力と官僚制システムは社会における権力のバランスを脅かしている，といわれている。したがって，もし社会的に責任のある行動をする企業自身が政府の新たな規制を抑止させるならば，企業は私益のみならず，公益をも達成することになる。

　　　例えば，天然ジュース製造業のオドワラ社（Odwalla）は，本書の下巻の事例研究で説明するが，自発的にフレッシュジュースという飲み物を低温殺菌（熱処理）することによってその安全性を改善しようと努めた。その企業はそうすることによって，製造加工の厳格で，かつ，しばしばよりコストがかかる政府規制を避けることを望んだ。

③　企業の長期的利益の促進

　企業が社会的事業を起こすことは，長期的な企業利益を生み出すこともある。ニュージャージーのある判事は，『A. P. スミス製造会社』（*A. P. Smith Manufacturing*），バーロウ他著において，プリンストン大学への企業寄附は企業による投資であり，したがって，営業費用として認められると裁定した。その理論的根拠は，企業の学校への贈与は，現在は費用であるけれども，遅かれ早かれ，その企業のために働く有能な卒業生を定期的に給されるようになるであろう，ということである。裁判所は企業が社会的責任陣プログラムのために企業資金を利用するようになるとき，企業の経営首脳陣は「その事柄の長期的な観点」を採用し，「啓発されたリーダーシップと方向性」を実践しなければならない，という判決を下した。[13]

　　　同様な事例が，古典的なジョンソン・エンド・ジョンソン・タイレノール事件（Johnson & Johnson Tylenol incident）であった。1980年代，増強タイレノール・カプセルのすべてをリコールすることによって，ジョンソン・エンド・ジョンソン（Johnson & Johnson）は短期的コストで数百万ドルを支出した。ジョンソン・エンド・ジョンソンは，その製品が，シアン化系の毒による数人の消費者の死と関係付けられた後，たとえ自社の生産過程にはまったく欠陥がみつからなかったとしても，消費者の安全を確実にするために，こうした徹底した行動をとった。消費者はその企業の製品を買い続けることによってジョンソン・エンド・ジョンソンの責任ある行動に報い，そして，結局，この企業は再度，利益を上げるようになった。

④　変容するステイク・ホルダーの要求に対する反応

　社会的期待は過去数十年にわたって劇的に増大してきた。すなわち，よりクリーンな環境の要求，製品の安全性，職場の公正性，プライバシーの保護，そして，同様な社会的課題や社会的な事柄によって，企業に社会的なスポットライトが当たるようになった。

以前より現在の方が一般大衆は企業により高いレベルの社会的成果を期待している。さらに、これらの課題事項に関する社会的な考え方を表明しているグループがよりうまく組織化され、資金を集め、そして、メディアと立法府で彼らの意見を述べることができる。企業はこうした要求の変化に、よりすばやく、かつ、正確に反応するように、そのステイクホルダーから明らかに挑戦されている。下巻第14章で検討されるように、多くの投資家は経済業績を社会的課題事項とリンクさせているので、経済業績を述べるだけではもはや十分ではない。複雑でダイナミックな企業環境では、社会の要求は企業の要求でもある。

⑤ 企業が引き起こした社会問題の是正

　時々、企業が引き起こす損害に対して、企業は社会に償う責任がある、と多くの人々は信じている。ある企業が自然を汚染したとき、その汚染の浄化はその企業の責任である。もし、消費者が欠陥製品が原因でケガをしたならば、製造企業が責任を負う。もし、企業が自主的にその責任を認めないならば、以下の例でみられるように裁判所が社会と社会的利益を代表して、しばしば介入するであろう。

　　　薬品が差別的に価格設定されていると主張して、何千もの独立系薬局とドラッグストアチェーンによって起こされた訴訟を処理するために、4大製薬企業は3億5000万ドルを支払うことに同意した。優先リストにある大口顧客に提供されている低い価格は、小規模で独立系の小売商店に対しては利用できないという二重価格システムを作ったことで、4大製薬企業は告訴された。小規模商店に対する製薬の割高コストは、消費者に転嫁されたことになる。[14]

（2）企業の社会的責任に反対する論拠

　「企業の社会的責任」論に反対するのはだれだろうか？　企業に携わる多くの人々は「企業の社会的責任」に反対するであろう。企業は利益を上げることに厳格に徹すべきであり、かつ、社会問題は社会のその他のグループに任せるべきである、と彼らは信じている。企業による社会目標の追求が企業の経済的効率を低下させ、それゆえに、社会から重要な商品とサービスを奪うことになるということを恐れる経済学者もいる。企業に社会的な改革を委ねることに懐疑的な経済学者もいる。すなわち、社会的な改革は政府の提案とプログラムの方をむしろ好むのである。私的な企業制度のより過激な批判のいくつかによると、社会的な責任とはできる限り多くの利益を上げるために、企業の本当の意図を隠すための巧妙な煙幕的な広報活動以外の何ものでもないのである。図表3-2には、以下で論議される企業の社会的責任に反対する多くの論拠がまとめられている。

① 経済的効率性と利益の低下

　ある議論によれば、企業が社会的な目標のために資源のいくらかでも使用するときはいつでも、それは企業の効率性を低下させる危険となる。例えば、工場の閉鎖が地域のコミュニティと従業員に影響を及ぼすであろう、という否定的な社会的効果を避けたい

と企業が望むがゆえに，企業が非効率的な工場を維持しようと決定するならば，その企業の財務業績は被害を受けることになるであろう。その企業のコストは必要以上に高くなり，より低い利益という結果をもたらすであろう。株主はより低い投資利益率を甘受し，企業が将来の成長のためのさらなる資本を得ることをより困難にするであろう。結局，工場を閉鎖しないことによって社会的責任を果たそうとする努力は，裏目に出ることになるであろう。

あるいは，企業経営者とエコノミストは「ビジネスのビジネスはビジネスである」と主張する。ビジネス，つまり，企業活動とは，よりよい製品とサービスを生み出し，より低い競争価格でそれらを販売することに集中すべきであるといわれている。このような経済的なタスクが実行されるとき，もっとも効率的な企業が生き残る。企業の社会的責任が十分意図されたとしても，そのような社会的活動は企業活動の効率性を低下させ，したがって，社会から人々の生活水準を維持するのに必要なより高い水準の経済的生産性を奪うことになる。

② 競争企業間における不均等なコスト負担

社会的責任に反対するもう一つの論拠は，社会的責任はより責任のある企業に不公正なコストを課するということである。以下のシナリオを考えてみよう。

> ある製造企業はより社会的に責任があることを望んだ結果，従業員保護から法律が要求するよりも安全な機械装置を設置することを決定する。この企業と競争関係にある他の製造企業等は社会的に責任のある類似的な手段をとらない。その結果として，彼らのコストはより低く，その利益はより高い。この場合，社会的に責任のある企業は不利な立場になり，とくに激しい競争状態にある市場では，企業活動から消えるリスクさえ抱えることになる。

この種の問題はグローバルな観点からみるとき，法律や規則が隣国間で異なっている場合，深刻となる。もし一方の国が他方の国々より高度で，かつ，コストのかかる公害管理基準，あるいは，より厳格な職務安全規則，あるいは民間薬のより厳格な事前テストを要求するならば，企業活動により高いコストを課することになる。社会的責任を最小限にしか行なわない外国の競合企業は，より大きな市場占有率を獲得することができるがゆえに，実際に利益を得ることになるであろう。

③ ステイクホルダーに転嫁される隠れコストの負担

企業によって引き受けられる社会的な提案の多くは，経済的な意味では元は取れない。それゆえに，だれかが社会的な提案に対して費用を負担する必要がある。結局，社会がすべてのコストを支払わなければならない。社会的便益はコストがかからないが，社会的に責任のある企業は，何らかの方法でそれらのコストすべてを取り戻すことを試みるであろうということを信じている人々もいる。例えば，ある企業が高価な公害除去装置を設置することを選択するならば，空気はより浄化されるが，結局はだれかがそのコストを支払わねばならないであろう。株主はより低い配当を受け，従業員はより少ない給

料を支払われ、消費者はより高い価格を課されるであろう。結局は一般大衆がこれらのコストを支払わねばならないであろうということを知るならば、そして、一般大衆が真実のコストがどんなに高いかを知るならば、企業は社会的に責任があるように行動するものだ、とはそれほど強く主張しないであろう。同じことが社会的に望ましい企業行動を生み出すことが意図された政府規則にも当てはまるであろう。こうした規則は国の税金請求額をより高いものにすることに加えて、企業活動コストを押し上げることによって、しばしば価格を上げたり、生産性を下げたりする。

④ 企業に欠如しているスキルの要求

　企業人は社会問題のための訓練を本来的には受けていない。彼らは生産、マーケティング、会計、金融、IT、そして、人事については知っているが、都市内部の諸問題、あるいは世界の貧困、あるいは校内暴力について彼らは何を知っているというのだろうか？　企業人に社会問題を解決する責任を課することは、不必要にコストがかかりかつ認識のまったく乏しいアプローチへと導くことになるであろう。社会アナリストが社会的領域では社会ごとに異なったアプローチがより有効に機能することを発見していたとしても、企業アナリストは通常の企業活動で成功する方法が複雑な社会問題にも適用可能であろうと信じる傾向にある。例えば、自動車製造工場における適切な経営管理の方法は、学校経営あるいは麻薬取締局の運営には不適当であろう。

　民主主義社会の市民によって正当に選ばれた政府の役人が社会問題に取り組むべきであるということに関連した考え方がある。ビジネス・リーダーは一般大衆によって選ばれてはいないし、それゆえに、社会問題を解決する権限ももってはいない。要するに、企業人は本質的には公共政策に関する事柄に取り組むために必要とされる専門的知識や一般大衆の支援を受けてはいないのである。

⑤ 個人ではなく、企業に責任を置くこと

　ある批評家によれば、企業責任の全体的な考え方が間違っている。個人だけが自分の行動に対して責任を負うことができる。人々が意思決定するのであって、組織がするのではない。企業がその行動に対して責任を負うことはできない。ある方針を促進し、実行することに関係しているような個人だけである。したがって、それが関係する個人としての企業人たちの社会的責任であるとき、企業の社会的責任について語ることは間違いである。もし個人としての企業経営者が彼ら自身の財産を社会的目的のために寄附したいとするならば、そうさせるべきであるが、彼らが企業資金を企業の社会的責任という名目で寄附することは間違いである。

　これらの論拠は同時に、企業の社会的責任が社会的な改革について意図された効果を生み出さずに、「企業と社会」の両者に余分な負担を負わせ、あるいは、過度なコストを負わせるということを主張している。

第3章　企業の社会的責任

図表 3-3　企業の多様な責任

（経済的責任／法的責任／社会的責任のベン図）

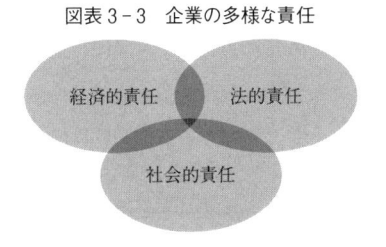

4　経済的責任，法的責任，そして，社会的責任のバランス

　どの組織も経営者も多様な責任をうまく取り扱うように努力しなければならない。ビジネスのなかのビジネスは，唯一利益を上げることであるという信念はもはや広くは通用しない。1997年の『ビジネス・ウイーク』(*Business Week*) 誌のハリス世論調査によれば，調査の対象となったアメリカの成人の95％は，企業の唯一の役割は利益を上げることであるという考え方を否定していた。図表3-3で示されるように，企業は株主に対しては経済的責任を，社会的法則や規制に対しては法的な条件を，さまざまなステイクホルダーに対しては社会的責任を，履行しなければならない。これらの義務はしばしば，対立をもたらす場合があるけれども，成功している企業は経営者がその厳しい責任のそれぞれを満足させる方法を見出し，これらの義務が相互に助け合うことを可能にする戦略を開発している企業である。

（1）啓発された自己利益

　一般大衆の絶えず変化する期待を満足させることによって社会的に責任を果たすことは，企業のトップに対して賢明なリーダーシップを求めることになる。大きな社会変化を認識し，それを業務に反映させる方法を先取りする能力をもっている企業が，生き残り組であることが証明されてきた。そうした企業は政府の規制担当者とよりよく協力し，企業のステイクホルダーの要求に対してよりオープンであり，そして，新たな法律が社会問題に対処すべく開発されるように，立法府の職員としばしば協力している。

　　1999年の「世界貿易機関」（WTO：World Trade Organization）のシアトル大会における社会的抗議者に反応して，大小の多くの企業は企業の収益性は犠牲にされてはいないし，事実，社会的な意識を高めることによって，企業の収益性は高められる場合がある，という信条を再度，主張した。「企業は環境活動に責任があり，労働者の権利に敏感であり，かつ依然として競争力があれば，問題はない」と企業責任の異教徒間教義センター所長（director of the Interfaith Center for Corporate Responsibility），デーヴィッド・シリング（David Schilling）はいった。[17]

　こうした見解をもつ企業は，**啓発された自己利益**（enlightened self-interest）によって導かれている。啓発された自己利益とは，企業が企業自身の経済的な自己利益を放棄す

ることなく，社会を意識していることを意味している。この見解によれば，利益は，顧客に真の価値を提供し，従業員が成長することを助け，企業市民として責任のある行動をし続けるような企業に対する報酬である。アメリカでもっとも速く成長しもっとも収益性のある企業に，これらの目標は反映されている。

　　社会的責任の強調によって顧客を引きつけることができる。オピニオン調査企業によって行なわれた世論調査では，成人購買層の89％は会社の評判によって影響を受けていた。社会的責任はまた，企業が質の高い労働力を雇用することができることによって企業に便益をもたらしている。企業の評判と社会的に責任のある行動に関連する好意はその雇用者のためなら働くことに誇りがもてるようなよき企業主を探している有能な人材を引きつけている。

（2）経済的要件と社会的責任

　社会的に責任のある企業は社会的利益の促進のために良心的に経営することによって，利益を犠牲にしているのか。社会的に責任のある企業は，一般大衆が望むような高く，かつ，責任のある社会業績の水準を無視するか，あるいは，軽視する企業よりも，高い利益，平均以上の利益，あるいは，低い利益のどの利益となるであろうか。企業の財務業績とその企業の社会業績との間に明らかな関係を見出そうという努力は，さまざまな結果を生み出してきた。

　良好な社会的業績は良好な帳簿上の利益をもたらす傾向にあるということを発見した研究もあるが，それは啓発された自己利益の例となるであろう。一般に学者は「大規模なアメリカ企業において社会業績と財務業績との間に正の関係」を見出してきた。この関係に焦点を当てた多くの学術誌は，以下のように結論づけた。すなわち，

　　先行研究に関するわれわれの分類は，CSP［Corporate Social Performance —企業の社会業績］とCFP［Corporate Financial Performance —企業の財務業績］との間の関係が事実上，正であるという証拠を提供している。われわれはCSPとCFP間の正の関係を示唆する研究を33研究，効果なしか，あるいは，結論が出ないとする研究を14研究見出したが，負のCSP／CFP関係を見出したのはほんの5研究にしか過ぎなかった。

　どんな社会的プログラム——例えば，企業内の子どもケアセンター，従業員のためのドラッグ教育プログラム，あるいは，コミュニティの諸機関に対するアドバイザーとして企業の上級経営者を貸し出すこと——も通常，参加企業に緊急的な現金コストを負わせている。利益を上げることが通常，こうしたプログラムの目的ではないが，短期のコストは確かに，社会的活動が利益となるように考えられているのでなければ，企業の利益を減少させる潜在力をもつことになる。したがって，企業は社会的な提案を引き受けることによって，短期的利益を犠牲にする場合がある。しかし，短期的に損をしても，より長期にわたって，利益として取り戻す場合がある。例えば，ドラッグ教育プログラムが勤務中のドラッグ乱用を阻止したり減少させるならば，その結果としての転職率の

低下，欠勤の減少，労働力の健全化の向上，そして，事故やケガの減少が企業の生産性を増進させ，健康保険コストを低下させるであろう。その場合，そのプログラムをスタートさせることは，高額な支出を強いられるけれども，その企業は実際には長期的な利益の増加を経験することになるであろう。

（3）法的要件対企業の社会的責任

株主に対して，企業の経済的責任を伴うことは，企業の**法的義務**（legal obligations）である。企業は社会のメンバーとして，社会を統治する法律や条令を遵守しなければならない。企業の法的義務はその社会的責任とどのように関係しているか？　法律や条令は企業による社会的に責任のある行動を確実なものにするために立法化されている。社会によって期待されている行動基準は社会の法律で具体化されている。企業は社会的責任を果たすように自発的に意思決定ができないのか？　もちろん，法的な規則は企業が従うべき最小限の基準であるが，法律以上に実行する企業もあれば，競争企業に，より社会的に責任があるように法律を改定するように求める企業もある。

法律と条例は，互いに競争している企業に対して，ある水準での活動の場の形成を助けている。すべての企業に同一の社会的基準を満たすように要求すること——例えば，有害廃棄物の安全な廃棄——によって，政府はある企業の無責任な行動がその競争企業に対して，競争上の有利性を得ることにならないように阻止している。もしある企業が不注意に廃棄物を投棄すると，その企業は訴えられ，罰金を科され，経営者や従業員のうちの何人かが拘置される可能性があり，さらにその行動に対して好ましくない評判がたつというリスクを蒙ることになるであろう。

法律や公的な政策を遵守する企業は一般大衆によって期待されている最低レベルの社会的責任を満たしている。企業の社会的責任に関するある指導的な学者によれば，法的な遵守でさえ，かろうじて，一般大衆を満足させているに過ぎない。すなわち，

> 伝統的な経済的，かつ，法的な基準は，企業の正当性に対して，必要条件ではあるが，十分条件ではない。そうした伝統的基準を軽視する企業が生き残ることはないであろう。これらの基準を単に充たしたとしても，企業の存続は確実なものにはならないのだから……。
>
> したがって，社会的責任とは，企業が最近普及している社会規範，価値，そして，業績の期待値……と調和するレベルまで，企業行動を引き上げることを意味している。[社会的責任]とは——新たな社会の期待が法的な条件に成文化されるまで——先に踏み出した単なる一歩でしか過ぎないのである。[20]

（4）株主利益対その他のステイクホルダーの利益

企業の取締役に加えて上級管理者層は一般に，企業の所有者，および，株主のためにできる限り多くの価値を創造することが期待されている。このことは規則的に高配当を

第Ⅱ部　企業と社会環境

> **資料3-B　企業の社会的責任に関する二つの見解**
>
> **株主の見解**
> 　私的企業の権利を認識する市場志向型の経済学では，唯一の企業の社会的責任は株主価値を創造することであり，合法的に，かつ，誠実に実行することである。それにもかかわらず，われわれは集団的な行動を必要とするけれども，重要だが，未解決の社会的課題――ドラッグの乱用から教育と環境まで――をもっている。しかしながら，企業の経営者は何が社会的利益であるかを決定する政治的な正当性も専門的知識ももってはいない。選挙で選ばれた立法府の議員を経由して集団的な選択のための仕組みと司法制度を提供しているのが，われわれの行政府のやり方なのである。
> 　企業の社会的責任が政治的活動家によって主張されようと，あるいは，最高経営責任者（CEO: Chief Executive Officer）によって主張されようと，企業，あるいは，株主の価値が増加しないような支出コストは，より高い価格によって消費者に，より低い賃金によって従業員に，あるいは，より低い収益によって株主に転嫁されるであろう。
>
> **多様なステイクホルダーの見解**
> 　顧客がわれわれから直接的に製品やサービスを購入しようと，市場でそれらを取得しようと，そうしたことには関係なく，尊厳をもってすべての顧客に接している……と，われわれは信じている。
> 　どの従業員にも尊厳があり，厳格に従業員に利益をもたらす……と，われわれは信じている。
> 　われわれの投資家がわれわれに信頼を置いていることにわれわれは敬意を表している……と，われわれは信じている。
> 　供給業者と下請業者に対するわれわれの関係は相互信頼にもとづかなければならない……。
> 　公正な経済的競争は，国富の増進にとって，そして，究極的には財とサービスの適正な分配を可能にするための基本的な必要条件の一つである……と，われわれは信じている。
> 　グローバルな企業市民として……われわれは［われわれが運営している］コミュニティにおける労働の下で，……そのような改革の力と人間の権利に貢献できる，とわれわれは信じている。

出典：Alfred Rappaport, "Let's Let Business Be Business", *New York Times*, February 4, 1990, p. F13.："The Caux Roundtable Principles for Business," Section 3: Stakeholder Principles, www.cauxroundtable.org. 再プリントには認可が必要。

行なうことによって，そして，株価が上昇するように企業を経営することによって，実現可能となる。高い利益はウォール街の投資家にとっては，企業が順調に経営されているというプラスのシグナルであるばかりではなく，株主に高額な配当を可能にする。低い利益は，その逆の効果をもつだけでなく，企業の財務業績を改善するように経営者に対して大きなプレッシャーをかけることになる。

　しかしながら，株主は，企業経営者が考慮しなければならない単なるステイクホルダーではない。ヨーロッパ，アジア，そして，北アメリカの世界の大規模な組織のリーダーは，ステイクホルダーすべてを考慮しなければならないこと，すなわち，どのステイクホルダーも無視できないことを認識している。彼らのうちの何人かが「コー円卓会議」（Caux Roundtable）の出版物のなかで述べているように，経営者幹部の仕事は企業活動によって高い水準の社会的責任を擁護するようなグループを包括しながら，企業のステイクホルダー全体を相互に影響させ合うことである。経営管理者の中心的な目標は，どれか単一のステイクホルダーではなく，企業全体の利益を促進することであり，利益

目標ではなく，多様な企業目標を追求することである。企業の社会的責任に関するこうした見解とその対照的な見解は，資料3-Bで示されている。

このより広範できわめて複雑な任務は即座の見返りに専らの焦点を置くのではなく，長期的な利益構想を強調する傾向がある。この任務が実行されるとき，株主に支払われる配当金は希望額よりも低いであろうし，株式の価値は株主が望むほどには急速には上昇しないであろう。これらは企業株主・所有者のために高い価値を生み出す法律的な責任をもつが，しかし，企業全体の利益を促進することもまた，試みなければならない企業経営者が直面する種類のリスクでもある。すべては株主のための短期的利益の最大化であることが強調されると，その他のステイクホルダーの利益や要求を見落とす政策となる可能性がある。一般大衆が社会的に責任のある企業を強く是認することは知られているけれども，経営者が短期コストを増やす社会的責任プログラムの品質を落とす場合もある。

長期的な利益形成と短期的な利益形成との間の対立に対する反応として，啓発された自己利益という観点はもっとも有益で実践的なアプローチであろう。そのことは長期的には企業と一般大衆の両者が便益を受けるという社会的責任活動を引き受けるために，合理的な短期コストを負うことは受容可能であることを意味している。

5　世界と企業の社会的責任

社会的責任は文化的な価値と伝統を反映し，異なった社会では異なった形態をとっている。米国，日本，あるいは，インドネシアで受け入れられている慣習はドイツ，ブラジル，ウクライナでは存在しないであろう。世界中で社会的に受け入れ可能であることを決定することは，しばしば困難なプロセスである。それにもかかわらず，企業の社会的責任はグローバルな企業活動において，とくに環境責任とコミュニティ関係の領域において反映されたグローバルな概念となってしまった。

日本企業は多次元にわたる企業の社会的責任において模範的な市民であることを立証してきた。コミュニティの活動とその他のフィランソロピー的な努力に対する日本企業の支援は日本企業のコミュニティにおける好意を増大させてきた。日本企業は企業活動に直接関係するコミュニティを援助している。したがって，日本企業は企業と社会との間の調和的関係に対して強力なコミットメントを示しながら，他を助ける一方，明らかに自らの助けともなっている。

しかしながら，米国の観点からは，日本企業はしばしば，企業の社会的責任を狭く理解しているように思われている。環境災害の犠牲者が日本企業が原因で起きた損害に対して保証を求めるとき，埒外の者として取り扱われてきた。特定のグループを優遇するような雇用慣習は日本においては一般的に受け入れられてきた。しかしながら，日本企業が国際社会に，より統合されてきたとき，より広い観点での企業の社会的責任が生ま

第Ⅱ部　企業と社会環境

れはじめた。

　　　日本貿易振興機構（JETRO：Japan External Trade Organization）が，米国における日本人の慈善活動についての調査を行なった。日本貿易振興機構はこの調査に回答した米国で営業を行なっている日本の関連会社の約80％は，企業の慈善活動に従事したことを報告した。献金が慈善活動のもっとも一般的な形であり（91％），コミュニティ組織への参加（57％）がそれに続いた。コミュニティの発展と教育が献金の主要な受益者であり，また，従業員のヴォランティア活動の奨励は1992年に比べ36％アップした。回答組織の95％以上は，前回の1992年の調査以来，寄附もその他の慈善活動も変化しないか，あるいは増加した。

　企業の社会的活動はまた，他のアジア諸国にも拡がっていった。例えば，インドネシアでは，社会的活動の概念がその国の豊かな歴史のなかに深く根づいている。慈善活動は家族に対する儒教的な教え，および，家族と国家との間の好ましい関係に連動している。

　　　インドネシアでは，「互助」（mutual aid）の概念がこの国の農村伝統的コミュニティに広まっている。ゴトン・ロヨン（gotong royong）の概念は，災害，病気，あるいは事故の場合における商品とサービスによる寄附活動，さらには結婚，葬儀，その他の祝賀の行事に対しての現金での寄附を含んでいる。インドネシアの商法において，税免除規定がないにもかかわらず，多くの企業は社会発展活動に従事してきている。これらの活動には，環境のために資金を集め，プールしておくことや零細企業の援助やコミュニティの森林保護のためにスポンサーになることなど，さまざまな形態がある。

　企業の社会的責任はヨーロッパ諸国においても異なった形態をとってきた。ヨーロッパでは，米国における個人企業主からの便益として，しばしば受給されていた多くの社会的サービスを政府が提供してきた。例えば，社会的責任問題に関する政府代表者の論争はEU諸国の社会政策，それは社会憲章（Social Charter）と呼ばれるが，その採用という結果をもたらした。私企業の援助プログラムに頼るのではなく，EUに代表される諸政府は企業の社会的活動に経済的援助と報償を与える公共政策を起草した。

　社会的行動プログラム（SAP：Social Action Programme）は，社会憲章のなかで具体化された。SAPは1995年に創設されたが，職場指針，経済的発展のヴィジョン，そして，経済発展と社会政策とをリンクさせた，社会政策を確立した。2000にも及ぶSAPの諸目標は，仕事の創出と非雇用の阻止，労働の近代化とインドネシア社会のような機会の把握，そして，健全な社会を鼓舞しながらの平等の達成を含んでいた。したがって，社会的責任に対応するヨーロッパ企業の反応は，実際には，しばしば，さまざまな政府政策の指針，および，プログラムの提案に対する遵守の問題となる。

　貧困が充満し，市民の闘争が頻発している開発途上国の多くは，経済目標と軍事活動が社会目標の実現よりも高い優先順位となる傾向にある。例えば，自然保護は公害を発生するが雇用も創出する鉄鋼工場の獲得ほどには重要ではない，と考えられるであろう。こうした国々では，企業による社会的責任に関する提案の実現は遅れることになるであ

ろう。

■ 本章の要点
(1) 企業の社会的責任は，企業が人々，そのコミュニティ，そして，その環境に影響を及ぼす企業行動のどれに対しても責任をもつべきである，ということを意味している。企業は自らの膨大な力を認識し，社会の向上のためにその権力を行使しなければならない。
(2) 米国における企業の社会的責任の考え方は20世紀初頭のビジネス・リーダーによって採用された。社会的責任の中心的テーマは，慈善——それは貧困層に援助を与えることを意味している——そして，スチュワードシップ——であり，企業活動上の意思決定を行なうとき，公的に信頼を受けている者として行動し，企業のすべてのステイクホルダーを考慮することであった。
(3) 企業の社会的責任は，きわめて論争的な概念である。企業の社会的責任の長所は政府の規制を減少させ，企業の長期的収益性を促進することにある，という論者もいる。他方，企業の社会的責任は効率性を低下させ，不当なコストを課し，そして，不必要な義務を企業に転嫁させる，ということを信じている論者もいる。
(4) 社会的に責任がある企業は経済的，法的，そして，社会的な義務をバランスさせようと試みるべきである。啓発された自己利益的アプローチによれば，社会がその企業の活動から便益を享受している間は，企業は経済的に報酬を受けるであろう。法的な要求を守ることはまた，社会におけるさまざまなグループに奉仕するように企業を導くことができる。経営者は企業のすべてのステイクホルダーとそれぞれの利益について考慮しなければならない。
(5) 企業の社会的責任の事例は世界中で増加しつつある。ある国の企業が社会的責任についてより限られた見解を歴史的にもっている一方，その他の地域の企業，とりわけ，北アメリカ，アジア，そして，ヨーロッパの企業は企業の活動において社会的に責任のある原則を明らかにしている。

■ 本章で使われた重要な用語と概念
企業の社会的責任　責任の鉄則　慈善原則　スチュワードシップ原則　啓発された自己利益　法的義務

インターネットの情報源
・www.bsr.org　社会的責任のためのビジネス
・www.responsibility.com/news　プライスウォータークーパー企業責任（法人）
・www.ijprn.org/english/projects/csr　企業社会的責任プロジェクト，日本・太平洋リソース・ネットワーク
・www.irrc.org　投資家責任研究センター

第Ⅱ部　企業と社会環境

討論のための事例：アーロン・フューステイン――社会的に責任のある所有者

　1995年12月11日の夜は，マルデン・ミルズ（Malden Mills）の最高経営責任者（CEO）であるアーロン・フューステイン（Aaron Feuerstain）にとっては，特別な時間であった。ボストンの地元のレストランで，彼の栄誉を讃えて，70歳の誕生日のささやかなパーティーが静かに開かれていた。しかし，フューステインの人生にとって，別の理由でドラマティックな折り返しとなった……。彼の会社の工場のボイラーが爆発し，火災が発生し，33人の従業員が負傷を負い，その工場のなかの100年ぐらい前に建てられた建物のうちの3棟が崩壊した。マルデン・ミルズはフューステインが過半数の株式を所有する私的所有企業であった。その企業はマサチューセッツの小さな町，メスエン（Methuen）にあるが，そこは経済的に不振な地域であり，3000人近くを雇用していた。その火災はそのコミュニティにとっては，破壊的なひと吹きであった。現地の労働組合の委員長であるポール・クーレイ（Paul Coorey）は，次のようにいった。「私は，そこで息子とともに工場が燃えるのを見ながら立っていた。息子はそこで働いている。そして，彼は私を見て，『お父さん，私たちはたった今，職を失ってしまった。私たちがそこで過ごした人生は過去のものになってしまった』といった。」

　予期せぬ悲劇はすべて，あまりにも頻繁に起き，そして，その余波は，企業の所有者，従業員，供給先，コミュニティ，そして，顧客にとってしばしば破壊的なものとなっている。しかし，マルデン・ミルズの1995年12月の悲劇は，主としてその工場の所有者――アーロン・フューステイン――そして，マルデン・ミルズの悲劇に続く彼の行動を通して彼が示した企業の社会的責任の深い意味によるところが大きいが，ほとんどの結末とは違った結末をもたらした。

　アーロン・フューステインはいつも午前5時30分に目を覚まし，聖書とシェイクスピアの数節を暗記することから一日をはじめた。彼は従業員の忠誠心と公正さを固く信じていた。平均的なアメリカ人は，企業とその所有者等が，思慮と思いやりをもって，労働者を人間として扱うことを望んでいると，彼はしばしば，述べていた。フューステインは，これらの期待に応えようと試みた。「私は善良でなければならない」と，彼の妻に何度も繰り返していっていた。「余りにも多くの人々が私を頼りにしている」。彼は――1995年の彼の工場の火災という予期せぬ破壊的な悲劇の後でさえ――だれの期待であろうと簡単に背くわけにはいかなかった。

　アーロン・フューステインは火災の後，多くの選択肢があることを知っていた。彼は工場を閉めることも，火災保険で数千万ドルを楽々と得ることもできた。彼は業界のライバルに収益性のあるもっとも重要な製品ポラテック（Polartec）を引き渡すこともできた。この合成繊維はスポーツ用アウトウェア産業に大きな需要があった。その生産には高度な技術と熟練工を必要としたが，マルデン・ミルズは基本的には市場を独占していた。競争企業の多くはポラテックを生産するための権利に高い価格を支払ってきた。

　それにもかかわらず，フューステインの従業員に対するコミットメントは彼を異なった戦略へと導いた。彼が後に回顧するように，「私は創造的でなければならない，と自分自身にいい聞かせていた。ここから脱出する道は多分，存在するであろう」。火災の悲劇から4日後，地元の高等学校の体育館での従業員に対する演説のなかで，フューステインはファミ

リー・ビジネスを再建するまでの１カ月間、3000人近くの従業員すべてに賃金を保証すると説明した。１カ月後、再建のプロセスがゆっくりとしたペースで進んだために、フューステインはもう１カ月間従業員に給料を支払い、さらにもう３分の１カ月に対する給料を支払った。「私がやったことは単にするべきことをしたに過ぎない」と彼は力説した。「労働者は単なる削減可能な支出ではない。私は従業員をマルデン・ミルズが所有しているもっとも価値ある資産と考えている」と。

クリスマスのちょうど数日前、給料の保証の最初の演説では、従業員からの反応はきわめて肯定的であった。「彼が最初に給料の保証を行なったとき、私は驚いた」とマルデン・ミルズの従業員である49歳のビル・コッター（Bill Cotter）、はいった。「２回目はショックであった。３回目は……そう、彼が再度、給料の保証を行なうと考えることは非現実的であった。」ナンシー・コッター（Nancy Cotter）は彼女の夫の思いを以下のように述べて話を終えた。すなわち、「３回目にはだれもが目に涙を浮かべていた」と。1996年３月までに、従業員のほとんどが職場に復帰した。復帰しなかった人々は他への配置替えを行なったり、あるいは、その地域で他の仕事を見つけたりする際に、援助が申し込まれていた。

マルデン・ミルズの顧客とその地域の他の組織は、きわめて顕著な支援でフューステインの行動に応えた。アパレル企業のドコタ社（Dokotah）は火災の後、フューステインに３万ドルの小切手を贈った。ボストン銀行は５万ドル、企業組合は10万ドル、マサチューセッツのローレンス近くにある商業会議所は15万ドルを寄附した。マルデン・ミルズの顧客のほとんどは、その企業に忠実であり、競争企業に乗り換えるのではなく、再建され生産能力が回復するまで待つという誓いを立てた。

火災からちょうど８カ月後、マルデン・ミルズの四つの生産ラインの内の三つがフル操業となり、2400人近くの従業員の内の500人を除いてすべてが工場の仕事に復帰した。しかし、アパレル産業の不測の景気下降がフューステインの行動の英知に戦いを挑んだ。1998年までに、マルデン・ミルズの従業員は恒常的な一時解雇を経験し、会社も１億2000万ドルの負債を負った。創業者の価値を引き継ぐ新たなCEO、ジェラルド・ボウ（Gerald Bowe）のリーダーシップの下で、1999年、マルデン・ミルズは業績回復への転換を経験した。ひっきりなしに呼び戻された従業員数は1500人に上り、従業員総数は火災時の水準まで持ち直した。政府と海外の下請企業は競争的な国内市場での売上げの下降に対抗した。斯くして21世紀に入ったとき、マルデン・ミルズは財務的な敗北から回復しつつあるようにみえた。企業の経済的、および、社会的使命と目標との両者に対するアーロン・フューステインの公約があのときの灰のなかからそのまま現れてきたように思われた。

出典：Tom Mitkowski, "A Glow from a Fire," *Time*, January 8, 1996, www.pathfinder.com；Mitchell Owens, "A Mill Community Comes Back to Life," *New York Times*, December 26, 1996, p. B12；Luis Uchitelle, "The Risks of Keeping a Promise," *New York Times*, July 4, 1996, pp. C1, C3；Bruce D. Butterfield, "What Flames Could Not Destroy," *Boston Globe*, September 8, 1996, p. A28；Michael Ryan, "They Call Their Boss a Hero," *Parade Magazine*, September 8, 1996, pp. 4-5；Alison S.Lebwohl, "Rising from the Ashes," www.afscme.org/afscme/press. そして、Shona Crabtree, "The Future Looks Brighter at Malden Mills," July 28, 1999, www.eagletribune.com.

検討すべき問題

① この事例におけるアーロン・フューステインの基準は，社会的責任原則——慈善原則，または，スチュワードシップ原則——のうちのどちらの原則だろうか？ その事例からいくつかの例をあげなさい。
② 企業の社会的責任に賛成するどの議論がフューステインの行動を支援しているのだろうか？ そして，企業の社会的責任に反対するどの議論が彼の行動に関して疑問を投げかけているのか？
③ この事例では，フューステインは彼の多様なステイクホルダーに対して責任を負っているのだろうか？ 説明しなさい。

注

(1) Marianne Jennings and Craig Cantoni, "An Uncharitable Look at Corporate Philanthropy," *Wall Street Journal*, December 22, 1998, p. A18; Boeing 1998 Citizenship Report, www.boeing.com および Jim McKay, "Doing Well and Doing Good," *Pittsburgh Post-Gazette,* October 18, 1998, p. E5.

(2) *Academy of Management Journal*, October 1999. の特別問題を参照。そこでは，ステイクホルダー，社会的責任，業績の調査研究を報告している。

(3) これらの組織に関する補足情報は，www.bsr.org, www.keidanren.or.jp/CBCC, および www.cbsr.bc.ca, で見出せる。

(4) David C. Korten, "Limits to the Social Responsibility of Business," The People-Centerd Development Forum, article no. 19, June 1, 1996.

(5) The Business Week Global, 1,000, *Business Week*, July 10, 2000, pp. 108-144.

(6) この概念は Keith Davis and Robert Blomstrom, *Business and Its Environment*, New York: McGraw-Hill, 1966. に初めて現れた。

(7) Harold R. Brown, *Social Responsibility of the Businessman*, New York: Harper, 1953. そして，Marrell Heald, *The Social Responsibility of Business : Company and Community, 1900-1960*, Cleveland: Case Western Reserve Press, 1970. これらのビジネス慈善家がどのようにして富を得たかに関する歴史については，Matthew Josephson, *The Robber Barons : The Great American Capitalists*, New York: Harcourt Brace, 1934. を参照。

(8) Michael Novak, *Business as a Calling : Work and the Examined Life*, New York: Free Press, 1996, p. 197.

(9) *Wall Street Journal*, May 25, 2000, p. A1; Monica Langley, "CEOs' Crusade to Raise Corporate Gifts," *Wall Street Journal*, November 18, 1999, pp. B1, B6; そして Christopher H. Schmitt, "Corporate Charity: Why It's Slowing," *Business Week*, December 18, 2000, pp. 164-166.

(10) この受託人の責務—管財人の見解に関する初期の二つの文献は以下のものである。すなわち，Frank W. Abrams, "Management's Responsibilities in a Complex World," *Harvard Business Review*, May 1951. および Richard Eells, *The Meaning of Modern Business*, New York: Columbia University Press, 1960.

(11) James E. Liebig, *Business Ethics : Profiles in Civic Virtue*, Golden, CO: Fulcrum, 1990, p. 217. ステイクホルダー理論については，R. Edward Freeman, *Strategic Management : A Stakeholder Approach*, Boston: Pitman, 1984.

(12) 追加的な企業情報に対しては，プリン

ス・オブ・ウエールズ・ビジネス・リーダー・フォーラム，および，www.csrforum. そして Mark Lee, "Digging Out rather Digging In," *Business Ethics*, January-February 2000, p. 12. を参照。

(13) *Barlow et al. v. A. P. Smith Manufacturing Company* (1951, New Jersey Supreme Court) については，Clarence C. Walton, *Corporate Social Responsibility*, Belmont, CA: Wadsworth, 1967, pp. 48-52. で論じられた。

(14) Thomas M. Burton and Elyse Tanouye, "Drug Giants Agree to Settle Pricing Suit," *Wall Street Journal*, July 14, 1998, pp. A3, A8.

(15) この議論はほとんど，Milton Friedman, "The Social Responsibility of Business Is to Increase Its Profits," *New York Times* Magazine, September 13, 1970, pp. 33, 122-126. に準拠している。

(16) この議論は「経済的効率性と利益を下げる」議論のように，しばしば，Milton Friedman の説に帰属する。Friedman, "The Social Responsibility of Business Is to Increase Its Profits." を参照。

(17) "Some Firms Tout Benefits of a Social Conscience," *Wall Street Journal*, December 3, 1999, p. A6.

(18) Jeff Frooman, "Socially Irresponsible and Illegal Behavior and Shareholder Wealth," *Business & Society*, September 1997, pp. 221-249. ある企業が無責任に行動するときに株主利益に及ぼす負の影響（negative effects）は，啓発された自己利益概念を支持し，株主の利益を促進すべく責任をもって行動する，と彼は論じている。

(19) 「正の社会的-財務業績」関係は，Lee E. Preston and Douglas P. O'Bannon, "The Corporate Social-Financial Performance Relationship," *Business & Society*, Desember 1997, pp. 419-429. で報告されている。そして，これまでの研究の引用と包括的な概観は，Ronald M. Roman, Sefa Hayibor, and Bradley R. Agle, "The Relationship between Social and Financial Performance: Repainting a Prtait," *Business & Society*, March 1999, pp. 109-125. に見出せる。この関係を調査した先行研究は，Jennifer J. Griffin and John F. Mahon, "The Corporate Social Performance and Corporate Financial Performance Debate," *Business & Society*, March 1997, pp. 5-31. に，Roman などの概観とは異なった結論でまとめられている。

(20) S. Prakash Sethi, "A Conceptual Framework for Environmental Analysis of Social Issues and Evaluation of Business Response Patterns," in S. Prakash Sethi and Cecilia M. Falbe, eds., *Business and Society : Dimensions of Conflict and Cooperation*, Lexington, MA: Lexington Books, 1987, pp. 42-43.

(21) 企業の社会的責任の日本スタイルについてのより徹底的な議論は，Richard E. Wokutch and Jon M. Shepard, "The Maturing of the Japanese Economy: Corporate Social Responsibility Implications," *Business Ethics Quarterly*, July 1999, pp. 527-540. を参照。

(22) 日本貿易振興機構，エグゼクティブ・サマリーについては，www.jetro.go.jp/jetroinfo/survey/philan を参照。

(23) インドネシアにおける社会的責任についての歴史的な伝統と現代の実践に関するより徹底的な議論については，Onny Preijono, "Organized Private Philanthropy in Indonesia," in Barnett Baron, ed., *Phlanthropy and the Dynamics of Change in East and Southeast Asia*, New York: Columbia University, 1991, pp. 17-39., および，Andra L. Corrothers and Estie W. Suryatna,

"Support for Indonesian NGO Programs through Corporate Philanthropy," in Tadashi Yamamoto, *Emerging Civil Society in the Asia Pacific Community*, Tokyo: Japan Center for International Exchange, 1995, pp. 539–545. を参照。

(24) 社会的行動プログラムについては，www.eubusiness.com/social, を参照。

第4章　社会的即応性マネジメント

　社会的即応性企業は，ステイクホルダーとの互恵的なる関係に配慮・促進しようと入念に努力をしている。このように企業には，企業の社会的責任の潮流のなかで，新たに生じてくる課題事項を特定し，これらの課題事項を即応性のある企業政策やプログラムへと変化することが求められる。本章では，社会的即応性マネジメント（socially responsive management）に関わるプロセス，活動，評価基準について考察していく。
　本章では，以下のような主要な問題と目的に焦点を絞って論じることにする。
・経営者が社会環境へ応答する方法はどのグループやどのような社会的要因により変化していくのか？
・社会的即応性モデルは，何段階から構成されるのか？
・企業が社会環境を効果的にマネジメントするために重要な要素は何なのか？
・今日の経営環境において実践される企業の社会的責任の原則はどのようなものなのか？
・企業や社会はどのように社会的責任戦略の有効性を評価することができるのか？

　2000年までに，エイズ（AIDS）がアフリカ大陸全域で流行するようになった。推定2300万人もの人々がエイズを引き起こすウィルスに感染した。こうした危機をさらに悪化させたのは，多くのアフリカ人はエイズと闘う非常に高価な延命治療薬を購入する余裕がないという事実である。2000年5月には，世界五大製薬会社はエイズ治療薬の販売価格を米国本土の価格よりも85％から90％まで下げ，その当時のアフリカ諸国での割引価格よりも5分の1程度まで下げることに合意した。それに加えて，巨大企業から何百万ドルもの資金がエイズと闘っているアフリカの団体へ寄附されることになった。例えば，ブリストル・マイヤーズ社（Bristol-Myers）は南アフリカでのエイズとの闘いを促進すべく，五年間に1億ドルをも投じた。国際エイズ予防医師団（International Association of Physicians In AIDS Care）の役員である，ホゼ・ズニーガ（Jose Zuniga）は「企業による援助活動は，以前から待ち望んでいたすばらしい考えである」と述べている。

　企業によるこのような寛大な措置はメディアにより称賛されたが，まもなく製薬会社では社会的事業における心配の種となってしまった。アフリカ諸国の多くでエイズ治療を委託されている人々は，製薬会社が依然として，非常に高価な薬品を提供していることに失望している。アフリカの政府職員は，米国・ヨーロッパの製薬会社との交渉と並行して，ブラジルやインドのジェネリック薬品メーカーと交渉さえしはじめている。アフリカのエイズ・プログラムへの企業献金は寄附金の使用方法について規制があり，そ

のことが致命的な病気への取組みをかなり妨げているとアフリカの医療関係部局の役人は指摘している。例えば，ボツワナのエイズ・カウンセリング・センター（an AIDS counseling center）創設者のエドワード・バーレンガ（Edward Baralengwa）は1500ドルを寄附関係の書類を納める固定収納棚の購入のために用いるよう指示された，と不満を述べた。「私は1500ドルあれば，私の電話代を支払ったであろう，書類収納棚など購入などしなかった」と。

世界最大の製薬会社の善意には，エイズ感染と格闘しているアフリカの衛生プログラムの実践や文化と結びついていることが明らかになっている。何カ月にもわたる長い交渉の末，ファイザー製薬（Pfizer）は5000万ドルもの高価なエイズ薬を贈ることを決定した。ベーリンガー・インゲルハイム社（Boehringer Ingelheim）は妊婦から赤ん坊への感染を防ぐために，新たな抗エイズ薬を無料でコンゴ共和国へ提供した。薬品会社のグラクソ（Glaxo）もセネガルに対して，二種類のエイズ治療薬を通常価格の10分の1で提供することに合意した。他の製薬会社もエイズ治療薬を必要とするこれらのアフリカ諸国に最低価格あるいは無料で提供する動きに従うようになっていった。[1]

なぜ，抗エイズ薬の製薬会社は社会的に即応した姿勢をなかなか示せなかったのであろうか？　これらの取組みを成功させるためには，どのような支援があったのか？　どのような社会環境の変化により企業は社会即応的な新たな行動に取り組むようになったのか？

1　企業の社会的環境

1960年代・70年代の米国で顕著となった，企業を社会的に管理しようとするステイクホルダーによる何十年にも及ぶ挑戦により，社会的即応性戦略への機会に富んだ社会的環境が生み出された。ステイクホルダーによる挑戦は，さまざまなグループから引き起こされたものである。

(1)　米国自動車産業に対するより安全な自動車を求めたラルフ・ネーダーにより先導された消費者運動は，製品の安全性，情報の正確さ，製品の競争的価格を要求した。

(2)　環境保護運動家は，1970年代に第1回「地球の日」（Earth Day）を開催し，企業が空気や水質に対して責任を負うように求めた。

(3)　反ベトナム戦争活動家は，いわゆる軍事・産業複合体の関連企業が通常兵器，化学兵器の生産を放棄し，平和財産業へと転換するように要求をした。

(4)　市民権運動のなかで組織された黒人団体は，従業員の雇用，昇進，育成において差別的な処遇をやめるよう圧力をかけた。

(5)　女性団体は女性に対する偏見や差別に対して，経営者を糾弾した。

(6)　すべての労働者は人種や性別に関係なく，より安全な労働条件を要求した。

(7)　さまざまなコミュニティは，核エネルギープラントの建設，操業，運営における

図表4-1　企業の社会的責任，企業の社会的即応性，企業市民間の対比

	企業の社会的責任	企業の社会的即応性	企業市民
起源	1920年代	1960年代	1990年代
前提	慈善原則とスチュワードシップ原則	多数の社会的ステイクホルダー・グループの要求	ステイクホルダー・グループとの協働的パートナーシップの構築
目的	社会全般への道徳的義務	ステイクホルダーに対する企業の実践的な対応	パートナーシップによるビジネス機会の発見
活動	公共的利益に対するフィランソロピー，受託	社会プログラム	企業の社会業績・財務業績のマネジメント

毒性物質の使用や輸送について抗議している。

　このようなさまざまなステイクホルダーは，経営者がこれらの仕事を遂行しようとする経営環境を劇的に変化させている。次章では，ここで取り上げられたグループそれぞれについて考察している。これらグループの社会運動への全般的な貢献は，企業の社会的責任の概念を具体化したのに加えて，企業からの応答をさまざまに要求したことである。企業の社会的即応性の認識を深めることが企業に求められたのである。

　前章において考察したように，企業の社会的責任は慈善原則とスチュワードシップ原則にもとづいている。これらの概念の表現は公共資源に対する配慮や企業のフィランソロピー活動において確認される。しかしながら，企業の社会的即応性の基礎は，公共的利益の受託人としての企業の役割を認識したり，上級経営者の寛容さに委ねたりすることではない。**企業の社会的即応性**（corporate social responsiveness）は，ステイクホルダーの社会的要求を伝えるために，企業が構築するプロセスやステイクホルダーに影響を与える企業の社会的活動のなかで認識されるものである。企業の社会的責任と企業の社会的即応性との対照については，図表4-1に示されている。

　つい最近まで，企業市民という用語は，ステイクホルダーに向けた企業の責任ある行動を言及する際に用いられてきた。**企業市民**（corporate citizenship）の概念には，下巻第16章と第17章でも論じられているように，率先して「企業と社会」の問題を伝えること，ステイクホルダーとパートナーシップを構築すること，社会戦略的目標に向けてビジネス・チャンスを発見すること，財務業績のみの関心を財務業績と社会業績のヴィジョンへと変革することが含まれている。[(2)] 企業市民の原則は，資料4-Aに示されている。

　企業市民活動の中心に存在しているのは**協働型パートナーシップ**（collaborative partnerships）である。このパートナーシップでは企業も一緒に参加し，（政府の部局，コミュニティ，特定の利益団体，学校などの）複雑な社会問題に応答している。

　　ミネアポリス市は持続的な高い犯罪率に悩まされており，「マーダーポリス」（Murderopolis）という不名誉なニックネームをつけられてしまった。これに対応して，ハニーウエル（Honeywell），ゼネラル・ミルズ（General Mills），アリナ・ヘルス・シ

資料 4 - A　企業市民原則

　よき企業市民は倫理的態度で取引活動を行なうように努め，すべてのステイクホルダーの要求にバランスをとるように注意を払い，他方において，環境を保護するよう努力するべきである。企業市民原則は以下のように示されている。

倫理的経営行動
1．ステイクホルダーとの関係において公正で誠実な経営慣行を保証する。
2．全従業員に高い行動基準を設定する。
3．経営者と取締役レベルで倫理的監視を行なう。

ステイクホルダーへのコミットメント
4．すべてのステイクホルダーの便益のために企業経営を行なうように努める。
5．ステイクホルダーとの誠実な対話を開始し，努める。
6．対話を尊重し，実行する。

コミュニティ
7．企業とコミュニティの相互関係を促進する。
8．企業経営が行なわれているコミュニティへ投資する。

消費者
9．消費者の権利を尊重する。
10．品質のよい製品とサービスを提供する。
11．真実で役立つ情報を提供する。

従業員
12．家族的で友好的な職場環境を提供する。
13．責任のある人的資源管理に努める。
14．従業員の公正な報酬と従業員に対する賃金システムを提供する。
15．従業員とのオープンで柔軟なコミュニケーションを行なう。
16．従業員の能力開発に投資する。

投資家
17．投資に対する競争的収益を獲得する。

供給業者
18．供給業者と公正な取引を行なう。

環境への配慮
19．環境への配慮を示す。
20．持続的な開発に向けたコミットメントを示す。

出典："The Social Auditing Teaching Packet," Kim Davenport, 1999.

ステム（Allina Health Systems）を含む地元企業の何社かはミネソタ・ヒールズ（HEALS: Hope, Education, Law and Safety）を構築することを互いに合意した。これらの企業はまた，さまざまなコミュニティの課題事項に取り組むだけではなく，(地域から) 新入社員獲得や雇用の問題まで扱っている。

第4章 社会的即応性マネジメント

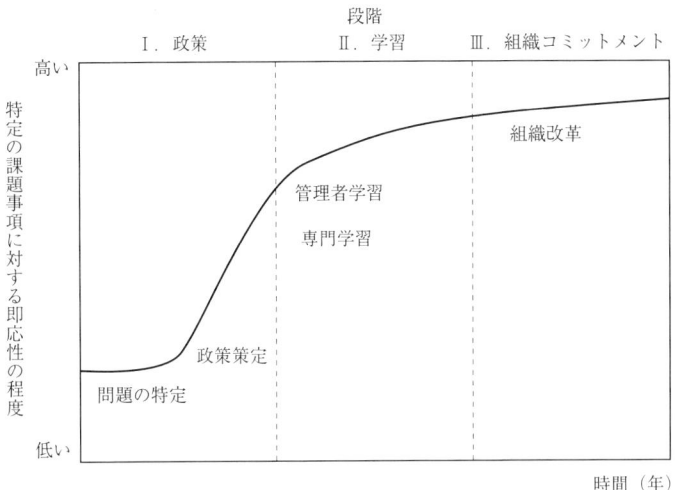

図表4-2 企業の社会的即応性に関する三つの段階

段階
Ⅰ．政策　　　Ⅱ．学習　　　Ⅲ．組織コミットメント

特定の課題事項に対する即応性の程度（高い／低い）

組織改革
管理者学習
専門学習
政策策定
問題の特定

時間（年）

出典：Adapted from Robert W. Ackerman and Roymond A. Bauer, *Corporate Social Responsiveness: The Modern Dilemma*, VA : Reston, 1976.

2　社会的即応性の遂行

　企業は一夜にして社会的に即応するようにはならない。このプロセスには時間がかかる。新しい態度が育成される必要があり，そして，新しいルーティンが学習され，新しい政策や活動プログラムが構築されなければならない。いったん，企業が社会戦略を実行する体制が整えられたならば，社会目的の達成をめざした特定のガイドラインに従わなくてはならない。社会的即応性戦略を遂行するには，多くの障害を乗り越えなくてはならない。このうちの障害のいくつかは，経営者間の報告関係のような構造的なものであり，他は，特定の職務分野における男性・女性のみという歴史的パターンのような文化的なものである。

（1）企業の社会的即応性モデル

　どのように巨大企業が社会的即応性を効果的に実行するかについては，図表4-2に示されている。このモデルで記述される即応性プロセスには三つの段階が存在する。それぞれのプロセスについて下記で検討する。

①　政策段階

　社会的即応性の第一段階において，企業は応答・行動する必要のある周辺環境の要素について認識するようになる。1960年代・1970年代の変貌する社会環境において繰り返し確認できたように，ステイクホルダーの期待が変化した後，新しい認識が生まれてく

るのである。ステイクホルダーの圧力が存在しているかどうか，企業経営者は社会環境からの刺激を受けることにより，さまざまな課題事項．問題や関心，社会的傾向にどのように対応するのかを考慮することになる。

　　ルーセント・テクノロジー（Lucent Technology）は，多様でグローバルな労働力と技術をベースにした教育の重要性に高い優先順位をおいている。こうした目的のために，ルーセント・テクノロジー基金を通じて，世界中の若者に対して，自分たちの可能性に気づかせることを手助けするために，3200万ドルを寄附した。この基金はプロジェクト・グラッド（GRAD: Graduation Really Achieves Dreams；卒業が実際に夢を実現する）のようなプログラムを支援してきた。このプロジェクトは，ニュージャージー州のニューワークの学校における「読み・書き・数学」の生徒の成績を向上させることにより，高校・大学の卒業生数を増やすことを目的としている。12学年の小学校を改善することを求めるカレッジ，大学への支援助成金，教員同士のメンターによる教員育成のための最良の実践活動の特定，多様なバックグランドをもつ若者が協働する機会を生み出すことのようなすべての活動は，ルーセント・テクノロジー基金によって支援されている。[(4)]

　企業の社会的即応性はトップ・マネジメントや取締役により，慎重，かつ，入念につくり出された政策によりマネジメントされる必要がある。これらの政策は，さまざまな側面をもつ組織の対応の仕方を変化させるフレームワークを提示している。例えば，新しい政策は消費財のよりよい品質管理を生み出し，業務上の障害を取り除き，水質汚染を減らすことをすべて同時に行なうものとなる。

② 学習段階

　いったん，社会問題——例えば，地域コミュニティの非識字の問題——が確認され，一般的な政策が受け入れられれば，企業はこの問題に対して，どのように取り組むかを学習し，新しい政策を有効なものにしなければならない。二種類の学習が求められてくる。すなわち，専門学習と管理者学習である。

　専門的学習（specialized learning）は，大人や子どもへの教育的技能の訓練を受けた社会技術の専門家が企業の役員や経営者に助言をするために雇われた際に起こるものである。コミュニティの識字率や雇用におけるマイノリティへの偏見の問題，学校内暴力，有害化学物質の廃棄のような企業が不慣れな社会問題に対応する際に，社会技術の専門家が提示する専門知識は社会的即応性の初期の段階において非常に役立つのである。

　組織の日常的業務を管理する企業の監督者や経営者が社会問題に対処するため必要な新しいルーティンを学習するのが**管理者学習**（administrative learning）である。技術的専門家は問題を解決するために第一段階を踏もうとする企業を支援することができるが，すべての仕事を一人の技術的専門家のみでこなすことはできない。社会的即応性には，すべて人々との協力と知識が必要とされる。人との関わり合いが不可欠なのである。

　　AT&Tの学習ネットワークは電子コミュニケーションにおける米国の若者を支援す

るための1億500万ドルの費用をかけた五年間のプログラムであった。AT&Tは何千人もの学生に対して無料のボイス・メッセージ・サービスや無料のボイス・メールボックスを提供した。このプログラムを完全に実行するために，オンラインの助言が必要不可欠となる。プログラムを指導する人々にはAT&Tのマネジャーや技術的専門家，企業組織を超えた他の企業の従業員も含まれていた。[5]

③ 組織のコミットメント段階

最終段階には，完全に社会的即応性を達成することが求められてくる。すなわち，組織は新しい社会政策を制度化しなければならない。[6]はじめの二段階で学習される新しい政策とルーティンは企業活動における通常業務の企業全体で非常に効果的に受け入れられるようになると，これらの政策やルーティンが企業や企業活動の通常業務の一部分であると捉えられるようになる。例えば，トップ・マネジメントからの特別の指示に頼ることなく，現場のマネジャーがコミュニティの教育システムや学生のニーズに対応できるようになると，社会的即応性政策が制度化されるに至ったと捉えることができる。

変化に抵抗する一般的な組織圧力が存在することは，企業の即応性を改善するためには時間と努力が求められることを意味している。過去には，巨大企業が雇用機会均等や公害対策のような直面する社会的課題事項あるいは社会問題について，第一段階から第三段階へと進むのに，だいたい6年から8年かかった。それでもなお，他の企業よりも柔軟に対応する企業もあり，このような社会問題は他の問題よりも操作しやすいものもあるので，費やされる時間はかなり異なってくる。しかしながら，明らかなのは経営者の意思力のような内部要因やステイクホルダーの継続的な問題への取組みのような外部要因が効果的な変革を起こすのに求められていることである。

(2) 社会政策に対するフレームワーク

組織のコミットメント段階に達した後，企業は戦略的な社会政策を導く専門的ガイドラインを開発しなければならない。戦略的経営を専門とする二人の学者が企業的社会政策の成功度合を高めるための一連のガイドラインを提示している。[7]彼らは社会政策が以下のことに取り組むべきであると考えている。

・限られた目的に向けた活動プログラムに集中せよ：どのような企業も，社会的責任のすべての分野に幅広く活動をすることはできない。もし努力を注力する分野を選択したならば，達成度合いを高めることができる。ウィスコンシン州に拠点をおく業務用機器の供給業者であるローリー・シュリマーゲン（Rowley-Schlimgen）は，会社のコミュニティへのヴォランティア活動を進めており，毎年企業が主催しているリアル・ヒーロー賞晩餐会（Real Heroes Awards Dinner）で，コミュニティへのヴォランティア活動に対して従業員を表彰している。イベントからの収益は米国赤十字社の「バッジャー条項」（Badger Chapter）を支援することに用いられた。

・企業の生産する製品やサービスに関係する活動プログラムに集中せよ：シティ・バ

ンク（Citibank）はシンガポール経営大学（SMU：Singapore Management University）と協働しながら金融教育を行なう財団を創設した。銀行員は自分たちの実地経験にもとづき，金融・銀行業務・経済について自発的な講義を行なった。このコミュニティプログラムの目的は，シンガポールの新興経済に必要なリスク選択戦略を理解し，シンガポールの新しいグローバルな企業へのシティ・バンクの投資行動が理解できるシンガポール経営大学の卒業生を生み出すことにあった。[8]

・**近隣地域から活動プログラムを開始せよ**：離れた場所へプログラムを拡大させたり，活動したりする前に，プログラムは地域の課題事項や社会的要求に対応すべきである。シカゴに拠点をおく通学送迎バスを事業としているレイチェル・バス会社（Rachel's Bus Company）は，シカゴのインナー・シティとその経済的な荒廃の解決を目標にした社会プログラムを開発した。社長のレイチェル・フブカ（Rachel Hubka）は自社の本社を都心部におき，コミュニティから適任の人物を雇用した。この取組みは企業が活動しているインナー・シティ・エリアに強い誇りを育むことをめざしたのである。

・**従業員による活動を促進せよ**：従業員が企業の代表者としてよりも，個人的に関わるプログラムは将来の参加とコミットメントを促すことになる。ハビタット・フォー・ヒューマニティ（Habitat for Humanity）への継続的なコミットメントの一つとして，コールドウェル・バンダー（Coldwell Bander）はさまざまな地域で家庭に幸福をもたらす住宅建築を手助けする営業マンを選抜した。1997年には，4人のコールドウェル・バンダーの従業員はそのプロジェクトのために，ハンガリーのグドゥルーまで飛んでいった。過去には，従業員は米国にあるさまざまな都市におけるハビタット・フォー・ヒューマニティを支援していた。

3　社会的即応性企業になること

どのように企業が社会的即応性を高めることになるのであろうか？　古典的文献において，米国の研究者であり，コンサルタントでもある，ロバート・マイルズ（Robert Miles）は次のように述べている。

> 米国の巨大企業の経営リーダーが直面している問題は，経営政策や経営活動に影響を与えるような社会的課題事項が今までになく増加していることである。すべての産業に対して普遍的に適用される社会的規制は発達した一方で，企業が社会環境から受ける挑戦は産業ごとに異なっているのである。[9]

これらの圧力に対して，企業は社会環境をマネジメントしようと今まで以上に努力している。社会環境には，コミュニティや政府当局からの影響を受けるさまざまな企業活動も含まれている。多くの最高経営責任者はマネジメントの外部性に関する事項に，他の活動よりも多くの時間を費やしている。経営者の多くは経営者自身が環境や挑戦を理解し，マネジメントすることを手助けできるような有能なスタッフを生み出すために多

くの人事・時間・予算を割り当てている。企業には，他の企業と比べると社会的圧力や社会的規制に対して，脆弱なところもある。この脆弱さの原因となる要因が確認されている。企業は次のような場合に，より脆弱なものとなる。
　(1)　規模が巨大な有名企業であり，攻撃の的になりやすい企業
　(2)　メディアや社会活動グループによる調査を頻繁に受けやすく，市街地にある企業
　(3)　一般に必需品とみなされる消費財を生産する企業
　(4)　ユーザーに損害や被害を起こす製品やサービスを提供している企業
　(5)　高い公共性が求められる非常に規制された産業に従事している企業

(1) トップ・マネジメントの哲学

　企業がどのように社会的環境にさらされているかを伝達することは，主に企業経営者の価値に依存している。つまり，社会における企業の役割について経営者がどのように考えるかという哲学次第なのである。これは，**トップ・マネジメントの哲学**（top management philosophy）と呼ばれるものである。社会的要因の衝撃に敏感であり，戦略的にステイクホルダーをマネジメントすることを求めている経営者は企業は，経済・社会的存在であるという考え方を受け入れている。企業は変化する社会的環境に適応する義務を負うという考え方をもっている。これらの経営者は，新しく生起してくる社会的課題事項に対しては，経営責任を経済的な視点から理解する経営者よりも，経営政策や経営活動をより修正しようとする傾向にある。社会的即応性企業の経営者は直近の中核的ステイクホルダーの利害だけではなく，企業のすべてのステイクホルダーの利害を認識し考慮しているのである。彼らは社会業績を長期にわたり，産業に影響を与えるものと広い意味で捉えているのである。もっとも重要なことは，これらの経営者が企業の経済的・社会的目的を，企業の業務運営や企業経営者の業績の指導・監視のために開発した企業計画，測定，報酬システムのなかに統合していることである。

　　IBMの企業市民戦略では，次のことが規定されている。「私たちは，技術が企業経営において重要なものであるのと同じように，教育や職業訓練などの社会的必要性の問題を伝達するのにも技術が役立つものと考えている。そして，私たちは私たちの顧客に対して行なうのと同様に，さまざまな寄附活動に対しても慎重に計画を立てて，それを遂行し，支援を行なっているのである。企業戦略と社会戦略の同様の統合はパイン・ウェーバーズ価値指針（PaineWebber's Value Statement）において確認することができる。責任ある参加型の企業市民は企業とコミュニティ全体の永続的な繁栄にとって不可欠なものなのである」

(2) 社会的即応性戦略

　企業経営の基幹に社会的即応性を備えたトップ・マネジメント哲学を根底に置きながら，企業は**社会的即応性戦略**（socially responsive strategy）を発達させなければならな

い。この戦略的指向性は企業の利益のみを強調したり，さらに，その逆となるようなアプローチに対して，協働的・問題解決的アプローチを強調しようとするものである。

協働的・問題解決型の戦略は，すべてのステイクホルダーとのオープンなコミュニケーションや信頼を基礎とした長期的関係の維持を強調することに特徴がある。経営者は，相互に便益をもたらすような妥協を求める規制諮問委員会や業界団体へ参加することで，協働的姿勢を示そうとするのである。しかしながら，これらの経営者は自分たちの戦略が純粋に利他主義的なものではない，と主張している。彼らは，ステイクホルダーと継続的な関係を維持し，相互に便益をもたらすような問題解決型戦略を探求することは，企業の長期的存続を保証するものと認識しているのである。社会的即応性戦略での協働性と長期的思考の重要性を示す事例として，本章の冒頭で取り上げた，世界最大手の製薬会社によるアフリカのエイズの感染への取組みを示すことができる。

（3）社会的即応性の構造

社会的に即応した組織になるための次の段階は組織構造を外部の社会的挑戦により即応し，社会的即応性戦略を適切に遂行できるように変革することである。この**社会的即応性の構造**（socially responsive structure）は，企業のトップ経営者のもっている価値や心情を発達させるものであり，社会的即応性のある経営戦略を通して示されるものである。

> 北米日産は安全運転，青年向けプログラム，価値教育，科学技術，文化芸術，コミュニティ発展のような社会的活動を優先させるフィランソロピー運営委員会を創設した。運営委員会のメンバーには，日産の広報担当マネジャーや4部門のマネジャー，企業の法務・人的資源部門からの代表者が含まれており，そこでは1万ドル以上を要求する案件について審査を行なっている。1万ドル以下の企業の寄附を求める要請に関しては，日産広報担当マネジャーが審査し，認可することになる。

（4）ライン・マネジャーの関与

社会的即応性企業であるための最後の要素は，ライン・マネジャーが戦略的プロセスに関わる程度である。**ライン・マネジャーの関与**（line manager involvement）の度合いは，企業の社会的即応性戦略プロセスが洗練されるかどうかに依存している。プロセスを精緻なものにすればするほど，ライン・マネジャーによる関与は不可欠なものになってくる。

ライン・マネジャーのより深い関与を達成することは，多くの場合，難しい。最初に，スタッフ部門が戦略プロセスを開発するが，ライン・マネジャーは，すぐに企業の社会的即応性戦略遂行の責任を求められ，引き受けなければならない。例えば，フィランソロピー的な貢献活動と従業員のヴォランティア・プログラムを高度に統合した戦略を開発すると，ライン・マネジャーは価値のある受容者を選別し，適切なレベルの寄附金額

を決定し，従業員のヴォランティア活動を割り当てるもっともよい立場となるのである。

例えば，クーパー・インダストリーズ（Cooper Industries）は従業員が居住し，働き，ヴォランティアを行なっているコミュニティへの資金援助を行なうことが重要であると考えていた。この目的のために，現地の人的資源管理者や工場管理者は，企業財団の理事へ承認要請を出すことなく，職場・工場側で従業員のコミュニティを対象にした寄附金額の検討をしたり，優先順位を決定したりしているのである。

対照的に，スタッフ型職員のみに頼り，ライン・マネジャーがあまり参加しない企業では，偏狭，かつ，防衛的で受動的な社会的即応性の態度を示すことになる。このアプローチではライン・マネジャーや従事者を社会環境からの影響から隔離してしまうことになる。ライン・マネジャーの参加の度合いは主にトップ・マネジメントの哲学によって影響を受けることになり，概して企業の社会的即応性戦略と企業構造に首尾一貫したものである。

4　社会的即応性マネジメントの実践

第3章で論じた企業の社会的責任の2つの基本的原則——慈善原則とスチュワードシップ原則——にもとづき，社会的即応性マネジメントやその実践は現代の企業経営において多くの側面において確認される。

（1）企業フィランソロピー

企業フィランソロピー（corporate philanthropy）は慈善原則の現代的な表現である。スチュワードシップ原則は，第1章で説明したように，「企業と社会」は密接に関連し，相互依存していることを認識している現代にこそ意義があるのである。相互連関的な利益により，政策策定と業務運営での注意義務や社会的関心の責任を企業に課すことになる。主なフィランソロピー的な寄附活動の事例が資料4-Bに示されている。

（2）企業従業員のヴォランティア活動

下巻第16章で述べられている従業員のヴォランティア活動は，比較的新しい現象である。多くの巨大企業では，慈善的な寄附活動を展開させているが，従業員のコミュニティへの奉仕活動への参加は個人で行なわれるものにとどまっている。最近になり，企業は操業しているコミュニティへの奉仕活動に加えて，企業内部・外部のイメージを改善させる方法として，コミュニティ・サービス活動を捉えはじめている。ポインツ・オブ・ライト財団（The Points of Light Foundation）によれば，アメリカの成人の56％にあたるおよそ1億900万人が毎年，199億時間，ヴォランティア活動に携わっている。ヴォランティア活動への労働力については，常勤の労働者が900万人おり，2250億ドルの人的資源価値があることが示されている。

第Ⅱ部　企業と社会環境

資料4-B　主なフィランソロピー的な活動

企業財団，個人，企業グループは，ソーシャル・フィランソロピー活動へ十分にコミットメントすることを表明している。このことは下記の事例に示されている。
- マイクロソフト（Microsoft Corporation）の共同創始者であるビル・ゲイツ（Bill Gates）は，妻のメリンダ（Melinda Gates）とともに220億ドルをビル・アンド・メリンダ・ゲイツ財団（the Bill and Mellinda Gates Foundation）に寄附する，と発表した。この寄附は国際的な予防接種や子どもの健康プログラムのために集められたものである。
- 投資家であるジョージ・ソロス（George Soros）は，児童と公衆衛生プログラムや最新の芸術や文化プログラム，中小企業育成などを支援するソロス財団ネットワーク（the Soros Foundations Network）へ20億ドル寄附することを発表した。
- CNNの創設者でタイムワーナー（Time Warner）の副会長であるテッド・ワーナー（Ted Warner）は，国際的な子どもの健康や環境プログラム支援のため約15億ドルを国連基金（The United Nations Foundation）やターナー財団（Turner Foundation）に寄附することを発表した。
- 投資信託会社である，アメリカン・センチュリー（American Century）の共同創設者であるジェームス・E. ストワーズ（James E. Stowers）は，妻のバージニア（Virginia）とともに3億6000万ドルを医学研究のためにストワーズ研究所（the Stowers Institute for Medical Research）へ寄附し，生物医学の研究プロジェクトを支援している。
- マイクロソフトの共同創設者であるポール・アレン（Paul Allen）は，3億5000万ドルをアレン基金やシアトルにある非営利の音楽博物館であるミュージック・プロジェクト体験館（the Experience Music Project）に寄附することを発表した。
- 化学産業のハンツマン・グループ会長（the Huntsman Group）のジョン・ハンツマン（John Huntsman）は，ユタ大学，ペンシルバニア大学ウォートン校ファイナンシャルスクール，ブラーハム・ヤング大学，ハスツマンがんセンターに3億5000万ドルを寄附することを発表した。
- インターナショナル・データ・グループ（International Data Group）の創設者であるパトリック・J. マックガヴァン（Patrick J. McGovern）は，ロー・ハープ・マックガヴァン（Lore Harp-McGovern）とともに，3億5000万ドルをマサチューセッツ工科大学（MIT）やマックガヴァン脳研究所（the McGovern Institute for Brain Research）へ寄附することを発表した。
- イングラム・インダストリーの持株会社（Ingram Industries）の会長であるマーサ・R. イングラム（Martha R. Ingram）は，3億ドルをヴァンダービルト大学がん研究所（Vanderbilt University for cancer research）や奨学金プログラム，ビジネススクールや音楽学校へのプログラムへ寄附することを発表した。

出典：Karl Taro Greenfeld, "A New Way of Giving," *Time*, July 24, 2000, pp. 49-59.

　ボストン銀行（現在のフリート・ボストン）は従業員にヴォランティアを行なう機会を提供するために，コミュニティのグループにより設計された電子メールシステムを用いている。その結果，従業員は住んでいる地域でヴォランティアを必要としている団体を探すことができるのである。ヒューストンにあるエンロン（Enron Corp.）の経営陣は，ヴォランティアを通して従業員の採用やチーム構築を支援することにより，従業員のヴォランティア活動を企業に利益をもたらすものと捉えていた。従業員がこうした活動に取り組むことは，昇進への基準とはなりえないものの，ある経営陣が指摘するように，「首になることはない」のである。KPMGのピート・マーウィク（Peat Marwick）は，コミュニティ・サービス活動をリーダーシップ育成の重要な要素としてみなしていた。

> **資料4-C　コミュニティへの奉仕活動が職務技能を改善する**
>
> 　シカゴに本拠を置く家庭・衛生用品会社であるヘレン・カーティス（Helene Cartis）は、コミュニティへのヴォランティア活動を経営発展プログラムへと統合した。結果として、従業員、企業の双方が利益を受けることとなった。「このプログラムは従業員に、コミュニティ・サービス活動を通じた経験から個人的にも職業的にも成長させ、学ぶ機会を従業員に与えているのである」。ヘレン・カーティスの対コミュニティ関係部長であるアン・スチュワート（Ann Schwarts）はこのように説明している。「私たちの目的は自分が育成したいスキルを従業員に確認させ、これらのスキルを練習する方法と論拠を明らかにするべくコミュニティにおける協働を手助けすることである」。
>
> 　プログラムの目的は、コミュニティ・サービス活動から得られたビジネス・スキルの価値を公式に認め、このような実践的なスキルをコミュニティ活動からビジネスへと応用している。これは、経営者と従業員にビジネス技能を育成する別のやり方を示し、従業員、企業ともに低いリスクで学習経験をさせることで、結果的に企業組織とコミュニティへの改善に貢献していくのである。ヘレン・カーティスの経営者は従業員のヴォランティア活動について企業価値を強化するものとして捉えている。ある従業員が指摘するように、「このプログラムはヘレン・カーティスの文化と適合しており、わが社の最高経営責任者（CEO）の価値観を反映したものなのである」。

出典："Using Community Service Projects to Improve Employee Job Skills", *Issues in Corporate Social Responsibility*, Bames and Associates Publication, Spring 1996, p. 9.

　従業員のヴォランティア活動は、従業員に創造性、信頼、チームワーク、忍耐力を育成するのに役立っている。また、コミットメント、企業への忠誠心、職務満足などを促進させる技能や態度を構築することができる。ヴォランティア活動を行なっている従業員のモラールは通常の3倍以上にもなる。研究結果では、企業のヴォランティア活動とよりよい身体的健全性、精神的健全性、社会的相互活動には正の関係があることが示されている。従業員のヴォランティア・プログラムの事例は、資料4-Cに示されているとおりである。IBMやコロンビア大学ビジネススクールによって行なわれた共同調査によれば、ヴォランティア活動とROA（純資産利益率）、ROI（投資収益率）や従業員の生産性には、明確な相関関係があることが把握されている。コミュニティへの強い関わり合いをもつ企業は、収益性と従業員のモラールの双方について高いスコアを示す傾向にある。

（3）社会的責任に対する企業賞（アワード）

　企業の社会的責任行動への認識は非常に高まってきている。「経済優先度評議会」（CEP：Council on Economic Priorities）は最初の表彰事業を主催した。CEPは定期的に巨大企業の社会的活動を報告する企業の監視団体である。1987年には、CEPは社会的責任ある行動に著しい成果を上げている企業を顕彰することにより、正しい社会的行動をアピールしている。2000年度CEPの賞を取得したリストは資料4-Dに示されている。それに加え、さまざまな反社会的責任活動を行なった企業へは批判を行なっている。

　1989年に財界、学界、労働界、メディア界のリーダーにより設立された「ビジネス・

第Ⅱ部　企業と社会環境

> 資料 4 - D　2000年度 米国企業の社会貢献大賞（America's Corporate Conscience Awards）受賞企業リスト
> ● ダイバーシティ賞（Diversity Award）
> 　デニーズ・レストラン（Denny's Restaurants）；CEP より，米国でもっとも多様性の高い職場の設けた企業として受賞
> ● グローバル倫理賞（Global Ethics Award）
> 　ブリストル・マイヤーズ・スクイブ社（Bristol-Myers Squibb）；グローバル製薬会社
> ● 従業員エンパワーメント賞（Employee Empowerment Award）
> 　キャリス・リールズ社（Carris Reels）；バーモンド州ラトランドにあり，産業用スプールの製造業者であり，従業員持株を実施している
> ● 環境スチュワードシップ賞（Environmental Stewardship Award）
> 　コリンズ・アンド・アイクマン・フロアカバーリング社（Collins & Aikman Floorcoverings）；ジョージア州ダルトン
> 　リコー（Ricoh Corporation）；ニュージャージー州ウエスト・カルドウェル
> 　ホリズン・オーガニック・ホールディングス（Horizon Organic Holding Corporation）；コロラド州ロングモント

出典：*Wall Street Journal*, April 27, 2000, p. A1.

エンタープライズ・トラスト」（Business Enterprise Trust）は，「勇気があり誠実，かつ，社会的使命にもとづいた行動」により，社会的責任の目的を果たしたビジネス・リーダーや個人を表彰している。トラスト賞の受賞者には，積極的なエイズ教育プログラムを開拓したレストランとフード・サービス事業のダカインターナショナル（DAKA International），年8カ月間雇用の60人の移民に対しても従業員持株計画を設けたマッケイ・ナーシー・カンパニー（Mckay Nursery Company），オンコセルカ症と闘う医薬品を開発したメルク・アンド・カンパニー（Merck & Company），建設業界においてキャリアを求める女性を支援する「女性雇用促進のための積極的な取組み」を進めたジュリア・スタッシュ（Julia Stasch）に対して与えられた。[11]

　　2001年に行なわれた2万6000人以上を対象にした米国の調査では，企業は「最高の評判」（best reputation）をもつものとして認識されていた。企業の評判には，収益を上げていること以上のことを含んでいる。すなわち，さまざまなステイクホルダーから発せられる期待や要求への適切な取組みが関係してくるのである。この用語は，消費者，従業員，投資家にとって魅力的となる企業経営を行なうことも含まれてくる。最高の評判を得た企業のなかには，ジョンソン・エンド・ジョンソン（Johnson & Johnson），メイタッグ（Maytag），ソニー（Sony），ホーム・デポ（Home Depot），そしてインテル（Intel）が含まれている。とくに社会的評判として評価される企業には，ホーム・デポ，ジョンソン・エンド・ジョンソン，ダイムラー・クライスラー（Daimler Chrysler），アンハイザー・ブッシュ（Anheuser-Busch）そして，マクドナルド（McDonald's）があげられる。[12]

5　企業の社会監査

社会監査（social auditing）は，1953年により開始され，企業に社会的即応性のあるマネジメントを行なうことを促している。

> 今日，社会監査には，二つの観点から企業経営の社会的・倫理的影響が検討されている。内部の視点からは，「ミッション・ステートメント」（社会的使命の表明書）の目標に照らし合わせた業績の評価である。外部からは，他の企業の組織行動や社会的規範と比較することである。

近年，社会監査の要請は米国同様，ヨーロッパにおいても勢いづいている。英国の研究者であるジョージ・ゴイダー（George Goyder）は，次のように強く訴えている。

> 第1次産業革命が産業国家成立を導いた国に，自然法の原理である相互扶助の原則に立ち戻ることによって，第2の時代がやってきた。英国では，もう時間がなくなってきている。われわれは今や企業の責任を求めているのである。

1970年代には，経営者は社会監査に関係する財務指標を企業経営の意思決定に用いることに自信がもてないでいた。経営者は社会的費用や社会的便益を企業の主要な活動，とりわけ，収益から取り除いて考えるべきである，と捉えていた。結果として，経営者は，社会的影響を考慮した財務会計は社会的責任戦略の探求やそのような戦略の評価には，あまり役立つものではない，と主張していた。

このような懐疑主義に対応するべく，研究者は**社会業績監査**（social performance audit）や企業評価アプローチ（corporate rating approach）を開発しようと試みたのである。とくに，キム・ダベンポート（Kim Davenport）により展開された20の項目による評価表が，資料4-Aに示されている。この種の監査では，理想的な社会的責任尺度から企業活動を評価したり，企業活動の成果尺度を他の組織と比較することが行なわれている。例えば，仮に企業が地域の学校の個人指導プログラムを支援する場合，業績監査は従業員のヴォランティア活動の時間数だけではなく，プログラムが及ぼす社会的な影響度合いの指標として学生の試験点数の変化についても評価に加えることになる。

21世紀の企業経営では，社会監査への関心を非常に高めてきている。環境への責任，従業員と消費者の安全と健康，コミュニティと地域の発展，情報保護などの分野での業績に対するグローバルな関心の高まりは，社会監査を通じた企業の取組みや評価への関心を引き起こしている。

社会業績監査はシェル（Shell），BP・アモコ（BP Amoco），ナット・ウエスト・グループ（Natwest Group），キャメロット（Camerot），そして，ユナイテッド・ユーティリティズ（United Utilities）により用いられている。社会監査の事例としてボディ・ショップ（Body Shop）があげられる。

> 社会監査が企業の社会的・倫理的業績を独立の立場で評価を行なうように，ボディ・

第Ⅱ部　企業と社会環境

図表4-3　監査基準の特徴の概要

	CERES GRI ガイドライン	ISO14001	ISEA AA 1000
制定年	1997年	1996年	1999年
目的	経済的，環境的，社会的持続性を結合させること	社会的・経済的なニーズとのバランスをとりながら，環境保護を支援する	品質についての社会的・倫理的会計監査・報告
自己報告によるメリット	1．業績 対 政策を評価する媒体 2．ステイクホルダーとの効果的な対話を構築 3．ステイクホルダーとの対話を促進し，共有するフレームワーク	1．エネルギー削減分野の特定 2．環境リスクの削減 3．法制度や規制へのコンプライアンスの維持 4．環境リーダーシップの対価を受け取ること 5．汚染を防止し，浪費を削減する 6．ステイクホルダーとの関係改善 7．もっとも好ましい保険率の設定 8．競争優位の獲得	1．効果的なステイクホルダーとの関係 2．ダイバーシティのあるグローバル経営での効果 3．台頭する企業とのシナジーの確立 4．計画手段と品質モデルの結合 5．公共部門における説明責任の確立 6．業績全体の向上

出典：Global Reporting Initiative, www.globalreporting.org；ISO14001, www.iso14000.org；AA1000, www.accountability.org.uk.

ショップ（Body Shop）の経営陣から委託されている。報告では，ミッション・ステートメント，企業のフィランソロピー，環境保護や動物愛護の分野おいて，ボディ・ショップ社に高い評価が与えられた。しかし，監査を担当したスタンフォード大学カーク・ハンソン教授（Kirk Hanson）によれば，社会からの批判を受け入れることには弱く，公共やメディアとはあまりよい関係を築けていない，としている。[16]

マッテル・トイ社（Mattel Toy Company）は世界中の業績を評価するために体系的な社会監査を開始した。世界中の製造工場を継続的に監視しようとする試みとして，学界，非営利組織からの代表者で構成される「マッテル独立監視委員会」（MIMCO：Mattel Independent Monitoring Council）を創設した。「マッテル独立監視委員会」は，マッテル社がメキシコとアジアでの企業の労働条件，現場での医療施設，従業員研修，賃金，時間外労働の管理について調査をした。「マッテル独立監視委員会」のメンバーで経済学者，国際貿易の専門家，社会的即応性プログラムの批評家であるマレー・L.ワイデンバウム博士（Murray L. Weidenbaum）は「新たなマッテル独立監視委員会による監査は，開発途上国で企業活動を行なっている米国企業が現地での賃金や労働条件を高めることにつながる機会であることを示している」と述べている。[17]

（1）監査基準

企業業績の評価に関する基準はさまざまな組織によって開発されている。これらの基

準には、「CERES」(セリーズ；Coalition for Environmentally Responsible Companies) による「GRI」(Global Reporting Intiative)、や「ISO」(International Organization for Standardization's；国際標準規格) 14001、「ISEA」(Institute of Social and Ethical Accountability；社会倫理説明責任研究所) による「AA (Account Ability；説明責任レポート) 1000」が含まれている。これらの監査基準の主な特徴は図表4-3に示されている。

これらの監査基準はまだまだ生成段階にあり、そして、支援組織は基準を常に改善するようにコミットすることを確約している。ISEAによるAA1000では、より一般的な社会的・倫理的監査基準を強調し、奉仕活動をもたらす効果があったのに対して、CERESによるGRIやISO14001は、主に社会的目標と経済的目標を両立した形で、環境への責任を対象としている。三つのすべての基準は、企業内部に向けた経済的利益と企業外部に向けた環境と主要なステイクホルダーに対する社会的利益の両者を考慮した経営を、企業が行なうことを促しているのである。

社会的即応性の取組みに従事している企業は、これらさまざまな基準を使用し、ステイクホルダーや一般大衆に向けてオンラインで入手可能な報告書を発表している。オンライン・コーポレート・ディスクロージャー (Online Corporate Disclosure) は、「今や非常にたくさんのオンライン・レポートが存在しており、それらすべての報告書に目を通していくことは困難になっている」[18]と報告している。それよりも、ここで示されているのは、英国企業やヨーロッパ企業においてはあまりみられない「よい」事例である。この事例には、リーボック (Reebok)、ブリテッシュ・テレコム (British Telecom)、ブリティッシュ・エアウェイズ (British Airways)、トレード・クラフト (Traid-craft plc)、ノルス・クヒドロ社 (Norsk Hydro)、ボルボ (Volvo)、ダイムラー・ベンツ (Daimler-Benz) のオンライン・レポートを含んでいる。企業の社会監査や報告書に関する論議は、バンシティ (Vancouver City Savings Credit Union；バンクーバー市民貯蓄信用組合) を用いながら、本章の最後に記されている。

■ 本章の要点
(1) 企業が直面している数多くの社会的課題事項に対応するために、経営者は公式の社会的応答戦略を発達させ、積極的に企業市民の概念を伝達する必要性について考察してきた。
(2) 社会的即応性のモデルには、政策段階、学習段階、そして、組織コミットメント段階の三つの段階がある。
(3) 企業の社会的環境を管理するフレームワークには、以下の四つの重要な要素が含まれている。
トップ・マネジメントの哲学、社会的即応性戦略、社会的責任構造、ライン・マネジャーの関与
(4) 実践的な社会的即応性経営は企業のフィランソロピーや従業員のヴォランティア活動の形で行なわれる。

(5) 企業の社会的監査は企業の社会的環境への企業マネジメントの程度を評価するために活用される。

■ **本章で使われた重要な用語と概念**
企業の社会的即応性　企業市民　協働型パートナーシップ　専門的学習　管理者学習　トップ・マネジメントの哲学　社会的即応性戦略　社会的即応性の構造　ライン・マネジャーの関与　企業フィランソロピー　社会監査　社会業績監査

インターネットの情報源
・www.hbsp.harvard.edu　ビジネス・エンタープライズ・トラスト教育資料
・www.cepnyc.org　経済優先度評議会
・www.bsr.org　社会的責任経営
・www.pointsoflight.org　ポインツ・オブ・ライト財団

討論のための事例：バンシティにおける社会監査

　　　バンクーバー市民貯蓄信用組合（Vancouver City Savings Credit Union；Van City）は，民主的で，倫理的かつ革新的な金融サービスを会員に提供している。良好な財務業績を通して，われわれは会員とコミュニティの自助努力と経済的繁栄へ向けて変化するきっかけとして奉仕するのである。

バンシティ・ミッション・ステートメント

　ミッション・ステートメントにもとづき，バンシティ（Van City）は企業の社会監査や「社会報告書」（Social Report）の出版を行なう社会的責任戦略に乗り出した。社会監査へ向けた動きはバンシティがアニュアル・レポートにおいて社会会計監査の部門を設けた1999年からはじまった。この部門では従業員，スタッフ，コミュニティ，環境についての影響と情報を開示している。1997年には，バンシティは社会報告書を作成し，その社会監査プロセスを監視し，証明することを2社の独立的立場にある外部監査法人に任せることになった。この監査プロセスは経営の「情報公開と説明責任」を向上させるバンシティの目的の達成を促すことにつながったと，企業は認識するようになった（この監査プロセスは，先述したAA1000のガイドラインに即したものである）。

　バンシティは，ブリティッシュ・コロンビア州のバンクーバーに本社があり，会員所有の総合サービス金融機関である。1999年のグループ全体の連結資産は64億ドルであり，会員所有者は26万1000人にも及び，1700人以上の従業員をかかえていた。1990年代，バンシティの経営者は，社会監査は企業経営者とステイクホルダーに社会的・環境業績のベンチマークを設定し，そのベンチマークを達成するのに必要な情報を提供することが重要であると考えていた。この点において，社会報告書はどの程度，バンシティが企業の責任に対してコミットしているのかを測定するバロメーターになっている。バンシティでは，社会的責任は資金を寄附し，価値のある目的に向けてヴォランティア活動に時間を費やすこと以上のことを行

なっている。この組織では、会員、スタッフに責任を負い、環境を尊重し、コミュニティを支援する形で事業活動が行なわれている。

　バンシティは、社会的責任におけるリーダーであるように取組みを行なっている。その取組みは、下記の社会的目的において確認することができる。
(1)　社会的にも、環境的にも責任のある製品を提供する。
(2)　奨学金・表彰事業・慈善事業・コミュニティ・サービスを通じコミュニティの福祉のために投資する。
(3)　社会的にも、環境的にも責任のある企業活動を採用する。
(4)　個人、コミュニティを重視する目的のもとに社会的・環境的責任を提唱しなさい。

　当該の課題事項と問題領域を確認するために、組織の主要（組織の活動に影響を及ぼしたり、及ぼされたりするすべての人々やグループとして、バンシティにより定められた）ステイクホルダーには、バンシティの会員、スタッフ、さまざまなコミュニティ組織などが含まれている。それに加えて、ステイクホルダーについての情報は、過去の組織的調査、バンシティのマネジャーとのインタビューや研究、会社の内部資料、研究記録から得られている。

　社会報告書は、さまざまなバンシティのステイクホルダーやバンシティの会員、スタッフ、信用組合、コミュニティ、自然環境、供給業者、提携先、カナダ市民銀行（Citizens Bank of Cananda）、バンシティ・エンタープライズ（Vancity Enterprises Ltd.）、そして、バンシティ・コミュニティ財団（the Vancity Community Foundation）を通して体系化されたものである。社会報告書にはバンシティの長所と短所の両側面について指摘されている。例えば、会員の80％以上がバンシティのサービスにある程度、満足している一方で、完全に満足しているのは43％にとどまっている。経営者は2001年までに完全に満足する割合を50％まで引き上げることを目標に設定している。

　1997年、および、1998年から1999年のバンシティ報告書の重要な論点は以下の通りである。
(1)　一連の倫理ファンドが倫理スクリーニングを行なっている投資信託のために、バンシティの加入者へ提供された。
(2)　3億4000万ドル以上のローンを社会住宅供給プログラムのためや非営利組織のために提供されている。
(3)　取締役に占める女性の割合がカナダ信用組合では30％、カナダ銀行が14％であるのに対して、バンシティでは64％である。1997年までに約2億9200万ドルが投資されている。
(4)　バンシティの環境ファンド付きのVISAカードは3万5000人のバンシティ・メンバーによって使用されている。これは、地域の環境プロジェクトへの投資によるVISAの収益の5％を占めている。
(5)　バンシティのスタッフメンバーの87％は、バンシティが働くのによい場所であると外部の人に対して薦めている。
(6)　リスク評価調査の結果によると、バンシティでは職場における課題事項として差別やハラスメント対策に関する修正するところはまったくなかった。
(7)　バンシティは支配的な倫理的政策がないと確認された後、企業の一連の価値を特定しながら、企業全体で倫理的政策を創設し、普及させるように努力するようになった。
(8)　バシシティの税引き前利益のうち4.7％がコミュニティへの寄附金として使用されてい

る。なお，寄附の際には多数のバンシティのスタッフがどのコミュニティに対して行なうのか，について選定作業を行なっている。
(9) 環境への責任の関心の高まりはエネルギー効率的な政策を遂行し，浪費がないかを監査し，金融機関に対して，独自の環境報告書を作成するよう促している。

出典：VanCity's 1997 and 1998-1999 Social Report（www.vancity.com/socialrepot にて入手可能）。

検討すべき問題

① バンシティのような組織はさまざまな社会的・経済的課題事項に取り組みながら，経済的目標を達成できるだろうか？ そのように考える理由，あるいは，そのように考えない理由について述べなさい。
② 企業の社会的即応性の三段階のうち，バンシティの社会監査の試みはどの程度まで進んでいるのだろうか？
③ 資料4-Aに記載されたダベンポートによる20原則において提示された企業市民の課題事項のうち，バンシティはどの課題事項にもっとも取り組んでいるのか？ どの原則が考慮されていないのか，を述べなさい。

注

(1) Michael Waldholz, "Makers of AIDS Drugs Agree to Slash Prices for Developing World," *Wall Street Journal*, May 11, 2000, pp. A1, A12; Michael Waldholz, "Bristol-Myers Finds Pledging AIDS Aid Is Easier than Giving It," *Wall Street Journal*, July 7, 2000, pp. A1, A6; and Rachel Zimmerman, "Pfizer Offers AIDS Drug to South Africa," *Wall Street Journal*, November 29, 2000, pp. A3, A8.

(2) Barbara W. Altman and Deborah Vidaver-Cohen, "A Framework for Understanding Corporate Citizenship," *Business and Society Review*, Spring 2000, pp. 1-7. また，このトピックに関する論文に関しては，*Journal of Corporate Citizenship* で確認されたい。

(3) 他のパートナーシップの事例については，次の文献で確認されたい。Bradley K. Googings and Steven A. Rochlin, "Creating the Partnership Society: Understanding the Rhetoric and Reality of Cross-sector Partnerships," *Business and Society Review*, Spring 2000, pp. 127-144. (p. 134, Table1 を確認されたい)

(4) ルーセント・テクノロジー・アニュアル・レポート（URL：www.lucent.com/news/pubs/annual）を参照のこと。

(5) AT&T の学習ネットワーク・プログラムは Gautan Naik において説明されている。"AT&T to Give 110,000 Schools Free Services," *Wall Street Jounral*, November 1, 1995, pp. A3, A12.

(6) Robert Ackerman, "How Companies Respond to Social Demands," *Harvard Business Review*, July-August 1973, pp. 88-98.

(7) Archie B. Carroll and Frank Hoy, "Integrating Corporate Social Policy into Strategic Mangement," *Journal of Business Strategy*, Winter 1984, pp. 48-57.

(8) Sheila McNulty, "Banking on

Experience," in *Responsible Business : A Financial Times Guide*, December 2000, p. 16.

(9) Robert H. Miles, *Managing the Corporate Social Environment*, Englewood Cliffs, NJ : Prentice Hall, 1987. マイルズは，本章において提示されたのと同様の企業の社会戦略を展開している。

(10) "Volunteer Programs Are Being Fine-Tuned to Help Corporate Goals," *Wall Street Journal*, December 24, 1998, p. A1. エレクトロニック・クリーニングハウスのヴォランティア活動とコミュニティ・サービスについては，www.service.org/vv/vonline4.html を参照されたい。

(11) ビジネス・エンタープライズ・トラスト・プログラム（Business Enterprise Trust Programm）の全体的な分析は次の文献において確認されたい。James O'Toole, "Do Good, Do Well : The Business Enterprise Trust Awards," *California Management Review*, Spring 1991, pp. 9-24.

(12) 最高の評判をもつ企業の全リストについては，次の文献にて確認されたい。Ronald Alsop, "Survey Rates Companies' Reputations, and Many Are Found Wanting," *Wall Street Journal*, February 7, 2001, pp. B1, B6.

(13) Howard R. Bowen, *Social Responsibilities of the Businessman*, New York : Harper, 1953.

(14) George Goyder, *The Just Enterprise—A Blueprint for the Responsible Company*, London : Adamantine Press, 1993. 次の文献を参考にされたい。Rob Gray, "Thirty Years of Social Accounting, Reporting and Auditing : What (If anything) Have We Learnt ?" *Business Ethics : A European Review*, January 2001, pp. 9-15.

(15) この論議は，William C. Fredrick, "Auditing Corporate Social Performance : The Anatomy of a Social Research Project," in Lee E. Preston, ed., *Research in Corporate Social Performance and Policy*, vol. 1, 1978, pp. 123-137. から始められたものである。The special issue of *Business Ethics : A European Review*, January 2001も確認されたい。社会監査に関するさまざまな見解が述べられている。

(16) Kim Davenport, "Social Auditing : The Quest for Corporate Social Responsibility," in James Weber and Kathleen Rehbein, eds., *IABS 1997 Proceedings 8th Annual Conference*, pp. 196-201.

(17) *AOL News*, PRNewswire, May 25, 2000.

(18) www.dundee.ac.uk/accountancy/csear/corporat.html.

第Ⅲ部
企業と倫理環境

第5章　企業と倫理的ジレンマ

　ビジネス界で働く人々が——管理職も従業員も等しく——職務遂行中に倫理的課題事項に遭遇することはよくあることだし，それに対処しなければならない。さまざまな種類の倫理的ジレンマをどのように認識するかを学習すること，そして，それらがなぜ，起こるのかを学習することは，ビジネス・スキルとして重要である。反倫理的行動および違法行為によって企業や社会が負担させられることになる費用は莫大なものである。もし基本的な倫理原則および社会慣習を企業が厳守すれば，企業はもっと社会から受け入れられ存在意義を認めてもらえるはずである。
　本章では，以下のような主要な問題と目的に焦点を絞って論じることにする。
　・倫理とは何か。企業倫理とは何か？
　・なぜ，企業は倫理的でなければならないのか？
　・なぜ，企業の場において倫理問題が発生するのか？
　・世界中で反倫理的な慣習をなくすためにどのような努力がなされているのか？
　・倫理的行動とコンプライアンス（法令遵守）行動は同じか？
（訳注：本章における「ビジネス」とは，企業活動のことを意味している）

　ロジャー・ウォーシャム（Roger Worsham）は，会計学専攻の経営学学位を得てすぐに，地方の小さな会計事務所に職をえた。彼と妻，そして，2人の小さな子どもたちは，小さな町での生活にとけ込み楽しんでいた。ロジャーの雇い主は，経営コンサルタントや財務アドバイスなどさまざまなサービスを提供できる大きな会計事務所との激しい競争のまっただ中にあった。地方の小さな会計事務所にとって，大きな顧客を失うことは事務所の存続と閉鎖に関わる問題ともいえた。
　ロジャーは，最初の仕事の一つであった地元貯蓄貸付組合（S&L）の監査中に，不正の証拠を発見してしまった。当時 S&L は，活動を住居財産に対する譲渡可能抵当権証書の取り扱いだけに法的に制限をされていたが，この S&L は製造企業に対して融資を行なっていた。ロジャーからこの違法融資を隠すために，彼が監査をはじめる直前に書類は何者かの手により移動させられていた。悪党一味には，この町一番の製造企業のオーナーであり，強い影響力をもつ法律家でもあったこの S&L の理事長もいるのではないか，とロジャーは考えた。
　ロジャーは，わが会計事務所としては会計実務標準が要求しているように，監査報告書にこの事実を明記する，という言葉がボスから返ってくると信じて悪事の証拠をボスに提出した。どうしたことか彼は反対に，ボスから提出した証拠やメモをすべてシュレッダーに投げ込んでしまうようにいわれてしまった。ボスは，「俺はこのことを内密に処理する。われわれにはこの顧客を失う余裕などどこにもない」といった。ロジャー

が躊躇していると追い討ちをかけるように「その書類をシュレッダーにかけろ。さもなければ、ミシガン州で君がこの先，一生公認会計士になれないばかりかこの州の会計事務所でも働けないようにしてやる」とロジャーは怒鳴られてしまった。

　質問：もしもあなたがロジャーの立場だったら，あなたはどうしますか？　もしもあなたがロジャーのボスの立場だったら，あなたは別の行動をとれましたか？　どうするのが倫理的なのですか？

　クリス・ブラウン（Chris Brown）とリー・サムソン（Lee Samson）はランナー・マニュファクチャリング社（Runner Manufacturing）で主にシステム分析の仕事を15年間一緒にしていた。彼らの仕事は，すべての管理職能を自動化してくれるソフトを設計し，検査し，使える状態にすることだった。ランナー社の本社に在籍中，クリスとリーは数多くのプロジェクトで一緒に働くうちに，緊密な友人関係を発展させていった。彼らは，ランナー社でのキャリアに先があるかどうかについてよく議論した。

　「彼らのランナー社でのキャリアを終わらせる」話題を最初に口にしたのは，リーだった。はじめのうちは，単なる夢物語だった。そうこうしているうちにクリスとリーは，実は，自分たちが中小企業に対して情報技術コンサルタント業務をはじめられるだけのスキルをすでにもっていることに気づきはじめた。彼らは，夢の追求を決断し，必要なハードとソフトが手に入り次第，会社を退職することにした。

　この新しいベンチャー企業のために，この2人の共同経営者たちは，リーの自宅をコンピュータ設備のためのオフィスに改造することにした。新しいファイル・サーバー（データを保存しておく装置）を検査中に，クリスは最新のもっとも洗練されたソフトがホーム・オフィスのシステムにすでに入っているのを見つけて驚いた。このソフトを詳細に調べてみると，このソフトがランナー社が本社で使うために最近購入したものと同じであることがわかった。クリスから問いただされたとき，リーははじめ曖昧に答えていたが，最後には彼らの仕事に欠かすことができないものなので，ランナー社のシステムをそっくりコピーしたことを認めた。新しいオフィスは，ランナー社のメインフレームとつながっていたので，コピーは簡単な作業だった。実際のデータをコピーすることは会社所有情報を盗んでいることになるし，ランナー社の倫理規範を破ることにもなるので，データに関しては絶対にコピーしていないとリーはクリスに誓った。

　この説明を聞いた時のクリスの狼狽ぶりを見て，リーは次のようにいった。「いいか，クリス，俺たちは15年間もランナー社で身を粉にしてこれらのシステムが顧客の会社で動くように働いてきた。もしこれらのシステムを所有し，それを使う権利をもつ者がいるとしたら，それは君と僕だ。ランナー社はこのことで何ら損害を受けない，つまり，製品を失うこともなければ，顧客データを失うこともない，まったく何も失わないんだ」

　質問：もしあなたがリーの立場だったら，あなたはどうしたと思いますか？　クリスとリーに，このソフトウエア・システムの所有権が本当に有ると思いますか？　自分たちの新しいビジネスのために，リーがこのソフトをコピーしたことは倫理的でしたか？

このような倫理的混乱はビジネスの場ではよく起こることである。この混乱は関係者たちを悩ませている。そして，しばしば，人々の公正，正直，誠実に関するもっとも基本的な考え方が危機にさらされることになる。本章では，倫理の意味を探究し，ビジネスの場で起こるさまざまな種類の倫理的問題を明確にし，これらのジレンマがなぜ，起きるのかを説明する。企業犯罪に関する議論では，法と倫理の関係を解説する。次の第6章では，倫理的ジレンマに立ち向かうための手段を現場の人たちが手に入れることができれば，ビジネスの場における倫理的業績がいかに改善するかを説明する。

1　倫理の意味

　倫理（ethics）とは，行為の善悪に関する概念である。倫理は，われわれの行動が道徳的か，反道徳的かについてわれわれに語っているし，基本的人間関係——われわれが，他者に対してどのように考え，行動するのか，そして，他者に自分たちをどのように考え，行動してもらいたいのか——を取り扱っている。**倫理原則**（ethical principles）は道徳的行動への道標である。例えば，ほとんどの社会では，他人にウソをついたり，他人から盗んだり，他人を欺いたり，他人を傷つけることは反倫理的で反道徳的である，と考えられている。正直，約束を守る，他人を助ける，他人の権利を尊ぶといったことは，倫理的，道徳的に望ましい行動と考えられている。行動のそのような基本規則は，どこであれ，組織化された生活を維持し，存続するためには不可欠である。

　善悪に関するこれらの観念はいろいろな源泉からもたらされる。宗教的信念は，多くの人たちにとって倫理的道標の主要な源泉である。家族制度——両親が揃っているか，ひとり親か，あるいは，兄弟や祖父母，叔母，従兄，他の親類が一緒に暮らしている大家族かどうか——は子どもたちが成長していく過程で善悪の感覚を伝える。学校や教師，隣人や近所の人たち，友人，皆から認められている役割モデル，人種集団——そして，もちろん，すべての電子媒体も——は，われわれが生活のなかで善である，悪であると信じるものに影響を及ぼす。これらの学習経験が全体として各個人に倫理，道徳，社会的に受容される行動についての概念を創造する。この倫理的信念のコアともいうべきものが，後に，倫理的混乱発生時に道徳的羅針盤として個人を助け，導いてくれる。

　倫理的考え方は，場所によって大きく異なっているかもしれない，しかし，それでもすべての社会，組織，個々人のなかに存在している。つまり，あなたの倫理は，あなたの隣人のとは違うかもしれない。また，ある宗教における道徳の観念は，別の宗教のものとは違うかもしれない。さらに，ある社会では倫理的であると考えられていることが他の社会では許されないことかもしれない。このような違いがあることによって倫理原則は，時代，社会の伝統，その時々の特殊事情，個人的見解によって定義されるべきである，という**倫理的相対主義**（ethical relativism）の重要性，かつ，論争的な課題を提起することにしている。こうした観点に立てば，倫理に与えられる意味は時間，場所，

第5章　企業と倫理的ジレンマ

図表 5-1　職場における反倫理的行動調査

違法行為の種類と割合	
危険な労働環境	56%
詐欺的販売行為	56
専有情報，および，秘密情報の誤取扱	50
プライバシー権の侵害	38
低品質，もしくは，危険な製品の出荷	37
差別的雇用	36
セクシャル・ハラスメント	34
製品の品質検査，および，安全検査結果の改ざん	32
独占禁止法違反，および，不公正競争	32
環境破壊	31

出典：*2000 Organizational Integrity Survey : A Summary*, Integrity Management Services, KPMG LLP.

状況，および，関わっている個人に関連することになる。この場合，世界中の人々が同意することができる普遍的倫理標準は存在しない。したがって，同時にさまざまな社会で企業活動を行なっている企業にとって，自社の倫理が適切なものであるかどうかはきわめて重要なものとなるはずである。このことについては，この章の後半でより詳細に議論する。

そうはいってもそこでの議論を待つまでもなく，世界には，そして，われわれの社会のなかでさえもさまざまな倫理システムが存在している。どんな地域の人々も，彼らに自らの行動が善いか悪いか，道徳的なのか反道徳的なのか，是か否かを示してくれる何らかの倫理システムに依存しているということだけは確かである。この意味における倫理はどこででもみつけることができる普遍的人間特性である。

(1) 企業倫理とは何か

企業倫理（business ethics）は，一般的な倫理の考え方を企業行動へ応用したものである。企業倫理は，一般的な倫理とは別の企業活動だけに適用できる特殊な倫理の考え方というわけではない。一般的な倫理の考え方で，正直でないことが反倫理的で反道徳的となるならば，その場合には，ステイクホルダー——従業員，顧客，株主，競争相手——に対して，正直でない産業界の人もすべて反倫理的で反道徳的な行動をとっていることになる。もし他者を傷害から守ることが倫理的であると考えられるならば，その場合には，危険な欠陥製品をリコールすることは倫理的方法で行動していることになる。企業が倫理的であると思われるためには，企業も一般の人たちと同じ源泉から何が適切な行動なのか，についての考えを見つけ出さなければならない。企業は，善悪について勝手な定義をつくり上げてはならない。従業員や経営管理者は，企業活動に対しては，特殊な倫理規則や低水準の倫理規則を適用することが許されていると思っているかもしれないが，そのような例外を社会が大目に見たり，許したりすることはない。職場にお

図表5-2　企業はなぜ，倫理的であるべきなのか

・企業に対する一般の期待を充たすため
・他者を傷つけるのを防ぐため
・取引関係と従業員生産性を改善するため
・米国企業量刑ガイドラインのもとで罰則を軽減させるため
・他者から企業を守るため
・雇用者から従業員を守るため
・個人の道徳性を向上させるため

ける反倫理的行動の証拠は図表5-1に示してある。

（2）企業はなぜ，倫理的であるべきなのか

　企業はなぜ，倫理的でなければならないのか？　企業が倫理的配慮もせず，手段を選ばず，できる限りの利益を上げようとするのを阻止してくれるものは何なのか？　例えば，ロジャー・ウォーシャム（Roger Worsham）のボスが顧客の不正行為の証拠を破棄しろと彼にいったことのどこが悪かったのだろうか？　書類を単にシュレッダーにかけるだけなのに，そして，それによって上顧客が幸福でいられるのに（そして，ロジャーの雇用も守られるのに），なぜ，ダメなのか？　あるいは，クリスはリーが元の雇い主から必要なソフトをコピーした時，なぜ，目をつむるべきではなかったのか？　図表5-2に企業が高い倫理水準の行動を促進しなければならない主な理由を列挙しておいた。

　第3章において社会的責任について議論した際，一つの理由について言及した。第1章で説明したように，企業のステイクホルダーたちは企業に対して高い倫理業績と社会的責任を示してくれることを期待している。この一般の要求を満たすことができなかった企業や従業員は，スポットライトを浴びせられ，非難され，矯正され，そして，罰せられて当然と思われている。

　　例えば，アメリカのプルーデンシャル保険会社（Proudential Insurance Company of America）は，過去の詐欺的販売行為に対する罰則として25万人以上の保険契約者に対して総額10億ドルを超える支払い命令を受けた。多くの保険契約者が彼らの保険証券全額に利息をつけて払い戻しを受けるか，支払った分の全額払い戻しを受けた。プルーデンシャルは，1980年代，および，90年代，商品内容や保険料の支払期間について顧客を欺いたとして訴えられていた。

　　住友商事のトレーダーであった浜中泰男は，不正な銅取引で失敗し会社に26億ドルの損失を与えた。裁判所は浜中が巨額の損失を隠すための捏造書類と銅取引で第三者トレーダーを儲けさせた見返りとして得た多額の現金が，スイスの銀行の秘密口座に預けてあったのを発見した。浜中は詐欺および文書偽造の罪で懲役8年の刑を受け服役中である。[(2)]

企業とその従業員が倫理的に行動しなければならない第二の理由は，一般大衆や企業のステイクホルダーの多くが傷つくのを防ぐためである。もっとも重要な倫理原則の一つは，非常に簡潔に次のように宣言している。すなわち，「害を為すなかれ」。病気や死の原因となる有毒化学廃棄物処理への注意を怠っている企業は，この倫理的命令を破っていることになる。多くの倫理原則は，社会をさまざまな種類の危害から守るために機能しており，そして，企業はこれらの常識的な倫理原則を遵守することを期待されている。

　企業が倫理的でなければならないもう一つの理由として，その見返りを主張する人たちもいる。ディポール大学（DePaul University）の会計学の教授が行なった研究では，「倫理的行動や社会的責任を部下に実行させようとする経営者の努力と企業の財務業績との間には，統計学的に大きな関連がある」ことがわかった。また，倫理性と利益性との関連性を支持する証拠がラトゥガース大学（Rutgers University）が行なった研究で見つかった。この研究で研究者たちは，倫理的なビジネス環境を育成していた企業に投資している人たちは倫理を無視している企業に投資した場合に比べ，約45％も高い年間株主配当率を実現していることを発見した。

　倫理的であるということには，信頼という意味も含まれている。そして，この信頼がビジネス・パートナー間の提携を強く促進している。もしこの信頼が崩れると，反倫理的な側にある企業は，避けられたり，無視されたりすることになる。まさにこのような事態が発生したのは，マレーシア政府高官がフランスの企業経営者に素っ気ない態度を見せたときである。なぜ，彼らはあんなにもよそよそしいのですかとその理由を尋ねられると，マレーシアの高官は「あなた方のトップが刑務所にいるからですよ」と答えた。倫理環境の整備や倫理的防衛手段の開発については次章で議論するが，これらにはビジネス関係の改善，および，従業員と組織の生産性向上という重要な誘因があるはずである。

　米国企業量刑ガイドライン（The U. S. Corporate Sentencing Guidelines）もまた，ビジネスにとって倫理改善の強い誘因となる。量刑ガイドラインは次のような場合に役立つ。企業の従業員が刑事上の罪で有罪の判決を受けた場合である。刑を決定するために，連邦裁判所はこのガイドラインに載っている公式を用いて過失（責任度合）得点を計算する。この得点は，もし当該企業の倫理プログラムが業務上で起きた犯罪行為をモニターし，積極的に対処していた場合には，大幅減点される。つまり，量刑ガイドラインの下では，刑事上有罪判決を受けた企業の経営者たちは，もし彼らの会社に強力な倫理プログラムが展開されていれば，その刑罰が軽減されるのである。

　　量刑ガイドラインの衝撃が知れ渡ったのは，ホフマン・ラ・ロシュ社（Hoffman-LaRoche）の事例によってであった。この多国籍製薬会社は9年間にわたりビタミン市場で違法な価格維持政策をとっていた罪を認め，1999年に5億ドルの罰金を受けた。このこと自体，アメリカ司法の歴史上，最高刑事罰額であるが，政府は量刑ガイドライン

ではホフマン・ラ・ロシュ社に対して最高13億ドルまで罰金を科すことが認められている，と指摘した。減刑された理由は，ホフマン・ラ・ロシュ社が倫理プログラムを適切に備えていたためであった。

倫理的行動を奨励するもう一つの理由は，反倫理的従業員や反倫理的競争企業から企業を守るためである。保安の専門家たちは，従業員のこそ泥行為（窃盗）が原因の企業倒産は他の犯罪が原因の企業倒産よりも多いと見積もっている。従業員による窃盗は，年間150億ドルから250億ドルにのぼる。1人の従業員が1回に盗む平均額は1000ドル以上と見積もられており，これは万引き事件の平均被害額の5倍である。アメリカ商務省の調査によると，製造業の工場内だけでも従業員による窃盗額は，全米で1日800万ドルにのぼる。従業員による窃盗を発見することはほとんど不可能なので，商店主たちは従業員たちが正直に活動してくれることを祈っているのが現状である，と告白する。

従業員による窃盗の驚くべき事例をMCIコミュニケーションズ社の従業員が関与した事件にみることができる。この従業員は，シークレット・サービスのエージェントにより，6万件以上のテレホン・カード・ナンバーの窃盗およびその国際的地下組織への販売容疑で逮捕された。この事件で四大電話会社は5000万ドル以上の損失を被った。

高い倫理業績は，企業で働く人たちをもまた保護してくれる。従業員たちはプライバシーの侵害に（例えば，仕事場のトイレにこれ見よがしに設置された監視ビデオ），彼らの個人的信念に反する行為を命じられることに（例えば，会計報告書の捏造），危険な状況で強制的に働かされることに（例えば，換気もされていない炭坑に入らされたり，畑で危険な農薬にさらされたりなど）憤慨している。従業員を気高く誠実に扱っている企業は高いモラールと生産性向上という形での見返りを手にすることができる。これは，企業，その従業員，社会にとって，全員勝者の状況（win-win-win）である。従業員に対する雇用者の倫理的義務については，下巻第17章でさらに議論する。

企業での倫理促進の最後の理由は，個人についてのものである。ほとんどの人たちは，自己の善悪に関する感覚と矛盾しない方法で行動したい，と望んでいる。個人的価値観を否定するような圧力を受けると，人は強い情緒的ストレスを感じる。自分の心理的安全の感覚にとって支持的な倫理的風土のなかで働いていると感じることが重要である。「倫理資源センター」（Ethics Resource Center）の報告書によると，従業員の79％が今の職場で働き続けるための重要な理由として「彼らの組織が倫理に関心をもっていること，そして正しいことを行なうことに関心をもっていること」をあげている。

2　組織の職能別企業倫理

企業内における倫理的課題事項が必ずしも同じということはない。企業活動は極度に専門化しているので，企業のいかなる主要職能においても倫理的課題事項がでてくる可能性がある。**職能領域別倫理**（Functional-area ethics）は以下で議論するように，それ

自体に特有の倫理的ジレンマをかかえる傾向がある。

（1）会計倫理

　会計職能は，すべての企業にとってきわめて重要な構成要素である。企業経営者，外部投資家，政府の規制担当の役人（regulators），収税吏，および，労働組合は，主要な意思決定を会計データに頼っている。正直さ，誠実さ，正確さが会計職能の絶対的必要条件である。産業界，および，公共会計分野の会計士にとって倫理以上に大きな関心を寄せている問題はないが，このことは会計倫理の凋落を示す証拠により明らかである。

　　　　2000年に「米国証券取引委員会」（SEC: Securities and Exchange Commission）は，プライスウォーターハウスクーパース社（Pricewaterhouse Coopers）の何十社もの顧客企業に，会計監査法人による米国証券取引委員会の監査人独立の原則違反が多数発見されたことを通知した。この原則には，監査法人のパートナーやその親族（代表的な例としては，配偶者，独立していない子ども，両親）は，被監査企業に投資することはできないと，規定されている。プライスウォーターハウスクーパースの監査人やその親族は，米国証券取引委員会が発見しただけでも，監査先企業の3分の2に投資しており，さらに，彼らは直接当該企業を担当していた。利害の潜在的対立を避けるための内部システムを改善するというプライスウォーターハウスクーパースの誓約を受け容れ，米国証券取引委員会はこれらの違反に大赦を与えることにした。[8]

　専門会計士団体——例えば，「米国公認会計士協会」（AICPA: American Institute for Certified Public Accountants）や「米国財務会計基準審議会」（FASB: Financial Accounting Standards Board）——は一般に受け容れられた会計原則を展開しているが，その目的は会計データや監査データを報告する際の統一基準を確立するためである。1993年に「米国公認会計士協会」はその専門職規約を劇的といえるほど大きく改訂し，「著しく偽って申し立てられた」財務諸表を発見した場合や会計実務を行なうための免許剥奪に該当するような状況に直面した場合には，公認会計士に密告者として行動するよう求めた。

　本章の最初で紹介した倫理的ジレンマに直面した会計士ロジャーは，AICPAの専門職としての行動規範に従えば，発見した会計上の違法行為を報告することが求められている。会計専門職の倫理性を高めるための取組み事例を資料5-Aに示しておいた。会計事務所が義務違反訴訟で告発される危険性が増大したこと，そしてまた，専門職の誠実性を再確認する声の高まりにせっつかれた形ではあるが，これらの基準は正直さと会計活動の倫理性を高い水準で確保するのに大いに役立つものである。[9]

（2）金融倫理

　最近のもっとも派手な倫理スキャンダルのいくつかは，金融で起きている。ウォール・ストリートの金融業者たちはインサイダー取引，違法株取引，その他いろいろな金融問題で有罪の判決を受けている。金融界での倫理問題の例を以下に示しておく。

資料5-A　会計，および，金融における専門職業人の行動規範

米国公認会計士協会（AICPA）
　　　　　　　　　　　　専門職業人の行動規範
　以下の米国公認会計士協会が定める専門職の行動規範にかかわる原則は，社会，顧客，そして，同業者に対して専門職業人が負うべき責任についてのわれわれの認識を表明するものである。これらの原則はわれわれの会員を専門職業人としての責任遂行へと導くものであり，また，倫理的行為，および，専門職業人としての行為についての基本的な見解を表明するものである。これらの原則はたとえ個人的な利益を犠牲にしてでも，高貴な行動への確固たる献身を求めるものである。

- 責任——専門職業人としての責任を遂行するにあたって，会員は繊細な専門家としての判断と道徳的判断をすべての行為において下すべきである。
- 公益——会員は公益につながると思われる方法で活動する義務を負うべきであり，公益を尊重すべきであり，専門職業人意識への献身をはっきりと表明すべきである。
- 誠実——社会からの信頼を維持拡大するために，会員は最高度の誠実性をもって専門職業人としての責任のすべてを遂行しなければならない。
- 客観性，および，独立性——会員は客観性を維持すべきであり，専門職業人としての責任を果たす場合には，利害対立から自由であるべきである。一般の実務に携わっている会員は監査およびその他の証明業務に際して，事実や現象から独立しているべきである。
- 注意義務——会員は専門職業人としての技術的倫理的基準を遵守すべきであり，能力の向上と業務の質の向上に継続的努力を払うべきであり，自己の能力の限りを尽くすという専門職業人としての責任を果たすべきである。
- 業務の領域と性質——一般の実務に携わっている会員は提供する業務の範囲と性質を決定する場合には，専門職業人の行動規範を遵守すべきである。

米国投資経営調査協会（AIMR）
　　　　　　　　　倫理規範および専門職業人としての行動基準
　米国投資経営調査協会の会員は，
1. 誠実さ，能力，高潔さをもって行動し，社会，顧客，将来の顧客，雇用者，被雇用者，および，他の会員との応対に際しては倫理的に行動しなければならない。
2. 専門職業人としての態度および倫理的な態度で仕事を行ない，また，他の会員たちにもそのようにすることを奨励しなければならない。そのような態度で仕事することが将来，会員および彼らの職業への信頼という形で返ってくるであろう。
3. 自己の能力および他の会員の能力を維持向上するために精進しなければならない。
4. 細心の注意を払い独立した専門家としての判断を下さなければならない。

　専門職業人の行動基準には以下のことが含まれる。

- 基本的責任——すべての該当する法律，規則，規制を熟知していること。
- 専門職との関係，および，専門職としての責任——専門家として間違った行動に携わらないこと，および，盗作を禁止することがここには含まれる。
- 雇用者との関係，および，雇用者に対する責任——ここには，対立の公開および追加的補償協定が含まれる。
- 顧客，および，将来の顧客との関係，および，彼らに対する責任——合理的表現，独立性と客観性，公正な取扱と信託責任，機密保持，および，対立の公開と紹介料の公開
- 社会との関係および社会に対する責任——ここには，公開情報以外の情報の利用禁止，および，投資業績の間違った表現の禁止が含まれる。

出典：（AICPA）米国公認会計士協会の専門職業人の行動規範を許可を得て再掲載。Copyright 1997 by the American Institute of Certified Public Accountants, Inc. 米国公認会計士のための専門職綱領の全文は，www.acipa.org. を参照のこと。
　　　（AIMR）米国投資経営調査協会から許可を得て抜粋掲載。Copyright 1998, Association for Investment Management and Research. 全文は，www.aimr.org/ethics. を参照。米国投資経営調査協会は本書の著者より提出された製品およびサービスについて一切関知しない。

1990年代後半に,「米国証券取引委員会」(SEC) は,米国の3大証券取引所のうちの二つで実務に関する調査を開始した。その結果,ニューヨーク証券取引所は,フロアブローカーによる不適切取引の容疑で数多くの告発を受けた。また,ナスダック (NASDAQ) もマイクロキャップ株式・スキャンダルで罰せられ,株価維持操作容疑で告発を受けた。『ビジネス・ウイーク』誌 (*Business Week*) が行なった調査では,アメリカ証券取引所 (AMEX : American Stock Exchange) でも所属ブローカーの自己統治が同様の問題を露呈していると報告している。価格操作疑惑の告発,違法取引疑惑の告発,および悪事を発見した際の AMEX による不適切な懲罰疑惑の告発がこの調査報告の核心であった。[10]

　倫理的行動におけるこれらの堕落は,資料5-Aに示したように,金融専門職による倫理環境の育成努力にもかかわらず,明らかであった。

（3）マーケティング倫理
　顧客との関係では,多くの倫理問題が発生する傾向にある。価格設定,販売促進,広告,製品情報,広告代理店と顧客との関係,および,市場調査——これらはすべて,潜在的問題発生領域である。マーケティング倫理に関する課題事項のいくつかは,組織の行なう広告行為を通して社会に影響を及ぼすが,このことについては後に下巻第19章で議論する。

　マーケティング専門職を教育するために,「米国マーケティング協会」(AMA : American Marketing Association) は,資料5-Bに示した行動規範を会員たちに提示した。この AMA 綱領は,マーケティング専門職たちの行為は倫理,法令遵守,そしてすべてのマーケティング活動における正直さと公正さによって導かれなければならない,と明らかに謳っている。また,この綱領は一般消費者に対するマーケティング専門職たちの倫理的責任を認めるとともに,間違った製品情報を流したり,間違った,そして,ウソの広告の主張,押し売り的販売戦術,贈賄,および,キックバック,不公正で略奪的価格設定といったものにとくに反対している。これらの綱領規定は,マーケティング専門職たちが一般倫理原則を自分たちの職務規則に読み替える手助けとなる。[11]

（4）情報技術倫理
　企業倫理の領域が急速に展開している分野の一つに情報技術分野がある。1990年代および2000年代の初期における爆発的普及はプライバシー侵害（多くは電子商取引を通じてのものであるが,電子メールによるコミュニケーションの機密性の問題から個人情報や企業情報にアクセスしたり,それらを収集したり,蓄積したりなど）,ソフトウエア,音楽,知的財産等の著作権保護,および,諸々の関連事項に関わる倫理的挑戦であった。この章の最初に紹介した事例で述べたように,リーは長年従業員として働いていたのだから,会社のソフトウエアをクリスとの新ビジネスのためにダウンロードすることが正当化さ

資料5-B　マーケティング，および，情報技術における専門職業人の行動規範

米国マーケティング協会（AMA）

倫理規範

　米国マーケティング協会（AMA）会員は，専門職業人として倫理的な行動をとることを付託されている。会員は，以下に示すことがらを含んでいるこの倫理規範を全員承諾している。

- 責任——マーケティング担当者は自分たちの活動結果に責任をもたなければならない。また，自分たちの決定，推奨，活動が，関連するすべての人たち（顧客，組織，社会等々）を明確にし，彼らに奉仕し，彼らを満足させるために確実に機能しうるようにあらゆる努力をしなければならない。
- 正直，および，公正——マーケティング担当者は，マーケティング専門家としての誠実さ，道義心，高潔さを維持向上させるであろう。
- 当事者の権利と義務——市場での交換プロセスに参加するものは次のことを期待されてしかるべきである。(1)提供される製品およびサービスが当初の使用目的に安全合致していること。(2)提供される製品およびサービスに関する情報が紛らわしくないこと。(3)すべての当事者が財務その他の義務を誠実に果たそうという意志があること。(4)購買に関する苦情を公正に調整しまたは是正する社内手段が適切に存在すること。
- 組織関係——マーケティング担当者は組織関係のなかで自分の行動が他者の行動にいかに影響ないし衝撃を与えるかを熟知していなければならない。担当者は他者との関係で反倫理的行動をとらせることを要求すべきでも，奨励すべきでも，強制すべきでもない。

　この倫理規範の定めるいかなる条項であってもその違反が発覚した会員はだれであろうとも米国マーケティング協会の会員資格を停止もしくは剝奪されることがある。

米国電子計算装置協会（ACM）

倫理規範，および，専門職業人の行動

序文

　専門職として倫理的行為を行なうことが米国電子計算装置協会（ACM）の全会員（正会員，法人会員，学生会員）に期待されている。

　この規範は，個人の責任に関する宣言文という形をとった24の責務で構成されており，個人の貢献の内容が明確にされている。そこにはすべてではないが，専門職業人が直面する多くの問題が含まれている。……規範，および，それを補足するガイドラインは，専門職業務の行動についての倫理的な意思決定の基礎として役立つようにつくられている。次に，それらは専門職業人の倫理基準違反に関する形式的な苦情の価値を判断するための基礎として役立つであろう。

　ACM会員に対する一般的な責務には，以下のものが含まれている。社会，および，人類の福祉への貢献，他者を傷つけない，正直で信頼できること，公正であり，差別的な行動をとらないこと，著作権および特許を含む財産権を尊重すること，知的財産に対して適切に功績を認めること，他人のプライバシーを重んじること，および秘密の保持を尊重することである。

　専門職の人たちが倫理規範を厳守するかどうかは，ほとんど任意の問題である。しかしながら，もし会員が概して間違った行動に関係することでこの規範に従わない場合，ACMの会員資格が剝奪されるであろう。

出典：（AMA）米国マーケティング協会が公刊している倫理規範から許可を得て掲載。全文は，www.ama.org を参照のこと。
　　　（ACM）米国電子計算装置協会の御厚意による。ACMの倫理規範の全文は，www.acm.org/constitution/code で見ることができる。

れると思っていた。しかしながら，この知的・物的財産の所有権への挑戦に関してはクリスの方が倫理的に正しく，リーの行為はランナー・マニュファクチャリング社からの窃盗に等しい。

　本書の後半のいくつかの章で議論されるように，情報技術の爆発的進展によって個人と企業との間の信頼関係に重大な疑問が持ち上がってきている。情報技術分野における倫理的責任が増大しているという，ビジネス界や学会の人たちからの声に応えて，専門職業人たちの組織は資料5-Bに示したように情報技術専門職業人の倫理規範を更新，ないし，改訂してきた。⑿

（5）その他の職能領域

　製造職能，および，保全職能，この二つの領域は倫理的考察とはかけ離れた領域と思われるかもしれないが，いくつかの倫理的混乱の真っ只中にある。欠陥製品は罪のない人々を傷つけたり，命を奪ったりする可能性があるし，有毒な製造プロセスは労働者や一般人の健康を脅かすかもしれない。例えば，ジャンボ・ジェット機の翼にエンジンを取り付けている航空機用止め金具（fuse pins）が欠陥をもって製造され，検査もなされていなかったのではないかという疑いがいくつかの事故でかけられているが，そこでは，乗客のみならず，罪のない無関係の人たちの命が危険にさらされている。また，インドのボパール市（Bhopal）にあったユニオン・カーバイド社（Union Carbide）の農薬工場は，伝えられているところでは適切な保全がなされていなかった。そして，このことが2000人以上の死者を出した悲惨なガス漏れ事故を引き起こした原因と信じられている。

　倫理問題は，購買や供給管理部門でも発生する。Ｋマート社（Kmart Corporation）は違法行為，および，贈賄の内部告発により，不動産取得部門の担当者多数に対して公式調査を行なった。この調査の結果，前Ｋマート社不動産部長が75万ドル以上の贈賄容疑で連邦大陪審へ告発されることになった。

　これらの事例は，一つのことを明確に浮き彫りにしてくれる。つまり，あらゆる分野の企業活動，企業活動にかかわるすべての人々，そして，企業活動におけるあらゆるレベルの権限は，時として，倫理のジレンマに遭遇することになる。倫理的課題事項は企業活動の世界を駆けめぐっている共通の脅威なのである。

3　なぜ，企業で倫理問題が発生するのか

　明らかに，企業で起こる倫理問題には多種多様なものがある。そこには共通性とか普遍性というものはないものの，倫理問題は頻繁に発生する。倫理問題を引き起こす原因は何かを見つけ出すことだけでも，企業活動およびその影響を受ける人々への倫理問題の衝撃を最小化することに向けての第一歩といえる。主な理由のいくつかを図表5-3にまとめておいたが，以下で詳しく議論する。

図表 5-3 なぜ，企業で倫理問題が発生するのか

理　由	倫理問題の性質	典型的アプローチ	態　度
私利私欲	自分の利益 対 他人の利益	自己中心的な ものの見方	「それが欲しい！」
利益に対する 競争の圧力	企業の利益 対 他者の利益	現実主義的なもの の見方	「われわれは，何としても相手を打ち負かさねばならない」
企業目的 対 個人の価値観	上司の利益 対 部下の価値観	権威主義的なもの の見方	「私の言うとおりにしろ，さもないと」
異文化による矛盾	企業の利益 対 多様な文化的 伝統や価値観	民族中心主義的なものの見方	「外国人は，善悪に関して奇妙な考えをもっている」

（1）私利私欲

　私利，あるいは，貪欲さといってもいいかもしれないが，この私利というものが倫理問題を引き起こすことがある。企業は望ましからざる価値観をもった人を雇用することがある。そのような人たちは他の従業員，会社，社会に害を与えるかどうかには無頓着で，自己の安楽を他のすべてに優先させる。

　自己利益を他のすべての要件に優先させる経営管理者や雇用者のことを，**倫理的自己中心主義者**（ethical egoist）と呼ぶ。お手盛り，強欲といえるほど自己利益のことしか考えないこと，および，貪欲さは，倫理的自己中心主義者たちに共通してみられる特性である。倫理的自己中心主義者たちは，倫理規則というものは自分以外の人たちのために作られていると信じているので，他の人たちが受け容れている倫理原則を無視する傾向がある。利他主義──自己利益を犠牲にしてでも他人の利益のために行動する──は，感傷的あるいは非論理的とさえ思っている。「自分の利益だけを考える」が倫理的自己中心主義者のモットーである。

　　1999年，世界はマーチン・フランケル事件（the Martin Frankel story）の展開に注目していた。それは4カ月以上にもわたって，国際指名手配された金融業者が逃亡していたからである。消防士がフランケルの300万ドルもするマンションに出動し，そこでもぬけのからの家と「洗浄金」が記された「実行」リストの載ったノートを発見した時から，この事件の捜査は始まった。捜査当局者は，フランケルによって短期投資家たちの資金が少なくとも2億1500万ドル以上投資されたというよりは消滅していた，と断定した。これらのファンドのいくつかは，スイスの銀行口座で発見された。残りのファンドはフランケルが自動車，不動産，金，および，800万ドルものダイヤモンド購入資金として，さらには彼が起訴を免れるための財源として使われていた。最終的に，1999年

秋に，フランケルは，詐欺，マネー・ロンダリング，脅迫，陰謀，など36の訴因で逮捕・起訴された。[14]

（2）利益に対する競争の圧力

　厳しい競争にさらされると，企業は自社の利益を守るために反倫理的行為に手を染めることがある。このことは，財務業績がすでに標準を下回っている企業にとくに，当てはまるかもしれない。調査によると，財務業績が悪い企業，および，利益の少ない企業は違法行為にかかわりやすいということが示されている。

　しかしながら，財務状況が不安定であるということが違法で反倫理的ビジネスの唯一の理由というわけではない。なぜならば，利益を上げている企業でも倫理原則に反する行動をとることがあるからである。実際，企業の財務状況に関係なく，反倫理的風土をつくりだすのは，利益に対する単純で単一志向的衝動なのかもしれない。

　　　利益競争が電気通信産業における二つの新しいサービス——スラミング（slamming）とクラミング（cramming）——の動機になっているかもしれない。スラミングとは，顧客が知らないうちにあるいは顧客の許可を受けることなく，新しい電話会社に変更させられる状況である。1999年に電話会社が顧客から受けた苦情の約半分はスラミングに関するものであった。クラミングは顧客が頼んでもいないサービスの請求を受けたときに発生する。この二つの新しいサービスは一般的になってきている。ニューヨーク州グレート・ネックに住むある顧客は，「私はすべての競争にうんざりしている。私は単純に電話をかけられさえすればいいんで，それで不満がないんだ」と不平を漏らしていた。[15]

　価格維持施策は，成長率が限界に達した市場で企業が積極策に乗り出したときにしばしば使う常套手段である。違法というだけでなく，価格維持施策は，自由競争下で設定される価格よりも高い価格を支払わされた顧客にとっては，反倫理的行動といえる。企業は，不正に競争を避け，自己の利益を守るために価格を固定しようとするが，そのような事例を以下に示しておく。

　　　グラファイト電極で世界一位メーカーであるユーカー・インターナショナル社（Ucar international）の元社長は，価格維持施策の罪を認め，17カ月の禁固刑と125万ドルの罰金を支払った。これらの判決は，同じ罪状で1年前に彼の会社が受けた1億1000万ドルの刑事罰に付加されたものだった。価格維持施策で有罪の判決を受けたその他の事例としては，日本の昭和電工株式会社がグラファイト電極の価格維持施策に関わった罰金として2900万ドルを支払った事件と，カナダのチヌーク・グループ（Chinook）が数多くのビタミン剤に価格維持施策を行なったと認定され500万ドルの罰金を支払った事件がある。[16]

（3）企業目的 対 個人の価値観

　企業活動における倫理的な対立は，企業が追求する目的やそれを達成するための手段

が従業員に受け容れられない時に発生する。もし従業員が提示された悪習を企業に修正してもらえず，その後にこの不平に関する機密を公表すれば，内部告発という1つの結果になるかもしれない（この種の従業員行動は，下巻第17章でも議論する）。このような状況で従業員がとることのできるもう一つの頼りになる方法は，訴訟である。この選択は，政府のさまざまな保護法のおかげで，従業員にとって近年，金銭的にも職業的にも危険の少ない方法となってきている。

> ポール・ブランチ（Paul Blanch）は，自分の勤めているコネチカット州のノースイースト・ユーティリティ社（Northeast Utilities）の経営者を内部告発した。ブランチは，工場操業における安全上の過失を明らかにした。この苦情申し立ての直後，ブランチは，マイナスの職務評価を受けたり，内部監査の嫌がらせを受けたりした。ブランチが政府の保護を探し求めると，「原子力規制委員会」（Nuclear Regulatory Commition）は彼に対するこのような行為に対して，ノースイースト・ユーティリティー社に10万ドルの罰金を科した。5年後，ブランチはノースイースト・ユーティリティ社のオンブズマンになっていた——彼の役割は会社に代わって会社の悪行に対する苦情を聞いたり，調査することである。[17]

この反抗的ともとられかねない従業員は，トラブルメーカーではなかった。彼は問題を修正するにあたって社内の手続きを踏むよう努めていた。倫理的ジレンマが持ち上がった原因は，従業員自身が他の従業員，顧客，会社自体，そして，一般社会を傷つけると信じる命令に従うように，会社側から会社の目標とその達成手段を強要されたことにある。ブランチや他の告発者をみる限り，彼らは反倫理的なことをするよう強要され，命令されていた。彼らの心のなかにある倫理の羅針盤は，彼らの会社の目標とその達成手段とは食い違っていた。内部告発者にとって組織不正を正すもう一つの機会を以下の事例にみることができる。

> フロリダ州にある小さな卸売業者であるヴァン・ア・ケアー社（Ven-A-Care）は，製薬会社から薬を買いそれを地元の患者に販売していた。ヴァン・ア・ケアー社の社員であったザチャリー・ベントレー（Zachary Bentley）は，政府の医療保障制度であるメディケアから製薬会社に一服56ドル払い戻しがなされる一服50ミリグラムの薬があるが，この薬に対して，彼の会社が10ドルずつ支払わされている，と指摘した。製薬会社に対する10年に及ぶ連邦，および，州政府の調査，ならびに，法廷闘争の後，止めれば顧客の支払いを何百万ドルも削減できる見込みのある，このような慣行を廃止することに関して20社以上が政府との対話に応じはじめた。[18]

（4）異文化間の矛盾

もっともやっかいな倫理問題のいくつかは自国の倫理基準とは異なる倫理基準をもった別の社会で企業活動を行なう企業で発生する。今日，どこの国に本社を置いているかには関係なく，すべての多国籍企業の政策担当者や戦略立案者たちはこの種の倫理的ジ

レンマに直面している。次のような状況を考えてもらいたい。

　米国の寝間着メーカーは，子ども用パジャマの耐炎性向上に使用されている化学薬品が子どもの皮膚を通して吸収されると，ガンを引き起こす原因になることを発見した。これらのパジャマが米国国内で販売禁止になった際，製造会社のなかには，まだこの化学薬品が法的に規制されていない国の卸売業者にこのパジャマ素材を販売してしまった会社もあった。

質問：海外販売は合法ではありますが，彼らは倫理的ですか？　受け入れ国がもし禁じていなかったとしても，安全とはいえない製品を投げ売りすることは倫理的ですか？

　ホンダがオハイオ州に自動車工場の建設を始めた当時，ホンダは工場建設地として住民のほとんどを白人が占める二つの田舎町を選び，その後で，工場から半径30マイル以内に住んでいる人が職務応募者としてふさわしいとした。この政策によって，もっとも近くにある大都市コロンバスに住むアフリカ系アメリカ人は締め出されることとなった。これより以前にもホンダは，就職を拒否された年輩者から申し立てられた年齢による職務差別訴訟解決のために50万ドル近くを支払うことに同意していた。

質問：ホンダの雇用政策，これは日本ではほとんど問題になることはないのですが，オハイオ州では反倫理的といえるでしょうか？

　これらのエピソードはこの章の最初で定義した倫理的相対主義の問題を提起している。倫理原則——正しい行為と間違った行為を海図に描くのを手助けしてくれるもの——は，社会ごとに定義する倫理の方法からその意味を厳密に書き写すべきなのだろうか？　マイノリティ，年輩の労働者，そして，女性の職務機会に対する日本人の態度は，倫理的にみてアメリカ人の態度と同じくらいに妥当なものといえるだろうか？　子ども用パジャマ・メーカーは倫理的によく考えた上で，あるいは，あやふやなままに，ガン発生の危険のあるパジャマ素材を政府機関が子どもの健康被害に対する保護施策をもたない国に売却したのだろうか？　倫理的な責任は，だれが引き受けるべきなのだろうか？　どのような倫理基準が，あるいは，どのような機関がつくった倫理的基準が指針として用いられるべきなのか？

　企業活動がますますグローバル化し，より多くの企業が倫理的伝統や文化が異なる海外市場に進出するようになると，前述の疑問がより頻繁に起こってくるだろう。従業員や経営者が前述したような心理的ストレスを回避したいならば，彼らは明確に提示された会社の方針を倫理的手引きとする必要がある。

4　グローバル経済における倫理

　従業員による職務上の反倫理的行為の例は，近年すべての国で報告されている。反倫理的行為の一つの例としては，贈賄（bribery），つまり，ビジネス取引を確実なものとし促進するために，政府官僚に疑わしく正当でない支払いをしばしば行なうことをあげ

ることができる。贈賄は，全世界市場のほとんどすべてのセクターで見つかっている。

　　ベルリンに本拠を置く，トランスペアレンシー・インターナショナル（Transparency International）は，経営者や一般人の認知にもとづいた国ごとの腐敗度を調べ，毎年出版している。もっとも賄賂が必要でないと思われている国としては，デンマーク，フィンランド，ニュージーランド，スウェーデン，カナダ，アイスランドの国々があった。指標の逆側――つまり，賄賂を要求し受けとるともっとも思われている国々――には，アゼルバイジャン，インドネシア，ナイジェリア，カメルーンの国々があった。世界の主要輸出国19カ国のなかで，スウェーデンがトランスペアレンシー・インターナショナルからもっとも高い評価を受け，オーストラリアとカナダがそれに続いた。リストの最下層には台湾，韓国，香港を含む中国系の国々があげられている。米国は主要輸出国19カ国中9位にランクされ，ドイツ，フランス，日本，イタリアはそれよりも下位にランキングされている。[19]

　企業活動における賄賂や汚職の例は，頻繁に報告されている。例えば，東欧の企業は東欧地域におけるすべてのビジネス取引の30〜60％が賄賂の支払いと関わっていると報告し，実際年間収入の2〜8％を賄賂に支払っていた。旧ソ連における賄賂の額は，平均すると企業収入の4〜8％以上の幅で報告されていた。トランスペアレンシー・インターナショナル（Transparency International）の報告によれば，全世界的にみて，賄賂がもっとも発生しやすいのは，公共事業の契約と建設，防衛産業，石油やエネルギー産業におけるビジネス取引であった。[20]

　米国に本社を置く企業の上級経営者は「米国海外腐敗行為防止法」（FCPA：U. S. Foreign Corrupt Practices Act）により，外国の政府官僚，政党，および，政党候補者に賄賂を贈ることが禁じられている。この目的を達成するために，FCPAは海外で活動する米国企業に対して，企業取引のすべてを確実に開示できる会計実務を採用することを要求している。1999年に米国政府が行なった調査によると，1994年から1998年の間に行なわれた国際競争において，米国に本社を置く企業が賄賂を禁じられているために契約を競うことができなかった事例が239件あった。1080億ドルにのぼるこのような国際契約を確保する上で賄賂は大きな影響力をもっている。[21]

　　2000年に，南アフリカ・レソト王国（Lesotho）で総額800万ドルのダム・プロジェクトがあったが，その一部を勝ち取るために何社かの世界的建設会社が賄賂を使ったという非難の声があがった。フランスのスエズ・リオネーゼ社（Suez Lyonnaise）によって最近買収されたトラクテベル（Tractebel）は，名前の公表されていない3人が代表取締役を務めるカザフスタンの企業に総額3000万ユーロ（5000万ドル）を支払ったことでベルギーとスイスの捜査当局の調査を受けた。もう一つのケースでは，アルゼンチンIBMが，アルゼンチン国立銀行（the state-run Banco de la Nacion）との2億5000万ドルにのぼるコンピュータ・ネットワーク契約を取るために，伝えられるところでは3700万ドルのキックバックと賄賂を使った，という申し立てがなされている。[22]

> **資料 5 - C　汚職，および，賄賂に反対する全世界的な努力**
> - 1998年末までに，米国，イギリス，カナダ，ドイツ，日本の各国は，外国の政府職員に対する賄賂を禁止する経済協力開発機構（OECD: Organization for Economic Cooperation and Development）の条約を批准した。また，ブルガリア，フィンランド，ハンガリー，アイスランド，韓国，および，ノルウェーの各国もすぐにこれらの国々に続いて批准した。この条約の中心条項では加盟各国に，外国の政府職員や第三者機関に不当な金銭上の利益，および，その他の利益を意図的に申し出たり，約束したり，提供したものは刑事犯とみなすことを要求している。それは公務員法の制定に向けた努力を要求するものであると同時に，企業活動の成果を獲得し，維持する目的，あるいは，国際的な企業活動の運営において，不当に有利な立場を獲得維持する目的で公務員が業務上活動することを禁止する努力を要求している。
> - 1998年11月4日に中央ヨーロッパ，および，東ヨーロッパ諸国が参加した欧州協力議会において汚職に関する刑法の国際協定を採択した。この法律は，賄賂の供給側同様，需要側すなわち強要する側にも注意を向けている点でOECDの条約を超えていた。この法律は，個人同様企業にも及ぶ刑法の付属文書を要求し，「影響下にある商取引」を犯罪とみなした。
> - 1999年2月，司法，および，警察担当者たちの間で反汚職，および，誠実性保護に関する第一回国際会議が開催された。92カ国の代表がこの会議に出席し，汚職はすべての国にとって経済発展や社会進化の脅威であるという信念で一致した。この会議の報告書のなかで参加者たちは，次の宣言を採択した。「われわれは役所における汚職を管理したり，罰したりするのに役立つ数多くの実務を互いに考え共有している。……われわれは有効な反汚職諸原則および実務の採用に向けて，そして，相互発展を通じて互いを手助けする方法の創造に向けて，再度，真剣に取り組むよう適切な地域組織，および，世界的組織で協力することを各自の政府に要求する」。
> - 1999年9月，前情報局長官で，法律家でもある著名なロシアの政治家は，収賄，贈賄，キックバックが原因で年間200億ドルが消失している，と推測されることに対して，「国家反汚職委員会」（national anticorruption committee）を設立した。この委員会の目的は，贈賄や贈り物を要求する役人たちを公表するために，ロシアが法的な根拠をもつように加勢することであった。このような努力は，ロシア政府が汚職に対する非政府による非難を動員しようとしていることをはじめて示すことになった。

出典：Michael J. Hershman, "OECD's Convention on Bribery 'Levels the Playing Field'," *Ethikos*, March-April 1999, pp. 1-3, 13；"Global Forum on Fighting Corruption," *EOA News*, Summer-Fall 1999, p. 3.，および，Guy Chazan, "Corruption Panel Formed in Russia；U. S. Help Sought," *Wall Street Journal*, September 20, 1999, p. A21. また，以下の文献を参照した。Skip Kaltenheuser, "Bribery Is Being Outlawed Virtually Worldwide," *Business Ethics*, May-June 1998, p. 11.，および，Jon Moran, "Bribery and Corruption：The OECD Convention on Combating the Bribery of Foreign Public Officials in International Business Transactions," Business Ethics: A European Review, July 1999, pp. 141-150.

（1）反倫理的活動を削減するための努力

　反倫理的な企業活動を抑制するためのいくつもの努力が世界中で進行中である。もっとも一般的な管理方法は政府の介入と規制を通じてのものである。反倫理的な企業活動に取り組む努力はしばしば政府によってはじめられるが，それは政府が厳しい法規制を制定することができるからである。このような一国，および，多国間での努力の例は，資料5-Cに示してある。先年，国際労働機関（ILO），国連といったさまざまな国際機

第Ⅲ部　企業と倫理環境

図表5-4　国際的な倫理コードと倫理的課題事項

取り扱われている倫理的課題	国際的な倫理規範*			
	ICC	OECD	ILO	UN/CTC
経済開発	×	×	×	×
技術移転	×	×	×	×
被取締行動	×	×		×
雇　用	×	×	×	
人　権			×	×
環境保護	×	×		×
消費者保護		×		×
政治的行動		×		×

＊重要な国際的行動規範
ICC = International Chamber Commerce code (1972)
OECD = Organization for Economic Cooperation and Development code (1976)
ILO = International Labor Organization code (1977)
UN/CTC = United Nation Commission on Transnational Corporations code (1984)

出典：この図は、William C. Frederick, "The Moral Authority of Transnational Corporate Codes", *Journal of Business Ethics* 10(1991), pp. 165-177 を採用したが、とくに、p. 168 の table 1 を利用した。また、Kathleen A. Gets, "International Codes of Conduct : An Analysis of Ethical Reasoning", *Journal of Business Ethics* 9 (1990), pp. 567-577. も採用した。

関において多国籍企業向けの国際的な行動規範の開発が試みられている。これらのなかでは、企業が世界的に企業活動を行なう場合には、普遍的倫理指針を企業が厳守する必要性が強調されている。これらの規範および彼らが取り組む倫理的課題は図表5-4に示してある。

最近では、レオン・サリバン牧師（the Reverend Leon Sullivan）が世界中の企業にグローバル・サリバン原則を採用するように求めている。この原則の目的は以下のとおりである。

(1) 企業が活動する場所で企業が行なう経済的、社会的、政治的正義を支援すること。
(2) 意思決定委員会や役員会での人種、性別の多様性も含めて、あらゆる水準の従業員の人権を保護すること、そして、機会均等を促進すること。
(3) 技術的、監督的、管理的機会提供のため不利な立場にある労働者たちを訓練し、成長させること。
(4) 人々の間の寛容さと理解の拡大を手助けすること。
(5) コミュニティ、労働者、子どもたちの生活の質を尊厳と平等の伴ったものへと向上させることを手助けすること。

「グローバル・サリバン原則」（the Global Sullivan Principles）は正義、平等、人間の尊厳についての普遍的倫理原則を具体的に表現したものであるし、企業のリーダーたちにこれらの基礎を訴えるものであるかもしれない。しかしながら、「グローバル・サリ

バン原則」はビジネスのリーダーたちを促して彼らの戦略や経営実務にそれらの基礎を組み入れさせる経済的誘因に欠けている。これらの基礎が，短期的には企業利益へ直接的，積極的影響を及ぼすとは思えない。

　企業側でも，反倫理的な従業員行動を直接管理しようとする努力を始めているところもある。次章で議論されるように，世界市場に対応した企業の倫理綱領が起草されはじめているし，望ましくない実務例もそのように改訂されてきている。贈賄，および，不適切な支払い，利害の対立，そして贈り物の受領といった，国際的な倫理問題はほとんどあらゆる多国籍企業の倫理規範に見受けられる。

　さらに，1994年にヨーロッパ，アジア，北米の企業経営者協会は，「コー円卓会議」（Caux Roundtable）を創設した。この組織は企業に対するコー円卓会議原則を起草するとともに，共生（例えば，共通の善のために働くこと）と人権尊重を基本とする倫理的行為の国際基準を起草した。

　政府による法整備や企業方針の有効性に疑問を投げかける人たちもいる。モトローラ（Motorola）やリーボック（Reebok）といったいくつかの企業は規則を制定するのではなく，世界中にいる彼らの従業員たちに他国の慣習を尊重すること，公正，正直，人権尊重といった基本的倫理原則を厳守することを教育し，動機づけようとしている。国際企業倫理を研究している人のなかには，そのようなより高い倫理標準はすでに存在する，といっている人たちもいる。著名な倫理学者であるトーマス・ドナルドソン（Thomas Donaldson）は，一連の基本的人権——安全，移動の自由，最低所得および他の諸権利を含む——を概説するとともに，それらはあらゆる多国籍企業によって尊重されるべきであるとしている。これらの基準，および，その他の倫理的価値は，国連および他の国際機関が推進している国境なき行動規範開発の中心となっている。

5　倫理，法，そして，企業の違法行為

　企業の倫理業績を向上させる特別な方法（次章で議論する）を議論する前に，われわれは法と倫理の関係を考えておこうと思う。倫理的企業行動を確実なものとする最良の方法は企業が社会の法律に従うことを強要することである，と主張する人たちがいる。しかしながら，この方法は見た目ほど単純なものではない。

　法と倫理はまったく同一のものではない。両者とも適切・不適切な行動を明らかにするものなので，法律は倫理と似ている。一般的には，法律は人生のさまざまな活動領域における善行や悪行を構成しているものについての一般大衆の考え方を形式化——すなわち，規則を成文化する——しようとする社会の試みである。しかしながら，成文法に人々が倫理に込めている微妙な描影のすべてを取り込むことは，ほとんど不可能である。倫理の概念は——それを信じる人のように——成文化された規則よりも複雑である。倫理はしばしば，法律の公式な文言や法的規則に与えられた意味の領域を超えた人間のジ

レンマを扱っている。企業や産業界には，時には法律の制定を先取りし，倫理にもとづいた実務を自主的に採用しているところもある。

例えば，1990年代半ばの事例がそれに当たる。代表的なビデオ・ゲーム制作会社であるインターラクティブ・デジタル・ソフトウエア・アソシエーション社（Interactive Digital Software Association）が，会社が想定した利用者層を消費者に知らせるという5段階分類システムを業界として自主的に採用し確立した時だった。ビデオ・ゲーム業界は，また「やや乱暴な言葉遣い」（mild profanity）といった内容警告をつけること，そして，警告マークを使用することにも賛同した。

2000年に，「全米アメリカンフットボール・リーグ」（NFL：the National Football League）は，NFLのコンテンツも載っているヤフーのウェブサイトにオンライン・ギャンブル広告が掲載されていることに懸念を寄せていると表明した。NFLの広報担当官である，ブライアン・マッカーシー（Brian McCarth）は，次のように説明した。「NFLには，試合を脅かすギャンブルやその他いかなるものにも反対するという長年にわたる方針がある」。そうすることを法的に強制されたわけではないが，ヤフーはオンライン・ギャンブル広告を自主的に削除することに同意した。

これらの事例からもわかるように，法に従うということが，適切な行動，すなわち，何が倫理的で何が反倫理的かを常に明確にしてくれるとは限らない。法律は善悪について社会がもっている考え方を体系化しようとするものではあるが，法律が常に完全にそうできるとは限らない。法に従うというのは一般には倫理的に行動する一つの方法ではあるし，社会は企業に法を守ることを一般的には期待している。しかし時には，社会は企業に倫理原則は法律よりも幅広いものであるということをわかっていて欲しいと思っている。法律と倫理は完全に一致しているわけではないので，自社の倫理業績を向上させようと努力している企業経営者たちは，法律を遵守する以上のことをしなければならない。社会は一般的には，彼らが倫理原則と法律に留意することを強く望んでいる。

（1）企業の違法行為とその費用

評価は分かれるところではあるが，企業による違法行為が重大な財政損失の原因となっている可能性がある。司法省（Department of Justice）の評価では，報告されていないものを合わせると企業の連邦法違反による年間損失総額は100億ドルから200億ドルと見積もられている。U. S.ヘルス・ケアーに支出されている1兆ドルの10％が毎年，不正手段によって失われている，といわれている（メディケア不正の問題はコロンビア/HCAに関する事例研究で詳しく議論する）。「米国商工会議所」（Chamber of Commerce of the United States）は，保守的で企業よりの組織であるが，ホワイトカラーによるさまざまな犯罪によって年間約410億ドルもの負担が社会に課せられている，と見積もっている。他の人たち，例えば，W. スティーブ・アルブレヒト（W. Steve Albrecht）教授

は年間2000億ドルまでその見積を膨張させている。[27]

　企業犯罪による国への財政的損失をもっとも詳細に計算した試みの一つにアメリカ合衆国上院小委員会（U. S. Senate subcommittee）のものがある。そこでは，企業犯罪による損失は1740億ドルから2310億ドルの間と見積もられた。これらの評価の少ない方と比較してみても，ストリート犯罪——強盗，住居侵入，暴行，等々——の年間損失額30億ドルから40億ドルは，企業犯罪の経済的費用のほんの一部にしかすぎない。

　違法行為で悩まされているのはアメリカだけではない。ドイツ政府の見解では粉飾会計や脱税，違法リベートなどのために，ドイツでは，年間500億マルク（290億7000ドル）以上の経済的損失が生じている

　違法行為のこれらの金銭的損失を上回るのが，物的費用であり，社会的費用である。毎年10万人超の人たちが職業病が原因で亡くなっているが，その多くは健康安全法違反の結果である。年間6000人以上の人たちが職務中の事故で亡くなっている。この数は1日平均約17人が職場で亡くなっていることになる。悲しいことに，もし雇用者と労働者が危険について知らされていて，定められた健康安全基準に従っていれば，これらの死の多くは避けられたかもしれない。

　倫理というものは企業活動における日常業務の一部をなすものであり，会計，財務，マーケティング，情報技術，その他ビジネスのあらゆる職能に見出すことのできるものである。企業が倫理問題に取り組むために，そして，従業員と一緒に解決困難な企業のジレンマとしての，倫理的解決策に到達するために，何を行なってきているかについては，次章で議論する。

■ 本章の要点

(1) 倫理とは行動の善悪についての概念であり，われわれの行動が道徳的であった時や反道徳的であった時にそのことを明らかにするものである。企業倫理とは，一般的な倫理の考え方を企業の行動に応用するものである。

(2) 企業の倫理的行動は社会から期待されている。企業が倫理的行動をとれば，社会に被害を及ぼすことを防止し，収益性も改善できる，企業活動における良好な関係や従業員の生産性向上を促進できる，刑事罰を減らすことができる，恥知らずな従業員や競争相手から企業を保護してくれるし，従業員が雇用者から危険な活動をさせられることから従業員を守り，そして，企業活動に従事している人々が彼らの個人的倫理観と矛盾することなく行動することができるようになる。

(3) 企業活動において，倫理問題の発生理由はさまざまであるが，理由として少数の人たちの利己的行動，利益に対する競争上の圧力，個人の価値観と企業目標の衝突，全世界的に企業活動を行なっていく上での異文化間の矛盾などをあげることができる。

(4) 贈収賄といった，似たような倫理的課題事項が世界中で明らかにされており，多くの国際機関や国家政府は経済的制裁や国際綱領を通してそのような活動をなくそうと

する試みを積極的にとっている。
(5) 法律と倫理は密接に関連してはいるものの, 同一というわけではない。倫理原則は法原則よりも幅広い傾向にある。企業やその従業員による違法な行動は企業や一般社会に膨大な費用を賦課している。

■ **本章で使われた重要な用語と概念**
倫理　倫理原則　倫理的相対主義　企業倫理　米国企業量刑ガイドライン　職能領域別倫理　倫理的自己中心主義者　贈賄　米国海外腐敗行為防止法　法

インターネットの情報源
・www.dii.org　企業の倫理と行動に関する防衛産業
・www.usoge.gov　アメリカ合衆国政府倫理担当局
・www.business-ethics.org　国際企業倫理協会
・www.business-ethics.com　企業倫理：企業責任に関する部内者報告
・www.ethicscan.on.ca　エシックスキャン，トロント倫理情報本部

討論のための事例：バイアグラ——夢の薬それとも倫理的に無責任？

1998年，ファイザー製薬（Pfizer, Inc.）は，バイアグラと呼ばれる新処方薬の効能を公表した。そもそもの目的は性的不能，すなわちインポテンツを経験したことのある男性たちを補助するというものだったのだが，この効能がバイアグラ処方に性的能力増強を求めるという行動をすべての年代の健康な男性たちに引き起こしてしまった。女性たちもまた，彼女たちの性的満足を増大させるという意味でこの薬に興味を抱いていた。半年足らずで350万人分以上の処方薬を調合（週30万処方），その結果3億5000万ドル以上の販売収入があったとファイザー製薬は報告した。

これと時を同じくして，この薬への批判が出はじめた，つまり，この薬を服用した何人かの消費者から副作用の懸念が報告されていた。心臓疾患のある人の何人かからバイアグラ服用後，一時的に意識を失った，という報告がなされていた。連邦航空局は，パイロットたちにバイアグラ服用後，フライトまで少なくとも6時間おくよう通達した。連邦航空局が心配したのは，バイアグラ服用直後にパイロットたちが青色と緑色を識別できなくなる可能性があることであり，これらの色はコックピットのディスプレイや空港の誘導灯に使われていたからである。さらに，食品医薬品局（FDA：Food and Drug Administration）が，130人の米国人がバイアグラ服用後，死亡しており，死因の大部分は心臓発作によるものであり，この薬の副作用である心筋へのストレス増大がその原因である，という報告を受けるにいたって，心配は増大した。この期に及んでも，FDAはなお，この薬は安全であると考えていたのだが，その理由は死亡した人のほとんどが一つ，あるいは，複数の危険因子を抱えていたというものであった。この危険因子には，高血圧，肥満，心臓病の履歴，喫煙が含まれていた。したがって，これらの因子の一つが死亡原因なのか，あるいはこの薬自体が原因なのか

は，明確ではなかったのである。

　ファイザー製薬は，バイアグラの臨床試験中３％の患者に副作用が観察されたことをやっと認めた。しかしながら，ファイザー製薬が，人気の高い青い錠剤を利用する患者に対して，もし心臓病の履歴があったり，血圧に問題があったり，あるいは特定の目の障害がある場合には注意が必要との警告を印刷した新ラベルに変えることに同意したのは，バイアグラを多くの死と結びつけることを強く主張する拒否的な報道の嵐の後だった。この新ラベルでは，このような高い危険因子をもつ集団に属する男性たちにバイアグラを処方している医師に対しても警告が行なわれた。

　ファイザー製薬はまた，疑われているこの薬の有害効果について委託研究により調査した。ペンシルバニア大学の研究者たちは，バイアグラで推奨されている最大服用量では重度の動脈硬化をもった男性たちの心臓への悪影響は見受けられなかった，と報告した。この研究では，重度の冠状動脈疾患――血管の70％以上が塞がっていると規定される――の患者14人にバイアグラが投与された。この試験では心臓への血流量が測定されたが，試験期間中，大きな悪影響は発見されなかった。

　バイアグラ人気とバイアグラが会社にもたらす利益をファイザーのライバルたちが見逃すことはなかった。ワシントン州に本拠を置くアイコス社（Icos company）は，バイアグラよりもはるかに副作用が少ないと思われるインポテンツ薬を開発したエリー・リリー社（Eli Lilly and Company）と有利な取引を結んだ。IC351という名で知られるこの薬は製品化され市場にでるまで３年の月日がかかり，この薬の開発期間中になされた「明らかにされていない重要な支出」も含めるとエリー・リリー社は7500万ドルの先行投資を行なっていた。ひとたびこの薬の市場投入準備が整うと，アイコス社と，エリー・リリー社は販売費用と利益を分け合った。2000年６月，バイエルAG社（Bayer AG）とTAPファーマスーティカル社（TAP Pharmaceuticals）はインポテンツ薬の開発計画を発表した。バイエル社の発表では，この薬は2002年までに準備が整い，市場における最初の１年で９億ユーロ（８億3800万ドル）を稼ぎ出すことが期待されていた。

　TAPファーマスーティカル社のウプリマ（Uprima）と呼ばれるバイアグラ類似薬についての計画発表では，この薬は消費者の臨床試験を受けているところだった。FDA長官宛の手紙のなかで，ワシントンD.C.に本拠を置く消費者活動家集団，「パブリック・シチズン」（Public Citizen）はウプリマに許可を出すことは大きな間違いであるといい，決して許可されるべきでない薬によって多くの人たちが傷つけられたり殺されたりすると付け足されていた。「パブリック・シチズン」は，TAPファーマスーティカル社によって行なわれた予備的な試験において，この薬を服用した直後に１人の男性が意識を失い自動車事故を起こし，別の男性は頭蓋骨陥没骨折の怪我を負った，と指摘した。

　その発売開始から２年が過ぎ，バイアグラに対する最初の心酔は沈静化してきたようにみえる一方で，ファイザー製薬はこの薬の全体的な販売業績には十分満足していた。「この薬の販売額に失望する理由は何もない」とファイザー製薬世界マーケティング担当の上級副社長パット・ケリー（Pat Kelly）は説明していた。「蜜月効果が存在した」が，しかしその後，この会社はこの薬に対して標準的な取扱いをするように取計らいはじめた。ある医師によると，男性たちは，この薬が魔法のように効くことはなくインポテンツ向けにいくつかある手

段の一つであることをわかってきている。「年寄りたちはこの薬が彼らを再び，20歳に戻してくれると考えていた」と男性向けヘルス・クリニックのセス・コペル（Seth Koppel）は語った。「でも，まったくそのようには効かなかった」と。

出典：すべての引用文は，Robert Langreth and Andrea Petersen, "The Morning After ; Sales of Viagra Cool Down," *Wall Street Journal*, October 15, 1998, pp.B1, B9. から引用。この事例に関するその他の情報は，以下の書籍を参照した。Rochelle Sharpe, "Some Viagra Users Temporarily Lost Vision, Reports Says," *Wall Street Journal*, August 12, 1998, p. B6 ; "Deaths after Taking Viagra are Confirmed to Total 69 Americans," *Wall Street Journal*, August 26, 1998, p. B11 ; "FAA Newsletter Says Pilots Taking Viagra Are at Risk," *Wall Street Journal*, October 28, 1998, p. B2 ; Rochelle Sharp and Robert Langreth, "Pfizer and FDA Agree to New Warnings on Labels for Viagra, behind 130 Deaths," *Wall Street Journal*, November 25, 1998, p. B7 ; Ralph T. King, Jr., "Icos Strikes Deal with Eli Lilly to Develop Viagra-Like Drug with Fewer Side Effects," *Wall Street Journal*, October 2, 1998, p. B6 ; Laura Johannes, "Viagra Found Not to Cause-Heart Attacks," *Wall Street Journal*, June 1, 2000, p. B20 ; "Bayer to Introduce Rival Viagra in Two Years," *Wall Street Journal*, June 1, 2000, p. B20 ; Sarah Lueck, "FDA Is Urged to Reject Rival to Viagra Drug," *Wall Street Journal*, June 6, 2000, p. B5.

検討すべき問題

① 製薬会社にとっての倫理的責任は何だろうか？ すべての薬は完全に安全だろうか？ それとも「害を為すなかれ」という倫理原則は相対的指標なのだろうか？
② ファイザー製薬は薬の臨床試験を十分行ったか？ また，製品ラベルや医師への指導を通じてこの薬の副作用を患者に十分警告したか？ そうでなければ，ファイザー製薬は他に何ができただろうか？
③ FDAは製薬業界に対して市場に出回る前の薬の試験をもっと念入りに行なうよう求めるべきだったか？ あるいは，消費者のこの薬の利用法をもっと数多くモニターするよう求めるべきだったか？
④ 製薬会社が精力増強の見込みはあるものの，副作用によって生命の危機をもたらすこともある薬を開発し市場に出すことは合法とはいえ，倫理的だろうか？

注
(1) このエピソードのより詳細な内容については，以下の文献を参照のこと。LaRue Tone Hosmer, *The Ethics of Management*, 3d ed., Homewood, IL : Irwin, 1991, pp. 164-168.
(2) Deborah Lohse, "Prudential Has Paid Out over $1 Billion to Policyholders So Far in Class Action," *Wall Street Journal*, June 7, 1999, p. B14., および，Norihiko Shirouzu, "Former Sumitomo Trader Sentenced to Eight Years for Fraud and Forgery," *Wall Street Journal*, March 26, 1998, p. A16.
(3) Curtis C. Verschoor, "A Study of the Link between a Corporation's Financial

Performance and Its Commitment to Ethics," *Journal of Business Ethics* 17 (1998), pp. 1509–1516., および, Dale Kurschner, "Five Ways Ethical Busine $$ Creates Fatter Profit$," *Business Ethics*, March-April 1996, pp. 20–23.

(4) 米国センテンシング・ガイドラインに関する詳しい議論については，以下の文献を参照のこと。Dan R. Dalton, Michael B. Metzger, and John W. Hill, "The 'New' U. S. Sentencing Guidelines: A Wake-Up Call for Corporate America," *Academy of Management Executive* 8 (1994), pp. 1–13., および, Dove Izraeli and Mark S. Schwartz, "What Can We Learn from the U. S. Federal Sentencing Guidelines for Organizational Ethics ?" *Journal of Business Ethics*, 1998, pp. 1045–1055.

(5) National Food Service Council report, www.assessment.ncs.com, および, www.napa.ufl.edu/98news/thefl98.htm.

(6) "MCI Worker Charged in U. S. Investigation of Phone-Card Fraud," *Wall Street Journal*, October 4, 1994, p. B7.

(7) Joshua Joseph, *2000 National Business Ethics Survey Volume 1 : How Employees Perceive Ethics at Work*, Washington, DC: Ethics Resource Center, 2000, p. 39.

(8) Elizabeth MacDonald, "Accountant Faces Salvo from SEC," *Wall Street Journal*, February 28, 2000, pp. A3, A8. および Michael Schroeder, "SEC, Accounting Firm Reach Pact on Conflicts," *Wall Street Journal*, June 8, 2000, pp. A2, A8.

(9) 会計における倫理的ジレンマのすばらしい事例を掲載している文献としては，以下の文献を参照のこと。Leonard J. Brooks, *Business and Professional Ethics for Accountants*, 2d ed., Cincinnati: South-Western College Publishing, 2000.

(10) Gary Weiss, "Scandal on Wall Street," *Business Week*, April 26, 1999, pp. 96–98. 他に金融における倫理問題のよい例を掲載している文献としては，以下の文献を参照のこと。Larry Alan Bear and Rita Maldonado-Bear, *Free Markets, Finance, Ethics, and Law*, Upper Saddle River, NJ : Prentice Hall, 1994., および, John R. Boatright, ed., *Ethics in Finance*, Malden, MA: Blackwell Publishers, 1999.

(11) 「米国マーケティング協会」のマーケット・リサーチャー向け綱領，およびマーケティング倫理問題に関する数多くの議論を以下の文献のなかにみることができる。Gene R. Laczniak and Patrick E. Murphy, *Ethical Marketing Decisions*, Boston : Allyn and Bacon, 1993., および, Lawrence B. Chonko, *Ethical Decision Making in Marketing*, Thosand Oaks, CA : SAGE Publications, 1995.

(12) 情報技術倫理に関するより深い議論については，以下の文献を参照のこと。M. David Ermann, Mary B. Williams, and Michele S. Shauf, *Computers, Ethics, and Society*, 2d ed., New York: Oxford University Press, 1997; Richard Spinello, *Case Studies in Information and Computer Ethics*, Upper Saddle River, NJ: Prentice Hall, 1997., および, the ISWorld Net Professional Ethics のサイト www.cityu.edu.hk/is/ethics.

(13) 倫理的自己中心主義に関する簡潔な議論については，以下の文献を参照のこと。Tom L. Beauchamp and Norman E. Bowie, *Ethical Theory and Business*, 5th ed., Upper Saddle River, NJ: Prentice Hall, 1997, pp. 14–19.

(14) Ellen Joan Pollack, Michell Pacelle, and Christopher Rhoads, "Frankel's Life on the Lam Ends in Arrest," *Wall

Street Journal, September 7, 1999, pp. C1, C4., および, Mitchell Pacell, "Federal Grand Jury Indicts Frankel on 36 Counts," *Wall Street Journal*, October 8, 1999, pp. A2, A8.

(15) John J. Keller, "It's Hard Not to Notice Phone-Service Leaves a Lot to Be Desired," *Wall Street Journal*, April 17, 1998, pp. A1, A4.

(16) Gordon Fairclough, "Ucar to Pay Record $110 Million in Federal Probe of Price Fixing," *Wall Street Journal*, April 8, 1998, p. B8; "Ex-Ucar President Set to Plead Guilty in Price-Fixing Case," *Wall Street Journal*, September 30, 1999, p. A10.

(17) Matthew L. Ward, "Regulator Says Connecticut's Largest Power Company Harassed Worker," *New York Times*, May 5, 1993, p. B6; Ross Kerber, "Two Pals Whose Work Closed a Nuclear Plant Come to a Bitter Parting," *Wall Street Journal*, March 12, pp. A1, A10.

(18) David S. Cloud and Laurie McGinley, "How a Whisle-Blower Spurred Pricing Case Involving Drug Makers," *Wall Street Journal*, May 12, 2000, pp. A1, A8.

(19) Harry Dunphy, "Bribery Prevalent in Emerging Markets," *Pittsburgh Post-Gazette*, October 27, 1999. 世界を取り巻く倫理の状況を包括的にみるには以下の文献を参照のこと。"Special Issue: Region-and Country-Related Reports on Business Ethics," *Journal of Business Ethics*, October 1997.

(20) John Reed and Erik Portanger, "Bribery, Corruption Are Rampant in Eastern Europe, Survey Finds," *Wall Street Journal*, November 9, 1999, p. A21; Hugh Pope, "Corruption Stunts Growth in Ex-Soviet States," *Wall Street Journal*, July 5, 2000, p. A17; "Chronikos," *Ethikos*, March-April 2000, p. 10.

(21) Jack G. Kaikati et al., "The Price of International Business Morality: Twenty Years under the Foreign Corrupt Practices Act," *Journal of Business Ethics* 26 (2000), pp. 213-222; Glenn R. Simpson, "Foreign Deals Rely on Bribes, U. S. Contends," *Wall Street Journal*, February 23, 1999, pp. A3, A13.

(22) "Corruption and Bribery," *Financial Times*, June 5, 2000, p. 4; John Carreyrou, "Suez Lyonnaise Unit in Bribery probe," *Wall Street Journal*, December 28, 1999, p. A13; "IBM's Latest Tangle in Argentina," *The Economist*, August 1, 1998, p. 31.

(23) 企業活動のためのコー円卓会議原則の一部は、第3章に提示されている。

(24) モトローラー社の全世界倫理化計画についての記述は、以下の文献を参照のこと。R. S. Moorthy, Richard T. DeGeoge, Thomas Donaldson, William J. Ellos, SJ, Robert C. Solomon, and Robert B. Textor, *Uncompromising Integrity: Motorola's Global Challenge*, Schaumberg, IL: Motorola University Press, 1998. リーボック社の人権に関する企業方針については、以下のサイトを参照のこと。www.reebok.com/about_reebok/human_right.

(25) 基本的人権の完全なリストに関しては、以下の文献を参照のこと。Thomas Donaldson, *The Ethics of International Business*, New York: Oxford University Press, 1989.

(26) "Games Industries Introduce Voluntary Ratings System," *Wall Street Journal*, July 29, 1994, p. B3; Mylene Mangalindan, "Yahoo Removes Online Gambling Ads from Web Pages with Content from NFL," *Wall Street Journal*, December 15, 2000, p. B10.

(27) 企業犯罪の議論に関しては，以下のサイトを参照のこと。Kevin Danaher, "Corporate Crime: Three Strikes, You're Out," *Global Exchange*, www.globalexchange.org/corporatecrime.

第6章　倫理的推論と企業の倫理プログラム

　企業は、倫理業績を向上させるために具体的な段階を踏むことができる。倫理特性のなかでもっとも重要な要因は、経営管理的な価値観と美徳、そして従業員の個人的特性である。倫理規範、倫理委員会、そして、従業員の倫理訓練といったさまざまな組織的防衛手段を導入したり、再検討したりすることは企業の倫理的行動を改善することにつながる。これらの倫理プログラムは、人々の権利の尊重と公正で公平な解決への努力であると同時に、それらの行為によって影響を受けるすべての人々にとっての最大利益を達成することへの関心を高めることによって、従業員が自らの倫理的推論を改善することができるようになる。
　本章では、以下のような主要な問題と目的に焦点を絞って論じることにする。
- 経営者の主要な目的と価値は何か？
- 企業倫理において個人の特性、および、精神性はどのような役割を演じるのか？
- 企業文化と労働風土は、経営管理者、および、従業員の倫理的なものの見方にどのような影響を及ぼすのか？
- 倫理的課題事項を分析する場合、害悪と便益に対して、人権に対して、そして、社会正義に対してどのくらいのウエイトづけをすべきなのか？
- 倫理規範、倫理訓練プログラム、倫理ホット・ライン、および、同様の改善努力の長所と短所は何か？

　ゼネラル・エレクトリック（GE）社は、ジャック・ウエルチ（Jack Welch）が17年間のCEO生活をはじめた1981年に劇的変化を経験した。革新、道徳的誠実性、忠誠心の擁護者であった、前最高経営責任者（CEO）レグ・ジョーンズ（Reg Jones）とは対照的に、ジャック・ウエルチが信じたのは、利益、利益、そして、利益であった。この哲学はGEを成功企業のモデルへと変容させた。ウエルチの下で、GEは世界でもっとも利益を上げ、もっとも価値のある企業となり、投資家に22年連続で配当増額をもたらした。1982年から1997年の間にこの企業の市場占有率価値（company market share value）は、1155％も増加した。1997年までに、GEは評価額が2000億ドルを突破した最初の企業となり、その額は10年前の570億ドルから増加したものであった。2000年までに、GEの市場価値は5000億ドルを超えた。
　この成功を成し遂げるために、ウエルチはいくつかの残酷な指令を出さなければならなかった。ウエルチがGEを支配して以後、30万人以上が職を失った。彼は米国内にあった98の工場を閉鎖、もしくは、売却したが、これは1980年当時操業していた228工場の43％にあたる。GEの化学者マーク・マルコビッチ（Mark Markovitz）の観察した

ところでは,「ウエルチが理解することのすべては,利益の増加である。それこそが,そして人々を解雇することが,彼のいうところのヴィジョンである」。

　GE 内での反倫理的活動が数多く明るみに出て以後,ウエルチの経営スタイルは批判にさらされている。GE 子会社のピーボディ証券（Peabody securities）における10億ドルの使途不明金事件は1990年代最大のスキャンダルの一つであるが,この事件で連邦証券取引委員会はさまざまな不正行為を理由に経営者3人を罰している。GE のテレビ・ネットワークのなかでも看板ニュースマガジン・ショーである,NBC デイトラインは伝えられるところでは,ゼネラル・モータースのピックアップ・トラックにロケットを付け,トラックが本番放送中に爆発する,というやらせ番組を放送した。1992年には,GE の航空機エンジン事業部の管理職がアメリカ合衆国政府から4200万ドルを騙し取り,ジェット機を受注するためにイスラエルの将軍への賄賂として流用していた罪を認めた。同事業部は GE は契約期間を守れなかったジェット・エンジンを米空軍に売却し続けている,と内部告発され,この訴訟を解決するために連邦政府に720万ドルを1995年に支払ってもいる。

　倫理スキャンダルが騒がしかった期間中であったにもかかわらず,ウエルチは GE 取締役会から財務的成功を賞賛され,手厚く補償され,1996年末までに1億ドルを超える未実行のオプションをため込んでいた。

　ジャック・ウエルチは,最近の比類なき財務的成功によって実証されたビジネス・パーソンの手本なのだろうか？　それとも「勝利がすべて」という理由で他者への尊敬や倫理原則の欠如した反倫理的ビジネス・パーソンの代表なのだろうか？　倫理的経営者は財務的に成功する経営者でもあり得るのか？　それとも倫理と利益は相互排他的なものなのか？　もしジャック・ウエルチが反倫理的経営者だったとしたら,GE の取締役会はこのタイプのリーダーシップをいかにして排除することができるのか？

　本章では,企業の倫理業績を向上させる方法を考察する。成功するために重要なことは経営管理者の価値観と美徳,個人の特性と精神性,企業文化と倫理風土,道徳的ジレンマの分析に役立つ道具,そして,利益を上げつつ,高い倫理業績を確保してくれる企業の手続や構造の実用的な変革,を総合的に利用することである。

1　倫理的性格の中心的要因

　企業が倫理業績を向上させられるかどうかは,以下の重要な要因にかかっている。すなわち,経営管理者の目標,価値観,そして,美徳。経営管理者,および,従業員の個人的性格と精神性。組織文化のなかに組み込まれた伝統,態度,および,ビジネス慣行。正しい倫理的活動が可能になるだけでなく,正しい倫理的活動がこれらの要因の正しい組み合わせによって当然のこととなること。

図表6-1　1990年における米国人経営管理者が重視する価値の割合（N＝413）

手段志向的価値	目的志向的価値		
	自己中心	他者中心	合　計
競争中心	53.5%	21.8%	75.3%
道徳中心	18.4	6.3	24.7
合　計	71.9	28.1	

出典：James Weber, "Managerial Value Orientations: A Typology and Assessment," *International Journal of Value-Based Management* 3, no.2 (1990), pp. 37-54. とくに, p. 49の table 5 を許可を得て掲載。

（1）経営管理者の目標と価値観

　経営管理者は，企業が倫理的に活動をするか，それとも反倫理的に活動をするか，の鍵を握っている要素の一つである。重要な意思決定者である経営管理者は企業の倫理的風潮を創造する機会を他の人たちよりも多くもっている。このような経営管理者，とくに最上位の経営管理者の価値観はそこで働く他の人たちの手本としての役割を担っている。

　図表6-1から，米国人の経営管理者の大半は自分自身に目を向けており，自己の能力向上に関心が高いことがわかる。彼らにとっての重要な価値は，快適でわくわくするような生活であり，能力，知性，責任感を身につけることである。また，研究者たちは，最近の最高経営責任者（CEO）たちは自己利益的で短期志向の傾向，つまり，研究開発や資本支出といった長期投資に価値を置かず，むしろ企業利益を直接引き上げる可能性のある努力に焦点を向けていることを発見した。[2] しかしながら，何人かの経営管理者は，世界人類の平和や人々の間の機会均等といったことに代表される他者への関心に大きな価値を置いていた。4人に1人の管理者が，この種の価値――道徳的価値――を強調している。このような管理者は他者を許すこと，他者の役に立つこと，正直に行動することにより大きな価値を置いている。

　一般的にいって，米国人経営管理者の価値観は，1960年代以降の経営管理者の価値観に関する研究からわかるように，長い間あまり変化していない。しかし，管理者の価値観は文化によって異なるかもしれない。米国人経営管理者は，ロシア人経営管理者に比べ組織的経営資源に対して保護的であるし，規則遵守により熱心であることがわかっている。ドイツ人管理者は，一緒に働きづらい傾向はあるが，他の欧州連合の経営管理者たちよりも倫理的であることがわかっている。研究者たちによると，中国人は米国人以上に利益に関心をもち，喜んで賄賂を受け取るが，その米国人にしても開発途上国ベリーズ（Belize）の被験者よりも倫理的推論が貧弱だった。全体としていえることは，価値観と倫理的推論は文化が異なればある程度，異なるということである。[3]

　未来の経営管理者たちはどうなのだろうか？　全米のビジネススクールの学生2100人以上に対する調査から，彼らの79％が企業は社会に対する自分たちの影響力をよく考え

なければならないと感じていることがわかった。この影響力は企業の環境責任，機会均などの実践，従業員家族の取り扱い，および，その他の倫理問題のなかに現れるものである。調査学生の半数は，彼らが「非常に社会的に信頼できる」と思った会社のために働くならば，給料が安くてもかまわないと答えている。約半数（43％）の学生は，倫理的責任感を示さない雇用者のためには働かないと答えており，このことはおそらく道徳的価値観へ焦点が移行していることを示唆しているといえる。

組織リーダーシップの有効性に関する最近の議論はしばしば，個人の価値観に集中している。例えば，強烈な道徳的性格を表出する**倫理的カリスマ・リーダー**（ethical charismatic leader）は部門や組織全体によい影響を及ぼす能力がある。高い道徳的基盤を前提とすることには危険が伴うのだが，倫理的カリスマ・リーダーは部下たちに最善を発揮させる他者中心的視点をもっている人のように思われる。1990年代の米国人の経営管理者に支配的だった価値観とは異なる，この倫理的な経営管理者のもつ道徳的基準をビジネス・リーダーたちがもてば，職場で遭遇する困難な道徳的決定により上手に取り組むことができるかもしれない。この倫理的リーダーシップは同時に従業員や一般社会が抱いている経営管理者に対する悪いイメージを変えてくれるかもしれない。1999年の調査では，上級管理者を非常に誠実な人たちと信じていた従業員は，たった47％に過ぎなかった。『ビジネス・ウイーク』誌が行なった専門職の評価に関する世論調査では，ビジネス・パーソンは，銀行家，ジャーナリスト，労働組合の幹部と並んでほぼ最低ランクであった。

（2）美徳倫理

哲学者のなかには，徳目や個人の性格にもとづいた倫理学説を最初に展開したのは，古代ギリシャ人，なかでもアリストテレスであるという人たちがいる。一般に**美徳倫理**（virtue ethics）という場合，焦点が向けられるのは善良な人間がもつべき性格特性であり，それはこれらの価値が人間を良い行動へと向かわせるはずであると理論化されるからである。美徳倫理は正しい行動のための規則に焦点を向けているというよりも，人としてのあり方や価値観にもとづいている。道徳的美徳は人を道理に従って生きることを可能にしてくれる習慣のことであり，この道理が人を極端に走らせるのを防ぐのに役立つのである。アリストテレスは次のようにいっている。「道徳的美徳は過剰と不足という二つの悪徳の間の中庸であり，それは感覚，願望，行動における中庸に行き着くことをめざしている。」

アリストテレスによって認められた道徳価値には，勇気（courage），節制（temperance），正義（justice），そして，思慮分別（prudence）がある。聖トマス・アキナス（St. Thomas Aquinas）は，道徳的に望ましい徳目リストにキリスト教の価値観である信（faith），望（hope），慈しみ（charity），を付け加えた。アキナスは彼の徳目倫理の観念における重要な目的であった，個人が神との融合を果たすためには，これらの価値を付

け加えることが必要不可欠だと信じていた。その他に付け加えられた徳目には，正直（honesty），哀れみ（compassion），寛容（generosity），忠実（fidelity），誠実（integrity），自己統制（self-control）がある。

（3）個人の性格，精神性，および，道徳性発達

クラレンス・ウォルトン（Clarence Walton），彼は経営管理者の行動を長年，観察し続けてきたが，個人の性格はビジネスにおける倫理標準を高めるための重要な要因の一つであると語っている。「誠実な人たちは，誠実な組織をつくり上げる。誠実な組織をつくれば，彼らは道徳的な経営管理者になる——彼らは，組織や社会をよりよくしてくれる特別な人たちである」と，他の人たちもこの意見に賛成している。そこには質の高い倫理標準をもっていることで有名な企業の経営管理者たち24人を詳細に研究したベテラン企業経営者一人も含まれている。彼は，倫理的リーダーシップと個人の信念体系，および，価値観との間に密接な結びつきがあることを強調している。[7]

① 個人の精神性

個人の精神性，すなわち，至高の存在，宗教組織，あるいは，自然やその他の外的力，人生を導く力についての個人の信念は，常に人間の気質の一部であった。米国人の48％は，日頃から職場で彼らの信仰について語り合う機会があると報告している。そして，78％の人たちが人生における精神的成長の必要性を感じているが，この数字は1994年に20％に過ぎなかった数値から跳ね上がったものである。最近，人々の仕事と精神性を統合しようという動きが活発化しているように思われる。

> タコ・ベル（Taco Bell），ピザ・ハット（Pizza Hut），ウォールマート（Wal-Mart）といった企業は，入院中の従業員を見舞ったり，情動的なストレスが溜まっている人を助けたり，自殺防止策として専属の牧師（chaplains）を雇っている。これらの専属牧師は従業員の結婚式を執り行なったり，葬儀の際に家族を慰問したりもする。全米の何千という経営者が朝食礼拝で彼らの一日をはじめている。ミネアポリスでは，150人の企業経営者が昼食会に集まり，コンサルタントが聖書から引用するビジネス上の解決策に耳を傾けている。「企業のための国際キリスト教団体」（the Fellowship for Companies for Christ International）によれば，職場で定期的に集まって開かれる「聖書を読みや祈る会グループ」（Bible and prayer groups）は1万を越えている。[8]

オーストラリア・マッキンゼーが行なった調査によると，企業がその従業員に精神技法を使用した場合，生産性は向上し，離職者は減少したと報告されている。精神性を備えている組織のために働いている従業員たちは仕事を大変だと思うことが少なく，彼らの価値観や行動面で反倫理的な妥協をすることも少なく，仕事への献身度も高まるようである。フランスの石油会社のエルフ・アキテーヌ石油会社（Elf-Aquitane）の子会社である，エルフ・アトケム（Elf Atochem）社では精神性を備えるにはどうしたらよいかを従業員に教えることによって，生産性，従業員関係，そして，顧客サービスが改善

された。この会社によれば，従業員に彼らが仕事に対して精神的にどれくらい鼓舞されているかを示すことによって，経常支出を200万ドル削減することができたと報告している。[9]

しかしながら，職場において宗教色をより前面に押し出す傾向に反対する人たちもいる。彼らは，企業は非宗教的，すなわち，非精神的，機関であるという伝統的信念をもっている。彼らは，商売は商売であり，精神性は会社の役員室や販売フロアーにではなく，教会やシナゴーグ（ユダヤ教の教会堂）や瞑想室に閉じこめておくのが一番よいと信じている。このことは，もちろん，米国における政教分離に反映されている。

企業環境に精神性をもち込むことには，哲学的対立以外にも，いくつかの手続上の問題が存在している。以下のような数多くの疑問が提示されている。すなわち，だれの精神性を高めるべきなのか？　それは最高経営責任者の精神性なのか？　もし職場が多様化すればするほど職場の精神性も多様化するとしたら，どの宗教の司祭を連れてくるべきなのか？　あるいは，どの宗教の儀式が執り行なわれるべきなのか？　企業は不可知論者の従業員をどのように取り扱うべきなのか？　職場における精神性に反対する人々は職場から精神性を排除し続ける根拠として無数の実行上の課題を指摘している。

個人の価値観や性格が職場における従業員の意思決定や行動に強い影響を及ぼすのと同様に，価値スペクトルのどの点からみても，個人の精神性や宗教的価値はどのように企業が運営され，どこに企業収益が支出されるのかに強い影響をもっている。

② 経営管理者の道徳性発達

個人の価値観，性格，精神性が一体となって，職務上の倫理問題を取り扱う方法に強い影響力を及ぼしている。人はそれぞれ異なった個人の歴史をもち，価値観，性格，精神性もそれぞれ異なった方法で発達させてきている。したがって，彼らの倫理問題に対する考えも異なる。このことは他の人間と同様に，企業の経営管理者についても当てはまる。言葉を換えると，企業にいる管理者たちは**道徳性発達段階**（stages of moral development）において異なっていることを免れない，ということである。ある人は高い水準にあると判断され，別の人は低い水準にあると判断されるであろう。

人々が道徳的に成長し，発達する道筋を図表6-2に示した。子どもから成熟した成人へ，ほとんどの人たちは道徳的推論能力を第1段階から着実に上昇させていく。時間をかけ，彼らは道徳的推論を発達させ，その能力を高めていく。最初，彼らは自己中心的なものの見方（第1段階）しかできず，罰の回避，および，権威者の命令への盲目的服従にしか目が向いていない。ゆっくりと，そして，時には痛い目に遭いながら，子どもは正しいことと間違っていることをほとんど相互利益の問題として学習する。つまり，「あなたのおもちゃで遊ばせてくれたら，私のおもちゃで遊ばせてあげる」（第2段階）。

青年期において，個人はより広い世界に足を踏み入れ，小さな友人サークル，級友，等々の親密な集団のなかで集団生活におけるギブ・アンド・テイクを学習する（第3段階）。さまざまな研究から，集団内の相互作用が道徳推論の水準を改善してくれる環境

図表6-2　道徳性発達段階と倫理的推論

年齢集団	発達段階と主要な準拠倫理	倫理推論の基盤
成熟した成人	第6段階 普遍原則： 正義，公正，普遍的人権	原則中心主義的議論
成熟した成人	第5段階 特定の社会慣習を越えた道徳的信念： 人権，社会契約，幅広い立憲原則	原則中心主義的推論
成人	第4段階 大きな意味での社会： 慣習，伝統，法律	社会中心主義的および法律中心主義的推論
成人初期 青年期	第3段階 社会集団： 友人，学校，職場の同僚，家族	集団中心主義的推論
青年期 青年期前期	第2段階 報酬探索： 自己利益，自己の欲求，互恵主義	自己中心主義的推論
幼児期	第1段階 罰逃避： 罰逃避，権力への服従	自己中心主義的推論

↑ 道徳発達の方向

出典：Lawrence Kohlberg, *The Philosophy of Moral Development*, New York : Harper & Row, 1981.

を提供してくれることがわかっている。このプロセスは成人初期まで継続する。この時期には，他人を喜ばせたり，その人たちから誉められたりすることが適切な行動の手がかりとして重要である。ほとんどの人は，この時点で自分中心の視点というよりも，むしろ他者志向に焦点を合わせることができるようになる。

　完全な成人に到達すると——ほとんどの近代産業国家では10代後半から20代はじめ——ほとんどの人は，善悪を説明する適切な方法として，社会の慣習，伝統，法律に従った推論に焦点を合わせられるようになる（第4段階）。第5段階，第6段階では特殊な種類の道徳推論に向かう。その理由は自分たちの社会に固有の規則，慣習，法律を超越した段階に到達することができるからである。彼らは人権と人間の尊厳の立憲的な保障，平等な扱い，表現の自由といった幅広い原則や関係に対して倫理的推論にもとづくことができる能力をもつようになる。道徳性発達の最終段階においては，善悪の意味は，正義，公正，そして，すべての人類に共通の権利という普遍原則によって定義される[10]。

　最近，研究者たちは古い調査結果に異議を唱え，ほとんどの経営管理者たちが第2段階，第3段階の推論力に関連した評価基準に一般的に頼っていることを発見した。彼らは社会慣習や法に付随する，あるいは，それ以上の高度な道徳推論能力をもっているか

もしれないが，経営管理者たちの視野の先に見えているものは往々にして自己利益であったり，身近な職場集団や家族との関係で定義されるものである。第2段階，および，第3段階で推論を行なう経営管理者にとって，彼らの個人的報酬，他者からの承認，会社の規則遵守といったものが，彼らの倫理についての重要な羅針盤をつくり上げていく。職場にいる限り，倫理的準拠集団は比較的狭い範囲である。経営管理者たちにとって，ビジネスを行なう正しい方法は，それが彼ら自身にどのような影響を及ぼすか（第2段階），および，上司や同僚が善としてまた，悪として受け入れるもの（第3段階）に依拠しているのである。

経営管理者の道徳的性格の開発は，企業に不可欠なものになってきている。ある種の倫理問題は経営管理者たちに，自己中心的な利益（第1，および，第2段階）を越えた，企業利益（第3段階の推論）を越えた，そして，社会の慣習や法律だけに頼りきること（第4段階の推論）をも越えた動きを要求する。必要とされるのは，影響を受けるすべての人たちを思いやる態度，他者の権利や彼らの人間性の本質的な部分の受容（第5段階および第6段階判断の組み合わせ）といった土台の上に個人的な性格が築かれている経営管理者である。その命令が会社全体の方針に影響を及ぼすより高い地位にある経営管理者の道徳推論は，企業内外に強力で長い期間影響を及ぼすはずである。

（4）企業文化，および，倫理的風土

個人の価値観，および，道徳的性格は，企業の倫理業績を向上させる上で重要な役割を演じている。しかしながら，それらは単独で存在しているわけではない，なぜならば，個人の価値観や性格は企業文化の影響を受けているからである。

企業文化（corporate culture）とは，その会社で働くすべての人たちが普通の行動とは何かを考える時に思い浮かべる考え方，慣習，昔ながらの仕事のやり方，企業の価値観，共有された意味といったものが混じりあったものである。文化とは，「そこで物事を行なう方法」である。2人の専門家がその圧倒的な影響力を検証している。

> どの企業も——事実，どの組織も——文化をもっている。……（そしてそれは）組織全体に大きな影響力をもっている。すなわち，それは事実上すべてに影響を及ぼす——だれが昇進するのか，どんな決定がなされるのかから，従業員の服の着方，スポーツの趣味まで……。（新入社員が）会社を選ぶとき，彼らはしばしば人生を選んでいるのである。文化は彼らの反応を強力に，かつ，繊細な方法で形づくっていく。文化は彼らを仕事の速い労働者にも遅い労働者にもすることができるし，厳しい経営管理者にも親しみやすい経営管理者にもすることができるし，チーム・プレーヤーにも一匹狼にもすることができる。彼らが数年働く間に，本人もそれと気づくことさえない文化によって十分条件づけられるはずである。

カリフォルニア州に本拠を置く電子機器製造企業のヒューレット・パッカード社（Hewlett Packard）は，価値と倫理に重きを置く文化でよく知られている。この文化は

図表6-3 倫理的風土の構成要因

倫理基準	倫理的関心の重点		
	個 人	企 業	社 会
エゴイズム (自己中心主義的アプローチ)	自己利益	企業利益	経済効率
博 愛 (他者思考アプローチ)	友 情	集団利益	社会的責任
原 則 (誠実性アプローチ)	個人の道徳性	会社の規則，および，手続	法律，および，専門職業人規範

出典：Bart Victor and John B. Cullen, "The Organizational Bases of Ethical Work Climates," *Administrative Science Quarterly* 33 (1988), p. 104.

従業員たちによってHP流と呼ばれているが，そこでのもっとも重要な価値は，従業員への信頼，および，尊敬，オープン・コミュニケーション，利益と責任の共有，個々の従業員への関心，そして，正直と誠実性である。この倫理志向の文化の影響は，経営管理者にも従業員にも同様に現れている。ヒューレット・パッカード社のある経営管理者の話によると「HPの人たちを興奮させるのはたやすいことではないのだが，こと倫理問題になると気がつかないうちに人が集まっている」という。別の経営管理者は，「どういうわけか，策士，開放的でもなく率直でもない人，真実をごまかしたり方針ぎりぎりをかろうじて通っているような人は，長く続かないんだ。彼らは，昇進候補からはずされるか，ここを居心地のよい環境とは思わない，かのどちらかなんだ」と語った。

① 倫理的風土

ほとんどの組織において，道徳的雰囲気を見つけ出すことができる。人々は倫理的気配の風土を感じることができる。どの行動が是認され，どの行動が禁じられているかを彼らに話しかけてくれるわずかなヒントや手がかりを捜し出す。

何が受け入れられ，何が受け入れられないのかについての従業員たちの暗黙の理解のことを**倫理的風土**（ethical climate）と呼ぶ。それは企業内の倫理的風潮を左右する企業文化の一部である。倫理的風土を調べる一つの方法が，図表6-3に図解されている。倫理の判断基準には種類の異なる三つがあり，それは利己主義（自己中心的性向），博愛（他者に対する関心），原則（自分自身の誠実性，集団規範，そして，社会の法律を尊重すること）である。これらの倫理判断基準は，個人，企業，そして，広くは社会に関連するジレンマに応用することができる。

例えば，もし経営管理者が倫理的課題事項に博愛精神で臨んだとすると，この彼，または，彼女は，従業員との関係を友好的なものとしようとするだろうし，チーム・プレーの重要性や企業利益のために協力し合うことの重要性を強調するだろうし，社会的責任を果たしうる行動指針を推奨することだろう。しかしながら，倫理問題を考える場

合に，利己主義を採る経営管理者は，自己利益，企業の利益拡大，および効率化の推進を何がなんでも第一に考えるであろう。

　研究者たちは，一つの組織のなかにいくつもの風土，すなわち，下位風土が存在していることを発見した。例えば，もし従業員が公共機関の規制担当者と接触する機会が多ければ，その集団の焦点として原則もしくは誠実性アプローチ（法律および専門職業人の規範的風土）を連想させるものが発見されるかもしれない。しかしながら，前述したような影響から隔離され，日常業務がより高い個人報酬や企業収益への関心と連動させられているような従業員の場合，風土は自己利益的，もしくは，企業利益的なものとなるだろう。[13]

　企業文化は，倫理違反が受け容れられる可能性があるかどうかの従業員に対する合図でもある。何が正しく何が間違っていると考えられているかの合図を送るので，企業文化，および，倫理風土は，企業が望ましいと考えている方向へと彼らの行動を誘導する強い圧力となる。この種の圧力は倫理的に好ましい実務行動を促進することへ機能するし，妨害することにも機能する可能性をもっている。博愛的倫理風土では，従業員や外部ステイクホルダーの利害には，ほぼ間違いなく高い優先順位が与えられそうである。しかし，エゴイズム的風土では，従業員や経営管理者は自己利益以外の利益はいかなるものでも無視することが奨励されることになる。そのよい例が本書の最後の事例研究に記載されている。「コロンビア／HCA」である。この会社では，最高経営責任者にどんなことをしてでも財務的成果を上げるように駆り立てたことが，多くの管理者たちに他のステイクホルダーの利害を軽視させるという結果をもたらしたのであろう。

2　企業の倫理問題を分析する

　企業の経営管理者や従業員は，倫理的課題事項が業務上発生したときに彼らの考えをまとめてくれる一連の指針を必要としている。この指針は，(1)倫理問題の本質を明確にし，分析してくれる，(2)どの行動方針が倫理的結果をもたらしそうかを決定してくれるのに役立つ。図表6-4にまとめられているように，倫理的推論について，以下に示す三つの方法が，このような分析に利用可能である。

（1）功利性──便益と費用の比較

　倫理に対する一つのアプローチは，功利性，すなわち，その行動，あるいは，決定で生み出すことのできる財の総額，を強調するものである。この倫理アプローチは**功利主義的推論**（utilitarian reasoning）と呼ばれる。これは，費用─便益分析と呼ばれることもあるが，その理由はこのアプローチでは，決定，方針，行動の費用と便益を比較するからである。ここでいう費用と便益には，経済的なもの（金銭総額で表現される），社会的なもの（社会全体に対する影響），人間的なもの（一般に心理的，あるいは，情緒的影

図表6-4　倫理的推論の三つの方法

方　法	重要な決定要因	行動が倫理的な状況	限　界
功利性	便益と費用の比較	純便益が純費用を超えている	ある種の人的費用，および，社会的費用の測定が困難 多数派が少数派の権利を無視するかもしれない
権利性	権利の尊重	基本的人権が尊重される	相反する権利の均衡を図ることが困難
公正性	公平な分配	便益，および，費用が公平に分配される	便益と費用を測定することが困難 公平な分配に関する合意の欠如

響）が含まれる。企業がすべての費用と便益を合計し互いに比較した後，純費用，もしくは，純便益が明らかにされる。もし便益が費用を上回ると，その場合にはこの行動は倫理的とされる。その理由は，この行動が社会の最大多数の最大幸福を生み出しているからである。もし純費用が純便益よりも大きいならば，その場合には，この行動はおそらく反倫理的ということになる。なぜならば，よいことよりも害の方が多く生み出されているからである。

　功利主義的推論の主な欠点は費用と便益の両方を正確に測定することが困難だということである。金額で測定できるものもあるが——財の生産，販売，賃金総額，および，利益——，しかし，その他の項目，例えば，従業員のモラール，心理的満足，人生の価値といったものは測定しづらいものである。人間的費用，および，社会的費用は，正確に測定することがとくに困難である。もしそれらが測定可能だったとしても，費用—便益計算は不完全であろうし，そして，全体結果がよいものなのか，悪いものなのか，倫理的なのか，反倫理的なのか，を知ることは困難であろう。功利主義的議論のもう一つの限界は，多数派の人たちが少数派の人たちの権利を無視するかもしれないことである。功利主義的推論は基本的にある行動の最終結果に関心を向けているので，この推論過程を利用する経営管理者は，最終結果に到達するための手段を考察し忘れることがしばしばある。

　このような欠点があるにもかかわらず，費用—便益分析はビジネス界で広く用いられている。経済的，および，財務的成果を測定するのに用いられる場合，この手法は非常にうまく機能するので，企業の経営管理者たちはこの手法の限界を十分知らないまま，あるいは意思決定における倫理の品質を改善させるのに役立つ手法が他にもまだあるということに気づかないないまま，重要な倫理問題の決定をこの手法に頼っている。

　例：工場閉鎖は倫理的ですか？　功利主義的推論を用いると，意思決定者はすべての便益（企業の最終損益の改善，投資家に対する投資収益率の上昇，等々）と費用（従業員の一時解雇，コミュニティに対する経済的活動の減少，等々）を比較検討しなければならな

い。

（2）権利——与えられた権利を決定し保護する

　人権（human rights）は倫理的判断（ethical judgement）を下すためのもう一つの基礎である。権利とは，個人や集団に何らかの資格が与えられること，あるいは，特定の方法で扱われる資格が与えられることを意味する。もっとも基本的な人権には，生存権，安全権，言論の自由，自由権，知る権利，正当な法の手続きを受ける権利，財産権などがある。これらの権利を否定したり，他の個人や集団のこれらの権利を保護したりすることを怠ることは，一般に反倫理的と考えられる。たとえその人と意見が合わなかったり嫌いだったとしても，もしその人たちも同じことをするとすれば，他人を尊敬することは人権の本質である。倫理的推論に対するこのアプローチは，個人は彼ら自身を単に人間であるというだけで最高の価値として扱うべきと考える。自己目的のために他者を利用することは，もし同時にあなたが他者の目標や目的を否定するならば，反倫理的である。

　倫理的推論の基礎として権利を用いることの最大の限界は相対立する権利のバランスを取ることの難しさである。例えば，従業員のプライバシー権と従業員の高潔さを審査して会社の資産を保護するという雇用者の権利は衝突するかもしれない。権利はまた，米国の多国籍企業が生産を海外移転するような場合，つまり，本国では雇用が喪失され，海外では新たな雇用が創出される場合にも衝突する。このような場合，だれの雇用に対する権利が尊重されるべきなのだろうか？[14]

　この種の問題があるにもかかわらず，人権の保護と促進は個人，および，組織の行動を判断する上で重要な倫理基準である。確かに個人の生命，自由，プライバシー，成長，および，人間の尊厳に対する権利を否定することは，反倫理的であるということに，ほとんどの人々は同意するはずである。人間の条件を明確にすることによって，そして，人間の潜在能力を実現する方法を示すことによって，これらの諸権利は，倫理的推論のある種の共通分母，すなわち倫理的行動や決定のための本質的条件を示すものになっていく。

　例：工場閉鎖は倫理的ですか？　人権的推論を用いると，意思決定者は影響を受けるすべての人たちの権利を考慮しなければならない（コミュニティで移動を強いられる労働者や企業所有者の生活権，レイオフや工場閉鎖を通告された従業員の権利，その決定は自分たちの職責内にあると信じる経営管理者たちの意思決定の自由に関する権利の対立）。

（3）公正——それは公平か

　倫理的推論の第三の方法は，**公正**（justice）に関係している。人事に共通した疑問はそれは公平，あるいは，公正か，ということである。従業員は，賃金支払基準が公平か

どうかを知りたがる。消費者は買い物をする際，公平な価格というものに関心をもっている。新税制が提案されると，その公平性に多くの論争がまき起こる——どこに税が課せられることになるのか，公平な税負担を逃れることになるのはだれなのか。

公正，もしくは，公平は利益，および，負担が一般に認められた何らかの規則に則って均等に分配されたときに実現する。社会全体にとっての社会的公正とは，社会の収入と繁栄が人々に公平な割合で分配されることを意味する。この場合の公平な分配とは，必ずしも均等分配を意味するものではない。ほとんどの社会は，人々のニーズ，能力，努力，そして，社会福祉活動へどのくらい寄附したのか，などを考慮しようと努めている。これらの要因が同じことはほとんどないので，公平な分配は個人ごと，そして，集団ごとに異なる。公正な推論は，功利主義的な推論と同じではない。功利主義的推論を用いる人は自分と他者のどちらが多いかをみるために，費用と便益を合算する。すなわち，便益が費用を上回っていれば，その場合には，その行為を倫理的だと考える。公正な推論を用いる人は，だれが費用を負担し，だれが便益をえたかを考える。すなわち，分配が公平と思われる（社会の規則に従って）ならば，その場合には，その行為はおそらく，公正である。

例：工場閉鎖は倫理的か？　公正な推論を用いると，意思決定者は便益（その会社，投資家，等々に対する）と費用（失業する従業員，コミュニティ，等々）の分配について考慮しなければならない。公正であるためには，工場を閉鎖する企業は，失業した労働者の便益として職務再訓練や再就職の斡旋のための追加的費用を受け入れる決断をしなければならない。この企業はまた，この状況で公正の尺度の均衡をはかるために，コミュニティに対して一定期間，寄附活動を行なうという決定を下す必要がある。

（4）倫理判断を企業活動に応用する

企業社会に身を置く人はだれでも，職場で発生する倫理問題への理解を深めるために上述の三つの倫理的推論の手法を用いることができる。これら三つの手法すべてを同時に用いることはたいていの場合で可能である。三つの手法の一つだけを用いることは危険であり，従来起こりうるすべての倫理的複雑性を完全に理解することにはつながらない。このことはまた，他者には受け入れがたい偏った倫理的結果をもたらすかもしれない。

図表6-5には，人が倫理の問題や課題事項に直面したときに利用できる便利な分析手続きが図示されている。このような分析を行なう際に二つの一般法則を用いることができる。

① **全員一致のルール**

もしあなたが決定，方針，もしくは，行動が倫理的か，反倫理的かを知りたいならば，図表6-5に列挙してある三つの質問をまず，尋ねてみなさい。図の第2段階に示されているように，三つの質問すべてに「はい」ならば，その決定，方針，もしくは，行動

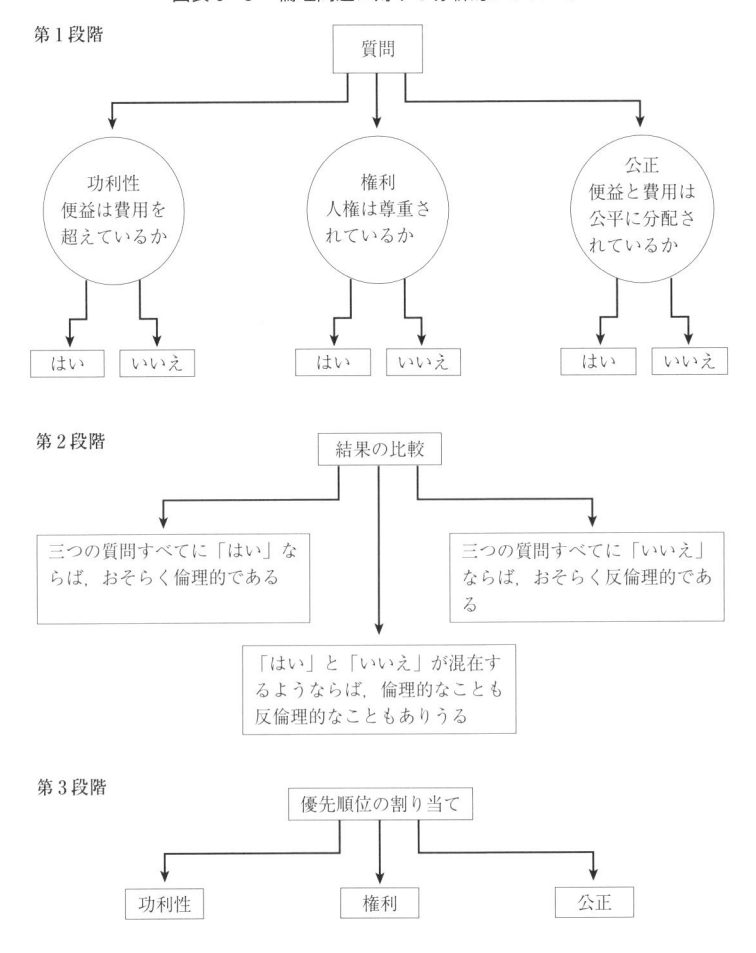

第6章　倫理的推論と企業の倫理プログラム

図表6-5　倫理問題に対する分析的アプローチ

第1段階

質問
- 功利性：便益は費用を超えているか　→　はい／いいえ
- 権利：人権は尊重されているか　→　はい／いいえ
- 公正：便益と費用は公平に分配されているか　→　はい／いいえ

第2段階

結果の比較
- 三つの質問すべてに「はい」ならば、おそらく倫理的である
- 三つの質問すべてに「いいえ」ならば、おそらく反倫理的である
- 「はい」と「いいえ」が混在するようならば、倫理的なことも反倫理的なこともありうる

第3段階

優先順位の割り当て
- 功利性
- 権利
- 公正

はおそらく倫理的である。すべての質問に「いいえ」ならば，あなたはおそらく反倫理的な決定，方針，行動を目の前にしていることになる。絶対確実ということはないが，その理由は，人や集団が異なれば，(1)利用する情報源が本当にまったく異なるかもしれない，(2)費用と便益の測定方法が異なるかもしれない，(3)公正の意味が同じではないかもしれない，(4)さまざまな権利に対する評価が異なるかもしれない，からである。それにもかかわらず，分析者がこれら三つの質問に全員一致の解答を得ている時はいつでも——すべて「はい」，あるいは，すべて「いいえ」——ほぼ確実に倫理的，もしくは，反倫理的どちらか一方と結論づけてよい場合である。

② 優先順位のルール

　全員一致のルールが適用できない場合には，どうすればよいだろうか？　二つが「はい」で一つが「いいえ」，あるいは，その他さまざまな組み合わせがありうるが，その場合にはどうすればよいだろうか？　そのような場合，選択が必要となる。図表6-5の第3段階に示されているように，経営管理者や従業員は，この場合，倫理的推論の三つの手法に優先順位をつける。経営管理者にとって，従業員にとって，あるいは，組織にとって，もっとも重要なのはどれか——功利性，権利，それとも公正。それらはどのような評価を受けるべきだろうか？　判定を行ない，優先順位を決めなければならない。

　これらの判定や優先順位は，企業文化や倫理風土の影響を強く受ける。企業利害に関心が強い倫理風土をもつ企業では，企業の費用と便益を計算する功利主義的アプローチにおそらく高い価値を割り当てるだろう。慈善的な倫理評価基準にもとづく倫理風土を強調する企業では，従業員のさまざまな権利をより尊重したり，すべてのステイクホルダーを正当に扱うことをより尊重したりするような結果となるであろう。法律や専門職業人規範の倫理風土では，法に従うことが優先順位の一番上にくるであろう。

　選択の対象となる倫理的推論のタイプは，経営管理者の価値観，とくにトップ・マネジメントの価値観や企業内すべての意思決定者の個人的性格にも大きく依存している。人々の欲求や権利に敏感な人もいれば，自分自身や自分の会社のことを他の条件すべてに優先させる人たちもいる。

3　企業内で倫理を機能させる

　倫理業績の質を向上させようと望めば，すべての企業でそれは可能である。そのために，企業は日常業務のなかに倫理セーフガード（保護手段）を構築することを求められる。このことを倫理の制度化と呼ぶ場合もある。どれくらいの組織がこれらの保護手段を採用しているかを図表6-6に示しておいた。

（1）企業内に倫理セーフガードを構築する

　経営管理者にも従業員にも日々の倫理状況をどのように処理すればよいのかの手引きが必要である。すなわち，彼ら自身の個人的な倫理の羅針盤はうまく機能しているかもしれないが，彼らは会社から方向性を示す合図が送られてくることを望んでいる。この種の倫理的な自覚と方向性を提供するためには，いくつかの組織的段階を踏むことになる。このような組織的努力として，とくに重要なものが倫理セーフガードについてのプログラム構築に対する二つのアプローチであり，それは資料6-Aに示されている。

（2）トップ・マネジメントの責務と関わり合い

　上級管理者たちが従業員に向かって，すべての企業意思決定において倫理は高い優先

図表6-6　職場における倫理セーフガード　　　　　　　　　　　　（％）

倫理セーフガード手段	1992年『フォーチュン』誌1000社	1999年『フォーチュン』誌1000社	1996年 SW PA 組織	2000年 1500人の従業員
職場における倫理の奨励	93		71	
倫理規範の開発	93	98	57	79
倫理委員会の創設	13		14	
倫理室の設置			17	30
倫理ホット・ライン			9	51
倫理室，もしくは，ホット・ライン		50		
倫理訓練の提供	25		20	55
監査・評価の実施			11	23

注：1992年，および，1999年『フォーチュン』誌（Fortune）1000社の調査では，『フォーチュン』誌の製造業，および，サービス業それぞれ上位500社のリストにしたがってみている。ペンシルベニア州南西部の組織についての調査では，この地域にあるすべての規模の組織（サンプルの30％が従業員50人未満の組織であり，22％が従業員1000人以上の組織であった），複数の産業分類（健康，金融，製造，等々）の組織を見ている。1500人の従業員に対する調査では，すべての規模の組織で働く従業員と接触した（従業員の33％は従業員100人未満の組織で働いていた，36％の従業員は2000人以上の組織で働いていた）。また，68％は，営利組織であり，31％は非営利，もしくは，政府組織であった。

出典：1992 Fortune 1000＝Center for Business Ethics, "Instilling Ethical Values in Large Corporations," *Journal of Business Ethics* 11 (1992), pp. 863-867 ; 1999 Fortune 1000＝Gray R. Weaver, Linda Klebe Trevino, and Philip L. Cochran, "Corporate Ethics Practices in the Mid-1990s : An Empirical Study of the Fortune 1000," *Journal of Business* 18 (1999), pp. 283-294 ; 1996 SW Pennsylvania organizations＝Beard Center for Leadership in Ethics, *Ethics Initiatives in Southwestern Pennsylvania : A Benchmarking Report*, Pittsburgh, PA : Duquesne University, 1996., および 2000 1,500 employees＝Joshua Joseph, *2000 National Business Ethics Survey Volume I : How Employees at Work*, Washington, D. C. : Ethics Resource Center, 2000.

順位を受けるべきであるという合図を送ったとき，全社的に倫理業績改善に向けた大きな一歩を踏み出すことになる。個人的経験でいうと，方針を宣言することを通じて，また，行動を後押しするような言葉を積極的にかけることによって，トップの経営者たちは自分たちのメッセージを伝えることができる。「トップの人たちの風潮は重要である――そして，それは常に見られていて，猿真似される」とニューヨークのコンサルタント会社である，ブーズ・アレン・アンド・ハミルトン（Booz Allen & Hamilton）の副社長であり最高財務責任者でもあるマーサ・クラーク・ゴス（Martha Clark Goss）は語っている。セクシャル・ハラスメントの問題であれ，供給業者に対する誠実な対応の問題であれ，支払報告の問題であれ，上級経営者のコミットメント（あるいは，その欠如），および，従業員行動への，日々の影響力としての彼らの倫理的関わり合いは倫理的職場をつくり上げるのにもっとも欠かすことのできない防衛手段である。

第Ⅲ部　企業と倫理環境

資料6-A　倫理プログラムに対する二つのアプローチとその有効性

　ハーバード・ビジネススクールの教授であるリン・ペイン（Lynn Paine）は，1994年に『ハーバード・ビジネスレビュー』（Harvard Business Review）に発表した論文のなかで，倫理プログラムに対する二つの異なるアプローチを述べている。彼女が明らかにしたのは，法令遵守にもとづくアプローチと誠実性にもとづくアプローチである。

　ペインによれば，法令遵守プログラム（コンプライアンス・プログラム）は，法的罰を避けることにその源がある。この結果を求める企業は，彼らの従業員に従うべき規則とガイドラインを設定することになる。このアプローチでは，従業員行動を違法性に富んだものとするために，違法行為が見つかったときの罰の恐ろしさを強調する。「法律を破るな。もし法律を破れば，逮捕され，罰を受けるぞ」と単純に表明される。この法律家が駆り立てるアプローチは，従業員は物質的自己利益により導かれる存在，つまり，個人的な費用を避けることを望んでいる一方，彼らの道徳的正当性には無関心であることを前提としている。

　不幸なことに，コンプライアンス・プログラムは，従業員は自らの行動を道徳的に修正したいと思っていることを示す調査結果が出され，苦境に立っている。従業員は法律に従うことを一般的には望んでいるが，それはもし従わなければ法律により罰せられるかもしれないという理由からだけではなく，それが正しいことだからという理由からである。したがって，ペインは倫理プログラムの誠実性にもとづくアプローチについても語っている。

　誠実性にもとづく倫理プログラムは，法律に対する関心と倫理的行為に対する従業員の責任への関心とを結びつけるものである。これらの計画はガイドラインとしての一般原則にもとづいた，従業員の自己統制の風土をつくり出す。しばしば，企業の倫理規範に埋め込まれる形で，従業員は誠実に行動し，正直で公正な環境のなかで企業活動を行なわなければならない，と聞かされる。このような価値観から，企業はビジネス関係を育み，維持するであろうし，利益を上げることができるであろう。従業員は，社会的存在，すなわち，他者や組織の福祉に関心を抱く存在として理解されている。物質的自己利益，および，トップの経営者が信奉する組織の理想や価値観が従業員に影響を与える。

　1999年に出版された研究において，研究者たちは以下のことを発見した。すなわち，法令遵守にもとづいた倫理プログラムでは，反倫理的行為の減少が観察され，従業員が倫理的助言を進んで求めるようになり，職場における倫理的課題事項に関する従業員の知識が増加していた。誠実性にもとづいた倫理プログラムでも成功していることが発見された。これらの計画は，以下のことと関連している。すなわち，職場における倫理的課題事項に関する知識の増加，誠実性についての意識の高まり，倫理的助言を従業員たちが進んで求めるようになる，反倫理的行為が減少する，組織へのコミットメント，従業員が上司に悪い情報を進んで話すようになる，そして，誠実性にもとづく計画のおかげでよりよい決定がなされるという認識である。

出典：Lynn Sharp Paine, "Managing for Organization Integrity," *Harvard Business Review*, March-April 1994, pp. 106-117., および，Gary R. Weaver and Linda Klebe Trevino, "Compliance and Values Oriented Ethics Programs: Influences on Employees' Attitudes and Behavior," *Business Ethics Quarterly* 9 (1999), pp. 315-335.

（3）倫理規範

　図表6-6に示されているように，アメリカの大企業のほぼすべてが，そして，全体でも，そのほとんどが**倫理規範**（ethics code）をもっている。このような倫理規範の目的は，経営管理者や従業員が倫理的ジレンマに遭遇したときに彼らに手引きを提供することにある。倫理規範の基礎にある原理は，国によって異なる。米国や南米では，規範

は道具的なもの,すなわち,会社の方針や社会の法律を厳守させるために従業員が従う規則や手続きを提供するもののように見受けられる。日本においては,ほとんどの規範は法令遵守,企業の価値観,使命の宣言が入り混じったもののように見受けられる。価値観と使命を示す規範はヨーロッパやカナダの企業でも一般的である。

一般的に,倫理規範は以下のような問題に対する手引を開発する。すなわち,供給業者からの贈答品の授受,利害対立の回避,所有情報の安全確保,差別的人事施策の回避,および,環境保護である。従業員の協力と幅広い参加を迫るものがもっとも有効な規範である。研究者によれば,倫理規範を文書化するだけでは,職場での倫理促進には不十分である。倫理規範は,従業員間,および,外部ステイクホルダー(顧客,供給業者,競争相手,等々)に広く,そして,頻繁に配布されなければならない。倫理規範に魂を入れるためには,日々の企業活動へ規範の影響力を浸透させるための従業員に対する倫理訓練が続いて行なわれなければならない。

　　マーク・アンド・カンパニー社(Merck & Company)は,自社の倫理規範を作成するにあたって3段階プロセスというものを開発した。第1段階は,組織分析の実施である。ここでは21カ国に及ぶ国々の従業員の代表的サンプル,なんと1万人に対して次の質問が行なわれた。すなわち,「われわれは,株主,顧客,供給業者,従業員,そして一般社会からどのような会社と思われたいと思っていますか?」。第2段階は,規範設定である。従業員に対する調査や集団ごとの調査,そして個別インタビューからの報告にもとづいて,世界中の事業本部から集まった上級経営管理者たちが綱領を策定した。この規範には,五つの表現上の制約が付けられた。すなわち,読みやすいこと,実践的で今日的であること,価値にもとづいていること,十分に具体的ではあるが,過度になり過ぎないこと,視覚に訴えるものであること。この規範は22カ国語に翻訳された。第3段階は,この規範に対する理解の徹底である。この規範を従業員に配布し,その訓練期間を設けることによって,マーク社は規範に対する理解徹底を図った。マーク社はこの訓練を外部専門家に委託し,訓練プログラムも各国語で行なわれた。

(4) 倫理委員会

調査した企業(図表6-6参照)の約6社に1社が,倫理問題に方向性を与えてくれるものとして,倫理委員会(ethics committee)を設置していた。この委員会は取締役会の上級委員会になりうるし,その委員長には一般にトップと親しい外部取締役がついている。また,それ以外の場合でも,委員会メンバーはトップ・マネジメントクラスの人たちから選出されている。

　　森林関連製品メーカーであるウェアーハウザー社(Weyerhaeuser)は,1977年に防衛産業における最初の倫理委員会の一つを統合した。この会社の委員会は,13～19人のメンバーで構成されているが,定期的に会合をもち,創設以来,毎年この会社が直面する150の倫理的課題事項を取り扱ってきている。

ニューヨークに本拠を置く電力会社オレンジ・アンド・ロックランド・公益事業社（Orange and Rockland Utilities）は横領の責任と違法な政治献金によって会社が混乱した後に，倫理規範に加えて倫理評議会（ethics council）を設置した。この評議会のメンバーには——だれもが予想するように——法務，人事，監査の代表が入っていたが，それだけではなく，平社員も入っていた。この評議会に役立ってもらうため経営者側によって，四つの労働組合からメンバーが——顧客サービスの販売員，在庫管理係，検査係，秘書——選抜された。

（5）倫理担当責任者

　1980年代，1990年代を通じて大企業で相次いで起こった倫理の堕落が，多くの企業に新しい役職を作ることを思いつかせた。すなわち，**倫理担当責任者**（ethics officer）である。「10年前（1986年）には，彼らは実際，存在しなかった」とベントレー・カレッジ（Bentley College）企業倫理センターの設立者でありセンター長である，W. マイケル・ホフマン（W. Michael Hoffman）は語っている。1996年までに米国の主要企業の35〜40％が倫理担当役員を置いている，と彼は指摘している。

　倫理担当責任者の命令で倫理対策室をもっとも早く設置した企業の多くは，ゼネラル・ダイナミックス（General Dynamics）やマーチン・マリエッタ（Martin Marietta）といった米国政府と防衛契約を結ぶ企業であった。1991年以来，倫理担当責任者は多くの産業に拡大していったが，なかでも通信企業や公益企業といった規制の厳しい企業で著しかった。「倫理担当責任者協会」（The Ethics Officers Association）によれば，2000年までに650社以上が会員となった。倫理担当役員やそのスタッフたちが，職場における倫理向上をめざしてこの章のはじめで議論した倫理的防衛手段の多く——倫理規範，倫理ホット・ライン，倫理訓練，倫理監査——を活用したが，そのことが倫理対策室のさらなる発展をもたらした。

　　スプリント社（Sprint Corporation）が次の問題に直面した時——倫理対策室をどこに設置すべきか——，スプリント社は二つのよい解答，すなわち，法務，あるいは，財務を結合させることを決めた。法務部が通常の倫理プログラムを運営していたが倫理担当責任者はこの会社の監査人であった。トップ・マネジメントはこの組み合わせは倫理プログラムの信頼度を向上させるとともに法務と財務の影響力も均衡すると信じていた。

　　1997年，「ヘルスケア・コンプライアンス協会」（the Health Care Compliance Association）はコンプライアンス，および，倫理担当責任者のための大学を設立した。この大学は，3段階の証明書を発行していた。一つは，正会員，この資格は2年間の実務経験と25時間のコンプライアンス訓練の後に与えられる。特別会員，この資格は5年間の実務訓練と35時間の訓練を達成することで与えられる。功労会員，この資格はコンプライアンスに関する論文を個人名で発表し，専門職業人として遵法精神の発展に多大の貢献をし，大学の遵法専門職業人評議員をつとめ，大学の教員をつとめた後に授与さ

れる。[20]

（6）倫理オンブズパーソン

　オンブズパーソンは，浪費，詐欺的行為，権力の乱用，その他，反倫理的行為に対する企業防衛の最前線を担うものの一つと捉えられている。この防衛手段は産業界から人気を得るようになってきており，過去に経営管理者や従業員による反倫理的行為で失敗していた企業にとってはとくにそうである。

　　かつてアメリカ電信電話会社（AT&T: American Telephone and Telegraph）の一部であったパシフィック・ベル社（Pacific Bell）は，不正な強圧的販売戦術，電話呼び出しポルノ業者への回線利用許可，そして，テレマーケティング業者やダイレクト・メール業者に顧客リストを売り渡したことによる顧客のプライバシー侵害などにより非難を浴びせられていたとき，倫理の荒海に船出した。その対応の一つとして，この会社が設置したのがオンブズマン室であった。その役割は，従業員は自分たちの直属の上司に関することは報告したがらない傾向があるが，彼らの倫理についての不満を個人的に，そして内密に聞くことである。スタッフは，その後，調査を行ない代弁者として行動する。「われわれは，従業員たちが〔倫理的〕課題事項を提出しても安全だと感じられる環境をつくりだそうと努めているし，会社内に支援体制を作りだそうと努めている」とこの会社の渉外担当部長は語っていた。[21]

（7）倫理ホット・ライン

　従業員がある種の倫理問題で悩んでいるが，彼らの直属の上司にはそれを提出しづらい場合，従業員たちが社内の**倫理ホット・ライン**（ethics hot line）に電話することができる会社もある。この倫理ホット・ラインは一般的になってきており，「倫理資源センター」（the Ethics Resource Center）の調査によれば，企業の半数で見受けられるようになっている。この増加の要因には米国企業量刑ガイドラインが議会を通過したことがあるのかもしれない。このガイドラインでは企業に対して，「違法行為を発見・抑止したりするのに有効な計画」を策定することを求めている。ほとんどの企業では，このことを従業員たちが報復を恐れることなく利用できる報告体制の構築と解釈したようである。

　　オハイオ州コロンバスにあるアメリカン・エレクトリック・パワー社（AEP: American Electric Power）で倫理ホット・ラインの設置を決定した際，この会社は有名調査会社であるピンカートン・サービス社（Pinkerton Services）に助言を求めた。AEP 社は，ホット・ラインに24時間体制で人員を割くことは問題がある，と感じていた。AEP はまた，信頼性についても心配していた。もし従業員がホット・ラインに電話した場合，彼らの従業員は秘密は守るという経営者側の約束を信じてくれるだろうか？　ピンカートン・サービス社が電話を受け，まず，不満や疑問の詳細が書き留めら

れ，電話した人にコード番号が割り振られた。次に，電話はAEP社の法人，および環境法令遵守担当責任者であるアルバート・モエラー（Albert Moeller）に回され，調査を許可するかどうか，もしくはどのような行動をとる必要があるかが決定された。最初の2年間で，この会社のホット・ラインには700本の電話があった。経営者側は電話のかかってきた数が多かったのは会社内の反倫理的行動レベルが高かったからではなく，新倫理制度の普及に向けた取組みの賜物だと信じた。

元ベル・ヘリコプター・テクストロン社（Bell Helicopter Textron）倫理担当責任者であったダニエル・カイル（Daniel Kile）は，ホット・ラインには三つの利用法があると指摘する。三つとは，(1)利害が対立するような行動や適切な贈答品の受領といったことを含む行動に関して適切な倫理的説明を与えてくれること，(2)十分な証拠が存在しない反倫理的行為を適切な権威者に知らせる道筋をつくること，(3)従業員や他のステイクホルダーに，仕事に関するありとあらゆる話題について一般情報を入手する手段を与えること，倫理ホット・ラインは他の倫理保護手段を発動するかもしれない。そのような例をレイソーン社（Raytheon）にみることができる。この会社ではホット・ラインが経営管理者に対して，新たな倫理の訓練プログラムを開発する必要性があることを早期に警告するシステムとして役立った。

（8）倫理訓練プログラム

図表6-6に示されているように，数多くの企業が倫理訓練プログラムを実施しており，その割合は中小企業の20％から大企業の55％に及んでいる。訓練は一般に毎年行なわれ，平均2時間以内であった。倫理訓練は，平社員よりもむしろ経営管理者に対して，行なわれ，一般的にはトレーナーによる講義とグループ・ディスカッションがその内容であった。倫理訓練がもっともよく行なわれているのは，大企業である。例えば，ユニオン・パシフィック鉄道（Union Pacific Railroad），ダン・アンド・ブラッドストリート（Dan and Bradstreet），ドネリー・コーポレーション（Donnelly Corporation），NYNEX，リーバイ・シュトラウス（Levi Strauss）といった会社はすべて1980年代はじめに従業員向けの倫理に関する広範な訓練計画を開発していた。他の企業，例えば，ハネウェル（Honeywell），ノースロップ（Northrup），ヒューズ・エアクラフト（Hughes Aircraft），ハリス・コーポレーション（Harris Corporation）といった企業は，この時期彼らの既存の倫理訓練プログラムを最新のものへと大規模に更新した。

> カリフォルニア州にあるロッキード・マーチン社（Lockheed-Martin Corporation）は，倫理法令遵守の分野における技術的革新者として知られている。1995年，この会社はインターネット上に自社の倫理規範を載せたが，これが一般に普及したのは2000年である。翌年，ロッキード・マーチン社は自社の年次法令遵守訓練をオンライン上に掲示した。1999年までに，ロッキード・マーチン社の法令遵守訓練のおよそ80％がデジタル化されCD-ROM訓練モジュールに収められた。その内容は，輸出統制，キックバック，心付

けから，安全，軍事販売，職場でのハラスメントにまで至っている。従業員たちは，はじめに法令遵守訓練用CDに接続することが求められ，その後，年次再訓練用に設計されたプログラムを参照することが求められる。ロッキード・マーチン社によれば，倫理訓練プログラムをCD-ROM化した主な理由は，柔軟性があり，使いやすく，情報をすばやく展開することができるからだという。[25]

(9) 倫理監査

自社の倫理の保護手段の有効性に的を絞った評価方法を開発したり，従業員の倫理が増加したという確たる証拠を望む企業もある。その際用いられる一つの技法が**倫理監査**（ethics audit）である。一般的には，監査担当者は倫理監査期間中に明らかになった自社の倫理基準からの逸脱をすべて記録することが求められる。次に倫理監査責任者に報告し彼らの注意を喚起する。各運営主体の経営管理者は，前年の監査で指摘された基準からのすべての逸脱に彼らがどのような是正措置を講じたかを，監査担当者に報告書として提出することが求められる。経営管理者はまた，新人従業員たちに対していかに倫理基準を知らせたか，他の従業員たちに対しては基準を守っていることを継続的に観察する方法をいかに構築したかを書面で報告する。

　不幸にも，倫理監査に関する問題点が1990年代終盤に持ち上がった。センダント・コーポレーション（Cendant Corporation）が3億ドルの粉飾利益を計上していたことが発覚したとき，この会社の監査プログラムが機能していなかったことが露呈した。この問題で重要な役割を果たしていたのが，監査チームの構成そのものであった。最高経営責任者があまりにも頻繁に「うまくやれ。事を荒だてるな」とメンバーたちをせっついたことにあったと，ウェイスト経営研究所所長（chairman of Waste Management）のロバート・"スティーブ"・ミラー（Robert "Steve" Miller）はいっている。彼の見解によれば，監査チームには「何人かの独立した指揮官」が必要である。[26]企業が倫理監査開発に経験を積むにつれて，これらの倫理の保護手段の有効性が向上することは間違いない。

(10) 包括的な倫理プログラム

倫理の設計図を有効なものとする上でとくに重要なことは，いくつかある倫理の保護手段のなかの適切なものを包括プログラムのなかに統合することである。米国の従業員に対する「倫理資源センター」（Ethics Resource Center）の調査では，自分たちの雇用主が包括的な倫理プログラム，すなわち，倫理規範，従業員の倫理訓練，電話相談，倫理室を統合しているプログラムを開発してきた，と答えたのはたった33％にすぎなかった。しかしながら，驚くべき発見は，従業員のために倫理的な作業環境をつくり出すという点で包括的な倫理プログラムが劇的な効果をもっていたということだった。そのようなプログラムをもっている企業で働く人々は，職場における倫理的に間違った行動を

会社のしかるべき権限者により多く報告する傾向があったし，倫理的に間違った行動の責任に対する会社の調査や対応により多く満足する傾向があった。これに対して，倫理規範しかもたない企業は何ら倫理の保護手段をもたない企業よりも，倫理的責任感が薄く，職場における倫理的に間違った行動を伝えることができにくいように思われた。包括的な倫理プログラムの実例はこの章の最後の討論のための事例のなかで述べられている。[27]

(11) 企業倫理賞

倫理的風土の創造や倫理業績の向上に対する努力で有名な会社がある。1989年以来，ビジネス・エシックス・マガジン社（Business Ethics Magazine）が主催する企業倫理賞（Corporate Ethics Awards）というものを授与している。この賞の評価基準には，以下のものが含まれる。

(1) 倫理的な方法を示した現役のリーダーであること。
(2) 誠実さを示すようなプログラム，もしくは，イニシアティヴを有していること。そして会社の隅々にまでその内容が受け容れられていること。
(3) その倫理的行動が注目されるきっかけになるほど全国的に重要な存在であること。
(4) 少なくとも一つの領域における倫理業績が突出していること。
(5) 最近，困難な状況に直面し，それを誠実に克服していること。

最近この倫理的リーダーシップに対する賞を受賞した企業には，以下の企業がある。スミスクライン・ビーチャム製薬（SmithKline Beecham）；全世界からのリンパ管フィラリア症撲滅にその先駆者として10億ドルの寄附をしたことに対して。BNA社（BNA, Inc.）；半世紀以上の長きにわたって従業員持株所有制を維持していることに対して。アイスランドの企業；イギリスにおいて非有機野菜と同じ値段ですべて有機野菜というブランド名で販売していることも含めて倫理的食品の小売りに対して。S. C. ジョンソン社（S. C. Johnson）；60年間にわたってコミュニティの持続可能な発展に投資してきたことに対して。[28]

これらの企業や他の受賞企業は，企業倫理の役割モデルとしてのお手本を示してくれている。倫理的価値に対する彼らの貢献，および，有効な倫理プログラムの確立に向けた彼らの努力は，企業というものが財務的に成功し，なおかつ，倫理的にも焦点を向けることが可能であることを示している。

■ 本章の要点

(1) 経営管理者の日常業務における価値観は，企業目的に優先順位を置いた，企業志向的な傾向がある。経営管理者はさまざまな価値のなかで，しばしば有能であることに価値を置くとともに快適で刺激的な生活を送ることに，他にもまして重要度を置いている。

第6章　倫理的推論と企業の倫理プログラム

(2) 個人の性格，および，精神性は，経営管理者が倫理的ジレンマに対処する際に重要な役割を果たすものである。個人の精神性は職場におけるより一般的な議論の際にも表出してくるし，労働時間中，および，労働時間外の企業後援活動にも影響を及ぼしている。
(3) 企業文化，および，倫理的風土は，そこで働くすべての人々の態度や行動を形成する傾向があり，ときには高い水準での倫理的行動となって現れることもあれば，あまり好ましくない倫理業績となって現れることもある。
(4) ビジネス界にいる人は，大きく三つのタイプの倫理的推論を倫理的ジレンマ分析に利用することができる。すなわち，功利主義的推論，権利の推論，公正な推論である。
(5) 企業は価値にもとづいた倫理プログラムを策定することにより倫理業績を向上させることができるが，この倫理プログラムはトップ・マネジメントのリーダーシップに左右されるものであるし，倫理規範，倫理委員会，倫理対策，倫理訓練プログラム，倫理監査といった組織的な保護手段に左右されるものである。

■ **本章で使われた重要な用語と概念**
倫理的カリスマ・リーダー　美徳倫理　個人の精神性　道徳性発達段階　企業文化　倫理的風土　功利主義的推論　人権　公正　倫理規範　倫理担当責任者　倫理ホット・ライン　倫理監査

インターネットの情報源
・www.ibe.org.uk　企業倫理協会
・www.inetbureau.com　企業倫理インターネット事務局
・csep.iit.edu/codes　イリノイ工科大学オンライン倫理規範
・www.eoa.org　倫理担当責任者協会

討論のための事例：PPG社の企業倫理プログラム

　1883年に設立されたPPGインダストリー社（PPG Industries）は特殊ガラス製品と産業用特殊化学製品の世界屈指の供給業者であった。1999年当時，ピッツバーグに本社を置くこの会社は，世界23カ国で120の製造施設を動かし，78億ドルの売上高をもつ多国籍企業であった。
　正直で，公正で，すぐれた会社である，という評判を維持するために，PPGインダストリー社は多面的倫理プログラムを開発していた。そのもとになったのは，この会社の価値観（values），ミッション（使命）声明（statement of mission），目的（objectives）が記されている『PPGインダストリー社ブループリント』（*PPG Industries Blueprint*）と呼ばれるものであった。もっとも新しいところでは1998年に改訂されたこの公文書は，この会社の重要な価値観として，消費者に対する献身，従業員の尊厳，人権，貢献に対する敬意，社会の利益とニーズを認識すること，誠実さ，および，高い倫理標準に向けて献身努力すること，

継続的改善と責任共有に焦点を当てた供給業者との関係、株主に対する責任をあげている。

　方針、および、計画を通じてこれらの価値を実務に生かすため、PPG の経営者は、いくつもの倫理的防衛手段を導入した。例えば、2000年に改訂されたPPG社の『企業行動指針』(Business Conduct Policies) は、PPGインダストリー社の会長兼最高経営責任者 (CEO) の次のような言葉ではじまっている。「この方針は、わが社のもっとも高い倫理標準を示すものであり、誠実さに妥協せずにわれわれが企業活動を行なっていく上での基礎をなすものである。……そして、場合によってはわが社員に制約を課すものであるし、法律よりも厳しい実施を課すものでもある。」この『企業行動指針』は、PPGの従業員が遭遇するであろう倫理的課題事項を明らかにしてくれるだけでなく、倫理的課題事項にどのように対処したらよいかに関する指針を示してくれるものでもある。この指針は次のような言葉で締めくくられている。「善良で、責任感があり、倫理的な企業市民として活動するためにすべての努力をすること、そして、現在存在し、運用されているすべての該当する法律に従うこと、それが PPG、および、その子会社、その代理人、および、従業員の指針である」と。

　『企業行動指針』は PPG 社の活動における倫理的風潮を明確に設定してはいたが、経営陣は PPG 社とは異なる文化や歴史を持つ海外企業をいくつも買収していたことから明確にグローバルな視点から考えていく必要性を感じていた。そこで、グローバル倫理委員会を創設し、そのメンバーをヨーロッパ、アジア、南北アメリカにある PPG の活動拠点から選んだ。その役割は、次のような倫理的課題事項に関してトップ・マネジメントに助言することである。会社の方針や行動規範に関して忠告を行なう、倫理プログラムを開発する、倫理的課題事項を再検証する場を提供することである。さらに、1991年に米国量刑ガイドライン連邦法 (the U. S. Federal Sentencing Guidelines) の通過後は、コンプライアンス委員会の役割も想定されていた。

　グローバル倫理委員会がとったもっとも重要な行動の一つは、PPG 社の『グローバル倫理規範』(Global Code of Ethics) 草案の策定であった。とくに、このグローバル規範はこの会社の倫理標準の重要性を再確認し、新人従業員、および、将来の従業員にこの会社の倫理訓練を紹介し、会社が社員に期待する倫理標準の高さを紹介し、さらに PPG 社の倫理的信念の重要な要素が集約されているので基本的な参考文献として役に立つのである。倫理規範は、PPG 社と顧客、供給業者、競争相手との関係を網羅しているし（贈答品、不適切な接待、製品安全性といった問題）、PPG 社の社員に対する責任（健康、安全、ダイバーシティ〔多様性〕といった課題事項）を網羅している。この綱領ではまた、企業資産保護について（例えば、情報資産の安全性）、一般大衆や行政府の役人に対する企業の責任（企業のロビー活動から環境責任にわたる範囲の）についても議論している。最後に、このグローバルな規範は地域による法律や慣習の違い、報告される逸脱行為の違い、職場における間違った行為の違いを提示している。

　倫理的に間違った行為を行なった事例がすべて確実に報告されるように、PPG 社は1999年に倫理ホット・ラインを創設したが、その通話料無料回線の運営は電話をかけてきた人の匿名性を確実に保護するためにアトランタにある別会社に任せた。PPG 社の従業員からの電話内容は従業員関係に関する質問から詐欺的行為、差別的待遇、利害対立、所有情報の漏洩に関する報告にまで至っていた。倫理ホット・ラインを通じたコミュニケーションにもと

づいて，PPG インダストリー社は，企業内のコミュニケーション経路を改善し，方針を変更し，必要に応じて違反者を起訴した。

PPG 社の多面的倫理プログラムは，その経済的責任を全うしつつ，倫理文化を維持する方法を探るビジネス界の一例である。PPG 社の現在の会長兼最高経営責任者（CEO）は次のように説明している。

> われわれの共通目的に向かって力を合わせてみんなで働いていきましょう。つまり，われわれの顧客や社会のニーズを満たせる財やサービスを提供しましょう。従業員の皆さんに安全で，健康で，整った労働環境を提供しましょう。われわれの株主に対して，最高の配当を提供しましょう。われわれが活動している各国，各コミュニティでよき企業市民として貢献しましょう。

出典：PPG 社の［企業行動指針］（*Business Conduct Guidelines*），および，『グローバル倫理規範』（*Global Code of Ethics*）から引用した。その他の情報は，『PPG 社ブループリント』（*PPG Industries Blueprint*），および，PPG 社安全法令遵守担当者のレジー・ベッカー（Regis Becker）へのインタビューからのものである。

検討すべき問題

① 本章で明らかにされた倫理文化からみて，PPG インダストリー社をもっともよく示しているのはどの倫理文化だろうか？　職場における倫理の促進にはこの文化が最高だと思えるだろうか？

② 本章で述べられた倫理の保護手段のいくつが PPG インダストリー社の企業倫理プログラムで採用されていただろうか？

③ PPG インダストリー社の倫理プログラムで次の段階として何を行なうべきか，あなたなら提案するだろうか？

注

(1) Thomas F. O'Boyle, "Profit at any Cost," *Business Ethics*, March-April 1999, pp. 13-16.

(2) Jeffrey S. Harrison and James O. Fiet, "New CEOs Pursue Their Own Self-Interests by Sacrificing Stakeholder Value," *Journal of Business Ethics* 19 (1999), pp. 301-308.

(3) Elizabeth George, Claudio Milman, and Satish P. Deshpande, "A Comparison of Ethical Practices of Russian and American Managers," *International Journal of Value-Based Management* 12 (1999), pp. 129-136；R. J. Jeurissen and H. J. L. van Luijk, "The Ethical reputations of Managers in Nine EU Countries: A Cross-Referential Survey," *Journal of Business* 17 (1998), pp. 995-1005；Laula L. Whitcomb, Carolyn B. Erdener, and Cheng Li, "Business Ethical Values in China and the U. S.," *Journal of Business Ethics* 17 (1998), pp. 839-852., および，Richard Priem, Dan Worrell, Bruce Walters, and Terry Coalter, "Moral Judgment and Values in a Developing Nation: A Comparative Analysis," *Journal of Business* 17 (1998), pp. 491-501.

(4) Keith Hamkonds, "Bleeding Hearts at B-School?" *Business Week*, April 7, 1997, p. 8.

(5) Jane M. Howell and Bruce J. Avolio, "The Ethics of Charismatic Leadership: Submission or Liberation?" *Academy of Management Executive* 6 (1992), pp. 43-54.

(6) 美徳倫理の議論の参考として以下の文献がある。Manual G. Velasquez, Business Ethics: Concepts and Cases, 4th ed., Upper Saddle River, NJ: Prentice Hall, 1998, pp. 130-139; Rogene A. Buchholz and Sandra B. Rosenthal, *Business Ethics: The Pragmatic Path beyond Principles to Process*, Upper Saddle River, NJ: Prentice Hall, 1998, pp. 38-42., および Robert C. Solomon, *A Better Way to Think about Business*, New York: Oxford Press, 1999.

(7) Clarence C. Walton, *The Moral Manager*, Cambridge, MA: Ballinger, 1988, p. 33., および, James E. Liebig, *Business Ethics: Profiles in Civic Virtue*, Golden, CO: Fulcrum, 1990.

(8) Michelle Conlin, "Religion in the Workplace: The Growing Presence of Spirituality in Corporate America," *Business Week*, November 1, 1999, pp. 151-158.

(9) Ian Mitroff and Elizabeth A. Denton, *A Spiritual Audit of Corporate America*, San Francisco: Jossey-Bass, 1999. を参照のこと。

(10) 詳細と調査結果に関しては、以下の文献を参照のこと。Lawrence Kohlberg, *The Philosophy of Moral Development*, San Francisco: Harper & Row, 1981. および Anne Colby and Lawrence Kohlberg, *The Measurement of Moral Judgment, Volume I: Theoretical Foundations and Research Validations*, Cambridge, MA: Cambridge University Press, 1987.

(11) James Weber and Janet Gillespie, "Differences in Ethical Beliefs, Intentions, and Behaviors," *Business & Society* (1998), pp. 447-467.

(12) Terrence E. Deal and Allan A. Kennedy, *Corporate Cultures: The Rites and Rituals of Corporate Life*, Readings, MA: Addison-Wesley, 1982, pp. 4, 16.

(13) James Weber, "Influences upon Organizational Ethical Subclimates: A Multi-Departmental Analysis of a Single Firm," *Organization Science* 6 (1995), pp. 509-523.

(14) 倫理的権利に関する議論には、以下の文献を参照のこと。John R. Boatright, *Ethics and the Conduct of Business*, 2d ed., Upper Saddle River, NJ: Prentice-Hall, 1997., および, Manuel G. Velasquez, *Business Ethics: Concepts and Cases*, 4th ed., Upper Saddle River, NJ: Prentice-Hall, 1998, pp. 85-102.

(15) Ronald C. Berenbeim, *Global Corporate Ethics Practices: A Developing Consensus*, New York, Conference Board, 1999.

(16) Betsy Stevens, "Communicating Ethical Values: A Study of Employee Perceptions," *Journal of Business Ethics* 20 (1999), pp. 113-120. 規範の例としては、以下の文献を参照のこと。Patrick E. Murphy, "Corporate Ethics Statements: Current Status and Future Prospects," *Journal of Business Ethics* 14 (1995), pp. 727-740., および, Rena A. Gorlin, ed., *Codes of Professional Responsibility: Ethics Standards in Business, Health and Law*, 4th ed., Washington, DC: The Bureau of National Affairs, 1999.

(17) Berenbeim, *Global Corporate Ethics Practices*, p. 23.

(18) Kim Campbell, "Ethics Officers Roam Hall More U. S. Workplaces," *Christian Science Monitor*, June 21, 1996, p. 8., および, Lynette Khalfani, "Business Tries

to Keep the Wilves out of the Flock," *Washington Post*, August 11, 1996, p. H4.
(19) 倫理担当責任者協会のサイト www.eoa.org を参照のこと。
(20) Andrew W. Singer, "Coming Soon: Certification for Compliance Officers," *Ethikos*, September-October 1998, pp. 12-13.
(21) "Pacific Bell: Dial E for Ethics," *Ethikos*, May-June 1990, p. 5.
(22) Andrew W. Singer, "Bracing for Deregulation, AEP Boosts Ethics Training," *Ethikos*, July-August 1997, pp. 1-3, 16.
(23) "Operating an Ethics Hotline: Some Practical Advice," *Ethikos*, March-April 1996, pp. 11-13., および、Laura Sperry, *Business Conduct and Ethics: How to Set Up a Self-Governance Program*, Chesterland, OH: Business Laws, Inc., 1995.
(24) Beard Center for Leadership in Ethics, *Ethics Initiatives in Southwestern Pennsylvania: A Benchmarking Report*, Pittsburgh, PA: Dequesne University, 1996.
(25) Andrew Singer, "Lockheed-Martin Moves beyond the Internet to Internet Compliance Training," *Ethikos*, May-June 1999, pp. 5-8.
(26) Joanne S. Lublin and Elizabeth MacDonald, "Scandals Signal Laxity of Audit Panels," *Wall Street Journal*, July 17, 1998, pp. B1, B9.
(27) Joshua Joseph, *2000 National Business Ethics Survey, Volume I: How Employees Perceive Ethics at Work*, Washington, DC: Ethics Resource Center, 2000., および、*Ethics in American Business: Policies, Programs, and Perceptions*, Washington, DC: Ethics Resource Center, 1994. を参照のこと。
(28) "12th Annual Business Ethics Awards," *Business Ethics*, November-December 2000, pp. 10-14.

第Ⅳ部
グローバル社会のなかの企業と政府

第7章　企業と公共政策

　企業活動上の意思決定と政治的な意思決定とは密接に関連している。企業活動上の決定は政治に影響を及ぼし，政策決定は企業活動に影響する。政府の行動は，国家の公共政策を表現したものであり，企業環境に重要な方向性を与える。公共政策決定のなかには，産業全体に影響を与えるものもあれば，特定企業に影響を与えるものもある。経営管理者は，自社が操業し，倫理的，かつ，法的な方法で，そのプロセスに関与しなければならないすべての国において，公共政策過程が機能する方法を理解しなければならない。
　本章では，以下のような主要な問題と目的に焦点を絞って論じることにする。
　・公共政策過程の重要な要素は何か？
　・経済政策の主要な領域においてどのようなものが，あらゆる国における企業活動に影響するのか？
　・社会福祉政策は，企業活動にどのように影響するのか？
　・政府が企業活動を規制するための主要な形態は何か？
　・どのような要因が規制を促進するのか。何が規制緩和を促進するのか？
　・なぜ，国際的な規制が生じているのか。それはどのように機能するのか？

　ウイリアム・クレイ・フォード（William Clay Ford）は，4代目のミスター・フォード（Mr. Fords）であり，フォード自動車会社（Ford Motor Co.,）の最高経営責任者の地位にある。フォードの取締役会が，彼に経営委員会の委員長を任命したのは1994年のことであった。2000年には，彼はフォードの会長になった。21世紀がはじまると，"ビル"フォード（"Bill" Ford）は1900年代初頭に彼の偉大な祖父が興した会社を率いる責任を負うこととなった。先代のミスター・フォードたちと同じく，彼は，世界レベルの自動車会社としてのフォード社の地位を改善しようとする際に，挑戦すべき課題に直面する。これらの挑戦のかなりの部分は，政府の役割変化に対処するためのものである。
　1903年に，ヘンリー・フォード（Henry Ford）がフォード自動車会社を設立した当時，彼と政府との関係は比較的単純なものであった。法規上，反トラスト法が存在するだけであったが，彼の企業活動はそれに抵触するほど大きなものではなかった。連邦収入税の心配もなく，フォードは海外での深刻な競争に直面することもなかった。フォードの工場では組合が許可されていなかったし，政府の賃金，労働時間，労働条件，および，安全や健康に関する規制など話題にのぼることすらなかった。政府は，退職金や年金の支払いを強要しなかった。なぜならば，それらのものは存在しなかったからである。会社は，大気汚染，エネルギー不足，あるいは，自動車の安全性に対する消費者の不満，といった課題事項にも直面しなかった。後年，これらの課題事項のすべてがフォードや

自動車産業が政府の怒りを買う材料となったのだが。昔日の日々にミスター・フォードの主要な悩みは，競争者によってもたらされた特許侵害裁判であった（彼は，結局，法廷で勝訴した）。

　創立者の孫にあたるヘンリー・フォード二世（Henry Ford Ⅱ）が1970年代に最高経営責任者（CEO）になった時期は非常に異なる世界になっていた。政府はフォードと他の自動車産業に属する同業者がどのように行動するのか，を注意深く観察した。彼の祖父が知っていたあの単純な反トラスト法は競争，製品価格，合併および買収を規制する一連の複雑な法律と裁判所規則に転化していた。労働法は組合を合法化し，賃金，労働時間，労働条件，安全や健康について規制した。連邦政府，州政府，地方政府，および，外国政府は，企業収益，工場や設備，キャピタルゲイン，自動車とトラックの販売，および，賃金に対し税金を徴収した。

　100年間の年月を経て，フォードの経営者は，彼らの企業活動に対する政府の役割がますます広範囲かつ複雑なものになったことを自覚している。同社の会長としてビル・フォードが理解したことは，フォード自動車会社が21世紀の新たな挑戦すべき課題に直面している，ということである。外国との競争はアメリカ本国においても増加しており，さらに，企業は世界中の何十もの国において競争している。多くの国において，進出先国政府はフォードの競争者のパートナーとなり，フォードに対しどのように競争するか画策する。このようにして，ヨーロッパやアジアのライバル企業は，フォードに不気味に立ちはだかってくるのである。消費者や地球規模の労働力は，多数の人種や国籍の人々が含まれる。技術的変化は企業活動の多くの側面を転換させつつある。今日のフォードの自動車は，クリーンな燃料によって動き，新しく安全な素材で組み立てられ，ドライバーが交通渋滞を回避しようとする際に役立つナビゲーション・システムをもつコンピュータにより制御された自動車を設計している。政府が設定した燃費節約，安全性，および，排ガス基準は，自動車の設計に影響を与える重要な要素である。このすべてにおいて，政府の政策——公共政策——は，企業の成功と操業に決定的に重要な役割を果たしている。

　なぜ，政府はこのような決定に関わるのか。いつ，そしてどのようにして，企業はそのような決定についての自らの意向を当局者と意思疎通するのか？　政府当局者と産業側の専門家が，公共的利益を実現する最善の策について同意できない場合，何が起こるのか？　こうした問題は本章でも登場し，これまでの章での主たる論点にも関連している。それには，相互作用するステイクホルダー・モデル（第1章），公共的課題事項の戦略的マネジメント（第2章），企業戦略と社会戦略との関係（第3，4章），そして，一般大衆の価値と倫理的期待が政府政策に及ぼす影響（第5，6章），が含まれる。

第Ⅳ部　グローバル社会のなかの企業と政府

1　政府と公共政策の役割

　政府は，現代経済のなかで企業が競争する条件を作る。政府がゲームのルールを設定することによって，市場競争は社会に便益をもたらすことが可能になる。世界中のどこの国であっても，「企業は利益を実現し，それを追求する絶対的な権利を有するのである。しかしながら，こうした権利の行使は適切な法と公共政策に従うことが条件である。政府の役割は「企業と社会との関係を調整するさまざまな法律を立案し，強化することにある。政府はまた，課税や規制によって，企業に著しいコストを課したり，多岐にわたる事業活動に対する許認可権をもつ」ことにある。フォード自動車会社のような，何十もの国々で操業する，もっとも大規模な多国籍企業でさえ，当該国政府の法律と公共政策に従わなければならない。

　企業と政府の関係は，現代のグローバル経済の主要な特徴の一つである。企業と政府は頻繁に，かつ，新たな方法で相互に影響を及ぼし合う。ステイクホルダーはしばしば，社会的利益を促進したり保護したりするために，政府に対し企業活動を規制するよう求める。公共政策は薬物使用，教育，そして，仕事の創造といったような社会的課題に合致する企業活動を促進するために用いられる場合もある。グローバル競争は，ビジネス・リーダーと，政府のリーダーが互いに関係づけられるもう一つの選択肢を鮮明にした。企業と他の社会的なものとの関係と同様に，「企業と政府」の関係は動態的なものである。[(1)]

　政府は，現代社会のなかで積極的な役割を演じる。政府が行使すべきプログラムの適正規模に関しては激しい論争が生じているけれども，何らかの政府の活動なしには，社会はうまく機能しえないということについては広く合意されている。世界人口が増加するにつれて，個々の国家はより多くの市民を抱えるようになっており，したがって，彼らのニーズが充足されなければならないし，利害や期待する事柄が合理的な行動計画によって調整されなければならないのである。一般市民は政府に重要，かつ，基本的なニーズを充たすことを期待する。まず，最優先で重視されるべきことは，国防，警察，消防のような安全性に関わるものである。これらのものは，集団の「公共財」であり，あるコミュニティに所属するすべての人々に政府がもっとも効率よく提供できるものなのである。

　今日の世界において，政府は，経済的安全性や基本的な社会サービスを提供することも期待されているし，集団行動や公共政策を要請するもっとも緊急の社会問題に対処することも期待されている。**公共政策**（public policy）は，ある国の市民として認められる実質的な部分に関係する広範囲の目的を実践するために，政府が行使する公式の行動計画である。あるいは，前米国上院議員，パトリック・モニハン（Patrick Moynihan）がいうように，「公共政策は政府がすべきことと，してはならないこと，とを選択することである」と。一般に，これらのアイデアは理に適ったものである。それぞれの国で

違いがあるにせよ，公共政策は各国民政府がその目的を達成するための目標，計画，そして，行動の基本的なセットである。政府は，一般的には，国民の実質的な部分に影響を与えないような，そして，公共目的が実現されないような行動を選択しない。このことは公共的利益のために行動する政府という概念の本質なのである。

（1） 政府の権力

　公共政策を立案する基本的な力は，国家の政治システムに由来する。民主主義社会においては，市民は政治の指導者を選び，逆に選ばれた指導者は，行政サービス（例：水の供給，消防）から公教育や国防のような国家的サービスに至る広範囲の公的機能を充足するために他の者を任命することができる。民主主義国家は，主として国家の憲法（例：アメリカ合衆国憲法）のなかに政府の権力を記している。他の権威の源泉は，**慣習法**（Common law），あるいは，過去の裁判所における判決，米国の法制度のもともとの基礎などである。非民主主義社会においては，政府の権力は，絶対君主制（例：サウジアラビア），軍事的な独裁者（イラクのサダム・フセイン），あるいは，宗教的権威（イランの宗教指導者達）から生じるものであるかもしれない。これらの権力の源泉は，文民と軍部の権威との融合を生みながら，相互に影響を与え合う。中国，ロシア，南アフリカ，および，他の国家における政治システムは近年，深刻な変化を経験した。そして，民主主義国家もまた，カナダとケベックのように，中央政府の権力を試すような独立国家への道を追求する地方の圧力に直面する可能性がある。

　政治的権力と影響はすべての国家を変化させる。例えば，米国において，地方政府と中央政府の権力バランスに関する合意形成の失敗が1700年代のアメリカ独立革命戦争（植民地 対 キング・ジョージ），1800年代の南北戦争（南部諸州 対 連邦政府），そして，1990年代の議会における主要な論争をもたらした。適切な得票計算基準に関する米国最高裁（連邦法）対 フロリダ最高裁（州法）の法的権威は，2000年の大統領選挙の際の重要な争点になった。公共政策は結局，これらの権力や影響のすべてを反映する。

（2）公共政策の要素

　すべての国家における政府の行動は，公共政策の基本的な要素によって理解することができる。多くの要素，換言すれば，インプット要素は政府の政策決定や戦略にさまざまな問題を突きつける。経済政策や外交政策，選挙人や利益集団からもたらされる国内の政治的圧力，技術情報，そして，メディアが注視する項目，等のすべてのものは，国家の政治的決定を形成する上で役割を演じるのである。このことは，中央政府レベルにおいても州政府レベルにおいても当てはまる。

　　　例えば，多くの国や地方政府は，携帯電話の使用を禁止したり，規制しようとしてきた。規制論者のなかには，携帯電話の利用者はしばしば他者への配慮が足りず，いつで

も，どこでも（そのなかには，レストラン，学校，コンサート，教会さえ含まれる）電話を使うことを問題視する。他方，携帯電話の問題とは，その利用者が軽率な個人の場合に生じる問題であるから，したがって，政府の規制によっては解決しないという見解もある。別の問題は人々が自動車の運転中に携帯電話を使用する場合に生じる公共的安全性に関わるものである。この場合，あるグループは，ドライバーは携帯電話の利用を止めるべきである，と主張する。なぜならば，そのような行為が，他のドライバーや通行人を危険にさらすためである。これらのグループは事故情報を収集し，事故と携帯電話の使用との因果関係を証明してみせようとする。政治体――議会，町議会，規制機関――は，行動を起こすのかどうか，もし起こすとすればどのような行動になるのかを決める上で，上記のインプット要素のすべてを考慮しなければならない。

公共政策の目標は広範囲のもの（例：完全雇用）や高徳なもの（例：すべての人への機会均等）もあれば，狭い範囲のもので自己サービス的なものもあり得る。自由，民主主義といった国家的価値や経済的繁栄をすべての一般市民に分かつための公正な機会は，公民権法やそれが必要とする経済支援プログラムの採択を必要とした。特殊な利益に奉仕する狭義の目標は，次のような場合に鮮明になる。すなわち，国家がどのような形でさまざまな利益集団に課税するかを決める場合であり，あるいは，石油の採掘権や伐採許可権のように，公的な資源がある集団あるいは他の集団に与えられるような場合である。その目標が広義であろうが，狭義であろうが，換言すれば，ある範囲の便益であろうが，すべてのものにとっての便益であろうが，政府は，政策を実施するためには防御的な根拠付けをもつべきである。すなわち，その行為がどのような公的目標に奉仕するのかを問うこと，が常に必要となるのである。

携帯電話の使用を規制するという政府決定の根拠は，公共的利益の定義にもとづくものでなければならない。レストラン，コンサート，あるいは，教会で人々が感じる不便は，携帯電話の利用を規制する正当な根拠としては十分ではないかもしれない。しかしながら，トラックや乗用車を運転するドライバーへの携帯電話使用の規制は，公的な利益とより合致する可能性が高い。なぜならば，この場合には，事態を何も知る由もない他のドライバー，同乗者，そして，通行人を含む他者への危害を軽減するからである。自動車事故における個人の損害賠償費用は，しばしば高額なものになり，1件当たり数千ドルにも及ぶ。こうして，人命救助，傷害の軽減，および健康維持費用の軽減といった目標は，携帯電話の規制を正当化するかもしれない。このように，政策決定は，部分的には，規制の便益が大衆に強制する費用と比較して，大きいのか，それとも小さいのか，という点に依存するのである。[2]

政府は政策目標を達成するため，さまざまな公共政策のツール，ないし，装置を用いる。例えば，予算折衝においては，歳入を高める代替策に議論が集中しがちである。すなわち，個人や企業に対する課税強化，控除対象の見直し，特定品目（例；高級車，タバコ，ガソリン，酒）を対象にした新たな売上税の徴収などである。公共政策の装置と

は，インセンティヴとペナルティの組み合わせであり，政策目標を達成する手段を市民や企業に実行させるために政府はこのような装置を用いるのである。政府規制という権力は一般的であり，また，公共目的を達成するためのもっとも侮りがたい装置の一つでもある。

　仮に政府（議会，あるいは，行政組織）が，ドライバーによる携帯電話使用は公共の安全にとって深刻な危険を伴うものであるため，規制すべきであると決めた場合，次の段階は，正しい政策ツールを選択することであろう。例えば，地方政府が，市街地でのドライバーによる携帯電話使用を禁ずると提案した場合，違反者を首尾良く罰することが可能であるかもしれない。しかしながら，より広範囲の管轄権を伴う中央政府の場合は，電話番号をダイヤルしたい場合に，ドライバーが手をハンドルから離す必要性をなくなるように，携帯電話製造業者（あるいは，販売業者）に対しハンズフリーテレフォン装置を追加設定するよう要請するような形での規制がベスト・ツールである，と判断するかもしれない。

公共政策行動は常に効果をもつ。効果のあるものは意図的なものであり，その他のものは意図せざる結果である。公共政策は多くの人々，組織，そして，その他の利害関係に影響を及ぼすことから，ある者には歓迎され，ある者には忌避されることは多くの場合避けがたい。規制は，企業に対して，従業員の健康面でのリスクを減じるために，職場で有害物質を使用する方法を改善するよう求めるかもしれない。それにもかかわらず，他の目標が意図せざる効果として，このような規制の承認を妨げるかもしれない。例えば，妊婦の健康リスクが，その職場で高まることが判明した場合，企業によってはその仕事から婦人を外すかもしれない。こうした行動は雇用機会均等という目標を乱すものとして，婦人に対する差別的な雇用形態とみなされるかもしれない。ある政治的行動（従業員保護）がもたらす意図せざる効果（雇用面での差別）は，機会均等という公共政策目標と真っ向から対立するのである。

　例えば，1990年代半ば，英国政府はいわゆる民営化計画において，公的に所有され，経営されていた鉄道システムを民間事業に転換することを決めた。企業活動として鉄道を走らせることによって，効率の改善は急速に進み，より合理的なコストで利用客のサービスが改善されると信じられた。しかし，民営化後の5年間で，事実上，すべての英国国民がその結果が悲惨なものであることを認識した。安全問題が深刻なものとなり，列車や駅を修理するための投資が必要になり，メンテナンスのための設備は作られず，運行システムは終始遅延するようになったのである。最悪なことに，鉄道の運行を維持するために，政府はいまだに2億ドル以上を事業会社——レイルトラック——に支払い続けている。民営化の効果は，観察者によれば，もともとそれがもっていた問題以上に最悪なものであった。

以上のことから，公共政策提案のあらゆるタイプを評価する場合，提案者は以下の四つの問題への回答を用意することが重要である。

図表7-1 企業活動に影響を及ぼす公共政策

国の経済政策 ――――――→ 経済効果	
マクロ経済に影響する政策	
経済成長	雇用／失業, 福祉支援
財政政策	政府支出, 税制
金融政策	通貨価値, 利子率
個別の産業や部門に影響する政策	
貿易政策	輸出／輸入（貿易収支）, 貿易障壁（例：関税）
産業政策	重点産業に対する支援
社会福祉政策 ――――――→ 経済効果	
労働現場に影響する政策	
児童労働法	限られた労働力；労働コスト
最低賃金, 最大労働時間	労働コスト；安全コスト
安全・健康基準	設備コスト；維持
知る権利開示基準	これまで秘密とされた情報の公開
市場に影響する政策	
消費者に対する安全性保護	生産コスト
貧困者, 障害者, 困窮者に対する政府補助金	税制
収益性に影響する政策	
社会保障税の支払い	雇用者と被雇用者の費用負担割合
強制的な退職給付金	労働コストの増加, 古参従業員のコスト増
障害者および失業者救済策	労働コスト；解雇に激怒した従業員の説得のためのコスト
健康保険担保範囲および給付	労働コスト；首尾よく管理されたケアプランを活用するインセンティヴ

(1) どのようなインプット要素が公共政策を形成し、それに影響するのか？
(2) 達成されるべきはどのような目標か？
(3) どのような装置が目標達成に使用されるべきか？
(4) 意図した、あるいは意図せざるものとして、どのような効果が生じうるのか？

同時に、これらの問題は公共政策が経済活動や企業活動にどのように影響を与えるのか、を理解するための枠組みを提供するものである。

2 公共政策と企業

中央国家は財政政策と金融政策の実効性を上げるべく、経済成長を管理しようとする。他方、州政府はさまざまな地域経済政策を通して企業環境を整える。そして、地方政府

は，事業許可，ライセンス，および，特定地区の経済要請などを含む諸政策を通じて企業活動に影響を及ぼす。図表7-1に描かれているように，あるいはまた，以下で議論されるように，ある国の経済政策，および，社会政策は同国家内や国境を越えて操業する企業に対して，環境をつくるという点で企業活動に影響を及ぼす。

（1）一国の経済成長

現代経済の管理者としての政府の役割は，今日，広範囲なものとして容認されている。世界中の国々の政治的リーダーとビジネス・リーダーは企業活動を競争的なものにし，市民を繁栄させるために必要な基礎的条件を創造したり，あるいは破壊したりするのは政府であると認識している。これは，新しい着想ではない。歴史的に，17～19世紀を通じて欧州の諸国家は，はるか遠くの土地を植民地化することによって強い国民経済を建設しようと試みた。天然資源が搾取され，工業製品は植民地の開拓移民に対して，販売されることによって，植民地の富が宗主国の富となった。

今日，国民経済における政府の役割は，マクロ経済政策を通じて行使される。植民地時代の社会政策が基礎的経済条件や企業活動と政府の行動と結びついているのとまさに同じように，今日の社会政策は現代経済の成長条件を創造するという政府の有効性と結びついている。国民政府は，政府が経済成長を促進するような諸政策を創造するべきであるという仮定の下で行動する。第二次世界大戦後，米国議会は完全雇用法を制定したが，同法は経済成長と失業に対する目標を定めた。さらに，議会は投資を奨励するための諸政策を採択し（例えば，海外投資家を誘致し国内の設備投資を促進した），技術的発展を育成（特許保護）し，重要なサービス（道路，公衆衛生，および，治安維持）を提供し，教育を通じて有能な労働力を育成する。毎年，おびただしい数の法律がその国の企業環境の改善と経済成長を促進するために立法府から提案される。

   米国は世界最大の経済大国ではあるが，経済成長がもっとも急速な国ではない。これが意味することは，新たな機会が他の急速に成長する諸国家ほどには加速的に生まれないということである。あるエコノミストの考えるところによれば，米国のような成熟した経済は，人口の増加から生じる必要性に見合った成長率である3％程度の成長を果たすべきである。米国の経済政策は，この目標をめざしている。一方，他国の経済成長は，より高いものもあれば（例えば，中国は1990年代を通じて年率で10％近く成長した），より低いものもある（ロシアは実際に1990年代後半には低成長であった）。

経済成長は，社会的需要と企業環境へ資源を差し向ける国家の能力に影響する。高い成長が意味するものは雇用機会と企業の繁栄をより多く伴う経済の拡大化である。低成長は失業の増大，福祉プログラムの負担費用増，および，増税圧力を含む，国家の社会問題を生む可能性がある。日本とロシアはともに過去10年間低経済成長に甘んじ，失業と経済のスタグネーションを伴う社会問題を被った。結局，政治的リーダーは国富の増大を生み出すがゆえに経済成長を好む。

財政政策は，マクロ経済に刺激を与えたり，それを支えたりするための政府支出と課税のパターンに関連する。政府は，多くの多岐にわたる活動に対して支出する。地方政府は，教師，ゴミ収集人，警察官，消防士を雇用する。州政府は，典型的には，道路，社会的サービス，公園に大金を支出する。中央政府は，国防，国際関係，および，数百もの公共事業計画に巨額の資金を支出する。1930年代の大恐慌時に，公共事業計画は数多くの人々を雇用し，彼らの手にお金をもたらし，このような「呼び水用の財政支出」(pump priming) によって財とサービスの消費を刺激した。今日においても，財政政策が繁栄をもたらす基本用具であることに変わりない。公共事業計画（例えば，道路，空港建設等の）は，他の公的目標を達成するためのものである一方で，雇用を生み出すもっとも一般的な手段であり続けている。

　今日，米国最大の公共事業計画は，マサチューセッツ州ボストン市の「ビッグ・ディッグ」("Big Dig") 建設計画である。この計画は1990年代初頭以来，1万5000人以上もの雇用をもたらした。その目的は市と空港を結ぶためにボストン湾の下にトンネルを掘り，下町地区に通じる，セントラル・アーテリー（Central Artery）として知られる高架道路を取り除き，新たに地下道路を造ることである。また，それにより交通渋滞を緩和し，ボストンの地価が高騰している金融地区にある大規模な土地を有効利用することである。しかしながら，これらの便益は安価に入手できるわけではない。「ビッグ・ディッグ」計画の費用見積もりは当初20億ドルであったが，1990年代後半には70億ドルに増加した。2000年の米国運輸省の会計監査では，費用は2002年までに120億ドル以上に達する，と指摘された。専門家のなかには，合計で140億ドルを超えると断定している者もいる。こうした費用は，連邦政府と州政府によって賄われ，利用料金と一般歳入が結果的に同計画のために利用されることが期待されている。最終的な費用について誰も見当がつかないにもかかわらず，マイル当たり20億ドルの費用で7マイルの道路を建設することが合意されているため，「ビッグ・ディッグ」は米国でこれまで建設されたもののなかで，マイル当たりもっとも高価な道路となる見込みである。[4]

（2）課税政策

事業税を増税するか，減税するかの決定は，政府が支出できる資金総額と新工場，設備，人材への企業投資量とに直ちに影響を及ぼす。同様のことは，個人への課税にも当てはまる。税引き後の家計収入は，食品，住宅，自動車，娯楽への支出に影響する。課税率はまた，貯蓄額と経済への再投資資額にも影響を与える。わずかな課税規則でさえ，多大な効果をもつ可能性がある。例えば，本社の課税控除措置は1990年代後半，2000万社以上もの米国企業の経営に影響をもたらした。

課税政策は，しばしば政府が達成しようとするその他の目標の結果である。政府は増税する場合があるが，その理由は他の必要性，あるいは，政策への関与が重要な意味をもち，かつ，増税圧力が増税反対圧力を上回っているからである。例えば，国家が戦時にある場合，税は高まる。戦争遂行費用を賄う必要から，徴税が強化されるのである。

平常時に支出される優先事項もまた、税制に影響を及ぼし、課税の成り行きによって政治的に可能かどうかが決まるのである。

　　例えば、過去10年間における最大の支出計画の一つは、国民健康管理制度（national health care system）を創設する、というクリントン大統領の提案であった。すべての米国民を対象とする健康管理制度を設けるという案は、その費用から猛反発を被った。新税の見通しとして、100億〜1000億ドルを超えるまでの幅で財政支出を必要とし、したがって、増税反対が同提案を退ける理由の一つとなった。数多くの個人、企業、および、団体が健康管理制度を提案する必要性は認めたものの、こうした斬新な取組みに対する財政問題が計画を支持することをためらわせたのである。これとは対照的に、新たに就任したジョージ・W.ブッシュ大統領（George W. Bush）は、2001年に処方薬の保険対象範囲の拡大を速やかに導入できたが、その理由は国家予算が潤沢であり、したがって、増税をほとんど伴うものではなかったからであった。

　国家の**金融政策**（monetary policy）は、供給、需要、および、その国の通貨価値に影響を与える。通貨価値は、他国経済と比較した場合の、その国の経済の強さによって決められる。市中通貨数量、および、ローン、クレジット、通貨への需要水準は、インフレ、デフレ、そして、政府目標に作用する。

　米国では、連邦準備銀行（そのメンバー構成は大統領が指名するが、政策は理事会で決定される）が、他国の中央銀行の役割を果たす。民間銀行が「連銀」から資金調達する際の利子率の調整を通じて、理事会は国家の通貨供給規模と他国通貨に対するドルの価値に影響を与えることが可能となる。国家の通貨政策を管理することはきわめて難しい。健全な経済は、企業活動が経済成長を持続するのに十分な貨幣と信用の供給を要求する。通貨供給があまりに大きくなると、経済資源の価値を高めすぎ、インフレとなる。通貨供給があまりに小さい場合はデフレをもたらし、不足気味のドルが必要な財とサービスを追い求めるようになる。

　　1990年代後半における厳しい経済危機に陥ったアジア経済は、金融政策問題に直面した。1997年に、タイ政府は、インフレ圧力と経済の過熱化のために、自国通貨、バーツの価値を切り下げた。バーツの価値切り下げの決定は、国際通貨取引がタイ政府に要求したものであったが、国際取引上では、専門家が一国通貨と他国通貨との不均衡を継続的に監視している。トレーダーは、タイ経済が過大評価されていると結論づけ、他国通貨を選好してバーツを売ったのである。タイの問題は、1990年代半ばにペソの切り下げを余儀なくされたメキシコの問題と同様のものであった。同国の場合、ペソを所有する国民の巨額の資産損失を生み、企業は、米国ドルのような他の通貨によってローンの再支払いを余儀なくされた。(5)

　一国通貨の価値の変化は、「企業と社会」に深刻な影響を及ぼす。それは、通貨の購買力、貯蓄の安定性と価値、そして、国家の将来に対する市民と投資家の信頼に影響を及ぼす。同様に、他国からの資金借り受け能力や民間資本吸引力にも影響する。

（3）貿易政策

貿易政策（trade policy）は，他国との取引の増減に関わる政府行動に関連する。石油，木材，石炭，鉱物といった天然資源や農業生産物を豊富に保有する国はそれら商品の市場を生み出し，経済成長の促進に役立つがゆえに，貿易を好む。衣料，電化製品，コンピュータ，自動車のようなコスト重視の生産者がいる国は国際貿易を好む傾向があるが，それは効率性を欠いたライバルより顧客により魅力的な価格で製品を供給できるからである。しかしながら，そのためには，その国に対して貿易が自由化されているという社会的状況が存在しなければならない。豊富な天然資源がなく，効率的な製造業ももたない国は，貿易に国民の便益を損なう側面を見出すかもしれない。貿易は海外生まれの財やサービスに支出する国民には価値があるものとなるが，失業中の国民は，地場企業が外国企業の費用効率に対抗できない場合，仕事にありつけないのである。

富裕国はまた，国際貿易を複合的な恩恵に浴するものと認識するかもしれない。「北米自由貿易協定」（NAFTA：North American Free Trade Agreement）が採択されたとき，米国の労働組合指導者は仕事がメキシコのような低賃金労働国によって失われ，そのために失業が増え，米国と関係のある共同体（国々）に社会的ダメージをもたらすことを恐れた。環境保護者は，メキシコのより緩やかな法律が，米国企業にとって本国よりもメキシコで操業することの方が環境コストの低下誘因となることに関心をもった。このような考え方は，ある国においては市場開放と自由貿易を好む方向に作用し，他国においては市場の保護と貿易制限を好む方向に作用する。

> 国家が貿易問題に直面する際，ときとして矛盾する目標をもつことを日本の事例が物語っている。競争力となるコスト優位と革新技術を有する産業においては，リーダーは自由貿易を好んだ。日本は，鉄鋼，家電製品，コンピュータの分野で経済を自由化するよう他国に働きかけたが，財，および，サービスがより高価，かつ，先進的である国々との貿易に対して自国経済を開放することは制限した。米国のコンピュータ企業，建設会社，自動車製造業者は，彼らの製品を日本で販売する許可を得るのに非常に苦労し，その一方で，ファストフード，たばこ，デザイナーズ・ブランドの衣料品は日本における企業活動の許可を実に速やかに獲得した。日本での販売許可を得ることがもっとも困難な米国製品は，数百万にも達する日本の農民に影響を与える製品，すなわち，米であった。政府は，日本での輸入米販売許可を拒み，農民を保護した。1990年代半ばの国内米の激しい不作と米国政府からの圧力が日本への米国米の輸出機会を生み出したのである。[6]

国家はしばしば，例えば，農業のようなある特定の経済活動領域において自給自足をめざし，伝統と国家価値あるいは多くの人々を雇用する産業を保護することによって経済の社会的基盤を活力あるものにする。例えば，フランスとイタリアは，外国との競争から伝統的な家族を基盤とする農家を保護しようと努めた。そして，多くの国が世界水準での効率性はないのに，何千もの従業員を抱える衰退産業を保護しようと努めてきた。

これらの圧力は，販売業者に対して，販売する商品のすべての販売価格を上げざるをえないような輸入品への特別手数料（関税）を課すことや厳しい数量規制を課すことで，貿易障壁を設けるよう政府に迫った。

（4）産業政策

政府の多くは，特定産業へ経済資源を供給しようと試みる。これは**産業政策**（industrial policy）として知られているものである。石油資源を有する国は，石油部門の開発と生産に役立つように税やその他の政策を組み立てる。多くの国が，鉄鋼，自動車，繊維およびその他の多くの従業員を抱えるような産業を公共政策により後押しする。政府はまた，国営企業を設置し，直接に新技術（例えば，光ファイバー）に投資したり，あるいは，間接的にニュービジネス（例えば，カジノ経営）への投資を促すような規則や条件を整える。1990年代の米国では，政府が産業政策で勝者と敗者を選別すべきか否かということを巡って激しい論争を生んだ。米国の政治リーダーは，一般的には，成長させるため特定産業を選別し，ニュービジネスを育てるための条件をつくるために政府の力を利用することを好んだ。もとより，航空機，人工衛星，病院，および，無数のその他の製品とサービスに支出する政府は，発展しつつある産業にも貢献する。例えば，インターネットは1960年代に情報のパケット交換方式ネットワーク（packet-switched network）への米国政府投資の副産物であったが，それは国防先端調査計画部局（ARPA：Advanced Research Projects Agency）による資金を使用して，防衛関連調査に関わる数多くのコンピュータを結ぶことが当初の目的であった。

3　社会福祉政策

20世紀は，世界中の人々の福利面で多大なる進歩を果たした。先進工業国は，国民のために社会サービスの精緻なシステムを開発した。発展途上国経済は，社会福祉の中心的な領域（例えば，公衆衛生）を改善してきたのであり，さらに，経済の成長と歩調を合わせながら，改善し続けるであろう。国際標準と最良の実践活動がこれらの傾向を促進しているのである。

（1）衛生政策

健康管理は，公衆衛生問題が国家の全人口に影響するために，もっとも基本的な社会サービスである。米国，カナダ，ドイツ，日本，英国は自国民に対する健康管理を促進するために，巨額の費用を支出している。しかし，多くの疾病は，世界のどこかの片すみで始まり，交通のグローバル化により瞬く間に拡大する。

> インドのスラトという街である医師が死に至る伝染病である肺炎の発症を発見したとき，インド政府は伝染病と闘うための手段を動員した。二週間以内に40人以上の死者が

図表7-2　健康管理コストと給付の国別比較

高寿命国ランキング	平均寿命 (1995-2000年)	人口 (100万人, 1998年)	実質GDP (一人当たり, 1998年：米ドル)	健康に関する総支出 (GDP比, 1996～98年)
1. 日本	80.0	126.3	$32,350	5.9%
2. カナダ	79.0	30.6	19,170	6.4
3. スウェーデン	78.6	8.9	25,580	7.2
4. オーストラリア	78.3	18.5	20,690	5.5
5. ギリシャ	78.1	10.6	11,740	5.3
6. フランス	78.1	58.7	24,900	7.1
7. スペイン	78.0	39.6	14,100	5.6
8. オランダ	77.9	15.7	24,780	6.1
9. イスラエル	77.8	6.0	16,180	7.0
10. イギリス	77.2	58.6	21,410	5.9
11. ドイツ	77.2	82.1	26,570	8.2
12. アメリカ	76.7	294.0	29,240	6.5
13. アイルランド	76.4	3.7	18,910	4.9

出典：United Nations *Human Development, Report, 2000*, New York：United Nations Development Program and Oxford University Press, 2000, various tables in Appendix A, "Human Development Indicators." www.undp.org. も参照されたい。

出て，その他に100人か，おそらくは1000人が伝染していた。しかしながら，もっとも重大な問題は伝染病がインドの他の街に拡大することが必至であることと，また，可能性としては世界中の他国へ拡大することであった。世界保健機関は，インド政府とともにスラト，ボンベイ，ニューデリー，そして，何百マイルも隔たった地域で伝染病を処理するため公衆衛生資源を組織化するため尽力した。数千人の健康な人々——医師，看護師，そして，医療補助員——が，伝染病の患者を治療するために組織された。

先進工業社会は健康状態を改善するために，病院，医療技術，高度医薬品に依存している。貧しい諸国もまた，公衆衛生を道徳的義務であるとし，人材への投資ともみなしている。多くの国では，地方の病院，地域教育，地方で利用可能な医薬品を通じて，基本的な健康管理に対する要求を充たそうとしている。こうした予防的な健康管理への投資は，幼児死亡率，小児死亡率，そして，疾病に対する住民の予防接種といった分野で画期的な改善を生みつつある。

健康への支出と便益との関係については，世界中の国々で長年にわたり論争が続いてきた。世界銀行によって実施された国家制度調査によれば，米国は技術的に先進的な健康管理制度を有し，その結果，心臓移植のような数多くの高度な医療行為が生み出されている。しかしながら，児童の予防接種といったプログラムによる予防的な健康管理では他国の下に位置づけられている。図表7-2に示されているように，工業国といっても，健康管理面での支出，収入，あるいは，その支出から得られた成果についてはさまざまである。例えば，米国は他国よりも健康管理に国民純生産の多くの部分を費やしているが，他国の人々は米国人以上に長生きしている。専門家の間で広く知れわたってい

る意見は，人口が国家の資源とみなされる場合，健康への支出は人的資本への重要な投資となるということである。

　衛生政策は健康管理費用が増大するにつれ，より深刻なものとなっていった。1990年代初頭，経済専門家は米国の健康管理費用がGDPの約13％から2010年までには20％にまで達するであろう，と指摘した。この指摘は急騰する費用が米国経済の安定を脅かすのでは，という不安を招いた。政府当局者は健康管理費用を抑制する必要に迫られた。この種の圧力は結果的に，歳出管理のための新たな法制化を促し，「健康維持機構」（HMOs: Health Maintenance Organizations）の創設，病院の合併，民間の健康管理会社の成長をもたらした。

　衛生問題は，公共政策の他の重要な分野と組み合わされている。例えば，環境政策の目標の一つは，有害な汚染物質から子どもと大人の健康を保護することである。これは，新鮮な水，および，新鮮な空気のための法制化，さらには有害物質の投棄規制を促進してきた。汚染による死亡率の研究が示すところでは，発展途上国は，汚染に関連した疾病が理由となって深刻な人生の損失を被っているのである。

　高騰する健康管理費用は，衛生サービスをより効率的，かつ，有効に提供するための革新的な方策の探求に駆り立てた。1998～2000年の間に，例えば，無数のeコマース・ビジネスが健康管理需要をより効率的な方法で満たすことに目を向け始めた。eコマースのある中心的な研究者によれば，eコマース衛生会社には四つの異なるタイプがある。すなわち，利用者の初期情報源を探すポータルサイト，利用者と特定のデータソース（例えば，Healthon/WebMD）とを結びつける結節会社，製品（例えば，医療装置）を販売したり衛生分野のプロバイダー向けサービスを提供するB2B会社，そして，製造業者と卸業者が直接消費者に販売（例えば，処方薬）するB2C会社，である。政府は，処方薬の販売のような取引の多くの部分を統制し，課税政策を通じてその展開を促進したり，抑制したりできる。公共政策的決定は，米国人が健康管理面でのインターネット技術の利便性をどのようにして，かつ，どの時点で入手できるのか，という問題に直接関わり，影響を及ぼす。こうした事例が示しているように，ビジネス界は公衆衛生目標と費用が経済活動に課す負担の程度と大いに関わらざるをえないのである。ある産業に所属する企業が費用の増大を被る一方で，他の企業（例えば，医療装置や製薬会社）は衛生への社会的投資の拡大から便益を得るのである。

（2）社会保障

　国家の行政当局は特定階層の国民要求を充たそうとする。伝統的に，孤児や貧困家庭は支援を必要とする。今日，児童，老人，身障者，ホームレスといった社会の構成員が巨大な，かつ，援助を必要とする人口を形成している。多くの国では，こうした人口のなかの貧困層に保障による経済支援を提供するために，政府主導の社会保障制度を設けてきた。

米国では、国家の関与は、社会保障法（Social Security Act）が通過した時点（1934年）であるから、1930年代以降に確認できる。同法は基金を設け、働く米国人は給料から少額のお金を基金に支払った。基金は、勤労者の貢献が高まるにつれ豊かになり、その収入部分は年金受給者への月単位の社会保障給付金のために利用された。10年間は、この制度がうまく機能した。

しかしながら、社会保障制度は、二つの問題に直面した。第1の問題は、1940年代後半と1950年代に生まれたベビーブーマーが大挙して退職しはじめるにつれ、人口が高齢化したことである。人々は長生きするようになり、社会保障給付も長期にわたるようになった。社会保障準備金は便益者への年間支払いが支払い可能総額を上回るようになり不足気味になる可能性がある。第2の問題は、社会保障基金に貢献する若年勤労者の基礎数が、年金受給者への支払いの拡大と同じようには増えないことである。社会保障関連税は上昇しており、便益の低下圧力が浮上してきている。収入と支出の均衡を保とうとする米国議会の幾多の努力にもかかわらず、同制度は長期的な解決策を必要としたままである。金融サービス事業会社は、同制度の民営化と、個人年金勘定において社会保障給付に投資する選択肢を個人に与えるよう議会に交渉した。2000年の選挙の際に、すべての大統領候補者が社会保障救済策を提案したが、改善の政治的見通しは、2001年に新内閣が発足した時点でも不透明なままであった。この問題は、次の10年においても国家における公共政策の協議事項の重要課題であるように思われる。

（3）エンタイトルメント（受給権）

国が社会福祉計画を拡大するにつれ、支給水準を上げるよう圧力がかかる。ひとたび計画がまとまれば、国民は同計画の便益が充実することを期待する。これは、**受給権者の心性**（entitlement mentality）を生み出す。すなわち、人々は自分が適格者であると信じ、政治制度（政府）はさらなる支援を提供し続けるだろう、ということを信じるのである。

エンタイトルメントは政治的指導者にとってジレンマとなる。それは、便益者の数の拡大と、便益が人々の間で気前よく拡大するようになるということの圧力であり、その結果、費用も増大し、納税者の利益と受給者の利益との均衡を図る必要が生じてくるのである。憤りが生じるのは、便益を受ける必要のない個人や事業体が支援を受けたと知ったときである。メディアは、それを浪費、詐欺、悪習の事例として報じる可能性がある。[13] 納税者への合理的な費用で本当に必要としている者へ便益を提供するというジレンマを永続的に克服できる国はほんの一握りの国にすぎない。

4　企業活動への政府規制

(1) 目的と目標

社会は市民と組織の行動基準を定めることを政府に期待する。政府は多くの階層（連邦，州，地方）で行動するために，現代企業は複雑な規制の網に直面する。企業はしばしば，法律家，パブリック・アフェアーズの専門家，政府との交渉を監視・管理するため（これについては第2章を参照されたい）の専門家を必要とする。社会はなぜ，問題解決の手段として規制に向かうのであろうか。そこにはさまざまな理由がある。

① 経済的目標

経済的目標はある種の政府規制に特徴的であるが，そのなかでもっとも高位のものは社会的目的である。政府規制を支持する経済的論点の一つが**市場の失敗**（market failure）という考え方である。すなわち，市場が製品価格と企業活動の実際費用との調整に失敗する場合である。例えば，顧客がそれを必要としない場合，企業が汚染制御装置に資金を投資する市場誘因は存在しない。市場は，汚染の社会的費用（環境被害）と経済的評価とを結合することに失敗する。政府は，産業内のすべての競争者に汚染防止基準を遵守するよう強制するために規制を利用できる。その際，企業は，この基準を充たすための特別費用と製品価格とを調整するであろう。このような方法で，環境に課された社会的費用は，実際に環境資源を利用する顧客に付加されるのである。

② 倫理的論争

規制の倫理的合理性が十分に存在していることは珍しくない。第6章で議論したように，例えば，安全な労働条件を確保するための功利主義者の倫理的見解がある。すなわち，従業員の教育訓練に費用をかけるのは，予防できる事故のために従業員の提供するものを失う可能性がある場合に限ってのことである。政府が従業員，消費者，株主を保護するための基準を設け，規制を行なうことは公正であり，正義であるという見解もある。規制に関する論争において，規制の提案を支持するものも反対するものも，彼らの見解を支持するための経済的見解や倫理的見解をしばしば利用する。

　　インターネット技術やアプリケーションがより洗練されたものになるにつれて，人々のプライバシーに関係する問題が生じてくる。批判的な観点からみると，企業が顧客の承諾を得ないままに個人情報を売買するような非倫理的な場合である。公的な圧力に直面して，情報技術産業協会（同業者組合）に加盟し活動しているデル・コンピュータ（Dell Computer），コンパック・コンピュータ（Compaq Computer），インテル（Intel），モトローラ（Motorola）といった企業は，顧客が電子商取引に関与した場合にプライバシー権が尊重されるように，顧客に信用を付与するための一連の原則に同意した（コンピュータのプライバシー問題に関する追加情報に関しては，第12, 13, 15章を参照されたい）。

③ 政治的擁護

　企業活動の規制が拡張されるもう一つの理由は企業活動とは異なる利害関心を主張する数多くの擁護者の存在である。環境保護団体は政府当局者に汚染防止を訴える。マイノリティや女性を擁護する団体は，職場での雇用機会均等法の充実をめざす。消費者団体は，商品の品質や安全性を保証するための政府規制を擁護する。そして，労働組合は，職場の危険や健康面での危険性から労働者を守る基準を設けた規制を主張する。

④ メディアの注視

　企業活動と公的支援との間の不協和音に対するメディアの注視は，政府当局者に問題処理の必要性を確信させる。歴史的にみた場合，批判が政府に行動を起こすよう圧力をかけることに成功してきた。20世紀において，ニューメディアが文字通り，地球上のコミュニティを結びつけ，さまざまな出来事がリアルタイムに観察できるようになるにつれて，一般大衆と政府当局者は社会的要請を自覚するようになる。こうした状況下で行動する圧力に抗うことは難しい（第19章を参照されたい）。

（2）規制のタイプ

　政府の規制にはさまざまなタイプがある。直接課すものもあれば，間接的なものもある。特定の産業（例えば，銀行業）を狙ったものもあれば，労働差別や汚染対策のようにあらゆる産業に適用されるものもある。1887年に設立された「州際通商委員会」（ICC：Interstate Commerce Commission）のように長期間存在しているものもあれば，国家が運営する"くじ"やその他の合法的なギャンブルのように，多くの国にとって，最近生まれたものもある。資料7-Aに示されているように，規制当局は公共政策目標を達成する点で公正かつ有効であるような規則を制定しようと努める。

① 特定産業に対する経済的規制

　政府機関による規制のもっとも古典的形態は鉄道，電話会社，銀行といった特定の産業に導入されるものであった。この種の規制はもともとは経済的なものであり，自由市場，および，需要と供給の諸力の常軌的動きを慎重に修正することが意図されている。こうした修正は企業規模やその独占的パワーにより自由市場が歪められ，社会的立場からみた場合，市場における行動の有効性や結果が好ましくないと考えられる場合に生じる。市場の失敗が生じたとき，政府の規制は，価格設定，資本拡大，サービスの質，新規参入者といった分野において市場に代わるものとなる。例えば，鉄道はICCからの許可なしには，運賃の値上げはほぼ不可能であるだけでなく，自由市場下の企業と同様に，地域共同体に対する費用のかかるサービスを放棄するわけにもいかないのである。電話会社もまた，地域，州，連邦機関の承認を得る前に，顧客に対して手数料を増額したり，事業に関連する回線を増やしたり，顧客向けサービスを取りやめたり，できないのである。

　多くの産業が過去の世紀において政府規制のさまざまな段階を経て進化してきた。例

第7章 企業と公共政策

資料7-A 「情報時代のもっとも重要な天然資源」を競売する

　米国政府は，世界でもっとも価値ある資産の一つを所有している。すなわち，米国の電波を利用する権利である。政府は，メッセージやデータを諸外国に送る電磁スペクトル（電波）を所有している。米国では，「連邦通信委員会」（FCC: Federal Communication Commission）がこうした電波の適切な利用を監視することを託された組織である。

　2000年に，FCCは米国以外の195の地域市場で422のライセンスを競売すると発表した。そのオークションは民間部門（組織，企業）に商業広告的利用を禁止してきた電磁スペクトルの一部を利用可能にする。「情報時代のもっとも重要な天然資源」といわれてきたスペクトルをもっと利用できる権利をライセンスするかどうかの決定は民間の関心が周波数をより効果的なものにするかどうか，に関するより広範な議論の後にFCCによって決定される。こうした権利を獲得する点での関心は非常に高く，電波権の販売は米国財務省におよそ150億ドル以上をもたらすと予測された。しかし，その金額がライセンスを販売する主要動機ではない。

　FCCは情報産業を規制し，育成する責任を負う。無線情報を取り扱う企業はメッセージを配信するための電磁周波数を必要とする。新たなライセンスに対する入札者の多くは，AT&Tワイヤレス社（AT & T Wireless Group），スプリントPCS社（Sprint PCS），そして，ヴェリゾン・ワイヤレス社（Verizon Wireless）のような情報通信事業の主要なプレイヤーであった。彼らはネットワークの穴を埋め，新たな都市に参入し，全体の能力を高め，彼らを巧みに回避してきた国家のフットプリントを得ることを必要とした。その他の入札者には，ネクステル・コミュニケーションズ社（Nextel Communications），ヴォイスストリーム・ワイヤレス社（Voicestream Wireless），および，SBCコミュニケーションズ社（SBC Communications）とベル・サウス社（Bell South）の合弁事業であるシンギュラー社（Cingular）のような二番手企業が含まれ，それら企業のすべてが事業拡大を期待していた。

　入札のルールを設定するにあたりFCCが決めたことは，ライセンスの一部を小企業，マイノリティ企業，地域企業に割り当てることであった。これらのライセンスは小規模，かつ，ニッチなプレイヤーに特定の都市や地域にサービスを展開できるようにする。したがって，入札はライセンスの一部を過去2年間の各年において資産が500万ドル以下であり，総収入が125万ドルを下回る企業に割り振られた。

　興味深い入札として受理されたもののなかに，3万8000人の住民に所有されるアラスカ企業3社からの入札があった。これらの企業は，AT&Tワイヤレス・グループ参加のアークティック・スロープ・リージョナル社（Arctic Slope Regional Corp.），シーラスカ社（Sealaska Corp），ドヨン社（Doyon Ltd.）であった。1970年に委員会特別法によって設立されたネイティブ・アメリカン社（Native-American Companies）は，ワイヤレス事業プロバイダー3社からの入札資金が入札において価値ある電波を獲得できるようAT&Tワイヤレス社と交渉した。逆に，AT&Tワイヤレス社は，資金なしでいくつかの規制された周波数にアクセスできる機会を得た。

　石油，鉱物資源，観光業の事業から10億ドル以上の収入を上げているアラスカの地域・地場企業3社はもう一つの地場企業である，クック・インテル・リージョン社（Cook Intel Region Inc.）の後を追った。同社は，1994年にライセンスを買い，ヴォイスストリーム・ワイヤレス社と合弁することによって，準収益を2倍にしたのである。2000年時点で，米国無線市場は，およそ450億ドルの価値をもつと見積もられていた。

出典：Stephen Labaton, "Wireless Licenes Expected to Raise $15 Billion for U. S.," *New York Times* December 8, 2000, pp. C1, C4. また，"AT&T, 3 Native Alaska Companies Seek U. S. Airwaves," *Bloomberg News*, December 8, 2000. も参照されたい。

えば，航空，天然ガス，電信電話，銀行は，悪癖と経営問題を改善するため規制が設けられ，続いて規制の強化と補完が行なわれた時期に進化した。しばしば指令型の規制がそうであるように，規制のプログラムが効果的ではない場合，規制緩和の圧力が生まれ，さもなくば産業成長が修正される。規制の量と種類に関する視点の変更は，時として，必要である。例えば，石油は，1930年代に石油の過剰供給に起因した不安定な石油市場を安定させるため規制された。この規制は1970年代まで続き，石油価格は激しく上昇した。新たに規制による統制が試みられたが，石油価格は石油の供給を促進するため規制緩和すべきである，との結論に達した。このように，規制は，産業のダイナミクスが形成していく変化と現在の状態との乖離の問題に絶えず直面する。

② **全産業に対する社会的規制**

全産業に対する社会的規制は，消費者保護，環境，安全で衛生的な労働条件を従業員に提供することなどの重要な社会的目的のためである。雇用の機会均など，年金受給の保証，従業員の健康管理も，社会的規制の別の重要な分野である。上記に記した経済的規制と同様に，社会的規制は，特定の企業や産業に限定されるものではない。汚染，安全と健康，労働差別に関する法律はすべての企業に適用される。消費者保護法は消費者向け製品の生産と販売に関わるすべての企業に当てはまる。

典型的な社会的規制は社会の大部分の階層にとって便益をもたらす。他方で，費用が社会の特定階層——企業とその消費者——によって負担されているのではないか，という批判がある。もし社会的規制を強化する機関が，彼らの行動について，金銭面での全体的影響を考慮しないとすると，企業は損失を被り，また，倒産を余儀なくされるかもしれないし，勤労者は仕事を失い，地域共同体は税収を失い，消費者は商品の提供を失うのである。このような議論は社会的に無責任な行動の言い訳にはならない。近年，政治的指導者の多くは，産業の経済的健康に対する規制の効果が公共的な利益と結びつくことを理解した。[16]

③ **機能別規制**

企業のある種の行動や機能は，政府規制者により特別に注目されてきた。例えば，労働慣行はもはや自由市場の力に任せてはおけないものとなった。政府機関は最低賃金を定め，超過労働への支払いを義務づけ，労働組合運動に対するルールを確立し，深刻かつ，厄介な労使紛争を調停する。また，それには，近年における航空パイロット，客室乗務員，教師，そして，プロ野球選手によるストライキが含まれる。競争は規制によって大きな影響を受ける企業のもう一つの要素である。反トラスト法は独占を回避し，競争価格を維持し，不公正な企業行動から消費者を保護する（第9章を参照されたい）。

社会的規制と同様に，機能的規制は反トラスト法や労働慣行の事例で実行されているように，産業の境界を越えて行なわれ，一般的にはすべての企業に当てはまる。あるいは，そのような規制は株式取引や企業の有価証券の発行を規制する場合のように，株式市場や自社株が交換リストに記載されている企業のような特定の組織に限定されている

図表7-3 規制の三つのタイプ：特定産業に対する経済的規制，全産業に対する社会的規制，および，機能的規制

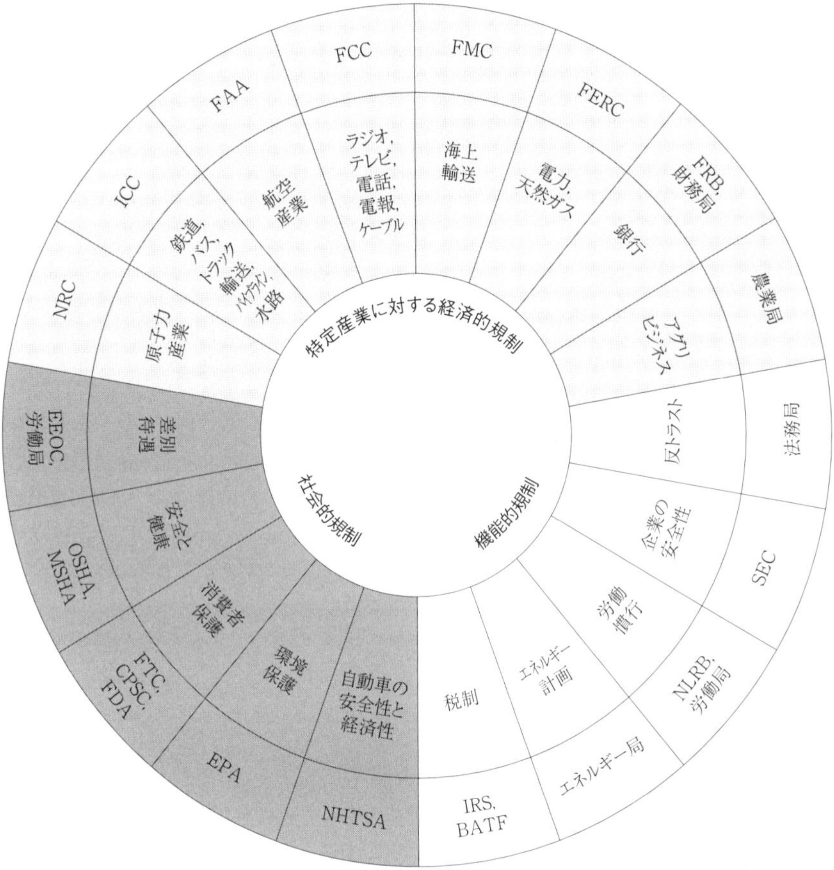

特定産業の経済的規制機関
- NRC　原子力規制委員会
- ICC　州際通商委員会
- FAA　連邦航空局
- FCC　連邦通信委員会
- FMC　連邦海事委員会
- FERC　連邦エネルギー規制委員会
- FRB　連邦準備制度理事会

すべての産業に対する社会的規制機関
- EEOC　雇用機会均等委員会
- OSHA　職業安全健康局
- MSHA　鉱業安全健康局
- FTC　連邦取引委員会
- CPSC　消費者製品安全委員会
- FDA　食品医薬品局
- EPA　環境保護庁
- NHTSA　米国ハイウエー交通安全局

機能的規制機関
- IRS　内国歳入庁
- BATF　アルコール，タバコ，小火器局
- NLRB　全国労働関係局
- SEC　証券所取引委員会
- FTC　連邦取引委員会

第Ⅳ部　グローバル社会のなかの企業と政府

図表7-4　規制活動への連邦政府の支出（会計年度毎）

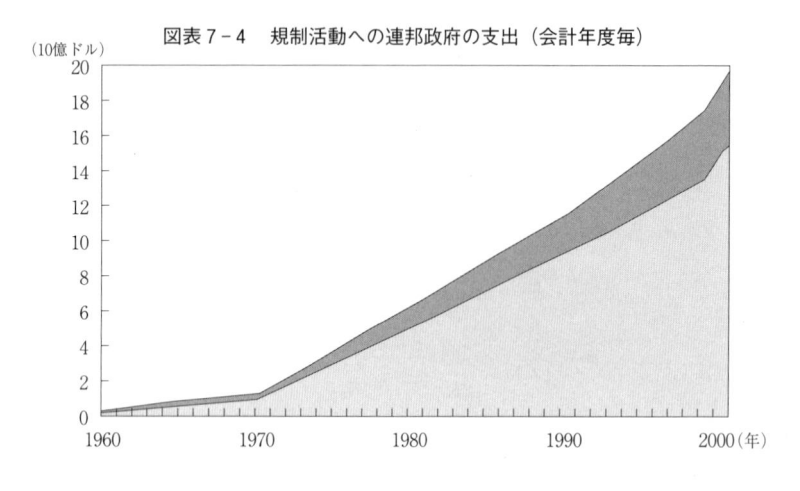

（10億ドル）

社会的規制　　　経済的規制

（単位：100万ドル）

年	1960	1970	1980	1990	1999	2000	2001(予想値)
社会	318	1,116	5,303	9,425	13,774	15,004	15,640
経済	126	292	996	2,143	3,719	3,916	4,185
合計	444	1,408	6,299	11,568	17,493	18,920	19,825

注：表中の数値単位は100万ドル，上記図は1996年時点のドル換算における10億ドルで作成。
出典：Center for the Study of American Business.

かもしれない。図表7-3には，米国の連邦レベルで規則を強化する責任を有する主要な規制機関に基づく三種類——経済的，社会的，機能的——の規制が記されている。もっとも卓越した連邦機関だけが図中に含まれている。個々の州，市，そして，その他の行政組織は規制策を補完するための彼ら自身の序列を有している。

現代経済における政府規制の必要性は正当なものとはいえ，規制はまた，問題ももつ。企業は，しばしば規制が製品コストや事業活動を設計する経営管理者の自由度に直接影響を及ぼすがゆえに，これらの問題をより直接的なものとして感じ取る。現代経済においては，予期せぬ規制費用と有効性についての深刻な問題がある。そのそれぞれについては，以下で論じる。

（3）規制のコスト

政府のリーダー，および，当局者にとって抗えないものとはいえ，規制の費用は常に存在する。近年，政府規制の費用により多くの注目が集まるようになってきている。古い経済の格言によれば，「タダのランチはない」のである。結果として，だれかが便益を生み出すための費用を負担しなければならない。これが**費用の原則**（rule of cost）で

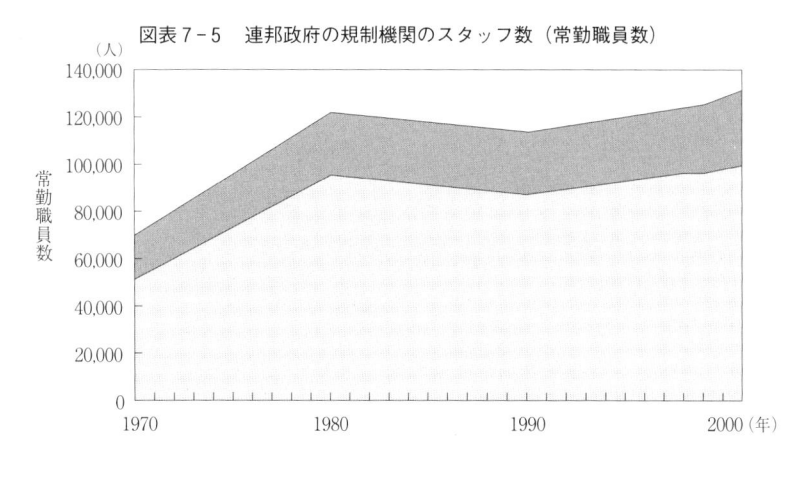

図表7-5　連邦政府の規制機関のスタッフ数（常勤職員数）

　　　　□ 社会的規制　　　■ 経済的規制

（単位：人）

年	1970	1980	1990	1998	1999	2000	2001(予想値)
社会	52,693	95,533	87,395	96,136	95,409	99,080	100,583
経済	17,253	26,258	27,289	28,994	29,318	30,375	31,400
合計	69,946	121,791	114,684	125,130	125,727	129,455	131,983

出典：Center for the Study of American Business.

あり，それはあらゆる社会経済システムに当てはまるのである。

　米国のような産業社会は，その対価を支払う気になれば，社会的規制を含むおよそ全ての事柄を実行できる。あるときには便益が費用に値するものとなり，また，あるときには費用が便益を上回るものとなる。**費用—便益分析**（cost-benefit analysis）によるテストは，新たな規制が必要とされているときに，何が問題なのかを一般大衆に理解させるのに役立つ。例えば，米国議会が1990年代におけるクリントン政権の国民健康管理計画について議論した当時，同計画が巨額の規制費用を課すことが判明した時点で反対が増えた。議会は，米国の一般大衆が国民健康管理計画の便益をそのような費用をかけてまで望んでいないこと，を理解した。米国の一般大衆は最小費用，あるいは，費用をまったくかけないこと，を望んでいたのである。その一方で，「米国ハイウエー交通安全局」（NHTSA: National Highway Transportation Safety Agency）が2000年8月のリコール以前の1年以上にも及ぶファイアーストン・タイヤ社（Firestone）の不正について情報収集し始めたことが知られるようになったとき，世論はNHTSAの予算がデータを分析し，予防策を立ち上げるのには不十分である，と抗議した。

　図表7-4は，1970年代以降，米国の連邦規制費用が増加していることを示している。経済規制は数十年間存在しているが，その費用は社会規制よりゆっくりと上昇した。こ

れは，環境衛生，職場の安全，消費者保護といった領域の成長を反映している。連邦規制費用に加えて，州政府，および，地方政府による規制支出もまた，この時期に上昇した。

規制プログラムの成長は新しい現象ではない。米国事業調査センター（the Center for the study of American Business）の研究員報告によれば，成長パターンは過去30年間でほんの短期間中断したにすぎなかった。1980年代初頭，ロナルド・レーガン大統領（President Ronald Reagan）は政府規制を軽減するキャンペーンを行なった。1980年に12万2000人が連邦規制機関のスタッフであったが，予算の削減により，1985年には10万2000人にまで縮小された。しかし，ジョージ・ブッシュ大統領（President George Bush）の下で，スタッフの増員が職員数の上昇をもたらし始めた。1992年までに，規制に携わる職員数は1980年当時の数と等しくなった。2000年までには，連邦規制に従事する職員は13万人近くに達した（図表7-5を参照されたい）[17]。

（4）規制の有効性

規制には，そのための費用とそれが意図した目的を達成しているかどうかをアセスメントすることとの両立が求められる。米国は，200年以上に及ぶ政府規制のさまざまな形態を経験してきたが，専門家によれば，すべての政府計画がその意図した目的を満たすという点で有効であったわけではない。このようなことから，政府はときとしてある種の経営行動を規制し，別の時期においては，産業がもはや規制を必要としない場合や規制に適した別のよい手段（例えば，競争者からの市場圧力）があると判断された場合には，規制緩和する。

規制緩和（deregulation）は，政府による規制の権威と実行を停止したり，あるいは，その規模を縮小することである。規制緩和は通常，政治的には一般的な考え方である。ロナルド・レーガン大統領は，「人々の背後に政府を遠ざける」という公約を掲げた1980年代初頭に規制緩和を声高に主張した。主要な規制緩和法案は，ジェラルド・フォード（Gerald Ford）が大統領であった1975年に始められ，ジミー・カーター（Jimmy Carter），ロナルド・レーガン，そして，ジョージ・ブッシュの内閣でも継続された。こうした法案は，数多くの産業，および，市場を連邦政府が掌握することを放棄させた。

(1) 国内の石油に関する価格統制は1981年に廃止された。
(2) 天然ガスの価格は統制されなくなり，1987年には統制を終えた。
(3) 商業的航空産業の段階的規制緩和は，政府が定めた料金を廃止し，国内航空会社の競争を認め，合併や買収をより容易にした。
(4) 1930年代以降の代表的な航空路線規制組織である「民間航空術委員会」（CAB：Civil Aeronautics Board）が1985年に廃止された。
(5) 都市間トラック輸送企業は，価格を下げることと，より広範囲のサービスを提供することが認められ，競争者が参入することにより競争的になった。一世紀の間，

資料7-B　カリフォルニアのエネルギー危機：規制緩和の失敗

　2001年，カリフォルニアの消費者は深刻な問題に直面した。同州の二大電気公益会社——パシフィック・ガス・アンド・エレクトリック社（Pacific Gas and Electric），サザン・カリフォルニア・エジソン社（Southern California Edison）——は，「公益事業委員会」（PUC: Public Utility Commission）に対して，電力料金を現行の二倍近くに値上げしたいと懇願した。企業の主張するところでは，この値上げは州外にいる供給業者から購買しなければならないエネルギー費用が高騰したために，どうしても必要とされた。PUCは値上げを承認することに渋ったが，企業側はもし彼らがより大きな収入を得られなかった場合，供給業者への支払いが滞り，その結果，カリフォルニアへのエネルギー供給が止まる可能性がある，と主張した。それは，パシフィック・ガス・アンド・エレクトリック社，サザン・カリフォルニア・エジソン社が停電やその他エネルギーを節約する戦術に訴えることを意味するものであった。こうした議論に引きずられるかのように，州とその数百万の消費者は危機の瀬戸際に立たされた。

　電力の生産と販売は20世紀の大部分，政府が運営する事業であった。パシフィック・ガス・アンド・エレクトリック社，サザン・カリフォルニア・エジソン社のような企業は巨大企業に成長し，それぞれが数百万の顧客をもち，数十億ドルもの収入をあげ，電力施設と送電線の巨大なネットワークを張り巡らし，電力サービスを敷設し維持するための労働力を有した。「連邦エネルギー委員会」や政府のエネルギー局といった連邦機関は「カリフォルニア公益事業委員会」のような州の機関とともに，すべての利用者に十分な電力を可能な限り最低費用で供給するよう機能する。

　しかしながら，1980年代までには，専門家の多くがこのシステムの費用はあまりに巨額であり，いくつかの部門（生産，販売）でより競争を認めつつ，費用を減らすことが可能であると確信した。一連の法律が1990年代に通過したが，そのなかで産業を規制緩和し，エネルギーの生産，購入，販売，そして分配に関するより効率的な方法を発見するために，企業により大きな自由を与えた。1994年に，「カリフォルニア公益事業委員会」は，同州におけるエネルギーに関する新たな，かつ，競争的な市場構造を構想した。

　いくつかの変化がすばやく現れ，新企業（独立のエネルギー生産者，あるいは，IPPs）がエネルギーの生産と大企業への販売を開始した。パシフィック・ガス・アンド・エレクトリック社，サザン・カリフォルニア・エジソン社は自社のシステムでは十分に発電する能力をもたなかったので，他の供給源からエネルギーを購入する必要があった。しかしながら，州外にあるエネルギー価格が急激に上昇した際，「カリフォルニアの公益事業委員会」は企業がその費用をカリフォルニアの顧客に転嫁することを認めなかった。その結果は，経済的逼迫を招いた。すなわち，費用の上昇，収入の伸び悩み，利益の低下である。2000～2001年の冬季に，その結果をすべてのカリフォルニアの顧客が実感した。危機が持続するにつれ，そして，州の住民が「危機的なエネルギー不足と闘うための戦時の大移動状態」と呼ばれた移動を開始したときに，規制がもたらす旧式の非効率性は今日の規制緩和や競争市場の問題と同じように悪いものであったのかどうか，とすべての人々が訝しがったのである。

出典：Rick Lyman, "Cynicism Abounds as Californians Lurch through Energy Shortages," *New York Times*, January 13, 2001, p. A11 ; Matthew L. Wald, "Negotiators Work on Plan for California Energy Trouble," *New York Times*, January 13, 2001, p. A11 ; James Sterngold, "California Acting to Relieve Crisis,"New York Times, January 13, 2001, pp. A1, A11. および Chris Gaither, "The Dog Day in June the Lights Went Out : Silicon Valley's Achilles' Heel Is Exposed," *New York Times*, January 12, 2001, p. C14.

厳しく規制されてきた鉄道は規制緩和され，事業の一部に関して料率の設定が自由になり，新しい方法での競争も可能となった。
(6) 金融機関はローンに対する利子率の設定がより自由なものとなり，1990年代に州を越えた競争（州間銀行業）が認められた。

　規制緩和は常に成功するわけではない。1999年と2000年に原油価格が高騰したために，ガソリンと暖房用石油価格が高騰したとき，米国の一般大衆は，声高に不満を露わにし，連邦政府が石油企業と輸出国に対し何らかの行動を起こすことを要求した。同様に，ファイアーストン・タイヤ社の不正な経営で100人を超える死者が明らかになったとき，自動車会社とタイヤ製造業者の規制を要求する声が強まった。そして，資料7-Bで論じられているように，カリフォルニア州のエネルギー市場の規制緩和が過去10年間で最悪の危機の一つを同州にもたらした。それはエネルギー価格の高騰と停電をもたらし，州最大の電力会社二社が支払い不能と経営破綻に直面した。

　規制緩和の擁護者は一般大衆と政府が解決すべき課題について常に言い争う。これにより，政府がある分野では規制緩和し，他の分野では新たな規制を設けるといった状況が生み出される。**再規制**（reregulation）とは，政府規制の増加，ないしは，拡大であり，とくに規制行動が過去に減じられてきた分野においてそれがみられることを意味する。1990年代に，連邦政府は労働者の安全基準を強化し，新たな環境保護基準を確立し，企業の有価証券のインサイダー取引を抑制し，航空機の衝突回避装置を義務化し，そして，鉄道技師，航空機のパイロット，その他の人々に対し，薬物検査を課すための法案を通過させた。

（5）行政改革

　政府を効率化し，その行動をより有効にしようという傾向は，**行政改革**（reinventing government）といわれる。このアイデアは企業分野における成功例に由来するものであり，具体的には，より効率化し，より高い品質を実現するため職務を再設計することである。それは，不要な生産者，生産工程，および，関係者を取り除くことによって効率が改善されるという原則で行動することである。行政改革を行ない，現代化するための連邦政府の努力は1990年代半ばにはじまり，規制組織を含む連邦組織が重要な問題にはより積極的に対応し，他方で納税者の負担を軽減するため数多くの新たな手法を実践した。これらの努力に関する年次報告書は，一般市民も入手できるものである。

5　国際的な規制

　国際的な商取引は，人々と企業を新たな，そして，複雑な方法で結びつける。米国の消費者は，ヨーロッパ，カナダ，ラテンアメリカ，オーストラリア，アフリカ，アジア企業から，食料，自動車，衣服を日常的に購入している。他の国の人々も同じである。

図表7-6 国際的な規制形態

一方的規制		
A国 中央政府	規制	■ A国で事業を行なうすべての企業 ■ 他国で事業を行なうA国企業
B国 中央政府	規制	■ B国で事業を行なうすべての企業 ■ 他国で事業を行なうB国企業
二国間的規制		
A国 B国		両国で事業を行なう際に相互に受容すべきルールの合意 (例:特定の農産物に対する政府補助金の禁止)
多国間的規制		
A国 B国 C国		共通資源(例:海洋,大気圏)の利用を監視する共通ルールへの合意,あるいは国際基準に従わない(例:アパルトヘイト,大量虐殺)D国に制裁を課すことへの合意

　こうした国際的な商取引がより複雑なものになると,政府は自国民の利益を保護する規則を確立する必要性を認識する。自国以外で生産され,しかも,国民に危害をもたらすような危険な製品を受け入れる国はないし,外国企業との不公正な競争で経済が損害を被ることを黙認する政府もない。これらの問題は国際的な規制に関する協定や協調の合理性を与える。このような規制の三形態については,以下に論じるとともに,図表7-6で描かれている。

(1) 輸入製品の規制

　すべての国は国内で販売される製品に基準を設ける権限をもつ。例えば,シカゴに住む子供が台湾製のクリスマスのおもちゃを贈られた場合,そのおもちゃは「米国消費者製品安全性委員会」(The U. S. Consumer Product Safety Commission)の定めた製品安全基準に適合したものでなければならない。こうした政府の権威の利用は合法的なものであるが,海外製品の基準は国内で生産された製品と同様の基準でなければならない。もし「米国消費者製品安全性委員会」が米国企業のためにある基準を設け,海外企業にはより厳しい基準を設けたとすると,その結果は,米国企業を助け,海外企業に損害を与えるものとなろう。このような基準は海外製造業者を差別するものとなり,そのような行為は国際貿易協定に違反する貿易障壁とみなされることになろう。これは,米国が海外玩具生産者の損害に対する法的責任を負わなければならない,ということを意味する。

　しかしながら,政府は,地場企業,労働組合,地域コミュニティを含むステイクホルダーからの圧力で,海外販売業者に対して地場市場を開放しない場合がある。これらのステイクホルダーは海外の競争者を脅威に感じ,海外競争者の販売から顧客の「安全」な市場を守ろうとする。自由貿易を志向し,保護主義的規制を回避するような協調的な政治経済的協定を結ぶこと,がその解決策であろう。

（2） 輸出製品の規制

政府は、企業が他国へ輸出する製品の内容について関心をもつ。連邦政府は「メイド・イン・アメリカ」と称される製品がすぐれた品質を伴ったものであるか否かに、当然のことながら関心を示す。米国企業は、安全問題から本国で販売禁止となった製品を他国へ輸出する場合がある。政府は、米国企業が非友好国へ軍事技術を販売していないかどうか、についても関心を示す。近年、米国企業がリビア、イラン、イラクに潜在的に軍事適用できる高度技術を非合法に販売した事例が数多く認められた。これらの取引はある種の軍事技術の販売は国防総省が認めた顧客のみに限られる、という米国法に抵触するものであった。

> 例えば、軍事に利用する特別な電子装置の製造業者であるEG&G社は、核兵器のために製造された制動装置の一部がイラクに販売されていることを発見した。米国の当局者との共同調査で、この装置の輸送は一連の仲介業者を介してヨーロッパの顧客にわたり、それがバグダッドに再輸送されたことが判明した。外務当局者とEG&G社が協力して、その違法輸出業者を捕らえ、検挙した。

（3） 国際的な企業行動の規制

国家はさまざまな国際機関を通じて貿易実務を標準化しようとする。世界保健機関（World Health Organization）のような国連の機関は、製薬業界と共同して、薬効に関するデータベースや品質基準をつくり、さらに一般大衆に有害となる可能性がある、製造とマーケティングという両者の活動の対立関係を解決している。企業経営者、政府機関、非政府機関（例えば、消費者グループ）間の入念な協議を経て、それに関わるステイクホルダーの数が膨大なものとなるために、上記のような変化が必要と認識された。例えば、ベビーフード製品に対する世界保健機関の国際マーケティング基準は適切な基準が各国政府によって採択される前に、協議と診断のための期間を3年程度設けることを要求している。

各国政府は議論を発展させようとする場合、特別の組織をつくる。例えば、「貿易と関税の一般協定」（GATT：General Agreement on Tariffs and Trade）は、各国が受容可能な貿易実務に関する一連の国際協定である。定期的に、各国はある特定国との個別の交渉ラウンドに合意する。近年、これらの協議は公正な競争を妨害する農業への政府補助金に注目している。長期的、かつ、複雑な交渉が、結果として、新しい国際貿易法を強化するための新たな国際機関——**世界貿易機関**（World Trade Organization）——を生み出す。それから10年以上が経過した2002年の時点では、多くの農業生産物に対する補助金に関する統一的な合意はみられないままである。

国家はまた、いかなる国によっても所有されない地球資源の使用に関する基準を設けるために協議する。多角的な国際協定が、海洋漁業、イルカや鯨のような海洋哺乳生物の保護、地球のオゾン層、および、海洋への有害化学廃棄物の投棄を規制している。そ

れぞれの場合に，ある一国の行動をもって問題解決できるものではないことを政府は認識している。その解決には，企業活動と公共的な利益を調整しようとする国際的な合意，基準，理解の枠組みをつくることが必要である。

6　将　来

　政府と企業との相互作用は，あらゆる社会経済システムの基本的特徴である。ヨーロッパ，アジア，アフリカ，ラテンアメリカ，あるいは，その他の地域でも，企業経営者は，彼らの行動と事業に影響を及ぼす政府規制に対処しなければならない。米国では，マクロ経済政策が経営環境を形成し，政府規制は企業が競争する仕方に影響を与える。規制の趨勢は，ときにはそれを強化し，また，ときには緩和するという具合に，一世紀近い間，揺れ動いてきた。政府の役割を弱めようとする圧力は，費用効率をより高める方法で問題解決するよう政府は努力せよ，という圧力との戦いである。すべての国がこうした選択を迫られ，経済成長と市民の社会福祉との調和に挑戦すべく，バランスのとれた政策を生み出す方法を探求している。政府の役割変化が現代世界における変化の基本的な推進力の一つであるというのは，これらの理由によるものである。

■ 本章の要点
(1)　公共政策の主要な要素は，意図されたものも意図せざるものも含めて，投入物，目標，目標を達成するための装置，および，効果である。
(2)　あらゆる国において企業に影響を及ぼす主要な国家経済政策に含まれるものは，経済成長，税制，政府支出，貨幣価値，国際貿易，そして，産業政策である。
(3)　社会福祉政策は企業に直接（例えば，労働基準），間接（政府支出）に影響し，その国の社会的優先事項を体現している。健康管理，社会保障，および，教育は国のもっとも重要な社会福祉政策の一部である。
(4)　企業に対する政府規制は，公共選択を補完する仕組みである。多くの国で，企業に対する経済的，社会的，機能的規制が存在する。
(5)　政府規制の役割は，社会が政府により多くのことを要請し，期待するがゆえにますます高まる。リスクに対する情報公開は，政府に企業を規制するよう強力に圧力をかける。一方，規制緩和が拡大するのは，公的機関もまた，主として市場圧力が要求する資源利用の効率化を追求するために他ならない。
(6)　国際的規制が生じるのは，国家が国境を越え，他国の人々に影響を及ぼす企業活動を統制するために国際的協調が必要であると認識する場合である。輸入，輸出，および，事業活動に焦点を当てた国際的規制は，諸国が二国間的，あるいは，多国間的合意に達した後に，交渉されるべきである。

第Ⅳ部　グローバル社会のなかの企業と政府

■ **本章で使われた重要な用語と概念**

公共政策　慣習法　財政政策　金融政策　貿易政策　産業政策　受給権者の心性　市場の失敗　費用の原則　費用—便益分析　規制緩和　再規制　政府の行政改革　世界貿易機関（WTO）

インターネットの情報源
- www.whitehouse.gov　米国大統領執務室
- www.bea.doc.gov　米国商務省経済調査局
- www.census.gov　米国商務省国勢調査局
- www.sec.gov　米国有価証券取引委員会
- www.npr.gov　全国行政成果報告書（"政府の再創造：費用をかけずによりすぐれた仕事をする政府を創る"）
- www.firstgov.gov　連邦政府の全支局に入るためのアクセスポイント

討論のための事例：食品供給を人道的に保護すること

　食品の安全性に関心のある消費者は，その問題について近年懸念を強めている。人間の病気や死と汚染食物とを結びつけるエピソードは，米国，ヨーロッパ，その他の国々で消費者の信頼を覆している。毎年，スーパーマーケット，食料雑貨店，レストランで，生鮮食品や包装された食品を数十億ドルも買い求める人々にとって，食品安全性は政府の行動を要請するほどの深刻な問題になった。

　実際に，ヒトへの食料供給を脅かすさまざまな問題がある。食品専門家によれば，サルモネラ病の感染率は過去20年で二倍に達している。過去においては，そのような事例はレストランやイベントで人々が食料を調理する最中に事故を起こすことが原因であった。今日では，食品はしばしば巨大な食品工場の加工処理工程のなかで傷む。しかも，それが病気を引き起こす前に，数百万もの人々に配給されているかもしれないのである。例えば，米国の現代的な畜牛工場におけるある1日の生産は，おびただしい量のハンバーガーに加工され，その後全国に配送される。疾病管理・予防センターによれば，1万人近い人々が，米国において有毒な食品のせいで毎年死に至っている。

　赤肉の安全性，とくにハンバーガーに調理された食品安全性への関心は，1997年に，コロラド州デンバー市で食品中毒事件が頻発したときに急激に高まった。疾病は，患者が食べたハンバーガー・パテに大腸菌が発生して起こったものであった。調査員の調べでは，すべての肉はネブラスカの1つの加工工場から出荷されたものであった。調査員は，そこを大腸菌——ヒトによって媒介された細菌——にとって格好の源泉と考え，知らないうちに直接，間接に細菌を媒介してしまう従業員によって食品の供給工程に導入されたものとした。たとえば，手を洗わないことで，従業員は処理するすべての食品に大腸菌を広げる可能性がある。かくして，汚染ハンバーガーはネブラスカ工場の無知な従業員によって伝染したと断定された。

米国農業省（USDA：U. S. Department of Agriculture）は，肉詰め処理を規制し，包装業者に「USDA検査済」というスタンプを押させるため，検査証を発行した。しかしながら，USDAの職員は，彼らにはネブラスカ工場を閉鎖する権限がないことを知った。彼らにできることは，「USDAスタンプの利用許可を認めない」と企業を牽制することと，メディアを介して違反行為を公表することに限られた。企業は最終的には工場閉鎖に同意したが，USDAは議会に出向き，将来的にはこのような工場を閉鎖する法的権限が与えられるよう要請した。

狂牛病が1990年代にイギリスで発見されたとき，赤肉に関連した別の問題が生じた。数名のイギリス人がクロイツヘルツヤコブ病として知られる神経を病んだ状態で死亡した。疾病は，発病した動物の部位（骨，腸の一部）から作られた飼料を牛が食べることによって感染した。動物の部位は，第二次世界大戦以来タンパク質源として牛やその他の家畜に与えられてきた。イギリスでは，農夫が汚染飼料を与えたことから，飼われていた牛が当てもなく放浪し始め，体のバランスを失い，口から泡を吹き，最終的には死に至ったのである。イギリス政府は，農夫にこのような「狂牛」の肉の販売を中止するよう命じ，さらに家畜の群れを検査した結果，数千頭を焼却するよう命じた。多くの農夫は従おうとしなかったが，政府はそのような処理が病気から一般市民を保護するため必要である，と主張した。ヨーロッパ諸国は，国境を開放することを想定した欧州連合の自由貿易ルールがあるにもかかわらず，イギリス牛肉の自国での販売を許可しなかった。健康に関する専門家，メディア，地場の農家は政府の指導者にイギリス牛肉を禁止するよう要請した。2001年まで，狂牛病の症例はフランス，スペイン，アイルランド，ドイツでも報告され，数百万ドルが原因の究明と予防手段のために費やされた。米国では，政府の専門家がバーモント州の羊の群れに狂牛病の遺伝子が持ち込まれた疑いのあることを認めた。バーモント州の畜羊業者は「全頭を焼却せよ」という，政府勧告に激しく抵抗した。

食品の安全問題は貿易や輸送がヒトと生産物を移動させるにつれ，よりグローバルなものになっている。問題は世界中で生じている。食品からの疾病の発生は，イチゴ，レタス，アルファルファ・スプラウト，メロン，その他の生鮮食品で生じており，それは輸入でも国内生産でも生じているのである。1300ものシクロスポラニン——脱水症や下痢を伴う人間に激しい拒絶反応を起こさせる病気——の症例が疾病管理センター（the Centers for Disease Control）に報告されたが，その症例は，米国で加工処理され，レストランや販売店に配送されたグアテマラ・ラズベリーを原因とするものであった。食品医薬品局（FDA：Food and Drug Administration）は，翌年のグアテマラ・ラズベリーの米国への輸出を禁止した。製品の禁止は，一般的には，「問題がなくなるまで」続けられると，FDAセンターの食品安全性に関する政策担当者ロバート・レイクはいう。さらに，レイクによれば「われわれの目的は貿易障壁を設けることではなく，食品をより安全なものにすることである。」かくして，グアテマラ政府は米国の当局者との協議を約した。

消費者は，別の食品安全性問題にも直面した。2000年11月，クラフト食品社は，「Cry9Cタンパク質」を生み出す遺伝子組み換えコーン「スターリンク」（StarLink）を含む可能性のある数百万のタコシェルを回収した。このコーンは，それを消費した人にアレルギー反応を引き起こす可能性があるために，ヒトが消費することについては政府当局（環境保護局）

によって承認されていなかった（しかしながら,「スターリンク」は動物への利用は認められている）。クラフト食品（Kraft Foods）やアーチャー・ダニエル・ミッドランド（Archer Daniels Midland）のようなコーンの加工業者は,彼らが小麦と掛け合わせるコーンが「Cy9Cタンパク質」と関係がないかどうかを確かめるために,高価な検査手続きを強いられた。検査員は染料を用いてコーンのそれぞれの固まりを試験した。もし赤く変色すれば,「Cry9Cタンパク質」が含まれていることになり,すべての船荷が処分される。こうして実際に,数百トンものコーンが破棄された。農家と卸売り業者は汚染コーンのせいで数億ドルの損失を被る可能性を指摘し,多くの者が連邦政府に財政支援を要請した。

出典：David Barboza, "Gene-Altered Corn Changes Dynamics of Grain Industry," *New York Times*, December 12, 2000, pp. A1, A20 ; Jane E. Brody, "Gene Altered Foods : A Case against Panic," *New York Times*. December 5, 2000, p. D8 ; "Guatemelan Raspberries Barred from U. S.," *Boston Globe*. Decwmber 9, 1997, p. A13., および "Change Cited in Onset of Food-Borne Illnesses,," *Boston Globe*, December 10, 1997, p. A20.

狂牛病に対する各国政府の対策に関しては,次の文献を参照されたい。Sandra Blakeslee, "Stringent Steps Taken by U.S. on Cow Illness," *New York Times*. January 14, 2001, pp. 1, 23 ; "Irish to Slaughter Cattle." *New York Times*, January 8, 2001, p. A6 ; Roger Cohen, "Two Names to New German Agency in Shuffle over Beef Disease," *New York Times*. January 11, 2001, p. A10., および Suzanne Daley, "Europe Takes Toughest Steps to Fight Mad Cow Disesse." *New York Times*, Decrmber 5. 2000, p. A3.

検討すべき問題

① このような食品安全性に関わる事例によって,どのような公共政策上の課題事項が生じたのだろうか？ ケースとして引用した事例のそれぞれでは,だれがステイクホルダーなのだろうか？
② なぜ,政府は食肉加工を規制すべきなのだろうか？
③ グアテマラ・ラズベリーは生産国,および,消費国の政府によって規制されるべきだろうか？
④ 米国の食品供給品質は連邦政府の責任であるべきだろうか？ 州政府に責任があるのだろうか？ 自己規制を通じて食品産業が責任を負うべきだろうか？ あなたがそのどれかを選択した理由は何だろうか？
⑤ 狂牛病に対して,消費者が自らを守るために何ができるのだろうか？「Cry9Cタンパク質」のアレルギー反応に対しては何ができるのだろうか？

注

(1) このテーマは米国経営史に貫かれているテーマである。フォード自動車会社におけるウィリアム・クレイ・フォード（William Clay Ford）のリーダーシップに関しては,数多くの論評がみられる。例えば,次の文献を参照されたい。John Holusha, "Ford Thinks Green for River

Rouge Plant," *New York Times*, November 26, 2000, Real Estate, p. 42. 以下の著作はとりわけ興味深い。Louis Galambos and Joseph Pratt, *The Rise of the Corporate Conimonaealth : United States Business and Public Policy in the Twentieth Century*, New York : Basic Books. 1988, および, George Lodge, *Comparative Business-Government Relations*, Engiewood Clffs. NJ : Prentice Hall, 1990.

(2) この問題の評価に関しては，次の文献を参照されたい。Robert W. Hahn, Paul C. Tetlock, and Jason K. Bumett, "Should You Be Allowed to Use Your Cellular Phone while Driving?" *Reguiation* 23, no. 3, 2000, pp. 46-55.

(3) Sarah Lyall, "Railroads' Frightful State Is the Talk of Britain," *New York Times*, December 10, 2000, p. 3.

(4) DOT 会計監査の結果，同計画の責任者は批判を浴びた。DOT はこのような費用の増大を連邦運輸資金史上最悪の経営的失敗と考えた。この問題に関する追加レポートについては，次の URL を参照されたい。www.boston.com, August-December 2000.

(5) "Chavalit Decides to Devalue Bath," *Business Day*. July 3. 1997 ; "Causes of Econonic Problems Cited." *Business Day*, July 28, 1997., および "Thanong Shows His Mettle in Effort to Revitalize Economy," *Business Day*, July 30, 1997. 以上の諸論文はすべて bday. net のアーカイブに収録されている。

(6) S. Lenway, K. Rchbein, and L. Starks, "The Impact of Protectionism on Firm Wealth : The Experience of the Steel Industry." *Sonthern Economic Journal*, 1990, pp. 1079-1093.

(7) この問題は，マイクロソフト社の反トラスト裁判のなかでも突出した議論であった。近年の米国史における産業政策論争のもっとも重要な論点については，次の文献を参照されたい。M. Dertouzos, R. Lester, and R. Solow, *Made in America : Regaining the Productivity Edge, Report of the MIT Commission on Industrial Productivity*, Cambridge, MA : MIT Press, 1989.

(8) R. Kahn. "The Role of Government in the Evolution of the Internet," *Communications of the ACM* 37, no. 8, 1994. p. 15. さらに，次の文献も参照されたい。Edward H. Shortliffe, "Networking Health : Learning from Others, Taking the Lead," *Health Affairs* 19, no. 6, November-December 2000, pp. 9-22.

(9) Lauric Garrctt, *Betrayal of Trust : The Collapse of Global Public Health*, New York : Hyperion, 2000.

(10) World Bank, *World Development Report, 1997 : The State in a Changing World*, New York : Oxford University Press, 1997. 次の URL も参考になる。www.worldbank.org/html/extpb/wdr97pa.htm.

(11) Nicholas D. Kristof, "Asian Pollution Is Widening Its Deadly Reach," *New York Times*, November 29, 1997, pp. A1, A7. 本書第10章，第11章における汚染に関する議論を参照されたい。

(12) Stephen T. Parente, "Beyond the Hype : A Taxonomy of E-Health Business Models." *Health Affairs* 19. no. 6, November—December 2000, pp. 89-102. さらに，次の文献も参照されたい。Paul Start, "Health Care Reform and the New Economy," *Health Affairs* 19, no. 6, November—December 2000, pp. 23-32.

(13) William Julius Wilson, *When Work Disappears : The World of the New Urban Poor*, New York : Random

House, 1996 ; Vintage Books ed., 1997. を参照されたい。1996年，米国議会は福祉修正法案（Welfare Reform Act）を通過させた。この法案は，勤労福祉制度要求を含む福祉プログラムを監督する州の新たな責任を定めた。その背景については，次の文献を参照されたい。Mickey Kaus, "The Welfare Mess—How It Got That Way," *Wall Street Journal*, September 12, 1994, p. A16 および "Entitlement Politics, R.I.P.," *Wall Street Journal*, Septmber 28, 1994, p. A18. エンタイトルメントの費用に関する議論については，次の文献を参照されたい。Robert Eisner, *The Misunderatood Economy : What Counts and How to Count It*, Boston. MA : Harvard Business School Press. 1994.

(14) John Schwartz, "Conference Seeks to Balance Security and Privacy : Microsoft Offers Talking Points and Wares," *New York Times*, December 8, 2000, p. C4.

(15) Richard A. McGowan, *Government and the Transformation of the Gambling Industry*, New York : Edward Elgar, 2001. を参照されたい。また，次の文献も参考になる。Richard A. McGowan, *Government Regulation of the Alcohol Industry : The Search for Revenue and the Common Good*, Westport, CT : Praeger/Quorum Books, 1997., および Richard McGowan, *State Lotteries and Legalized Gambling : Painless Revenue or Painful Mirage*, Westport CT : Praeger/Quorum Books, 1994. chap. 6.

(16) 例えば，次の文献における議論を参照されたい。Murray Weidenbaum, *Business, Government, and the Public*, 3d ed., Englewood Cliffs, NJ : Prentice Hall, 1997.

(17) 次のサイトを参照されたい。Center for the Study of American Business at Washington University, www.csab.wustl.edu. また，次の文献も参考になる。Melinda Warren *Federal Regulatory Spending Reaches a New Height : An Analysis of the Budget of the United States Government for the Year 2001*. Regulatory Budget Report 23, St. Louis : Washington University. Center for the Study of American Business, 2000.

(18) David Osborme and Peter Plastrik. *Banishing Bureaucracy : The Five Strategies for Reinventing Government*, Reading, MA : Addison-Wesley, 1997. また，次の文献も参考になる。David Osborme and Ted Gacbler, *Reinventing Government : How the Entrepreneurial Spirit Is Transforming the Public Sector*, Reading, MA : Addison-Wesley, 1992. 全国行政成果評価イニシアティヴ（National Performance Review initiative）の現状に関しては，次のURLが有効である。www.npr.gov/initiati/index.html. さらに，オリジナルレポートとして，次の文献が参考になる。Al Gore *From Red Tape to Results : Creating a Government That Works Better and Costs Less : Report of the National Performance Review*, Washington, DC : Government Printing Office. 1993.

(19) James E. Post, "Codes of Conduct : An Idea Whose Time Has Come," in Oliver Williams. ed., *Global Codes of Conduct:An Idea Whose Time Has Come ?*, South Bend, IN : University of Notre Darne Press, 2000. また，次の文献も参考になる。S. Prakash Sethi. *Multinational Corporations and the Impact of Public Advocacy on Corporate Strategy*, Hingham. MA : Kluwer, 1994.

(20) Kathleen A. Getz. "International

Instruments on Bribery and Corruption," in Oliver Williams, ed., *Global Codes of Conduct : An Idea Whose Time Has Come ?*, South Bend, IN : University of Notre Dame Press, 2000. また，次の文献も参考になる。William C. Freserick, "The Moral Authority of Transnational Corporate Codes," *Journal of Business Ethics* 10, 1991. pp. 165-177.

第8章 「企業と政府」関係のマネジメント

　企業は政府との関係をマネジメントするための複雑な課題事項に直面する。経営者は公共的な課題事項が生じていることを認識し，対応法を知らなければならない。公共政策過程のダイナミクスは，経営者が政治的な環境を理解し，ステイクホルダーが特定の課題事項にどのように対応しようとするのか，ということについて戦略的視点をもつことを求めている。ほとんどの国では，企業は政治過程に参加する権利を有する。経営者は，政府当局者が公共政策を決定する場合に，彼らの企業もステイクホルダーとみなされるようにすることが必要である。政治的圧力はまた，経営者の倫理的ジレンマをもたらす可能性がある。政治の世界はビジネス界以上にさまざまな規則で動く。健全な決定は，このような差異を理解し，そして，判断のための健全な規則を理解することにかかっている。

　本章では，以下のような主要な問題と目的に焦点を絞って論じることにする。
- なぜ，企業は政治過程に介入するのか？
- 企業の政治的活動はどのような形態を採るのか？
- 企業は選挙による政治にどのような役割を果たすのか？
- 企業―政府間関係の戦略経営はどのような意味をもつのか？
- 企業が公共政策決定に関与することはなぜ，重要であるのか？
- 米国の政治システムの問題は企業にどのような影響を及ぼすか？

　「パブリック・アフェアーズ協議会」（PAC: Public Affairs Council）は，大規模な製造業者（例えば，ボーイング社（Boeing），ジェネラル・エレクトリック社（General Electric），グッドイヤー社（Goodyear），ミード社（Mead）），銀行，保険会社，電力会社，および，健康サービス他の企業を含む600社の会員からなるワシントンを拠点とする集団である。PACの構成員は政府機関との関係をより効果的にマネジメントするという共通目標を共有している。彼らの多くは，規制機関への対応を業務とし，税法やその他の公共政策に影響を与えている。PACは，企業と政府の指導者の双方に情報を伝達し，セミナーを組織することによって会員を援助する。こうしたネットワーキングは，「企業―政府」間の相互作用プロセスにとって必要不可欠である。PACのもっとも有名な会合は，国民選挙が開催された後の数日間に行なわれるブリーフィングである。「パブリック・アフェアーズ協議会」（Public Affaires Council）の選挙後のブリーフィングは，2000年11月8日の水曜日に開催された。しかしながら，招集された専門家のだれも出席者の主要な疑問には応えることができなかった。すなわち，だれが大統領選の勝者なのか？

　続く数週間に，企業の経営者と経営管理者は，議論を呼んだフロリダの選挙結果の紆余曲折に多大な関心を払った。新大統領は，あらゆる規模の企業に関わる事柄に大きな

影響力をもっている。ボーイング社（航空），GE社（エネルギーシステム，医療機器，金融サービス）のような世界中で事業を展開する企業にとって，国際貿易，防衛費支出，金融政策に対する新大統領の優先事項を知ることは重要である。ミード社（製紙）やグッドイヤー社（タイヤ）のような米国で主として操業する企業にとって，環境，健康管理，税，そして規制に関する新大統領の優先事項を知ることは重要である。そして，e コマースやドット・コム企業をまさに起業する新会社にとって，新事業のための開業資金，インターネット取引への課税，および，顧客データのプライバシーに関する新大統領の優先事項は重要な結果をもたらす。

規模，製品，事業の場所がどうであれ，企業は連邦政府，州政府，地方政府の決定がどのように彼らに影響を与えるかを理解する必要がある。もっとも重要なことは，これら企業の経営者は選任職員や政府機関で働く人々に政府がとるべき行動を提案する場合，彼らの見解を伝える方法について理解しなければならない。「パブリック・アフェアーズ協議会」のような組織は，地方・国・国際レベルでの行政組織の機能を経営者が理解するのに役立つ。

本章では，政府関係と政治的課題事項のマネジメントに焦点を当てることにしている。企業はその存在と利益追求の権利を完全に有するわけではない。商取引を行ない，利益をあげる権利は適切な法律と公共政策を伴うコンプライアンス（法令遵守）にもとづくものである。第7章で論じたように，公共政策は多くの要素によって構成されている。公共的な課題事項は企業に公共的な問題をチェックさせ，政府の要請に応えさせ，政治的過程に関与させる。したがって，本章は，どのようにして経営者と彼らの企業が「企業―政府間」関係をマネジメントすることに挑戦するのか，について議論する。

1　政府関係の戦略的マネジメント

政府に企業が関与することを好ましいとする人と好ましくないとする人との間には深刻，かつ，継続的な論争がある。この論争には，企業が合法的に政治過程に関与するのか否か，また，それはどの程度までなのか，という問題が含まれる。図表8-1に示したように，企業は政治の外にいるべきだとする人々と，企業が政治に関与すべきである，と主張する人々とがいる。

企業と政治は今日の世界ではますます複雑に絡み合っており，企業経営者が政治の世界で起こっていることを無視することは，許されないのである。次第に，企業経営者は，企業の存続と繁栄が政治的決定と結びついていることを認識するようになってきている。この傾向はすべての国々で鮮明，かつ，明確なものになっているが，批判勢力は特定の政府決定に影響を与える企業の影響力の大きさを危惧している。企業経営者にはジレンマがあることは明らかである。企業は自社と所属する産業の問題に関する政治過程にどのように関わるべきか？　また，企業が合法性を獲得するために，社会的倫理規範や基

図表8-1　企業の政治関与に関する是非

企業が関与すべき理由
■多元的なシステムは数多くの参加者を招く。 ■企業や産業にとって経済的利害関係が大きい。 ■企業は他の社会的利益と拮抗している。 ■企業は政府のきわめて重要な利害関係者である。
企業が関与すべきでない理由
■経営者は政治論争に関与すべき資格をもたない。 ■企業は政治に未経験である。 ■企業はあまりに巨大な権力をもっている。すなわち，「500ポンド級ゴリラ」である。 ■企業は党派的な政治に関わると信頼性を危くする。

準と調和しながら政治に関与していくための方法とは果たしてどのようなものなのか？など。

(1) 政治活動の技術

政府の政策に関与していくために企業が用いる技術は，他の利益集団のそれと同じである。こうした技術は広範囲に用いられている。すなわち，直接代表者，業界団体，特定目的の同盟，である。

① 直接代表者

多くの企業は，ワシントン（あるいは，彼らが事業拠点を置く国の首都）に常駐の代表者やスタッフを置き，企業に影響を与える新事態に精通し，必要な場合には政府当局者と意見交換しようとする。こうした政治的影響力は一般市民や諸機関が立法や規制行動の決定に関与する以前に，企業のワシントン駐在スタッフが直接企業を代表してその存在感を示すことができるのである。**ロビー活動**（Lobbying）は，特別な意味をもつ法律，政策，規制とみなされる場合に，組織の利害関係を維持するために第三者と意見交換し，説得工作をするプロセスである。企業のロビイストは国家レベルと同様，地域や州レベルでも活動する。

② 同業者団体

企業の多くは，「全米不動産業者協会」(National Realtors Association―公認の不動産仲介者協会)，「全米独立事業者協会」(National Federation of Independent Businesses―小企業の団体)，「全米製造業者協会」(National Association of Manufacturers―製造業者のみの協会)，「米国商工会議所」(U. S. Chamber of Commerce―広範囲かつ多様な会員からなる協会)のような同業者団体にも参加しており，会員数の拡大を目論むとともに，政府当局者に彼らの利益を訴えるための中核的スタッフを備えている[1]。

「米国商工会議所」は，20万社以上の企業を会員として抱えている。会議所は億ドル

単位の予算をもち，広く流通する会誌を発刊し，政治的メッセージを報じるための衛星テレビのネットワークを運営している。会議所は政治問題，経済問題，規制問題について多様な立場を持ち，会員企業が自由市場で有効に競争するためにはどのような条件が必要か，について会員の見解を反映すべく積極的に活動する。

③ 特定目的の同盟

しばしば利用される第3の技術は，特定目的の同盟を設けることである。特定目的の同盟はさまざまな企業集団が特定の法律や規制に対する賛否を顕示するために利用される。企業はときとして，特定の法律，規制，課税提案，その他の課題事項に関して，ライバル企業，他産業に属する企業，非事業組織と協力する場合がある。次の事例に描かれているように，政治は奇妙な同盟や対立を生む可能性がある。

> 数年前，米国議会はサマータイムの拡大についての法案を通過させるか否かを諮問した。サマータイムとは，ある地域の住民に対し日中の時間を長く保つために，時計を進めたり（あるいは，遅らせたり）することに他ならない。もともとのサマータイムの設定は，第二次世界大戦中に米国人の日中の活動時間を最大にするよう調整することから始まった。これは冬の暖房や電気に消費される石油を備蓄することにも役立つ。それ以来，議会が特別必要と認める場合には時間調整するようになった。サマータイムの延長提案は，カリフォルニア州から生じ，その提案者は10月後半〜11月くらいまでの延長を提案していた。提案者のなかには，バーベキュー・グリル業界やキャンディ生産者が含まれていたが，それぞれサマータイムの延長で何が生じるかについてはまったく異なる意見をもっていた。バーベキュー業界は，サマータイムが延長される特別の数週間は，グリル，木炭，用具の販売が伸びると主張した。しかしながら，キャンディ業界はサマータイムがハロウィンの前に終了し，お菓子をねだりながら街を歩く子どもたちが少なくなってしまうために，キャンディの販売が減る，と主張した。

立法をめぐる議論は結局，警察，児童福祉機関，テレビ放送局，および，賛否両論を主張する数多くの代弁者に引き継がれた。さまざまな提案をもつ支持者や反対者はさまざまな提案が議論されるにつれ，何度も主張を変えた。結局，企業連合がすべての提案を事実上，阻んだために，何らの行動もとられなかった。

（2）政治的関与

企業経営者は自社が政治に関与していくための適切なレベルを決めなければならない。図表8-2に示されているように，関与にはさまざまなレベルがあり，関与の手段も多様である。成功するためには，企業は関与対象について，また，特定の政治的課題事項や政治機会が参加対象とどのように関連しているのか，ということについて戦略的に考えなければならない。これには，その課題事項に対する企業の利害と提案される行動がもたらす結果予測とが含まれる。

> 世界中のコンピュータ・システムで利用する製品の設計と製造を行なう，ソフトウエ

図表8-2　企業の政治的関与レベル

```
レベル1：資金的関与
■政治活動委員会（PACs）の設立
■同業者団体支援

レベル2：組織的関与
■ロビー活動
■従業員による草の根的関与
■株主や顧客とのコミュニケーション

レベル3：公共政策に対する戦略的関与
■行政参加
■産業単位のワーキング・グループやタスク・フォースによる関与
■政治的立場の展開
```

ア会社はアイデアや製品の著作権侵害を予防するための強力な著作権法とその他の知的財産権保護（IPP：Intellectual Property Protection）に長期的，かつ，戦略的関心をもつ。この法律に対するロビー活動が開始された時期は，同社のわくわくする新製品が販売された時ではなかった。すなわち，遅きに失したのである。数年前に，同社は将来生み出されるアイデアや製品を著作権侵害から保護する，「知的財産権法」（intellectual property laws）を確立するための政治過程を他企業と共同で開始すべきであった。国内（本国）市場を保護するための強力な法律と外国政府と IPP 協定を交渉し強化することを政府に提案することが必要なのである。

戦略的利害関係は直接的でもあり，間接的でもある。多くの企業は，公共教育の改善を州，地方，中央各政府に説得しようと試みてきた。学生が現代経済のなかで仕事を得るために必要な技術を身につけることなく，卒業することは賢明ではないとの信念から，そのような行動をとる企業もある。他の企業は，より長期的，かつ，自己利益的観点をもっている。適切な教育を受けなかった将来の労働者は危機的な技術不足をもたらし，熟練技術者を雇用しようとする企業にとって問題となるからである。

（3）政治的アジェンダのマネジメント

政治の世界は社会の潮流と複雑性とに影響を受ける。政治過程は，実際的なものと象徴的なものとが絡み合う場である。E. E. スカッシュネイダー（E. E. Schattschneider）とマーレイ・エーデルマン（Murray Edelman）などの研究者は政治的な問題をダイナミックな対立関係とみなしている。この種の見解は分析の中心に，個々人，指導者，エージェンシー（代理人），組織（例えば，議会），あるいは，政党ではなく，対立関係を置いている。この見解の現代の主要な支持者であるロジャー・コップ（Roger Cobb）とマルク・ハワード・ロス（Marc Howard Ross）は，次のように論じている。

　　政治の多くは政治的課題事項の周囲で対立関係を発展させたり，拡大させたりする。
　　不満をもつ人々は，新たに関心をもった人々の注意を喚起することが必要であり，他者

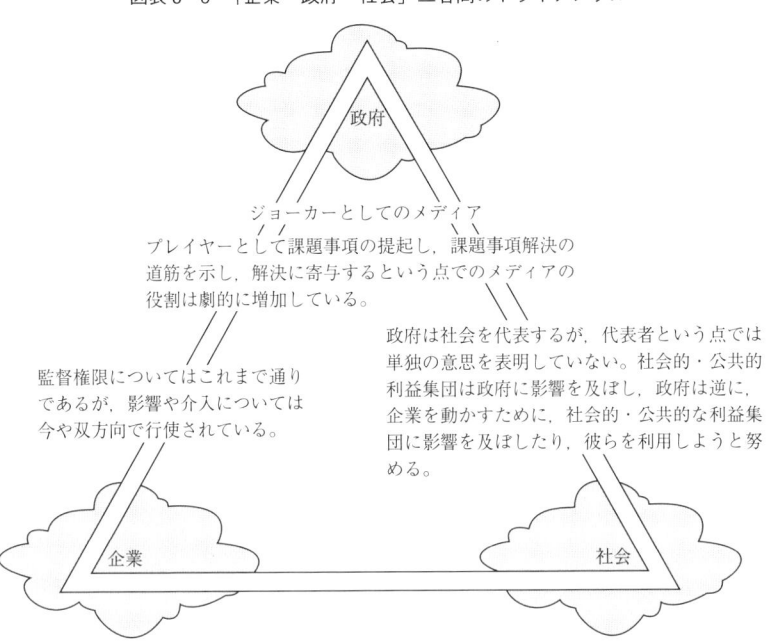

図表 8-3 「企業―政府―社会」三者間のトライアングル

```
                    政府

        ジョーカーとしてのメディア
    プレイヤーとして課題事項の提起し、課題事項解決の
    道筋を示し、解決に寄与するという点でのメディアの
    役割は劇的に増加している。

                              政府は社会を代表するが、代表者という点では
                              単独の意思を表明していない。社会的・公共的
                              利益集団は政府に影響を及ぼし、政府は逆に、
監督権限についてはこれまで通り      企業を動かすために、社会的・公共的な利益集
であるが、影響や介入については      団に影響を及ぼしたり、彼らを利用しようと努
今や双方向で行使されている。       める。


         企業                              社会
```

出典：John F. Mahon and Richard A. McGowan, *Industry as a Player in The Political and Social Arena*, Westport, CT : Quorum, 1996, p. 29. 許可を得て使用。

と闘うためにもっとも重大な問題を再定義することによって喚起を促すのである。さまざまな問題が錯綜するなかでは、政治的堆積物の頂点にある政策課題事項を浮き出たせる可能性がある。

コッブとロスは起こることが予想されるのに、起こらない出来事に着目する。このようなことがなぜ、起こるのか？　どのようにして起こるのか？　彼らの分析は七つの領域における諸条件に集中しているが、そのなかには、連邦規制機関（例えば、証券取引委員会、食品医薬品局）や、1940年代と1990年代における国民健康保険に関する議論のような公共の健康問題が含まれる。彼らは、次のように記している。

　　政治は暗黙、かつ、シンボリックな便益の分配に関するものであるというエーデルマン的見解に対する別の見方についていえば、われわれの示唆するものは、アジェンダの対立は政府が特定の課題事項を検討するか否かを具体的に決定することと、人々がきわめて感情的に重要性を意味づける政治的課題の解釈が競合することとに関係している。この観点に立てば、政治はだれが、何を、いつ、どのように決めるのかというだけではなく、われわれはどのように生活すべきか、政府は何をなすべきか、われわれはどのように環境との関係を保つべきか、敵はだれなのか、といった競合する見解について選択

図表 8-4　モトローラ社の公共政策アジェンダ

レベル（範囲）	事例
製品レベル（モトローラ社の事業単位に限定）	携帯電話規格
企業単位レベル（モトローラ社の企業レベル）	海外競合企業のダンピング行為
産業レベル（モトローラ社と競合他社）	暗号化規格／規制
産業間レベル（モトローラ社と非競合他社）	
■特殊な案件	米国の貿易制裁政策
	中国のWTO加盟問題
■一般的案件	国のマクロ経済政策
	貿易政策と人権との連結

出典：1995〜1998年間，『ウォール・ストリート・ジャーナル』誌（*Wall Street Journal*），『ビジネス・ウィーク』誌（*Business Week*），その他のビジネス・メディアに発表した著者の既出調査と論文より。

するためのフォーラムを準備すること，などがある。

こうしたアイデアは企業の政治的行動に関わる現代的思考の多くの部分にとって土台となる。

（4）企業の政治的戦略

政府の役割の一つは，実にさまざまな人や組織の利害，社会のなかの利害関係を調停することである。ジョン・マーホン（John Mahon）とリチャード・マクゴワン（Richard McGowan）はこのような関係を図表8-3に示されているような利害関係のトライアングルとして描いている。この著者によれば，企業は政府が行動すべき，あるいは，行動する可能性をもつ，企業にとって重要な数多くの課題事項が存在するがゆえに政治に関与していくことになる。企業の政治戦略なくしては，企業の利益は適切に描けないし，保護もできないのである。

企業の政治戦略とは何か？　マーホンとマクゴワンは，**企業の政治的戦略**（corporate political strategy）を「対立する状況において（資源の特別な配分，ないしは，配分を変えないことにより）優位性を得るための権力を獲得し，展開し，活用するために組織によって行使される諸活動」と定義している。この定義が仮定しているのは，社会における利害関係の多くは，何をすべきか，どのようにすべきか，という点についての対立が生み出したものであるということである。地球温暖化のような広範囲の課題事項なのか，あるいは，特定の住民を対象としたダイオキシンの危険といった特定の課題事項なのかをめぐって，政府は対立を解決する場となるのである。企業の政治的戦略とは，このような対立が企業や企業活動に影響する場合には常に，企業が権力を獲得し，それを利用し，優位が得られる方法でこうした関係にアプローチすること，に他ならない。

① ステイクホルダーとしての企業

企業の政治戦略の重要性は，ある大規模，かつ，きわめて典型的な企業の公共政策ア

ジェンダに密接に関連するものとして理解することができる。電子装置，および，その周辺機器の製造業者であるモトローラ社（Motorola）を取り巻く各種の課題事項は，図表8-4に示されているような社会における他者との実際的，かつ，潜在的な対立関係を有する。企業は広範囲の政治的課題事項のなかに明確，かつ，きわめて重要な企業利益を有することに留意すべきである。そのあるものはきわめて特殊なもの（例えば，携帯電話）であり，他方では，米国の電子製品に対する海外市場の開放といったきわめて広域のものである。モトローラ社やその種の企業は，その成果に対する関心から政府の行動に影響を及ぼそうと試みる。換言すれば，彼らは公共政策のプロセスと政治システムにとってステイクホルダーなのである。

2 新世紀の米国政治

現代企業は政治的環境を操作し，政治組織と政治過程が数世紀の間，通用するように設計し，調整する。その結果は，旧式のもの（例えば，2000年の大統領選挙における時代遅れの投票システム）と非常に新しいもの（例えば，サイバー政策論争）との混存である。

（1）対立と協調

米国における「企業と政府」の関係はその国の歴史のほとんどを通じて対立と協調の繰り返しであった。植民地時代，企業は高額の税金に悩み，イギリスからの独立を支持した。18世紀と19世紀に，州政府と中央政府は，しばしば，鉄道建設，街づくり，その他の基本的なサービスを提供する企業家に対して，資金，土地，あるいは，その他の資源を与えることによって新産業の台頭を支援した。しかし，それは，貨幣の安定（銀兌換あるいは金兌換）とあからさまに不正なビジネス慣行との壮絶な闘いでもあった。20世紀の間，企業は政府と激しい対立の時代を経験した。1930年代以降，連邦政府は積極的に経済成長を主導し，完全雇用と社会福祉の実現をめざした。こうした積極的政府は大恐慌の間に出現したものであるが，同時期に経済的繁栄を取り戻すためであれば，政府はあらゆることをすべきである，ということに人々は同意した。しかし，行動主義派の政府の50年間をみると，1980年代にレーガン大統領（President Reagan）が米国が必要としていることに対して，「政府は問題にはなっても解決策にはならない」と断言したときに，激しい抵抗を生み出した。1980年代と1990年代の間に，政府の規模を抑え，焦点を絞り，活動を限定するための努力がなされた。政府と企業は互いにどのように関わるべきか，人々は再考した。企業経営者は現代社会において，ある特定の事柄を行なうためには強力，かつ，効率的な政府が必要であることに同意する。そして，政府の指導者は強力，かつ，効率的な企業部門の必要性を認識している。それにもかかわらず，21世紀最初の大統領選挙戦が始まったとき，新世紀に移行するため，企業と政府の間の

境界線を正しく引くことに関して，立候補者間の活発な論争が続いていた。

(2) 政治的シニシズム

多くの米国人は国家の経済問題と社会問題が政府に対して，経済政策の道筋を決め，繁栄の枠組みをつくることを要請すると考える。しかし，他の多くの人々は，高額の税金が個人的な選択のために必要な所得を剝ぎ取り，他方では，しばしば市民についての理解に欠ける大きな政府を肥やしていると考える。大統領選挙戦は，これらの論争を一般大衆にもわかりやすい視点で行なった。

政治的シニシズム（political cynicism―冷笑議）は，政治と政治家についての不信という社会的風潮と関係している。米国は1990年代に深刻な政治的シニシズムに陥った。有権者は，公約が果たされる見込みがないと思われる制度に反旗を翻した。有権者の実投票者数はほとんどの選挙で下回り，大統領選挙でさえほとんどの州で登録された有権者の50％ほどに低下した。政治的ポストを求めている立候補者は，しばしばネガティブ・キャンペーンをはり，ある立候補者の場合，そのライバルの社会的地位や人格的資質（例えば，誠実さ）を攻撃した。政治的宣伝がライバルのイメージを傷つけるために用いられたが，それは一般大衆がこのような攻撃的な宣伝に反応するからであった。政治的宣伝は，世論調査，フォーカス集団，聴衆という一定のセグメント向けの高度に専門的な世界になった。総体としての結果は，政治家に対する一般大衆の尊敬を低下させるものであった。一般大衆は，長期間在職する現職議員，変化を叫ぶ一般大衆受けを狙った新たな立候補者，および，一般的には政治キャンペーンそのものを信用しなくなっていった。このような否定的な態度は，公共政策の立案方法や立法や規制に代わる何らかのアイデアに影響する。

政治の専門家の間で，政治と公共政策をどのように関係づけるかについての論争が続いている。経済システムを統制する者は常に政治システムの統制の道を見出すと信じる者もいる。数多くの異なる利害が政治システムへの影響を競うと考える者もいる。第3の見解は，政府の官僚制自体が政治システムを統治し，その他の利害関係は公務員や官僚への影響という点では二番手にすぎないというものである。[6]最後のものは，「社会的エリート」の見解であり，社会，企業，政治的リーダーのごく一部分（エリート）が主要な意思決定を行なうが，それは一般大衆の望みとは多くの場合関連しない，というものである。

21世紀における米国政治の舞台は，これらの見解のいくつかを具体化しているように思われる。米国は多元的な政治システムのままであり，そこでは利益集団が多数存在し，政治の世界に影響力をもっている。しかし，現代米国社会においては非常に多くの異なる利害関係が存在しているので，個々の集団は合意を形成することなく，重要問題を常に自己に有利に裁くほど十分な権力をもつことは稀である。政府の複雑なプロセスを通じてアイデア，特定の法制化，規制を進めるためには，連合が形成されるべきかもしれ

ない。社会学者であり，米国社会や政治の潮流の観察者である，ロバート・D.パットナム（Robert D. Putnam）が記すところでは，「ソーシャル・キャピタル」（social capital）は人々がコモンウェルス（commonwealth）と呼ぶものを構築するための協働に失敗するような社会においては衰退する（第16章の議論を参照されたい）。今日の政治環境において，さまざまな集団や**ステイクホルダーの連合**（stakeholder-coalitions）と協働は，あらゆる対立，論争，政治的シニシズムの間で，成功した経済や社会を建設するために不可欠の視座なのである。

（3）連合的政治

専門家によれば，現代の政界は，それ自体，ある問題の解決策を決定できる十分な権力を以前のようにはもち得ないでいる。他の専門家の議論では，連合は，何らかの行動がとれない政治的行き詰まり状態が生じた場合に，非常に急速に，そして，解決の手段を伴いながら形成される。それでも，特定の利害関係を有する小集団——とくに"ウォール・ストリート"や"ワシントン・インサイダー"（それらが首都周辺の環状道路に立地されている傾向があるため「環状線ゲリラ」（Beltway Bandits）と名づけられている）——が，政治的アジェンダを行使するために，主要な意思決定者への接近を果たし，常に勝ち組の連合になる度合いが高いことから，上記の見解に同意しない者もいる。

政党は多元的な社会の優勢な部分をなし，政治行動を通じて彼ら自身の繁栄を追求する点で，個々人や利益集団の壮大な連合と呼ばれるものを代表している。政党は米国憲法には記述がないが，代議政体の重要な部分である。政党は選挙というプロセスのなかで，公職に就く立候補者を立てるという手段によって機能する。政党は政府を運営する方法について同じ見解をもつ他者と協力するために，個々人や集団の勢力捲返し拠点としても役立つ。

しかしながら，政党はさまざまな政治的関心と政府の運営を維持するための権力を着実に失っている。政党支部はかつてそうであったほどには，今日の市民にとって重要とは思えない。有権者もごく当たり前に境界を越えて，ときには民主党候補に投票し，ときには共和党候補に投票し，あるいは，独立候補に投票するのである。1980年の第3政党の大統領選挙戦（ジョン・アンダーソン（John Anderson）はジミー・カーター（Jimmy Carter）やロナルド・レーガン（Ronald Reagan）に対抗して運動した），1992年（ロス・ペロー（Ross Perot）はジョージ・ブッシュ（George Bush）やビル・クリントン（Bill Clinton）に対抗して運動した），そして，2000年（パット・ブキャナン（Pat Buchanan）はアル・ゴア（Al Gore）やジョージ・W.ブッシュ（George W. Bush）に対抗して運動した）は全国レベルで有権者を代表するという伝統的な政党の衰えを象徴している。

政党は州，および，地方レベルではより権威的なものと思われるかもしれない。もと

より，政党から自由な数多くの有権者が存在することや伝統的な政党公認の外で選挙活動をする候補者など考慮すべき差異があるにしてもである。しかし，連邦議会も「政党病」（party disease）の兆候を示している。1992年から1994年の間，民主党が米国下院，および，上院の多数議席を占めたとき，ビル・クリントン大統領は法律によるアジェンダの実行に失敗した。その理由は，民主党員が大統領を支持しなかったからであった。1995年に下院の共和党議長になったニュート・ギングリッチ（Newt Gingrich）は当時の共和党の大多数を掌握していたが，その結束はすでに失われたということを認識した。党の結束は，民主党と共和党の議会運営責任者が隊列を組もうとしていたときに，クリントン大統領の弾劾に関する論争で失われた。2000年の選挙では，一般大衆は分裂と政党の権威の喪失を感じた。

第107回議会が2001年1月に開催されたとき，米国史上立法府がもっとも分裂した議会となった。共和党は下院において12議席だけ上回っていたが，上院は共和党50議席，民主党50議席とまったく同数であった。政治評論家は，こうした分裂状況が新たな内閣の能力と議会の政策形成能力とに影響すると推測した。その結末は，実際の問題が解決されるまでわからない。

3　重大な問題

企業は今日，対立とさまざまな問題に満ち満ちた政治システムのなかで操業している。政治学者は米国の政治システムがこれまで以上に堅固なものになったかどうかという点については意見が分かれている。とはいえ，他国は米国を民主主義のモデルとみなす一方で，選挙政治の根本的改革に対する圧力が強まっている。政治過程に参加する場合，企業は，そのシステムが民主主義的理念と合致した方法で運営されているかどうかに大きな関心を示している。主要な問題のいくつかについて，次に論じてみたい。

（1）政治資金と選挙資金調達

米国の政治は非常にカネがかかる。公的機関の候補者はどのレベルの政府——地方政府の官吏から米国大統領に至るまで——でさえ，選挙で勝利するためには政治資金を使わなければならない。その費用は地方選挙における数千ドル程度のものから，連邦政府の高官の数千万ドルまで幅広い。

2000年の選挙においては，連邦選挙戦に対する政治資金のみで10億ドルもの水準に膨れあがったと見積もられている。2000年の大統領選挙戦における資金と政治の議論については，資料8-Aを参照されたい。

このような選挙資金への依存は好意的な寄贈者からの選挙資金調達を立候補者に強いることになる。下院議員のような選挙によって選ばれる議員の多くは，2年毎の選挙戦に直面する。彼らは在職期間の開始日から次の選挙戦のための資金調達を始めなければ

第8章 「企業と政府」関係のマネジメント

> **資料 8-A　2000年選挙における政治資金と政治**
>
> 　観察者は2000年の選挙が米国政治史上もっともカネのかかった選挙になると予想した。しかし，支出の全体規模は得票結果が明らかにされるまではわからないだろう。連邦選挙管理委員会（FEC：Federal Election Commission）によれば，共和党と民主党は1999～2000年の選挙の間に，「ハード・マネー」（規制の対象となる活動資金），および，「ソフトマネー」（規制の対象とならない活動資金）に合計12億ドルを注ぎ込んだ。これは1998年の選挙時の総額のおよそ2倍であり，最近の大統領の任期であった1996年はわずかにその37％ほどにすぎなかった（著者注：これには，フロリダにおける投票の数え直しに伴う法的支出，および，その他の支出のためのカネが含まれていない。連邦選挙法（federal election law）はこうした目的に費やされた選挙資金の開示を要求していないし，共和党と民主党が選挙資金の総額を自主的に開示することも要求していない）。
>
> 　共和党は連邦資金，すなわち「ハードマネー」を4億4760万ドル調達した。他方，民主党はハードマネーを2億6990万ドル調達した。こうしたハードマネーの領収書は，以前の大統領選挙（1995～96年）より共和党で10％，民主党で29％増加した。両政党にとってもっとも増加割合が大きかったものは，非連邦資金，すなわちソフトマネー（連邦選挙キャンペーン法の制限および禁止項目の外で生じた資金）部分であった。共和党は2億4440万ドルであり，1995～96年より73％の上昇，他方，民主党は2億4300万ドルで99％の上昇であった。ソフトマネーは共和党がFECに報告した選挙資金活動の35％を占め，他方，民主党では47％を占めた。
>
> 　1999～2000年選挙における議会選挙資金支出は8億5800万ドル以上に達したが，この金額は1997～98年時点より39％，金額で2億4000万ドルの増加であった（こうしたデータは，1999年1月1日および2000年11月27日における選挙後の20日間の資金活動を記録したFEC報告にもとづいている）。加えて，少なくとも900万ドルが特別選挙の立候補者に支出され，1億900万ドル以上が予備選挙で落選した候補者に支出された。
>
> 　企業，労働組合，その他の特定のステイクホルダーによって構成されている政治活動委員会はこうした政治資金調達の実際の割合について計算している（図表8-6，214頁を参照されたい）。政党や候補者に与えられた個別のものであっても，寄贈者の利益と関心を反映したものであった。

出典：すべてのデータは，連邦選挙委員会広報からのものである。fecweb1.fec.gov/press/011201/partyfunds/html を参照されたい。

ならない。彼らは**絶え間なき政治運動**（perpetual political campaign）に関わるために，現職と挑戦者はともに資金調達の持続的な圧力を感じざるをえないからだ。このことは，企業のような潜在的な寄附者にも影響を及ぼす。

　企業はいくつかの方法で選挙資金づくりに関わる。公務員である候補者に直接寄附することは連邦法が禁じている。すべての州がそうではないが，州によっては，州の選挙で企業が候補者に寄附することに規制を設けている。1970年代半ば以降，企業は**政治活動委員会**（PACs：Political Action Committees）を組織し，管理することで，企業資金を使うことが可能となった。PACsは独立した法人組織であり，株主や従業員からの寄附を懇請できる。そして，次に，これらの資金を政治家を志す候補者に寄附するのである。PACsを組織する企業は企業資金をPACsに寄附したり，政治家をめざす候補者に寄附することは許されない。企業が組織したPACsへのあらゆる寄附は個々人から生じなければならない。

第Ⅳ部　グローバル社会のなかの企業と政府

図表 8-5　政治活動委員会（PACs）の歩み（1974～2000年）

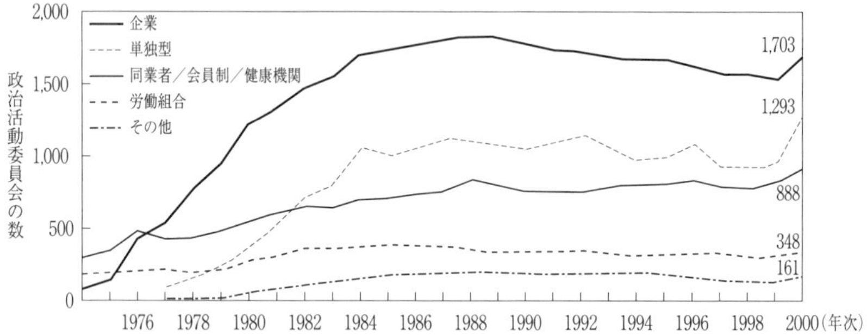

出典：連邦選挙委員会のレポート *Annual Report, 1999*, Washington, DC : Federal Election Commission, 2000. より。

図表 8-6　政治活動委員会（PACs）の資金活動

	1999～2000年間に活動報告したPACs数	1999年1月1日～2000年6月30日間のPACsによる寄附（100万ドル）	米国上院における選挙資金消費（100万ドル）	米国下院における選挙資金消費（100万ドル）	民主党候補者（上下両院）に対するPACsの寄附（100万ドル）	共和党候補者（上下両院）に対するPACsの寄附（100万ドル）
全PACs	4,393	$430.6	$41.6	$122.9	$80.2	$86.3
企業PACs	1,703	119.3	18.2	41.0	20.5	40.2
労働組合PACs	348	95.7	5.4	28.7	40.2	2.8
同業者／会員制／健康機関PACs	888	102.9	10.4	34.7	17.8	27.5
単独型PACs	1,293	99.7	6.1	14.8	8.4	12.8
その他	161	12.8	1.3	3.6	2.2	2.8

注：(1)資料は概数のため，合計は必ずしも一致しない。
　　(2)寄附と支出費用は一致しない。ある選挙期間中に行なわれた寄附が，別の選挙期間に繰り越される可能性がある。また，資金の受領と選挙戦期間中における資金の利用との間にもタイムラグがある。
　　(3)PACsの寄附は，大統領選挙の有資格候補者の選挙委員会に与えられてきた。
　　(4)連邦選挙委員会は，これらのデータを2001年2月に公表した。
出典：2001年2月までに，連邦選挙委員会が収集したデータおよび各種報道にもとづく。次のURLを参照されたい。www.fec.gov/press/pacsu1800.htm.

　図表8-5が示すように，PACsは，他の集団と同様，企業にとってもきわめて一般的なものである。企業PACsは数多く，4400近いPACsの40％以上を占めており，しかも，もっとも巨大な資金調達者であり，支出者でもある。しかし，図表8-6に示されているように，同業者・会員制組織（例えば，全米ライフル協会，米国医薬品協会），労働組合，単独組織（例えば，全米不動産業者協会）もまた，資金調達と支出面で重要

な位置を占めている。労働組合は，PACs 全体の10%を下回るにすぎないものの，最大の寄附者の一部となっている。

興味深いことに，資金調達量が新たな高みに達しているにもかかわらず，PACs の総数は1980年代にピークを迎えたように思われることである。批判の声が1990年代後半における選挙資金制度全体に及ぶ議会調査を実現した。批判の声にもかかわらず，2000年の選挙戦以前に，米国において有効な選挙資金の改正は実行されていない。連邦政府委員会は，PACs 活動を規制する規則を設けた。例えば，PACs は各選挙ごとに単一の候補者に5000ドル以上を与えることは，予備選挙の勝者が最終選挙で別の5000ドルを与えられる場合であっても許されない。このような制限はすべてのPACs に課されるもので，選挙結果を方向づけるような公職者への集中的な資金の提供のものである。結果的に，候補者と寄附者の双方がこの規則を免れる新たな方法を思いつくこととなった。

選挙資金のもっとも重要な問題は**ソフトマネー**（soft money）である。裕福な寄附者はしばしば彼らが好む候補者を支援するためのカネを自由に使えるような抜け穴を探す。一般的な方法の一つはソフトマネーの支払いである。ソフトマネーは特定の候補者を支援しない，その意味で投票運動に関わらないテレビ放送によるキャンペーン・コマーシャルや大統領選挙や議会選挙に関連した，その他の諸活動に対して，政党設立活動資金を当該政党に直接寄贈するための基金である。FEC 規則によって厳格に規制されるハードマネーとは対照的に，寄贈者は政党設立活動を行なう政党に対して無制限に寄贈できる。

2000年の大統領選挙では，民主党，共和党ともに候補者（アル・ゴアとジョージ・ブッシュ）を際立たせ，「民主党へ投票せよ！」，「共和党へ投票せよ！」と強調する選挙広告に資金を投入した。これらのプロモーションは，政党候補者を直接に応援するものであったとしても，政党設立活動とみなされる。2000年において，大統領選挙戦に投じられたソフトマネーの総額は推計で6億ドルにのぼった。この金額は，1996年における二大政党に対するソフトマネーの総額2億6000万ドルの二倍以上にのぼった。さらにいえば，1996年の寄贈額は1992年の大統領選挙時に調達された8600万ドルから大幅に増加していたのである。

こうしたマネーゲームの一つの帰結は，大金持ちの候補者の登場である（例えば，大統領候補者スティーブ・フォーブス（Steve Forbes）とロス・ペロー（Ross Perot）であり，あるいはニュージャージー州のジョン・コージン（John Corzine）とカリフォルニア州のマイケル・ホフィトン（Michael Huffington）であり，米国上院議員になる企てに個人資産から数千万ドルをそれぞれ費やした人々である。ニュージャージー州ではコージンが勝利し，ホフィトンは推計で1億ドルを費やしたにもかかわらず，カリフォルニア州で敗退した）。個人資産は公的な選挙資金の受け入れを必要としないほどまで，彼らの政治キャンペーンを無制限に支えているのである。

（2）ロビー活動と特定利益集団の権力

　第二次世界大戦終了後の50年以上もの間，米国連邦政府は国家経済の社会政策面と経済的管理面の両方に注目してきた。その結果として，政府による数多くの決定に関係する数多くの特定利益集団をすさまじく成長させた。もっとも重要なことは，これらの利益集団（銃器所有者を代表する全国ライフル協会，全国製造業者協会のような同業者組合によって表明される企業の利益，そして，貧しい子どもたちを代表する児童保護基金といったさまざまな集団）が政治に影響を及ぼすツールの利用を学習したことである。彼らは公共政策決定ゲームに高い関心を示すインサイダーである。

　企業と他の利益集団は，公共政策の展開に直接影響する数多くのツールを用いる。その多くの場合，当局者や規制に関わる担当者と情報交換し，主要な論点を議論し，メッセージを伝えるのである。すでに論じたように，ロビー活動は，一定の問題や公共政策に関して個人的な考え方を広めるために，あるいは，行動するために，政府当局者に直接接触することである。それは通常，長時間の討論の場合にせよ，短時間のみのミーティングにせよ，対面して行なわれる。**草の根プログラム**（grassroots programs）は好ましい方法で投票したり，行動するために，政府当局者に影響を及ぼすような投票者を獲得するための努力を組織することである。多くの企業はキャピタルゲイン減税で株式購入や他の投資をより利益のあがるものにするために，国会議員に説得するための草の根的行動に参加する株主を探す。これらのプログラムは要求行動が有権者によって支持されるために選挙を意識する議員に強力なメッセージを送ることになる。

　公共政策領域において企業が用いる大量伝達の別の形態は，**アドヴォカシー広告（主義・主張広告）**（advocacy advertising）であり，企業（あるいは，同業者組合）が著名な新聞や他のメディアに論争的な政治課題事項についての見解を記した明示的な広告を掲載することである。モービル社（Mobil，現在のエクソンモービル社（Exxon Mobil））は，こうした明示的な「存在感のある広告手法」があまり知られていなかった当時に，ガソリン価格の管理と政府規制問題に関して1970年代にアドヴォカシー広告を用いたパイオニアであった。アドヴォカシー広告のスポンサー企業はこのような広告が論争の的になっている特定の公共政策に関して関心があり，行動し，ステイクホルダーであるということを確認するためのものと考えている。例えば，1999年にモービル社は，地球環境への責任を積極的に果たすことの必要性に関する一連の広告を打ったが，それにより，「思考するリーダー」の存在とこの目標に合致した努力の公的な価値について情報を伝えることに成功した。今日では，こうした広告は，政府の高官や職員が読む主要な全国紙（例えば，『ウォール・ストリート・ジャーナル』（*Wall Street Journal*）『ワシントン・ポスト』（*Washington Post*）『ニューヨーク・タイムズ』（*New York Times*））の社説で一般的にみられる。

　政治活動の直接形態には，一定の重要な問題に関する政府当局の立場を承認するか否かをめぐっての手紙，ファックス，電報，電話，および，インターネット・キャンペー

第8章 「企業と政府」関係のマネジメント

ンが含まれる。企業はしばしば，政府当局者を現地工場施設に招待し，従業員へのスピーチを依頼し，表彰式に出席してもらい，経営と雇用問題への当局の理解を改善するような活動への参加を企画する。これらの活動はその他の部分では隔たりを感じる政府当局者と大衆との関係を人間的なものにする。民主主義は市民と政治指導者との接触と意思疎通を必要とする。2億8000万人の国民と数百万の企業を有する米国においては，政府当局者と一般大衆とがオープンで，かつ，バランスのとれた意思疎通を維持することは困難，かつ，非常に費用のかかるものである。

① メディアの役割

1990年代は，テレビやラジオのトークショーを含む新たなメディア放送の発展をもたらした。公共的な問題に関するプログラム（例えば，C-スパン）は時々，議会の論争をライブで放送し，インターネットでも配信している。ケーブルテレビ放送局は，しばしば，ヒアリング，ディベート，そして，投票をライブで放送する。批判者は，これらのメディア放送が政府当局者の政策内容より個人的魅力（パーソナリティ）により注目してしまうのではないか，と批判する。これは誇張した表現かもしれないが，間違いなく，メディアは世論形成の点できわめて影響力をもつ。例えば，2000年の大統領選挙時のメディア・スターを思い起こしてみたらよい。

　　テッド・コッペル（Ted Koppel）は，よく知られたABCネットワークの深夜の番組「ナイトライン」（Nightline）の番組発足時からの司会者である。20年間，この番組は毎日の主要なニュースに注目し，重要な政治問題に関する批評家を招いてきた。コッペルのインタビューは直接的かつ挑戦的で，伝統的なジャーナリズムを洗練したスタイルを特徴としている。

　　ラリー・キング（Larry King）は，ケーブルニュースネットワーク（CNN: Cable News Network）の番組「ファイブナイツ・ア・ウイーク」（five nights a week）というワシントン市からのトークショーの放送でメディアスターになった。彼の攻撃的なスタイルは鋭い質問と堅実なトークを期待する視聴者を彼の絶大なる信奉者に変えた。ラリー・キングのショーは立候補者，政治家，そして，各界の名士にとって，「不可欠の」停留所となった。

　　ラッシュ・ランボール（Rush Limbaugh）はラジオやテレビで活躍するパーソナリティであるが，自らの偏見をありのままに表現し，そのような視点を控えめな代弁者としての彼の役割にあわせようとはしない。ランボールは1990年代の新政治の時代におけるもっとも強力なメディア・ヴォイス（メディアを通じての発言者）の一人となった。1994年の選挙時に，ニュート・ギングリッジ（Newt Gingrich）の講演テーマ，「アメリカとの契約」をプロモートすることによって，米国下院，および，上院で共和党候補者を当選させたランボールは，支持者から，有力な発言者として信頼されている。

　　マット・ドリュージュ（Mad Druge）は「ドリュージュ報告」（Druge Report）と呼

ばれるインターネットサービスを配信し始めたが，それは，クリントン大統領のモニカ・ルヴィンスキー（Monica Lewinsky）との関係についての異議申し立てに関する話題が喧伝された1998年1月によく知られるようになった。このウェブサイトは，『ニューズウイーク』誌が無党派の検事ケネス・スター（Kenneth Starr）の要請で異議申し立て事件の話題を隠蔽したとするニュースを配信した。ドリュージュは実際に，他のニュース機関が報道しようとする話題を「暴き出す」ことによってニュースをつくった。しかしながら，一度その話題が出ると，他のニュース機関がその話題を報道するため追跡した。

人々の趣味はさまざまであり，テレビの視聴者——すなわち，一般大衆——がさまざまなセグメントに分かれているため，上記のスターや番組のそれぞれが好まれる。これらのメディア・スターは，だれを信用し，だれに信頼を寄せているか，という問題に政府や政策立案者が直面するような公共政策の課題に対する米国民の認識の仕方に多大な影響を及ぼす。メディアの擁護者は多種多様な見解と意見の文脈のなかで，これこそまさしく民主主義の創造者が機能する方法に他ならない，と主張する。解説する者にとって，その解決はより多くの方法でより多くの見解を示すことである。彼らは500チャンネルのケーブルテレビ局，双方向型メディア，インターネット，そして，ポジティブに発展したトークショー型民主主義に参加する一般大衆に注目する。カリフォルニアでは，民主主義的ネットワークが政見，政治資金，および，立候補者の在職期間中のポジションについて比較したいと考えている有権者向けのマルチメディア，オンラインサービスを生み出した。予備的データが示すところでは，2000年選挙期間中，一般大衆は頻繁にあらゆるメディア形態を利用し，その利用状況は，大統領選挙の結果が不確定な状態が何週間も続いた選挙後の期間中急速に上昇した。選挙期間中のもっとも一般的なウェブサイトの一つが，資料8-Bで紹介するボーター・ドット・コム（Voter.com）であった。

メディアが政治問題を取り扱う方法を規制する理由として，過激すぎるとか，内容が貧弱であるといった批判がみられる。多くの国では，政治問題と政治過程を報道するメディアの自由を制限している。しかし，米国の憲法は市民の言論の自由と記事の自由を保障している。米国最高裁を含む裁判所は憲法の立案者がテレビやインターネット，あるいは情報スーパーハイウエイの普及を予見していなかったことは確実であるが，メディアの番組内容を何者かが支配しようとすることに対して規制することは合憲と解釈している。一般大衆が視聴習慣を変化させない限り，それを止めさせるような過激な行動は好ましくないのである。

② 政治過程の透明性

透明性（transparency）とは，政府の意思決定過程の開示性と透明性の度合いである。米国の政治システムの開示性はその強みの一つである。それは人々にどのような方法で，どのような決定が行なわれているのか，を厳密に観察する機会を生み出す。「ワシントンは巨大な金魚鉢である」とあるベテランのロビイストは指摘しているが，その結果と

第 8 章 「企業と政府」関係のマネジメント

資料 8-B　ボーター・ドット・コム（VOTER.COM）

　ジャスティン・ダンジェル（Justin Dangel）は，政治，インターネット，企業家的事業に熱心な26歳である。これらの関心が重なり合って，2000年の大統領選挙期間中に広く知れ渡ったウェブサイト，Voter.com が創設された。選挙日──2000年11月 7 日──までに，同サイトは，政治ニュース，投票の行方，候補者の宣伝が混ざり合った情報で，数百万人以上もの「ユニークな来訪者」を魅了した。ダンジェルは，自分の独創的な考えこそが持続的な成功のための方法と考えた。

　2000年選挙は有権者，立候補者，政党がインターネットを重視したはじめての選挙であった。「われわれは政治という事業それ自体の変革を試みていた」とダンジェルは語る。その目標は，政治キャンペーン費用を下げ，市民と立候補者との接点を改善しながら，両者の間の新たなコミュニケーション・チャネルをつくることであった。「それは偉大なことだと感じている。それがわれわれの立場であり，偉大なことを成し遂げるような……このビジネスは，その中核となる部分では，まさにお金儲けではない。」

　Voter.com は，成功するための資源を有するようにみえた。すなわち，資金，能力，そして，投資家と政治評論家による支持である。「民主的なポータル」になることを熱望する競争者に立ち向かわなければならなかったが，Voter.com は，彼らのニュースの特徴とコメントの内容のため，『ビジネス・ウイーク』誌（Business Week）や『フォーブズ』（Forbes）誌のようなメディアから絶賛された。Voter.com は，両政党の上級スタッフもメンバーに名を連ねており，まさに超党派的存在であった。その会社は，政治の専門家と「豊富な資金」を有し，全国紙にフルページ広告を出すことによりアイデンティティを確立できた。それは共和党と民主党の全国代表者集会でも非常に目立った。

　Voter.com は深刻な問題にも直面した。同企業のもともとの注目は，2000年における連邦，州，地方レベルで生じる50万もの選挙戦に置かれていた。しかし，現実には，わずか5000の選挙戦（ 1 ％）が，十分な資金をもつ立候補者によって争われたにすぎなかった。かくして，キャンペーン広告からの収入は期待されたほどのものではなかった。同会社の経営陣は収入を確保するために，収益性のある企業向けロビー・ビジネスが必要であると結論づけた。Voter.com のスタッフは，ウェブページを作成するための，また，オンライン請願書のための，ソフトウェアを作成しはじめた。これらのプログラムは企業，「全国有色人種向上協会」（NAACP）や「コモンコーズ」（Common Cause）のような組織に販売された。同社はまた，視聴者向け電子メールや政治広告といったチャネルの有効性という操作上の問題にも遭遇した。

　2000年11月までには，同企業は，オンラインのニュースレターにおける広告を販売する新たなビジネス・モデルを発展させた。しかし，それはあまりに遅すぎた。選挙は終了し，投資家の雰囲気は敵意に満ちたものに変化した。そして，数カ月後に，Voter.com は閉鎖された。ウェブサイト上のメッセージを読んでみよう。

　　親愛なる訪問者の皆様
　　　これまで，また2000年選挙期間中，皆様が注目してお読み頂いたことを感謝致します。残念なことに，われわれの活動は終了しました。まったく単純なことではありますが，われわれは，あなたの期待に適うような，そして，政治のサイト・オンラインの頂点に立つサイトとしての名声を獲得できるような高品質のサイトを維持するための十分な資金を獲得することができませんでした……。しかしながら，われわれがはじめたことで，ウェブ政治の第二世代の基礎がつくられたと確信しています。あなたがこの空間を維持し続けることに感謝いたします。──Voter.com

出典：Ross Kerber, "Out of Office," *Boston Globe*, February 19, 2001, pp. D1, D4. また，www.voter.com も参照されたい。

して，あまりに多くのことが説明されることになる。他のロビイストは「国会議員はだれかのためになるのでなければ，行動を起こせない」という。研究者のなかには，政府の役人は彼らを選び，指名した人々（すなわち，指名者）のために行動するエージェント（代理人）である，と主張する。**企業の政治的エージェンシー理論**（corporate political agency theory）と呼ばれるこの見解は，選挙で選ばれた政治家がどのように行動するかを一般市民に観察させるという条件こそが，彼らを選んだ人々に奉仕する行動を促進させる，というものである。

別の見解は，選ばれた政治家は有権者の代表として議会に送り出されたものではあるが，彼らはまた，より広い公共的利益のために行動するために送られたものでもある，という。ときとして，選ばれた政治家は彼らの選挙区の有権者の利益を超えて状況を観察し，新税の承認のような評判は落とすかもしれないが，より広い公共的利益に合致した行動をとる。こうした観点によれば，現行の政治風土の問題は政治家がある課題が各選挙民やその投票行動に影響を及ぼすほど目立って見える場合には，公共的利益のために行動することをためらうことにある。「重要な問題に関して，あなたの選挙民と対決して議決せよ」と20年来のベテラン下院議員はいい，「しかし，その場合，その政治家には二度と投票するものか，という対価を支払わねばならなくなるだろう」と。

一つの改善策は投票が記録や報告を伴わずに行なわれる，より密室的な会合をもつことである。しかしながら，このような見解は，一般大衆の不信感という雰囲気を醸成する。立法者は公的にあえて行なわない事柄について私的に処理するかもしれない。こうしたアプローチが一般大衆のシニシズムを追加することなく透明性の問題を解決できるかどうか，は疑わしい。1994年の選挙後に共和党は議会で優勢に立ったとき，上院と下院の新たなリーダーは政治過程を開示すると約束したが，まもなく，何かを行なうためには密室のなかで働くことの必要性を認識した。

③ **現職議員と任命を受けた公務員**

政治的な生活に対する一般大衆のシニシズムは政治家や役人の立ち振る舞いからでてくるのである。というのも，彼らは自らの権力を保持しようとするあまり，ぞんざい，横柄で自分の得になるような態度しか示さないからである。これには，有権者の好むことを行なうことや公的な活動資金を特定のコミュニティにつぎ込むことや規制のために混乱と問題に直面した地方の企業のために行動することなどが含まれる。選出された公務員の年功的優先度が高まれば，それだけ彼らが政治問題に実際の権力を行使することがより好ましいものとなる。このことは政治的影響を及ぼす対象を彼らにつくらせるとともに，逆に資金調達と再選と権力的立場への固執を生む。

専門家は権力の乱用を最小限にせよと提案している。一つの代表的なアイデアは，**任期の制限**（term limits）であり，選出された公務員が働けるような，最大年数を設けるというものである。これは，例えば，35年以上も働いてきた場合にみられるような議会における長期在職者の権力を弱めることになろう。それは委員会の仕事の割り振りを開

かれたものにし，新メンバーの機会を増やし，州議会における業務経験の幅広い基礎を提供する。反対者の主張は任期の制限は有権者とコミュニティから，選挙による選択権と経験年数がもたらす知識，付き合い，信頼性などのメリットを奪い去るのではないか，という点である。

有権者が政治システムに不満をもつという兆候があったとしても，一般大衆の態度には矛盾もみられる。有権者は変化することの価値を問うべき選挙にもかかわらず，しばしば，長期在職中の公務員を再選する。企業もそのようなジレンマに直面する。多くの企業経営者は原則として任期の制限を望むが，その場合でも，選出された公務員の希望を反映し，再選を支持するようなキャンペーンを進める。なぜか？ 任期の制限という概念は魅力的に見えるが，他の特別な利益を好む企業は現職議員が彼らの要求に合致し，彼らの問題解決に非常に役立つことを認識している。これが，PACsとソフトマネーが往々にして挑戦者より現職議員に支出される一つの理由である。

④ **住民投票による政治**

政府の意思決定プロセスの複雑さは，一般的なアイデアを法律に変換する努力を挫く可能性をもつ。政府の委員会，手続き，および妥協は，しばしば広範囲の一般大衆に支持されるような提案を中止したり，遅らせたり，あるいは，逸らせたりする。こうした官僚制的障害に対抗するために，変革の主張者はしばしば特定課題に関して民意を問うために，**住民投票**（public referedum）を利用する。

多くの州では，一般選挙の投票の場で市民の発議権が発揮された法律を採択する。発議権のプロセスは，一定数の市民（通常は，登録有権者数の20%）がイニシアティヴな解決，ないしは，問題の開示を投票の場で住民に尋ねることを請願する。もしその解決策が有権者の多数によって採択された場合，立法者はその解決策を法律にしなければならない。

カリフォルニアは，数多くの住民投票を行なってきたが，そのなかには税制，人種差別，差別撤廃行動，移民問題などの指標となる提案も含まれている。例えば，1996年に有権者は案件209号を採択し，カリフォルニア州における州政府の雇用と大学への入学許可についての差別撤廃行動を差し止めた。これらの提案はしばしば，全国的な政治運動への道を切り開いた。10年以上に渡るカリフォルニアの投票で実行されたすべての発議権について研究している研究者は，発議権を同州のもっとも重要な政治分野の一つであると結論づけている。

住民投票問題の数は増加している。2000年の選挙において，ほぼすべての州が有権者に対する投票問題を抱えていた。州によっては，住民が投票すべき10件以上もの問題を抱えていた。調査によれば，発議権はしばしば，企業利益に反する行動を要求する。近年のカリフォルニア州の投票による発議権は，自動車保険の料率の変更を問うものであった。保険業界は，そのような法律が施行されると大変な痛手を被るだろうと主張し，その提案に激しく反対した。マサチューセッツ州にでは，ある課税修正を求める団体に

第Ⅳ部　グローバル社会のなかの企業と政府

資料 8 - C　国境を越えて管理する

　政治的関係がある州,ないしは,国の内側で管理することは難しい。企業が多くの国,州,地方で操業する場合,政治的関係を管理しようとすれば,大概より複雑なものとなる。多くの企業にとって,国境を越えた管理は,高度の政治的技能と経営執行責任者や広報担当の上級管理者の関与が必要となる。保険業を手掛けるコロニアル・ミューチュアル・グループ（CMG: Colonial Mutual Group）は,一企業が数多くの国々で政府との関係をどのように戦略的に管理するのか,という事例を提供している。

　コロニアル社は1700年代末にロンドンで設立され,現在はイギリスとオーストラリアで事業を展開し,その国の主要な保険会社の一つとされている。コロニアル社の事業戦略は,金融サービス業のニッチ市場で優勢なことと経営する事業が多角的（生命保険,損害保険）であること,を特徴としている。同社はまた,地理的な面でも多角的でオーストラリア,ニュージーランド,その他アジア諸国で事業を行なっている。コロニアル社は,利益性が高く,比較的競争的でない事業機会に注目してきた。

　コロニアル社のパブリック・アフェアーズ戦略は,事業を成功させるためにもっとも重要な問題を注意深く選択することの必要性を強調するとともに,まさにそこに傾注している。しかし,企業戦略とパブリック・アフェアーズ戦略は市場条件に適合するものでなければならない。このアプローチが機能する方法を理解するために,次のような事例を考えてみたい。1990年代末に,コロニアル社の最高経営者は三グループに分類された地理的市場を定義した。

- 成熟市場――オーストラリア,イギリス,ニュージーランド
- 既存のアジア市場――香港,インドネシア,マレーシア,フィリピン
- 潜在的市場・新市場――中国,ベトナム,インド

　成熟市場では,コロニアル社は,消費者主義,メディア,政府規制がとてつもないパブリック・アフェアーズ資源を要求する条件をつくり出していると認識している。イギリスやオーストラリアのパブリック・アフェアーズ部門は密接に協働し,メディア,政府の規則制定,製品のブランディング,そして,コミュニケーションに注目している。同社のオーストラリアのパブリック・アフェアーズ部門はまた,ニュージーランドも統括している。

　タイ,香港,インドネシア,フィリピン,および,マレーシアといったアジア市場への同社のアプローチは各市場の特性によって異なる。すなわち,あまり活発ではないメディア,英語以外の言語を話すスタッフ,政府の官僚制機構,そして,文化的差異の存在である。コロニアル社による政府とメディアとの関係は,現地従業員,言語,文化によって管理されている。コロニアル社の最高経営者による現地のパブリック・アフェアーズ活動への関与はほとんどない。

　同社は中国,ベトナム,インドといった事業をこれから確立しようとしている国では,いく分異なる戦略を有する。コロニアル社は,これらの国で事業を行なうためには政府の許可を得なければならないが,そのためには高度の政府との交渉技能,CEOの訪問,および,政府高官,メディア,その他の影響力を有する人物との関係を注意深く管理しなければならない。

　コロニアル社は,さまざまなアジア諸国のなかで事業を展開するためには,政府やメディアとの関係の大部分を現地の経営管理者に分権化しなければならないということを学んだ。同時に,同社は,新しい国家や政府を処遇するために調整されたアプローチを同社の最高位の人材が慎重に取り扱うべきであることも学んだ。

出典：アジアCMGにおける経営者とのインタビューより。オーストラリアのメルボルンにある同社のパブリック・アフェアーズセンターの支援に大いに感謝したい。

図表 8-7　諸外国における政治資金管理

	公的資金	基金設立，ないし，支出に関する制限	テレビ
イギリス	なし	あり	過去の選挙における政党の勢力にもとづき自由に時間設定できる
フランス	登録有権者数にもとづき候補者に保障	あり	各候補者への自由，かつ，平等な時間配分がなされている
日　　本	なし	あり	各候補者は演説のために，自由に時間が与えられる。ただし，批判的な宣伝は許されない
ドイツ	登録有権者数にもとづき政党に保障	なし	公共放送局で各立候補者に対し自由に時間設定できる

出典：Michael Oreskes, "The Trouble with Politics : Running versus Governing," *New York Times*, March 21, 1990, pp. A1, A22.

よって主張された。1994年の住民投票の対象となった提案内容は，所得水準が高い場合に高い税率を設ける累進所得税を5.95％の一律課税に変える要求であった。以前，米国上院議員であった州知事と企業経営者は反対し，新たな仕事の源となる小企業にそのような税金を課すことは有害である，と述べた。2000年に，5年以上，5.95％から5％へ州の所得課税を減税する提案に関する住民投票は，企業からの幅広い支持を集め，マサチューセッツ州の有権者により提案が採択された。[19]

　政治はしばしば「可能性の芸術」であるといわれる。それは，きちんとすべての利益を考慮するよう妥協したり，万事において利益が得られるわけではなく，また，得るべきではないと認識しながら機能する。住民投票による政治は政治過程において不満をもった人々にアピールする。すなわち，それはシステムとの闘いの手段である。しかしながら，市民の発議権はそれに着手し，維持するのに費用がかかる。カリフォルニア州の発議権史について研究しているトム・トマス（Tom Thomas）は企業とは異なるグループが企業に新たな規制や費用を課そうとする場合にとりわけ，選挙費用がカリフォルニア州の発議権過程の投票結果に影響を及ぼすと結論づけている。非常に傑出した発議権提案者によって，企業はしばしば住民投票による発議権を無効にすることに成功した。

4　責任ある企業の政治

　企業による政治活動——政府の政策か，あるいは，選挙結果に影響を及ぼすのか——は民主主義的社会，多元的社会においては自然なことである。米国において，企業は消費者，労働組合，環境主義者等と同じように政治過程に参加する合法的権利を有する。そのルールは他国とは異なり，文化的，法的規制が企業の政治活動を制約する。これは，国境を越えて経営を行なう企業の問題として現れる。資料8-Cを参照されたい。

政治の刷新は，企業によるロビー活動，政治資金支出，基金創設を規制する提案を生む。そのなかには，選挙に要する費用を平準化するための公的財政支援（全額，あるいは，それに見合った基金）システムが含まれる。政治的リーダーの多くは立候補者を宣伝するために与えられた自由時間枠をテレビネットワークや局に要請すること，を提案した。図表8-7に示されているように，他の民主主義国もこうしたアイデアの組み合わせを選挙政治に及ぼす資金の影響力を減じるために利用している。

企業の政治活動からもたらされる一つの危険性は，企業があまりに多くの権力をもちすぎることである。企業がさまざまな地域や国で操業する場合，政治的要因を取り扱う際の倫理的規範や基準を経営者に教示することが重要である。もし企業権力が他の社会的利益に反して優先されるならば，企業も社会も利益を失う。これはまた，労働組合の権力，宗教の権力，消費者の権力，あるいは，民主主義社会に存在するあらゆる集中的な権力についても当てはまる。選挙政治のメディアが有効な領域であろうが，より伝統的なロビー活動が優勢な議会の回廊であろうが，企業経営者は，倫理的に公正な方法で政府と社会における特定の利益との関係をどのようにマネジメントするのかという課題に取り組まなければならない。最終的に，企業は，健全で誠実な政治制度に対して，重要かつ長期的な利害関係をもつのである。

■ 本章の要点

(1) 政府は直接，間接に企業に影響を及ぼす意思決定を数多く行なう。企業，および，経営管理者が政治過程に参加しなければならないと感じるのは，このためである。

(2) 企業の政治活動は二つの形態を採る。すなわち，政府の政策と意思決定に影響を及ぼすための活動と選挙戦への影響を及ぼすことを狙った活動である。政治活動委員会，ロビー活動，および，草の根プログラムは企業の政治活動のもっとも一般的なタイプである。

(3) 企業は選挙資金や立候補者を支援する活動を提供することで選挙戦において役割を果たしている。企業は選挙の争点に対して一定の立場を表明し，企業利益に適う考え方を支持するとともに，有害なものとみなす考え方には反対する。

(4) 政府との関係の戦略的マネジメントは企業の長期的な経済的，社会的利益と政府の政策とをどのように絡ませるか，その関係を支えるためにどのように活動すべきか，を理解することである。

(5) 企業は，いくつかの理由から公共政策的決定に関与する必要がある。すなわち，企業はその産業に影響を及ぼす特定の政府活動に対し多大な利害関係を有するのである。企業はまた，経済的，社会政策的な課題の多くの部分に対して，自己主張を行なう。

(6) 企業は国の政治システムが直面する重大問題に関心を有する。選挙戦の資金調達，特定の利益集団の権力，メディアの役割，在職期間，住民投票型の政治は政治変革を要求する問題である。経営者がどのように「企業と政府」との関係をマネジメントするかということはこうした領域における変化によって影響を受ける可能性がある。

第8章 「企業と政府」関係のマネジメント

■ 本章で使われた重要な用語と概念
ロビー活動　企業の政治的戦略　政治的シニシズム　連合　絶え間なき政治運動　政治活動委員会（PACs）　ソフトマネー　草の根プログラム　アドヴォカシー広告（主義・主張広告）　透明性　企業の政治的エージェンシー理論　任期の制限　住民投票

インターネットの情報源
・www.fec.gov　連邦選挙委員会
・www.allpolitics.com　CNNとタイム誌による政治ニュース・サービス
・www.cq.com　世界版ワシントン議会季刊誌
・www.citizen.org/congress/reform/cfr/public_speaking/facts.html
　　選挙の実態と資金に関する情報
・www.gc.peachnet.edu　政治学における情報リンク

討論のための事例：コカ・コーラの市民活動・ネットワーク

　コカ・コーラ社は世界最大の飲料会社であり，そのブランド名は実際に地球上のあらゆる街角で知れ渡っている。同社は非常に多くの国で利益を上げており，政府がコカ・コーラの製品の生産，マーケティング，配送を規制しようとするため，政府との関係に関する大規模かつ洗練された資源を開発している。同社の価値ある資産の一つは，"Coca-Cola CAN"として知られる「コカ・コーラ・市民活動ネットワーク」（Coca-Cola Civic Action Network）である。

　Coca-Cola CANの使命はコカ・コーラの事業システムの成功にかかわりをもつ，超党派の，草の根的な市民と企業のネットワークであることにある。Coca-Cola CANの目標は，ソフトドリンク産業に影響を及ぼす国，州，地域の問題に関してコカ・コーラ・ファミリーのすべてのメンバーを教育することである。加えて，Coca-Cola CANは，こうしたメンバーの意見をまとめるためのシステムとして公正な代表者でもある。

　コカ・コーラ・ファミリーのすべてのメンバーは草の根ネットワークに入会する資格を有する。こうした特別な資格を有する者のなかには，従業員，退職者，消費者，供給業者，ボトラー，株主がいる。したがって，有資格メンバーの総数は，米国だけで数百万人に達している。同社が進出する国や同社と関係をもつすべての場所にとって，「ソフトドリンクやジュース類への政府規制と特別課税による脅威は，われわれにとって無視するにはあまりに大きい」のである。

　こうした脅威の一つは，ソフトドリンク，ビール，その他の炭酸飲料に対する払い戻し保証金を顧客に支払わせる法律として生じる。九つの州がこうした払い戻し制度を必要なものと認めている。第10番目の州であるカリフォルニア州は，炭酸飲料コンテナーに買い戻し価格を設ける関連法案を有する。これらの法案の大半は1970年代に，廃棄飲料コンテナーからの空き缶や空き瓶問題に対応して議会で通過したものである。

　州議会は，保証金に関する法案がしばしば議論される戦場である。ソフトドリンク産業は，

この種の問題に対する産業全体としてのアプローチを展開し，争点のさまざまな局面を調整する各種の同業者組合を支援している。ソフトドリンク産業にとって重要な同業者組合は，「全国ソフトドリンク協会」（NSDA：National Soft Drink Association）である。NSDA は，ソフトドリンク製造業のステイクホルダーを会員とする他の組合とも密接に活動している。例えば，ソフトドリンクは缶やガラス瓶，プラスチックコンテナーを用いて販売される。したがって，NSDA は缶製造業者組織（Can Manufacturer's Institute），ガラス包装協会（Glass Packaging Institute），および，米国プラスチック協議会（American Plastics Council）——それらのすべてがワシントンに本部を置くだけでなく，多くの州にも事務所を構える——と，ロビー活動キャンペーンやその他の政治活動形態を組織するために密接に活動しているのである。その結果，Coca-Cola CAN は，自社の従業員，ボトラー，供給業者，顧客，株主，および，同産業に関わる供給先とともに，自社の市場ポジションにダメージを与え，費用を増大させる法的，規制的提案と闘えるのである。

出典：コカ・コーラ社のウェブサイト，www.cocacola.com を参照されたい。

検討すべき問題

① 資金力があり，著名な企業でもあるコカ・コーラ社がなぜ，コカ・コーラ・市民活動・ネットワークを展開する必要があったのだろうか？

② あなたはこのようなネットワークの価値を100万ドルと見積もるだろうか？ それとも，500万ドルだろうか？ あるいは，1000万ドルだろうか？ Coca-Cola CAN の予算はどの程度の規模であるべきか，を決定するためにはどのような情報が必要だろうか？

③ あなたの州の知事がソフトドリンク飲料の販売税を２％から６％に上げると示唆したとする。ソフトドリンク販売のためにすべきことは何だろうか？ コカ・コーラはこのような提案に対応して何を行なうべきとあなたは考えるだろうか？

④ 知事がソフトドリンク飲料ではなく，ビールやワインについて増税すると提案したとする。それでは，コカ・コーラはこの提案に対して何をする可能性があるとあなたは予想するだろうか？

注

(1) 企業の政治活動に関する古典的な議論については，Edwin Epstein, *The Corporation in American Politics*, Englewood Cliffs, NJ：Prentice Hall, 1969. 米国の政界と市民生活の趨勢に関する最新の議論については，Robert D. Putnam, *Bowling Alone*, New York：Simon and Schuster, 2000, especially chap 4.（柴内康文訳『孤独なボウリング――米国コミュニティの崩壊と再生』柏書房，2006年）

(2) E. E. Schattschneider, *The Semi-Sovereign People：A Realist's Guide to Democracy in America*, New York：Holt, 1960., および，Murray Edelman, *The Symbolic Uses of Politics*, Urbana, IL：University of Illinois Press, 1964. これらの古典的な発想の現代政治への適用に関しては，次の文献が参考になる。Michael Lerner, *The Meaning of Ideas*, New York：Free Press, 1997.

(3) Roger Copp and Marc Howard Ross, eds., *Cultural Strategirs of Agenda Denial：Avoidance, Attack, and*

(4) Cobb and Ross, *Cultural Strategies of Agenda Denial*, p. 29.
(5) John F. Mahon and Richard A. McGowan, *Corporate Political Strategy : Industry as Players in the Political and Social Arena*, Westport, CT : Quorum Press, 1996, p. 29.
(6) Putnam, *Bowling Alone*, chap 4. を参照されたい。
(7) Putnam, *Bowling Alone*.
(8) Haynes Johnson and David S. Broder, *The System : The American Way of Politics at the Breaking Point*, Boston : Little Brown, 1996.
(9) Johnson and Broder, *The System*. この現象の歴史的見解として、次の文献を参照されたい。Arthur M. Schlesinger, Jr., *The Cycles of American History*, Bostom : Houghton Mifflin, 1986.
(10) 議会の当選者の意思決定過程に入り込むさまざまな要素に関する有益な議論として、次の文献を参照されたい。David R. Mayhew, *How Congress Acts : Actions in the Public Sphere, James Madison Through Newt Gingrich*, New Haven, CT : Yale University Press, 2000.
(11) Federal Election Commission, press release, January 12. 2001 : www.fec.gov を参照されたい。
(12) 2001年1月12日の連邦選挙委員会のプレスリリース（www.fec.gov）を参照されたい。
(13) Public Affairs Council, *Introduction to Lobbying*, 2000. を参照されたい。
(14) 連邦、および、州の選挙事務所では、事実上、すべての立候補者が近年の選挙戦においてウェブサイトを利用する。また、ほとんどの当選者は係争中の立法問題に関する定期的更新のためにウェブサイトを利用している。インターネットはまた、支援者や政治当局者と意思疎通するため報道機関によっても利用される。例えば、Grassroots.com や speakout.com といったウェブサイトを参照されたい。
(15) 著者のインタビューによる。また、次の文献を参照されたい。Johnson and Broder, *The System*.
(16) Barry M. Mitnick, ed., *Corporate Political Agency : The Constraction of Competition in Public Affairs*, Newbury Park, CA : Sage. 1993. を参照されたい。
(17) 1994年の健康管理についての論争に関する著者のインタビューによる。
(18) Tom Thomas, "Campaign Spending and Corporate Involvement in the California Initiative Process, 1976-1988," in J. E. Post, ed., *Research in Corporate Social Performance and Policy*, vol. 12, Greenwich, CT : JAI Press, 1991, pp. 37-61.
(19) "Election Results : Official Tally," *Boston Globe*, November 8, 2000, pp. 1. 以降。

第9章　反トラスト法，合併，グローバル競争

　いかなる社会も，主要な企業にどの程度の権力をもたせるべきかという問題に直面している。米国では，反トラスト法（独占禁止法）が長期にわたり企業権力を抑制し，競争を維持し，消費者を保護してきた。しかしながら，急速な技術の進歩と経済のグローバル化は企業活動上での競争に新たな問題を引き起こしている。これらの傾向は，公共政策の立案者と企業の経営者に対して，企業権力とステイクホルダーの利益と社会的責任を新たな現実と調和させる必要性を提起している。

　本章では，以下のような主要な問題と目的に焦点を絞って論じることにする。
・企業権力は民主主義の社会にどのようなジレンマをもたらすか？
・反トラスト法の目的は何であり，どのように実施されているのか？
・現代の反トラスト法政策の鍵となる問題は何か？
・近年の合併・買収の波が生じた理由は何か？　そして，企業とそのステイクホルダーとの関係にどのような影響を与えているのか？
・新技術やグローバル競争の進展は反トラスト法政策にどのような影響を及ぼしているか？

　米国政府によるマイクロソフト（Microsoft Corpororation）に対する革新的ともいえる訴訟は，21世紀への転換点における多くの反トラスト法訴訟の1つに過ぎなかった。これまであまり公表されてこなかった事例を取り上げて考察することにしよう。

　ビタミン会社と呼ばれる世界で最も大きな医薬品会社である上位7社は，1999年に大口の顧客企業数社による民事の反トラスト法違反への告訴に対する解決金として12億ドルの支払いを命じられた。法廷は欧州の企業であるホフマンラロッシュ（Hoffman-LaRoche），BASF，および，ローヌプーラン（Rhone-Poulenc）と日本企業である武田薬品工業が食品，飲料，動物食品会社に販売している未加工のビタミン価格を10年間以上にわたり共謀して固定してきたことを見つけ出したのである。その結果，消費者はビタミン錠から栄養価の高いシリアルに至るすべてのものに対して，過度の支払いをしていたことがわかった。ある専門家は，「巨額で重大な固定価格の共謀は，長期にわたり看過され，消費者に対して年間あたり巨額な損失を与えていた」と指摘している。[1]

　1999年にBP-アムコ（BP-Amoco）がライバル会社である，アルコ（Arco）を280億ドルという史上最高価格で買収すると発表したとき，エクソン（ExxonMobil）に次いで，世界第2位の石油会社が誕生することは約束されたものだった。ところが発表後まもなく，連邦取引委員会は，申請された合併を阻止するためにこの案件を法廷に持ち込んだのである。なぜならば，この買収によってアラスカ石油の供給はほぼ寡占状態になり，西海岸のガソリン価格が上昇すると予想されたからである。ところが，BP-アムコがア

ルコのアラスカでの採掘権を他社に売却することに合意したことから連邦委員会は態度を軟化させこの合併の成立を認めたのである。

米国でも，他のどの国でも，民間企業，政府，裁判所が関与する競争上の対立に関するこれら二つの事例は，自由市場システムにおいて反競争的な実践がどのように発生するかを描いている。この章では，米国や他の国々や地域がこれまでに反トラスト法や関連政策を通じて，競争をいかに維持し高めようとしてきたかを考察する。事業がますますグローバル化し，規制緩和や技術革新を通じて多くの産業が再編されるにつれて，独占禁止法や他の競争政策は再検討されるのである。

1 企業権力のジレンマ

米国や他国において，独占禁止政策の核心には，政府が**企業権力**（corporate power）をどの程度まで抑制すべきかというジレンマがある。

権力の大きさは，ほとんどの場合規模で示される。例えば図表9-1に示されているように，どの指標をとっても世界の巨大企業は堂々たる大きさである。規模は年間売上高，利益，市場価値等さまざまな方法で測定され，また，企業ランキングは用いられる指標に依存して変化する。売上高測定における1999～2000年の上位5社は，エクソンモービル（ExxonMobil 石油会社），ゼネラルモーターズ（General Motors），フォード（Ford），ダイムラー・クライスラー（DaimlerChrysler）（3大自動車メーカー），ウォルマート（Wal-Mart 米国の大型小売業）である。また，収益性の高い企業は香港の複合企業体であるハチソン・ウォンポー（Hutchison Whampoa），ハイテク企業のゼネラルエレクトリック（General Electric），急成長を遂げている銀行であるシティグループ（Citigroup），そして，二つの石油企業，ロイヤル・ダッチ・シェル（Royal Dutch/Shell）とエクソンモービル（ExxonMobil）である。そして，市場価値では，ハイテク企業のゼネラルエレクトリック，インテル（Intel），シスコシステム（Cisco Systems），マイクロソフト（Microsoft）である。図表9-2が示すように，世界の巨大企業の売上高は中規模の国々のGDPとほぼ同額である。例えば，自動車メーカーのトヨタの年間総収入は南アフリカ共和国の国内総生産を超えており，ゼネラルモーターズの年間総収入はデンマークのGDPとほぼ同額である。

これらの巨大企業は米国や他諸国における代表的な企業群というわけではない。企業の圧倒的多数は，個人所有であったり，少数のパートナーによる所有であったりする。米国における事業会社の5分の1が株式会社であり，その多くは小規模である。ビジネス・ピラミッドの頂点にいる巨大企業は規模，権力，影響力のために多くの注目を集めているのであり，それらの巨大企業が企業社会全体を代表しているという理由からではない。

図表9-1や図表9-2で示された企業は，**多国籍企業**（multinational corporations）と

第Ⅳ部　グローバル社会のなかの企業と政府

図表9-1　10大グローバル企業（1999～2000年）　　（単位：10億ドル）

順位	売上高	利益	市場価値
1	エクソンモービル 185.5	ハチソン・ウォンポー 14.3	ゼネラルエレクトリック 520.3
2	ゼネラルモーターズ 173.2	ゼネラルエレクトリック 10.7	インテル 416.7
3	ウォルマート 166.8	シティグループ 10.1	シスコシステム 395.0
4	フォードモーター 162.6	ロイヤル・ダッチ・シェル 8.6	マイクロソフト 322.8
5	ダイムラー・クライスラー 151.0	エクソンモービル 7.9	エクソンモービル 289.9
6	三井物産 129.8	バンクオブアメリカ 7.9	ボーダフォン・エアタッチ 278.0
7	三菱商事 127.1	マイクロソフト 7.8	ウォルマート 256.7
8	トヨタ自動車 119.7	IBM 7.7	NTTドコモ 247.2
9	伊藤忠商事 112.8	フィリップモリス 7.7	ノキア 242.2
10	ゼネラルエレクトリック 111.6	チャンコンホールディングス 7.6	ロイヤル・ダッチ・シェル 213.5

注：売上高，および，利益のデータは，1999年会計年度である。市場価値のデータは2000年3月31日時点である。
出典："The Business Week Global 1,000," *Business Week*, July 10, 2000, pp. 108-144. Used by Permission. Copyright by The McGraw-Hill Companies.

呼ばれる。なぜならば，これらの企業は世界のさまざまな地域において製造，マーケティング，販売を行い，さまざまな国籍をもつ人材を採用することで，その範囲の広さにおいてグローバルなのである。むしろどちらかといえば，これら二つの図は，それら主要な多国籍企業の規模や影響力を過小評価している。それらの多くは生産者，供給業者，販売業者，小売業者らを世界規模のネットワークで連結しており，この現象を社会学者のチャールズ・ダーバー（Charles Derber）はネットワーク資本（network capitalism）と呼んでいる。遠く離れた地域間を結ぶコミュニケーションと輸送がますます容易になることで，企業は自らの行動とパートナーの行動を容易にコーディネートでき，さらには影響力強化できるようになってきている。(3)

　これら企業の規模と勢力の範囲のグローバル化がそれらの企業に巨大な権力を与えている。ユビキタス・マーケティングを通じて，世界中の人々の欲求や行動に影響を及ぼしている。マクドナルド（McDonald's），ディズニー（Disney），マイクロソフト，ソ

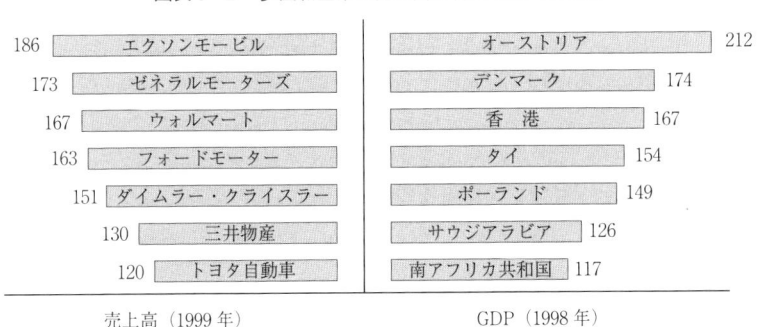

図表9-2　多国籍企業の売上高と各国GDPの比較

売上高（1999年）（単位：10億ドル）		GDP（1998年）（単位：10億ドル）	
186	エクソンモービル	オーストリア	212
173	ゼネラルモーターズ	デンマーク	174
167	ウォルマート	香港	167
163	フォードモーター	タイ	154
151	ダイムラー・クライスラー	ポーランド	149
130	三井物産	サウジアラビア	126
120	トヨタ自動車	南アフリカ共和国	117

出典："The Business Week Global 1,000," *Business Week*, July 10, 2000, pp. 108-144., および World Bank, *World Development Report 1999/2000*, table 12, "Structure of Output," pp. 252-253.

ニー（Sony）の製品やイメージは，ほぼ世界中に知れわたっている。これらの企業は，政治的なキャンペーンを行なうのに実質的に役立つ経営資源を保有しており，第8章で議論したように，政府の政策に影響を及ぼしているのである。それらはまた，製品製造やサービス提供という伝統的なドメインだけではなく，教育，法の施行，社会サービスの提供という伝統的な公共部門の活動にも影響を及ぼしている。

世界の一流企業の巨大権力には，肯定的な面と否定的な面がある。大企業は小企業に対して明らかな優位性をもっている。それはより多くの経営資源を保有し，低コストで生産でき，将来を見据えた計画を立てることができ，事業の変動についても多少ともうまく切り抜けることができる。巨大企業は外国企業に対して手ごわい競争相手になっている。市場のグローバル化は新製品，技術，そして，社会発展の経済的機会をもたらすことになる。しかし，企業権力の集中は同時に社会に対して危害を加える可能性がある。巨大ビジネスは政策に不相応なほどに影響を与え，趣向を形成し，社会の話題をさらっていく。そして，生産拠点をある場所から他の場所へと移動することで，組合や公共社会を弱めていくことが可能である。これらの企業はまた，価格を固定し，市場を分割し，競争を抑制するために結託して経済的影響を行使することができるのである。まさに反トラスト政策の直接的な焦点である。

企業権力のジレンマとは，企業がその影響力をいかに用いるかということに関わっており，最大の支配力をもつべきか否かということではない。多くの人々は，企業権力が広範な公共目的に適った，目標，価値，原則を肯定しているかどうかということを知りたがっている。もしそうならば，企業権力は正当性をもつものと捉えられ，人々は，現代企業がもつ他の通常の特徴と同様に，規模の巨大さを受け入れるのである。これに対して，企業権力が悪用される場合，例えば，マイクロソフトが告訴されたように，競争

上の不公正な優位性を獲得しようとするとき，公共政策は悪用の監視を要求されるであろう。(4)

米国では，論争の的であり，完璧には程遠いが，反トラスト法が企業権力のジレンマに対処するための社会的努力のモニュメントとして存在している。はじめての連邦独占禁止法制定（federal antitrust law）以来，一世紀以上もの間，米国の公共政策は，経済支配力と社会的統制のバランスをとることを模索してきた。21世紀のはじめ，グローバル競争と技術革新という新しい事実が，権力と社会的統制のベストなバランスをどのようにつくり出すべきかを再検討するように迫っている。そこで，独占禁止規制と米国の主要な独占禁止連邦法の目的を概説した後に，これらの問題について考察しよう。

2　反トラスト法の規制

かつて反トラスト法はアップル・パイと同じように，まさしくアメリカ的なものであると語られていた。確かに，それは多くの人々の心に深く埋め込まれた信念の一つであった。米国の**反トラスト法**（antitrust laws）は19世紀末において巨大企業やそのリーダーたちによって行なわれた華々しい競争上の悪用の後に考察された。目覚めた人々は，制御不可能な巨大企業の成長に恐怖を抱くようになる。最初の反トラスト法は巨大企業に対する恐怖と不信という風潮のなかで議会を通過した。それからまもなく，他の反トラスト法が制定され，最初の法律は修正された。その結果が，規制，ガイドライン，裁判所の判定という手に負えそうもない紛争をもたらし，そのことが企業に対して，競争相手と政府の反トラスト法当局の役人との関係を注意深く調整する必要性をもたらしたのである。

（1）反トラスト法の目的

反トラスト法には，さまざまな目的がある。目的のいくつかは，例えば，競争の維持や人を欺く広告から消費者を保護するというように，主に経済的な特質を持っている。ある権威筋が述べているところによれば，「米国の反トラスト法は自由市場経済に対する国民のコミットメントを法的に具体化したものである」と。(5)ところが，反トラスト法の目的は他にもあり，社会的な，そして，哲学的な問題に対してより多く関係しており，例えば，巨大企業の権力を抑制する欲求や小規模の農家や企業からなる国という古きよきジェファーソン的な理想に回帰したいというノスタルジックな意欲さえも，その目的に関係しているのである。その結果，多数の，重複した，変化に富み，そして，ときどき矛盾した目的をもつようになるのである。

反トラスト法のもっとも重要な経済的目的は以下の通りである。

まず，**競争の保護と維持**は中心的な目的である。反トラスト法は独占を非合法化し，不公正な競争を禁止し，価格差別と談合を排除することで，競争の保護と維持を実行し

ている。その理由は企業が消費者の財布のために活発に競争すれば、顧客はもっともよい経済的効果を得ることができるからである。本章の最初の事例の一つで示したビタミン製造企業間で生じたような、公然となったか否かは別にして、競争者間の談合がなければ、価格は需要と供給によって変化するのである。

　反トラスト政策の二つめの目的は、消費者を欺くことや不公正な商慣習を禁止することで消費者の福利を保護することである。当初の反トラスト法は主に競争を維持することを目的としており、競争が強化される限り、消費者は保護されると想定していた。ところが、十分な競争状態にあるにもかかわらず、あるビジネス手法は消費者を食い物にし、欺くために用いることができるということを、政策担当者は後になって気づくのである。それでは以下の仮説を考察してみよう。

　　電気器具のプラスティックパーツを供給している企業が、その器具メーカーの購入代理人に部品を購入してもらうために賄賂を贈るが、彼らの製品価格は他の競争者より高いものとする。その結果、消費者はその電気器具に対してより高い支払いをすることになる。この商業的賄賂のタイプは、何も知らない消費者に対して不公正な優位性をもつことになるので、反トラスト法により禁止されている。

　　コンパクトディスクの販売業者は、購入クラブメンバーに注文した以上のCDを贈ったり、注文以外のCDを贈ったり、前払い注文に対して数カ月遅れを生じさせたりした。このような慣行は反トラスト法の専門家からは不公正だと考えられるだろう。[6]

　反トラスト規制の三つ目の目的は、巨大企業の競争が及ぼす経済的圧力から中小企業、および、独立した企業を保護することである。反トラスト法は以下の事例で示すように、競争相手を市場から締め出すために生産コストを下回る価格で販売する手法である**略奪的価格設定**（predatory pricing）を禁止している。

　　アメリカン・エアライン（American Airlines）は1999年にヴァンガード（Vanguard）、サンジェット（Sun Jet）、ウエスタン・パシフィック（Western Pacific）の低運賃競争を鎮静化させるために、ダラスとテキサスのハブ空港から離発着する航空便の運賃を切り下げたことで、米国司法省から告発された。3年間以上にわたり、アメリカン・エアラインは競争相手を失墜させるために実際の費用よりも低い価格設定をしてきた、と政府は陳述した。そして、アメリカン・エアラインは小規模航空会社が市場から撤退すると、再び、運賃を上昇させたのである。

　この事例では、アメリカン・エアラインの運賃切下げが短期間では消費者に貢献しているが、同社にほぼ独占状態を取り戻すことを許すことになり、長期的には損害を与えたと、規制当局者は述べている。近年、政府は申し立てのあった略奪的価格のケースを摘発することに積極的に取り組むようになった。他のケースでは、製造業者が大量購入業者に対して進んで価格を下げるので、小規模企業は大規模企業がもつこのような優位性によって安値での販売を強いられているかもしれない。例えば、タイヤメーカーは自

第Ⅳ部　グローバル社会のなかの企業と政府

資料9-A　競争を切り崩していくこと

　クリーブランド東部近郊の小規模な軽食流通事業のオーナーは，いくつかの家族経営のオーナーからもはや商品を配送しなくてもよいといわれ，驚いた。彼らの配送するポテトチップス，豚の唐揚げ，オニオンリングはよく売れ，店のオーナーたちもサービスについても何も不平をいっていなかった。「もし店のオーナーたちがわが社からの商品流通を止めたとしても，フリトレイの管理者はすぐに無料で商品を提供していた」と流通業者は報告した。小規模事業の経営者が弁護士に相談したところ，国内において巨大な塩味スナック企業であるフリトレイ (Frito-Lay) やペプシコグループ (PepsiCo) は独占禁止法を犯しているかもしれないと彼に語った。「不公正なことは，(依頼人の) 商品を配送しないでお店にお金を支払っていることである」と弁護士は述べた。
　同様の不平不満がいくつか報告された後，司法省は競争相手の製品を押しつぶすために小売り業者に違法な圧力をかけてことに関して，軽食の巨人の調査に乗り出したのである。ところが2年半後，連邦の規制当局はフリトレイのいかなる違法行為も指摘できずに1998年調査の幕を下ろしたのである。「彼らはとても積極的であったが，とても注意深くもあった」とその企業行動について産業分析家は述べた。独占禁止法についての徹底的な調査の失敗余波で，多くの小規模軽食企業がフリトレイとのつばぜり合いの競争を演じるよりも地域的でニッチな市場に限定する決定をした。「直接的に相手と戦おうとすることは，彼らにとってはまさに自殺行為である」と南カルフォルニアのラテンアメリカ人市場を標的にしているエルサブロッソ・スナック製造者である，スナック・キング (Snak King) の社長は述べている。

出典："Chipping away at Competition: Frito Lay Accused of Unfair Tactics Small Company," *Cleveland Plain Dealer*, March 30, 1997, p. 1B; "Inquiry into Frito-Lay Finds No Wrongdoing in Marketing," *New York Times*, December 23, 1998, p. C2., および "Regional Player Seeks Bite-Size Niches," *Los Angels Times*, July 6, 1999, p. C1.

動車やトラックのタイヤを大規模小売チェーンに対して，小規模ガソリン店よりも低価格で販売したいと思っている。しかし，反トラスト法は大規模企業と取引することで本当の経済的節約が生じない限り，大規模購入者に限定した値下げを禁止している。
　このように大企業に対するよりも中小企業の利益を奨励することで，反トラスト規制は競争と消費者への福利を軽視していることになる。すなわち，大企業は自由に競争することを許されているわけではなく，また，中小企業よりも低価格で販売することができても，それを許されないことがある。このように一貫性がないのは，これらの法律が多数の異なる集団の多種多様な目的と時には矛盾している目的に応えようとしているためである。大企業が用いる経済的圧力と同じような不公正な競争手段の可能性を含んだ事例が資料9-Aで紹介されている。
　反トラスト政策の四つ目の目的は純朴なアメリカ合衆国の価値観と慣習を維持すること，である。強力な大衆迎合主義の哲学は反トラスト法の成立をめざす，当初の段階からその運動の一翼を担ってきた。大衆迎合主義者は田舎風の暮らし，良好な人づき合い，民主的な政治システム，家族経営の農場，中小企業を好んでいる。そして，富の集中は民主主義に脅威をもたらし，大企業は地方の中小企業を市場から締め出し，地元の商人や近隣の農家は遠くの都市に本社がある巨大で人間味のない企業に取って代わると大衆

図表9-3 反トラスト法と国家による施行

主要な連邦反トラスト法	
シャーマン法	取引の規制と独占の禁止
クレイトン法	価格差別，抱き合わせ契約，反競争的な合併，および，取締役の相互就任の禁止
連邦取引委員会法	不公正な競争と人を欺くビジネス慣行の禁止
独占禁止改正法	合併に関する事前通知の要求と価格固定に対する消費者のための各州による訴訟の認可

連邦反トラスト法の施行					
連邦取引委員会	司法省	個人，および，企業	各州の検事総長		連邦法廷
調査 指導 助言 非公式の和解 訴訟		訴訟	調査 訴訟		同意判決 法廷見解および判決

迎合主義者は信じている。大企業への反トラスト法による制限は大衆迎合主義者が信じているように，これらの社会的で政治的な目的を促進するであろう。しかしながら，100年後に，これら大衆迎合主義者の目的はグローバル競争が要求するビジネス観としばしば対立するようになってきたのである。(8)

(2) 主要な反トラスト法

今日の反トラスト法は，米国の企業活動を自由な市場競争のモデルに適合させるために試行錯誤してきた結果である。近代的で，高度な技術をもち，多角化された世界規模の企業に対して，企業と社会がともに今よりも単純であった一世紀前を理想であるとみなしてきた状態に適合するように期待することがいかに非現実的であるか，と多くの人々は指摘している。現行の反トラスト法を21世紀初頭の技術的，財務的，政治的，社会的環境に適合させようとする挑戦は，主要な反トラスト法を理解することからはじまる。

図表9-3は，四つの主要な連邦反トラスト法の目的と施行過程の主要な構成要素を要約している。各州にもまた，同様の目的をもつ反トラスト法が存在している。

① シャーマン法

いくつかの州では，連邦政府が実施する以前に反トラスト法を制定していたが，1890年のシャーマン法 (Sherman Act) は米国における独占禁止規制の基礎となるものと考えられている。この法律は，下巻の事例研究で議論されているが，マイクロソフトに対

する政府による反トラスト法の適用の際の基礎となっている。シャーマン法とは，
  (1) 取引や商業を制限する契約，連合，共謀の禁止（例えば，価格を固定するために生産者グループの間で談合すること）。
  (2) 独占や独占を企てるすべての取引と商業の禁止。
  (3) 裁判所による強制力の承認，および，違反者に対する罰金や拘留期間を含めた罰則の権限の付与。

② クレイトン法

シャーマン法の曖昧性や不明確性を明確にするために1914年に制定された。このクレイトン法（Clayton Act）は修正されて，現在，以下のようになっている。
  (1) 売り手による価格差別の禁止（例としては，チェーンストアに対しては低価格で販売する一方，小規模の独立店舗に対しては高価格で販売することを禁止されたタイヤメーカー）。
  (2) 当該企業によって生産された製品を購入する際に，関連品や場合によっては不用品の購買を要求する抱き合わせ契約の禁止（例えば，コンピュータ会社が販売条件としてハードウェアの購入に際して必要としていないメンテナンス契約の受託を強要することは違法である）。
  (3) 仮に競争を停滞させているか独占をつくり出す場合には株式や資産の購入による会社の合併を禁止（BP-アムコとアルコの合併提案についての連邦取引委員会の見直しに示されている）。
  (4) 競争関係にある巨大な企業間における非合法的な取締役の相互就任（例えば，シェブロン（Chevron）とエクソンモービルは一人の役員が同時に複数企業の取締役のメンバーになることを許可していない）。

③ 連邦取引委員会法

この法令も大企業に対する大衆迎合主義の心情が非常に強い時期であった1914年に制定されている。反トラスト法の施行を促進するために連邦取引委員会を創設したのに加えて，（専門用語での不公正な競争の定義を避けながら）すべての不公正な競争手法を禁止した。数年後，この法令は消費者をさらに保護する形で修正が加えられた。それは，例えば消費者の判断を誤らせるような広告，おとり商法，その他消費者信頼につけ込む行為など，不公正で人を欺くようなビジネス慣習を禁止することによってである。

④ 反トラスト改正法

1930年代から50年代にかけて反トラスト法に対するあらゆる重要な追加条項が制定され，上記に要約された三つの主要な法律のなかに組み込まれた。ところが1976年，議会は新しい独立の法律を一連の規則の中に組み入れたのである。その反トラスト改正法案（antitrust improvements act）は他の三つの法律の施行の際に政府側の強制力を強化することになったのである。この法案は，
  (1) 巨大企業に対して差し迫ったM&Aについて裁判所や連邦取引委員会に通知す

ることを要求している。それは規制当局が合併によって生じるいかなる法律違反の可能性をも調査することができ，競争を維持するために必要ないかなる分割をも命じることができるようにするためである（例えば連邦取引委員会はアルコがアラスカ油田事業を売却するまで，BP-アムコとの合併を阻害することを命じた）。
(2) 反トラスト法にもとづく裁判所の調査権限の拡大。
(3) 価格固定を行なう企業を訴訟に持ち込み，消費者の受けた被害を取り戻すために，50州すべての検事総長に対する権限の付与。

⑤ 免　除

　すべての組織体がこれら四つの独占禁止法を課せられるというわけではない。例えばメジャーリーグベースボール（MLB：major league baseball）は，1992年以降，反トラスト法の適用を免除されてきた（にもかかわらず，1998年の法律では労使関係についてのみこの免除を撤廃した）。この免除は，プロ野球チームのオーナーに下記のことを認可してしまうので批判された。それはチーム数を制限するための談合，チケットの高騰，メジャーリーグのチームの誘致や保有に熱心な都市に譲歩を強要することである[9]。また，米国の反トラスト法の対象外に置かれているものには，労働組合，農業協同組合，保険会社（連邦法ではなく，州法により規制されている）そして，国防に関連した取引がある。共同的な研究開発に対する免除については，この章の終わりの部分で論じている。

（3）反トラスト法の強制力

　図表9-3にみられるように，反トラスト法を執行している主要な二つの政府機関は司法省（U. S. Department of Justice）と連邦取引委員会（Federal Trade Commission）である。これらの機関は反トラスト法に違反した罪を犯していると思われる企業に対して訴訟を起こすことになる。また，法律違反の可能性を調査し，M&Aを計画している企業にガイドラインや助言的な見解を発し，違法と思われる特定の慣行を識別し，法廷外での非公式な解決をはかることができる。1990年代を通じて，反トラスト法の規制当局はさらに積極的になり，とくに価格固定を摘発し，反競争的合併を阻止し，公正な競争を掲げる米国法に違反した外国企業に打撃を与えてきた。同時に，本章の後節で述べるように，規制当局は，反トラスト政策が米国企業の国際的な競争力に及ぼす影響に慎重に対処しようとしてきた。

　また，反トラスト法に関する訴訟は，ある企業の非競争的行動によって損害を受けたと思い，失った損失の補償を求める個人や企業によってはじめられる可能性がある。独占禁止法が執行されるもののうち，約95％は個人や企業によってはじめられるものであり，政府当局によるものではない。そのことは，電子商取引の世界について以下の例にも示されている。

　　小規模インターネット関連会社であるビッダーズエッジ（Bidder's Edge）は，2000年に人気のオンライン・オークション・サイトであるイーベイ（eBay）に対して反ト

ラスト法の訴訟を起こした。1997年に創立されたビッダーズエッジは、いわゆるオークションの集合体であった。企業自体はオンライン上に販売用商品を陳列するわけではなく、イーベイも含めたさまざまなオンライン・オークション・サイトの商品一覧を探し、販売用商品の配置を手助けし、価格決定を知らせるための手段を顧客に提供していた。1999年、イーベイはオンラインサイトへの不法侵害に対して、ビッダーズエッジを告発し、一覧表への集合体のアクセスを阻止する行動をとった。これに対して、ビッダーズエッジの最高経営責任者であるジェームス・カーニー（James Carney）は「イーベイは彼らのサイトに対する壁をつくりたいのだ。」と不満を述べた。そして、ビッダーズエッジはイーベイの不公正な競争を告発して、反トラスト法訴訟で対抗したのである。[10]

また、さまざまな州の検事総長は、（反トラスト法改正法令の下で）価格固定から消費者を保護するためだけでなく、各州の反トラスト法を執行することで、反トラスト法違反者に対して訴訟を起こすことができる。全米検事総長協会（National Association of Attorneys General）には、反トラスト法に関する特別部門があり、各州の当局者たちは頻繁に訴訟の調査や起訴に協力し合っている。例えば、19の州検事総長がマイクロソフトに対する訴訟で司法省に加担していたのである。

最後に、法廷が、通常、最終的な法の執行権限をもっており、結果については明確にされない。訴訟事件は陪審員、審査団、あるいは、単独の審査員の面前で審問されるかもしれない。最高裁判所は最終上訴法廷であり、その見解は非常に重いものである。反トラスト法の規制当局も企業も同じく、そこが訴訟事件を上訴するための最終法廷なのである。なぜならば、利害当事者にとってきわめて重要だからであり、また、最高裁判所が創出する判例は反トラスト規制の長期的な発展にとっても非常に重要だからである。

（4）反トラスト法の鍵

業界、政府の政策決定者、および、一般市民は、国の反トラスト法や規制が「企業と社会」の両方に十分に役立つためには、いくつかの鍵となる問題に対する答えを探す必要がある。もっとも重要である問題のうちいくつかをこれから簡潔に議論しよう。

① 独　占

ここで鍵となる問題は、独占（monopory）は常に悪いことなのかということである。一つないし複数の巨大企業によって支配されている産業や市場は常に反トラスト法を侵害しているのであろうか？　あるいは、ある論者が疑問を呈するように、産業ごとに存在する巨大企業は解体されなければならないのだろうか？　多くの主要産業や市場では、一握りの超巨大企業によって支配されている。例えば、自動車、タイヤ、コンピュータ、コンピュータのOS、化学、保険、製鉄、飲食料製品、製紙などである。経済的集中は、効率的な価格競争を排除し、消費者の選択を減少させ、巨大すぎて非効率になり、イノベーションを妨害し、そして、ごく少数の人々の手に利益が集中することになるという批判的な意見がある。彼らのいう、最良の解決策は巨大企業を小規模に解体することで

ある。逆に，巨大企業はより効率的であるからこそ支配的になったのだ，という者もいる。この観点に立てば，今日の巨大企業は消費者に対して製品やサービスの選択の幅を狭めているのではなく，逆に広げ，小規模企業よりもイノベーションに対して多額の資金供給をすることができ，また，増加する株主に対して，さらに広範に利益を配分することができるのである。巨大企業の解体は社会からこれらの利益を奪うことになり，解体すべきではない，と擁護者たちは主張する。

一般的に，法廷は，独占それ自体は違法ではないと理解している。しかしながら，企業が商業取引を抑制したり，不公正な競争をしたり，消費者を傷つけたりするために市場を支配するならば，反トラスト法違反として罪に問われるであろう。例えば，マイクロソフトに対する政府訴訟において，政府の意見はマイクロソフトが独占であったというのではなく，不公正にライバル企業を傷つけるために独占を利用したということであった。このような環境下では，法律は政府に対して独占解体を容認することになる。

② イノベーション

反トラスト法政策における最近の注目すべき他の論点として，イノベーション (innovation) がある。近年の反トラスト法において，規制当局は消費者に商品選択の機会を与え，価格引き下げを保持するために競争を促進している。これは技術が相対的に安定した市場では適切な戦略であった。ところが，今日の急速に進む経済においては，規制当局は技術的なイノベーションを育成するためにますます競争を促進しているのである。言い換えれば，反トラスト的行動のための合理性の根拠が変化しているのである。

例えば，2000年において司法省は，ビザとマスターカードに対して訴訟を起こしている。政府の論点は，二つの巨大なクレジットカード会社が人為的に価格を支えあっているのではなく，発展の可能性と他のデータの利用可能性をもつチップを埋め込んだスマート・カードのようなイノベーションを，競争上の脅威をもたらすかもしれないという理由で，採用することを制限するために談合したということにある。

連邦取引委員会の委員長のコメントによれば，「競争の行き着く先にはますます活発なイノベーションをめぐる競争の場が存在する。それは近い将来の重要な課題である」[11]と。

③ ハイテク事業

関連する課題に，ハイテク事業 (higt-technology businesses) に対してどのように競争政策を適合させるべきかという問題がある。たいていの反トラスト法は，採取・採掘，輸送，製造業が経済を支配していた時代である，19世紀の終わりから20世紀初頭にかけて起草されている。経済は今や情報化時代の隆盛を迎えたことで基本的に構造転換を遂げてきており，そこでの主要な通貨（価値）は知的財産権である。

反トラスト法の基本原則は今日の経済にはほぼ適合しない，と論じる人々もいる。その理由の一つとして，多くのハイテク事業では，参入障壁が低く，活発な技術変化が常に競争基盤を変化させているので，独占は本質的に不安定である。例えば，マイクロソ

第Ⅳ部　グローバル社会のなかの企業と政府

資料9-B　コヴィシント：買い手による共謀

　インターネットの台頭で，企業がオンライン上で他企業との売買を可能にする購買取引の出現を可能にした。これらのうち，もっとも重要なものの一つはコヴィシント（Covisint）であり，それは2000年12月に開業した自動車産業のために集約化された電子取引市場である。ゼネラルモーターズ，フォード，ダイムラー・クライスラー，ルノー，日産等の援助を受けて，コヴィシントは巨大な自動車メーカーが新しい自動車やトラックを組み立てるのに必要な多くの取引を効率的に行なうために数万の部品供給者と相互利用できる場として位置づけられている。この企業間（BtoB）サイトは非常に複雑な産業におけるコスト削減や部品購入の簡素化の可能性を与えるものであった。ところが，この構想は反トラスト法に抵触する懸念を生じさせたのである。自動車メーカーのような少数の支配力の高い部品購入者が協調して，大多数の弱者である供給業者に対して，価格やその他の取引条件について命令することになりはしないだろうか。通常の反トラスト法違反では，販売者が価格を固定化することで告発を受ける。ところがこの場合では，購入者が価格を固定するおそれがあった。2000年後半，コヴィシントは米国とドイツにおいて反トラスト法規制当局から調査を受け，続行への承認が与えられた。しかし，英国の規制当局による報告では，「インターネット技術は共謀にとって願ってもない局地的な条件を提供するように思われる」と警告している。

出典：Richard Meares, "Inside Track: Watchdogs Eye Online Exchange," *Reuters News Service*, November 2, 2000; "Electronic Commerce: Covisint's Up and Running, but Are Roadblock Ahead?" *Investor's Business Daily*, November 27, 2000, p. A8., および, "Don't Cheat, Children," *Business Week E, Biz*, December 11, 2000, p. 116.

フトがそうであるように，スマートフォンのような情報機器の出現がデスクトップ型コンピュータ・ソフトウエアの優位性を侵食している。反トラスト法の原則は完全に適応しているという反論もある。実際，ある特徴を備えたハイテク産業では独占の形成を好む傾向がある。例えば，消費者は標準的なオペレーティング・システム（OS）を選好しがちである。というのは，ほとんどのソフトウエアはそのOS上で動作するように設計されているからであり，これは一種の自然独占を生み出している。新情報技術もまた，以前には不可能であったある種のコラボレーションを可能にしている。例えば，複数の企業がお互いに商品の売買をするか，あるいは，直接顧客に販売するために，e-イクスチェンジとよばれるような，インターネットサイトをジョイントベンチャーとして設立する。このような相互購入関係は反トラスト法に違反しているのか，それとも違反していないのか。資料9-Bはe-イクスチェンジの事例についての議論である。

　法廷は，このようなハイテク産業がこれまで長年にわたって反トラスト法が適用されてきた他の産業の場合と比べて，どの点が相似しているのか，そして，どの点が異なっているのかを明確にすることに苦労している。マイクロソフトの反トラスト法訴訟の解決については，下巻で事例研究の一つとして述べているが，それはこのような明確化のための重要な画期的な事例になるであろう。

　反トラスト政策におけるもう一つの重要な課題であるグローバル競争のインパクトについては，この章末で議論している。

3　企業合併

　1990年代の後半から2000年代の初頭にかけて**企業合併**（corporate mergers）の波をみることができる。図表9-4のように，合併・買収活動は，1990年初頭の急激に減少した後，90年代半ばから再び急上昇した。これらの新しい合併は，企業統合に伴う社会的，および，経済的な影響についての重要な疑問を再び，浮上させることになった。驚くべきことではないが，反トラスト法に関わる政府当局は合併が容認されるべきか否か，の決定に対して深く関与することになった。

　企業合併の研究者は，通常，事業結合を三つに分類する。**垂直合併**（vertical mergers）は，同業種の異なる生産段階にある企業を組み合わせた場合に生まれる。例えば，ゴムタイヤメーカーがゴム農園を所有している企業やタイヤを販売する自動車部品ディーラーのチェーン店と結合する場合である。それによって，最初からの生産が一つの管理の体系のもとに置かれることになり，それゆえに垂直統合と呼ばれる。

　水平合併（horizontal mergers）は製造や販売における同様の段階や水準にある企業を結合した場合に生まれる。例えば，ある都市の市場に存在する二つの小売食品店のチェーン同士が統合しようとした場合，反トラスト法の規制当局は，統合した企業のマーケット・シェアがその地域における競争を低下させそうな結果をもたらすならば，その合併は認めないであろう。

　最後に，**コングロマリット合併**（conglomerate mergers）とは，まったく関連のない業種の企業同士が統合した場合に生まれる。例えば，ガルフ＆ウェスタンは1970年代の有名なコングロマリットであり，傘下に驚くほど多様な企業を併合していた。それらにはパイプライン設備，自動車・トラック部品，タバコ，チョコレート・キャンディ，製鉄，パンティストッキング，書籍を製造する会社と，それから競馬場，教育映画の配給，ミスユニバースとミスアメリカの美人ショーの経営を行なっていたのである。

　企業合併は異なる時代に波として生じ，それぞれの波は特有の性格を有しているように思われる。1950～60年代にはコングロマリットが多くみられた。この波は，当時，垂直合併や水平合併を困難にする厳格な反トラスト法の施行によってある程度動機づけられたものである。これに対して，1980年代のうねりを引き起こした要因の一つは，国の反トラスト法の施行に際して，規制撤廃・緩和の姿勢で臨むという政府の一般的な考え方があったことに，多くの人びとは同意すると思われる。この全般的な認可という雰囲気のなかで，垂直的および水平的企業合併が膨れ上がったのである。1990年代と2000年代初頭の合併に関しては，いくつかの影響力により駆り立てられてきた。

- **技術的変化**：章末で討論事例で説明しているアメリカン・オンライン（AOL: American Online）による1650億ドルのタイム・ワーナー買収は，通信とメディア業界において強い影響を及ぼした合併の一つであり，そこでは主要企業が新興の情報高速道路のなかで有利なポジションを求めて勢力争いをしている。バイオテクノ

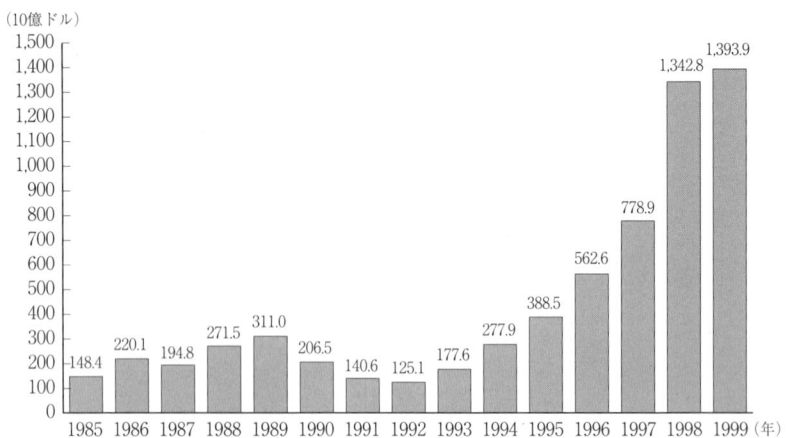

第Ⅳ部　グローバル社会のなかの企業と政府

図表9-4　合併・買収（M&A）の価格（1985〜99年）

（10億ドル）

年	価格
1985	148.4
1986	220.1
1987	194.8
1988	271.5
1989	311.0
1990	206.5
1991	140.6
1992	125.1
1993	177.6
1994	277.9
1995	388.5
1996	562.6
1997	778.9
1998	1,342.8
1999	1,393.9

出典："M&A Profile" published annually by *Mergers & Acquisitions*. Where applicable, the most recently corrected data have been used. Used by permission of *Mergers & Acquisitions*.

ロジーにおいて先発優位性を維持する必要性は，モンサントによるファーマシア＆アップジョンの買収のように，医薬や化学産業において多くの合併に駆り立てている。

- **規制環境下における変化**：通信関連の規制緩和は，長距離電話会社，地域の通信サービス会社，ケーブル運営会社の間の合併の波を導いた。ヘルスケアにおけるいくつかの大型統合はヘルスケアの提供という期待されていた規制の変化によって駆り立てられた。金融サービスにおいては，合併クラスターは同じ企業の傘下で商業銀行，証券会社，保険会社を経営することを禁止していた連邦法の廃止の結果として生じた。
- **グローバル化**：多くの企業は世界市場で効率的に競争するためには巨大化する必要があると理解している。その急速にグローバル化する経済によって，他の企業間協定も引き起こされることになった。「個々の経済部門においてそれぞれ数社のグローバル企業が生き残る巨大企業の時代へと移行している」とある投資銀行家はコメントしている。例えば，ドイツの自動車メーカーであるダイムラーベンツによるクライスラーの買収は両企業にとってグローバルな勢力範囲が拡大した。
- **株式評価**：最後に，市場価値の急上昇が，ある企業に他の企業を購入するという手段を与えることになるような，1990年代後半の長期にわたる強気相場が合併の波に貢献した。例えば，AOLは買収の標的になっているタイム・ワーナーの株式の評価に比べてより高く評価されていたので，その株式とタイム・ワーナーの株式を交換することで，より巨大なタイム・ワーナーを購入することができた。

同様の影響力の多くがヨーロッパでも繰り返され，新たな統合の波が大陸で吹き荒れ

た。これら合併の多くは国境を越えて新たな多国籍企業を創出している。例えば，最近の多くの取引のなかの一つにすぎないが，英国の携帯電話機会社である，ボーダフォンエアタッチは，2000年に1830億ドルでドイツの企業であるマンネスマンを買収し，その年のグローバル企業ランキングで市場価値が70位から6位となる巨大通信企業を誕生させた。ヨーロッパにおける合併の波は部分的には，近年，自分自身が買収によって急成長してきた米国企業との競争で生き残ろうとする努力によってもたらされたともいえる。しかし，その波はEUが共通通貨であるユーロをつくったことにも起因している。これによって，外貨交換のリスクが減少し，大陸内での国境を越えた投資がさらに魅力的になった。1999年，はじめて海外における合併数――そのうちのほとんどがヨーロッパでの合併である――が米国における合併数を超えたのである。

（1）合併企業の結果

最近の企業合併の波から靄が晴れてきたが，結果として何が残されるのだろうか？ どのステイクホルダーが救われ，どのステイクホルダーが被害をこうむったのだろうか？ 結末はだれも知りえないが，いくつかの結果はすでに観察可能である。

1990年代と2000年代初頭の巨大合併は，ずば抜けて巨大な企業を生み出した。したがって，企業単位がますます強大化していく傾向が継続している。多くの場合，効率化が高まり，市場への影響も大きくなっている。例えば，1996年にケミカルバンクとチェースマンハッタンが合併したとき，支店やローン部門のような機能部分の統合が，無駄のない，より競争力の高い事業へと導いたのである。ジレットによるデュラセルの買収は，髭剃り器と一緒にグローバル流通ネットワークを利用して充電器の販売を可能にしたのである。

合併はさまざまなステイクホルダーに対する企業の責任を揺るがすかもしれないと懸念を表明する評論家もいる。企業が合併すると重複する地位は削除されるので，従業員はしばしばその職を失い，また，地域コミュニティは巨大企業が他の地域へ移転したり，活動の拠点を移動させる場合に苦しむことになる。例えば，1998年のエクソンとモービルの合併では，統合企業は1万4000人にものぼる業務を削減した。寛大な寄附活動で知られるベン＆ジェリーズは，オランダのコングロマリットであるユニリーバによる敵対的買収のすぐ後に，人員を削減するだろうと心配する者もいる。合併の結果は，株主にとって功罪相半ばする。もし，株主が二つの企業間での相乗効果から利益が生まれるとみなせば，M&Aが報じられると株価はしばしば上昇する。ボーイング，ジレット，トスコの株価は合併計画が報じられた後に上昇している。ところが，買収が高値を付けすぎたり，熟考せずに行なわれたりした場合には，株主は傷つくこともある。ある研究によれば，大型合併（5億ドル以上の価値）の半数は少なくとも株主リターンを減少させていることが明らかにされている。

これからの数十年間はまだ経済的リストラクチャリングの必要性が残っているので，

M&Aは継続するであろう。それらは，効率性の改善と市場圧力を通じて株主や経済全体に利益を生み出しながら，活発な刺激として役立つことができるであろう。しかしながら，これまでの経験が示すように，企業統合が過度に行なわれた場合には，ステイクホルダーに対して経済的または社会的な条件がコスト高になるかもしれない。独占禁止法政策によって表現されるような社会的統制は，競争とその他の社会的目標との間の最適なバランスを模索し続けるであろう。

4 グローバル競争と反トラスト政策

　最初の反トラスト法は，たいていの商取引の範囲が地域内あるいは国内であった19世紀の末期において米国で成立している。もはやこれは実状に即してはいない。今日，企業活動はグローバルな範囲への飛躍的な広がりをみせている。海外での売上は，米国に本拠地を構える多くの企業の主要な収入である。米国の消費者が購入する製品やサービスのうち，外国で製造されているものの割合が増加している。貿易障壁は崩壊し，世界の新たな地域が急速に世界市場に組み込まれてきている。

　企業の急速なグローバル化は，反トラスト法の施行にとって多くの新しい課題を生み出している。連邦の規制当局，政策決定者，そして，法廷は，以下で示すような，しばしば反トラスト法の枠組みでは予想できないような困難で複雑な問題を扱わなければならない。

(1) 政府は，たとえ米国内での競争が低下するとしても，米国企業が国際競争力を高めることになる場合には，合併，ジョイントベンチャー，その他企業間の共同的な協定を認めるべきであろうか？

(2) 政府は，もし独占企業が提供する製品やサービスのグローバルな市場が高度な競争状態にあったならば，米国内での独占を解体する方向へ導くべきであろうか。もしこれらの独占企業が米国をさらに国際的競争力の高い国にするのに役立つならば，どうであろうか？

(3) 連邦規制当局と法廷は，もし外国企業が米国内において子会社を展開している場合，これらに対して米国の独占禁止法を施行すべきであろうか？　もし，これら海外企業が単に米国内で製品やサービスを販売しているだけならどうであろうか？

(4) 米国企業と海外企業が共通の一連の反トラスト法や規制下において営業を展開するためには，政府は米国企業に対して公平な活動領域を生み出すためにはどのような手段を講じればよいのであろうか？

　面白いことに，これらの問題は米国の規制当局が直面しているだけではなく，ますますグローバル化する経済において公正な競争に必要な条件を維持するという課題に直面している他の多くの国の政府役人もまた，これらの問題に直面しているということである。以下の節では，政府，企業，社会が近年，どのようにこれらの問題を解決しようと

してきたかについて議論している。

（1）反トラスト法の施行と国家の競争力

　反トラスト法の規制当局は，グローバル経済において米国企業が効果的に競争することができるように，その能力に及ぼす法施行の影響にはますます敏感になっている。彼らは渋々ながら合併を妨げ，独占を分割し，あるいは共同研究を妨げてきた。合併，独占，共同研究は，米国の**国家の競争力**（natianal competitiveness）を強化する可能性のあるものではある。国内的に自由で競争的な市場をめざすことが，他国との対比で強力な米国経済を構築しようとする目的と利害対立を起こす場合，規制当局はときどきジレンマに陥ることになる。

　1980年代半ば以降，政府は，グローバル経済における米国企業の競争力を強化するための必要に応じ，米国企業間の協調的活動を全般的に容認してきている。1984年に通過した「全米共同研究法」（NCRA：National Cooperative Research Act）は，共同で行なう研究開発活動（R&D）への米国反トラスト法の適用を明確なものにしている。この法案は，個々のケースを評価する際に「理由の法則」（rule of reason）を用いるように法廷に指示することによって，共同による研究開発の積極的な成果と競争を維持することの間でバランスをとろうとしている。非競争的な結果になるかもしれないような，共同による研究開発活動を形成しようとする企業は，司法長官や連邦取引委員会にそれらの計画の通知を提出するように要求されている。もし認可されたならば，関連の企業は，反トラスト法基準に違反しかねないような仕方での情報の共有や協力関係の形成が認められることになる。

　　NCRAが認可した研究開発（R&D）コンソーシアムの事例としてSEMATECHがある。1987年に設立されたSEMATECHは，強烈な日本の競争力に直面した米国半導体産業の再構築のために，国防省からの支援を受けて，結集した14の半導体製造業のグループである。SEMATECHは，いくつかの新世代の半導体製造技術の開発において重要な役割を演じた。1990年代後半までに，米国の半導体産業はグローバル市場での占有率において劇的な逆転を成し遂げた。[16]

　また，米国司法省は，重要な規模の経済を認可するために，共同製造協定を統制する規則を緩めてきている。米国企業と外国企業の間での共同製造やマーケティング取引は，重大な反トラスト法違反として政府から訴えられることもほとんどなく，かなり頻繁に行なわれるものになりつつある。例えば，ヒューレット＆パッカード（Hewlett-Packard）はサムソン（Samsung—韓国），ノーザンテレコム（Northern Telecom—カナダ），そして，日本企業であるソニー，日立，キャノン，横川と戦略的提携を結んでいる。1998年，連邦取引委員会はハワイとカルフォルニアの両州における重複での業務を整理することを定めた，ロイヤルダッチシェルとテキサコ（Texco）のジョイント・ベンチャーを容認した。このようなジョイント・ベンチャーは伝統的な理由においてはおそ

らく反トラスト法違反になっていたものである。1999年，連邦取引委員会はどのような種類のジョイント・ベンチャーが反トラスト法下でも容認されるのかという新しいガイドラインを提案し，「グローバル化と技術に関する競争力が，企業を複雑な共同関係へと駆り立てている」ことを特筆している。

（2）外国企業に対する反トラスト法の施行

近年，政府は外国企業による反トラスト法違反の可能性についてますます関心をもつようになってきた。

ある場合には，規制当局は，反トラスト法に違反していると思いながら，米国で営業をはじめたり子会社を買収したりすることで事業活動している国際企業を起訴しようと行動を起こしている。他の場合では，米国の規制当局は遠く海外まで及び，外国企業がその自国内で反トラスト法を犯したとして，その外国企業を追及している。例えば，スイスの薬品製造業であるサンドス（Sandoz）とチバガイギー（Ciba-Geigy）が合併したとき，連邦取引委員会は，両社が米国に拠点を置いていないにもかかわらず，独占を回避するためにいくつかの製品ラインを手放すように要求している。この章の冒頭で取り上げた事例であるビタミン社の場合は，米国司法省は，民事法廷の訴訟とは切り離して，価格固定に関わった外国企業に対して，独自の裁判に持ち込んだのである。「われわれは共謀者が米国内にいようが国境を越えていようが，これらのカルテルを摘発する」とある司法省の役人は述べている。しかし，法律学者のなかには検察官は深入りしすぎていると感じている者もいる。この見解に立てば，反トラスト法は自国において活動している外国企業の行動まで拡大すべきではない，ということになる。

（3）国際的な反トラスト政策の調和化

米国の反トラスト政策は多くの場合，グローバルな競争相手の政策よりも厳しいにもかかわらず，他の国々ではしばしば競争政策と関連しているその国独自の反トラスト法を所有している。日本では第二次世界大戦後に連合国の占領期間中に最初に施行されたのが反トラスト法であるが，多くの事例で系列として知られているカルテルは，おそらく米国の反トラスト法下では違反であろう。ヨーロッパ連合は最近，新しく統合されたヨーロッパ経済を反映している一連の競争政策を採用している。1994年，EU行政部門であるヨーロッパ委員会は価格固定を行なっていたカートン板製造会社のグループに1億6500万ドルの罰金を課した。それは当時，EUにおける最大の罰金額であった。米国反トラスト法の規制当局は，ジンバブエやカザフスタンのような開発途上国の役人に協力して，それらの国自身の独占禁止法政策を進展させるために活動してきた。

国家間で反トラスト法の施行を調整するいくつかの努力が行なわれてきた。いくつかの二国間条約が存在するとともに，28カ国からなる経済協力開発機構（OECD）が反トラスト法の施行を調整するために活動してきた。OECDの目的は，参加国が互いに競

争することになる各国経済間での活動領域を対等なものにしていくことである。反トラスト法，および，競争政策の課題もまた，関税と貿易に関する一般協定（GATT：General Agreement on Tariffs and Trade）を通じて，そして，世界貿易機関（WTO）の主催の下で行なわれるような，国際貿易交渉のなかで取り上げられてきた。

しかし，国際的な商取引の急増は国際的な交渉のペースをはるかに凌駕しており，グローバルビジネスでは共通で実行可能な一連の競争政策は相変わらず存在しないのである。共通した基準の欠落は，国境を越えた合併に関わる企業に問題を投げかけることになり，多くの場合，多国間で矛盾する規制の障害に直面することになる。2000年にブルッキング社から出版された研究では，競争政策を調和させるために広範に渡る多国間での努力を推奨している。他の見解でもラテンアメリカやアジアや異なる国々の規制当局間でのチームワークにおいて，地域の反トラスト法を扱う機関を設立することを推奨している。[19]

反トラスト法の政策決定者は，グローバルビジネスにおける競争という新たな事実と格闘している。自給自足の国家経済の時代は過ぎ去ったのである。事実上，直接的であれ間接的であれ，すべての企業は世界市場に関わりをもっている。生まれた国がそれぞれ異なっている企業間における協調はしばしば，経済的な判断力を生み出す。しかし，行き過ぎた反競争的な企業行動を社会的に統制しようとする何らかの形式の必要性は，米国や海外でも消滅することはなかったのである。反トラスト法の擁護とグローバル市場の間での最適な適合は，容易には成し得ないのである。

■ 本章の要点

(1) 世界の巨大企業は，各々の社会や世界の至る所において彼らが行使する中心的な機能のために，多大な影響力を及ぼす可能性がある。企業権力は，広範な公共目的を肯定するために使用される場合には正当化されるが，その権力はまた乱用される可能性もある。
(2) 米国では，反トラスト法は企業の影響力を抑制し，また，消費者，小規模の企業の競争者，そして，非競争者的慣行によって不公正な影響を受ける者たちを保護するために用いられる。
(3) 法廷や規制当局は，近年，独占がそれ自体として反トラスト法に違反するものではないと，一般的に主張している。重要なことは，企業が不公正な競争をしたり，消費者を傷つけたり，イノベーションを妨害したりしているかどうか，ということである。
(4) 1990年代や2000年代の初頭においてM&Aの新しい波を目にすることができた。その重要な理由は技術変化，グローバル化，規制環境の変更，そして，株式市場のブームである。これら合併が株主やその他のステイクホルダーにとって有益であると信じている者もいれば，合併が「企業と社会」に及ぼす長期的影響について懸念を表明する者もいる。
(5) 多くの産業におけるグローバル競争の出現は，例えば，協調的な研究開発（R&D）

の取組みが適切な場合にそれを認可することによって，また，外国企業による反競争的慣行を阻止することによって，世界経済において米国の競争力の改善を助長するために，企業活動や政策の指導者たちに反トラスト法の規則を調整させることになった。

■ **本章で使われた重要な用語と概念**
企業権力　多国籍企業　反トラスト法　略奪的価格設定　企業合併　垂直合併，水平合併　コングロマリット合併　国家の競争力

インターネットの情報源

- www.usdoj.gov　米国司法省
- www.ftc.gov　米国連邦取引委員会
- www.207.49.1.6/antitrust　アメリカ弁護士協会・反トラスト法部門
- www.yahoo.com/Government/Law/Cases　最近の反トラスト訴訟に関する情報

討論のための事例：アメリカ・オンラインとタイム・ワーナーの合併

2000年1月10日，世界において主要なインターネットアクセス・プロバイダーである，アメリカ・オンライン（America Online: AOL）は巨大メディアである，タイム・ワーナー（Time Warner）の株式価値である約1650億ドル支払って買収する意向であると発表した。それは歴史上，最大級の企業合併であった。統合後，AOLタイム・ワーナーと呼ばれることになる二つの企業を合わせた市場価値は，世界第4位でマイクロソフト（Microsoft），ゼネラル・エレクトリック（General Electric），シスコ・システムズ（Cisco Systems）より若干小規模であった。

この合併は新旧メディアの世界における二つの首位企業の結婚であると表現された。41歳の企業家であるステファン・M.ケースに率いられたAOLは，世界においてインターネットへの入口として最も人気があり，米国での市場占有率は54％であり，抜群の市場占有率であった。2200万人の加入者が，メール，チャット，インスタントメッセージ，ニュースと情報，買い物のためにAOLにログオン（接続）し，ワールド・ワイド・ウェブ（WWW）にアクセスしている。

それに対して，タイム・ワーナーは巨大で安定したメディアとエンターテイメントを所有する複合企業体である。これらには，テレビ産業での持株会社としてホーム・ボックス・オフィス（Home Box Office），WBネットワーク（WB network），そして，CNN，雑誌として『ピープル』（*People*），『スポーツ・イラストレイト』（*Sports Illustrated*），『タイム』（*Time*），レコード会社としてタイム・ワーナー・ミュージック（Time Warner Music），映画スタジオとしてワーナー・ブラザーズ（Warner Brothers），ニューライン・シネマ（New Line Cinema）が含まれている。同社のケーブル部門の系列会社は米国市場の20％にサービスを提供している。子会社であるロードランナー（Road Runner）は，ケーブルベースのインターネットアクセスの主要なプロバイダーである。

第9章 反トラスト法,合併,グローバル競争

　エコノミストで *The Winner-Take-all Society* の共著者であるロバート・H. フランク (Robert H. Frank) は,「エンターテイメントとコミュニケーションの事業領域は成功が成功を呼ぶ環境になってきた」と,この合併を賞賛した。メディア産業における多くのコストは固定されているので,企業が顧客をより多く呼び込めば呼び込めるほど,より多くのお金を稼ぐことができる,と,彼は述べている。

　この結合は,両社に重要な優位性を約束するものであった。AOL としては,巨大メディアが所有する雑誌記事,テレビジョン,ポピュラーソング,映画,そして,ニュースレポート等のコンテンツが手に入るであろう。「タイム・ワーナーは AOL が所有していないものをもっている」とエキサイト＠ホームの社長であるジョージ・ベル (George Bell) は述べた。「偉大なメディアブランドは,数十年の時を経て構築されてきたのである。そのコンテンツを築き上げるための時間は,インターネット企業にはない」とも。

　AOL はまた,タイム・ワーナーの所有する大容量の光ファイバーのケーブルネットワークにアクセスすることなど他にもまだ手に入れられるものがあるだろう。2000年において,たいていの AOL の顧客は,いまだにモデムと伝統的な電話線を利用してログオンしていた。しかしながら,企業の経営陣は,ユーザーがケーブルネットワークであれ,DSL であれ,オンラインでアクセス可能なすべての範囲のメディアを楽しむために,高速のインターネットアクセスに対する要求がますます増加してくることがわかっていた。しかしながら,AOL はその要求を受け入れる能力を自分自身では保持していなかったのである。

　これに対して,タイム・ワーナーは数百万の顧客にアクセスすることができた。それはインターネット企業が世界のさまざまな地域に拡大していくにつれて,さらにグローバルな勢力範囲を拡大していくという願ってもない有望さと同様のものであった。AOL にログオンすると,『ピープル』の雑誌記事からトリアモスの歌,CNN のニュース報道まで,タイム・ワーナーが提供する項目を選択することができるであろう。

　この合併報道は連邦取引委員会による再調査を誘発した。反トラスト法の規制当局は合併を認めることも,それを阻止することも,あるいは,もし独占が形成されるようであれば,片方あるいは両社に対して,資産の一部を手放すように要求することもできる。多くの独占禁止法の専門家はこれら二つの企業の抱えるほとんどの事業が直接には重複していないので,順調に取引が遂行すると考えていた。

　ところが,複数の消費者団体も含めて,この合併には競争的効果を損なう恐れがあると懸念する批判が生じたのである。

　AOL がひとたびケーブル・ネットワークの膨大な占有率に対する支配権を獲得したならば,何をもってして高速インターネットアクセスの独占化を妨げることができるのであろうか？　おそらくこの批判を阻止しようとして,合併を発表した当日に,AOL はライバル企業も含めてすべてのインターネット・サービスプロバイダーのためにタイム・ワーナーのケーブル・ネットワークへのアクセスをオープンにして自発的に支援することを誓約したのである。ところがある顧客は,心配事は残されたままだと主張している。そして,消費者同盟 (Consumers Union) の理事であるジーン・キムメルマン (Gene Kimmelman) は,「この取引は特定のインターネットサービスに有利な活動分野に偏っていくだろう」と述べた。

　この合併が直接的に,あるいは,他の通信事業の買収速度を加速化させることによって,

メディアの所有権の集中化を進行させることは疑う余地がないのである。数社の巨大メディアに支配された世界のなかでさまざまな見解が衰退していくという危険性がある。また，インターネットの商業化が増大していくことを危惧する意見もある。「彼らが本当に期待していることは，世界のなかに巨大なショッピング・モールをつくり出すことである」と産業評論家にして，*The Media Monopoly* の著者であるベン・バグディキアン（Ben Bagdikian）は警告している。

しかし，技術自体が競争へのいかなる脅威に対しても中立であると考えている人もいる。「インターネットはだれにも所有されておらず，ある種の無秩序な状態にある」と，シラキュース大学の公共コミュニケーション学部の学部長である，デーヴィッド・ルービン（David Rubin）は述べている。「実際には，独占化されるはずはない」と。

出典："Media Megadeal : The Overview," *New York Times*, January 11, 2000, p. A1; "A Merger's Message : Dominate or Die," *New York Times*, January 11, 2000, p. A25; "Brave New Media World," *Christian Science Monitor*, January 14, 2000, p. 11; "Company Town: Media Megamerger Open Access Debate," *Los Angels Times*, January 12, 2000, p. C4; "Media Megadeal: The Power," *New York Times*, January 13, 2000, p. C1; "Media Megadeal: As the Hopes and Worries Continue," *New York Times*, January 13, 2000, p. C1; and "Mergers May Shrink Limits of Cyberspace," *Christian Science Monitor*, January 13, 2000, p. 2.

検討すべき問題

① この章は，最近の合併の波について四つの理由をあげて議論している。アメリカ・オンラインとタイム・ワーナーの合併を説明するのに最もふさわしい理由は，あなたの意見では，これら四つのうちどれが該当するだろうか？　また，その理由は何か？
② この章では反トラスト法の四つの目的について議論している。アメリカ・オンラインとタイム・ワーナーの合併がこれらの目的のうちのどれを揺るがしているだろうか？　もしそうであるならば，その理由は何か？
③ あなたは，この合併は公共の利益を増すことになると思うか，それとも害すると思うか？　また，その理由は何か？
④ もしあなたが連邦取引委員会でこの合併の調査を任された反トラスト法の役人であるならば，この合併に賛成するだろうか，それとも反対するだろうか？　賛成の立場に立つならば，どのような条件を付けるだろうか？　その場合の条件とは何か？

注

(1) "$1.1 Billion to Settle Suit on Vitamins," *New York Times*, November 4, 1999, p. C1; "Seven Vitamin Makers Settle Antitrust Suit for $1.8 Billion," *Los Angeles Times*, November 4, 1999, p. C1, および, "Tearing Down the Facade of Vitamins, Inc.," *New York Times*, October 10, 1999, p. C1.

(2) "FTC Votes to Block Merger of Arco, BP," *Los Angeles Times*, February 3, 2000, p. C1, および, "BP Amco Takeover of Arco Cleared by the FTC," *Financial Times*, April 14, 2000, p. 23.

(3) Charles Derber, *Corporation Nation : How Corporations Are Taking over Our Lives and What We Can Do about It*, New York : St. Martion's Press, 1988.

(4) 企業支配力に関する二つの古典的な分析として,Alfred C. Neal, *Business Power and Public Policy*, New York : Praeger, 1981, p. 126., および Edwin M. Epstein and Dow Votaw, eds., *Rationality, Legitimacy, Responsibility: Search for New Directions in Business and Society*, Santa Monica, CA : Goodyear, 1978. を参照。さらに最近の論文としては,David C. Korten, *When Corporations Rule the World*, San Francisco : Berrett-Koehler Publishers, 1996. や Carl Boggs, *The End of Politics : Power and the Decline of the Public Sphere*, New York : Guilford Press, 2000. がある。

(5) Bureau of National Affairs (BNA), *Antitrust and Trade Regulation report*, vol. 55, Washington, DC : Bureau of National Affairs, 1988, p. 4-5.

(6) "Antitrust Suit Names American Airlines," *Washington Post*, May 14, 1999, p. Al, および,"U. S. Airline Confident It Can Ride out Storm over Washington's Antitrust Suit," *Financial Times*, May 24, 1999, p. 4.

(7) "Caveat Predator? The Justice Department Is Cracking Down on Predatory Pricing," *Business Week*, May 22, 2000, pp. 116-118.

(8) A lucid historical account may be found in Louis Galambos and Joseph Pratt, *The Rise of the Corporate Commonwealth : Business and Public policy in the Twentieth Century*, New York : Basic Books, 1988.

(9) 野球の反トラスト法免除の批判については,Andrew Zimbalist, *Baseball and Billions : A Probing Look Inside the Big of Our National Pastime*, New York : Basic Books, 1992. や Frank Dell'Apa, "Do Pro Sports Take Advantage of Their Fans?" *Public Citizen*, May-June 1993. を参照。

(10) "Bidder's Edge Files Antitrust Counterclaims against eBay," *Business Wire*, Februry 7, 2000, www.businesswire.com.

(11) "Antitrust for the Digital Age," *Business Week*, May 15, 2000, pp. 46-48. および,"The Next Big Antitrust Case," *New York Times*, June 15, 2000, p. A26.

(12) "E-Exchange May Keep Trustbusters busy," *Business Week*, May 1, 2000, p. 52.

(13) これらの問題における米国基準を理解するためのさらなる議論については,*Anticipating the Twenty-First Century : Competition Policy in the New High-Tech Global Marketplace*, Washington, DC : Federal Trade Commission, 1996. を参照。

(14) Martin Sikora, "The Panorama of M&A," *Mergers & Acquisitions journal*, February 1, 2000.

(15) "The Case against Mergers," *Business Week*, October 30, 1995, pp. 122-130.

(16) Henry H. Beam, "Technology Fountainheads : The Management Challenge of R&D Consortia," *Academy of Management Executive* 11, February 1997, pp. 123-124.

(17) "U. S. Proposes Guideline on Forming Joint Ventures," *New York Times*, October 2, 1999, p. C2., および,"When Is Cozy Too Cozy?" *Business Week*, October 25, 1999, pp. 127-130.

(18) "Tearing Down the Facade of Vitamin, Inc." *New York Times*, October 10, 1999, sec.3, p. 1., や "U. S.

Trust Busters Increasingly Target International Business," *Wall Street Journal*, February 5, 1997, pp. A1, A10.

(19) Simon J. Evenett et al., *Antitrust Goes Global : What the Future Holds for Transatlantic Cooperation*, Washington, DC : Brookings Institution Press, 2000.

第Ⅴ部
企業と自然環境

第10章　エコロジー，持続可能な開発，グローバル・ビジネス

　人類社会は21世紀に，前例のない地球環境危機に直面する。多くの政財界リーダーたちは，持続可能な開発（sustainable development）という概念を受け入れはじめた。自然環境を破壊したり，将来世代が必要とする資源を枯渇させることなく，経済成長し続けることが求められている。この概念の定義自体はいまだ議論の余地があり，その実践はさらに困難である。政策立案者や企業経営者たちにとって，経済と環境のどちらも犠牲にすることなく両方の目標を達成する方法を見つけることが，この先数十年の課題となる。

　本章では，以下のような主要な問題と目的に焦点を絞って論じることにする。
- 「持続可能な開発」とは何か？　将来の世代のニーズを損なうことなく，今日の世代のニーズを満たしつつ世界経済を発展させることへの障害は何か？
- 地球の生態系（エコシステム）にとって，大きな脅威は何か？
- 人口増加，貧困と工業化は地球の生態系の危機をどのように加速させてきたか？
- 世界のすべての国民が共有する環境問題はどのようなものか？
- 生態系の破壊を減らし，持続可能な開発を促進するために，世界のビジネス界は現在までにどのような施策をとってきたか？

　「地球サミット」（Earth Summit）は画期的な国際会議であった。この会議は国際連合によって1992年に主催され，正式名称は「環境と開発に関する国際連合会議」（The Conference on Environment and Development）であり，世界中から政財界のリーダーたちを一堂に集めた。一連の熱のこもった議論のなかで，各国代表は，一方で環境劣化の危険が増大していることを，他方で貧しい国に緊急に経済発展をもたらす必要性を検討した。世界人口の大多数である貧困を救済するのに十分な経済成長を，将来の世代のニーズを充たす能力を損なうことなく促進できるのかが問われた。

　この重要なサミットからほぼ10年を経た2000年時点で，世界はこれらの目標をどこまで達成できたのだろうか？　楽観的になれない証拠がいくつかある。1992年の地球サミットでの合意事項とその後の達成情勢は次の通りである。

(1) 各界の代表は，世界の工場，発電所，および，自動車から排出される二酸化炭素の影響などにより，地球の温度が上昇する地球温暖化問題を解決すべく誓約をした。会議では，先進国に2000年までに二酸化炭素排出量を1990年排出レベルにまで削減することを呼びかけた。しかし，先進諸国の半分の国が目標を達成しただけで，全世界の二酸化炭素の年間排出量は新記録を更新した。異常気象は世界的な脅威となっている[1]。

(2) 各界の代表の多くは生物多様性に関する枠組み条約に締約した。生物多様性を維

第10章　エコロジー，持続可能な開発，グローバル・ビジネス

持するには，地球上の生物資源，とりわけ，数多くの種が生息している熱帯雨林を保存することが重要である。しかし，2000年時点で，アメリカは条約に署名しておらず，多くの生物種は危機に瀕している。広範な熱帯雨林が切り倒された。たとえばインドネシアでは，絶滅のおそれのある貴重な鳥類，哺乳動物，爬虫類が数多く生息する熱帯雨林が，驚くべき速さで材木用に伐採され，焼き払われ開拓されて，生息地は破壊された。これは必然的に，東南アジア全体で深刻な大気汚染の原因となった。

(3) 先進国の多くは，貧困国の経済発展を環境的に持続可能なものにするために海外援助額を国内総生産（GNP : gross national product）の0.7%まで増加させることを誓約した。しかし，この期間にその援助額は実際にはGNPの0.24%まで低下した。これは1970年代初頭以来の最低レベルである。現在の問題は以前と変わらず差し迫っている。貧困国が環境に負担をかけずに発展していくための費用はだれが払うのだろうか？

一方，重要な進展もいくつかあった。世界人口が増加しているにもかかわらず，その増加率はいく分，低下してきた。開発途上国にとって重要な融資機関である世界銀行は，生態系破壊の要因となるプロジェクトへ資金を提供しないために，環境審査を導入し，制度化した。オゾン層の状態を復元する努力については，大きな成果を得た。また，もっとも期待できると思われるのは，世界の産業界が少しずつ環境配慮型の企業経営を導入してきたことである。世界の政府，企業，非政府組織，および，個人が互いに協力し，21世紀の環境危機という課題に挑戦して，地球経済をより持続可能な道筋に移すことは可能だろうか？

1　地球環境危機

人類は，現在，自然界の力（氷河，火山，小惑星および地震）に逆らって地球表面をつくり変えている。人類は川筋を変え，山を崩し，森林を燃やして消滅させてきた。20世紀の最後の10年間までに，人間社会は，地球上の凍結していない表土の約半分の形を変え，また，残りの殆どの地域に大きな環境影響を与えてきた。多くの地域で，農業用に使われているのと同じくらいの面積の土地が交通網に使用されている。多くの重要な天然資源（化石燃料，淡水，肥沃な土地，および，森林）はまだ残ってはいるが，人口爆発，および，急速な産業化により，いつの日か，人間社会の需要が地球の生態系の環境収容能力を越える日がくるおそれがある。

エコロジー（生態学）は，一体化した自然界システムあるいは生態系において，動植物などの生物がどのように互いに影響し合うかを研究する学問である。世界のある地域の生態系の破壊は，しばしば他の地域の人々にも影響を与える。オゾン層の破壊，熱帯雨林の破壊および種の消滅は，特定の地域や国家だけでなく，社会のすべてに影響を及ぼす。

（1）グローバル・コモンズ

有史以来，人類社会はコモンズ（共有地）を形成してきた。コモンズには，土地，空気，あるいは，水のように，ある一つの集団に属する人々が共同して使用する資源がある。「共有地のパラドックス」(paradox of the commons) とは，すべての個人が短期的に自己の利益の最大化を試みると，コモンズ全体が破壊され，現代，ならびに，将来の共有地の使用者全員が損をするというものだ。唯一の解決方法は，自主的，あるいは，相互の合意による制約である。共有地における自由が全体に破滅をもたらす「共有地の悲劇」(tragedy of the commons) は，次の寓話によって例証される。

> 昔，豊かな海辺に村があった。村人たちは，無尽蔵に獲物がいる恵まれた沖合いの漁場のおかげで良好な暮らしをしていた。もっとも賢い数人の漁師たちが，もっと大きくもっと装備の良い漁船を買うためにお金を借りて，魚をもっとたくさん捕える新しい手法を試みはじめた。魚が多く獲れることについては疑問の余地はなく，他の村人たちもその新しい技術を真似た。直ぐに魚は見つけにくくなり，平均サイズも小ぶりになっていった。結果的に，漁業はすべて崩壊し，村の経済は悲惨なものになった。一人の賢明な老人が「魚は結局ただではなかった。あたかもただであるかのように行動した自分たちが愚かだった」と呟いた。

われわれはグローバル・コモンズ (global commons) に依存して生きており，この寓話の漁場のように多くの天然資源を共同で使用している。宇宙空間から見える地球の姿（漆黒の闇に浮かぶ白い雲に覆われた青緑色の球）は，われわれがかけがえのない統合された生態系を共有していることを示す。グローバル・コモンズを保存し，また，それらを継続的に使用できるように保証することが政府や企業，社会にとっての新しい責務である。21世紀への移行に際して，地球サミット（1992年）の事務局長をつとめた，モーリス・ストロング氏 (Maurice Strong) の言葉を次に引用する。「われわれは現在，対処すべき究極の難題に直面しており，それは種としてのわれわれ自身の未来を管理することである」と。

（2）持続可能な開発

多数の先進国と開発途上国からリーダーたちが参加した「環境と開発に関する世界委員会」(The World Commission on Environment and Development) は，経済発展と環境配慮のバランスの必要性を**持続可能な開発** (sustainable development) という言葉で表現した。これは「将来の世代のニーズを満たす能力を損なうことなく，今日の世代のニーズを充たすような」開発をめざす。この概念には以下の二つの中核的な考えが含まれている。

(1) 環境保護には経済発展が必要である。環境を低下させる原因の根底には貧困があげられる。食物，住居，および，基礎的生活条件を欠く人々は，その日，その日を生き延びるために資源を誤用する。この理由から，環境保護のためには，全世界の

第10章　エコロジー，持続可能な開発，グローバル・ビジネス

資料10-A　ナチュラル・ステップ

「ナチュラル・ステップ」(TNS：The Natural Step) は，著名なスウェーデンの医師，カール＝ヘンリク・ロベール博士 (Karl-Henrik Robert) によって1989年に設立された。ロベール博士は，スウェーデンの他の主要な科学者たちと協働して，企業，政府，および，個人がどうすれば持続可能な開発の原理に矛盾しない行動をとることができるかについて合意文書を作成した。この報告書は，スウェーデン国王の支持を受けて，要約版は同国のすべての世帯に配布された。

「ナチュラル・ステップ」はビジネス界に自発的に化学合成品および再生不能資源の使用を削減し，エネルギー消費を最小限にし，自然界の多様性，および，生態系を維持することを奨励した。その後の10年間に，300以上の会社，および，スウェーデンの都市の半分が「ナチュラル・ステップ」の原則を採用した。また，この動きは米国，オランダ，および，オーストラリアを含む他の国々へ広がった。「ナチュラル・ステップ」の原則を採用した会社の例としてイケア (IKEA) があげられる。イケアは，スウェーデンに本拠を置く世界的な家具小売り業者である。イケアは環境をできるだけ損なわない材料，技術，および，輸送方法の使用を誓う署名をした。例えば，燃料を節約するために可能な限り，輸送をトラックから鉄道に替え，リサイクル材料，あるいは，持続可能な方法で収穫された木材と繊維だけを用いて作った「エコライン」(Eco-Line) と呼ばれる新しい家具のシリーズを投入した。同社によれば，この試みは環境を保護して「緑の顧客（環境に配慮した顧客）」(green customers) から評価されたばかりではなく，収益面においても廃棄物を減らし，エネルギーと材料の節約によって実利を得た。

出典：Hilary Bradbury and Judith A. Clair, "Promoting Sustainable Organizations with Sweden's Natural Step," *Academy of Management Executive* 13, no. 4, November 1999, p. 63-74 ; Andrea Larson and Joel E. Reichart, "IKEA and the Natural Step," Darden School of Management, University of Virginia, 1996. 他のケーススタディはBrian Nattrass and Mary Altomare, *The Natural Step for Business : Wealth, Ecology and the Evolution-ary Corporation*, Gabriola Island, British Columbia : New Society Publishers, 1999. を参照。イケアのウェブサイトは，www.ikea.com. 米国のナチュラル・ステップのウェブサイトは，www.naturalstep.org.

人々が適正な生活水準を維持することが求められるであろう。

(2) 一方，経済発展は持続可能な方法で遂行されなければならない。その方法は将来世代のために地球資源を保存することである。地球上の生命維持のために必要な森林，農地，水，および，空気の質を犠牲にして成長していくことは許されない。私たちは地球を元の状態を維持するか，さらに改善された状態にしておかなければならない。

要するに，持続可能な開発は難題を内包している。それは政財界のリーダーたちが環境特性を低下させず，天然資源を略奪しない方法で，貧困を根絶し，かつ，世界経済を発展させることを求めるからである。

持続可能な開発は魅力的な概念だが，議論の余地が残っている。持続可能な開発が機能するためには，日米のような豊かな国は環境負荷の高い製品を安易に海外へ輸出することなく，自国内では資源消費を減らして，汚染を大幅に削減しなければならない。中国やパキスタンのような開発途上国は，破壊的でない農業を行ない，出生率を下げ，もっとクリーンな方法で工業化を進めなければならない。これらは，先進国からの資本，

技術，熟練技能の援助があってのみ可能であろう。

持続可能な開発の概念は企業にとって何を意味するだろうか？　企業活動にこの概念を適応させた試みとして，スウェーデンの「ナチュラル・ステップ」(TNS: The Natural Step) と呼ばれる運動を資料10 - A で紹介する。環境に配慮した経営を自主的に行なっている企業の他の事例は，本章の最後の節，および，第11章で言及する。

（3）地球生態系への脅威

持続可能な開発では，人間社会が天然資源を無期限に使い続けられる速度で使うことが必要である。人間活動は天然資源のなかで主に水，空気，および，土壌の三つに影響を及ぼす。生物学者は淡水や森林のように自然に回復する「再生可能資源」と，化石燃料（石油，ガス，および石炭）のように一度使用すると二度と再生しない「再生不能資源」を分けて考える。再生可能であろうと再生不能であろうとも，今日天然資源は持続可能な速度を大幅に超えて使用されており，枯渇や汚染が進んでいる。以下の事例を考察してみよう。

① 水資源

淡水は地球上の水の３％だけであり，その内のほとんどは地下か，氷や雪の状態で閉じ込められている。地球の水の１％の約10分の１だけが，湖，川，および，利用可能な地下水供給源であり，人間が利用できる。水はもちろん，再生可能である。海洋から蒸発した水蒸気は，淡水の降雨として地球へ戻り，使用された分の蓄えを補充する。しかし，多くの地域で，水が循環するか，自然浄化されるよりも速く人間は水を使い汚染しており，その水に依存する人々や企業を脅かしている。

　　ガンジス川は，飲用水，灌漑，漁業，輸送，そして，ヒマラヤ山脈の山岳地帯から沿岸都市カルカッタまでの1500マイル［訳注：１マイルは約1.6km］に沿って交易を提供することで，４億人以上のインド人の生活を支えている。ヒンズー教徒は川を神聖であると考えるので，ガンジス川では多くの宗教儀式が行なわれている。しかし，ガンジス川は，未処理の生活排水，産業廃棄物，動物や人間の死体などが満ちて，ますます汚染されつつある。「われわれの祖先はこの川を崇拝してきた。現在，川はわれわれを殺しつつある」と，あるインド人が述べた。

もし社会がすべての汚染を除去することができ，利用可能な淡水をすべて活用することができ，それを公平に分配することができたとしても（これらはどれもありそうにないことだが），100年以内に需要が供給を超過するだろうと予測されている。世紀の変わり目に，水不足のために経済衰退を引き起こした地域があり，また，地域紛争に発展した事例もある。国連の研究によれば，世界人口の３分の１は，中程度以上に深刻な水不足による問題を抱える国に住んでいる。

② 化石燃料

水と違って化石燃料は再生不能である。20世紀の終わり頃には，人類社会は産業化の

初期段階だった1860年と比較して60倍のエネルギーを使用した。この内のほとんどは化石燃料の燃焼による。産業用エネルギーの80％は、石炭、石油、および、天然ガスの燃焼によるものであった。世界経済が一年で燃やした化石燃料が自然界で形成されるには約100万年かかる。今後いくつか新たな埋蔵が見つかるだろうが、現在の供給をいつまで続けられるのか誰も予測がつかない。石油と天然ガスはそれぞれ40年、60年で枯渇するだろうと推計されている。石炭の埋蔵量はずっと多く、3、4世紀分はあるだろうといわれているが、石炭は石油や天然ガスに比べて多くの公害汚染を引き起こす。いずれにせよ、多くの化石燃料はいつかは枯渇するので、世界経済はエネルギーをより効率的に使用し、水力、風力、太陽エネルギーのような再生可能エネルギー源に転換する必要があるだろう。

③　耕　地

　世界人口を養う穀物を育てるためには、豊かな耕地が必要である。土地は適切に手入れが行なわれると再生可能な資源である。土地の生産性は20世紀を通じて増加したが、2000年代初頭までに世界の多くの耕地は衰退の危機にある。開発途上国の灌漑農地のおよそ半分は、塩害（過剰な塩分）か、あるいは、排水不良のために、土地改良を必要としている。別の地域では、不適切な農業の実践によって、かつては耕作に適していた土地が砂漠に変わった。また、農薬によって汚染されたり、土地を酷使して荒廃した地域もある。国連によれば、1990年代後半までに、世界の植生に覆われた地表の約30％で土地が大なり小なり痩せ衰えた。(11)

（4）変化を促す影響力

　地球の資源ベースへの圧力は、ますます厳しくなってきている。もっとも重大な三つの要因が複合して、人類社会が直面している環境危機を加速し、持続可能な開発をますます困難にしている。三つの要因とは、人口増加、世界の貧困、および、多くの開発途上国の急激な工業化である。

① 人口爆発

　環境悪化の主な要因は、世界人口の指数関数的な増加である（人口は50年ごとに2倍に増えており、それは指数関数的な増加といわれる。もし人口増加の割合が同じであったとしても、次の50年間に加わる人口は最初の50年間よりずっと多い）。約1万年前には、地球人口は1000万人以下で小さな部落に分散して住んでいた。何千年もの間、人口増加は緩やかであった。図表10－1に示されるように、1950年頃に世界人口は25億人に達した。1999年には60億人を超えた。国連は、人口は2150年頃に100億人弱で飽和すると予測した。別の捉え方をするならば、1950年に生まれた人が75歳で死ぬまでの間に世界人口は50億人以上増加するのだ。

　この増加は均等に起きるわけではない。先進工業国、とくにヨーロッパでは、人口増加はすでに減速した。次の30年の世界の人口増加の約95％はとくに、アフリカ、ラテン

図表10-1 世界人口の増加

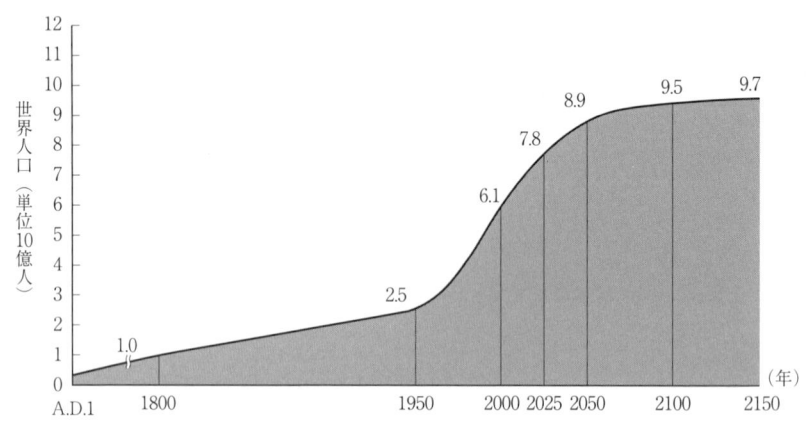

縦軸:世界人口（単位10億人）
横軸:A.D.1, 1800, 1950, 2000, 2025, 2050, 2100, 2150（年）

データ：A.D.1付近 約0、1800年 1.0、1950年 2.5、2000年 6.1、2025年 7.8、2050年 8.9、2100年 9.5、2150年 9.7

出典：United Nations Population Division, Long-Range World Population Projections, New York : United Nations, 2000, table1, p. 4.

アメリカ，アジアの開発途上国で起きると予測される。

急増する世界人口は，地球資源にさらなる負担をかける。増加した人間一人ひとりが天然資源を消費し，土壌，大気，および，水質環境へと汚染物質を排出する。現在と同じ生活水準を維持するためだけでも，世界の総工業生産は今後40年で5倍にならなければならないだろう。人口が急増しているなかでの環境保護は非常に困難である。例えば，アフリカ西部のいくつかの地域では，人口増加のために農地を休ませることができずに，酷使している。使えそうな樹木はほぼ切り尽くされてしまったので，人々は以前は肥料に使っていた家畜糞を燃料に使っている。継続して生産性を落としている土地に，さらに，多くの人々がすがりついて生きようとするので，結果的に貧困がますます深刻化している。

② 世界の貧困

環境劣化の第二の重要な要因は貧困であり，また，豊かな国と貧しい国の間の不均衡である。経済開発は多くの人々の生活水準を向上させたが，世界では依然多くの人々が深刻な貧困のなかで生活を続けている。国連が2000年に行なった試算によれば，約12億人が1日当たり1ドル以下の収入しかなく，十分な栄養をとっておらず，基本的な生活必需品にも事欠いている。サハラ以南のアフリカ，東アジアおよび東南アジア，インド亜大陸およびハイチ等に住んでいるこれらの人々は，生きるか死ぬかという，瀬戸際の生活をしている。彼らには，先進工業国の人々が享受している商品やサービスの極僅かしか与えられてこなかった。約8億人が飢えに苦しみ，その多くが5歳以下の栄養不足の子どもたちである。

もっとも極端な貧困は開発途上国で急速に発展している都市周辺でしばしば，みられ

図表10-2　全世界の所得分布（1960～1994年）

年	全世界の所得分布（％）		富裕国対貧困国比率
	富裕国上位20％	貧困国下位20％	
1960	70.2	2.3	30 対 1
1970	73.9	2.3	32 対 1
1980	76.3	1.7	45 対 1
1991	84.7	1.4	61 対 1
1994	85.8	1.1	78 対 1

出典：United Nations Development Program, *Human Development Report 1992, 1994, and 1997*, New York: Oxford University Press.

る。世界の多くの地域で，人々は仕事を求めて都市部へ移動した。彼らは下水設備も水道もないスラム街の掘っ立て小屋に住んでいる。タイのバンコクは不規則に広がりつつあり（スプロール化），その人口は800万人であるが，その35％がスラムに住んでいる。フィリピンのマニラ市では，何千人もの人々が「スモーキーマウンテン」（Smokey Mountain）と呼ばれるゴミ捨て場に住んでいる。

　世界の所得は国家間で等しく分布されていない。図表10-2が示すように，1994年には，世界の富裕国の上位から5分の1で全世界所得の約86％を得ている一方で，貧困国の下位から5分の1の国で全世界所得の1％余りを得たに過ぎない。一例としては，日本の国民所得は，人口がその35倍である開発途上国全体の国民所得とほぼ等しかった。この不均衡が環境劣化をもたらしている。なぜならば，収入の両極端の国々（または，人々）は，中間層より環境破壊的な行動を採る傾向があるからである。例えば，富裕国上位の人々は，化石燃料，木材，食肉を非常に大量に消費する。一方，貧困国下位の人々は，生き延びるために天然資源をしばしば誤用する。例えば，調理をしたり，暖をとるために木を切ったりする。

③　工業化

　第三世界の一部は急激に工業化している。これは貧困を減らし，人口増加を遅らせる希望につながるので前向きなことではある。しかし，経済開発は生態系の危機を深刻にする。工業はエネルギーを必要とし，その多くは化石燃料を燃やすことによって得られるので，さまざまな種類の汚染物質を排出する。工業の複雑な化学プロセスは，望ましくない副産物，および，廃棄物を産出し，土壌，水，および，大気を汚染する。工業の機械的プロセスはしばしば，埃，煤，汚染廃棄物を生成する。世界の多くの地域で穀物の収穫量を飛躍的に増加させてきた農業の「緑」の革命（"green" revolution）は，殺虫剤，除草剤，化学肥料からの汚染と飼料工場からの廃棄物を引き起こした。また，工業化により収入が増加すると，消費と廃棄物の両方が増える。

（5）成長の限界

　地球の急速な人口増加，人々の豊かさへの希求，および，開発途上国の急速な産業化によって，地球の生態系を維持することが可能な限界である，**環境収容能力**（carrying capacity）の厚い壁にぶつかると考える専門家もいる。これは，地球の基本資源（大気，水，土壌，鉱物など）は，本質的に減少するものであり，有限であるという見解にもとづく。人類社会が資源を補充されるよりも速いスピードで消費し，分解されるよりも速く廃棄物をつくり出せば，環境の破綻は避けられない。ドネラ・メドウズ女史（Donella Meadows）とその同僚との共著『限界を超えて』（*Beyond the Limits*）によると，人間社会の活動は地球の生態系を維持することが可能な環境収容能力をすでに超過している。ちょうど，あなたの身体が食べるのを止めるように，信号を出す前にあなたが食べ過ぎたり飲み過ぎたりするように，人々の生活や企業活動は持続不可能な速度で資源を使い続け，汚染を排出している。しかし，フィードバック信号が出るのは遅れるので，現実に被害を受けるまで，人類は自分たちの行動が何をもたらすかを理解しないだろう。

　もし人類社会がその行動様式を改めないと，現在生存中の多数の人々が生存している間に環境破綻が生じるかもしれない。それはどんな種類の破綻だろうか。メドウズ女史と彼女の同僚は異なったシナリオの下で何が起こるか予測するためのコンピュータ・モデルをいくつか開発した。人類社会が画期的な技術革新や政策の変更がないまま現在の行動様式を継続した場合，汚染によって土地が肥沃でなくなり，2015年までに食料生産が低下しはじめると予測した。2020年頃には石油のような再生不能資源は枯渇しはじめる。そして，残存資源を見つけ出し，抽出し，かつ，精製するためにはより多くの資源を必要とするようになる。21世紀の半ばには，工業生産は破綻しはじめ，これに伴いサービス，および，農業分野も低下するだろう。保健衛生と食物の不足によって死亡率が上昇し，その後すぐに平均寿命と人口が落ち込むだろう。

　これを**成長の限界仮説**（the limits to growth hypothesis）と呼ぶが，これに対する批判は世界の崩壊の日についての見通しが不必要に悲観的過ぎるというものである。なぜならば，これらの限界は，それを打ち消す有力な相殺要因が働くからである。市場メカニズムがその一つである。例えば，石油やガスのような天然資源が不足するようになると，それらの価格が上昇する。そして，生活者や企業は天然資源をより効率的に使用するか，それとも，太陽エネルギーのような代替エネルギーの利用法を手に入れること，を動機づけられる。別の相殺要因としては技術進歩がある。それによって環境劣化のスピードは遅くなるかもしれない。例えば，信頼できる産児制限，遺伝子工学による効率の改善された農業，あるいは，提唱された「ハイパーカー」（hypercar）のように高効率で無公害性の自動車の開発などがあげられる。『限界を超えて』の著者たちはこれらの相殺要因を認めるが，もし人類社会が持続可能な開発を実行しない場合は，経済・社会的な非常事態が起こるのは時間の問題である，という結論に変わりはないとしている。

2　地球環境問題

　環境問題のいくつかは本質的に地球規模であるために，国際協力を必要とする。これらは正しくグローバル・コモンズ，すなわち，すべての国家が共有する資源に関わる問題である。企業や社会に大きな影響を与える三つの地球規模の問題はオゾン層破壊，地球温暖化，および，生物多様性であり，地球サミットとその後の継続会議で広範に議論されてきた。

（1）オゾン層破壊

　オゾン（ozone）は酸素原子が三つ結合した，青みを帯びたガスであり，地上8～25マイルの成層圏の薄い層に浮かんでいる。低い高度にあるオゾンは人体に有毒だが，成層圏のオゾンは太陽からの危険な紫外線を吸収するために，地球上の生命にとって重要である。あまりに多くの紫外線は皮膚ガンを引き起こし，人間，他の種の視覚機能，免疫系を破損しかねない。

　1974年に，科学者たちははじめて，冷却剤，絶縁剤，溶剤，および，スプレー缶中の高圧ガスとして広く使用される化学製品である，フロンガス（クロロフルオロカーボン；CFCs）がオゾンと反応して，オゾンを破壊している可能性があるという仮説を立てた。しかしながら，1985年に科学者が南極大陸上空にオゾン層の薄い場所やオゾンホールを発見するまで，実際のオゾン層破壊の証拠はほとんど存在していなかった。その後，オゾンホールは確かにフロンガスの仕業だということが調査で判明した。高層の大気上空では，強い太陽光線がフロン分子を分解し，分離した塩素原子がオゾンと反応し，オゾン層を破壊していた。1990年代のはじめ，科学者たちは太陽紫外線がもっとも強く危険を引き起こす可能性のある夏の間に，欧州と北米の北部地方上空の成層圏で，オゾン層が破壊されている証拠をはじめて報告した。

　国際社会の政治リーダーたちはフロンガスが地球を保護するオゾン層を破壊しているという科学的な証拠にすばやく対処した。1987年には，各国が集まって**モントリオール議定書**（Montreal Protocol）を採択して，1999年までにフロンガスの生産，および，消費を50％削減することに合意した。1992年には，オゾン層が以前に懸念されたよりもさらに速く破壊されているという証拠を考慮して，フロンガスの製造と段階的な全廃期限を1996年に前倒した。開発途上国には，この化学物質の全廃期限が2010年まで猶予されている。2000年時点で，175カ国が議定書原文に署名し，107カ国が1992年の議定書修正文に署名した。[17]

　　2000年までに，先進国の企業のほとんどは代替フロンへの移行を果たし，それによって，その多くの企業は利益を得た。デュポン社（Du Pont），アライドシグナル社（Allied Signal），エルフ・アルトケム社（Elf Altochem）をはじめとする化学会社は，禁止されたオゾン破壊物質の代替化合物を開発して利益を得た。スウェーデンのエレク

トロラックス社（Electrolux），および，米国のワールプール社（Whirlpool）のような主要な総合家電メーカーのすべては，フロンなしの冷蔵庫，および，冷凍装置の新製品の商品化に成功した。また，自動車メーカーは危険な冷媒（フロンガス）なしで作動する自動車用エアコンを開発した。

モントリオール議定書，および，それに呼応した努力は成功したのだろうか？ 世界の科学者からなる委員会が1998年に行なった調査によると，大気圏中のオゾン破壊化学物質の濃度は1994年がピークで，その後，徐々に低下しはじめた。ただし，科学者の予測では，削減による効果が現れるまでにはタイムラグ（遅延効果）があるため，次の10年間くらいの内にもっとも高いレベルのオゾン破壊が生じる。もし議定書の施行が継続すれば，その後，保護層は徐々に回復するだろう。人類社会は，すべての国家がモントリオール議定書，および，修正に署名し，まだ完全には規制されていない他のオゾン破壊物質の製造を制限する挑戦をはじめている。オゾン層の破壊は改善する前に一旦，悪化することになるが，この取組みは，地球環境の脅威に効果的に取組むために世界各国の政府が共同する例となる。

（2）地球温暖化

人類社会が直面するもう一つの難題は地球の大気が徐々に温暖化することである。**地球温暖化**（global warming）の速度と原因に関して不確実性は残るが，企業と政府はこの問題に対応しはじめた。

図表10-3に示されるように，地球の大気は地球の表面から反射された熱が宇宙へと逃げるのを防ぐ温室のガラス板のような機能をもち，二酸化炭素および他の少量のガスを含んでいる。このいわゆる温室効果なしでは地球は寒すぎて，生命を維持することができない。しかし，1700年代の終わり頃はじまった産業革命以来，大気中の温室効果ガスの量は主として石油と天然ガスのような化石燃料の燃焼により25％も増加した。それにより，「気候変動に関する政府間パネル」（IPCC：Intergovernmental Panel on Climate Change）（世界の主要な大気科学者たちのグループ）による2000年の報告書によれば，地球の温度はこの一世紀の間にすでに摂氏0.3～0.6度上昇した（摂氏1度は，米国で一般に使用される華氏の1.8度にあたる）。温室効果ガス排出がこのまま制限されずに続く場合，IPCCの予測によれば，地球は21世紀中に摂氏6度程度温暖化する可能性がある。これは，わずか5年前に予測された値よりもはるかに大きい。

地球温暖化には多くの原因が考えられる。化石燃料の燃焼は，二酸化炭素を排出し，地球温暖化の主要因であるが，さらに以下の要因も考慮される。

- **森林破壊**：木と植物は大気から二酸化炭素を吸収して取り除く。森林破壊は木材を伐採して代替の植林をしないので，地球温暖化の要因となる。また，原生林を切り開き，農園や牧場にするため森林を燃やすことは二酸化炭素を直接排出する。大規模な森林破壊は二重の意味で地球温暖化の要因となる。

第10章　エコロジー，持続可能な開発，グローバル・ビジネス

図表10-3　地球温暖化

```
            太陽からの赤外線エネ
            ルギーは地表で反射し，
   太陽      温室効果ガスにより大
            気中に閉じ込められて
            地表を暖める
       赤外線
       エネルギー
                      大気

                 地球
              温室効果ガスは
              二酸化炭素，メ
              タン，窒素酸化
              物，フロンガス
              を含む
```

- **牛肉生産**：メタン（有力な温室効果ガス）は，牛をはじめとして，ある種の動物の消化の副産物として生産される。大規模な牧畜業は著しい量のメタンを排出する。
- **人口増加**：人間が呼吸する毎に二酸化炭素が排出される。人間が多くなれば温室効果ガス排出も増加する。
- **フロンガス（CFCs）**：フロンガスはオゾンの破壊に加えて温室効果ガスでもある。モントリオール議定書によるフロンガスの抑制は，地球温暖化を遅延させるという予期しなかった別の有益な結果ももたらす。

　地球温暖化が継続すると，21世紀の人類社会は極端な熱波，大気汚染，破壊的な山火事そして流行病などまでをも経験するだろう。極地方の氷が部分的に溶け出し，海面が上昇して，フロリダ，バングラデシュ，オランダのような低地の沿岸地区で氾濫を引き起こすかもしれない。アイオワで小麦を育てることがまるで不毛の地ユタで育てるように困難なものになるかもしれない。このような気候変動は，世界の経済の多くを破綻させ，多くの種の生息地を破壊するかもしれない。

　1997年に，世界の多くの国々の代表が京都に集合して，1992年の地球サミットではじめて話し合われた，地球温暖化に関する国際条約，気候変動枠組条約の修正を議論した。交渉は困難であったが，米国のような工業が先進した国々に数年の期間内に，温室効果ガス排出量を1990年を基準として5％以上減少させることを義務づける条約を参加国は締結した。しかし，京都議定書として知られるこの協定を批准したのは，2000年までの時点でわずか13カ国にすぎない。議定書は発効するのだろうか？［訳注：2005年2月16日に発効した］その後の交渉では，各国に二酸化炭素排出量の割当てを与える問題の提案についての攻防がなされた。排出量を割当てより減少させた国々は，自国の割当てまでの余剰を他国に売ることができる。割当てを超えた国は，公開市場で排出余剰を買わなければならない。しかし，この計画を実行する方法を議論する以前に，そもそもこの

資料10-B　地球温暖化——ビジネス界のさまざまな見方

　2000年時点において，世界のビジネス界の各業界は，地球温暖化とは何か，行動すべきことがあるとすればそれは何かについて，多岐にわたった見解をもっている。

　石油，石炭，化学，採鉱，鉄道，および，自動車産業などの多くの業界を代表する「地球気候連合」（GCC: Global Climate Commission）の見解は極端な一例である。GCCは，気候変化の脅威を軽視し，温室効果ガス排出についての政府の規制はすべて割高で時期尚早だ，と主張した。企業のいかなる行動も完全に任意であるべきだというのが，このグループの持論だ。1997年の地球温暖化防止京都会議の際，リポーターに「何が達成されることを望むか」と尋ねられて，GCCの会長は指でゼロをつくって示した。

　多くの石油会社はGCCの考えを支持していたが，同調しない企業もあった。1996年にブリティッシュ・ペトロリアム社（BP：British Petroleum）はこのグループを脱退し，ロイヤル・ダッチ・シェル社（Royal Dutch/Shell）もその後を直ぐに追った。1998年にシェル社は京都議定書を支持し，条約が求める以上に温室効果ガスの排出を削減することを約束した。

　気候変動をもっともおそれる業界は驚くことではないが，保険業界である。1990年代，保険業界は大洪水やハリケーンや激しい嵐などによる膨大な保険金支払いの打撃を受けた。それが地球温暖化に起因するとは誰も証明できないが，多くの人々は関連性を認める。ヨーロッパの大手保険会社である，スイスリ社の部長はいう。「最近の自然災害による損失補てんの記録更新が単なる偶然の発生でないことを裏付ける科学的証拠は多くある。何か手を打たなければ，保険業界と保険証書所持人は，この先，大災害が起きた時に大変な損失を被るだろう」と。

　中間的な立場を取るのが，AT&T社，デュポン社（Du Pont），ゼネラル・エレクトリック社（General Electric），3M社等を含む大手製造業やサービス産業を代表する「国際気候変動パートナーシップ」（ICCP：International Climate Change Partnership）である。このグループは，気候変動の事実は認めるが，企業は政府ではないのだから，利益追求につながることを確認した上で，排出を減らす行動に出るべきだ，と主張する。例えば，AT&T社は，自動車で通勤する代わりに，在宅勤務（テレコミューティング）を推進することに関心を示す。

　電力業界は明確な態度を表明していない。小売グループであるエジソン電力研究所（Edison Electric Institute）は例外的に「地球気候連合」（GCC：Global Climate Coalition）を支持しているが，すべての電力会社が同調したのではない。「持続可能なエネルギーのための経済人会議」（The Business Council for Sustainable Energy）は，太陽光発電，風力発電，天然ガスの生産者，および，エネルギー保全を推進している公共事業体を代表しているが，温室効果ガス排出を安定化し，さらに削減することを訴えている。

　代替エネルギーのロビイストたちは，「石油や石炭の企業は，地球温暖化について科学者の見解が分裂していると思わせたいのだろうが，実際に見解が分裂しているのは企業の方だ」という。

出典："Inside the Race to Profit from Global Warming", *Wall Street Journal*, October 19, 1999, pp. B1, B4 ; David L. Levy and Aundrea Kelley, "The International Climate Change Partnership : An Industry Association Faces the Climate Change Issue," Management Institute for Environment and Business, 1996 ; Ross Gelbspan, *The Heat Is On : The High Stakes Battle over Earth's Threatened Climate*, Reading, MA : Addison-Wesley, 1997 ; "Industries Revisit Global Warming: Some Producers Now Support Curbing Green-house Gases," *New York Times*, August 5, 1997, pp. A1, A4., および, "Green Warrior in Gray Flannel," *Business Week*, May 6, 1996, p. 96. 地球気候連合（GCC）のウェブサイトはwww.globalclimate.orgにある。ICCPのウェブサイトはwww.iccp.netにある。

方法がよい考えであるのかどうか，ということについてすらも，各国は合意することができなかった。

世界の財界のリーダーたちは，地球温暖化について，また，地球温暖化防止京都会議（COP3）とそれに続く会議で討議され提案された解決策について，何を考えたのだろうか。この問題についてのビジネス界の多岐にわたった考え方を資料10 - Bで示す。

（3）生物多様性

生物多様性（biodiversity）は種の数と多様性，および，遺伝子の多様性に言及する。現在まで，植物と動物の約170万の種に名前が付けられ，記述された。多くの科学者はこれらは全体のごく僅かに過ぎない，と考えている。地球には少なくとも1000万の種が存在する。1億以上あるかもしれない。主に人間社会による汚染，および，生息地の破壊のために，現在，種は本来の100～1000倍の速さで絶滅していると科学者は推測する。現在の生物多様性は，約6500万年前に恐竜が絶滅した時以来，最低のレベルにある。卓越した生物学者である，エドワード・O．ウィルソン（Edward O. Wilson）は，この喪失による損失の大きさを訴えている。

> 個々の種の絶滅が，人類社会にとって危機となる。すべての微生物，動物および植物は，何千年～何百万年間の進化過程で起こってきた天文学的数字の突然変異と自然淘汰の出来事を記録した100万～100億ビット相当の情報をその遺伝子配列のなかに含有している。種の多様性は，世界中の遺伝子宝庫であり，地球という惑星におけるもっとも重要で掛け替えのない資源の一つである。生息地が破壊されて種が根絶すると，遺伝子が自然界で再生する能力は非常に低減する。ノーマン・マイヤーズ（Norman Myers）氏の表現によれば，「人類は新種の誕生の死を引き起こしている」と。

遺伝子の多様性は，種が環境変化に適合し，残存する能力のために不可欠であり，人間社会にとっても多くの恵みがある。生物多様性の破壊によって，われわれは種として生き延びる能力を弱めている。

倫理学者たちが，人類が自然環境を保護し，動植物の種の絶滅を防ぐ責任があることについて，近年，とくに注目している。この新興の哲学的展望の概要は資料10 - Cにまとめられている。

地球の生物多様性が減少している主な原因は，とくに熱帯地方における熱帯雨林の破壊である。熱帯雨林とは年間少なくとも100インチ［訳注：1インチは2.54cm］の降雨のある森である。それらは生物多様性が地球上で一番豊かな地域である。熱帯雨林は，地表の僅か約7％にすぎないが，そこには地球の種の50～90％が存在する。原生の熱帯雨林の約半分は残存しているが，この速さで伐採が続けば，30年以内に完全に消滅するか，枯渇するだろう。熱帯雨林の破壊の理由は商業伐採，放牧，輸出用換金作物栽培のためのプランテーション農園への転換である。人口過剰も原因の一つであり，土地をもたない人々が森林を伐採して作物を育て，木を切って薪にするからである。

第Ⅴ部　企業と自然環境

資料 10 - C　環境倫理学の誕生

　環境倫理学（Environmental Ethics）は，自然環境への人間の倫理的責任を扱う。西洋哲学の多くには，人間と自然の間に，本質的二元論，つまり，分離が存在する。一部の西洋の哲学者には，文明の目的は環境（または，自然）と他の生物を支配することだと信じる者もいる。この考え方は，人類社会は生態系の一部であり，人間は自然に対して倫理的義務を負っているとする新しい哲学の見解と対比される。以下の引用は，後者の考えの賛同者からである。

　　生命共同体が全体的に安定し，調和した状態に保たれている時は正しい。そうでない場合は間違っている。
　　　　　　　　　　　　　　　　　　　　　　　　　　　　　アルド・レオポルド（Aldo Leopold）
　　地球上で人類とその他の生物が豊かに繁栄していることは，それ自体価値がある。これらの価値は，その他の生物の世界が人間の目的のために役立つかどうかとは無関係だ。
　　　　　　　　　　　　　　　　　　　　　　　　　　　　　アルネ・ネス（Arne Naess）
　私が提案するのは価値観を拡大することである。それによって自然は単なる所有物ではなくなって共通財産となる。私たちが人間という概念を拡大する際に，いかにゆっくりと対象範囲が広がっていったか──例えば，外国人，見知らぬ人，幼児，子ども，黒人，ユダヤ人，奴隷，女性，インド人，囚人，年配者，精神異常者，身体的障害者，現在では胎児の状態に至るまでを対象範囲に広げていくべきかどうかが問われている。環境倫理学は，私たちがすべての生命体の本質的価値を認識して，その対象範囲を広げていくべきではないか，と問うている。
　　　　　　　　　　　　　　　　　　　　　　　　　　　ホームズ・ロルストン（Holmes Rolston）

出典：最初の二つの引用は Susan J. Armstrong and Richard G. Botzler eds., *Environmental Ethics : Divergence and Convergence*, New York : McGraw-Hill, 1993, pp. 382, 412., 三番目の引用は Roderick Nash, *The Rights of Nature*, Madison : University of Wisconsin Press, 1989, pp. 3-4. からである。

　熱帯雨林は伐採するよりも，伐採前の自然の状態のままにしておいた方が経済価値は高いので，その破壊は皮肉である。熱帯雨林は食糧，薬品および繊維を含む多くの価値ある製品の供給源である。例えば，製薬産業は毎年熱帯地域で新しく発見された植物にもとづいた新薬を開発している。米国国立ガン研究所は1400の熱帯植物に抗ガン機能を認めた。熱帯雨林が破壊されると，新薬発見の可能性も失われる。

　　アフリカの東部海岸沖に位置するマダガスカル島は世界で四番目に大きい島で，生物学的に貴重な発見がなされる宝庫として知られている。研究者は，例えば，島の熱帯雨林で発見されたピンク色のツルニチニチソウがホジキン病，幼児性白血病，および，他のガンの治療に有用な特別の遺伝子特性を含むことを発見した。しかし今や，マダガスカルの熱帯雨林の90％以上は切り払われ，発見された約20万の動植物の種の半分が破壊された，と推測される。

　地球サミットでの議論の一つは，ある遺伝物質が商業化された場合に，その原産国であるマダガスカルのような国が商業化の利益から応分の分け前を受け取る権利があるかどうかについてであった。例えば，つい数年前まで，製薬会社は海外からしばしば遺伝子サンプルを集めたが，代金は払っていない。多くの場合，今や原産国はそれら生物資源の商業的価値に気づいており，生物資源から遺伝形質が商業的に開発される場合に，

ロイヤルティ報酬の支払いを要求している。企業と原産国は，特別な相互関係を尊重するパートナーシップを発展させている。例えば，メルク社は，コスタリカの国立生物多様性研究所（INBio：National Biodiversity Institute）と協定を結んだ。当社は，110万ドルと将来のコミッションを支払い，代わりにコスタリカの熱帯雨林の植物と動物から新薬のための調査を行なう認可を受けた。

本章の導入節で記したように，地球サミットで「生物多様性保護協定が合意」（the Convention on Biological Diversity）され，2000年までに177カ国によって批准された（米国は批准していない）。この条約が加盟国に義務付けた項目は，生物保存のための国家戦略を策定すること，生態系と個々の種を保護すること，環境が悪化した地域の回復のための段階を踏むこと，である。また，条約は，生物資源からもたらされた製品の売上利益から，原産国がその分け前を受け取ることを認めている。

3　国際ビジネス界の対応

国際ビジネス社会は，持続可能な開発の原則を実践に移すために多くのイニシアチヴを取っている。

（1）「持続可能な開発のための世界経済人会議」

持続可能なビジネスの実践を促進するためのリーダーの役割を担っている国際的な団体の一つが，「持続可能な開発のための世界経済人会議」（WBCSD：World Business Council for Sustainable Development）である。同会議は，1995年に最初の地球サミットを支援していた「持続可能な開発のための経済人会議」（the Business Council for Sustainable Development）と「国際商業会議所」（the International Chamber of Commerce）の事業である「世界産業環境協議会」（the World Industry Council for the Environment）が合併して1995年に創設された。WBCSDは，2000年には30カ国以上，20以上の業界から約140の参加企業より構成されている。WBCSDの最終目標は，環境管理における高い標準を促進することと，企業，政府，および，持続可能な開発に関係のある，他の組織とより綿密な協力体制を促進することである。

WBCSDは，企業に対して製品を製造し，配送する際の効率を改善し，製品のライフサイクルの全過程での環境負荷を考慮し，部品をリサイクルするように求めた。このグループは一連の出版物のなかで，最小の資源と最小の汚染で最大の付加価値を生み出すもっとも環境効率性のよい企業こそが，もっとも競争力があり，環境負荷も小さいという見解を打ち出している。製品価格において環境資源と他資源を計算に入れた真の費用を反映する，開かれた競争市場がある場合に限って**環境効率性**（eco-efficiency）は可能である，とWBCSDは結論づけた。環境コストは，国内総生産（GDP：gross domestic product）のような生産価値を算出する際に，今まで考慮されてこなかった。例えば，

> **資料10-D　環境行動の国際的規範**
>
> 多くの国内・国際企業は，環境行動の規範をつくり上げてきた。もっとも重要な規範としては，以下があげられる。
>
> **国際商業会議所（ICC：International Chamber of Commerce）**
> ICCは「持続可能な開発のための産業界憲章」を制定した。環境におけるリーダーシップの重要要素を16の原則にまとめ，企業に環境経営を最優先事項とみなすように求めた。
>
> **地球環境マネジメント・イニシアチヴ（GEMI：Global Environmental Management Initiative）**
> 環境における優越性をめざす20以上の企業の集合体である地球環境マネジメント・イニシアチヴ（GEMI）は，いくつかの環境面での自己評価プログラムを開発した。そのプログラムのなかの一つは，「持続可能な開発のための産業界憲章」の目標に合致した進展状況を評価するものである。
>
> **経団連（訳注：現在では日本経団連）**
> 日本の主要企業の連合である経団連は環境行動基準を定めた「地球環境憲章」を発行して，会員企業に「善良な地球企業市民」であることを求めている。
>
> **米国化学製造業者協会（CMA：Chemical Manufacturers Association）**
> 米国に本拠地を置くこの産業団体は，「責任ある配慮」（Responsible Care）を開発した。この公約は，プロセスの安全性，コミュニティの認識，汚染予防，安全な配送，従業員の健康，および，安全，製品管理に重点をおいた業務の規範を定めることを会員企業に義務づけている。このグループはこの原則が国際的に採用されるよう働きかけている。
>
> **セリーズ原則**
> 環境保護団体や投資関連団体等からなる連合組織「セリーズ」（CERES：Coalition for Environmentally Responsible Economies；環境に責任をもつ経済のための連合）によって開発された10項目の任意原則である。署名した企業に，生物圏の保護，天然資源の持続可能な使用，エネルギーの節減，リスクの低減やその他の環境目標を義務づけている。
>
> **国際標準化機構（ISO：International Organization for Standardization）**
> ISO14000シリーズの国際規格は，スイスのジュネーブに本拠地を置く国際的グループであるISOによって1996年に発行された。一連の自主的な標準によって，企業が国際的な環境上の業績基準を充たしていることを認証する。

出典：For further information on these organizations and their codes, see (ICC) www.iccwbo.org/charter/charter. (GEMI) www.gemi.org.（経団連）www.keidanren or jp/english/profile. (CMA) cmahq.com/rescare.html. (CERES) ceres.org. (ISO) iso.ch.

森林や石油や表土の喪失という真のコストを計算に入れれば，1971～1984年に至るまでのインドネシアの経済成長率は公式の計算値である7％ではなく，わずか4％に過ぎない，という研究結果もある。WBCSDは，国家の会計システムに環境的損失のコストを組み入れるように改正し，製品価格に環境コストをきちんと反映させるよう提言した。

WBCSDの他にもいくつかのグループが，持続可能な開発の概念とその企業活動上の意義について真剣に検討を行なっている。主要な国内・国際組織が，国際標準化機構（ISO: International Organization for Standardization）14000シリーズの国際規格の認証プログラム等の環境上の行動規範をつくり上げてきた実績を，資料10-Dで紹介する。

多くの企業や産業グループもまた，環境への取組みに対する改善をめざす自発的イニシアチヴを試みている。これは次節の主題である。

（2）企業の自発的イニシアチヴ

　世界中で多くの企業が，持続可能な開発を現実的に企業活動の場に取り入れる方法を模索してきた。ビジネス界によってはじめられた重要な自発的イニシアチヴの事例を以下にあげる。

　ライフサイクル分析（Life-cycle analysis）は，原材料の抽出から，製造，配送，使用，最終処分に至るまで製品のライフサイクルの全過程にわたる環境負荷に関する情報を収集する。ライフサイクル分析の目標は，個々の製品の全過程を通じて環境負荷を最小限にすることである。例えば，デル・コンピュータ社（Dell Computer）は，パソコンの商品ラインの一つをパソコンを再利用するための組み付け台（シャシー）に設計変更した。これにより，顧客が古くなったコンピュータを返却すれば，それは分解された後，新しい部品を内蔵して新商品となる。このインセンティヴを顧客に提示した。また，デザイン改善によって，廃棄パソコンからの廃棄物は著しく減少した。

　産業エコロジー（industrial ecology）とは，あたかも一つの生態系であるかのように工場や流通システムを設計することを指す。例えば，企業は，完全循環したリサイクルを通して原料を節約し，あるプロセスの廃棄物を他のプロセスのための原材料として使用し，製造の副産物として生じたエネルギーを利用することができる。

　　　産業エコロジーの一例をデンマークの町，カルンボルク（Kalundborg）でみることができる。そこでは，いくつかの企業が経済と環境の両方に利益を生み出す協力的関係を形成している。地域の発電所はプロセスから発生する余剰の蒸気を地域の製薬会社の工場と精油所に売る。以前は，それらを地域のフィヨルド（水路）へ廃棄していた。余剰のフライアッシュ（燃料が燃やされるときに生まれる細かい粒子）はセメント製造，および，道路建設のために近辺の企業に売られる。一方，精油所は，石油の精製過程で生まれてくる天然ガス中の硫黄を取り出し，その天然ガスを浄化された燃料にする。そして，取り出された硫黄を硫酸プラントに売る。煤煙を削減するための装置の残留物である硫酸カルシウムは，石膏ボードを製造する石膏メーカーに売られる。一連の活動は，費用を節約すると同時に汚染を低減する。

　分解性配慮設計（design for disassembly）とは，耐用年数の終わりに，それらを解体し，再利用することができるように，製品を設計することである。ドイツの自動車製造業者，フォルクスワーゲン社（Volkswagen）では，技術者たちは最終的に自動車を解体して再使用できるように設計している。レール（Leer）に1990年に建設された，自動車リサイクル専門工場では，中古車はわずか3分で完全に解体される。プラスチック，鋼，貴金属，油，酸，および，ガラスに分離され，処理される。多くの素材が再び，新車用に使用される。

　持続可能な開発では，環境技術を移転するために先進国と開発途上国の企業間における長期的なパートナーシップによる**技術協力**（technology cooperation）を必要とする。次に例を示す。

271

1998年にエスコム社（Eskom—南アフリカの電力会社）とシェル社（Shell）が協力を開始し，送電線が配備されていない孤立した地方の5万世帯に電気を供給しはじめた。二つの会社は共同して，各世帯向けに技術的に高度な太陽電池板と送電量を測定するメーター装置を設置した。人々は設備投資の必要もなく，実際に消費した電気代だけを支払う。月に平均約8ドルになる費用は，それまでろうそく，パラフィンなどの非効率な燃料に支払ってきた費用と同程度であった。

世界中の多くの企業が価値のある実験に着手したが，持続可能な開発の概念は依然としてビジネス界において論議の余地を残している。それにもかかわらず，ある調査結果では，会社役員のほぼ96％が，持続可能な開発に関して何かを実行することは重要であると考えており，51％は，そうすることで企業活動の効率が改善するだろうと考えている。

環境と将来世代の幸福を守ることは，「持続可能な開発のための経済人協議会」（The Business Council on Sustainable Development）の創立者の言葉を借りれば，「急速に企業活動の必要条件になりつつあり，それはチャンスでさえある」。環境規制はより厳しくなってきており，消費者は環境配慮製品を求め，従業員は環境に配慮した企業で働きたいと思う。廃棄物を削減したりリサイクルすることは費用の節約になる。多くの経営幹部は将来世代への企業の道徳的義務の重要性を支持している。来るべき時代にもっとも成功するグローバル企業は，本章で紹介したように，持続可能な開発を企業競争力の優位と捉え，かつ倫理的行動として認識する企業であろう。

■ 本章の要点

(1) 多くの世界のリーダーたちは，「持続可能な開発」の概念（将来の世代が依存する資源の消耗なしでの経済成長）を支持してきた。しかし，「持続可能な開発」の達成は依然，困難であり，国際社会は，だれがその負担を払うのかまだ，結論づけていない。

(2) 地球の生態系にとって重大な脅威は石油と石炭のような再生不能資源の枯渇，大気汚染，水質汚濁，耕地の荒廃などである。

(3) 世界の多くの地域における人口増加，貧困，急速な産業化が，環境問題に影響を与えている。「成長の限界仮説」はもし今変革が実施されなければ，人間社会はまもなく地球の生態系の「環境収容能力」を超過するだろう，と主張する。

(4) オゾン層破壊，地球温暖化，および，生物多様性減少，という三つの環境問題は，すべての国家にとって共通である。これらの三つの問題について対応する国際協定を交渉中だが，まだ，多くの課題が残されている。

(5) 国際ビジネスはライフサイクル分析，産業エコロジー，分解性配慮設計，および，技術協力のようなイノベーション行動を通じて，持続可能な開発の原則を行動に移しはじめた。しかし，支援する公共政策なしには，企業による自発的行動は環境問題を解決することはできないと考えている人が多い。

第10章　エコロジー，持続可能な開発，グローバル・ビジネス

■ **本章で使われた重要な用語と概念の要点**

エコロジー（生態学）　グローバル・コモンズ　持続可能な開発　環境収容能力　成長の限界仮説　オゾン　モントリオール議定書　地球温暖化　生物多様性　環境効率性　ライフサイクル分析　産業エコロジー　分解性配慮設計　技術協力

インターネットの情報源
　www.epa.gov/globalwarming　米国環境保護庁の地球温暖化関連
　www.epa.gov/docs/ozone　米国環境保護庁のオゾン関連
　www.unep.org　国連環境計画のウェブサイト
　dns.wbcsd.ch　持続可能な発展のための世界経済人会議（WBCSD）

討論のための事例：長江（揚子江）にダム構築

　世紀の変わり目，中国中部の長江の川岸で，世界最大の水力発電ダムを建設する巨大プロジェクトが進行中である。訪問中のジャーナリストが状況を報告する。
　　幾重にも地層の重なった古代の景観は無数のブルドーザーの大きな鋼鉄の刃によって，切り崩されていた。切り開かれた道を通って大量の土砂を運搬している大規模なトラック群が，砂嵐を起こす。山々はなくなって，コンクリートの新たな人工建造物がそこに現れている。人間が設計した建造物の土台部分が，埃のなか中に広がる。あまりに規模が大きいので，まるで地球規模の工事のようだ。
　2009年に完成すると，三峡ダムは１マイル以上の幅となり，１万8200メガワットの電力を生む。標準的な原子力発電所の18倍の能力である。電力需要は15年ごとに二倍になると予測され，急発展を遂げる中国経済にとって，このエネルギーは重要である。「ダムのおかげで私たちの子どもたちの生活はよくなるだろう。電灯，テレビをもち，勉強をすることができ，運がよければ大学に行くだろう」と１人の建設作業員はいった。
　ダム後方に構築される長さ400マイルの貯水池，および，堰は十分に深く，外洋船は内陸の重慶市までの1500マイルを運航でき，重慶市に至る中国の広大な内陸市場が開放される。一方で，政府は，有史以来ほぼ５年ごとに川が氾濫して引き起こす，この地域の大規模で悲惨な洪水がダム建設によってなくなることを望んでいる。20世紀だけでも，30万人の生命が失われ，何百万もの家が破壊された。最近では，1998年に川の洪水によって3656人が死亡しており，国家被害額は380億ドルに達した。ダム建設自体は４万人を雇用し，地方経済に数十億ドルを注ぎ込んでいる。
　しかし，プロジェクトには国内外からの批判もある。水が貯水される前に，川沿いの農村地帯に住んでいる190万人の中国人が，高台へ移住しなければならない。彼らのために家と仕事を見つける必要がある。25万エーカーの肥沃な農地とまだ発掘調査されていない古代遺跡が水に沈むことになる。
　このプロジェクトは，世界でもっとも風光明媚だといわれている三峡を水没させる。この三峡では長江は狭い川幅となり，見所である石灰岩の絶壁が川面から3000フィート（訳注：

1フィートは30.48cm）の高さに聳え立っている。この名勝の破壊に加えて，ダムは川の生態系を劇的に変えるだろう。環境主義者は，魚の移動が阻まれ川での生息に適応した動植物は絶滅する，と指摘する。

さらに，貯水池に流入すると考えられている数十億トンの工場廃水や生活排水については，何の対策も採られていない。かつて，長江の速い流れは，未処理の排水を海に運んでいた。また，その水没予定地域にある埋立地や廃棄場には有毒物質も多く含まれているが，それらを移転させる対策も検討されていない。

しかし，他の環境主義者たちは，考察の結果当プロジェクトには利点がある，と結論づけた。三峡ダムで作られる水力発電は，公害を出さない。ダム建設への実行可能な代替案としては，石炭による火力発電所をもっと建設することである。1990年代後半に火力発電は中国のエネルギーの4分の3以上を供給していた。石炭燃焼は酸性雨の原因となる二酸化硫黄，および，地球温暖化の原因である二酸化炭素を生産する。中国はすでに米国に次いで世界で二番目に多く二酸化炭素を排出している。経済的に中国は世界のGDPの2％に過ぎないが，二酸化炭素排出量は世界の13％となっている。中国の多くの地域で大気は石炭塵や煙によって汚染されており，中国人の死因の4分の1は肺の疾病である。

出典：Kari Huus, "The Yangtze's Collision Course," November 22, 1999, www.msnbc.com/news；Arthur Zich, "China's Three Gorges: Before the Flood", *National Geographic* 92, no. 3, September 1997, pp. 2-33., および, "Cracks Show Early in China's Big Dam Project," *New York Times*, January 15, 1996, pp. A1, A4.

検討すべき問題

① どのステイクホルダー（利害関係者）が三峡ダム建設によって助成されるのだろうか？　どのステイクホルダーがダム建設によって損害を受けるのだろうか？

② 長江のダム建築は本章で議論された地球温暖化，生物多様性，および，水質汚濁の問題とどのような関係があるのだろうか？

③ 三峡ダムを建築する中国の政府の決定に賛成するのだろうか？　賛成する場合と反対する場合の理由は何だろうか？

④ 中国で将来世代が依存する環境資源を破壊せずに，経済発展を促進するためにどんな戦略が最適だと思うだろうか？

注
(1) 国連の気候変動枠組み条約のウェブサイト。www.unfcc. de.
(2) 生物多様性条約のウェブサイト。www.biodiv.org.
(3) GNPのうち，開発援助に充てられた割合のデータについては，経済協力開発機構（OECD）の開発援助委員会のウェブサイトを参照。www.oecd.org/dac.
(4) Christopher Flavin, "The Legacy of Rio", in Lester R. Brown et al., eds., *State of the World 1997.: A Worldwatch Institute Report on Progress towards a Sustainable Society*, New York.: W. W. Norton, 1997, pp. 3-22. 年2回刊行のレポート Global Environmental Outlook を含む最新データについては，国連環境計画プログラム（the United National

(5) 科学的な説明については，P. M. Vitousek et al., "Human Domination of the Earth's Ecosystems," *Science* 277, July 1997, pp. 494-499.

(6) Garrett Hardin, "Tragedy of the Commons," *Science* 162, December 1968, pp. 1243-1248.

(7) "The Story of a Fishing Village," *1994 Information Please Environmental Almanac* から抜粋。版権所有者は1993年世界資源研究所。ホートンミフリン社（Houghton Mifflin）の許可を得て再録。

(8) World Commission on Environment and Development, *Our Common Future*, Oxford.: Oxford University「持続可能な開発」の最初の概念の説明には次の文献を参照されたい。W. Adams, *Green Development : Environment and Sustainability in the Third World*, London : Routledge, 1990.

(9) "Dateline Calcutta : India's Great Ganges Offers a Physical, Mystical Lifeline ; Millions Believe in the Ancient Properties of Its Waters, but Pollutions Is a Growing Modern Threat," *Atlanta Journal and Constitutuion*, October. 21, 1999. p. 4F., および, "New Delhi : A Sewer Runs through It," *Toronto Star*, November 6, 1999.

(10) 世界の水源についての報告書はウェブサイト www.wri.org/wri/trends/water.html に記述されている。また、次の文献も参考となる。Sandra Postel, *Pillar of Sand*, New York : W. W. Norton, 1999.

(11) "Five Years after Environmental Summit in Rio," *New York Times*, June 17, 1997, p. B14.

(12) United Nations Development Programme, *Human Development Report, 2000*, New York : Oxford University Press, 2000, p. 8., および表1, pp. 157-160.

(13) "Warning : All Roads Lead to Asian Cities," *Los Angeles Times*, November 30, 1993, pp. 1, 4. Mark Hertsgaard, *Earth Odyssey: Around the World in Search of Our Environmental Future*, New York : Broadway Books, 1998. を参照のこと。第3章でバンコクについて論じている。

(14) Herman E. Daly, *Beyond Growth : The Economics of Sustainable Development*, Boston : Beacon Press, 1996 ; Paul Hawken, Amory Lovins, and L. Hunter Lovins, *Natural Capitalism: Creating the Next Industrial Revolution*, Boston : Little Brown, 1999., および Kenneth Arrow et al., "Economic Growth, Carrying Capacity, and the Environment," *Science* 28, April 1995.

(15) Donella H. Meadows, Dennis L. Meadows, and Jorgen Randers, *Beyond the Limits : Confronting Global Collapse, Envisioning a Sustainable Future*, Boston: Chelsea Green Publishing Co., 1992.

(16) 「成長の限界」仮説の初期版に対する古典的な批判については、下記の文献を参照。Robert M. Solow, "Is the End of the World at Hand ?" *Challenge*, March-April 1973, pp. 39-50. 世界の環境状態の分析で結論的に楽観的な文献として、Gregg Easterbrook, *A Moment on the Earth*, New York : Viking, 1995. Allen Hammond, *Which World ? Scenarios for the Twenty-First Century*, Washington, DC : Island Press, 1998. は、異なる条件で起こりうる三つの未来の環境シナリオを比べている。

(17) モントリオール議定書とそのさまざまな修正文はウェブサイト www.unep.org/ozone/treaties.htm にある。現在の署名国リストはウェブサイト www.unep.org/ozone/ratif.htm にある。

(18) 世界気象機関（World Meteorological Organization），米国・大洋気象庁（National Oceanic and Atmospheric Administration），アメリカ航空宇宙局（National Aeronautics and Space Administration），ヨーロッパ委員会（European Commission），および国連環境計画（United Nations Environment Program），「オゾン層破壊の科学的評価1998」("Scientific Assessment of Ozone Depletion: 1998")。要約はウェブサイト www.al.noaa.gov/wwwhd/pubdocs/Assessment98/executive-summary.htm#A で入手可能。

(19) "A Shift in Stance on Global Warming Theory", *New York Times*, October 26, 2000, p. A22. 資料の完全版は IPCC のウェブサイト www.ipcc.ch にある。IPCC の結論に対する批判的見解をまとめたものとして，"Global Warming: The Contrarian View," *New York Times*, February 29, 2000, p. F1.

(20) 地球温暖化に関する多種多様な意見を集めたものとして，Andrew J. Hoffman, ed., *Global Climate Change: A Senior-Level Debate at the Intersection of Economics, Strategy, Technology, Science, Politics, and International Negotiations*, San Francisco: New Lexington Press, 1997.

(21) Edward O. Wilson, "Threats to Biodiversity," in *Managing Planet Earth: Readings from Scientific American Magazine*, New York: W. H. Freeman and Co., 1990, pp. 57-58. この論文の原著は，*Scientific American*, September 1989. 許可を得て使用。

(22) Jeremy Rifkin, *Biosphere Politics: A New Consciousness for a New Century*, New York: Crown Publishers, 1991, p. 67., および，*Information Please Environmental Almanac*, Boston: Houghton Mifflin, 1994, p. 356.

(23) Michele Zebich-Knos, "Preserving Biodiversity in Costa Rica: The case of the Merck-INBio Agreement," *Journal of Environment and Development*, June 1997, pp. 180-186.

(24) Robert C. Repetto et al., *Wasting Assets: Natural Resources in the National Income Accounts*, Washington, DC: World Resources Institute, 1989.

(25) WBCSD の出版物として次の2冊の本がある。Stephan Schmidheiny and Federico J. L. Zorraquin, *Financing Change: The Financial Community, Eco-Efficiency, and Sustainable Development*, Cambridge, MA: MIT Press, 1997., および, Stephan Schmidheiny, *Changing Course: A Global Business Perspective on Development and the Environment*, Cambridge, MA: MIT Press, 1992. 他に「持続可能な生産と消費」，「貿易と環境」，「環境影響評価」，「環境効率性」などの報告書がある。WBCSD の出版物リストはウェブサイト dns.wbcsd.ch/prodoc. を参照。企業が実施可能なさまざまな具体的行動については，Claude Fussler, *Driving Eco-Innovation*, London and New York: Pittman Publishing, 1996. で議論が行なわれている。

(26) Matthew B. Arnold and Robert M. Day, *The Next Bottom Line: Making Sustainable Development Tangible*, Washington, DC: World Resources Institute, 1998, p. 31.

(27) Arthur D. Little, *Industrial Ecology: An Environmental Agenda for Industry*, Cambridge, MA: Arthur D. Little, Center for Environmental Assurance, 1991., および, "Growth vs Environment", *Business Week*, May 5, 1992, p. 75. 詳細な考察については，R. H. Socolow et al., *Industrial Ecology and*

Global Change, New York, NY: Cambridge University Press, 1994.

(28) *Building a Better Future : Industry, Technology, and Sustainable Development : A Progress Report*, World Business Council on Sustainable Development, June 2000, p. 19.

(29) Steven Poltorzycki, *Bringing Sustainable Development Down to Earth*, New York: Arthur D. Little, 1998.

(30) Stephan Schmidheiny, "The Business Logic of Sustainable Development," *Columbia Journal of World Business* 27, no. 3-4, 1992, pp. 19-23.

第11章　環境問題のマネジメント

　環境保護への社会の関心の高まりは，政財界のリーダーたちが環境問題にさらに敏感に対応するように促している。米国では，政策決定者たちは環境目的の達成のために，命令と統制による規制よりもむしろ市場メカニズムに，より大きな信頼を置くようになってきた。同時に，多くの企業は効果的な環境経営について，より積極的に先駆的な取組みをはじめている。
　本章では，以下のような主要な問題と目的に焦点を絞って論じることにする。
　・米国の環境法の主要な特徴は何なのか？　また，さまざまな規制の取組みについてそれぞれのメリット，および，デメリットは何なのか？
　・環境規制の費用対効果は何なのか？
　・環境的に持続可能な組織とは何なのか？　また，企業がより持続可能になっていくためには，どのような段階を踏むのか？
　・企業が環境問題に最善に対処する方法は何なのか？
　・効果的な環境経営は企業の競争力を高めるのか？

　カリフォルニア州のロサンゼルスは，米国でもっともスモッグ発生の多い都市の一つである。多くの日々，この都市はオレンジ色の濃いもやに覆われて，住民はわずか数マイル東にあるサンガブリエル山脈の美しい姿を垣間見ることすらできない。
　1994年に，南カリフォルニアの大気環境担当者は，従来の方法では機能しないので，新しい方法として，市場主導型の「リクレーム」(RECLAIM—環境改善) と呼ばれる計画を試みた。この計画は，各業界に，スモッグの原因となる化学物質排出の全面的削減を要請する一方で，汚染量の排出権の買売を許可した。産業界は，リクレーム・プログラムを，都市スモッグを低減するための簡便で費用のかからない方法として歓迎した。その最初の10年間で，目標排出量の80％が削減され，2010年までには当該地域は連邦のすべての大気浄化と健康の基準を満たすことができるだろう，と期待されている。2000年代のはじめまでには，企業が排出権をオンライン取引するほどの活発な市場が形成された。[1]
　主要な環境保護団体である，「環境防衛基金」(EDF: Environmental Defense Fund) は，企業を提訴し，議員にロビー活動を行なってきた従来の戦略はあまりうまくいっていない，と考えた。環境防衛基金は従来の戦略の代わりに協調的な方法を試みた。その一例としてマクドナルド社 (McDonald's) と協力してファストフードのパッケージの廃棄物問題を検討した。マクドナルド社は10年以上にわたって，数千の店舗で，発泡スチロール製のハンバーガー箱を包装紙に切り替え，調味料を小口パックで提供するのを取り止めた。また，何トンもの段ボール箱をリサイクルしたり，エネルギー効率の高い照明に

第11章　環境問題のマネジメント

改めるなど，それ以外にも数多くの改革を実施した。EDFはこの成功に気をよくして，他の主要な企業とも一連の協力を積極的にはじめた。ジョンソン・アンド・ジョンソン（Johnson & Johnson），デル・コンピュータ（Dell Computer），および，ユナイテッド・パーセル・サービス（United Parcel Service）等が含まれる。EDFの科学者たちは，グルメ・コーヒーの小売り業者であるスターバックス（Starbucks）と組んで，環境に配慮した使い捨てコップを開発した。

ダウ・ケミカル社（Dow Chemical Corporation）は，ラップ（WRAP：Waste Reduction Always Pays；廃棄物の削減は常に割に合う）と呼ばれる広範なプログラムをはじめた。このプログラムは，企業は初期段階で汚染を予防する方が末端の工程（エンド・オブ・パイプ処理）で汚染物質を廃棄するよりも効率がよく，費用がかからない，という考え方にもとづいている。同社は，廃棄物を減らす目的で生産工程で危険な化学物質の使用を削減した。使用削減が不可能な工程では，企業は副産物となる廃棄物をリサイクルすることを試みた。1990年代の終わりまでに，同社はラップにより毎年2000万ドル以上の経費を節約したと発表した。同社社長は，「産業界は，環境保護に関して，自発的に取り組むことがもっとも説得力ある行動である」と結論づけた。

上記の事例で述べたように，21世紀への変わり目に，多くの政治家，企業経営幹部，および，環境擁護者は環境保護を促進するための従来の戦略はうまくいかないので，新しい取組みが必要と考えるようになった。米国では，政策決定者は環境分野の目標を達成するために「命令と統制による規制」よりもむしろ市場メカニズムに，より大きな信頼を寄せるようになった。環境主義者は産業界リーダーと活発に対話するようになった。多くの企業が汚染防止プログラムのような有効な環境マネジメントへの新しい取組みを先駆的にはじめた。

政府，産業，および，環境団体は新しい取組みを試し，従来の取組みの改善のなかで，それぞれが共通に直面している課題は持続可能で環境的にも健全な企業活動の実施を促進しながら，競争が激化し，グローバルに統合されていく世界経済のなかで，どのように経済成長を続けるかである。

1　政府の役割

航行可能な水路を保護する連邦法がはじめて可決された19世紀後半以来，米国政府は環境保護の目的で経済活動を規制し続けてきた。その後，政府の環境保護における役割は劇的に増加しはじめ，1970年頃から現代の環境時代がはじまった。

政府は環境規制において重要な役割を果たす。企業は，もしライバル企業が汚染の排出を最小限に抑えない場合には，自社だけが低減しようとする動機をほとんどもたない。例えば，ある企業だけが河川への廃水排出を低減しようとすると余分の費用を被る。もしライバル企業が同じことをしなかったなら，その企業はまともに競争ができず，廃業

図表 11-1　米国の主要な環境保護法

1969	国家環境政策法（National Environmental Policy Act）	国家の環境の特性を監視するための環境特性諮問委員会（Council on Environmental Quality）を設置
1970	大気浄化法（Clean Air Act）	国家の大気環境基準と実施計画表を設定
1972	水質汚濁防止法（Water Pollution Control Act）	清潔な水路のための国家目標と実施計画表を設定
1972	殺虫剤管理法（Pesticide Control Act）	殺虫剤使用に必要な登録と規制
1973	絶滅危惧種の保存に関する法律（Endangered Species Act）	生存が脅かされて危機に瀕している動植物の種の保存
1974＆1996	安全飲料水法（Safe Drinking Water Act）	飲料水について国が認可した基準
1974	危険物輸送法（Hazardous Materials Transport Act）	危険物の輸送に関する規制
1976	資源保存，および，回復法（Resource Conservation and Recovery Act）	危険物の生産から処分に及ぶまでの規制
1976	有害化学物質規制法（Toxic Substances Control Act）	有害化学物質を規制し，制限し，必要であれば禁止する国家政策の構築
1977	改正大気浄化法（Clean Air Act amendments）	大気環境基準の改正
1980＆1986	包括的環境対処・補償・責任法（スーパーファンド法）（Comprehensive Environmental Response Compensation and Liability Act（Superfund））	有害廃棄物処理場の浄化のためのスーパーファンドとその手続きの構築
1987	改正水質浄化法（Clean Water Act amendments）	下水処理工場と水路浄化のために認可された基金
1990	改正大気浄化法（Clean Air Act amendments）	都市部のスモッグ，酸性雨，温室効果ガス排出の削減要求と，代替燃料の奨励
1990	汚染防止法（Pollution Prevention Act）	汚染を発生源で防止あるいは削減するためのガイドライン，訓練，インセンティヴ（報奨金）の規定
1990	油濁防止法（Oil Pollution Act）	米国環境保護庁の大規模石油流出事故防止と対応の能力強化
1999	化学安全情報・工場立地安全・燃料法（Chemical Safety Information, Site Security, and Fuels Regulatory Relief Act）	可燃性の化学物質と燃料の保管に関する基準の設定

に追い込まれるかもしれない。政府はすべての企業にとっての共通標準を設定することによって，競争を維持しつつ，汚染管理を企業に負担させることができる。さらに，政府は経済的インセンティヴを与えることによって，産業界，コミュニティ，地域の汚染低減を促進する。また，政府は紛争を解決するための法律上と行政上の制度を提供することができる。

　図表11-1は，1969年以降，議会が制定した主だった連邦環境保護法のまとめである。

これらの法を採択することによって，議会は環境をさらなる破壊から保護するために，世論の強い懸念と圧力に対する責任を果たしてきたのである。

国の主要な汚染管理官庁は，**米国環境保護庁**（EPA：Environmental Protection Agency）である。これは環境を保護するための国家的努力を調整するために1970年に設立された。国家的な環境法の施行に関与している他の政府機関としては，「原子力規制委員会」（NRC：Nuclear Regulatory Commission），「職業安全性・健康局」（OSHA：Occupational Safety and Health Administration），および，さまざまな地方，州，地域の機関がある。

（1）環境規制の主な領域

連邦政府は三つの主要分野——大気汚染，水質汚濁，および，土壌汚染（固形廃棄物と有害廃棄物）において環境保護規制を行なっている。本節では，それぞれの分野での主要問題と法律について概観し，さらにこの三分野にわたる横断的メディア汚染特有の問題について考察する。

① 大気汚染

自然界のプロセスによって安全に吸収され，希釈される以上の汚染物質が大気中に放出されると，大気汚染が起きる。火山や山火事の煙や灰のように自然に生じる汚染もある。しかし，今日のほとんどの大気汚染は，人間活動，とくに工業プロセスと自動車エンジンからの排気に起因する。大気汚染は，建物を劣化させ，穀物収量を減らし，自然の景観を損ない，人間の健康を害する。

「アメリカ肺協会」（The American Lung Association）は，米国人の約4分の3が少なくとも毎年のある期間，健康を損なう空気を吸っている，と推定する。ある研究成果によれば，自動車，トラック，煙突，鉱山，および，建設活動から生じた煤や埃などの微粒子による大気汚染は，毎年6万人の人々の早死や不当な死の原因となっているとしている。(4)

EPAは大気汚染の指標として一般的な有害物質を六つの基準汚染物質として特定した。鉛，一酸化炭素，粒子状物質，二酸化硫黄，窒素酸化物，および，オゾンである（地表のオゾンはスモッグのなかでとくに，有害な成分である）。さらに，米国環境保護庁は，比較的濃度が低くても危険であるとされる有毒大気汚染物質のリストを作成した。このリストには，石綿，ベンゼン，クロロホルム，ダイオキシン，塩化ビニルおよび放射性物質が含まれる。有毒大気汚染物質の環境排出は厳密に管理される。

「大気浄化法」を遵守しないと，企業にとって実に高い代償を払うことになる。2000年に木製品製造業者であるウィラミット産業（Willamette Industries）は，四つの州にある各地域から有害物質を大気中に排出したことで環境法に抵触し，政府の命令によって9000万ドル以上を支払った。米国環境保護庁は同社に対して，7400万ドル相当の汚染制御設備の設置と1100万ドルの罰金の支払いと工場がある地域コミュニティの環境プロジェクトへ800万ドルの出資を命じた。(5)

資料11-A　酸性雨との闘いが山を動かす

　酸性雨を抑制する努力の一環として，米国政府は1990年に，電力会社による二酸化硫黄の排出について，さらに厳しい新しい規制をはじめた。多くの電力会社が，燃焼時に多くの二酸化硫黄が発生する高硫黄炭から二酸化硫黄の発生が少ない低硫黄炭に変えることで，この法律に対応した。この対応は酸性雨の削減に有益であった。

　しかし，この法律は，立法者が予想していなかった環境破壊を招いた。米国の高品質な低硫黄炭は，西ヴァージニア州の南部と中央部の荒れた山の山頂近くの水平な層のなかにある。いくつかの石炭会社は，この低硫黄炭をもっとも効率よく掘り出すために，「山頂除去」(mountaintop removal) として知られる方法があることを発見した。山頂の約150mを吹き飛ばすために爆発物を用いた。巨大な機械はドラッグラインと呼ばれ，高さが20階建てビルくらいで，1台あたり1億ドルする。この機械で残骸ぼたを取り除いて，石炭層を見つけ出す。ある推計によると，1990年代後半には，西ヴァージニア州の関連地域では，15〜25％の山が爆破され平らにならされた。

　石炭業者には作業後に土地を元に戻すことが義務づけられ，近接する窪みには残骸ぼたが埋められ，草や灌木が植えられた。しかし，環境運動家の多くはこの「山頂除去」による被害は深刻であったと考えている。多くの川や小川は汚染され，鳥獣生息地（ハビタット）は破壊された。帯水層が枯渇して，地域全体が洪水によって壊滅的な被害を被る危険性が大きくなった。一方では，環境に好影響をもたらした法律が別の分野で環境に害を及ぼすことは実に皮肉なことである，と多くの人々が感じた。

出典："Sheer Madness," *U. S. News and World Report*, August 11, 1997, p. 26. 以下を参照。米国環境保護庁の酸性雨プログラムは，ウェブサイト www.epa.gov/acidrain を参照のこと。

　大気汚染において特記すべき問題は，**酸性雨**（acid rain）である。酸性雨は，発電所や工場や自動車が化石燃料を燃焼させるときに副産物として生成される二酸化硫黄や窒素酸化物が大気中の水蒸気と結合して，通常よりも強い酸性の雨や雪となって地上に降る。酸性雨は湖沼や河川の生態系に被害を与え，穀物収穫量を減らし，森林を損傷する。建物や記念碑などの構造物も被害を受ける。北米における酸性雨は，中西部のいくつかの州にある石炭火力発電所群の風下にあるニューイングランド地方とカナダ東部地域においてもっとも深刻である。

　酸性雨の規制はとくに，困難である。有害な結果は汚染発生源から遠く，多くは何百マイルも離れて，たびたび，国境線を越えて起きるからである。大気汚染を規制する主要な法律は，1970年に議会を通過し，最近では1990年に改正が行なわれた。1990年の「改正大気浄化法」は酸性雨を引き起こす化学物質の排出をさらに厳しく制限するなど，多くの分野で基準を強化した。

　米国政府の酸性雨削減のための努力は環境政策上の難しいトレードオフ（二律背反）の例証となる。この事は資料11-Aで説明する。

② **水質汚濁**

　大気汚染と同じように，自然の過程によって希釈され押し流される量よりも多い量の廃棄物が水のなかに廃棄されると生じる。有機物質（未処理の下水や糞尿）の廃棄により，産業過程における化学的副産物により，また，生物的に分解しない（自然には腐敗

しない）製造物の投棄により水質汚濁は起きる。いくつかの殺虫剤や除草剤のなかに含まれる重金属や有毒化学物質はとくに分解されにくい。大気汚染と同様に，水質の劣化は穀物収量を減少させ，人々の健康を脅かし，生活の質を低下させる。

　　　2000年に，オンタリオ州ウォーカトンという小さな農村の住人1000人ほどが，ひどい下痢で苦しんだ。10人中1人が入院しなければならなかったし，少なくとも7人が死亡した。病気の大量発生は，村の上水道のなかに，大腸菌が混入したために起きた。調査官は，危険なバクテリアに汚染された肥料が豪雨の時に公共の井戸のなかに流れ込み，法律で定められている水質浄化を水道会社ができなかった，と分析する。(7)

　米国では，法規制は，河川と湖沼とその他の地表水の汚染，および，飲用水の水質の両方を扱っている。

　国内で水質汚濁を管理する主要な法としては，「水質汚濁防止法」（Water Pollution Control Act）がある。これは通称「水質浄化法」（Clean Water Act）としても知られている。この法律は，米国中のすべての表層水の保全を目標としている。この法律は，産業排水のような「点源汚染」［訳注：特定の工場として明確化できるように，簡単に認識可能な水や大気の汚染源］は許可制とし，農場からの流出や都市部の豪雨などのように「非点源汚染」［訳注：都市の雨水配水管から流れ出る有毒排水の源のように，簡単に特定することができない水や大気の汚染源］については対策を立てることを地方自治体や州政府に要請している。また，「殺虫剤管理法」（Pesticide Control Act）は，地下水汚染の原因となる危険な殺虫剤の使用をとくに制限している。

　飲料水の水質は1974年制定の「安全飲料水法」（Safe Drinking Water Act）という別の法律によって規制されている。この法律は最近では，1996年に改正が行なわれた。この法律は，公共用水域と飲料水供給のための貯水層について，それぞれの汚染を規制する最低基準を設定している。

③　土壌汚染

　環境規制の三番目に重要な焦点は，固形廃棄物と有害廃棄物による土壌汚染である。米国では，毎年，驚くほど多くの固形廃棄物が排出されるが，このほとんどが自治体の埋め立て場に捨てられる。このうちの2億7900万トンは有害物質である，と考えられており，特別な処置が必要となる。不適切に捨てられた廃棄物は，地下水に染み込んだり，大気中に蒸発する恐れがあり，公衆衛生上，危険である。多くの企業やコミュニティは特定の固形廃棄物のリサイクル計画を作成した。この計画の一部を資料11－Bで紹介する。

　いくつかの連邦環境法が土壌汚染の問題を扱う。1976年制定の「有害化学物質規制法」（Toxic Substances Control Act）は，EPAに対して，商業的に利用されている数千の化学物質を一括管理し，どの物質がもっとも危険であるかを特定して，もし必要であれば，その使用を禁止したり，制限したりすることを求めている。例えば，ポリ塩化ビフェニール（PCBs: polychlorinated biphenyls）はかつて電気の変圧器に用いられていたが，危険な化学物質として使用をこの法律で禁止された。1976年制定の「資源保存，お

第Ⅴ部　企業と自然環境

> **資料11-B　リサイクル：どのようにして成功を収めるか。**
>
> 　紙，スチールやアルミニウムの空き缶，プラスチックやガラス容器をリサイクルすることはますます多くの人々に受け入れられるようになった。1997年には，米国の7000のコミュニティがリサイクル・プログラムを実施している。10年前にはわずか1000だったので急増である。多くの大学キャンパスで，事務所で，役所で，人々はゴミを明確なマークのついたコンテナに分別して捨てるように求められる。しかし，注意深く分別したゴミはその後どうなるのだろうか。残念なことだが，リサイクル製品への需要はその供給の増加に追いついていない。1997年の調査によれば，WMXテクノロジー社（WMX Technologies Inc.）やブラウニング・フェリス社（Browning-Ferris Industries）のような大手廃棄物処理業者がリサイクル可能なゴミを集めて分別するために，平均して1トンあたり142ドルの費用がかかっている。しかし，リサイクルされた資源の価格変動は大きい。かつて古新聞の価格はトンあたり150ドルにまで上昇したが，別の時期にはただ同然にまで下落した。結果として，大手廃棄物処理会社はリサイクルでたいてい損をしている。この問題解決のためには，新技術，政府によるインセンティヴ，および民間によるイニシアチヴを組み合わせて，紙・ガラス・プラスチック・金属の再利用のための新市場を開発して価格を安定させることである。これを期待される組織が「リサイクル品を買う企業連合」（Buy Recycled Business Alliance）である。この連合はアメリカン航空社（American Airlines），コカ・コーラ社（Coca-Cola），ラバーメイド社（Rubbermaid）を含む3000の会社からなる企業連合で，リサイクル品の購入を増やすことを誓約している。

出典：Frank Ackerman, "Recycling: Looking beyond the Bottom Line," *BioCycle*, May 1997, pp. 67-70；"Recycling: Higher Price, Lower Priority?" *Washington Post*, March 30, 1997, p. A1；"Rethinking Recycling," *Scholastic Update*, 29, no. 12, March 21, 1997, p. 10., および "Recycling Business Stinks," *Arizona Business Gazette*, November 21, 1996, p.8. リサイクル品を積極的に政府調達する試みとしては，www.recycleiowa.org にある。

よび，回復法」（Resource Conservation and Recovery Act, 1984年に改正）は，危険物質を「ゆりかごから墓場まで」管理する。有毒廃棄物を生み出している業者は許可を得なければならない。輸送業者は注意深く記録を残し，処理場は詳細な規制に合致していなければならない。すべての危険な廃棄物は埋め立て場に捨てられる前に処置されなければならない。

　危険な廃棄物の処理場は多くの場合，経済的に恵まれていないアフリカ系アメリカ人やヒスパニックのコミュニティの近辺に置かれてきたことが調査で判明している。1994年以来，EPAは危険物廃棄処分場への国家的許可が市民の権利を侵犯しないかを調査し，少数民族に対する差別と思われるものについては許可を差し止めてきた。有害廃棄物のようなリスクにさらされる不公正を食い止めようとする努力は，時々，**環境的正義**（environmental justice）の運動として言及される[8]。

　「発生源削減」と呼ばれる廃棄物管理のための新しく実効性のあるアプローチは，1990年制定の「汚染防止法」（Pollution Prevention Act）に取り入れられた。この法律は，プロセスの終わりで汚染を処理して排除するのではなく，発生源で減らすことを意図している。例えば，生産工程で使用する化学物質を減らしたり，リサイクルしたり，化学物質の管理と整備を改善すれば，汚染は回避できる。**発生源削減**（source reduction）を

行なえば，費用の節約となり，労働者の健康が守られ，処理や排除の技術が不要となる。法律によって，企業が廃棄物を減らすための，ガイドライン，訓練，インセンティヴ（報奨金）が定められた。

　既存の有害廃棄物処理場の浄化に関する米国の法律としては，1980年に議会を通過した「包括的環境対処・補償・責任法」(CERCLA : Comprehensive Environmental Response, Compensation, and Liability Act) がある。一般には，通称「スーパーファンド法」(Superfund) として知られている。この法律は有害廃棄物を不釣合いに多く排出しているとみなされている石油化学会社への課税によって，基金を設立した。EPA は，もっとも危険な有毒物質の浄化の必要のある対象地域についての国内優先リストを作成することになっている。汚染源の汚染者が特定される場合には，その汚染者が浄化費用を支払うことになっている。しかし，汚染者が特定されない場合や廃業してしまっている場合には，浄化費用は基金から支払われる。

　　EPA がリスト化した有害物廃棄用地の一例として，テキサス州ヒューストン郊外のサウスベント (Southbend) 対象地域（登録サイト）の近くに，かつて二つの廃棄物処理工場だったブリオ・スーパーファンド (Brio Superfund) 用地がある。近隣の井戸はキシレンなどの危険な化学物質に汚染され，黒いタールのような物質が道路や車庫にまで押し寄せる。大気汚染のためか，出生率が下がり，子どもたちは白血病や他の深刻な病気で苦しんでいる。かつては2800人いた地域住民はほとんど立ち去ったが，浄化はまだ終わっていない。[9]

　米国の住人の4人に1人が，「スーパーファンド法」の対象地域から4マイル以内に住んでいるというのは注目に値する。国内優先リストに当初掲載された1200程の対象地域は，氷山の一角に過ぎないであろう。連邦議会の調査官によれば，他に1万カ所の地域で浄化が必要であるという。

　「スーパーファンド法」の目標は賞賛に値するけれども，この法律自体は公共政策の失敗であると広くみなされてきた。2000年までに，ほとんどすべての対象地域で浄化が行なわれることになっているが，浄化が終了し，リストから削除された対象地域は，全体の5分の1に満たない213カ所でしかない。リストから削除された地域とは，人間の健康や環境を守るための方策がもはや不要となった地域を示す。全体を浄化するためには，50年がかりで1兆ドルかかるという試算もある。「スーパーファンド法」の改革をどう行なえばよいかという討論のなかで，ある政策立案者は，企業は中立の裁定者に分担を決めてもらって，現時点で責任をもつ地域の分担分の浄化費用のみを支払うようにすべきだ，と主張していた。他の提案として，公衆衛生上，もっとも甚大な危険性を引き起こすリスクがある地域，土地修復が義務づけられた地域の浄化を優先することがあげられた。また，将来の産業立地が予定されているブラウンフィールドと呼ばれる荒廃地の基準を低く設定すること等が提案された。「スーパーファンド法」の改革について，ある中小企業経営者の意見を，資料11－Cに紹介する。

> **資料11-C 「スーパーファンド法」: 中小企業からの視点**
>
> ペンシルバニア州ゲティスバーグにある小さなレストランの経営者は「スーパーファンド法」によって7万6000ドルの支払いを訴えられて驚いた。EPAは当初,「スーパーファンド法」の対象地域と指定された危険な埋立地の所有者を訴えて,浄化をさせようとした。しかし,訴えられた埋立地の所有者は対象地域に何年にもわたって廃棄物を出してきた,何百もの中小企業,自治体,学校区を訴えた。訴えられた対象の1人がレストラン経営者で,この経営者は廃棄物運搬業者に委託して,主として残飯からなるレストランのゴミを運搬させていた。レストラン経営者は議会公聴会で「あなた方のすばらしい考え(スーパーファンド法)は,現実の世界では通用しない」と述べた。
>
> 議会は2000年に法の再授権(reauthorization)を再度検討しているが,このレストランのような小企業は「スーパーファンド法」における浄化責任から除外するという条項が用意されている。

出典:"Superfund and a Tale of a $76,000 Trash Bill," *Christian Science Monitor*, March 12, 1997, p. 3.

④ 横断的メディア汚染

横断的メディア汚染(cross-media pollution)とは,何か特定の汚染源や媒体の責任に帰すことが難しい汚染のことである。例えば,埋立地に放置された有害な廃棄物は,漏れ出して地下水を汚染するかもしれないし,蒸発して大気汚染を引き起こすかもしれない。汚染物質の拡散は,昨今ますます増加し,深刻化している。横断的メディア汚染(別称マルチメディア汚染とも呼ばれる)は,残念なことに管理がとくに難しい。なぜならば,法や規制機関は,大気や水といった特定の汚染にのみ着目しがちであるからだ。いくつかの州では複数の源泉からの汚染をうまく管理できるように工夫された統合的なアプローチによる実験を行なってきた。その試みは五大湖地方でも行なわれた。

> 五大湖の汚染はさまざまな汚染源から入り込む。湖への廃水排出,空中散布の有害物,農場から流入する殺虫剤,埋立地からの染み込み等が含まれる。1990年代に,規制官は新しいアプローチを試した。例えば,これらの異なる汚染物質のそれぞれに責任をもつ複数の機関に,いくつかの深刻な汚染地域のための改善策を共同で作成させるといったことである。

横断的メディア汚染を統合的にマネジメントするためには,このような新たな組織的調整が必要である。

(2) 代替的政策によるアプローチ

政府は大気,水質,土壌汚染を抑制するためにさまざまな政策的アプローチを行なうことができる。歴史的にもっとも広く用いられている手法は環境基準を設定して押し付けることである。しかし,政府の政策担当者は環境目標を達成するためには,「命令と統制による規制」よりも,市場主義的で自主的なアプローチに信頼を寄せるようになってきた。

① 環境基準

伝統的に汚染制御は,**環境基準**(environmental standards)によって実施される。さ

まざまな汚染物質の許容範囲が立法または規制措置によって定められ，行政機関や裁判所が監督に当たる。この取組みは政府が企業に一定の基準値に適合するよう命令し，しばしば企業の技術選択まで統制するので，**命令と統制による規制**（command and control regulation）とも呼ばれる。

環境基準の第一のタイプは，環境特性の基準（environmental-quality standard）である。この取組みは，例えば，ある地域内の大気中の二酸化硫黄濃度のように，汚染物質を一定量または一定比率に規定する。汚染排出者は，地域の大気環境基準を達成するために，排出を抑制するよう求められる。第二のタイプは，排出基準である。例えば，製造者は法律の規定で発生した灰（汚染物質）の１％以下しか環境に排出してはいけない。排出基準は，いくつかの例外を除いて，一般的には地域の産業と地形や気候条件を考慮して州と地域の監督機関によって設定される。

どのような方法で政府の環境基準を達成するかについて，企業はもっと自由裁量を与えられるべきだ，とする主張もある。米国環境保護庁の新しい試みは，企業に柔軟性を与えている。本章の最後に討論のための事例として掲載しているインテル社（Intel Corporation）の半導体工場はその事例である。

② **市場にもとづくメカニズム**

近年，監督機関は，市場メカニズムが多く採用されることを好ましく思い，「命令と統制による規制」から遠ざかりはじめた。この取組みは，企業が何を行なわなければならないかを細かく明示する広範囲な基準よりも，市場メカニズムの方がよい管理となるという考えにもとづく。

広範に用いられるようになった取組みは，本章の冒頭に記述したように，汚染排出権の売買である。1990年制定の「改正大気浄化法」（Clean Air Act amendments）には，汚染の削減のために**排出権取引の猶予条件**（tradable allowances）の概念が盛り込まれている。同法は排出基準を設け，排出が基準以下の企業が基準値に達するまでの排出権を，排出が基準より高くて罰金を支払わなければならない企業に売ることを認めた。政府は時間をかけて許容値を下げていくので，各企業は基準を超えた排出を続けるかもしれないが，全体の排出量は徐々に減っていく。企業は排出量を減らすか（例えば，汚染処理装置を導入する），他社から排出権を買ってくるか，のどちらかを選ぶことができる。例えば，1998年にニューハンプシャー州の公共サービス会社は，同社がもはや必要としなくなった汚染物質の9000単位分の排出権を売って，最新の汚染防止機器購入の資金にした。ある研究結果によれば，企業は酸性雨のための排出権取引により，法律に適合するためにもっとも費用効果の高い手法で対応できるために，年間30億ドルの費用を節約できるという。

別の市場メカニズムにもとづいた汚染制御として，排出料や手数料の設定がある。各企業は，環境負荷のある廃棄物を排出すると，排出した量に応じて課金される。結果として，「より汚染を排出すれば，より多く支払う」ことになる。最近，連邦政府も州政

府も，環境に対する破壊的な行動に対して課金をするさまざまなグリーン税や環境税の実験を行なってきた。いくつかのケースでは，これらの税収は環境改善のための努力目的に特定して使われることになっている。汚染行動への課税の他に，政府は企業が環境実績を向上させるためにさまざまなタイプのインセンティヴを提供する。例えば，政府は一定の汚染基準を達成した企業からしか調達をしないとか，汚染処理装置を導入する企業に補助金を提供する，などである。汚染処理装置に早めの減価償却を認めるなどの税制上の優遇措置を提供することもできる。

要するに，2000年代初期における潮流は，柔軟で市場メカニズムに従った取組みである。環境目標を達成するために，排出権取引，汚染への課金や税金，および，インセンティヴなどが活用される。

③ 情報公開

汚染を削減するためのもう一つの取組みとして，一般的に知られている規制として，公表による規制，あるいは，気まずさによる規制というものがある。政府は個々の企業が毎年排出している汚染物質の量に関する情報を公開することによって，企業が汚染排出を低減するように促す。多くの場合，社会的に周知されるのは都合が悪いので，企業は自主的に排出を削減するための段階を踏む。

公表による規制に関する大きな実験は，有毒物質の大気環境や水質環境への排出について行なわれた。1986年の「スーパーファンド法」の改正は「SARA」と呼ばれ，製造業者に対して，約300の有害化学物質の所蔵量，消費量，処理／廃棄方法の報告を義務づける「コミュニティの知る権利法」を含めた。EPAは一般市民がこの情報を入手できるように，『有害化学物質排出目録』（TRI: Toxic Release Inventory）という年報を出版するとともに，インターネット上で公開している。

TRIのデータによれば，報告書を提出した米国の製造業者は，1988～1998年までにこれらの化学物質の放出を45％削減した。最大の削減を行なった企業のなかには，最悪の汚染排出企業が含まれていた。これらの劇的な結果は，とくに監督機関の人間にとって驚くべき内容だった。なぜならば，有害化学物質の多くは当時の大気環境や水質環境に関する法律が扱う対象でなかったからだ。これらの改善は多くの場合，完全に自主的なものだった。明らかに，社会へのネガティブな広報を恐れて，多くの企業が行動を起こすように仕向けたものだった。「われわれは，数値が高いことを知っていた。そして，一般市民はそれを好まないということも知っていた」とある化学産業の重役は説明した。

この成功に気をよくして，EPAは有毒物質の報告プログラムを何倍にも拡張し，電力会社，鉱山，大規模リサイクル業者，製造業者も含めるようにし，報告すべき化学物質のリストも拡大した。EPAは危機管理プログラムにおいても，多くの企業に最悪のシナリオを公表させ，その危機を最小限にするための計画の発表を求める同様の取組みを行なった。EPAの狙いは，一般市民の不安を利用して，企業が環境危機にさらに取り組むように仕向けることだった。

第11章　環境問題のマネジメント

図表11-2　汚染削減の代替政策のメリットとデメリット

政策的取組み	メリット	デメリット
環境基準	・法的強制力あり ・強制力のある法令遵守（コンプライアンス）	・一律の基準は，すべての企業にとって同様の意味があるわけではない ・大規模な調整組織が必要となる ・老朽化した効率の悪い工場は強制的に閉鎖されるかもしれない
市場にもとづくメカニズム 　売買可能な猶予条件	・企業に柔軟性を与える ・より低い全体コストで目標達成できる ・効率の悪い工場も稼働し続けるので失業者が増えない ・政府や民間団体が汚染量の権利を市場から買い取ることができる	・企業に汚染排出の認可を与える ・猶予条件の設定が難しい ・地域ごとに汚染レベルの不均等が起きる ・強制が難しい
排出料金と税	・有益となるよい活動にではなく，汚染による悪い活動に課税	・料金設定の難しさ ・税では汚染を抑制するには十分でない
政府のインセンティヴ（報奨金）	・環境に配慮した活動への報償 ・企業が最低限の基準を超えるよう奨励	・インセンティヴ（報奨金）では汚染を抑制するのに十分ではない
情報公開	・政府が政策施行する上で，費用がほとんどかからない ・企業は費用対効果の最良の方法を選択して汚染を減らすことができる	・すべての企業を動機づけできるわけではない

　汚染の削減の代替的な政策のメリットとデメリットは図表11-2参照。

④　民事・刑事法による強制

　伝統的に，環境法を犯す企業は民事上の刑罰や罰金の対象となる。しかし，監督機関は，これらの法律を破る企業やその責任者を刑事上の法規を使って起訴するようになった。この方法の賛成派は，入獄の恐怖は大気や水質や土地を劣化させる悪質な企業に対する有効な抑止力となる，と主張する。1989年以来，毎年約100の個人や企業が環境犯罪で有罪となっている。例えば，シカゴの金属メッキ工場の経営者には，懲役15カ月の判決がでた。彼の犯した罪は，社員に命じて4000ガロンのシアン化合物とカドミウム廃棄物を床の排水溝から流し捨てたことだった。有毒化学物質のために，シカゴ川では魚が2万匹死んで，同市の幹部は市の下水システムの支流を一時的に閉鎖せざるを得なかった。

　「米国刑罰量刑委員会」（The U. S. Sentencing Commission）は，連邦法に対する違反行為に一律の刑罰を課す責任をもつ政府機関であり，環境に配慮しない企業に対する判決のガイドラインを設定した。このガイドラインでは，刑罰は環境犯罪の重さだけでなく，その企業の環境配慮への誓約表明も考慮される。積極的なコンプライアンス（法令遵守）プログラムをもつ企業や政府査察官への協力を実施した企業，犠牲者へのすばやい対応を実施する企業は，軽い判決になる。環境配慮プログラムをもたない企業や知りながら悪意で法を犯した企業は重い判決を受ける。これらのガイドラインは，企業が積

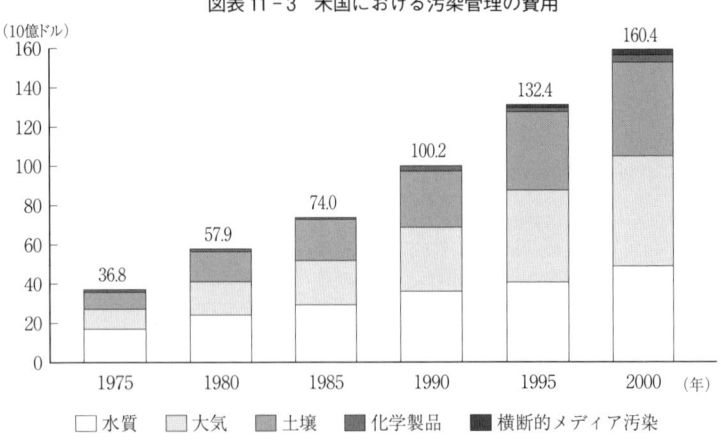

図表11-3 米国における汚染管理の費用

(10億ドル)
- 1975: 36.8
- 1980: 57.9
- 1985: 74.0
- 1990: 100.2
- 1995: 132.4
- 2000: 160.4

□水質　□大気　□土壌　■化学製品　■横断的メディア汚染

注：単位は1986年のドル価値で10億ドル。
出典：EPA, *Environmental Investments: The Cost of a Clean Environment*, Washington, DC：EPA, 1990.

極的な法令遵守プログラムを作成するインセンティヴを提供しており，万が一法の侵犯が起こった際でも，企業や社員を高額の罰金や懲役刑から守ることを目的とする。[14]

2　環境規制の費用と便益

　環境保護における中心的課題の一つに，費用がどれだけ便益に結びづくのか，という効果分析がある。現代の環境時代がはじまってから約四半世紀が経過したが，米国は環境を浄化するためと保全するために，かなりの費用をかけてきた。これらの支出の根拠となる価値選択について疑問をもつ人がいる。つまり，失業，資本投資減少，生産性低下に伴う費用が，便益を上回るというのだ。逆に，生活の質と浄化された環境の経済的価値によって得たものの方がはるかに大きい，と指摘する人もいる。

　米国では環境浄化のために相当の投資を行なってきた。図表11-3は，米国が2000年までに支出してきた汚染管理のための費用を示している。EPAによれば，1990年までに環境費用は年間1000億ドルを越え，GNPの2％となった。そして，2000年には年間1600億ドルに達した。環境規制に適合するために費やされた企業の費用は新工場や設備，研究開発に投じられる予定だった資金を流用した。厳しい規制によって工場閉鎖や失業が生じたこともある。いくつかの地域と産業は環境規制によって，とくに深刻な打撃を受けた。それらは，高い処理費用のかかる紙や木材製品，化学製品，石油，石炭および主要金属の産業である。しかし，エコノミストによれば，ある産業の失業について，どこまでが環境規制によるのか，他の原因によるのか，の区別は難しい。

　環境規制の費用はその便益と比較されなければならない。以下の数字に示されるよう

図表11－4　環境規制の費用と便益

費　　　　用	便　　　　益
・2000年までに毎年1600億ドルが米国の企業や個人によって費用負担された ・特定の汚染排出産業において職が失われた ・資本集約型の「汚染排出」産業のいくつかが競争力を失った	・ほとんどすべての汚染物質の排出が1970年以降減少した ・大気の質と水質が改善された。有毒廃棄物地域のいくつかが浄化された。市民の健康状態が改善された。自然美が保全されたか向上した ・環境配慮の製品／サービス，観光，漁業など，他の産業が成長した

に，米国の多くの地域で，環境の浄化は著しく進んだ。

(1)　1970年に「環境保護法」（Environmental Protection Act）が可決されて以来，米国において，ほとんどすべての汚染物質の環境放出は大幅に削減した。法律制定25周年にあたる1995年に，EPAは基準の対象となる大気汚染物質の排出は24％削減された，と評価した。煤じんの量は規制がなかった頃の4分の1のレベル以下であった。大気中の鉛は，規制がなかった頃の2％に過ぎなくなった。人口も交通量も増加したにもかかわらず，ロサンゼルスの市民にとって，不健康な大気環境の日は10年前より3分の1に減少した。これらの大気環境の改善によって，医療費も著しく減少した。

(2)　水質も改善した。「水質汚濁防止法」（Water Pollution Control Act）が発効して以来，10億トン以上の有毒汚染物質が国内の水路に廃水されなくなった。多くの湖や河川が，生態学的に健全な状態に復元された。例えば，オハイオ州のクヤホガ川は産業廃棄物によって一時はひどく汚染されていたが，住民が魚釣りができ，泳げる状態に回復した。

環境規制は，経済のある分野によい刺激を与える。例えば，1980年代半ば以来，環境配慮のサービス・製品産業は著しく成長した。木材製品や高硫黄石炭掘削関係のビジネスはなくなったが，替わりに環境コンサルティング，石綿処理，測定機器製造，廃棄物管理設備，大気汚染防止などの分野でビジネスが新たに生まれた。自然が保全あるいは復元された場合には，漁業や観光等が産業として維持されたり，新たに生まれたりする。その上，環境規制はエネルギーを無駄遣いしないので，企業はさらに効率的になり，汚染による健康問題への支出が削減される。

以上のように，この問題は複雑であるために，環境規制の実費用と効果について，経済学者の意見は異なる。図表11－4にまとめられたように，政府の規制はある意味では経済に悪影響を与え，別の見方をすれば経済によい影響を与える。複数の研究成果を俯瞰してみると，米国の環境規制は経済競争力に大きな影響を与えていない。なぜならば，ある分野での損失は別の分野での利益になっているからである。環境規制の政治的選択は民主主義社会の開かれた政治過程を通じて明示された基本的な価値を十分に反映している。

図表11-5　企業の環境責任の5段階モデル

発展段階	企業経営者の一般的思考方式	組織の関与		
		資源投入	経営最高幹部の支援と関与	

発展段階	企業経営者の一般的思考方式	資源投入	経営最高幹部の支援と関与
初心者	環境経営は不要	最小限	関与せず
トラブル対応者	環境問題は必要な時にのみ対応すべき	起こった問題に応じた予算	断片的関与
関心の高い企業市民	環境経営は価値がある	予算は最小限ながら一貫している	理論上の関与
実用主義者	環境経営は企業活動として重要である	一般的に十分な資金	意識しつつ，相応の関与
積極的対応者	環境経営は優先課題である	無制限の資金	積極的関与

出典：Christopher B. Hunt and Ellen R. Auster, "Proactive Environmental Management: Avoiding the Toxic Trap," *Sloan Management Review*, Winter 1990, pp. 7-18. にもとづき作成。出版社の許可を得て使用。版権は1990年スローン・マネジメント・レビュー協会による。

社会はいくら支払う覚悟があるか，「環境特性の浄化」をどれくらい望むか，は多元的社会のなかでさまざまな意見の交換を反映した政治的選択なのである。

3　経営のグリーン化

　本章で論じている大気や水や土壌の浄化に関する法律，すなわち，環境規制は企業が達成しなければならない最低限の基準を法的に設定している。訴訟，罰金，そして，最悪の場合の刑法罰を避ける目的だけだったとしても，多くの企業はこれら規制の遵守を試みる。しかし，今日，多くの企業は単に合法であるだけにとどまらず，活動領域全般で環境性能の向上を自主的に追求している。環境経営を優先し，積極的に対応する経営は，**マネジメントのグリーン化**（greening of management）と呼ばれる。以下では，グリーン化のプロセスを説明し，企業が環境問題に効果的に取り組むために，どのような組織的取組みを行なってきたかを議論する。そして，なぜ，環境経営が企業の戦略的競争力を高めるのかを説明する。

（1）企業の環境責任の諸段階

　環境問題はすべての企業に新たな経営方式を求めているが，すべての企業が環境配慮に一様に取り組んでいるわけではない，つまり，すべての企業が環境問題に前向きに対応しているわけではない。図表11-5に，環境責任について五段階モデルを示す。
　このモデルによれば，企業は環境経営を実践するまでに，五つの異なった発展段階を経る。初心者の段階では，経営者は潜在的な環境責任を無視して，特別な環境プログラ

ムの必要性を認めない。仮に環境責任が問題になったとしても，環境以外のプログラムや別の役職に転嫁される。「初心者」の企業は，現代の環境の時代より以前に設立された企業，特別な環境プログラムを実施する余裕のない小企業，規制に対する管理は必要ないと考えられる企業である。次の発展段階であるトラブル対応者は，不測の事故や油流出が起きた際のように緊急対応しなければならない時にのみ，環境問題に対応する。環境経営は，通常の企業活動の例外として受け止められている。第三段階の関心の高い企業市民にとっては，環境保護は実践する価値のある活動である。彼らは専任の担当者まで設置することもある。しかし，予算は少ないし，環境経営の課題についての経営トップの関心は低い。実用主義者は，環境問題を積極的に取り扱い，十分に予算のついた環境プログラムをもち，目前の問題とリスクの評価を行なう。さらに上の最終段階にいる企業は積極的対応者であり，実用主義者の環境プログラムをもつばかりでなく，上級役員が環境責任，広範な訓練，さらに環境専門スタッフと他部門の社員との密接な連携を積極的に進める。

　環境に積極的に対応する企業は政府から行動を求められる以前に問題に対処する。例えば，2000年に，3M社は広く使われていた錆止め「スコッチガード」（Scotchguard）を市場から引き揚げた。研究の結果，主要成分が人間の血液中に蓄積することが判明したからだ。動物実験の結果，明示はされなかったがこの化学物質を多く蓄積すると有害であることが示唆された。3M社は命令されたわけでもないのに，一年間に5億ドルもの売上のある人気商品を製造中止にした。「自主的に製造中止を実行した3M社は賞賛に値する」と米国環境保護庁長官は語った。

　一体，何が企業を環境責任を下層レベルから上層レベルの段階へと押し上げるのだろうか？　最近，英国と日本で行なわれた研究は環境配慮行動を実践する三つの動機を発見した。それは，競争力を高める好機であること，社会や監督機関から，承認され，合法性を獲得する要望があること，および，環境責任への倫理的コミットメント（誓約）である。別の研究によれば，ほとんどの企業は低い段階から高い段階へと発展する過程にある。

（2）環境的に持続可能な組織

　環境的に持続可能な組織（ESO : ecologically sustainable organization）とは，第10章で述べたように，持続可能な開発の原理と矛盾しない方法で運営される企業のことである。言い換えるなら，「環境的に持続可能な組織」は地球生態系の環境収容能力を超過せずに，活動を無期限に継続できることになる。「環境的に持続可能な組織」は，先に述べた「積極的対応者」よりもさらに進んだ状態にある。その企業は，天然資源が補充されるか，代替品を見つけない限り，天然資源を使用しない。製品の製造と運搬は，エネルギーが最小で済むように効率よく行なわれる。製品は長持ちするように設計され，最終的に使えなくなった際には，分解してリサイクルできるようになっている。廃棄物は，

自然に吸収，あるいは，分散される速度より速くは生み出さない。彼らの目標に合致した企業，政府，組織とのみ一緒に働く。

もちろん，現存する企業のなかで，「環境的に持続可能な組織」の定義を完全に充たす企業はない。これは社会学者が理念型（ideal type）と呼ぶもので，現実の組織のあり方を評価するための絶対基準なのである。しかし，ヴィジョンをもついくつかの企業はこの概念を受け入れて，この理念に従って行動しようとしてきた。

> その一例は，ジョージア州アトランタにある10億ドル企業のインターフェイス社（Interface）であり，世界の商用カーペットタイルの40％を製造している。社長のレイ・C.アンダーソン（Ray C. Anderson）が「インターフェイスは世界初の持続可能な企業になる」と1994年に宣言して，多くの人を驚かせた。アンダーソンと彼の下で働く管理職たちは数百もの新しい試みを取り入れた。例えば，同社は顧客がカーペットタイルを購入するのではなく，リースするプログラムを開始した。通行量が多い箇所のカーペットが痛んだら，痛んだ部分だけをインターフェイス社の技術者が取り替えることによって，廃棄物を減らす。古いタイルは閉じた循環型工程でリサイクルされる。2000年に，インターフェイス社は，廃棄物を削減したことによって6年間で9000万ドルを節約し，収入も利益も向上したと発表した。しかし，アンダーソン社長は「これははじまりに過ぎない。エベレストよりも高い山を登ろうとしているので，その困難さに気持ちが引き締まる」と語った。

インターフェイス社も含めて，本当の意味で持続可能な企業になったところはない。実際のところ，政府の支援政策や多くの企業や社会組織で運動が広がらない限り，一社だけで「環境的に持続可能な組織」になろうとするのは多分，不可能だろう。

（3）効果的な環境経営の要素

環境的な持続可能性に向けて行動を起こした企業は，新しい組織，プロセス，インセンティヴが多くの場合には必要であることを学んできた。環境配慮に積極的な企業の多くに共通する組織的要素は，以下のようなものがある。

① トップ・マネジメントの環境責任

多くの企業がとっている一つの手順としては，環境管理の責任者に，より多くの権限と会社の最高幹部へ直言する権利を与えることである。多くの企業は，最高経営責任者（CEO）に直接，報告する環境問題担当の副社長を設置している。このような環境管理の責任者は研究開発，マーケティング，運営等の多分野の管理職たちの仕事を調整し，多分野の専門家スタッフを監督する。

② ステイクホルダーとの対話

環境配慮に積極的な企業は環境団体などの社外のステイクホルダーとの対話を行なう。例えば，医薬品会社のブリストル・マイヤーズ・スクイッブ社（Bristol-Myers Squibb）は，社外に環境主義者，大学関係者，主要顧客からなるアドバイザー・グループを設置

し，持続可能な開発に向けての進捗状況について意見を公聴している。同社は，直面するさまざまな環境問題についてステイクホルダーと討議するための公開ミーティングを定期的に開催している。[21]

③ ライン・マネジャーの関与

環境関係のスタッフと専門部署は，会社の日々の業務をこなしている従業員たちと密接な関係をもって業務を推進する時，もっとも効率があがる。このために，多くの環境配慮型企業では，何かの方針変更を行なう場合，ライン・マネジャー（ライン部門管理者）や従業員が直接，関与している。ボストンのパーク・プラザ・ホテルでは，従業員で組織された環境チームが，エネルギー効率のよい窓や詰め替え可能なせっけん／シャンプー容器に至るまで提案を行なっている。

④ 環境行動規範

環境配慮に積極的な企業は多くの場合に，その企業の環境目標を行動規範や憲章に設定して，その取組みと誓約を記述する。欧州の企業を対象にして行なわれた最近の研究によると，環境への取組み方針について社内でコミュニケーションがよくとられている企業の方が環境改善のための創造的な提案が出されることが多い，ということが明らかになった。これは驚くにはあたらないだろう。[22]

⑤ 組織横断型チーム

他の組織的要素は環境問題を解決するために，異なる部署からの人材を集めた組織横断型の特別チームを活用することである。これらのチームは，社内の各部署から有為の人材を結集して業務を遂行する。カリフォルニア州サニーヴェールに施設のあるロッキード・ミサイル宇宙会社（Lookheed Missiles and Space Corporation）の汚染予防委員会は，社内の五つの事業分野から1人ずつ代表を集めた。この委員会は，各分野から出される数多くの提案のなかから，毎年10数個のプロジェクトを選択する。それから，分野の枠を超えた組織横断型のチームが結成されて，選択されたプロジェクト（例えば，廃水リサイクル）のために一丸となって取り組むことになる。

⑥ 報奨金とインセンティヴ

ビジネスに従事している人々が活動による環境影響を考慮する際に，その活動を所属組織から認められ報奨金を受けることがインセンティヴになる。環境配慮に積極的な組織は，ライン・マネジャーを含む管理職の環境面での達成を彼らへの報酬に結びつけ，また，その達成内容を公的に表彰する。

⑦ 環境監査

環境配慮型企業は，環境目標達成に向けた進展状況を念入りに追跡し，把握する。ある企業は，詳細な環境監査（第4章で議論したような社会監査に類似）を実施して，定期的に環境上の新規構想を検討している。例えば，ナショナル・セミコンダクター社（National Semiconductor Corporation）は，新しい監査基準を作成したが，この監査は同社の施設を大気汚染管理，水質汚濁管理，有害廃棄物管理，地下水保護などの点から評

価する。監査によって進展状況を評価できるし，すぐれた考えを社内に広めることもできる。米国で少なくとも20社前後の主要企業が，環境報告書を毎年，出版している。

⑧ 組織間協調

多くの企業が他企業と協調関係を構築して，共通の環境目標を目指す。例えば，「米国化学製造業者協会」(CMA：Chemical Manufactures Association) は，化学品に関する社会の不安に対応するために，加盟会社が一緒に取り組む「責任ある配慮」というプログラムを作成した。

⑨ 環境パートナーシップ

この章の冒頭で紹介した事例の一つであるが，別のアプローチもある。つまり，企業が，環境団体や監督機関と自発的に協力関係を結び，特定の目標を達成する。このような協力関係は，**環境パートナーシップ**（environmental partnership）と呼ばれ，環境特性を向上させたり，資源を保全するにあたって独特の強みを発揮する。

> ミシガン州ミッドランドにある広大な製造施設で，有毒物質の排出をどのように削減するかについて，ダウ・ケミカル社（Dow Chemical Corporation）は環境主義者たちと共同した。同社経営陣と科学者たちが共同した結果，サランラップの製造過程で生み出される危険な蒸気を燃やすのではなく，再生するといった独創的なアイデアが生まれた。同社は改修費用に300万ドル以上投資したが，その代わりに毎年500万ドル以上の経費の節減となり，大気や水環境への有害物排出を35％以上削減することができた。

これまで述べてきた環境管理の九つの要素の多くは，第4章で示された企業の社会的即応性の一般モデルの具体的な事例である。このモデルは，企業が社会問題（この場合は，環境劣化）をいかに捉え，どのように対処するかを記述する。そして，企業がその問題に取り組む手順を最終的に日常業務のなかで，いかに制度化するかを記述している。

（4）競争優位を生む環境経営

環境的な持続可能性に向かうことによって，民間企業は競争力を高めると指摘する研究者もいる。つまり，同じ業界の他社に比べて，積極的に環境問題と取り組んだ企業は，何もしなかった企業に比べて，より成功する。この考えに賛同しているトップ経営者は，フォード自動車（Ford Motor Company）のウィリアム・クレイ・フォード会長（William Clay Ford）だ。彼の指導の下で，会社は由緒あるルージュ工場を最新の環境設備からなる工場に刷新して，効率のよいガソリンと電気のハイブリッド車の開発に着手した。また，完全に再生可能なエネルギー源による新しい種類のエンジンである，水素燃料電池車を開発する共同事業に参画した。「われわれが持続可能な方法を実践しなければ，インドや中国のような潜在的大市場に参入しても，その市場を拡大することができない。そして，世界でもっとも貧しい人々に，良質の生活を提供することはできない」とフォード会長は語る。「われわれは，持続可能性を必要条件としてではなく，すばらしい機会と捉えている」。

効率のよい環境経営は，次に述べる四つの異なる分野で競争力を与えてくれる。

① 経費節減

汚染と有害廃棄物を削減し，資材を再利用，あるいは，リサイクルし，エネルギー効率のよい経営を実施する企業は，大幅な経費節減の恩恵に浴することになる。オフィス家具を扱うハーマン・ミラー社（Herman Miller）はその一例である。

> ハーマン・ミラー社は，資材の無駄を大きく省いた。当社は，繊維のクズを車の裏張り用に自動車会社に販売し，アタッシュケース用に皮の切れ端を鞄メーカーに販売し，再成型して新たな縁形成材として活用してもらうためにビニールを供給業者に販売した。可燃性の固形廃棄物を，ミシガン州ジーランドにある企業の主要工場群の熱と冷気を生成する特別なボイラーの燃料にした。その結果，かつて運搬と処分に費用がかかった資材から，現在同社は実利を得ている。

② 製品の差別化

環境分野での取組みにおいて評価と名声を得て，持続可能性を配慮した製品とサービスを提供する企業は，環境意識の高い顧客を惹きつける。このようなアプローチは，**グリーン・マーケティング**（green marketing）と呼ばれる。このグリーン・マーケットの規模は，2000年推計で，消費者の10〜12％である。例えば，ホーム・デポ社（Home Depot）が持続可能な方法で伐採された木材製品のみ販売すると発表した際，この環境公約に感銘を受けた顧客を新たに惹きつけた。

③ 技術革新

環境配慮に積極的な企業は，汚染を削減したり環境効率を上げるために，想像力を働かせた新しい手法を探し出しているので，多くの場合技術的先駆者である。彼らが生み出す技術革新は，多くの場合，市場で他社に売り込むことが可能である。以下の事例のように，新しい規制への対応によって取引市場が拡大したこともある。

> ゼネラル・エレクトリック・パワーシステム社（General Electric Power System）は，「クソノン」（Xonon）という名称の新しいガスタービンのために画期的な触媒を開発するために，CCSという小さ目の会社と共同開発した。このクソノンという名前は，"No Nox（窒素酸化物がゼロ）"のスペルを逆さにしたもので，この製品は従来のガスタービンに比べて，スモッグの原因となる窒素酸化物を僅か1％しか発生しない，という事実を表現している。ますます厳しくなる環境規制に直面している電力会社は，この製品を積極的に買い求めた。

④ 戦略的計画立案

持続可能性のヴィジョンを描く企業は，経営トップが企業の活動全体が環境に及ぼす影響を把握するための精巧な戦略計画を立てる手立てをもたなければならない。これらの企業が環境監査と予測を複合した手法を実施することによって，生態系に限らず広範囲の外部環境が企業へ及ぼす影響を予測することができる。多角的な計画立案によって，これらの企業は新しい市場，素材，技術，製品の将来予測を行なうことが可能となる。

要するに，積極的対応型の環境経営は持続可能性を促進するだけではなく，グローバル市場において競争力を高めることができる。[30]

■ 本章の要点

(1) 米国は環境保護を三つの主要な分野で規制している。大気汚染，水質汚濁，土壌汚染である。環境法は，伝統的には「命令―統制型」であり，基準値と達成の成果を指定する。新しいタイプの法律は市場インセンティヴによって環境配慮行動を誘導し，企業が発生源で汚染を削減するよう奨励する。
(2) 環境法は多くの便益をもたらした。大気，水質，土壌の汚染レベルは，多くの場合，1970年代より低い。しかし，改善に高い費用がかかった事例もある。米国経済の競争力を失うことなく，環境特性の浄化と持続可能な企業活動の取組みを推進するための方法を見つける挑戦が引き続き行なわれている。
(3) 環境経営を実践するまで，企業は5つの異なる段階を通過する。多くの企業は，下層から上層の段階に向けて移行しつつある。環境的に持続可能な組織（ESO）は，持続可能な開発の原則に適合する方法で経営される組織である。
(4) 効果的な環境経営は，企業のすべての組織を組み込んだ統合的アプローチを必要とする。これには，経営トップ，ライン・マネジャー，製造部門の参加とともに，ステイクホルダーとの強いパートナーシップも必要である。
(5) 積極的な環境経営をとると，経費節減，環境意識の高い顧客の獲得，技術革新，戦略的計画立案といった競争力を身につけることができるようになる。

■ 本章で使われた重要な用語と概念

米国環境保護庁（EPA）　酸性雨　環境的正義　発生源削減　スーパーファンド法（CERCLA）　横断的メディア汚染　環境基準　命令と統制による規制　排出権取引　マネジメントのグリーン化　環境的に持続可能な組織（ESO）　環境パートナーシップ　グリーン・マーケティング

インターネットの情報源
・www.epa.gov　米国環境保護庁
・www.envirolink.org　環境組織とニュース
・GreenBiz.com　グリーン・ビジネス・ネットワーク
・www.lungusa.org　アメリカ肺協会

討論のための事例：アリゾナの良識

1996年に米国環境保護庁（EPA）は米国最大のコンピュータ・チップのメーカーである，インテル（Intel Corporation）と歴史的な協定書にサインをした。この取引で，インテルはアリゾナ州チャンドラーにつくった新しい工場で，法律で義務づけられている量以上に汚染

を削減する代わりに，工場をほとんど制約のない条件で運営することが認められた。EPAの行政官は，この協定書は産業と監督機関の両方にとって「良識のある解決」であると賞賛した。

「これは規制をめぐっての戦いから，成果主義へと移行する試みである」とインテルの広報担当者はいう。「環境基準に適合して操業する限り，われわれは業務をできるだけ効率よく効果的に運営するための柔軟性と能力を手に入れた」。

この大胆な実験の舞台は，インテルが25億ドルを投じたチャンドラー工場で，1500人の労働者と8エーカーに及ぶクリーンルームを備えた世界で二番目に大きなチップ工場である。

EPAとインテルの取引は新しい連邦制度である，プロジェクトXL（エクセレンスとリーダーシップの意味）の連邦プログラムで最初の交渉であった。1995年にEPAは，改革・イニシアチヴ（reinvention initiative）という大きな取組みをはじめた。これは，現行の規制アプローチを改革した斬新な代替案をつくり，環境特性を改善する一方で，企業がより簡単，かつ，経費のかからない方法で環境規制に適合することをめざす。プロジェクトXLはこのイニシアチヴの重要な部分を占めるのだが，企業が全体的な結果として特定の環境目標を達成できれば，諸認可の要求事項を簡素化する交渉をEPAと行なうことができるというものである。この協定では，EPAだけではなく，地方政府や州政府，環境主義者，コミュニティ組織など，影響の及ぶステイクホルダーからの承認も受けなければならない。

合意を取り交わした協定書は，インテルにチャンドラーにおける年間の大気汚染の量をEPAの既存の上限値よりも低い50トン以下に抑えることを義務づけ，使用する水と工場で生み出される無害の廃棄物をリサイクルすることを義務づけた。協定はさらに，インテルが排出の実態を逐次測定して，累計と実時間情報をインターネット上で公開し，政府に対しても報告することを義務づけている。その替わりに，会社は施設全体に対して認可を受けることができ，プロセス毎に別々の認可を受ける必要がなくなった。

インテルは，工程変更の実施をすばやくできるようになって，満足している。「弊社は，速やかに市場に従う業種の典型ですから」と同社の政府担当で環境・健康・安全担当の管理職が語った。「弊社は常に技術の進歩に合わせて製造工程を変更しなければならない。以前はそのたびに，変更するための認可をもらいにいかなければならなかった。そして，その認可が下りる頃には，その技術は古くなっている」。プロジェクトXLで，インテルは年間30から50の追加の認可申請を免れることになる。

活動家のなかにはこの協定に批判的な者もいる。「責任ある技術のための連合」（CRT：Coalition for Responsible Technology）という経済団体は，100以上の地域，環境，健康，安全に関する組織から構成されるが，この協定は不正な談合と批判する。「苦労して勝ちとった環境保護法なのに，まるで時代を後戻りするようだ」と。この連合が懸念しているのは，この協定によって特定の有毒化学物質が既存の基準より多く排出され，工場労働者や近隣住民の健康を脅かすことだ。この連合は，工場からの排出が監督機関によって定期的に監視されないことも憂慮していた。

1999年のプロジェクトを見直す際にEPAは，インテルが環境目標に合致，さらに目標以上を達成していたことを確認した。企業は新製品を市場に送り出すことに遅延しなくなったので何百万ドルもの費用を節約できたと報告した。また，管理職は，関係者たちが関わるこ

とに価値があるという。この成果に満足して，インテルは同様のプログラムを他の二つの施設で実施した。2000年に，EPAはプロジェクトXLを拡大して，環境基準の上を行く改善のための，さらに強いインセンティヴを含める予定である。この取組みをEPAは取組みの足跡（performance track）と呼ぶ。

出典：プロジェクトXLに関する情報は，EPAのウェブサイト www.epa.gov/ProjectXL で入手可能。インテルとCRTのウェブサイトは，www.intel.com および www.igc.org/svtc/crt.htm。

検討すべき問題

① 本章で議論されている代替政策による取組みのなかで，プロジェクトXLは何の例に当たるのだろうか？ もしプロジェクトXLが一つ以上の取組みを含んでいるのであれば，それらの特徴を書き出し，どのように複合されているかを説明しなさい。

② 本件において，米国環境保護庁（EPA）によって実施された規制についてその取組みの費用と便益とは何だったのだろうか？ この質問に対して，以下のステイクホルダーの視点から回答しなさい。インテルの管理職，インテルの従業員，アリゾナ州チャンドラーのコミュニティ，環境保護団体，連邦政府の環境管理官。

③ あなたはプロジェクトXLを支持するか。なぜ，支持するのだろうか？ または，なぜ，支持しないのだろうか？ 本件事例に示された取組みはその過程でさまざまなステイクホルダーの懸念事項に対処するために，どのように修正することが可能だろうか？

注

(1) "This Commodity's Smokin': Companies Trade Smog Credits on Online Exchange," *Los Angeles Times*, April 30, 1997, p. D2. 南部沿岸地域大気環境管理局（The South Coast Air Quality Management District）の計画と成果については，ウェブサイト www.aqmd.gov/reclaim/reclaim.html を参照。

(2) "McDonald's Partnership Marks Tenth Anniversary," *EDF Newsletter* 31, no. 1, April 2000. 環境保護基金のその他の環境協力活動については，ウェブサイト www.environmentaldefense.org を参照のこと。

(3) ダウ・ケミカル社の環境，健康，安全プログラムについては，ウェブサイト www.dow.com/environment/ehs.html 参照。

(4) アメリカ肺協会『大気の状況 2000』p.1. はウェブサイト www.lungusa.org で入手可能。"Studies Say Soot Kills up to 60,000 in U. S. Each Year," *New York Times*, July 19, 1993, pp. A1, A16.

(5) 「ウィラミット産業（Willamette Industries）は，大気浄化法違反事件のために9000万ドル以上を支出」米国環境保護庁報道発表，2000年7月20日。

(6) 酸性雨に関する最近の科学的データをまとめたものとしては，"Acid Rain: Forgotten, Not Gone," *U. S. News and World Report*, November 1, 1999, p. 70,，および，"Report on Acid Rain Finds Good News and Bad News," *New York Times*, October 7, 1999, p. A26.

(7) "Few Left Untouched after Deadly E. Coli Flows through an Ontario Town's Water," *New York Times*, July 10, 2000, p. A8.

(8) Christopher H. Foreman, Jr., *The*

(9) "Brio Superfund Cleanup May Drag on Past 2000," *Chemical Marketing Reporter*, January 15, 1996, p. 7.「スーパーファンド」の対象地域（登録サイト）に関する最新のデータは，www.epa.gov/superfund を参照。

Promise and Perils of Environmental Justice*, Washington, DC: Brookings Institution, 2000.，および，Bunyan Bryant, ed., *Environmental Justice: Issues, Policies, and Solutions*, Washington, DC: Island Press, 1995.

(10) Barry G. Rabe, "An Empirical Examination of Innovations in Integrated Environmental Management: The Case of Great Lake Basin," *Public Administration Review*, July-August 1997, pp. 372-381.

(11) "Dirty Dealings: The Buying and Selling of Pollution Credits Has Become a Huge Business-and Is Likely to Get Even Bigger," *Wall Street Journal*, September 13, 1999, p. R13.

(12) ウェブサイト www.epa.gov/acidrain/overview。

(13) 有毒物質消費の在庫管理のデータは，ウェブサイト www.rtk.net で入手可能。

(14) 環境法における犯罪の責任についての議論とどうすればそれを避けることができるのか，ということについては，Frank B. Friedman, *Practical Guide to Environmental Management*, 8th ed., Washington, DC: Environmental Law Institute, May 2000. の第2章参照。

(15) Adam B. Jaffe, Steven R. Peterson, Paul R. Portney and Robert N. Stavins らが米国商務省のために作成した "Environmental Regulations and the Competitiveness of U. S. Industry" July 1993. 類似の結論に至るものとして，Steven Peterson, Barry Galef and Kenneth Grant らが米国環境保護庁のために作成した "Do Environmental Regulations Impair Competitiveness?" September 1995.

(16) "3M's Big Cleanup: Why It Decided to Pull the Plug on Its Best-Selling Stain Repellent," *Business Week*, June 5, 2000, pp. 96-98.

(17) Pratima Bansal and Kendall Roth, "Why Companies Go Green: A Model of Ecological Responsiveness", *Academy of Management Journal*, August 2000, pp. 717-736.

(18) Mark Starik and Gordon P. Rands, "Weaving an Integrated Web: Multilevel and Multisystem Perspectives of Ecologically Sustainable Organizations," *Academy of Management Review*, October 1995, pp. 908-935. 関連した議論として，Paul Shrivastava, *Greening Business*, Cincinnati: Thomson Executive Press, 1996, 所収，第2章 "Sustainable Development and Sustainable Corporations," pp. 21-50.

(19) Interface Corporation, "Sustainability Report 2000".，および，Ray C. Anderson, *Mid-Course Correction: Toward a Sustainable Enterprise — The Interface Model*, Atlanta: Peregrinzilla Press, 1998.

(20) Anne T. Lawrence and David Morell, "Leading-Edge Environmental Movement: Motivation, Opportunity, Resource and Processes," *Research in Corporate Social Performance and Policy*, supp. 1, 1995, pp. 99-127, および，James Maxwell, Sandra Rothenberg, Forrest Briscoe, and Alfred Marcus, "Green Schemes: Corporate Environmental Strategies and Their Implementation," *California Management Review* 39, no. 3, March 22, 1997, p. 118. 以降。

(21) "Engaging Stakeholders", in Bristol-

Myers Squibb, *Report on Environmental Health and Safety Progress*, May 1999. 同社のプログラムはウェブサイト www.bms.com/ehs にも記述されている。

(22) Catherine A. Ramus and Ulrich Steger, "The Roles of Supervisory Support Behaviors and Environmental Policy in Employee Ecoinitiatives at Leading European Companies," *Academy of Management Review*, August 2000, pp. 605-626.

(23) 最近の報告は，Andrew A. King and Michael J. Lenox, "Industry Regulation without Sanctions : The Chemical Industry's Responsible Care Program," *Academy of Management Journal*, August 2000, pp. 698-716.

(24) Frederick J. Long and Matthew B. Arnold, *The Power of Environmental Partnerships*, Forth Worth, TX : Dryden Press, 1995.

(25) "Chemistry Cleans Up a Factory : Dow and Environmentalists in Rare Accord," *New York Times*, July 18, 1999, p. C1.

(26) ビル・フォードの2000年4月14日の演説は以下のウェブサイトに記載されている。www.ceres.org/eventsandnews/news/Fordspeech.html.

(27) Herman Miller, "Journey to Sustainability 2000," がウェブサイト www.hermanmiller.com にある。

(28) Joel Makower, "Whatever Happened to Green Consumers ?" 発表コラム，July-August 2000. ウェブサイトは www.igc.org/igc/gateway にある。

(29) "Green Chemistry Proves It Pays," *Fortune*, July 24, 2000, p. 270ff.

(30) 環境経営によって競争力がつくことについては，Michael E. Porter and Claas van der Linde, "Green and Competitive : Beyond the Stalemate," *Harvard Business Review*, September-October 1995, pp. 120ff., および，Stuart L. Hart, "Beyond Greening : Strategies for a Sustainable World," *Harvard Business Review*, January-February 1997, pp. 66-76. 環境経営の競争力についての議論は，Anthony Saponara, "Competitive Advantage in the Environment," *Corporate Environmental Strategy : The Journal of Environmental Leadership* 3, no. 1, Summer 1995.

第VI部
企業と技術変化

第12章　技術──経済・社会発展の原動力

　技術は，現在の経済・社会発展の原動力であることは明白であろう。グローバルなコミュニケーションやeコマース（electronic commerce＝電子商取引）を通じたビジネス取引，そして，われわれの日常生活を支えている業務の数々は，すべて技術の影響を受けている。技術革新は，われわれの生活スタイル，遊び方，学び方，仕事の仕方，他者との関わりすべてを大きく変えてきた。その一方，社会が劇的に変化することで，われわれ人類とわれわれが住む世界は深刻な影響を被っている。

　本章では，以下のような主要な問題と目的に焦点を絞って論じることにする。
- 技術とは何か？　技術発展をもたらすものは何か？
- eコマースがビジネスのやり方やステイクホルダーとの関わりをどう変えたのか？
- 企業がある先端技術を支配することで，国際市場はどういう影響を被ったのか？
- 途上国のビジネスは技術発展に寄与するのか，それとも傍観者の地位に留まったか？
- 技術はわれわれの生活スタイル，学校教育，健康をどう変えたのか？
- 技術格差，デジタル・デバイドをもたらした要因は何か？　そして，この格差は拡大していくのか縮まっていくのか？

　技術革新は21世紀の重要な部分を担っている。それは，生活スタイル，他者とのコミュニケーション，新しい事柄の学習といった，われわれの日常的な行為とすべてに関係している。そして，技術がわれわれの生活にどの程度影響を及ぼすか，は一部の人々にとっては今なお，大きな関心事である。

　ウィル・クレメンス（Will Clemens）はネット販売サイトを運営しているレスポンド・ドットコム（Respond.com）の最高経営責任者（CEO）だった。同社は，最新技術で有名な北カルフォルニアのシリコンバレーにあった。仕事先でのクレメンスは，自分のパソコン，携帯電話，ポケットベルを頼りにしており，ハイテクの世界にどっぷり浸かっていた。しかし，家でのクレメンスはまったく違っていて，明らかに「電気とは無縁」だった。自宅にある五つのベッドルームには電気が通っていなかったが，それは，豪雨でヒューズが飛び，電気が消えてしまったのを修理しないで，そのままにしていたからだった。読書と料理のために，数本の長いローソクを使っていた。そこにはテレビもなければ，パソコンもないし，電話もない。クレメンスは，あるハイテク企業のトップが選んだ生き方を再現していた。つまり，技術であふれかえる仕事場から逃避した生活を送っていたのだ。

技術で埋め尽くされている世界と対極にあるのが，ドットコム・ガイ（DotComGuy）である。この26歳のコンピューター・システム・マネジャーは法に則って自分の名前を変えた。そうすることで，彼は一年間 e コマースにべったり寄生する決意を表明したのだった。ダラスに小さな裏庭付きの小型の住宅を借り，まるまる一年，外に足を踏み出さなかった。ラップトップ・コンピュータを使ってインターネットに接続していたが，家のなかはガランとしているわけではなかった。このドットコム・ガイは，必要なものはすべて，インターネットを通じて，金に糸目を付けずに購入した。彼は，その家を「ドットコムの檻」（the Dotcompound）と名づけた。それは，トレーニングルーム，ポストモダン調の家具，ペット，高級食材のすべてが揃っている典型的な独身者の住まいだった。ドットコム・ガイは，拡大しつつあるインターネット・ショッピングがいかに便利であるか，そして，ドットコムという世界によって無限の可能性がもたらされていることを示して見せた。

両者のケースはやや極端だが，生活の質が高いのは，一体，どちらなのだろうか。人々は，ビジネスを通じて否応なしに技術の世界に飲み込まれてしまうので，クレメンスが求めた安らぎの場所を必要とするのだろうか？　それとも，ドットコム・ガイのスタイルが，進歩した21世紀に合った世界なのだろうか？

1　起爆剤としての技術

これまで，技術はある種の起爆剤の役割を果たしてきた。それは，繰り返し現れ，ビジネスや人々，そして，世界全体に多大な影響を与えてきた。こうした技術進歩を押さえることは事実上，不可能であった。産業革命は，ある社会階層の人々にとっては，新しい深刻な問題を生み出してきたが，文明化の歴史において偉大な進歩であったこともまた事実である。新しい仕事や技能が旧来のものに取って代わったし，生活水準は上昇したし，経済的豊かさは何百万もの人々の平均寿命を伸ばしたのである。

人類が存在する限り，技術発展は止むことはない。というのも，人類は，知識の果実を享受し，利用し続けてきたし，技術に対する飽くなき欲望を自分のものにしてきたからだ。そして，今後も，周囲の環境にある知識を発展させようとするだろう。なぜならば，学習することで興奮を得，知識の増大によって，その環境に適合できるという信念をもっているからである。サン・マイクロシステムズ（Sun Microsystems）の技術担当のトップであるビル・ジョイ（Bill Joy）はこう述べている。

> 2030年までに，われわれは今のパソコンの百万倍もパワフルなコンピュータを数多く作れるようになるだろう。この莫大なコンピューティング・パワー［訳注：コンピュータの処理能力］が物理学の操作性の進歩や新たな遺伝子の深い理解と結びつくにつれて，変化をもたらす巨大な力となっていくだろう。これは，良くも悪くも，世界を完全につくりかえてしまうきっかけとなる。すなわち，これまで自然界のなかだけで行なわれて

いた反復と進化のプロセスが，人間の手によって行なわれるようになるのだ。(2)

（1）技術の定義

技術（Technology）は科学が工業・商業分野へ適用されたものである。技術の特徴は？　と聞かれれば，変化につぐ変化といえるだろう。われわれの備えにかかわらず，技術は否応なく変化をもたらす。技術は，近代社会において，多くの変化をもたらし，未来の衝撃（future shock）と呼ばれるようになった。つまり，変化はとても速く，激しいものなので，すぐに人間の許容量の限界に達し，人々はその変化にうまく対応できなくなるということだ。技術は，変化をもたらす唯一ではないが，主要な要因であり，社会で起こるほとんどの変化に直接，間接を問わずかかわっている。

　　数年前，パソコン革命が起こったすぐ後，ビジネスの専門家は，その変化をこう例えた。もし自動車産業がコンピュータ産業と同じ速度で発展したら，ロールス・ロイスの価格は，2ドル75セントになるはずだし，1ガロンで300万マイル走れるだろうと。今日のマイクロ・コンピュータは，10年前の価格よりも，いや2，3年前の価格よりも格段に安くなっている。そして，以前よりも何倍もの処理能力とスピードをもっている。

技術のもう一つの特徴に，新しい技術の衝撃は波及効果をもっているということがある。技術は社会全体に影響を与えながら，その隅々まで水面の波紋のように拡がっていく。例えば，電磁気信号を介して，情報の長距離伝送を行なうテレコミュニケーション（Telecommunications）はわれわれの社会の発展にこれまで極めて重要な役割を果たしてきた。そして，この技術革新は国際商取引を促進し，遠く離れた親戚を結びつけ，数多くの宇宙の謎をわれわれに解き明かしてくれた。しかし，こうした進歩と引き換えに，データベースやテレマーケティングを利用することで，プライバシーの侵害という問題が生じてきた。また，電子メールやボイス・メールの普及とともに，他人との人間くさいやり取りや触れあいが少なくなってしまった。

技術のさらなる特徴に，自己増殖的であることがあげられる。アルヴィン・トフラー（Alvin Toffler）が述べているように，「技術はそれ自体を飼い慣らす。既存の技術が新しい技術の可能性をつくり出す」と。この自己増殖的であるという特徴は技術自体の発展を促進するための増幅器として作用する。また，技術は社会の別の領域と相互作用するので，ある場所での発明は別の場所での発明を引き起こす。そのために，マイクロ・プロセッサの発明によって，あっという間に新しいコンピュータの時代がもたらされた。その結果，銀行取引の新しい手法，電子メール，バーコード・システムなどがもたらされた。

（2）社会における技術の発展段階

ごく一般的にみて，図表12－1に示されているように，技術は5つの明白な段階を経て発展してきたということができる。歴史上，国家は，もっとも低いレベルの技術には

図表12-1　技術の発展段階

技術レベル	技術の発展段階	米国における年代区分	技術の適用先	主要な機能
1	遊牧—農業	～1650	収穫	手作業
2	農業	1650～1900	種蒔・収穫	手作業
3	工業	1900～1960	物財の製造	手作業と機械
4	サービス	1960～1975	サービスの提供	手作業と知識
5	情報	1975～現在	思考・設計	知識とコンピュータ

じまり，より高いレベルの技術へとその段階を経てきた。そのために，この5つの段階は歴史における文明の進歩を表わしているものと考えることができる。

もっとも新しい段階は**情報社会**（information society）である。この段階は手作業による技能よりもむしろ，知識や情報の活用や移転を重視している。そうした活動が仕事の中心を占め，労働力の大部分を雇用している。仕事は抽象的になり，シンボルの電子的操作となる。中小企業を含む，あらゆるビジネスは情報化時代の便益性を探している。後で示すように，情報化時代はわれわれの働き方，学び方，遊び方に影響を与える。それはわれわれの食生活や健康にも影響を及ぼすことになる。

情報社会の技術は，主にエレクトロニクスが基盤となっているが，コンピュータ半導体のシリコンチップにもかなり依存している。こうしたデバイス（電子部品）は，大容量の情報を高速で処理し，蓄積し，検索する能力の大きさがものをいう。21世紀に入るまでに，企業や社会のほとんどすべてに情報化の波が押しよせた。この文明化の波は，過去に経験したことがないほど急激な変化だった。これらの発明はわれわれの社会を**サイバースペース**（cyberspace）へと押し上げた。そこは一種の仮想空間で，情報が蓄積され，アイデアが案出され，電子ネットワークでつながったシステムのなかでさまざまなやり取りが行なわれる。この新しい時代に作られた技術がここ10年の間に生み出されたおびただしい量の情報を処理する仕組みを提供している。ここ10年の情報量は，そこから遡ること1000年の間に蓄積した量よりも大きなものなのだ。

（3）技術発展の促進

技術発展がダイナミックに進展してきたことは，ビジネスの手法や人々の暮らしのなかに見い出せる。この基礎をなしているのは，二つの重要な要因である。一つは，経済成長と労働生産性であり，もう一つは，研究開発投資である。

① 経済発展と労働生産性

技術発展を促進する第1の要因は，経済成長と労働生産性である。1990年代を通じて，米国のビジネスは2兆ドル以上をコンピュータ，ソフトウエア，その他の工業技術製品に投じた。1999年だけをみても，企業の技術への投資は5100億ドルにのぼった。この巨額の投資が米国経済のにわか景気の下支えをし，21世紀にグローバル企業社会をもたらした。企業収益の低下と消費者の買い渋りによって起こった，2001年の米国経済の景気

後退の徴候は，かなりの企業に技術支出予算の下方修正を促した。コンピュータ，通信，ソフトウエアへの支出は，2000年の22％，1999年の26％の伸びと比べ，12％の上昇にとどまると予測された。
(4)

　技術は拡大しつつあるグローバル市場を飲み込み続けている。技術をベースにした経済成長により，労働生産性が上昇した。生産性，すなわち，平均労働者の時間当たりの産出高は，生活の質をみる上で重要である。1990年代後半を通じて，生産性は過去20年に比して約2倍の伸びをみせた。以前は，企業が自らの投資計画を骨抜きにし，技能の乏しい労働者を雇った結果，生産性が下落してしまった。逆に，近年は，技術が相対的に安価に広く行き渡ったので，生産性が上昇することになった。その結果，企業がさらに技術を取り入れる一方，労働者はその技術改善へうまく適応していった。この二つの条件が，著しい生産性上昇をもたらし，経済発展を導いた。

② 研究開発投資

　技術発展を促進する第2の要因は，研究開発（R&D）投資である。民間の研究開発予算は，1994年までは減少し続けたが，1990年代後半には回復の兆しをみせた。急成長していたハイテク産業に引っぱられるように，1990年代後半までに，R&D投資は年間ほぼ10％のペースで伸び続けた。それはアナリスト予想の四倍のペースであった。
(5)

　　ニューズ・コーポレーション（News Corporation）は2000年に，米国外のインターネット企業設立に投資する目的で，6億5000万ドルのベンチャー・キャピタル・ファンドを設立した。同社は，英国，インド，オーストラリア，ニュージーランドのインターネット企業とのジョイント・ベンチャーに参加する計画を立てていた。この新しい事業への取組みは，米国以外のインターネット企業への投資のために1999年に確保しておいた額の倍になった。
(6)

　　マイクロソフト（Microsoft）は新技術をベースとした教育配信手段の研究開発に関して，マサチューセッツ工科大学と5年間の共同研究を行なうと発表した。マイクロソフトは，このジョイント・ベンチャーに2500万ドルを提供した。この投資額は，同社年間研究予算額4億ドルのなかでは微々たるものだが，主要なハイテク企業が最初に取り組んだ，重要なハイテク教育研究プログラムとなった。

　技術発展に関する政府の支援は，民間の研究開発費支出を補完している。例えば，1998年に米国政府は開発途上国のインターネット・プロジェクトに対する財政支援計画を打ち出した。民間業界の投資のペースよりもゆっくりとした伸びであったが，米国政府は，技術ベースの研究開発に対して，毎年660億ドルを超える財政支援を行なった。米国政府は，他の工業国家に対して，1999年のGDPの4.6％に及ぶ技術ベースの研究開発支援を行なった。米国の次はスウェーデンでGDPの3.5％を占めた。その後に英国，日本，フランス，ドイツと続くが，これらの国々の技術への支出もGDPの2％以上に及んでいる。日本政府高官は，研究開発支援の相対的欠如に注意を喚起し，2005年まで

に米国の高速のインターネット・インフラを凌駕するべく、財政支援の増大と日本のハイテク企業との提携を進めている。(7)

2　ハイテク・ビジネスの出現

　技術とビジネスは，産業革命以来，密接に関わり合ってきた。両者のつながりは，情報化時代，とりわけ，電子商取引の出現とともに，強まってきた。技術は，グローバル市場のあらゆる側面に影響を与えている。すなわち，技術革新を促進し，提携関係に影響を及ぼし，企業と株主の関係を変えてしまうのである。

（1）技術とeコマース

　技術発展の情報化時代の段階において，経済社会のダイナミックな発展を促す技術，企業間電子商取引が出てきた。この電子商取引は一般にeコマース（e-commerce）と呼ばれており，インターネットを介して，電子的に商品やサービスを売買することからなっている。インテルのアンドリュー・グローブ会長（Andrew Grove―当時）は，「eコマース社会」の発展を以下のように説明している。「eコマースの発展は，おおまかにいうと，次の三つのステージに区分できる。第1に電子カタログ販売の段階，第2に電子取引の段階，第3に私が電子決裁と呼んでいる段階である(8)」と。

　2000年までに，多くのビジネスは，無数のウェブページを立ち上げることによって，電子カタログ販売を展開させてきた。電子カタログを用いて，企業はインターネット上で製品やサービスを宣伝した。インターネット・ユーザーの数が指数関数的に増加するにつれて，この種のマーケティング手法がカバーする範囲は大方の予想を超えた。企業や消費者がインターネットを通じて未曾有のペースで売買するようになるにつれ，第2段階が現れてきた。1999年，コンピュータ産業とエレクトロニクス産業におけるeコマースによる売上高は528億ドルだったが，金融サービス取引では140億ドル，旅行業界においては128億ドルだった。多くのアナリストが，2003年までに，こうした業界でのBtoBのeコマース［訳注：企業間電子取引］が，2桁の割合で上昇すると予測した。1999年のBtoBのeコマースによる電子決裁高は企業全体で430億ドルだった。アナリストは2003年までに，1兆3000億ドルまで上昇すると見積もっている。これはすべてのBtoBに関するeコマースの売上高の約10％に当たるということである。(9) eコマースは，大企業やベンチャー企業からオンライン・ショッピングに関心がある個人に至るまで，生活の一つの手段となっている。

　　　2000年，米国のビッグ3の自動車メーカーである，GM（General Motors），フォード自動車（Ford Motor），ダイムラー・クライスラー（DaimlerChrysler）は，インターネット上で運営される大規模なドットコム自動車部品取引計画を打ち出した。この共同事業は，各自動車メーカーがすでに独自に立ち上げていたものに取って代わった。この

ドットコム取引による年間の調達金額は，2400億ドルにのぼると概算されており，さらに，自動車部品メーカーからの調達分2500億ドルが加わる。

eコマースは世界最大の企業だけのものではなかった。マイケル・ファンダイク（Michael Fundyk）はトロントの高校で3年生になる目前に100万ドルを超える金額で自分のウェブサイトを売り払った。この売却で，マイケルは，バイバディー・ドットコム（Buy-Buddy.com）という，商品比較販売サービスを行なうサイトを立ち上げるのに必要な資金を手に入れた。彼は，広いオフィスを借り，20名の従業員を抱えていた。そこには，息子のために一肌脱ごうと，NCRの役員の地位を辞任した彼の実父もいた。マイケルはまた，高卒資格を得ると同時に，マイクロソフトからeコマース・コンサルタントとしての要請も受けたのだ。

インターネットが爆発的に増大した結果，企業活動にも劇的な変化をもたらした。110年もの歴史をもつ米国の老舗企業，プロビデント・アメリカン生命保険（Provident American Life & Health Iusurance Company）と，103年の歴史をもつ日本のヨネダ・シルクパラソル（Yoneda Silk Parasol）は，ブリック＆モルタル経営［訳注：実際の店舗でビジネスを行なうこと］を捨て，ウェブ主体のeコマース企業へと転身した。現状に行き詰まりを感じていた企業はeコマースを新規まき直しではじめるチャンスとして，また，競争相手を叩くための絶好のチャンスと捉えた。こうした企業はeコマースにより，新たな資金の調達手段と間接費を劇的に削減する方法を手に入れた。

しかし，eビジネスで成功しているほとんどの企業はその両方を活用している。通常，インターネットは既存の店舗への来店数を増やすためか，飽きられた製品を景気づけるために用いられた。シアーズ・ローバック（Sears, Roebuck & Company）は，インターネットサイトを通じて工具を買った顧客が小売店での購入に比べて27％以上多く買っている事実を見出している。

どんな種類のビジネスがもっとも速くニューエコノミーに移行するのだろうか？　旅行業者や保険会社といった伝統的な中間業者は，eコマースに魅力を感じている。なぜならば，インターネットを介して情報を瞬時，かつ，安価にやり取りできるからだ。また，別の企業はインターネット売買を実際の店舗で売れば高くつく，割引値段商品，あるいは，季節限定商品の販売に有益だ，と考えている。特殊な商品，例えば，古本屋やコレクション物のように，見つけるのが困難な珍しいものは何百万人もの潜在顧客に安くすばやく届けられるインターネット上の市場に適している。

米国の大企業の一部は，eコマースへの展開を控えている。eコマースによる変化が自社販売員や販売代理店に与える影響に関して頭を痛めているのだ。そうした販売員や代理店の多くは，インターネット販売によってダメージを受けることになるからだ。

ヒューレット・パッカード（HP：Hewlett-Packard）の医療機器部門は，500人もの販売代理人と非常に多くの販売代理店を抱えていた。1998年には，同部門だけで10億ドル以上も稼いでいた。HPは，人間中心のビジネス，すなわち，顧客と直接，触れ合い，

直接，製品デモを行ない，握手することを通じてビジネスを行なうことに対する評判を誇りにしていた。顧客との親密な関係は，同社の重要な部分であり，実際の売上に結びついていた。

　HPのマネジャーは，eコマースは無視できないものであると判断した。そして，彼らはインターネットサイトを立ち上げた。それは，主なバイヤーに対して，インターネット上でオーダーできるようにしたものだった。オンライン価格は他の販売チャネルの価格と同一にした。それは，いくつかの企業によって行なわれているインターネット上での大幅割引に逆行したものだった。オンライン・オーダーはこうした取引を扱っているHPの販売代理店にも販売手数料をもたらした。(11)

　他にも多くの驚嘆する事実があるなかで，インターネットは，世界の金融市場を劇的に変えてしまった。インターネットを利用することで，投資家はお金を貯蓄したり，借りたりするコストを急速に低下させた。そのことは，多くの人々がますます金融市場にアクセスするなかで，投資への関心をさらに増大させた。「インターネットが資金の流れるスピードとペースを早めたために，世界はさらに小さくなりつつある」とメリルリンチ（Merrill Lynch）のグローバル投資戦略家，ジェフ・バーレンバーグ（Jeff Bahrenburg）は説明している。

　金融が電子的なインターネットの世界になるにつれ，驚くべき変化が生じてきた。インターネットを通して，市場はますます流動的，かつ，効率的になった。また，いつも市場が開いているようになると，人々は24時間投資に関わるようになった。拡大する投資機会は，グローバルな経済成長をもたらした。本章の最初で触れたように，より効率的な資本市場が技術革新と経済発展をもたらすようになった。顧客は金融についての知識をますます増やし，モーゲージから退職年金投資まで，さまざまな取引を求めてインターネットへなだれ込んできた。オンライン・プログラムは投資家に対して，専門的なアドバイスや財テク指導を提供した。2000年までに，米国の300万世帯がオンライン投資口座をもつことになり，総資産3億7400万ドルに及んだ。これらの数字は2003年までに，970万世帯，投資金額3兆ドルまで跳ね上がると予測された。(12)

　人々は，さまざまな製品やサービスの購入を通じて，新しい電子経済を支持した。おびただしい数のニッチ市場がオンライン化し，消費者はいち早くこのような新しいeコマースの機会を利用した。

　1999年のオンライン航空券販売は50億ドルに及び，旅行業界の7％近くを占めたように，消費者は，オンラインを通じて航空券を探し，購入することに大きな関心を寄せている。現在，無数の情報源が利用できるようになっており，エクスペディア・ドット・コム（Expedia.com），トラベロシティー・ドット・コム（Travelocity.com），プライスライン・ドット・コム（Priceline.com）は，もっとも利用されている航空券のオンライン販売サイトである。今のところ，主要な航空会社は，eコマース領域への参入に抵抗する姿勢をみせている。しかし，1999年の半ばまでに，当該産業のeコマースに対する

見方は変わってきた。コンチネンタル航空（Continental Airlines）はプライスライン・ドット・コムと，ユナイテッド航空（United Airlines）はバイ・ドット・コム（Buy.com）と提携したので，消費者は，航空会社から航空券を購入できるようになった。ユナイテッド航空は，1999年の自前の航空券販売比率はたったの3％だったが，2003年までに概算で20％に増加する，と報告している。インターネット調査会社の経営幹部は「今後航空会社は，イスに深々と座ったり，会社のドアを叩いてもらったりしてから顧客と接することはなくなるだろう。逆に，顧客が欲している所へ彼ら自身が商品リストをもっていく必要がある」とコメントしている。

技術的な知識をもつ消費者の間に，別の販売機会が生じてきた。ホイールプール（Whirlpool）は2000年に「インターネット仕様の冷蔵庫」を提供した。顧客は，タッチスクリーンを通じて，インターネットからレシピをダウンロードし，オンラインを介して食料品店から食材を注文できた。ミシガン州の電気器具商，ベントン・ハーバー（Benton Harbor）は，ヨーロッパでウェブにリンクできるオーブンを販売したし，イタリアのマローニー・エレットロドメスティッチ（Merloni Elettrodomestici）は，インターネットで遠隔操作できる洗濯機を売り出した。

消費者がインターネットを通じて，正確な車のモデル，価格，特徴を検索するようになると，自動車販売業もeコマースの世界に関わるようになった。こうしたインターネット・サービスは，自分仕様に設定されたウェブページでオーナーと契約でき，自動車購入の際にはオンライン上で融資や保険の提供も受けられるようになった。

カンザス州カンザスシティーのアキュラ（Acura）の販売代理店のオーナーは，企業のウェブサイト上に，新たに購入した自動車と新しいオーナーの写真を掲載し，さらに，その写真をオーナーに電子メールで送っている。「願わくは，それらが作用し，彼らの友人にまで伝わることを期待している」と。彼はまた，新たなオーナーにバーベキューの案内を送る。そして，彼らに特別提供サービスについて知ってもらう。彼は，eコマースを顧客とのどちらにとってもお得な関係（win-win）とみなしているのだ。

（2）企業の技術革新

企業が歓迎するのは，コスト削減や時短，そして，事業運営上の利点につながるような技術革新を生み出す，技術ベースのeコマースの領域である。

フォード・モーター（Ford Motor Company）は，全社的なウェブ・ポータル・システムを構築した。その目的は，企業が自宅の従業員に接触できる余地を高め，資金の節約を図ることにあった。フォードは従業員のために，ヒューレット・パッカード（Hewlett-Packard）のコンピュータとプリンターの購入と自宅への設置，そして，月5ドルのMCI/ワールドコム（MCI/WorldCom）のインターネット接続まで，すべて提供した。このプログラムには，経営管理者から工場労働者まで従業員35万人すべてが含まれていた。

> **資料12-A　賞賛されるデジタル技術企業**
>
> 　消費者に「デジタル時代にもっとも賞賛される企業は」と聞いたら，意外な答えが返ってきた。というのも，目に見える製品やサービスを扱う企業があがったからだ。
> 　『ウォールストリート・ジャーナル』紙（Wall Street Journal）に掲載されたハリス・インタラクティブ社（Harris Interactive Inc.）とレピュテーション研究所（Reputation Institute）の調査によると，ネット利用者から高く評価されている企業は，マイクロソフト，インテル，ソニー（Sony），デル・コンピュータ（Dell Computer），ルーセント・テクノロジー（Lucent Technology）であった。トップ20に食い込んだインターネット企業はヤフー（Yahoo!）だけで，18位に留まった。逆にマイクロソフトは，反トラスト訴訟で社会の目が厳しくなった後，高評価を得たのだ。
> 　「この調査で，企業評価は製品やサービスに何か不具合が生じたとき，いかにきちんとサポートしてくれたか，に大きく左右される」とハリス・インタラクティブ社の上席副社長，ジョイ・セーバー（Joy Sever）は述べている。「技術革新，よいサービス，品質の高さが業界での評価を得る鍵である」。と。この調査は製品・サービスはどうか，職場の環境はどうか，財務状況はどうか，心に響く会社か，社会的責任を果たしているか，ヴィジョンやリーダーシップをもっているかという六つの要因によって評価されたものである。

出典：Ronald Alsop, "The Best Reputations in High Tech," *Wall Street Journal*, November 18, 1999, pp. B1, B6.

　デルファイ・グループ（Delphi Group）による2000年の調査によると，55％の企業が，従業員のための企業内ポータル・サイトの構築を積極的に進めていた。残る企業のうち25％はこれから２年以内にこの種のプログラムを立ち上げる計画を進めていた。企業は，コスト削減と同時に，全社的に従業員を連携させることがよりよいコミュニケーションの流れを生み出すと考えている。

（3）強大な技術支配力をもつ企業

　ハイテク産業の中心には，情報技術システムの設計者らがいる。ウェブページのデザイナーが，出版物を受け取っている限り，ハイテク産業は，光ファイバーケーブルを格納するためのパイプを設置する溝を掘る企業が行なう仕事が基盤となるだろう。『ビジネス・ウイーク』誌（Business Week）の「インフォテック100」コーナーのトップ20位のなかには，インターネットを介して企業と消費者をつなぐネットワークやテレコミュニケーションを提供する6社が含まれている。そして，ここにリストされている他の企業には，世界中に情報を発信している通信企業3社と，最適な速度で効率よくインターネットを稼働させられる大型サーバーを有する3社が含まれている。「そこには大変魅力的な企業が含まれており，新たなネットエコノミーを生み出している企業もある。まさにインターネット向けの木場［訳注：新たなネットビジネスを生み出すこれからの企業を，建設に使われるため保管されている製材置き場に例えた］である」と，コンピュータ・ネットワーク・メーカーのサン・マイクロシステムズ（Sun Microsystems）の会長，エドワード・J.ザンダー（Edward J. Zander）は述べている。

図表 12-2　技術の普及率

コンピュータ（100万台）

地　域	1993年	2005年（予想）
北　米	77	230
Ｅ　Ｕ	44	250
アジア太平洋	25	257
中南米	3	44
世　界	149	781

	1999年の電話線がデジタル交換機に接続されている割合(%)	1990年の携帯電話加入者数（100万人）	1999年の携帯電話加入者数（100万人）
米　国	89	5.3	86.0
フィンランド	100	0.2	3.4
ドイツ	100	0.3	23.5
フランス	98	0.3	21.4
中　国	100	0.1未満	43.2
インド	99	0.1未満	1.2
日　本	100	0.9	56.8

出典："The Global Battle: Innovation and Technology", *Wall Street Journal*, September 26, 2000, p. R6. で報告されている Computer Industry Almanac のデータより。

1990年代の終わりまで，少数の影響力のある先端技術企業が，インターネットへの入り口を牛耳るようになった。第9章の討論のための事例で触れたが，アメリカ・オンライン（America Online）とタイム・ワーナー（Time Warner）の合併は，新たな市場を作り出した。そして，インターネット・サービスに関して2750万人のユーザーを擁するマイクロソフト（Microsoft）が存在していた。ビル・ゲイツ（Bill Gates）曰く，ウィンドウズ OS にブラウザ・ソフトをバンドルすることで，「インターネットの高波」に乗るというマイクロソフトの奮闘ぶりは，下巻にある事例研究で触れる。他の支配的な先端技術企業としては，2740万人のユーザーを擁するヤフー（Yahoo!），2640万人のユーザーを擁するライコス（Lycos），1360万人のユーザーを擁するウォルト・ディズニー／インフォシーク（Walt Disney/Infoseek）がある。資料12-A は，最近の投票データにもとづく「もっとも評価された企業」を表している。

（4）グローバル市場への参入

これまで本章の議論の多くは，技術革新や米国における支配的な先端技術企業に注目してきたが，ほとんどの先進工業国は，図表12-2で示されているような，市民生活への技術導入を公式的，かつ，積極的に追求している。以下に描かれるように，世界的に技術への関心が高まっている。

　　日本が21世紀を迎えたとき，1868年以来の経済・社会の大きな変化が起こった。米国

で生まれた新しい技術に対抗するために，大量の金融資産と人的資源が集められた。創業者の孫正義率いる日本企業のソフトバンクは，4億ドルを日本の新しいベンチャー企業の創業支援にあてがった。その投資は，数年の内に500億ドルもの価値に膨れ上がった。携帯電話小売会社［訳注：（株）光通信］の創業者である，重田康光はインターネット投資家に変身するために，ベンチャー・キャピタル設立に，3億ドルを投資するとともに，将来投資用として5億ドルを注ぎ込む計画をもっていた。数多ある他のベンチャー・キャピタルの努力が，ネオトニー（Neoteny）とネットエイジ（Netage）という，二つの日本のインターネット・インキュベータの立ち上げにつながった。(17)

技術発展の可能性は中国でも同様にみられた。ルーセント・テクノロジーのアジア担当副社長のスコット・エリクソン（Scott Erickson）は「中国はおそらく，世界でもっとも大きなワイヤレス市場となるだろう」と語った。このワイヤレス市場は，多くの中国人以外の投資家を惹きつけた。なぜならば，4300万人の中国人が携帯電話を所持しているが，インターネットに接続している人はほとんどいないからである。モトローラ（Motorola）は，電話，コンピュータ，ワイヤレスが搭載された100%中国製の携帯用機器を開発した最初の企業である。2000年，4500万人の韓国人のうち60%が携帯電話を所持していたが，インターネットに接続していたのは半分にも満たなかった。ハイテク企業による海外直接投資で，何十億ドルもの資金が流入した韓国は，地球規模のデジタル・コミュニティへの仲間入りをする寸前である。

　　　ブラジルは，インターネット接続を無料にするか，有料にするかの問題をめぐる技術開発に関して，興味深いテスト・ケースの場を提供している。ブラジルのユニベルソ・オンライン（UOL: Universo Online）とスペインの通信会社の部門であるテラ・ネットワーク（Terra Networks）はすべてのブラジル国民に無料のインターネット接続サービスを提供した。この戦略は，インターネット・サービス利用を有料にしたアメリカ・オンライン（AOL: America Online）ラテンアメリカのやり方と真っ向からぶつかった。AOLラテン・アメリカは無料インターネット・オプション・サービス提供以前に，6万5000人の会員がいると報告しているが，それは同国民の3%に満たなかった。競争がはじまったすぐ後に，ブラジルのUOLは，インターネット・サービスへの新たな申込者100万人のうち80万人の参加を募った。主に広告収入に依拠することによって，無料インターネット・サービスを今後も提供できると見積もられている。

欧州の企業は，2000年に大挙して通信業界に参入した。携帯電話の利用では欧州が米国を上回る一方，インターネットの利用は遅れていた。この遅れは，欧州がインターネット技術のもたらすスピードと莫大な機会を理解するにつれ，改善されていった。KLM航空（KLM Airlines）やBP-アモコ（BP-Amoco）のような企業は，自らのビジネス慣行を変え，インターネットを介して，供給業者や顧客とつながるようになっていった。欧州におけるeビジネスによる取引高は1999年の150億ドルから2001年には1780億ドルへと飛躍的に伸びた。(18)

アジア，南米，欧州における先進国と開発途上国は企業と個人向け技術の利用増大に向けて北米と手を結んだ。世界がグローバルにつながることで，企業活動の方法，人々のコミュニケーションの方法，われわれの生活の質を変えていくことになろう。

3　日常生活における技術

世界の人々は，以前よりも多くの技術革新を利用できるようになってきている。利用機会の増大は一部の人のみ当てはまることだといわれているが，(本章の最後のデジタル・デバイドに関する部分で議論するように) 途上国に住む人々は，ますます電化製品，娯楽設備，通信設備を享受するようになっている。北米，ヨーロッパ，アジアの一部における先進国の個人や企業は，これまで以上に電子通信機器に依存するようになっている。そのために，意思決定や取引を管理する際に必要な情報にますますアクセスするようになっている。新しい技術は個々人の仕事にとっても重要である。1999年までに，米国内の5人の経営管理者のうち4人がデスクトップ・コンピュータを使用し，経営管理者の半数以上がファックス，留守番機能，ボイスメール，携帯電話を使っていた。

個人と企業はインターネットを利用してオンラインでつながっている。事実，もっとも広く利用されている最近の技術革新の一つは，インターネットであり，ワールド・ワイド・ウェブである。**インターネット**（Internet）は，個人と組織とを結ぶ，世界的な電子コミュニケーション・ネットワークなのである。これによって，ユーザーは電子メールを送受信し，どの図書館からも情報にアクセスできる。1994年に誕生したインターネットが企業管理の手法，学生の学び方，家事のやり方を大きく変えることになった。

2000年の時点で，世界の3億7500万人に及ぶ人々がインターネットにつながっている。その間，新しいウェブサイトが1日1万件ずつ増えた。コンピュータ・インダストリー・アライアンス（Compater Industry Alliance）は，2005年までに世界人口の10％に当たる6億もの人がインターネットにつながっているだろう，と予測した。インターネット利用が増大するという予測の背景には，ウェブTVネットワーク網のような，テレビを通じてインターネットに接続できる持続的なイノベーションが生じてきたことと，携帯電話やPDA（携帯情報端末）を介して，人々がインターネットに接続できるようになったこと，がある。2000年までに，約900万人の日本と欧州の人々が，携帯電話を通じて，eメールをやり取りし，インターネット・サーフィンを行なうようになった。セルラー方式の携帯電話とポケット・コンピュータのような携帯電話機器の世界市場は，2000年までにパソコンの需要を抜き去り，2003年までには世界中のユーザーは10億人規模に達すると予想されている。

　　欧州とアジアでは携帯電話が熱狂的に受け入れられている。**Mコマース**，すなわち，モバイル型の商取引（commerce conducted via mobile），あるいは，携帯電話を介する

図表12-3　コンピュータの進化における過去の主な出来事と今後の予想

1977年	アップルⅡが販売される。
1981年	IBM-PC が販売される。
1984年	アップル・マッキントッシュ（Apple Macintosh）がユーザーにマウスとグラフィカル・ユーザー・インターフェイスを導入する。
1994年	企業ユーザーがインターネットを使いはじめ、WWW（ワールド・ワイド・ウェブ）が誕生する。
2001年	衛星通信がグローバルな高速データ通信網を可能にする。
2003年	音声認識技術が携帯用 PC に取り入れられる。
2005年	すべての先進国でインターネット接続が可能になる。
2007年	インターネット販売が B to B 取引のすべて、小売販売の25%を占めるようになる。
2007年	全米トップ校がオンライン教育を提供したために、33%の大学が撤退を余儀なくされる。
2008年	電話通訳が可能となり、異なる言語での通話が簡単にできるようになる。
2008年	電子マネーが到来し、小銭を持ち歩くことが時代遅れになる。
2010年	スーパーコンピュータが人間の脳と同じ処理能力（毎秒2兆回の計算ができる）をもつようになる。

出典：William M. Bulkeley, "The Course of Change", *Wall Street Journal*, November 16, 1998, p. R4. 図は編集してある。

商取引は消費者に対して、携帯電話を使用する場合、電子的な財布を提供しているのだ。人々は携帯電話を介して、株の売買を行なったり、ホットドッグから洗濯機に至る多くの製品を購入するようになった。フランス・テレコム（France Telecom）は簡易ワイヤレス方式により支払いができ、クレジットカード機能が付いた携帯電話を販売している。

「Mコマースは、次なる成長の波だ」とドイッチェ・テレコム AG（Deutche Telekom AG）の最高経営責任者である、ロン・ゾンマー（Ron Sommer）は語った。ゾンマー率いるドイツの電話会社は、2000年の8月までに1440万のワイヤレス電話の加入申し込み件数を獲得し、さらに2002年には未開拓の米国市場への参入を計画している。[20]

2000年までに米国の総世帯数のほぼ半分がコンピュータを所有するようになったことから明らかなように、人々はますますコンピュータに依存するようになった。デスクトップであるか、ラップトップであるか、はたまたメインフレームにつながっているか、否かにかかわらず、コンピュータは子どもたちに教育や娯楽の機会を提供し、個人向け資産運用アドバイスを提供し、さらには家や職場、旅行中もインターネットへの接続を可能にしている。コンピュータが発展してきたプロセスは、図表12-3にみることができる。

よりスピーディーに手軽にコミュニケーションできる新しい機器がきわめて速いペースで開発されている。2000年3月の『ビジネス・ウイーク』誌の記事、「ようこそ2010年」には、技術者が構想した最先端のイノベーションについて触れられている。例えば、「イヤーリング」。これは軽量の耳にはめるタイプの電話で、「どこにでも一緒」という

唯一の電話番号が付いており，PDA（携帯情報端末）を通してインターネットにも接続できる。「eクィル」［訳注：電子羽根ペン］は，手書きのメッセージを取り込んで，それらをPDAや別の画像ディスプレイに送ることができる筆記装置と説明されている。技術者は，2010年までには，親指の指紋がクレジットカード番号や忘れやすい一連のパスワードに代わることで，インターネット上で簡単にすばやくビジネスを行なえるようになる，と予想している。

新しい技術は学校までをも標的にしつつある。米国の12歳までの公立小中学校や幼稚園年長組における技術投資額は1990年代の6年間で2倍になった。法人の電話サービスに課される料金が米国の学校や図書館でのインターネット接続への助成に当てられ，その額は5年間で22億5000万ドルに上った。2000年度に学期入学した米国の子どもたちの90%はインターネットへアクセスできる建物で授業を受けた（1994年には35%だけに限られていた）。また，全教室の半分以上にインターネットにアクセスできる設備がある。

こうした技術は貧しく僻地にいる学生がインターネットを使って，世界のもっともすぐれた図書館，インストラクター，コースにアクセスできるようにした。そのために，あらゆる境遇の人々が教育を受けられるようになった。デジタル・ラーニングの環境は学生に複雑な問題を解くのに必要な情報をすばやく発見し，アクセスできる技能を与えている。

2000年代の教育界における新しい技術革新はオンライン教育である。IDAのスポークスマンは，学部，そして，大学院のオンライン・コースを取った学生の数は1999年の71万人から，2002年までには223万人に増加する，と予想している。この値は高等教育を受ける学生の15%を占めることになる。英国オックスフォード大学のライフ・ロング・ラーニング，そして，米国フェニックス大学のような教育機関はオンライン学習のパイオニアである。ビッグ・チョーク・ドット・コム（BigChalk.com），ユネックス・ドット・コム（Unex.com），ザナドゥー・ドット・コム（Xanedu.com）のような企業は，こうしたトレンドに乗って一攫千金を夢見て設立された。オンライン教育は，まさに重要なビジネス・チャンスなのだ。これは，キャンパスで提供される昼間の講義に出席できないため教育を受けられなかった学生に対して，新しい教育機会を提供したというレベルの話ではないのである。

一瞥したところ，自宅であるか，学校であるか，仕事場であるかにかかわらず，技術は，われわれの生活空間すべてに溢れており，そうした状況やその影響から逃れられないようだ。

（1）インターネットを通じた医療情報

インターネット上で無数の医療情報が入手できるようになったことで，人々の生活に劇的な変化をもたらしている。診察，診断，処方の方法，健康関連情報の収集・蓄積の方法，そして，健康管理にかかる時間と費用は，過去10年内に起こった技術革新で大き

く変わってしまった。

　　1999年の2月25日，ドラッグストア・ドット・コムが，インターネット上に仮想の窓口を開き，1万9000件にも及ぶ医療関連アイテムの注文と処方薬の調合をはじめた。歯磨き粉からバリウムまで，体の調子をよくし，病を軽減し，生活の質全体を改善するのに必要なものをネットを通じて獲得できるようになった。薬剤に特化した別のインターネット企業も出てきた。プラネット・アール・エックス（PlanetRX），ソーマ・ドット・コム（Soma.com），アール・エックス・ドット・コム（RX.com）といったベンチャー企業は，ウォルグリーンズ（Walgreens），ライト・エイド（Rite Aid），ドラッグ・エンポリウム（Drug Emporium）といったドラッグストア・チェーンが独占していた1550億ドルの市場に切り込もうとした。しかし，こうしたメガドラッグストアは，2000年までに自らウェブサイトを開設した。今や地域のドラッグストアへは，ウェブ上でワン・クリックするだけで行けるというわけだ。

　薬や健康商品にアクセスする他に，インターネットは医療情報をも提供している。概算で5200万人の米国人が，インターネットを利用して，病気や処方に関する知識を増やしたり，臨床調査に関与する方法を調べたり，低脂肪のレシピを探している。米国では，この種のインターネット・サーフィンが，スポーツの勝敗記録，株式相場，オンライン・ショッピングなどよりも一般的なのだ。

　サイバースペースの世界では，いつでも医者に会える。人々は，明け方の3時に不眠症治療について検索することができるし，好きなだけ質問できる。人々は問題にぶち当たったときにはいつも，無記名というプライバシーが保持された状態で情報を検索することもできる。インターネット上で多くの医療情報が提供されているが，こうした情報の質や信憑性は，ときとして，疑わしいものである。そのために，医療情報を得るためにインターネットを使用する人々を守ろうとする動きが出てきた。例えば，医療に関する二つの検索エンジン，メディカル・ワールド・サーチ（www.mwsearch.com）とメンタル・ヘルス・ネット（www.cmhc.com）は，医療情報を正確で，いつでもスクリーンに表示させるようつくられたものである。さらに，スイスのジュネーブに本拠地をおく非営利団体のヘルス・オン・ザ・ネット・ファウンデーション（www.hoc.ch）は医療インターネットサイトの認証印を提供している。この認証を得るために，ウェブサイトは，その団体のガイドラインに従わなければならない。そのガイドラインには，ウェブスポンサーの識別がきちんとなされているか，そして，情報がいつも更新されているかといったことが含まれている。

4　特殊な問題——デジタル・デバイド

　ある人々は，技術発展とその普及が途上国よりも先進国で，あるいは，先進国のなかでも，あるセグメントだけが他よりも進んでいることに関心を寄せはじめている。この

技術をもつ者ともたざる者との格差は，**デジタル・デバイド**（digital divide）と呼ばれている。この格差をとりわけ，問題視する人もいるが，いずれにせよ，格差が存在していることは紛れもない事実である。

米国でのデジタル・デバイドを示す驚くべき統計結果がある。1999年，黒人やヒスパニック系の家庭は9％なのに対して，白人の家庭では約28％がインターネットにつながっていた。1年後，インターネット接続は，家庭の収入によってバラツキがあることが報告された。それによると，7万5000ドル以上の所得をもつ家庭の75％がインターネットに接続していたが，低所得家庭では，たったの10％だった。教育もその要因の一つである。大卒のほぼ半分以上がインターネットに接続しているが，高卒では約17％に過ぎない。[26]

2000年5月，ベルサウス社（Bell South）とエモリー大学（Emory University）の研究者は以下のような報告を行なった。「デジタル・デバイドの問題は，たいてい都会と田舎という図式で捉えられる」。けれども，「われわれの研究は，教育や年齢がより重要な要因であることを示唆している」。オレゴン州の高齢者施設に関する研究では，当該施設の70％がインターネットにつながっていないこと，そして，高齢者が利用できるコンピュータを所有している施設は半分にも充たないことが明らかになった。オレゴン州上院議員のロン・ワイデン（Ron Wyden）は以下のように述べている。「われわれは長い間，弱い立場にある高齢者が，健康管理の質と利用可能性を改善することができ，そして，多くの場合，コミュニティとのきわめて重要なつながりを提供できる情報にアクセスするための場所にいるということ，それを確かなものにするにはまだ長い道のりがある」。[27]

このことが示唆しているのは，米国にもデジタル・デバイドが存在し，人種，所得，教育，世代によって生じてきたということである。追加調査は，デジタル・デバイドが米国に限らないことを物語っている。例えば，中欧・東欧の諸国は主にインターネットのインフラ欠如のために，デジタル・デバイドを被っている。非政府組織を含むほとんどの人々はダイアルアップを通じたインターネット接続に依拠しており，情報へのアクセス・スピードはゆっくりで，しばしば電話線の故障によりつながらなくなってしまう。加えて，市内通話一分ごとに課金されるインターネット利用料は，そうした国々の人々や中小企業にとって，かなり高額である。世界のデジタル・デバイドは，1990年代後半に開催された国連会議で認識されるようになった。

> われわれは情報通信分野におけるアクセス，リソース，機会が十分に行きわたっていないことを深く認識している。先進国と途上国の情報や技術のギャップとそれに関わる不均衡は拡がりつつある。これは「新しい種類の貧困」，すなわち，「情報の貧困」の様相を呈しているのである。[28]

本節の最初で述べたように，ほとんどの人々はデジタル・デバイドがある，と主張している。しかし，その多くがデバイドやギャップは縮まっていくだろう，と考えているのだ。フォレスター・リサーチ・グループ（Forester Research Group）による研究調査

第12章　技術──経済・社会発展の原動力

は以下のことを明らかにした。すなわち，2000年，アフロ・アメリカン家庭におけるオンライン化数は増大しており，白人家庭の43％に対して，アフロ・アメリカン家庭では33％がオンライン化している，ということである。その報告書の著者，エカテリーナ・ウォルシュ（Ekaterina Walsh）はこう説明している。「現在，オンライン化することはますます容易に，かつ，安くできるようになってきた。それゆえに，われわれは貧窮している人々を含む，あらゆる人種グループに，オンライン化の波が浸透していることを目の当たりにしているのである」。[29]

　1999年，多くの企業や地域開発組織の支援を受けた非営利組織である，「パワーアップ」（PowerUp）が設立された。当時，AOLの会長兼最高経営責任者であった，スティーブ・ケース（Steve Case）は，彼の妻，ジーン（Jean）と共同で創設したケース財団から1000万ドルを「パワーアップ」に寄附した。「パワーアップ」は，ケース財団（Case Foundation）からの寄附をもとに，当時，米国に存在していた由々しきデジタル・デバイドに対処する一方，子どもたちの人格形成や能力開発をサポートするためにデジタル技術の活用を進めた。AOL財団（AOL Foundation）は10万件ものAOLアカウントを寄附する形で，市内の若者が多くの子どもたちのウェブサイトを閲覧できるポータル・サイト，パワーアップ・オンライン構築をサポートした。貧窮地域で働くヴォランティアを採用する米国政府支援のプログラムである，「アメリコープス」（Ameri Corps）は，学校，ボーイ・ガールスカウト，市のコミュニティ・センターで，この「パワーアップ」のプログラムを監督するために400名以上の若者を派遣した。[30]

　さらに，多くの企業はデジタル・デバイドをビジネス・チャンスとして捉えている。そして，新しいプログラムを立ち上げ，技術へアクセスしている人々とそうでない人々のギャップを縮めると同時に，拡大基調にあるインターネット市場での売買を利用しようとしている。ヒューレット・パッカードは「ワールドe-インクルージョン」を発表し，それを通じて，2001年の途上国において，10億ドル分の自社製品・サービスの販売，リース，寄附を見積もった。リアル・ネットワークス（Real Networks）の会長兼最高経営責任者のロブ・グレイザー（Rob Glaser）は，リアル・ネットワーク財団（Real Networks Foundation）を創設した。それを通じて，同社は四半期ごとの利益の5％を投じて，「より進化したデジタル技術を使って社会にインパクト」をもたらそうとした。2000年10月に行なわれた会議には，世界の技術系リーディング・カンパニーのトップが数多く参加し，これら以外にも企業の取組みの様子が数多く発表され，ビジネスの可能性について議論がなされた。この会議で提起された中心課題は，グローバルなデジタル・デバイドは問題なのか，それともチャンスなのか，ということであった。[31]

　いずれにしても，デジタル・デバイドは存在しているので，ハイテク・ビジネスの事業者は政府やコミュニティの人々と協力しながら，人種や所得，教育，年齢，居住地にかかわらず，すべての人々が容易に技術を利用できるようになることを示さなければならない。

321

第VI部　企業と技術変化

　技術は，世界のあらゆる場所，あらゆる産業，われわれの生活のあらゆる側面に，経済・社会的な影響をもたらしている。技術がもたらした情報化時代は，われわれがどこに住もうが，何をしようがお構いなく，ビジネスのやり方を変え，われわれの生活の質を変えてきた。こうした構造的な変化は，技術はコントロールされるべきか，また，技術とそこからもたらされる発展をだれがコントロールすべきかという，重要だが，時には回答の難しい問いを提起している。こうした問題は続く章で議論することにしよう。

■ 本章の要点
(1) 技術変化は自己増殖的な傾向があり，企業や社会に大きな影響を与える。こうした影響には有益なものとそうでないものがある。技術発展に影響を与えるものとして，経済発展，労働生産性，研究開発投資がある。
(2) eコマース，オンライン・ビジネスは企業の商品やサービスの提供・販売の仕方，責任の取り方を変え，株主との関係も変貌させてきた。人々はオンライン上で，商品やサービスに投資し，商品やサービスを購入するようになった。
(3) 技術のもつ強大な力は，情報社会のインフラをつくり上げてきた。それによって，世界中の人々や企業同士がお互いにやり取りし，ビジネスを行なうようになり，eコマースのシステムが整備された。
(4) 政府支援や海外直接投資の後ろ盾によって，途上国の企業は情報通信革命のなかで急速に積極的な参加者になりつつある。
(5) 技術発展のもっとも新しい段階である情報社会では，多くの情報にすばやく容易にアクセスできるようになり，われわれのライフスタイル，教育，健康を変化させた。
(6) 教育，所得，年齢の差がデジタル・デバイドを生みだす原因である。途上国における技術インフラの改善とベンチャー企業がインターネットアクセスを提供することによって，デジタル・デバイドは縮まっていくだろう。

■ 本章で使われた重要な用語と概念
技術　テレコミュニケーション　情報社会　サイバースペース　eコマース　インターネット　Mコマース　デジタル・デバイド

インターネットの情報源
　・www.sirc.org　社会的課題研究センター
　・www.allec.com　オール・eコマース
　・www.ecrc.ctc.com　eコマース・リソース・センター
　・www.digitaldividenetwork.org　デジタル・デバイド・ネットワーク

討論のための事例：eコマースにおける倫理原則

eコマースは，世界中の企業に大きな影響を与えてきたが，その影響は今後も続くだろう。技術は，個人がビジネスを行なう方法を日々変化させている。そこには，家にいながらインターネットを使って手軽にショッピングできるというメリットもあるが，eコマースは個人のプライバシー遵守が甘くなるとか，ビジネス上の信頼感が減少するといった，あまり好ましくない結果をもたらすこともある。

情報社会の分野で名高い学者によれば，二つの事柄が個人のプライバシーを損なうという。一つは，情報を収集したり，蓄積したり，組み合わせたり，広めるための情報技術能力が高まっていること，いま一つは，情報価値が増大していることである。加えて，eコマースは，製品や販売員に対する知覚的な接触が減り，製品の特性を確かめることが困難になる。それゆえに，信頼の度合いが減少するのである。二人のパートナーがビジネス上の合意を取りつけようとすれば，同時に取引上の信用がなければならない。

eコマースにおけるこの種の問題，あるいは，また別の問題に対峙している経営管理者は，取引相手の意思決定や行動を導く倫理規定の欠如にさいなまれている。2000年，ある研究者

---

eコマースにおける倫理原則

あらゆるサイズの組織，そして，産業のメンバーはeコマースのビジネス活動において以下のような原則を採用し，実践することが求められている。eコマースに関する倫理原則をサポートする組織として，われわれは以下の点に準拠している。

1. 組織内の刊行物，とくに（株式公開企業なら）アニュアル・リポートでこれらの諸原則をサポートすることを明言しており，インターネットを通じての閲覧に供している。
2. eコマースに関する倫理規定に従わせるために組織としての方針や手続きをつくり，実行する
3. 社員がeコマースに関する倫理規定に従わせるためにつくられた組織としての方針や手続きに忠実であるように，社員教育を実施する。加えて，われわれはヘルプライン，すなわち，社員が組織としての方針や手続きに呼応して行動するように手助けするための継続的なサポートの提供を心がける。
4. eコマースに関する倫理規定の精神にもとづいてつくられた組織としての方針と手続きに対する違反を発見した，いかなる社員に対しても，適切な懲罰規定を下す。
5. 明文化された記録保存の手続きやデータベース管理基準に準拠して首尾一貫した行動をとる。さらに，その情報に対する正当な請求権をもつ関係者はこれらのデータ利用を認める。
6. われわれは自前の手続きや監督基準に準拠するよう促し，組織内でこれらのシステムに対する違反者を見抜くために，内部監査システムを設置する。
7. 毎年，eコマースに関する倫理規定に掲げられている倫理問題に関連した，eコマースのビジネス活動状況を報告する。加えて，e市場における倫理状況を促進させるために，組織的な協力体制を確立するための取組みを報告する。
8. 公認の監査人，例えば，社会的・倫理的な責任を明記した経営目標をもつ企業組織を支援することに関わっている団体，「アカウンタビリティ」（Accountability）による毎年の監査を受ける。

出典：Graham Peace, James Weber, Kathleen Hartzel, and Jennifer Nightingale, "Ethical Issues in eBusiness: A Proposal for Creating the eBusiness Principle," working paper, Duquesne University, 2000.

グループがeコマース用の倫理規定の議論とその構築のためのフレームワークとして，以下の一連の原則を提起した。それらの最終目標は，組織一般に受け入れられるための原則リストをつくり出すことにあった。

こうした原則を出すにあたって，学者はこう述べている。「技術領域の変化のペースには目を見張るものがある。われわれは，eコマースに関する倫理規定の採用が社会問題としての倫理違反が起こる可能性を減らすのに重要である，と思っている。技術，eコマース，そして，儲の大きいe市場の世界はわれわれを惹きつけて止まないし，そこからもたらされる利益は天井知らずである。しかし，eコマースの利便性や経済的利得が，それらの生み出す倫理的問題を越えないように，倫理的な配慮がなされねばならないのである」と。

検討すべき問題

① 従業員，消費者，社会の成員として，あなたはeコマースに携わる企業が，これらのeコマースの倫理規定を採用すべきだと思うか？ あるいは，思わないか？ また，なぜ，そう思うか？

② eコマースに携わる企業の所有者，あるいは，経営管理者として，あなたはこれらの倫理規定を採用するだろうか？ あるいは，しないか？ また，それはなぜか？

③ このような原則の順守が可能になるのは，政府によってだろうか？ 業界団体によってだろうか？ あるいは，「AccountAbility」といった独立団体によってだろうか？

注

(1) Pui-Wing Tam, "Taking High Tech Home Is a Bit Much for an Internet Exec," *Wall Street Journal*, June 16, 2000, pp. A1, A8, および, Alex Lyda, "Half of Way Home," *Pittsburgh Post-Gazette*, July 3, 2000, p. A6.

(2) Bill Joy, "Why the Future Doesn't Need Us," *Wired*, April 2000, www.wired.com/wired/archive/8.04/joy.

(3) Alvin Toffler, *Future Shock*, New York: Bantam, 1971, p. 26.（徳山二郎訳『未来の衝撃』中公文庫，1982年。）

(4) Gary McWilliams, "Corporate Technology Budgets Fall at High School," *Wall Street Journal*, December 28, 2000, p. B1.

(5) James P. Miller, "Private R&D Spending Seen Rising 9.3%," *Wall Street Journal*, December 31, 1998, p. A2.

(6) John Lippman, "News Corp. Sets Up $650 Million Fund to Finance Internet Firm Outside U. S.," *Wall Street Journal*, March 13, 2000, p. B16.

(7) "Tech Tropor Overseas," *Business Week*, December 20, 1999, p. 10 ; Robert A. Guth, "Japanese Aim to Outspeed U. S. Internet," *Wall Street Journal*, p. A17., および Robert A. Guth, "Japan Goes All Out to Catch U. S. in High-Speed Internet Services," *Wall Street Journal*, November 27, 2000, p. B4.

(8) David P. Hamilton, "Inflection Point," *Wall Street Journal*, April 17, 2000, p. R48.

(9) Robert D. Hof, "A New Era of Bright Hopes and Terrible Fears," *Business Week*, October 4, 1999, pp. 84-98.

(10) Robert L. Simison, Fara Warner, and Gregory L. White, "Big Three Car Makers Plan Net Exchange," *Wall Street Journal*, February 28, 2000, pp.

A3, A16., および, Rochelle Sharpe, "Teen Moguls," *Business Week*, May 29, 2000, pp. 108-118. Cameron Johnson, Brad Ogden, Paul Dinin, Angelo Sotira, Rishi Bhat らも e ビジネス・ベンチャーで一儲けした高校生で, May 29, 2000, *Business Week* で紹介されている。

(11) George Anders, "Some Big Companies Long to Embrace Web but Settle for Flirtation," *Wall Street Journal*, November 4, 1998, pp. A1, A14.

(12) Christopher Farrell, "All the World's Auction Now," *Business Week*, October 4, 1999, pp. 120-128.

(13) Erik Siemers and Edward Harris, "Airlines Begin to Click with Internet-Booking Services," *Wall Street Journal*, August 2, 1989, p. B4.

(14) Fara Warner, "Car Race in Cyberspace," *Wall Street Journal*, February 18, 1999, pp. B1, B12.

(15) Fara Warner, "Ford Planning Corporate Web Portal to Wire All Employees in Their Homes," *Wall Street Journal*, February 4, 2000, p. B4.

(16) Steve Hamm, Andy Reinhardt, and Peter Burrows, "Builders of the New Economy," *Business Week*, June 21, 1999, pp. 118-122.

(17) Irene Kunii, "The Web Spinners," *Business Week*, March 13, 2000, pp. 81-88.

(18) Stephen Baker and William Echikson, "Europe's Internet Bash," *Business Week E. Biz*, February 7, 2000, pp. EB40-44.

(19) 家庭や職場への新技術の浸透に関する追加情報は以下を参照のこと。Steve Hamm, Andy Reinhardt, and Peter Burrows, "Builders of the New Economy," *Business Week*, June 21, 1999, pp. 119-122；"A Wide Net" *Wall Street Journal*, December 6, 1999, p. R6；Keith H. Hammonds, "Americans Are Getting Hooked on the Home PC," *Business Week*, March 23, 1998, p. 32., および, Amanda Mujica, Edward Petry, and Dianne Vickery, "A Future for Technology and Ethics," *Business and Society Review*, 1999, pp. 279-290.

(20) Gautam Naik and Almar Latour, "M-Commerce: Mobile and Multiplying," *Wall Street Journal*, August 18, 2000, pp. B1, B4.

(21) William C. Symonds, "Wired School," *Business Week*, September 25, 2000, pp. 116-128.

(22) Joseph Weber, "School Is Never Out," *Business Week*, October 4, 1999, pp. 164-168., と Robert Cwiklik, "Online Courses Reach Students beyond a University's Walls," *Wall Street Journal*, October 29, 1998, p. B9. を参照。

(23) Janet Rae-Dupree, "A Real Shot in the Arm for a Virtual Pharmacy," *Business Week*, March 8, 1999, p. 40.

(24) "Web Users Search for Medical Advice Most Often," *Wall Street Journal*, November 27, 2000, p. B14.

(25) Rebecca Quick, "CybeRx: Getting Medical Advice and Moral Support on the Web," *Wall Street Journal*, April 30, 1998, p. B10.

(26) Marcia Stepanek, "A Small Town Reveals America's Digital Divide," *Business Week*, October 4, 1999, pp. 188-198., および, Digital Divide Network は www.digitaldividenetwork.org を参照。

(27) Jan Kornblum, "Digital Divide Leaves Country and City Behind," www.digitaldividenetwork.org.

(28) United Nation's Statement on Universal Access to Basic Communication and

(29) John Cochran, "The Digital Divide Narrows," ABCNews.com, www.abcnews.go.com.
(30) Margaret Johnston, "Tech Companies Team to Shrink Digital Divide," e-Business World@IDG.net, November 8, 1999, www.idg.net.
(31) コンファレンスの議論の詳細は，"A New Business Frontier," *Business Week*, December 18, 2000. の特別広告欄を参照。

第13章　新しい技術の出現とそのマネジメント

　技術は以前にも増して変化をもたらしている。技術変化は，プライバシー，セキュリティ，所有権，健康と安全に関して，倫理的・社会的問題を引き起こしている。この急激な変化がわれわれの社会とそこに住む人々に何をもたらしているのか？　さらに，だれが技術変化の規模やペースの決定に責任をもつのだろうか？技術はマネジメントすべきものなのだろうか。そうだとすれば，だれが技術をコントロールし，世界の人々と文化に突きつけられている新たな課題に応えていくのだろうか？　サン・マイクロシステムズの最高経営責任者，ビル・ジョイ（Bill Joy）は，急速な技術発展の危険性について，以下のように警告している。

　　原子科学者の経験は，個人が責任を負う必要性，急速に変化することの危険性，技術が一人歩きしてしまうパターンを明示している。彼らと同様，われわれも知らぬ間に解決困難な問題を積み上げている。自らの発明がもたらす結果に鈍感であるとすれば，われわれはあらかじめよく考え，備える必要がある。

本章では以下のような主要な問題と目的に焦点を絞って論じることにする。

・企業がステイクホルダーの個人情報を自ら進んで保護するようになるきっかけは何か？
・アクセスが自由な情報社会において，情報はどれほど安全なのか？
・企業は技術変化をコントロールすべきか，もしそうだとすればどうやって行なうのか？
・企業が知的財産権をマネジメントすることが，情報社会の脅威とならないか？
・科学や医療の技術革新によって生じる，新たな倫理・社会的な難題とは何か？

　技術自らが権力をもつようになってきた。それは，インターネット情報の利用を管理・制限することがますます困難になっていることに象徴されている。

　　1999年，あるハッカーが，ワシントン大学の医療センターの5000件以上に及ぶ患者のデータに不正アクセスした。カーンと名乗る25歳のオランダ人とだけ判明していたそのハッカーは，そのデータベースに何度も侵入し，情報を悪用するというよりも医療データ管理の杜撰さを自ら証明した。そのデータベースは，研究調査と医療アセスメントを目的としたもので，患者の追跡治療のために使用されていた。詳細な患者の記録は別々のシステムに保存されているが，ハッカーがアクセスした記録には，患者の氏名，社会保障番号，医療状況も含まれていた。自身もデータベースに名前があった65歳のシアトル在住の元エンジニアで心臓疾患の患者，エドウィン・グールド（Edwin Gould）はその出来事が大変厄介なものであることに気づいた。というのも，グールドが語っているように，大学にある大規模なコンピュータ・システムは「病院のプログラムよりほんの少し洗練されているに過ぎなかった」のだ。

2000年に情報を管理する上で別の問題が生じた。カルフォルニア州にあるファイバー・チャネル・アダプターのメーカー，エミュレックス（Emulex Corporation）が出したプレスリリースが，同社の株価を暴落させた時のことだ。そのプレスリリースは，インターネット投資家に収益改訂報告書，役員への辞職報告，証券取引委員会による企業調査報告に注意を促すよう警告したものだった。報告書の内容はいずれも真実なものではなかった。その偽の報告書は，23歳のマーク・ヤコブ（Mark Jacob）が作ったものだった。彼は株が大好きだったが，最近は巨額の損失を出していた。皮肉にも，その偽のメッセージはうまくいってしまった。そして，同社株の売りへ誘う大きな不安とパニックをもたらした。いたずらが見破られ，株式の売買が沈静化するまでに，株価は60％も下がり，同社の市場価値は，24億5000ドルから16億2000ドルへと下落したのだった。
(2)

ビル・ジョイが出した警告は今日のみならず将来においても重要なものだろう。企業も個人も，インターネットという技術の虜になっている。情報の重要な部分，例えば，医療記録のようなものはどのくらい保護されているのだろうか？　だれでもインターネット上で企業に関する虚偽の報告ができる状況が許されていいものだろうか？　技術がどのように利用されるのか？　だれが技術を管理すべきかについて，そもそもだれが制限を加えるべきなのだろうか？

目下，だれが技術利用の方法と技術の管理主体の問題を管理・制限していくのかについての最善の方法はない。そこには技術が社会に対して提起してきた無数の課題が現前しているだけだ。現代社会は，個人情報，セキュリティ，財産権，健康と安全といった問題を抱えているのだ。

1　プライバシー保護ビジネス

技術と情報は，職場に大きな影響をもたらしている。図表13-1にあるように，1999年，米国の平均的な労働者は1日に200通以上のメールを送受信する。調査を受けたほぼ半数が，メールのやり取りが多くなったことで仕事が増えたと答えている。また，業務に関係ない事柄にインターネットを利用したいという衝動が多くの企業に危機をもたらしている。ヴァルト・ドット・コム（Vault.com）は，従業員1244人を調査し，90％以上が仕事中に業務と無関係なウェブサイトを見ている事実を認めていることを明らかにした。彼らはこの現象を「ミレニアムたばこ休憩」（the millennium cigarette break）と呼んでいる。下巻第17章で議論するように，管理者側は，従業員がアクセスする情報をモニターしたいと思っているが，それが逆に個人のプライバシーに関する由々しき問題を引き起こすことになる。

コンテント・アドバイザーが開発したソフトウエアを使用している企業は，ネット上を監視して，従業員がデート，スポーツ，財テクなどのトピックに当てはまるサイトに

図表13-1　ビジネスマンのコミュニケーション手段

米国の平均的な事務職員が一日にやり取りするメッセージ数			
電　話	51	ポストイット	13
電子メール	37	電話の伝言シート	9
ボイスメール	22	ポケベル	8
郵　便	19	携帯電話	5
社内便	18	翌日配達便	3
Fax	14	速達便	2
総メッセージ数＝201通			

出典：Dan Clark, "Managing the Mountain," *Wall Street Journal*, June 21, 1999, p. R4.

アクセスできないようにしている。ファーム・ビューロー・インシュアランス（Farm Bureau Insurance）は，そのソフトウエアを使い，会社のコンピュータでポルノサイトを見られないようにしている。同社は，ポルノサイトにアクセスすることは「労働環境として相応しくない」と認識し，セクハラ訴訟の証拠になると考えている。

　こうしたやり方は，従業員のプライバシー侵害に当たると主張されているのに対し，多くの企業は**プライバシー政策**（privacy policy）を制定している。それは，社内の技術をどこまで利用していいのか，事業主は従業員の行動をいかに監視するのかについて説明している。コロムビア/HCA 社の健康管理（Columbia/HCA Healthcare）は「電子コミュニケーション・ポリシー」（electronic communication policy）を全従業員に公布し，そのなかで，特別に権限を与えられた人員が，従業員のコンピュータのハードディスク内にあるコンテンツにアクセスし，それをモニターする必要が出てくるかもしれないと警告している。従業員の監視に関する問題は，下巻第17章でさらに突っ込んで考察する。

　プライバシーの問題はまた，企業と消費者の関係にも波及している。1998年，連邦取引委員会（Federal Trade Commission）は以下のような事実があることを発見した。企業が運営する全商用サイトで，消費者に対して，企業側が個人情報をどう扱うのか，消費者が情報を提供したくないときにどうすべきか，を明示しているのは14％に過ぎなかったのだ。1年後，ほとんどのウェブサイトが，消費者情報の扱いに関して，いくつかの選択肢を提供するようになった。[3]インターネット・サイトのプライバシー政策実例は，資料13 - A に示されている。

　企業によるステイクホルダーのプライバシー管理に関する取組みは，2000年のプライバシー選好プロジェクト綱領（P3P：Platform for Privacy Preference Project）にもみられる。このプログラムは，プライバシーのうち，インターネット上で公開しても構わない部分を，ユーザーが決められるソフトウエアを提供するものであった。このソフトウエアは企業から追加情報を要求された場合や企業がその情報を何かに利用しようとしたときに，消費者に警告を発する機能もついていた。P3P はあるインターネット閲覧ソフトに無料で添付され，インターネットから無料でダウンロードもできた[4]（第15章でもう

> **資料13-A　アマゾン・ドット・コムのプライバシーについての告知**
>
> 　アマゾン・ドット・コム（Amazon.com）では，お客様の個人情報がどのように利用され，共有されるのか心配されていることを認識しており，アマゾン・ドット・コムがお客様の個人情報を細心の注意を払って慎重に取り扱うものと信頼していただけていると考えています。この告知はわが社のプライバシーに対する方針を説明しています。そのため，アマゾン・ドット・コムをご利用いただくお客様はこのプライバシー告知に同意したものとみなされます。
> 　われわれがお客様から集めた情報は，お客様に合った買い物ができるようにしていくために使われます。われわれが集めた情報は以下の通りです。
> **アマゾン・ドット・コムによって，お客様のいかなる個人情報が集められていますか。**
> ●お客様から提供される情報……われわれはこうした情報を，お客様のリクエストに応えるために，つまり，お客様の次のお買い物のために，私どものショップを改善するために，お客様に連絡するために使わせていただきます。
> ●自動的に集められる情報……多くのウェブサイトと同様に，われわれは「クッキー」を使用し，お客様がアマゾン・ドット・コムにアクセスしたときに，特定の種類の情報を収集します。
> ●その他から集める情報……われわれは契約している配達業者や別のところから配達情報や住所を受け取ることがあります。これもわれわれのデータを更新し，お客様の次のお買い物やお客様との連絡をスムーズに行なうためです。
> **アマゾン・ドット・コムが集めた情報を共有していますか？**
> 　お客様の情報はわれわれのビジネスにとって重要です。われわれはそうした情報を他に譲渡したりすることはありません。われわれがお客様の情報を共有するのは，アマゾン・ドット・コムの子会社，司法当局，その他下記に掲げた場合に限ります。
> ●われわれが直接管理していない提携企業……例えば，ドラッグストアー・ドット・コム（drugstore.com）のような健康・美容サービス企業。
> ●代理業務……例えば，注文の実行，輸送，郵便の発送，電子メールの送信，等々と顧客サービスの提供。
> ●アマゾン・ドット・コムとお客様の保護……われわれは，法令遵守……アマゾン・ドット・コムやお客様などの権利，財産，安全の保護に適している場合，お客様のアカウントやその他の個人情報を開示いたします。
> ●お客様の同意……お客様の情報が第三者に譲渡されるときは事前に通知されますし，お客様はその情報を共有しない選択もできます。
> 　この規約は，「個人情報はどのくらい安全か」，「どの情報にアクセスできるのか」，「どういった選択肢があるのか」，「子どもが利用した場合はどうか」，といった問題も対象範囲としています。
>
> 出典：この規約の完全版は，www.amazon.com/exec/obidos/subst/mics/policy/privacy を参照のこと。

一度，ネット上での消費者のプライバシーの問題を議論する）。

（1）産業界と政府のプライバシー管理への取組み

　各企業は個人のプライバシーを保護するためのさまざまな対応策を取っただけでなく，プライバシーを侵害する技術の乱用を食い止めるために，企業同士が一致して，業界の自主規制を禁じた。1998年，AOL（America Online），マイクロソフト（Microsoft），ネットスペース（Netspace）などを含む8つの主要インターネット企業は，TRUSTeと

いう，オンライン上でのプライバシーに配慮してもらうキャンペーンを行なう業界団体を結成した。企業は，オンライン上のプライバシーの権利について消費者側に情報提供する目的で作られたプライバシー・パートナーシップというプログラムを売り込むバナー広告のために各社のウェブサイトの一部分を空けておくことを約束した。2年後に18のインターネット健康サイトがハイ–エシックス（Hi-Ethics）という企業を立ち上げたことでTRUSTeの取組みに加わり，そこで健康関連のサイトに提供される個人情報を管理するプライバシー基準を作成した(5)（業界の取組みについては，下巻第15章で再び，触れる）。

　企業はインターネット上のプライバシー問題に取り組みたいと思っているが，懐疑的な人々は，世界中でインターネットを監視する必要があると考えている。とはいうものの，世界中で技術を管理監視することは容易に達成しうるものではない。

　　2000年に，米国と欧州の政府高官は，国際的なプライバシー保護に向けて力強い一歩を踏み出した。これまで米国企業は，欧州人のプライバシーを侵害したと訴えられるおそれがないような形で欧州でビジネスを行なう方法を模索してきた。そうしたなか，欧州委員会（European commission）は，米国のインターネット企業に，主題に対する同意が疑問の余地なく与えられている場合にのみ，個人情報を収集・利用してもよいと申し渡した。具体的には，（支払請求のような）契約を完遂するのに個人情報が必要なとき，法的に個人情報が必要となったとき，企業の存続に関わる権利を保護するのに個人情報が必要となったとき，法の執行のために個人情報が必要なとき，である(6)。

　こうした施策にもかかわらず，インターネット関連のプライバシーを国際的な政府機関が統制することは困難だろう。プライバシーの管理は，インターネット企業が自ら行なう必要がある。『ビジネス・ウイーク』の記事にあるように，「世界の巨大な市場に参入していくためには，インターネット上でも他の市場と同様の保証を提供しなくてはならない。端的にいえば，社会全体が，オンライン上で自動車を購入し，モーゲージを競り落としはじめる前に，企業自体が，その取引が安全で法に則っていることを消費者にきちんと示す必要があるだろう」と。(7)

2　情報セキュリティの管理

　企業は情報を安全な場所に移し，価値ある資源を守ることの重要性を強く認識するようになっている。いかに情報セキュリティに最善を尽くすか，が主要課題になっている。

　　"I love you"というフレーズは，2000年5月4日にまったく新しい意味をもつようになった。そのフレーズが，電子メールにとって悩ましい事態を引き起こすことになったのである。アジア，ヨーロッパ，北米で各ユーザーが"I love you"というタイトルの電子メールを開いた途端，そのメールの圧倒的な破壊力が明らかになった。そのメールがもたらした感染ファイルのおかげで，日が暮れる前に，フォード，マイクロソフト，

図表13-2 セキュリティ違反例

44%	金銭の窃盗を含むコンピュータによる詐欺
18%	不法侵入，サービスの窃盗
16%	ソフトウエアへの損害
12%	データの改ざん
10%	情報の窃盗

出典：Patrick Casabona and Songmei Yu, "Computer Fraud: Financial and Ethical Implication," *Review of Business*, Fall 1998, pp. 22-25.

　エスティ・ローダー（Estée Lauder），米国陸海軍の業務が停止した。ある個人がその電子メールを開いた途端，感染し，アドレスブックに登録されている人すべてにそのメッセージを自動的に送りつけたのだ。
　同時に，感染したウイルスがネットワーク上のファイルを削除しはじめ，音楽ファイルを勝手に変更し，あげ句の果てには，自分のコンピュータのハードディスクにアクセスできなくなった。また，そのウイルスは，感染者のインターネット閲覧ソフトに対して，フィリピンにある四つのウェブサイトに行くよう指示を出した。そのサイトでは別の悪質なソフトウエアがダウンロードされるようになっていた。そのソフトウエアはハードディスク上のパスワードを探しだし，それらをフィリピンにあるインターネットアカウントに送信させた。"I love you" ウイルスは，人々がコンピュータに記憶した情報をきちんと管理してこなかったこと，名の知れない人が，この情報に容易にアクセスできることを白日の下に晒したのだ。[8]

　その他の破壊工作は特定のインターネット企業に向けられていた。2000年の2月7日，世界でもっとも有名なウェブ・ポータルの一つ，ヤフー（Yahoo!）がシステムに対する攻撃を受け，3時間もダウンしてしまった。その攻撃が50以上の異なるインターネット・アドレスから行なわれたために，短時間に非常に多くのリクエストが生じ，ヤフーはリクエストされたすべてのウェブページを表示できなかった。翌日には，バイ・ドット・コム（Buy.Com）やeベイ（eBay）のポータルが一時的にダウンした。「われわれも，ヤフーで起こったのとほぼ同じ巧妙な手法で，サービス停止攻撃の標的にされたのだ」とバイ・ドット・コムの最高経営責任者，グレゴリー・J.ホーキンス（Gregory J. Hawkins）は語った。[9]
　コンピュータ・セキュリティ違反は，図表13-2に示されているように，さまざまな形で起こり，増え続けている。1996年には，情報セキュリティの違反があると報告した経営管理者は，たった40%であったが，その2年後には60%以上に上った。この被害は増加傾向にあり，1997年のサービス・財の損失は1億ドルだったが，1998～99年にかけては毎年1億2000ドル以上の損失が報告されるようになった。
　企業の敵は，コンピュータ・ハッカーと呼ばれている。**コンピュータ・ハッカー**（computer hackers）は，しばしば先端技術のトレーニングを受けた個人で，スリルを

味わったり，お金のために企業の情報セキュリティ・システムに侵入する。自由にアクセスでき，攻撃の足がつきにくいことから，ハッカーが利用するもっとも一般的なルートはインターネットである。スコラスティック社（Scholastic, Inc）が2000年に行なった世論調査の結果が公開されたとき，ビジネス界はハッカーによる攻撃の恐怖感をより一層募らせた。その結果が示していたものは，調査した小中学校の生徒の48％はハッキングを犯罪とは思っていないということだった。企業側が期待しているのは，ハッカーの摘発と起訴により，彼らに行動を思い止まらせることである。

　　　カルヴィン・カントレル（Calvin Cantrell）は今までの全米通信インフラに対する広範囲な不法侵入の罪を認めた。カルヴィンと仲間のハッカーは AT&T，GTE，MCI，スプリント（Sprint）といった電話会社のネットワークに繰り返しアクセスしたり，エキュファックス（Equfax）や TRW にあるクレジット報告書のデータベースに侵入した。FBI によって「フォーンマスター」（Phonemasters）と名づけられていた，カルヴィンとその仲間は，電話を盗聴し，ガードされたデータベースを危機にさらし，通信を意のままに転送していた。彼らは全米の送電線網，交通管制システム，ホワイトハウスの非公開の電話番号にもアクセスしていた。FBI の推計によると，このハッカー・グループは，約200万ドルの損害を企業に負わせていた。

（1）情報セキュリティへの侵入に対する企業の対応

1990年代後半に入って，企業に対するハッカー攻撃の数，程度，容易さが急増したので，各企業は自社情報を守ることに，もっと多くの資源を投じる必要があると気づきはじめた。主要なインターネット・プロバイダーの経営幹部はインターネット・セキュリティに関するブレインストーミングのために，2000年にクリントン大統領と会見している。そこで提起されたアプローチはさまざまだったが，とにかく行動が必要であるという合意は得られた。

　　　2000年，プライスウォーターハウス・クーパース（Pricewaterhouse Coopers）は，新たな子会社を立ち上げ，企業側が危惧している情報セキュリティ侵害に対して，デジタル認証用のメモリーを提供した。デジタル認証は，暗号化されたコンピュータのファイルであり，ID やオンライン署名を提供する。その子会社ビートラスティド（beTrusted）は，プライスウォーターハウス・クーパースが雇っている950人のコンピュータ・セキュリティ・コンサルタントのネットワークをベースとしている。他の企業は，情報セキュリティを強化するために，IDS（侵入探知システム）に力を注いでいる。IDS は，一定の諸作動に関して，ネットワークやサーバーを監視する，作動探知システムのような機能を果たしている。重要なファイルを開いたり，そのファイル名を変えたり，重要なドキュメントから大量のデータをダウンロードしたり，極秘情報を e メールに添付して送るなどのある特定の「攻撃のサイン」を探知できる。

2000年に，疑わしいハッカーのグループが米国にあるコンピュータ・システムに侵入

を試みたとき，セキュリティ・システムが守っている重要なウェブサイトにうまく入り込めると考えていた。しかし，本当はウソのウェブサイトにハッカーを誘い寄せ，彼らのすべての行動を監視するために，セキュリティのプロが仕込んだハニーポットというシステムに入り込んでいたのだった。1カ月間，ハッカーがやったすべてのキー操作とウェブ上のすべての行動が記録された。数多くのハニーポットの仕掛けをつくってきたランス・スピッツナー（Lance Spitzner）は，これらの証拠を見て，そこから学習してもらうために，インターネット上におけるハッカーたちの活動記録をセキュリティ・コミュニティに提出した。[12]

（2）最高情報責任者（CIO）

多くの個人情報やセキュリティ問題に関わる技術の管理責任を企業が担う場合，この責任のほとんどは**最高情報責任者**（CIO：chief information officer）に委任されることになる。多くの企業はデータ処理担当の経営管理者にCIOの称号を与え，その職務を重視している。CIOにはデータ処理以上のビジネス上の責務が課されている。CIOは，長期の情報戦略構築のみならず，ますます増大する，ビジネスに必要なコンピュータやパッケージ・ソフトウエアをうまく管理しなくてはならない。「それはビジネスにすぐれた優位性を与え，収益を生み出すツールなのだ」とファニー・マー（Fannie Mae）の前CIOのウィリアム・E・ケルヴィー（William E. Kelvie）は述べている。「切れ目なく，分単位でもっとも新しいデータをやり取りして，顧客やサプライヤーを獲得するために，すべてのビジネスが，最新の技術を使える経営幹部を必要としているのだ」と。[13]

　　　ほとんどのビジネスにおいて，敏腕のCIOを擁することで便益が生じる。シスコ・システムズ（Cisco Systems）のCIO，ピーター・ソルヴィック（Peter Solvik）は従業員の管理から製造まですべての分野にインターネット技術を利用することで，15億ドルのコスト削減をもたらした。ゼネラル・エレクトロニック（Genenal Electronic）のCIO，ゲイリー・レイナー（Gary Reiner）はインターネットを通じて，50億ドルの財とサービスを動かす業務を担当し，営業利益の改善に貢献した。チャールズ・シュワッブ（Charles Schwab）のCIO，ドーン・レポア（Dawn Lepore）は，オンライン取引のコストは通常の取引の20％程度に過ぎず，総営業収益を高めることを見出した。ビジネスにおける，これらの重要な変化を実行に移す仕事が，CIOにますます期待されており，現在では，コンピュータを正しく運用すること以上の仕事を求められている。

　CIOは，ますます企業を大局的にみなければならなくなっている。CIOは，各事業部の目的に適った，情報技術のビジョンをうち立て，調整し，まとめあげなければならない。また，長期的な事業目標に向けて自社の情報技術資源を誘導していく，「コーチ」としての役割を果たさねばならなくなっている。

（3）情報セキュリティ保護への政府の取組み

クリントン大統領（President Clinton）は2000年に，政府支援を求める企業側の要請に応じて，サイバー―ナショナル・インフォメーション・センター（Cyber-NIC）を創設した。Cyber-NICは，各企業がサイバー・セキュリティに関する問題や危機を提起し，共同して対処できるような場所を提供している。加えて，民間や政府各部門の識者から構成されるシンクタンクでは，サイバー・セキュリティ問題を考えるために，定期的に会合を開いている。そこには，マイクロソフト（Microsoft），IBM，AOL（America Online），ヤフー（Yahoo!），エレクトロニクス・データ・システム（Electronic Date Systems），ルーセント・テクノロジー（Lucent Technology），eベイ（eBay），ノーテル・ネットワーク（Nortel Networks），イリジウム（Iridium），AT&Tなどが名を連ねている。米国政府も，コンピュータ・セキュリティのための研究やコンピュータ・セキュリティの専門家として，政府業務への関与を同意した学生に対して奨学金を給付している。クリントン大統領は，「今日，エネルギー構造から航空管制に至るわれわれの重要なシステムは，コンピュータとつながっており，コンピュータによって機能しているので，われわれは，米国人がより安全で居られるように，そうしたシステムをより安全にしていかなくてはならない」と述べている。

3　成人向け情報の管理

多くの人々は，インターネット・ポルノ産業がeコマースでもっとも活気のある儲かる領域だと考えている。企業ホームページが毎月数千件の訪問数に対して，トップ・アダルト・ウェブサイトは，一日平均100万件に及ぶ。アダルト・ウェブサイトの匿名のオペレーターは，eコマースの80〜90％がアダルト・サイトのビジネスだ，という。エンターテイメント・ビジネス専門の企業，フォレスター・リサーチ（Forester Research）の上級研究員は，1999年には，アダルト・ウェブサイトは7億ドルから10億ドルの利益を上げたと算定している。

女性用ランジェリー・メーカーのヴィクトリアズ・シークレット（Victoria's Secret）がインターネット上にファッションショーを立ち上げたケースでは，成人向けウェブサイトの人気の程がうかがえる。同社は，150万人がその商品を見るためにログオンした，と報告している。他方，こんなケースもある。個人名を使用したページ数で算定した場合，インターネット上でもっともホットな名前は，パメラ・リー（Pamela Lee）であり，彼女はベイウォッチ（Baywatch）という，連続テレビ番組の元スターだった。ある試算では，ミス・リーの名前は，15万以上のウェブサイトに引用されており，そのほとんどが製品やサービスを売るために彼女の名前の認知度を利用しようとしたものである。

ある国では，いかがわしい成人向けのコンテンツを擁する，こうしたサイトに関連した活動は，徹底的にモニターされ，管理されている。日本のもっとも人気のウェブサイ

トである。ヤフー・ジャパン（Yahoo! Japan）の東京事務所は，警察官によって手入れを受け，オークション・サイトで違法なポルノ・コンテンツを販売できるか否か，を調査された。この手入れは，親会社である，米国ヤフーへの訴訟の結果，行なわれたものであった。それは，米国のサーバーにあるナチの関連記念品へアクセスしようとするフランスのユーザーをブロックするために，フランス政府が要請したものだった。[16]

言論の自由ゆえに，米国政府は，インターネット上の成人向けコンテンツへのアクセスを禁じなかった。それでも，これらのサイトに未成年者がアクセスすることを制限しようとする取組みはなされている。多くのアダルト・サイトがユーザーに成年であるかどうかの確認を求めているが，この「制限」は容易に回避されてしまう。

成人向けサイトに自分の子どもがアクセスできないようにする，といった親の関心事に呼応するように，いくつもの新たなビジネスが出現した。例えば，主要なインターネット企業は，ゲット・ネット・ワイズ（GetNetWise）というサイトを立ち上げた。そのサイトは，親に対して，成人向けサイトの情報を提供しており，そこには，子どもたちがネットにつないでいるとき，子どもたちを守るための文書資料やダウンロード可能なソフトに関する情報がある。AOL，AT&T，ウォルト・ディズニー（Walt Disney），マイクロソフト，エクサイト・アット・ホーム（Excite@Home），ライコス，ヤフーといった企業がサポートしているゲット・ネット・ワイズでは，四つのセクションが組織されている。オンラインの安全指針，家族向けの特殊なブラウザーやその他のツール，トラブルを報告できるエリア，子どもに適したウェブサイトである。家族向けツールのエリアでは，親はサーフウォッチ（SurfWatch），サイバー・パトロール（Cyber Patrol），ネット・ナニー（Net Nanny）といった各種フィルタリング・プログラムを入手できる。これらのプログラムはインターネット・ブラウザーとともに作動し，暴力もの，政治的に妥当でないもの，X指定のウェブページを表示しないようにできるものだ。[17]

AT&Tはテレビ福音伝道家のパット・ロバートソン（Pat Robertson）の息子，ティム・ロバートソン（Tim Robertson）とパートナーシップを組むことによって，インターネット上の成人向けコンテンツから子どもたちを守るための，別の施策を打ち出した。ファミリー・クリック・ドット・コム（FamilyClick.com）は，インターネット・サービス・プロバイダーを含んでおり，毎月料金を支払うと，インターネットに対するゲートとして機能する。そのサービスは，親が子どもにとってよくないと思う，特定のサイトや電子メールへのアクセスを自動的に禁じるものである。AT&Tはそのプロジェクトに2000万ドルを投じた。同社のブロードバンド＆インターネットサービス部門の最高経営責任者，レオ・ハインドレイ（Leo Hindrey）は「これは家族を苛立たせているコンテンツを管理するのによい方法だ」と述べている。[18]

1998年，クリントン大統領は児童オンライン保護法案に署名した。成人向けのコンテンツから子どもたちを保護しようとしている人々はこの政府の動きに拍手喝采した。この立法はアダルト・サイトに対して，「未成年者に有害」と思われるコンテンツにイン

ターネット訪問者がアクセスすることを許可する前に，年齢のデータを集め，照合することを要請するものである。同法を遵守しなかったサイトに対するペナルティは，5万ドルの罰金か，ウェブ・オペレーターに禁固6カ月が処される。しかし，4カ月後，連邦判事は，この立法は最終的に，自主的な検閲になるとの判決を下した。その判事は，この決定は「きちんとした子どもたちの保護を，またもや先延ばしにするもの」だろうと「個人的に遺憾の意」を表した。しかし，彼は「仮に児童保護の名の下に，第1修正条項の保護法案が削除された場合，この国はより危険になる」とも付け加えている[19]（同じく，当初，米国政府は通信緩和法（Communications Decency Act）を1996年に通過させている。しかし，この立法は裁判所によって，第1修正条項の違憲・侵害として取り消された。多くの人々が，児童オンライン保護法はインターネット上で得られる成人向けコンテンツから，子どもたちを守るための努力として，よりソフトで受け入れられやすいものであると考えているのだ）。

4　知的財産権の保護

技術が進歩するにつれて，財産権の保護がかつてなく大きな問題になってきている。人々の頭のなかにあるアイデア，コンセプト，その他の象徴的創造は，しばしば，**知的財産権**（intellectual property）と呼ばれる。米国では，知的財産権は，著作権，特許権，商標権など，多くの特別法や公共政策を通じて保護されている。すべての国が米国と同様の政策を採っているわけではない。しかし，とりわけ，インターネットといった技術を通じて情報にアクセスすることが容易な場合，知的財産権を保護するということが重要な問題になってくる。ソフトウエアやビデオゲームの著作権侵害から，著作権で保護されている音楽をタダでダウンロードすることまで，他人の知的財産権を違法に利用できる手段が数多く現れてきている。では，知的財産を守るために企業はどのような措置を取ってきたのだろうか？

（1）ソフトウエアの著作権侵害と企業の対応

図表13－3にみられるように，著作権が保護されているソフトウエアの違法コピー，すなわち，**ソフトウエアの著作権侵害**（software piracy）は世界的な問題になってきている。この著作権侵害行為は，東西ヨーロッパにおいて顕著にみられるが，ある専門家の概算では，1998年にソフトウエアの著作権侵害で被った損害は34億ドルに上った。これらの損害は，北米の32億ドル，アジアの29億ドルに匹敵するものである。しかし，この問題は，他の地域にも広がっている。いくつかの調査によると，中南米では，ソフトウエアの著作権侵害で，10億ドル近くの損害を被っており，ブラジル，メキシコ，アルゼンチンといった国家が，もっとも被害を受けている。中南米では，10あるアプリケーション・ソフトのうち六つが違法コピーである，といわれている。[20]

図表13-3 世界におけるソフトウエアの著作権侵害の実態

年間の被害額

地域	被害額
東西ヨーロッパ	34億ドル
北米	32億ドル
アジア	29億ドル
中南米	10億ドル

出典：Business Software Alliance, www.bsa.org より。

　増大しつつあるソフトウエアの著作権侵害によって，もっとも被害を被っている企業の1つが，マイクロソフトである。同社は，ソフトウエアの著作権侵害に真っ向から立ち向かう大々的なキャンペーンを打った。2000年に，同社のソフトウエア著作権侵害の疑いのある33カ国の7500のインターネット・サイトに対して，法的措置を取る旨を発表した。マイクロソフトの弁護士，ティム・クラントン（Tim Cranton）は「われわれが目の当たりにしているのは，偽造者がインターネットを使用して偽造ソフトウエアを世界中に，しかも匿名で，すばやく配信している現実である」と述べている。アジア，ヨーロッパ，中東において，マイクロソフトは著作権侵害の疑いのある2274件を特定し，販売リストにある違法製品の撤廃をウェブ・オーナーに通告した。加えて，同社は，地方自治体や警察とともに，偽造ソフトウエアを収容している疑いのある場所の家宅捜査に参加したり，損害賠償を求める訴訟を起こしたりしてきた。[21]

　企業はソフトウエアの著作権侵害問題に関して，米国の内外にかかわらず，政府機関や裁判所の支援を切望している。例えば，1998年に，アルゼンチンの最高裁は，同国の時代遅れの著作権法がソフトウエアをカバーしておらず，アルゼンチンにおける違法なコピーに対抗する法的基盤をソフトウエア・メーカーに与えていないという案件を抱えていた下級裁判所を支援している。しかし，米国のソフトウエア・メーカーや販売業者からの要求が大変強かったので，アルゼンチン議会は数カ月以内に，ソフトウェアの著作権侵害を，罰金，投獄，あるいは，その両方による処罰に値する犯罪と決定した。同年，米国では，**デジタル・ミレニアム著作権法**（Digital Millennium Copyright Act）が成立した。これは，メーカーとユーザーの間のほとんどのソフトウエア利用承諾に明示されている著作権侵害に対する対抗策を回避することを犯罪と定めたものである。[22]

　1988年以来，ビジネス・ソフトウエア・アライアンス（BSA：Business Software Alliance）は，政府や消費者より，むしろ世界の主要ソフトウエア企業にとっての取りまとめ役を果たしている。BSAは，ソフトウエア著作権法に関するコンピュータ・ユーザーへの啓蒙教育，イノベーションを促進し，ソフトウエア企業の取引機会を拡大するような公共政策のためのロビー活動，ソフトウエアの著作権侵害に対する徹底した弾劾に努めている。そのメンバーには，アップル・コンピュータ（Apple Computers），コー

レル（Corel），マクロメディア（Macromedia—アジア），マイクロソフト（Microsoft），シマンテック（Symantec）をはじめとする有力なソフトウエア・メーカーが含まれている。

　BSAホットラインへの一本の電話から，バジェット・レンタカー（Budget Rent-a-Car Corporation）は，あるレンタル・オフィスでライセンスを受けていないソフトウエア利用に対して40万3000ドルを支払う和解調停へと至ったのだ。バジェット・レンタカーは，BSAやそのホットラインによって捉えられた企業のなかのたった一つのケースに過ぎない。各企業において，支払っている数よりも，多くのパッケージ・ソフトのコピーを使用していること，そして，しばしば社員が購入したパッケージ・ソフトをコピーでき，実際にコピーしても捕まらないであろう，と考えていることが明らかになったのだ。

　　他の企業も，違法コピーされたソフトウエアを販売・流通させた人々を非難している。米国セガ（Sega）は，違法コピーされたゲームソフトを販売した疑いのあるeベイ（eBay）やアマゾン・ドット・コム（Amazon.com）上のオークションを含む185のウェブサイトを閉鎖させた。1998年のデジタル・ミレニアム著作権法を引き合いに出し，セガはソフトウエアの著作権侵害から保護されており，違法コピーを販売したり，流通させたりした個人は，法的義務を果たす必要があり，刑事告訴の対象になることもある，と述べている。「われわれは，この法律を明確なメッセージを［ウェブサイトや他の企業に］送るために使っている」とセガのスポークスマンは述べている。「彼らは，自らのサービスに関わるコンテンツに法的責務を負っている」。アマゾン・ドット・コムは，セガからの書状を受け取ったその日に，単一の問題のあるアイテムを削除し，その販売者を当該オークション・サービスから締め出したと報じている。さらに，eベイでは，違法コピー告知を受けた問題のアイテムをセガと共同で削除したとしている。[23]

（2）音楽の著作権侵害と業界の対応

　技術進歩により，1990年代の後半までに以前よりも速くインターネットから音楽をダウンロードできるようになり，繰り返して聴くために，その音楽をデータとして保存しておくことができるようになった。人々は，自らのコンピュータに何百万曲もダウンロードしたり，CDに焼き付けたり，個人観賞用に好きな曲だけのコレクションをいつでも思うままにつくることが可能になった。しかも，その音楽への対価をまったく支払わずにできる。もちろん，これらに関して，音楽を製作するアーティストやこれらのアーチストのCDを製造・販売する企業に対する，法的な保証はない。

　　全米レコード工業会（RIAA：Recording Industry Association of America）は，1998年に，リオ（Rio）として知られている携帯用機器の販売に関して，ダイヤモンド・マルチメディア・システムズ（Diamond Multimedia Systems）を告訴した。リオは，パソコンから転送された音楽をデータとして保存し，聴き直すことができる機材

だった。リオによって，好きなところに音楽をもっていけるようになったので，ダウンロードした好みの音楽を聞くのに，コンピュータの前にいる必要すらなくなった。RIAAは，リオはインターネットを通じた著作権侵害を幇助しており，1992年のオーディオ・ホーム・レコーディング法（Audio Home Recording Act）に照らして違法な録音機材である，と主張した。同法は著作権の保護手段が講じられておらず，アーティストに対する適切なロイヤルティがない，著作権のあるデジタル音楽の録音可能な機材を禁止するものである。その告訴に応えて，ダイヤモンド・マルチメディア・システムズは，リオ・ミュージック・プレイヤーに違法コピー防止技術を取り入れた。リオの新世代機に，違法コピー発見用のソフトウエア技術を組み込むことで，音楽出版社がインターネットを通じて販売される音楽の代金を簡単に受け取ることができるようになった。

各企業が音楽の著作権を保護するために利用している別のアプローチに，**ストリーミング**（streaming）というものがある。ストリーミングとは，カスタマイズされたオンデマンド・ラジオ・サービスのことである。ここで著作権を侵害するのは困難である。なぜならば，音楽のコピーがユーザーのハードディスクにダウンロードされずに，バーチャルなライブラリーを構成するからである。ストリーミングは音楽配信業者に対して，彼らが著作権をもっている音楽を販売契約することで生じる，新たな収益機会を提供している。この方法の利点は直ちにあらわれた。裁判所がサンディエゴに本拠をおくMP3.comに対して，著作権の許諾なくCD，4万5000枚以上のデータベースを作成したとして，1000万ドルの支払いを命じたとき，同社はライセンス料を支払うことに同意した。MP3.comは，同社が音楽を1曲コピーする度に1.5セントを支払うこと，そして，顧客がその曲をダウンロードした場合は約0.3セント支払うこと，で合意した。

音楽の録音・配信に関する技術進歩から生じてきた法的，倫理的，経済的問題は，この章の後段で取り上げるナップスター（Napster）の事例でさらに検討する。

5　科学の画期的な進歩をマネジメントする

生物科学における劇的な発展もまた，われわれの生活や企業活動に関する技術に大きな影響を与えている。1990年代の終わりに社会規範を揺るがした科学の画期的な進歩も，21世紀にはすばらしい発見を生み出していくものと期待されている。もちろん，このような先例をみない技術革新は健康管理の最先端の手法や農業などに進歩をもたらす一方，生活の質や生命の安全に対する多くの倫理的問題を突きつけているのである。

サン・マイクロシステムズのビル・ジョイは「21世紀の技術はとてもパワフルで，まったく新しい種類の偶発事件や技術の乱用を引き起こす。一番危険なのは，このような偶発事件や技術の乱用が，有史以来，個人や小集団のなかに広く行きわたってしまったということである。そうした技術は，大規模な施設も，貴重な原料も必要ない。ただ知識だけで技術を使うことができるのだ」と警告している。

第13章　新しい技術の出現とそのマネジメント

(1) ヒトゲノム

　月に人間を送って以来，最重要の科学の画期的な進歩として賞賛されているのは，セレラ・ジェノミクス・グループ（Celera Genomics Group）が2000年に行なった**ヒトゲノム**（Human Genome）の基本配列の解読完了に関する発表である。ヒトのデオキシリボ核酸，すなわち，DNA鎖は，ヒトそれぞれ固有のパターンをもち，細胞核内で23対の染色体が交差して展開している。このようなDNA鎖は四つの化学物質，すなわち，異なる化学的な配列のなかで何度も使用される文字から成っている。これらの複製された文字は，30億にも達し，言語，すなわち，ゲノム（いわば，ヒト固有のサインのようなもの）を構成する。そして，ゲノムは細胞に対して，生命のすべての機能を司るタンパク質を生成するように命令を出すのである。

　ヒトのDNA生成に関する基本配列の解読を完了したことによって，何万ものヒトゲノムの特定化が劇的に進みそうである。ヒトゲノムの解読は生命を脅かすような病に対する早期診断，病気予防の新しい手段，特異な遺伝子配列をもつ患者を治療するための薬物療法の研究に対して重要である。ヒトゲノムの解読はバイオテクノロジー産業に大きなチャンスをもたらすだけでなく，医薬品業界に新しい時代をもたらした。

　ヒトのDNA解読の進歩は，人類の偉大なる功績の一つとして崇められている一方で，倫理的な問題が遺伝子研究に関与している民間，および，公的機関から出てきている。

　　　例えば，中国の一部分の経済的に未開発の地域が，この国を遺伝子解読に従事する科学者にとって魅力的な実験室へと変貌させた。これまで，多くの農村地域の家族は何世代も隔離された状態にあったために，遺伝子研究者にとって，高血圧や喘息などの病気に関して，親類を通じて追跡することが容易だった。中国が豊かになり，社会的流動性が高まってくると，遺伝子研究者は，データ源がなくならないうちに，中国人民から急いでデータを収集しなければならなくなっている。しかし，こうした研究がもつリスクと可能性についての十分な理解が得られないと，科学的発見という名の貴重な機会とはいえ，ヒトを実験対象にするということが社会的にも倫理的にも問題視されるのである。

　科学者が人間がもっているさまざまな遺伝条件に関する実験を行なう数が増大するにつれ，米国内でも同様の倫理的問題が出てきている。遺伝子内にブルガダ症候群（Brugada syndrome）が認められる家族は，仮に，隣人がこの家族の遺伝子の状態を知った場合に，どういう反応を示すだろうか，と複雑な思いを抱いている。また，雇い主は早死にするかもしれない人や高価な植え込み型除細動器［訳注：心臓の不整脈の治療用］を必要とする人を雇おうとするだろうか？　こうした人々は健康保険で保護されるのだろうか，あるいは，こうした遺伝子の状態がわかったら，生命保険が適用されるのだろうか？　遺伝子の問題を抱える家族や人々は，もし彼らの遺伝子情報が公開されたならば，公平な取り扱いを受けられるだろうか？　という不安を抱いている。

　ヒトゲノム配列や遺伝子研究の進歩によって，リスクを遥かに超えるメリットがあるのか，それとも，リスクが危害を及ぼすのかという論議は今後，数年にわたり続くだろ

341

う。明白なのは，われわれの人体とその組成に関わる科学に対する理解が変貌しつつあり，技術革新の兆しがみえていることだ。しかし，いずれにしても，われわれの生活の質や社会の改善を正しい方向に導くために，だれがこうした変化をマネジメントできるのかという問題は明らかになっていない。

（2）バイオテクノロジー

DNA配列の発見を補完しているものは，再生医療の分野でのおびただしい数の飛躍的進歩である。**細胞組織工学**（tissue engineering）は，弱った器官や高齢化した細胞を若返らせ，健康な細胞と入れ替え，組織を再生させようとしている。遺伝子研究で有名な科学者，ウィリアム・A.ヘイゼルタイン（William A. Haseltine）は，「最近の化学医療時代は，後で振り返ると，われわれの痛んだ体を完全に直すというよりも，部分的に手当てするという，あまりにも不器用なやり方と映るかもしれない。しかし，いずれにしても，細胞の入れ替えは，われわれを若返らせ，永遠に健康を保ってくれるのだ」と述べている。不死を約束することは誇張だろうが，再生医療は，医療の分野に革命的な技術的飛躍をもたらしているのである。

何百にも及ぶバイオテクノロジー企業や大学の研究所はその要請に応えて，損傷した人体のある器官を入れ替えたり，再生したりする新しい方法を研究しはじめた。それらの研究には，新しい顎や四肢をつくるために骨増殖因子を挿入したり，特定の形状に切り出された多孔質材に細胞を注入するといったことも含まれる。遺伝子工学からつくられたタンパク質は心臓弁や動脈，静脈の補修や入れ替えといった，血管再生に対してうまく用いられている。軟骨を再生するためのプロセスは少年に新しい胸部を生成させるために利用されているし，人間の耳はマウスで生成できる。ボストンの小児病院の医者は皮膚細胞から膀胱を生成させ，それらを羊に移植している。エナメル質基質のタンパク質は，犬の虫歯を詰めるのに使用されている。いったん，動物実験が成功すると人体での試行に移されるのである。

（3）クローン技術

1986年，デンマークの科学者が羊のクローン化（cloning）に最初に成功したと発表した。そのすぐ後に，ウィスコンシン大学の科学者が，乳牛のクローンに成功した。10年後の1996年には，スコットランドのロスリン研究所（Roslin Institute）が，胎児の細胞から健康な子牛のクローンを創出したと発表した。もう一つの重要な画期的な出来事が1997年に起こった。それは，ロスリン研究所のイアン・ウィルムート（Ian Wilmut）が，成人細胞から作られた最初の哺乳動物のクローン羊，ドリーの存在を明らかにしたことだった。1年後，マサチューセッツ州立大学の科学者が，ウィルムートの方法よりも簡単かつ効率的なやり方で，クローン牛を創り出せる方法を発見した，と報告した。クローン技術のもう一つの重要な進歩は1998年の後半，韓国の研究者が30歳の女性の細胞

第13章 新しい技術の出現とそのマネジメント

> **資料 13 - B　クローン人間に対する諸宗教の見解**
>
> 　クローン人間に対して徹底的に異議を唱えている宗教団体は，ローマカトリックと南部バプテストである。カトリック教会は，科学者にとってクローン化技術が現実のものとなる遙か以前の1980年代の後半から，クローン化技術を非難していた。カトリック教会は，クローン化技術を人間の尊厳を卑しめる行為と見ている。教会は，科学の進歩を支えている一方，子どもを作ることとセックスを切り離して考えるいかなるものも悪いことであると教えている。南部バプテストも同様にクローン技術化を非難しているが，それはむしろ，クローン化技術は家族に対する挑戦であり，現代に生きる人間の「領分を超えた」不適切なものであるという理由にもとづいている。
>
> 　クローン化技術に対するイスラム教の立場は，カトリックや南部バプテストの見方と極めて近いものである。イスラム教は，子どもに関して父親の血筋を重視している。そのため，女性から子どもを無性生殖（クローン）することに反対の立場をとっている。イスラム教は，また，共同体志向の宗教である。そのため，個人は，血縁関係で結ばれているべきだとされる。たとえば，イスラムの法では，純粋な血筋を守るために，養子縁組を禁じており，メンバーには，孤児に対して人道的支援を提供するようよびかけている。
>
> 　クローン化技術に対して控えめな批判をしているのは，大部分のプロテスタント派と大抵のユダヤ教徒である。これらの宗教団体は，一般的に，科学者は，注意深く，クローン化技術の研究を進めるべきだが，個人の意志は尊重されねばならないと考えている。これらの宗派は，たとえば，他に生殖手段のない子どもを産めないカップルなど，ある状況下でのクローン技術の利用は容認しているが，単に手前勝手な目的や美容整形上の理由に対しては異を唱えている。
>
> 　一般的にクローン化技術を容認しているのは，ヒンズー教と仏教である。これらの宗派は，クローン化技術に対してよりオープンな姿勢をとっている。なぜならば，彼らは，輪廻転生を信じており，有性生殖と無性生殖を区別していないからである。クローン化技術は，生命を創り出すことであり，それは生まれ変わった生として受け入れられているのである。

出典：Hanna Rosin, "Thou Shalt Not Clone?" *Pittsburgh Post-Gazette*, July 26, 2000, p. A3.

からクローン胚（胎児）をつくり出したものである。この実験は，われわれにヒトのクローン化がほぼ現実のものになりつつあることを知らしめた。

　これらのクローン化技術の画期的な成功は，企業，政府，医療グループ，一般の人々に至る広範囲な層からの意見や反応を引き起こした。資料13 - Bに示されているように，クローン化技術に関する異なる宗教的立場のなかに，さまざまな見解をみることができる。

　クローン化実験にはじめて成功したことが公表されるや否や，不安やおそれがわき上がった。それが，大都市の中心街を野放の恐竜が走り回るジュラシック・パークの光景であろうと，映画『ブラジルから来た少年』(the Boys from Brazil) における，複数のアドルフ・ヒトラーのクローンが織りなす異様な光景であろうと，実際に生体クローンの恐怖がわれわれの生活のなかに入り込んできたのだ。1997年，クローン羊ドリーが世に出たとき，科学者に対して人間のクローン化実験を禁ずる公式の法律は存在しなかった。専門家によると，スコットランドで使われたクローン羊をつくり出した技術は，シンプルで，ハイテク機器はほとんど必要としないので，予算数十万ドル程度の生物学研

究所の多くがクローン化実験を行なうことができるとしている。ヒトのDNA細胞を使って容易にクローン化実験ができること，そして，政府の規制を欠いていることは，国民や科学者集団のクローン化技術に対する不安を未曾有のレベルまで一気に引き上げた。

1997年6月，全米生物倫理諮問委員会 (the U. S. National Bioethics Advisory Commission) は，クローン胚（胎児）を女性の子宮に入れることを科学者に禁じることを提案した。しかし，この提案は，研究目的で科学者がクローン胚を使うことを禁じたものではなく，クローン胚を女性に移植することを禁じたものだった。科学者，弁護士，倫理学者のグループは反論の矛先を胎児の安全に置き，その禁止令が少なくとも2002年度までは顧慮されるよう強く主張した。この論議は，当然のごとく，今後，数年は続くとみられている。

(4) 遺伝子組み換え食品

人体の一部の再生を目的としたバイオテクノロジー革命は，アグリビジネスにも利用されている。遺伝学や生物学における技術進歩は，未曾有の技術革新をもたらしている。生体構造を変化させる可能性をもつ**遺伝子工学**（genetic engineering）により，科学者は，事実上，すべての遺伝子を植物に移植し，新しい作物や新種をつくり出せるようになった。明らかに，この技術革新は経済に直接影響を与える。ベンチャー・キャピタリストは1980年代，アグリビジネスを総じて無視してきたが，昨今では7億5000万ドルも投資している。

サケ・マスの群は，以前よりも二倍早く成長するよう遺伝子操作されている。大豆，綿，トウモロコシやその他の穀物は，遺伝子操作され，疫病に耐えられるように，また，雑草の駆除のために使用される除草剤の影響を受けないようにされている。あるものは，栄養価をより高くできる。乳牛，羊，ヤギは，ミルクのなかで薬剤を生成できるよう遺伝子処理されている。ジェノミック・リサーチ研究所（Genomic Research）のJ.クレイグ・ベンター社長（J. Craig Venter）は「われわれが生物学の世紀のスタートを切ったのだ」と宣言した。その潜在的利益は計り知れない。

バイオテクノロジーの技術革新に対する激しい反発は，**遺伝子組み換え食品**（genetically modified foods—GM食品），すなわち，遺伝子操作された穀物から加工された食品にみられる。欧州では，GM食品は，反対派によって「フランケンシュタイン・フード」（Frankenstein foods）と呼ばれている。遺伝子操作されたジャガイモで飼育されたラットが免疫システムのダメージを被ったという研究報告がされてから，国民はGM食品にますます懐疑的になった。イギリス，フランス，その他北欧諸国の多くの学校や食品供給業者は遺伝子組み換え食品を禁止した。フランスのいくつかの都市は，自ら「遺伝子組み換えでない」（GM-free）と明言した。米国を基盤とする食品メーカーのハインツ（Heinz Corporation）では，遺伝子組み換え食品は今後，欧州では販売しないと発表した。他の企業も，遺伝子組み換え食品への過剰反応はすぐ冷めるだろう，とみ

ている。

　　1998年，モンサント（Monsanto）は，食物の根を食う害虫に強い遺伝子組み換えのトウモロコシを最初に発表した企業である。当時，その害虫は米国で最大の穀物生産高を誇るトウモロコシに対して，年間10億ドルの被害を及ぼしていた。同社は，1500万エーカーに被害を及ぼす害虫を駆除するために，農家が年間１億5000万ドルも化学薬品に投じなくて済むようになった，と報告した。しかし，一年も経たないうちに，モンサントは，英国下院議員のノーマン・ベーカー（Norman Baker）のコメントによって，「国民の敵の筆頭格」になってしまった。反モンサント感情は他国へも飛び火した。チャールズ皇太子（Prince Charles）は，モンサントのバイオテクノロジー食品が決して王室の食卓には上がらないだろう，と言い切った。イギリスの新聞は，モンサントを「フランケンシュタイン・フードの大企業」と呼んだし，別の新聞は，「モンサタン」と称した。英国の「タウンズウーマン・ギルド」（Townswomen's Guilds）という，市民グループのメンバーであるイザベラ・ギネスト（Isabelle Gineste）は「英国では，多くの人々が，実際にモンサントを嫌っているし，それ以外の人も恐怖を抱いている」と語った。

　モンサント，そして，新しい遺伝子組み換え食品産業に何が起こったのか。なぜ，世論は否定的なトーンに変わったのか。欧州の消費者は遺伝子組み換え食品に対して，最初に警鐘を鳴らした。オーストラリア，日本，韓国は，すぐさまその前例に従った。

　米国の消費者や環境団体も，すぐに遺伝子操作された食品の安全性を疑いだした。1999年の終わりに，バイオテクノロジー反対派は，シアトルで行なわれたワールド・トレード・オーガニゼーションの会合を混乱に陥れた。グリーンピース（Greenpeace）は，ミシガン州，バトルクリークのケロッグ（Kellogg）の本社に姿を現わし，「貴社は自社製品に自然の穀物のみを使うべきである」と要求した。遺伝子組み換え食品を，より注意深く研究し，明示するように，そして，ある事例では，市場から回収するよう要請した数多くの訴訟が，米国政府やバイオテクノロジー企業に対して起こされた。

　バイオテクノロジー企業は，早速，遺伝子組み換え食品にラベルを貼って明示する運動に反対の論陣を張った。「米国保存食品製造業者協会」（Grocery Manufacturers of America）の会合で副会長のジーン・グラボウスキィー（Gene Grabowski）は「仮にあなたがラベルを貼ったとしたら，それは消費者にこの製品に何か悪いものが入っていますよといっているようなものだし，英国では，ラベル添付が義務づけられることで，バイオテクノロジーをダメにしてきた」と述べた。さらに，遺伝子組み換え食品をそうでないものと区別することはできない，という研究結果を掲げる企業もある。米国政府は，明らかに，この研究結果に同意している。というのも，食品医薬品局は，大部分の遺伝子組み換え食品の利用規制やラベル表示要請のレベルを下げているからだ。

　バイオエンジニアリングの施された食品に対する非難は多くの国々でみられるとはいえ，それ以外の国では遺伝子組み換え食品が歓迎されてもいる。ロシアやアルゼンチン

第Ⅵ部　企業と技術変化

では，中国が行なっているように，この新しい技術を利用している。

　　綿花が主要作物である中国の北部平野では，害虫との戦いに負け，殺虫剤がほとんど役に立たないと悟ってから，逆に綿花栽培が盛んになった。中国の農民，アン・ディーイン（An Deyin）は「私がこのような［バイオエンジニアリング化された］新しい綿実をこの村ではじめて植えたんだ。でも，その威力がどれくらい大きいかわかると，みんな同じようにやりはじめたよ」と語った。

中国の指導部は遺伝子研究を科学研究の最重要項目に位置づけ，数十億ドルもの政府資金を穀物や野菜の遺伝子操作の研究に回した。政府の指導者層は，遺伝子組み換え穀物の生産を安定した食物供給源として，また，世界有数の農作物輸出入の競争市場に進出していくためのステップとみなしていた。中国では，2000年3月までに遺伝子組み換え穀物が120万から240万エーカーの農地に作付けされた。ジャンリャン・チェン教授（Zhangliang Chen）は5～10年の間に，国の耕作地の半分が，遺伝子組み換えの米，ジャガイモ，その他の穀物で占められるだろう，と予測している。

オーストラリアでは，遺伝子組み換え食品の流通を規制する法案が制定されたにもかかわらず，オーストラリア国民の61％が遺伝子組み換え食品を試してみたい，と述べている。しかし，89％がそうした食品に遺伝子組み換えの表示をするように希望している。

米国では，遺伝子組み換え食品に対する支援は複雑である。2000年4月に出された研究のなかで，米国農務省は，農家は遺伝子組み換え作物を削減している，と報告している。例えば，遺伝子操作された種を使ったトウモロコシの生産は24％減少した。農家の報告によれば，彼らが遺伝子操作された種を使用するか否かの決定に，社会や市場の要因が影響を与えている，という。しかし，他の食品生産者は遺伝子組み換え食品は将来もっと普及するだろうと確信している。

　　非公開企業のベジタブル・スナック・メーカーであるルーマン・フーズ（Luman Foods）は，ミートレス・ジャーキーには遺伝子操作された大豆が使われている事実を公示する，と述べている。ルーマン・フーズのグレッグ・ケイトン会長（Greg Caton）は「人々は遺伝子組み換え食品をすべて悪いものだと決めつけてしまう」と語っている。しかし，会社のウェブサイトで主張されているように，同社は遺伝子組み換え食品の利用促進に躊躇しているわけではない。ケイトン会長が公言しているように，「こうした事実は一般に知られていることであり，遺伝子組み換え問題への妥当な対応である」と。

倫理的にも社会的にも深刻な問題を巻き起こしている，遺伝子工学，クローン化技術，遺伝子組み換え食品の生産，に関する議論は技術の発展と深く関わっている。新たな技術革新の兆しがみえるにつれ，こうした技術の発展を監督する側の企業，社会活動団体，政府の役割についての問題も出てきており，それに対処しなければならないだろう。

第13章　新しい技術の出現とそのマネジメント

■ **本章の要点**
(1) 企業はプライバシーに関する方針をうち立て，TRUSTeのような業界での自主的な取組みに関与することで，社内やeコマースで起こる多くの問題に対処してきた。
(2) コンピュータ・ハッカーによる妨害行為は企業の情報管理を脅かしたので，企業に対して，多くの情報セキュリティへの取り組みを促した。
(3) 企業は，技術管理を自社の最高情報責任者（CIO）に任せてきた。しかし，企業組織を超える問題や一般社会に影響を与える問題に関しては，企業，社会集団，政府，あるいは，それらの複合体が技術や技術変化をどう管理すべきかは明確でない。
(4) ソフトウエアや音楽の著作権侵害の脅威は，企業資産に対する知的財産権を揺るがすものであり，こうした倫理的侵害に対する業界や政府の対応を必要としている。
(5) 人の遺伝子研究，クローン技術，遺伝子組み換え食品に伴う不安は社会集団や宗教団体からの批判を惹起させている。企業側は科学技術の画期的な発展から享受できる成果を追い求める一方で，こうした不安への取り組み，誤解にもとづく懸念を一掃する試みをみせている。

■ **本章で使われた重要な用語と概念**
プライバシー政策　コンピュータ・ハッカー　最高情報責任者（CIO）　知的財産権
ソフトウエアの著作権侵害　デジタル・ミレニアム著作権法　ストリーミング　ヒトゲノム　細胞組織工学　遺伝子工学　遺伝子組み換え食品

インターネットの情報源
・www.privacyalliance.com　オンライン・プライバシー・アライアンス
・www.truste.org　トラストe
・www.bsa.org　ビジネス・ソフトウエア・アライアンス
・www.foe.co.uk　フレンズ・オブ・ジ・アース
・www.nhgri.nih.gov　全米ヒトゲノム研究所

討論のための事例：ナップスター――フリーアクセスなのか？　音楽の著作権侵害なのか？

　ショーン・ファニング（Shawn Fanning）が，1999年にあるソフトウエア・プログラムを完成させるために17歳でノースイースタン大学を中退したとき，将来，彼自身がインターネットで仕入れた情報の利用に関する問題の司法判決に関わろうとは思いも寄らなかっただろう。
　ファニングが開発したフリー・ソフトウエア，ナップスター（Napster）によって，インターネット・ユーザーが，自分のパソコンや大学のコンピュータに記憶された音楽をダウンロードしたり，聞いたり，録音したり，入れ替えたりすることができた。こうした音楽の大半が，著作権の保護された音楽を不法に利用したものだった。そのアイデアは大学生の間で瞬く間に広まった。追跡調査によると，2000年までに，月に約2300万人の人々がナップス

ターなどのサイトを訪れていることがわかった。「もし仮に僕があるシングル・ソングが欲しいと思ったら，ナップスターを使えばいいんだ。手っ取り早いよ」と，ナップスターを取り上げた『ビジネス・ウイーク』誌のインタビューのなかで，14歳のジェフリー（Jeffrey）は答えている。

インターネット上でナップスターが広く利用され，加えてナップスターもどきのサイトが新設されたことにより，ミュージシャンやレコード会社による法的対応が加熱した。2000年4月，ロック・グループのメタリカ（Metallica）は，三つの学校がメタリカの音楽をナップスターからダウンロードすることを学生に許可していたという著作権侵害のかどでナップスターを告訴した。

2カ月後，全米レコード工業会（RIAA）はメジャー・レーベルのコンテンツすべてについて，ナップスターを通じたやり取りから遮断させるための仮差し止め令の決議案を提出した。RIAAは，訴訟に加え，大規模なメディア・キャンペーンを展開し，大学のキャンパスに意見陳述のためにスタッフを派遣し，聴聞会で経営幹部に証言させる準備をした。ナップスターを使った学生が引き起こした倫理問題を認識し，訴訟の標的となることを懸念した多くの大学は，キャンパス内でナップスターのようなサービスの利用を禁じたり，制限したりした。300校以上の学校が，RIAAの「サウンドバイティング」（Soundbyting）という著作権侵害に反対する発議に同調した。その発議には，50分のレッスン・プランと「著作権の基礎」欄をウェブサイトに付けることが含まれている。

ナップスターの経営幹部は抗議者に対して早急に対応した。メタリカによる訴訟が行なわれた後，同社の3万人以上のメンバーに対して，メタリカの曲をダウンロードするサービスを止めた。しかし，ナップスターの経営幹部はすぐさま，強固な法的防衛策を採らなければならないと気づき，主に三つの論陣を張った。

第1に，ナップスターは電話線やインターネットサービスと同様，単に情報伝達のパイプに過ぎない，と主張した。そのため，ナップスターは著作権保護された音楽ファイルを彼らのシステムから外しておく適当な手段を取る限り，配信する著作権保護された音楽ファイルに責任をもつことに関する連邦法の適用を免れることになった。これに対して，RIAAは，ナップスターがRIAAの音楽ファイルの著作権侵害を助長した責任を取らなければならないのであって，音楽をダウンロードした人々にその責任を転嫁してはならない，と答えた。

第2に，ナップスターの事業運営はインターネットの検索エンジンとして機能しているので，この領域は，1998年のデジタル・ミレニアム著作権法によって保護されている，と主張した。しかしながら，RIAAは，ナップスターは，検索エンジン業者が著作権法違反対策に関して取るべき必要な法的手段を講じていない，と反論した。ナップスターの販売業者はブートレグCD，すなわち，海賊版を公然と売られていることを知っているのである。

第3に，ナップスターは「われわれはビデオデッキのようなものだ」と主張した。以前の判決では，最高裁は，ビデオデッキは著作権を侵害することなく利用できる，例えば，ある人が後で家に帰って見るためにテレビのショーを録画することは合法だという判決を下した。レコード産業の専門家はこう反論する。この裁判所の判決は個人利用に対して認められたもので，インターネットを通じて何百人，何千人の不特定多数の人が音楽ファイルを共有することまでは含まれないし，デジタル・オーディオやビデオテープはその認可対象かもしれな

いが，コンピュータやインターネットはそうではないと。

　2001年には，3人の判事による控訴審の陪審員は，ナップスターの音楽交換サービスに対して著しい制限を課した，連邦判事による以前の判決を支持した。その判事によれば，ナップスターが違法な活動から直接利益を得ているために，ナップスターを通じて音楽をダウンロードすることは，ビデオ録画とは違うものであるという。判決によると，ナップスターは「それと知っていながら，著作権侵害を奨励し，手を貸した」ということである。ナップスターに対して下されたもっとも重い法的制裁は，同社が5000万のユーザーが行なった著作権侵害の責任を負うべきである，という判決である。これによって，ナップスターは音楽出版社やレコード会社から民事訴訟による何十億ドルもの損害賠償を受けることになってしまった。

　出典：Richard Siklos and Steven V. Brull "Download This !" *Business Week*, May 29, 2000, p. 127 ; Lee Gomes and Anna Wilde Mathews, "Napster Suffers a Rout in Appeals Court," *Wall Street Journal*, February 13, 2001, pp. A3, A16 ; Lee Gomes and Martin Peers, "Napster Loses Round in Suit to Shutter It," *Wall Street Journal*, May 9, 2000, p. B25 ; Anna Wilde Mathews, "Insustry's Public-Relations Blitz," *Wall Street Journal*, June 20, 2000, pp. B1, B4 ; Lee Gomes, "Napster Stakes Out 'Fair Ues' Defense of Music Sharing," *Wall Street Journal*, July 5, 2000, p. B2 および Spencer E. Ante, "Inside Napster," *Business Week*, August 14, 2000, pp. 112-121.

検討すべき問題

① あなたはこの事例における判決に同意しますか？　同意しますか？　それとも，同意しませんか？　そして，その理由も述べなさい。
② 音楽は，インターネット・ユーザーによって自由に利用されるべきでしょうか（ナップスターの見解），それとも，ナップスターが著作権侵害を助長してしまったのでしょうか？（何人かのミュージシャンやRIAAによる見解）。
③ あなたはインターネットから自由に情報を入手できますが，アーチストの知的財産権や彼らの創作物から生じる印税に配慮しようとした場合，どこで線引きをしますか？

注

(1) Bill Joy, "Why the Future Doesn't Need Us," *Wired*, April 2000., www.wired.com/wired/archive/8.04/joy.

(2) Ann Carnes, "Hacker's Break-In at University Hospital Heats Up Debate on Security Standards," *Wall Street Journal*, December 11, 2000, p. B4, および, Terzah Ewing, Peter Waldman, and Matthew Rose, "Bogus Report Sends Emulex on a Wild Ride," *Wall Street Journal*, August 28, 2000, pp. C1, C6.

(3) John Simons, "New Internet Privacy Law Appears Less Likely with Release of New Survey," *Wall Street Journal*, May 13, 1999, p. B9.

(4) Heather Green, "Privacy : Don't Ask Technology to Do the Job," *Business Week*, June 26, 2000, p. 52.

(5) Rebecca Quick, "Internet Giants Plan Campaign to Teach Consumers Their

Online Privacy Rights," *Wall Street Journal*, October 7, 1998, p. B9., および, "Health Web Sites Will Form Privacy, Accuracy Policies," *Wall Street Journal*, December 13, 2000, p. A4.

(6) Brandon Mitchener and David Wessel, "U. S. in Tentative Pact Protecting Europeans' Privacy," *Wall Street Journal*, February 20, 2000, p. A4.

(7) Stephen Baker, "Taming the Wild, Wild Web," *Business Week*, October 4, 1999, pp. 154–160.

(8) Ted Bridis, "Virus Gives 'Love' a Bad Name," *Wall Street Journal*, May 5, 2000, pp. B1, B4.

(9) Khanh T. L. Tran, "Yahoo! Portal Is Shut Down by Web Attack," *Wall Street Journal*, February 8, 2000, p. B6, および, Khanh T. L. Tran and Rhonda L. Rundle, "Hackers Attack Major Internet Sites, Temporarily Shutting Buy.com, eBay," *Wall Street Journal*, February 9, 2000, pp. A3, A10.

(10) Cybercitizen Partnership website を参照。www.cybercitizenpartners.org.

(11) John Simons, "How a Cyber Sleuth, Using a 'Date Tap,' Busted a Hacker Ring," *Wall Street Journal*, October 1, 1999, pp. A1, A6.

(12) Keith Johnson, "Around the World, Hacker Get Stuck in Honeypots," *Wall Street Journal*, December 19, 2000, p. A18. と Spitzer のウェブサイト project. honeynet.org を参照。

(13) Andy Reinhardt, "From Gearhead to Grand High Pooh-Bah," *Business Week*, August 28, 2000, pp. 129–130.

(14) "Clinton Seeks Extra Funds to Fight Cyber-Terrorism," *Wall Street Journal*, January 10, 2000, p. B12.

(15) Leslie Miller and Bruce Schwartz, "SEX on the Internet," USA Today, January 29, 1999, p. 1A.

(16) Mylene Mangalindan and Kevin Delaney, "Yahoo! Ordered to Bar the French from Nazi Items," *Wall Street Journal*, November 21, 2000, pp. B1, B4, および, "Police Raid Yahoo Japan Office in Pornography Probe," *Wall Street Journal*, November 28, 2000, p. A23.

(17) Edward C. Baig, "Shielding Children from Cyber Perils," *Business Week*, August 16, 1999, p. 117.

(18) Leslie Cauley, "AT&T Plans Internet Venture with Son of Evangelist to Block Data for Children," *Wall Street Journal*, July 19, 1999, p. B6.

(19) Pamela Mendels, "Setback for a Law Shielding Minors from Adult Web Sites," *New York Times*, February, 2, 1999, P. 12.

(20) Stephen Baker and Inka Resch, "Piracy!" *Business Week*, July 26, 1999, pp. 90–94, および, "TechNotes: Pirate's Booty," *BusIndustry*, September 1998, p. 83.

(21) Rebecca Buckman, "Microsoft Steps Up Software-Piracy War," *Wall Street Journal*, August 2, 2000, p. B6.

(22) Jonathan Friedland, "Software Makers Assail Argentine Piracy Ruling," *Wall Street Journal*, February 6, 1998, p. A17; "Argentina Gets Tough on Software Pirates," *South America Report*, December 1, 1998., および John Simons, "Congress Passes Copyright Law for Internet Items," *Wall Street Journal*, October 13, 1998, p. B14.

(23) "Sega Closes 185 Web Sites to Fight Software Piracy," *Wall Street Journal*, July 21, 2000, p. B5.

(24) Dean Takahashi, "Firm Is Sued in Dispute on Distribution of Recorded

(24) Music over the Internet," *Wall Street Journal*, October 12, 1998, p. B6, および, Don Clark, "Diamond Multimedia Adopts a Method to Guard Copyright on Its Rio Player," *Wall Street Journal*, April 23, 1999, p. B2.

(25) Steven V. Brull, "If You Can't Lick 'Em Licence 'Em," *Business Week*, June 26, 2000, p. 46.

(26) Joy, "Why the Future Doesn't Need Us."

(27) Leslie Chang and Laura Johannes, "Geneticists Focus on a Controversial Treasure : All the DNA in China," *Wall Street Journal*, September 13, 2000, pp. B1, B4.

(28) Catherine Arnst and John Carey, "Biotech Bodies," *Business Week*, July 27, 1998, pp. 56–63.

(29) Laurie McGinley, "U. S. Bioethics Panel to Recommend Ban on Cloning to Produce a Human Being," *Wall Street Journal*, June 9, 1997, p. B3.

(30) John Carey, "We Are Now Starting the Century of Biology," *Business Week*, August 31, 1998, pp. 86–87.

(31) Scott Kilman, "Monsanto Says Its Corn Resists the Rootworm," *Wall Street Journal*, August 21, 1998, p. A2., および Scott Kilman and Helene Cooper, "Monsanto Falls Flat Trying to Sell Europe on Bioengineered Food," *Wall Street Journal*, May 11, 1999, pp. A1, A10.

(32) Margaret Kriz, "Global Food Fight," *National Journal*, March 4, 2000, pp. 688–693.

(33) Karby Leggett and Ian Johnson, "China Bets Farm on Promise (and Glory) of Genetic Engineering," *Wall Street Journal*, March 29, 2000, p. A17.

(34) "Jerky with a Message ?" *Wall Street Journal*, February 24, 2000, p. A1.

用語集

この用語集は本書で使用されている，専門的，かつ，特定の単語について定義を行なっています（この用語集は各章を参照しなくてもいいように構成されています）。学生の皆さんにはこれを迅速，かつ，手軽に用語を参照するための資料として使用して下さい。また，これは用語の正確な意味が必要とされる場面，試験勉強や学期末の論文等を執筆する際に役立てて下さい（ABC 順です）。

1　Acid rain　酸性雨
通常よりも酸性の雨。公益事業，製造業者，輸送機関から排出される二酸化硫黄と二酸化窒素の排出物が，大気中の水蒸気と融合した時に降る雨。

2　Administrative costs　管理費
公的取締り機関を運営するときに生じる直接的なコスト。従業員の給与，設備，支給用品といった様々な品目を含む（「42　コンプライアンス・コスト＝法令遵守コスト」も参照）。

3　Administrative learning　管理者学習
企業の社会的即応性活動の開発における第一段階であり，管理者や監督者が社会問題や社会的圧力に対処していく際に必要な，新しい実践的な考え方や方法を学ぶこと。

4　Advocacy advertising　アドヴォカシー広告＝主義・主張広告
企業がメディアを活用して，自社の社会的，政治的，経済的見解を広めるために用いられる企業戦略。

5　Affirmative action　アファーマティブ・アクション＝積極的差別是正措置
職場で過小評価されている少数派や女性といった，さまざまなグループを識別し，雇用し，必要であれば教育訓練を行なって昇進させることをめざした，組織による積極的，かつ，持続的取り組み。

6　Affluenza　金満病
あまりにも多くの物質的富をもち，それを賢く使う分別をほとんどもちあわせていないような，一種の病気のような状態を示すために使われる言葉。

7　Air pollution　大気汚染
自然のなかで安全に分解され薄められる以上の，多くの二酸化硫黄や微粒子のような汚染物質が大気中に排出されること。

8　Alternative dispute resolution　裁判外紛争処理
伝統的な法廷システムの外で法的紛争を解決する方法。専門的仲介者(中立的な第三者団体)が紛争中の双方の団体に受け入れられる解決へと取りまとめるために，双方の立場になって取り組むこと。

9　Altruism　利他主義
自己の利益を犠牲にして，他者の利益のために行動すること。

10　Annual meeting　株主総会，年次総会
企業の現在の状態と未来展望に関して，企業の株主に報告する目的で，取締役会によって年1回開かれる会議。

11　Anticompetitive merger　非（反）競争的合併
ある産業や地域に存在する競争を減らす，もしくは，競争をなくすために行なわれる，二つ以上の企業の合併。米国独占禁止法のもとでは，通常，非合法とされている。

12　Antitrust laws　反トラスト法
競争を促進する法律。また，トラスト（企業合同）や独占，他にも取引を抑制する企業の連携といったものに反対する法律のこと。

13　Balanced scorecard　バランス・スコアカード
組織の短期的，かつ，長期的な成果を財政面と非財政面双方の点から説明する方法のこと。

14　Biodiversity　生物多様性
生物有機体の多様性と生物有機体の遺伝構造

の範囲が多様なこと。

15 Blowing the whistle　内部告発
（419　Whistle-blowing を参照）

16 Board of directors　取締役会
株主の投票によって選出された集団であり，彼らは企業業務を指揮監督し，企業の目的や政策を制定し，トップ・マネジメントを選出し，企業業績を調査する責任をもつこと。

17 Bribery　賄賂（贈賄，収賄）
事業の業務を保証したり，容易にしたりするために，多くの場合は政府役人に対する問題のある，あるいは，不正な支払いのこと。

18 Brick-and-mortar operations　在来型企業
電子的商業やバーチャル運営と対照的に，レンガやモルタルで建てられた物理的施設で運営されている伝統的事業のこと。

19 Business and society　企業と社会
企業とそのすべての社会的環境との間の関係に関する研究のこと。

20 Business ethics　企業倫理
普遍的な倫理観を企業行動へ適用すること。

21 Business legitimacy principle　企業の正当性原則
企業はよき企業市民であり続けるために，法律を遵守し，ステイクホルダーの期待に従わなければならないとする見解のこと。

22 Carrying capacity　環境収容能力
生態系を維持することが可能な最大人口のこと（「234　[成長の限界仮説]」も参照）。

23 Cause-related marketing　コーズ・リレーティッド・マーケティング（社会的目的のためのマーケティング）
非営利組織のメンバーとの協力によって，非営利組織への寄附が，寄附する側の組織の製品やサービスの消費と結びつけられたフィランソロピー活動の一形態のこと。

24 Charity principle　慈善原則
社会のなかで相対的に富める者や収益をあげている企業が，コミュニティ・サービスを提供する組織や相対的に幸福ではない人々に対して，自発的扶助や支援を与えるべきだとする考え方のこと。

25 Chief Information Officer (CIO)　最高情報責任者
多くのプライバシーや安全の問題を抱える組織のテクノロジーを管理する責任を委託された上級の経営管理者のこと。

26 Child care　子どものケア
日中のケア・センターのように，他人の子供の世話や管理をすること。雇用者から働く両親に手当として提供されるものである。

27 Chlorofluorocarbons (CFCs)　フロンガス＝クロロフルオロカーボン
冷却剤，絶縁材，溶剤，スプレー缶の高圧ガスとして使われている化学製品のこと。大気上空でオゾンと反応してオゾンを欠乏させると考えられている（「246　モントリオール議定書」「264　オゾン」も参照）。

28 Civic engagement　市民参加
コミュニティを変化させ，改善していく時に，個人や組織の積極的（能動的）参加を表現する言葉。

29 Civil society　市民社会
コミュニティや社会のすべての市民の生活を改善しようとする活動に専心している非営利組織や非政府組織に適用する用語のこと。

30 Cloning　クローン化
同一の細胞や有機体を遺伝子上で創造する過程のこと。

31 Coalitions　連合
共通の目標を達成するために，共に努力する組織や企業のステイクホルダー集団のこと（「369　ステイクホルダー連合」を参照）。

32 Collaborative partnerships　協働型パートナーシップ
複雑な社会問題に応答するために，企業とその主要ステイクホルダー間で組まれるパートナーシップ（協力）のこと。

33 Command and control regulation　「命令と統制」による規制
政府が企業に特定の基準（例えば，特定の汚染物質量）を守るように命令を下して，これらの基準を達成するために用いられる方法（例えば，テクノロジー）を統制して，取り締まる調整的なアプローチのこと。このアプローチはしばしば，市場ベース型の調整的アプローチと対

比される．市場ベース型の調整的アプローチは政府が総目標を制定して，企業が目標を達成することが可能な最もコスト効果の高い方法を用いるのを許可するというものである．

34 Common law　慣習法
裁判官が以前の判決に基づいて判決を下す法体系のこと．通常，判例と呼ばれている．

35 Commons　コモンズ＝共有地
伝統的には，すべての市民が制限なしに彼らの家畜を放牧することができる土地の領域．この用語は今は共有されたいかなる資源にも当てはまる．ある集団の人々が共同で利用する土地や空気や水といったようなものを指す（「175　グローバル・コモンズ」も参照）．

36 Community　コミュニティ
企業が事業を操業することで影響を及ぼす領域．これには，会社の周辺に住む人々やステイクホルダーを含む．

37 Community advisory panels（CAPs）　コミュニティ諮問委員会
企業活動に関する共通の利害，例えば：工場の安全性，運搬経路，緊急計画（危機管理）等の問題について議論するために，企業の役員と会談する地域コミュニティの市民グループのこと．

38 Community Reinvestment Act（CRA）コミュニティ再投資法＝地域再投資法
コミュニティに対して，預金者のお金のある一定の割合を再投資することを銀行に要求する連邦法のこと．

39 Community relations　コミュニティ関係
企業が事業を展開しているコミュニティに積極的に参加していくこと．

40 Competition　競争
生存や優秀さに関する闘争のこと．一般に事業では，さまざまな企業が顧客獲得のために他企業と競争している．

41 Competition policies　競争政策
複数の国や取引企業集団における独占禁止法や政策を示す言葉．

42 Compliance costs　コンプライアンス・コスト＝法令遵守コスト
政府規制を遵守するときに，企業や他の組織によって払われるコスト．汚染管理機械のコストや有毒な化学廃棄物処理のようなコストのこと（「2　管理費」も参照）．

43 Comprehensive Environmental Response, Compensation, and Liability Act（CERCIA）包括的環境対処・補償・責任法
（「382　スーパーファンド」を参照）

44 Computer hackers　コンピュータ・ハッカー
スリルや利益を求めて，企業や政府機関の情報セキュリティ・システムを破壊する連中のこと．高水準のテクノロジー訓練を受けた人であり，多くの場合は個人である．

45 Concentration（corporate, economic, industrial, market）　集中（企業，経済，産業，市場）
相対的に少数の企業が経済活動（生産量や売上高）の大部分に対して責任ある状態のこと．

46 Conglomerate merger　コングロマリット合併
相互に関連のない産業に属するに二つ以上の企業が一つの企業に結合すること（「193　水平合併」や「413　垂直合併」も参照）．

47 Consumer bill of rights　消費者の権利章典（一般教書）
米国大統領ジョン・F・ケネディの有名なスピーチのなかで示された消費者の四つの権利．ケネディが論じた四つの消費者権利とは，「安全の権利」，「知る権利」，「選ぶ権利」，「意見が反映される権利」である．

48 Consumer hot lines　消費者ホットライン
消費者が直接企業にアクセスすることができる電話回線や双方向ウェブサイトのこと．

49 Consumer movement　消費者運動
消費者の権利や力を増大させようとする社会的な動きのこと（コンシューマーリズム：消費者主義とも表現する）．

50 Consumer privacy　消費者プライバシー
消費者としてプライバシーをもつ権利のこと．例えば，インターネット上のオンラインの小売業者が，電子的決済を通して知り得た消費者情報を他の企業と共有することを禁止するといった消費者権利のこと．（「335　プライバシー権」

も参照）

51 Consumer protection laws　消費者保護諸法
消費者によりよい情報を提供し，考えられうる危険から守り，競争的価格設定を促進する法律群のこと。

52 Consumer rights　消費者の権利
安全な製品やサービス，適切な情報，自由な選択，公正に意見を聞くこと，競争価格といったことに関する消費者の正当な要求のこと。

53 Consumerism　コンシューマリズム＝消費者運動
（「49　消費者運動」を参照）

54 Corporate citizenship　企業市民活動
ステイクホルダーとのパートナーシップを積極的に構築し，社会的な戦略目標を掲げて事業機会を探り，企業の財務的，かつ，社会的な成果に関するヴィジョンを打ち立てることを含んだ企業の実践的活動を意味している。

55 Corporate crime　企業犯罪
企業に利益をもたらすことを意図して，従業員によってなされる違法行為。

56 Corporate culture　企業文化
企業で機能している考え方，習慣，伝統的な実践活動，企業価値，共有された意味などの混合物のこと。企業文化は，企業で働くすべての人（従業員）にとっての標準的行動を明らかにする役割を果たしている。

57 Corporate employee volunteerism　（企業の）従業員ヴォランティア
さまざまな事業を運営しているコミュニティを援助すると同時に，企業イメージを改善するための方法として，従業員がコミュニティ・サービスに従事するプログラムのこと。

58 Corporate foundations　企業財団
コミュニティの組織，プログラム，主張といったものに金銭的な寄附をする目的で，企業によって設立され，非営利で運営される組織のこと。

59 Corporate giving　企業寄附
（「63　企業フィランソロピー」を参照）

60 Corporate governance　コーポレート・ガバナンス＝企業統治
企業がだれによってどのように統治されるべきかを決定する，企業内の権限配分を組織化したシステムのこと。

61 Corporate legitimacy　企業の正当性［正統性］
企業が社会厚生に寄与する制度（機関）として，一般社会から容認されていること。

62 Corporate merger　企業合併
二つ以上の別々の企業が一つの企業へと結合すること（「96　コングロマリット合併」，「193　水平合併」，「413　垂直合併」も参照）。

63 Corporate philanthropy　企業フィランソロピー
さまざまなタイプの非営利のコミュニティ組織に役立つように，企業が通常，その税引き前利益から贈与する寄贈品と寄附金のこと。

64 Corporate political agency theory　企業の政治的エージェンシー理論
政治家とは，彼らを選び，公職に任命した人々の代理人であると捉える理論のこと。

65 Corporate political strategy　企業の政治的戦略
政治的利益や有利さを得るために，権力を獲得し，発展させ，行使する企業の組織的活動のこと。

66 Corporate power　企業権力
企業が自らの組織的資源や規模に基づいて，政府，経済，社会に影響を与える力や能力のこと。

67 Corporate restructuring　企業のリストラクチャリング＝再構築
企業の事業単位や活動の再組織化のこと。しばしば，現有設備の閉鎖や労働力の削減を含む。

68 Corporate social involvement　企業の社会的関与
「企業の社会相互作用行為」のこと。

69 Corporate social policy　企業的社会政策
一つ以上の社会的課題や社会問題に関して，企業の目的・目標・プログラムを定義する企業政策のこと。

70 Corporate social responsibility　企業の社会的責任
企業は自らの行動に説明責任を持ち，経済的な利益と同時に，社会的な便益をも追求すべき

だとする考え方のこと。

71 Corporate social responsiveness　企業の社会的即応性

企業が企業ステイクホルダーをはじめとする人々の社会的要求やステイクホルダーに影響を及ぼす企業行為に対応する方法のこと。

72 Corporate social strategy　企業の社会戦略

企業目標と目的を達成するための，企業の計画と活動に関する社会的・政治的・倫理的役割。

73 Corporate stakeholder　企業ステイクホルダー＝利害関係者

企業の政策や行動に影響を及ぼす人々や集団と企業の政策や行動によって影響を受ける人々や集団を指す。ステイクホルダーは任意的存在かもしれないし，知らないうちになっているような存在であるかもしれない。また，彼らは企業にリスクを与えるかもしれないし，もしくは，企業と利益を共有する存在かもしれない。

74 Corporate strategic management　企業の戦略的経営

企業の基本目的や長期的目標を達成するために，計画し，指揮し，管理すること。

75 Corporate strategic planning　戦略的計画

企業の目的や目標を達成することを意図して，企業の基本的目的，長期的目標，プログラムを形成する過程のこと。

76 Corporate takeover　企業買収

ある企業を別の企業によって買収すること。通常，合併という方法によって買収される。

77 Corporation　企業

企業とは，法律上は特定の州や国の法律の下でつくられた人工的な法人格をもつ。社会的，組織的には，周囲の社会的政治的環境と互いに影響し合いながら，主要な経済的使命を実行することに専心する，人々，技術，資源からなる複雑なシステムである。

78 Cost-benefit analysis　費用―便益分析

便益を生み出していくことを意図するプロジェクトや活動に関して，その費用と便益を計算するための体系的な方法のこと。

79 Council of Institutional Investors　機関投資家評議会

機関投資家の利益を代表する組織。1985年に設立されている。

80 Crisis management　危機管理

事故，災害，混乱，損害といったような企業が不測の重大な打撃に応じるために用いられる戦略的過程のこと。

81 Crisis management team　危機管理チーム

企業が深刻な状態に陥った状況にある場合，当該企業を脅かす可能性がある，通常ではない緊急の状況に対処することを目的として，専門的チームを活用すること。

82 Cross-media pollution　横断的メディア汚染

空気，土地，水のように，複数のさまざまな媒体を移動する汚染。例えば，ゴミ捨て場に処分された有害廃棄物が漏れ出て，地下水を汚染するかもしれないし，蒸発して大気汚染を引き起こすかもしれない（「250　マルチメディア汚染」としても知られている）。

83 Culpability score　責任スコア

米国の企業量刑ガイドラインの下では，経営者に割り当てられた責任の程度が刑事犯罪に対して有罪かどうかの評決を下している。

84 Cultural distance　文化的距離

二つの社会的システム間の習慣，態度，価値といったものの差異のこと。

85 Cultural shock　カルチャー・ショック

異なる文化への不慣れさによって引き起こされた個人の方向感覚の喪失や不安定さのこと。

86 Cyberspace　サイバー・スペース

電子的に連結したシステムのネットワークの中やそれらを通して，情報が蓄積され，考えが述べられ，コミュニケーションが起こるバーチャルな場所のこと。

87 Debt relief　債務救済

世界の最も豊かな国が貧しい国に対して，借款を返済する義務を免除すべきだとする考え方のこと。

88 Deceptive advertising　虚偽広告

人を欺いたり，誤解を引き起こしたりするような広告。通常，米国の法律では，違法とされている。

89　Defense industry conversion　防衛産業転換（制度）
　かつて軍事製品を専門的に扱っていた企業を民間や非軍事的な利用の製品・サービスの製造が可能な企業へと変換する過程のこと。

90　Deflation　デフレーション
　製品・サービスの経済的価値（価格）の下落のこと。

91　Deregulation　規制緩和
　政府の取り締まり権限や規制活動を縮小，撤廃すること。

92　Design for disassembly　分解性配慮設計＝分解しやすい構造設計
　製品が分解でき，製品のライフサイクルの最後に，その構成部分がリサイクルされ，再利用されるように製品をデザインすること。

93　Digital Divide　デジタル・デバイド
　情報技術（注—IT 技術）をもつ者と，もたざる者との間の格差のこと。

94　Digital certificates　デジタル認証，電子証明書
　認証カードとオンライン・サインの両方として役立つコンピュータ・ファイルのこと。

95　Digital Millennium Copyright Act　デジタル・ミレニアム著作権法
　大多数の商業用ソフトウエアにおいて，製造者と使用者間の契約に組み込まれた著作権侵害を防ぐ方法の裏をかく犯罪に対する米国の法律のこと。

96　Directors　取締役＝役員
　（「16　取締役会」を参照）

97　Discrimination (in jobs or employment)　差別待遇（職業上，もしくは，雇用上の）
　人種，性別，年齢，国籍，宗教，肌の色，身体的・精神的障害といったような仕事と関係ない要因に基づいて，従業員を不平等に扱うこと。

98　Diversity　ダイバーシティ＝多様性
　年齢，民族性，国籍，性別，精神的・身体的能力，人種，性的志向，家族の地位，母国語のように，人を互いに区別する際の特質の多様性のこと。

99　Diversity council　ダイバーシティ協議会
　組織のダイバーシティ目標に沿う特定の行動計画を開発・実行することに責任をもつ経営者や従業員の集団のこと。（「98　ダイバーシティ＝多様性」も参照）

100　Divestment　反投資＝株の譲渡売却
　個人や集団が，企業の有価証券（株式，債券，手形）に投資した基金を取り崩したり，他の用途に変えたりすること。投資家は人権侵害の罪に問われた国で事業を推進している企業の有価証券をしばしば，放棄してきている。

101　Dividend　配当
　企業の取締役会の自由裁量で，企業の株式所有者に払われるもので，投資収益率に関連する報酬のこと。

102　Downsizing　ダウンサイジング＝縮小化
　企業の労働力の縮小化。しばしば，コスト削減のために計画された企業のリストラ計画の一環として行なわれる。

103　Drug testing (of employees)　ドラッグテスト（従業員の）
　経営者による雇用者の不法なドラッグ（麻薬）の所持に関するテスト。しばしば，臨床試験所での尿検査といった手段によって行なわれる。

104　Earth Summit　地球サミット
　1992年にブラジルで，国連主催で開催された国際会議。地球的な環境問題に関するいくつかの協定を策定した（「環境と開発に関する(国連)会議」としても知られている）。

105　Eco-efficiency　環境効率性
　企業や社会が経済的に効率的であると同時に，環境的にも責任ある行動をとるときに生じること。

106　Ecologically sustainable organization (ESO)　環境的に持続可能な組織
　持続的発展の原則と矛盾のない方法で，事業運営をしている企業のこと（「384　持続可能な開発」も参照のこと）。

107　Ecology　エコロジー＝生態学
　生物である地球と動物が相互に自らの環境とどのように相互作用をするのかに関する過程と研究のこと。

108　E-commerce　e コマース
　商品やサービスの売買がインターネットを通して電子的に行われる，電子的売買取引のこと。

109　Ecosystem　エコシステム＝生態系
相互依存システムとして共に生存している，自然環境のなかの地球と動物のこと。

110　Egoist　エゴイスト
(「134　倫理的自己中心主義者」を参照)

111　Elder care　高齢者のケア
高齢者の人々の介護と管理のこと；高齢者の両親をもつ働く従業員に，雇用者の一部が手当として提供した。

112　Electronic monitoring (of employees)　電子的モニタリング (従業員に関する)
従業員の活動についての情報を集め，蓄積して，監視するために，雇用者がイーメールやボイスメール，インターネット・ブラウザ，デジタル録画ビデオのような電子技術を用いること。

113　Electoral politics　選挙戦の政治策略
選挙結果に影響を与えるために，官公庁に対して，企業や他の利益集団によって実行された政治的活動のこと。

114　Emissions charges or fees　産業廃棄物ゼロのための課徴金
排出した廃棄物の量に基づいて，政府によって企業に課せられる料金のこと。

115　Employee assistance programs　従業員援助プログラム
アルコールや薬物中毒のように，従業員の仕事の成果を邪魔する問題に対して，その予防や処置のために，雇用者によって提供されたプログラムのこと。

116　Employee stock ownership plan (ESOP)　従業員持株制度
企業側が従業員の株式の取り分を購入して，従業員の信託に委ねる給付計画のこと。

117　Employment-at-will　裁量雇用
ただ単に雇用者の自由裁量で，労働者が雇用され，雇用が維持されるという原則のこと。

118　Encryption　電子暗号
Eメールやファイルを混乱させるソフトウエアの種類。インターネットを通して送られた情報やデータベースに蓄えられた情報を，盗聴者が盗み見をすることから守るもの。

119　Enlightened self-interest　啓発された自己利益
企業が経済的な自己利益を維持しながら，高い社会的意識をもつことが可能であるという見方のこと。

120　Entitlement mentality　受給権者の心性
個人や集団が指名された集団の成員になることによって，経済的利益や社会的利益を保証されるとする見方のこと(「334　権利(人間の)」も参照)。

121　Environmental audit　環境監査
汚染防止のような，環境目標達成への進捗状況に関する企業監査のこと。

122　Environmental justice　環境的正義＝環境的公正
環境リスクに対する不公平・不公正な暴露を防止するための運動のこと。有毒化学物質の暴露といったものがあげられる。また，のようなリスクの暴露が，公平・公正である状況のこと。

123　Environmental partnership　環境パートナーシップ
特定の環境目標を達成するために，企業，政府，環境組織間で組まれる自発的，協調的パートナーシップのこと。

124　Environmental protection　環境保護
土地，水，空気のような自然資源の損傷や破壊を防ぐために，個人や組織によってなされる努力を表現する用語のこと。

125　Environmental Protection Agency (EPA)　米国環境保護庁
米国における大半の環境規制や施行に責任をもつ米国連邦政府の機関のこと。

126　Environmental scanning　環境スキャニング
組織に影響を与えるような動向や勢力を発見するために，組織の環境を調査すること。

127　Environmental standards　環境基準
法律によって認められた特定の汚染物質の基準量のこと。

128　Equal-access rule　公平なアクセス・ルール
もし候補者の見解の一つが放映された場合，政治的公職に対して，すべての候補者が彼らの政治的メッセージを放映することを認めるようテレビ局に要求する法的条項のこと。

359

129 Equal employment opportunity　雇用機会均等
　すべての人がその他の点では限定されているけれども，就職の機会，職場環境，賃金，福利厚生，退職条件に関しては平等に扱われるべきだ，とする原則のこと。

130 Equal Employment Opportunity Commission (EEOC)　雇用機会均等委員会
　1964年に創設された米国政府内の独立機関のこと。雇用機会均等法と行政命令を強化する責任をもつ。

131 Ergonomics　人間工学
　労働者のケガやストレスを最小限にするように，職務，作業環境，設備を改変すること。

132 Ethical charismatic leader　倫理的カリスマ・リーダー
　高いレベルの徳性をもち，それゆえに部署や組織全体にプラス方向の影響を与えることのできるリーダーのこと。

133 Ethical climate　倫理的風土
　受け入れられる行動や容認できない行動について，従業員の間に無言の理解があること。

134 Ethical egoist　倫理的自己中心主義者
　あらゆる考慮において，他者の倫理的ニーズや信頼を否定して，自己の利益を一番に考える人間のこと。

135 Ethical principles　倫理原則
　誠実さ，約束を守ること，他者を助けること，他者の権利を尊重すること，といったような道徳的行動に関する指針のこと。この指針はあらゆる状況できちんとした生活を維持して，継続させるための本質的なものである。

136 Ethical relativism　倫理的相対主義
　倫理的な正しさと過ちは歴史上のさまざまな期間，社会の伝統，現在の特定の状況，個人的意見といったものによって明確になるという信念のこと。

137 Ethics　倫理
　道徳的行為に関する指針として役立つ概念のこと。正しい行為と間違っている行為に関する概念。

138 Ethics audit　倫理監査
　組織の倫理的規約の有効性に目標を定めるために，もしくは，拡大された倫理的な従業員行為の証拠を文書化するために，組織によって用いられる評価のこと。

139 Ethics code　倫理規範
　経営者や従業員が倫理的ジレンマに陥るとき，彼らを導くようまとめられた文書化された一連の規則のこと。

140 Ethics committee　倫理委員会
　従業員のための倫理的ガイドラインを提供し，また，なかには企業内の反倫理的行動を調査して罰する，という権限を付与された役員レベルの集団のこと。

141 Ethics hot line　倫理ホットライン
　従業員が何らかの倫理的問題を報告するための独立的な方法や処理方法を利用する権利を提供するプログラムのこと。

142 Ethics officer　倫理担当責任者
　倫理的行為に関する違反を調査し，倫理声明書を普及させて，職場での倫理的行為を促進するために，組織によって任命された管理者のこと。

143 Ethnocentric business　民族中心主義的企業
　事業基準が自国の慣習，自国の市場，自国の法律に基づいている企業のこと。

144 Ethnocentric perspective　民族中心主義的視点
　企業は自国の延長部分であり，自国に忠誠心をもつべきとする見方のこと。

145 European Union (EU)　欧州連合 (EU)
　ヨーロッパの国々の政治的，かつ，経済的連合のこと。

146 Executive compensation　役員報酬
　企業の役員への報酬のこと。給料，ボーナス，ストック・オプションに加えて，さまざまな便益を含む。

147 Export of jobs　仕事の輸出
　企業の自国における仕事の喪失と外国における新しい仕事の創出。事業運営の一部，あるいは，すべてを外国に移転することによって引き起こされるもの。

148 Expropriation　（土地の）収用
　（「254　ナショナリゼーション」を参照）

149 Fair labor standards　公正な労働基準
　企業の従業員（または，企業の供給先や下請の従業員）が働く状況について，許容可能な最低限の基準を設置した規則のこと。例えば，そうした基準には，児童労働の禁止や週の最大労働時間の設置，最低限の水準を超える賃金の支払い責任といったものが含まれる。

150 Fairness and balance issue　「公正とバランス」に関する課題事項
　メディアが企業活動について論争となっている双方の立場を示して公正に報道しているかどうか，という疑いが生じること。

151 Fairness Doctrine　公正原則
　1987年に廃止された米国の法律。テレビ局やラジオ局に関して重要な問題や論争となっている問題については，その両方の観点を取り扱うよう，また，放映する際に，それらの観点を対比する機会を与えるよう要求した法律のこと。

152 Family-friendly corporation　家庭にやさしい企業
　企業経営すべての側面において性差別を排除し，男性と女性双方に対して，仕事と家庭に対する責任のバランスをとることを支援している企業のこと。

153 Family leave　家庭休暇
　家族の構成員を世話する目的のために，仕事から離れて休暇をとること。有給休暇の場合と無給休暇の場合がある。

154 Fiduciary responsibility or duty　信託責任／義務
　他者や他の集団の利益を守るために，彼らに対する義務を実行するという法的義務のこと。

155 Fiscal policy　財政政策
　政府が採用する税収と歳出のパターンのこと。

156 Flextime　フレックスタイム
　従業員の仕事時間の予定を組むことに関して，従業員に部分的に自己裁量を与える計画のこと。通常，1日の就業時間の開始と終わりに関して実施される。

157 Foreign direct investment（FDI）　海外直接投資
　ある国の投資家による，他の国における事業活動や他の国に設立された組織への資金の投資と移転のこと。

158 Foreign investment review board　外資審議委員会
　国内の海外所有者によって提案された投資を再調査して，許可・不許可を決める権限を与えられた国の政府機関。

159 Fraud　不正手段
　経済的利益や競争優位を追求するために，虚偽や策略をめぐらすこと。

160 Free enterprise ideology　自由企業イデオロギー
　個人主義，自由，私的財産，利益，機会均等，競争，職業倫理，限定された政府（小さな政府）を含んだ経済的生活を組織するための一つの方法についての信念の傾向のこと。

161 Free enterprise system　自由企業システム
　私的所有権，利益追求事業体，自由市場の原則に基づいた社会経済的な体系のこと。

162 Free market　自由市場
　売り手と買い手の自発的，かつ，自由な交換に基づいた経済システムの一モデルのこと。競合者は，コストのかからない市場取引において価格を調整する。

163 Free speech issue　「言論の自由」に関する課題事項
　論議の対象となっている公共的な課題事項に関するメディアの見解を表現しようとするのと同様に，メディア側の「言論の自由」という憲法上の権利と企業側の公正，かつ，正確に伝達されるべきだという要求との間のバランスをとろうとする努力のこと。

164 Functional-area ethics　職能領域倫理
　会計，財務，マーケティング，情報技術といったような企業経営上の専門的な業務領域に典型的なものとして発生する倫理的問題のこと。

165 Functional regulation　機能別規制
　競争や労働関係のような事業上の特定の機能や業務に向けられた規制のこと。

166 Future shock　未来の衝撃
　新しい技術によってもたらされた新しい生活環境に対応する際に，個々人が困難さを経験するという，急速な技術変化への人間の反応のこ

と（注―米国の未来学者，A.トフラーの言葉）。

167　Genetic engineering　遺伝子工学
有機体の自然な構造をつくり変えること。それによって，科学者は事実上，どのような遺伝子も植物に挿入することが可能であり，新しい作物や完全な新種をつくることができる。

168　Genetically modified food　遺伝子組み換え食品
遺伝的に操作された作物から加工された食品（「167　遺伝子工学」も参照）。

169　Genetically modified organism　遺伝子組み換え生物
遺伝構造の改造することを通して組み換えられた生物のこと。動物，植物，人間の細胞を含む。

170　Geocentric business　地球中心主義的企業
企業における事業の基準と政策を多国籍所有権，マネジメント，市場，オペレーションなどに関して地球的規模で展望している企業のこと。

171　Geocentric perspective　地球中心主義的視点
企業は地球市民である，と捉える視点のこと。これは企業が自社の事業を行なうどの国においても，その法律と文化を守り尊重すべきである，とする視点である。

172　Glasnost　グラスノスチ＝情報公開
1980年後半から1990年初頭に政治的存在としてのソビエト連邦が崩壊し始めたとき，「開放」を示すために用いられたロシア語のこと。

173　Glass ceiling　ガラスの天井
職場において女性，マイノリティ，その他何らかの集団に対する昇進を阻む障壁のこと。

174　Glass wall　ガラスの壁
人事部門から製造部門への異動のような，職場の女性，マイノリティ，その他集団への職能間の流動性に対する障壁のこと。

175　Global commons　グローバル・コモンズ
地球の大気と海のような，世界の人々が共同して使用する天然資源のこと。

176　Global corporate citizenship　グローバル企業市民
企業が事業を展開する世界中すべての地域で，主要な社会的課題事項に対して，リーダーシップを発揮するための努力を表現する時の言葉のこと。

177　Global locations　グローバルな立地
多くの国で，工場や施設を設立・操業するという企業の実践的活動のこと。グローバルな立地戦略は，企業の顧客の重要なセグメントにつかえることができる土地に設備を置くという計画的な意思決定をさす。

178　Global market channel　グローバル・マーケット・チャネル
商品やサービスを国際的なマーケティングや流通を通して1カ国以上で販売するためのシステムのこと。

179　Global supply chains　グローバル・サプライチェーン
複合的な商品やサービスを世界的に販売するために，その構成部分を1カ国以上の場所で製造して，それらを集めて組み立てるシステムのこと。

180　Global village　地球村
より迅速で，より広範なコミュニケーション活動を可能にするような技術的進歩を通して，地球上の最も離れた場所同士が相互につながって，地球があたかも一つの村のように感じられること。

181　Global warming　地球温暖化
地球の気候の漸進的な温暖化。人間の活動によって，とりわけ，化石燃料を燃焼させることによって，大気中の二酸化炭素や他の微量ガスが増加することによって引き起こされると考えられている。

182　Globalization　グローバリゼーション
世界の商業的，非商業的相互作用の多くが地球規模の取引や世界的な動向によって影響されていくプロセスのこと。

183　Government and business partnership　「政府と企業」のパートナーシップ
「政府と企業」が社会問題を解決するために協働することであり，社会的・経済的システムの特殊型と考えられる（「317　『公と民』のパートナーシップ（PPP）」や「123　環境パートナーシップ」も参照のこと）。

184 Grassroots politics (programs) 草の根政策（プログラム）
　公共政策の課題事項に関して，政府の役人と直接接触するように個々の市民や有権者を巻き込み，影響を与えていく政治活動。
185 Green management グリーン・マネジメント＝環境保全型経営
　経営者が経営の意思決定をする際に，環境的要因を配慮することの重要性に重きを置く考え方のこと。
186 Green marketing グリーン・マーケティング
　企業による環境に安全な製品やサービスの製造，販売促進活動，販売を示す概念のこと。
187 Greenhouse effect 温室効果
　二酸化炭素，メタン，一酸化二窒素といったものをはじめとするガスが地表の熱が宇宙へ逃げることを妨げるような，温室のガラスの壁のような働きをするときに起こる温暖化効果のこと。
188 Hackers ハッカー
　（「440　コンピュータ・ハッカー」を参照）
189 Hazardous waste 有害廃棄物
　工業，農業をはじめとする各種活動から出る廃棄物で，人間がこれらのものに長期にわたりさらされると，死に至ったり，重大な健康上の問題を引き起こしたりする可能性のある物質のこと（「396　有毒物質」も参照）。
190 Home country ホーム・カントリー
　多国籍企業の本社がある国のこと。
191 Honesty tests 正直度テスト
　仕事に対する従業員の正直性を予測するために行なわれる筆記の心理試験。
192 Honeypot ハニーポット
　ハッカーの活動を追跡する目的で，偽造したウェブサイトでハッカーをおびき寄せるように用いられたシステムのこと（「44　コンピュータ・ハッカー」を参照）。
193 Horizontal merger 水平合併
　同じ産業に属する二つ以上の企業が製造や販売のレベルや段階が同じ条件で統合して一つの企業になること（「46　コングロマリット合併」や「413　垂直合併」も参照）。

194 Host country ホスト・カントリー
　多国籍企業が事業を展開する外国のこと。
195 Human capital 人的資本
　労働者の知識・経験の価値や組織の資産としての能力に関する言葉。組織の資産としての能力とは，自然資本，財務資本，知的資本と同様に捉えられるものである。
196 Human genome ヒトゲノム
　唯一の人間を形づくるために設定されたDNA（染色体に組み込まれた遺伝情報）の総体のこと。
197 Human rights 人権
　個人や集団の存在を強調する倫理的概念のこと。また，生きる権利，安全の権利，知る権利といったような，一定の方法で扱われる倫理的概念。
198 Human rights code of conduct 行為に関する人権コード
　生活，自由，幸福といった人々の権利の観点から，許容できる行為や許容できない行為に関してなされる組織の声明（書）のこと。
199 Ideology イデオロギー
　個人，組織や社会にとって理想的な生き方を定義する一連の基本的信念のこと。
200 Image issue イメージに関する課題事項
　民族的グループや女性のように，社会の多様な集団のイメージを，メディアがどのように表現し，強化するのかということに関する課題事項のこと。
201 individualism 個人主義
　個人が生来的な価値と尊厳をもち，社会によって保護されるべき基本的な人権を保有するという考え方のこと。この考え方では，個々人については，私欲を認め，私欲を増加させることができる自由行動者として仮定している。
202 Industrial ecology 産業エコロジー
　工場と流通システムを自己充足的な生態系システムのように設計すること。例えば，あるプロセスからでる廃棄物を原料として別のプロセスで利用すること。
203 Industrial policy 産業政策
　特定の産業の成長と発展を促すための政府の政策行動。

204 Industrial resource base　産業資源基盤
　工業製品のために必要な鉱物，エネルギー源，水供給，熟練労働力，人的知識といった資源（量，基盤）のこと。

205 Industrial society　産業社会
　建築や原材料の機械による加工が仕事のなかで優位な位置を占め，労働力を最も必要としている社会。

206 Industry-specific regulation　特定産業規制
　電話サービスや鉄道輸送といったような特定の産業を目的とした規制の管理，消費者サービス，産業への新規参入といったものを含む。

207 Inflation　インフレーション
　貨幣の購買力の下落のこと。

208 Information society　情報社会
　現代技術の位相のことで，知識や情報の利用や移転を強調する社会のこと。

209 Insider trading　インサイダー取引
　企業の経営陣やその友人（インサイダー）といった少数のグループや個人にのみ知られている信託情報で，かつ，そのような内部情報にアクセスできない他の投資家を犠牲にして，彼らに利益を生じさせるような信託情報に基づいて行なわれる企業の株式の非合法な売買のこと。

210 Institutional investor　機関投資家
　積立基金で，株式市場の取引に出ている有価証券に投資する金融機関，保険会社，年金基金，退職者基金他，同様の組織をさす。

211 Institutionalized activity (ethics, social responsiveness, public affairs, etc.)　制度的活動
　経営者と従業員によって日常的に行なわれていて，組織に不可欠な活動，運営，手順のこと。

212 Intangible assets　無形資産
　組織の目標や目的の達成を可能にさせるような組織の非物質的資源。知的財産や企業の名声を含む。

213 Intellectual property　知的財産
　国の著作権，特許，商標法のもとで認識され保護されている，アイデア，概念，その他人間の知力・想像力の象徴となる産物のこと。

214 Interactive model of business and society　「企業と社会」の相互作用モデル

企業が社会に対して保有している一次的，・二次的な相互作用が結合したモデルのこと。

215 Intergenerational equity　世代間の公平性
　ある世代の債務の蓄積と，将来の世代がもたなければならないと想定される，税負担の間に横たわる不公平さを説明する際の言葉のこと。

216 interlocking directorate　役員兼任
　一人の人間が，二つの企業の重役メンバーを務めている場合，その二つの企業間に成立している関係のこと。

217 International regulation　国際的規制
　１カ国以上が，国際的な企業活動の行為に関して，同じ規則を制定・施行することに合意するという規制の形態のこと。

218 Internet (or World Wide Web)　インターネット
　あらゆるところで個人や組織がつながっている国際的なコミュニケーション・ネットワークのこと。

219 Intranet　イントラネット
　個人的，もしくは，限定された情報ネットワーク・システムであり，ファイアーウォールというソフトウエアのプログラムによって，一般のアクセスを遮断したもの。

220 Intrusion-detection systems　侵入探知システム
　探知機のように作動するものであり，このシステムは，語彙を特定した活動でコンピュータ・ネットワークを絶えず監視している。

221 Iron law of responsibility　責任の鉄則
　社会が責任ある態度とみなす方法で権力を使用していない人々は，長期的に彼らの権力を失う可能性があるという考え方。

222 Issue management　課題事項のマネジメント
　公共的な課題事項を認識し，分析し，優先順位を決めて，対応していくための体系的方法のこと。

223 Justice　正義，ないし，公正
　便益と負担の配分が，何らかの協定されたルールに従って，人々の間で公平であるかどうかを強調する倫理的アプローチのこと。

224 Knowledge economy　知識経済

新知識が，多くの形態をとって，古い産業の再生や変容を促し，新しい産業を創造している経済のこと。

225 Labor force participation rate　労働力率
賃金を得ている労働力人口における特定集団の比率のこと。例えば女性の比率など。

226 Labor standards　労働基準
企業の従業員や，供給者や下請の従業員に影響を与える労働条件のこと。

227 Labor union　労働組合
職務に関して労働者を代表し，賃金，労働条件をはじめ雇用に関して，集団的に交渉する組織のこと。

228 Laissez faire　自由放任主義＝レッセ・フェール
「自由放任」を意味するフランス語のことで，政府の介入が最小限である経済システムをさす。

229 Laws　法律
社会が人生のさまざまな局面において，正しい行為と間違った行為を構成するものは何か，についての一般的な考え方を規則として文書化し，定式化しようとすること。

230 Legal obligations　法的義務
企業が社会を統治する法律と規制に従わなければならないとする考え方のこと。

231 Leveraged buyouts (LBOs)　レバレッジバイアウト
しばしば，経営者を含む投資家集団によって，借入金を調達して行なわれる企業買収のこと。買収先の企業資産価値が，買収必要額を借り入れるための「てこ」（担保）として用いられる。

232 License to operate　事業認可
組織は社会からの許可（ライセンス）がなければ，事業を行なうことができないとする考え方のこと。

233 Life-cycle analysis　ライフサイクル分析
デザイン，製造，使用，廃棄といった製品の全局面における環境への悪影響を最小限にするために，製品についてその全局面の環境負荷情報を収集し，評価すること。

234 Limits to growth hypothesis　「成長の限界」仮説
人間社会はもはや地球の生態系の許容量を越えつつあり，そのための調整政策を直ぐにとらなければ，破滅的結果が生じるだろうという考え方のこと（「22　環境収容能力」も参照）。

235 Line manager involvement　ライン・マネジャーの関与
ライン・マネジャー（ライン部門管理者）が，組織の社会的責任戦略に参加していく範囲の度合いのこと。

236 Lobbying　ロビー活動
公共政策的な課題事項に関して，政府役人との合意形成や政府役人の見解に影響を与えようとして直接的な働きかけをする活動。

237 Macroenvironment　マクロ環境
企業経営に影響を及ぼし，さらに，企業経営から影響を受ける企業の直接的な事業環境の外側に存在する要因，影響力，制度のすべてのこと。

238 Market failure　市場の失敗
自由市場経済と関連した利益を得るという点や責任ある関係者（例えば，大気汚染排出などに関する関係者）に費用を適切に割り当てるという点に関して，市場が不完全で無力であること。

239 M-commerce　Mコマース
移動電話や携帯電話を利用したビジネスのこと。

240 Media　メディア＝媒体
広く人々の間に行き渡り，影響を与えるコミュニケーションの一手段のこと。メディア事業には，放送技術，放送事業，サービス提供を含む。

241 Media training　メディア・トレーニング
メディアと接触する可能性のある役員や従業員が報道陣と効果的なコミュニケーションをとる方法を学ぶというメディア戦略。

242 Merger　合併
（「62　企業合併」を参照のこと）

243 Microenvironment of business　企業のミクロ環境
企業行動に影響を与え，さらに，企業行動によって影響を受けることで，相互に関連している社会的，経済的，政治的，技術的環境のこと。

244 Monetary policy　金融政策

経済に関して，資金の供給と需要を管理する政府行為のこと。

245 Monoculturalism　単一文化主義
言語，娯楽，商品，サービスを証拠として，世界が単一文化になってきているという考え方のこと。

246 Montreal Protocol　モントリオール議定書
フロンをはじめ，オゾン層を破壊する化学物質の製造と使用を制限した国際的条約（「27 フロンガス」，「264 オゾン」も参照）。

247 Moral development, stages　道徳性発達段階
（「366 道徳性発達段階」を参照）

248 Morality　道徳（性）
最も根本的な人間的価値が維持され，人間の考え方と行動の形成を可能にする状態のこと。

249 Most favored nation（MFN）　最恵国
米国が貿易障壁を最小限にして貿易を促進する関係に位置づけている国をさす，対外政策の用語のこと。

250 Multimedia pollution　マルチメディア汚染
（「82 横断的メディア汚染」を参照のこと）

251 Multinational corporation　多国籍企業
二カ国以上の国で事業を展開している企業のこと。通常，多様な国籍をもつ人々を雇用している。

252 National competitiveness　国家の競争力
国際的な市場で，民間企業や公営企業の行動を通して他国と効果的に競争する国の能力。

253 National sovereignty principle　国家主権原則
国家とは主権国家を意味し，その法律，慣習，規制といったものが人々，組織，他の国家によって尊重されなければならないこと。

254 Nationalization　国有化
報酬があるか，無報酬かどちらかで，私有財産の所有権と管理を政府が受け継ぐこと（「（土地）収用」という形でも知られている）。

255 New social contract　新しい社会契約
企業とそのステイクホルダーが現代の経済的・社会的な変動を考慮して，お互いに対してどのように行動していくべきかについて考察する進化論的見解のこと。

256 New world order　新世界秩序
1980年代後半の冷戦終結に伴う，国家間の関係を表現するときに使われる言葉のこと。

257 Nongovernmental organizations（NGOs）　非政府組織
特定の主張，課題事項，利益を代表して擁護するために設立され機能している非営利組織のこと。

258 Nonpoint source　非点源汚染
都市の雨水配水管から流れる有毒排水の源のように，簡単に特定することができない水や大気汚染の源（「276 点源汚染」も参照）。

259 Nonrenewable resources　再生不能資源
石油，石炭，天然ガスのように，いったん使用されると再生不能な天然資源のこと（「331 再生可能資源」も参照のこと）。

260 Occupational crime　職業犯罪
従業員が私利私欲のために，職務に関連して不法な行動をとること。

261 Occupational Safety and Health Administration（OSHA）　職業安全衛生管理局
1970年に設立された米国政府機関のこと。職場の安全と衛生に関する政府基準を守らせる責任がある。

262 Occupational segregation　職業的隔離
マイノリティや女性のように，ある集団の不公平な集中化のこと。とりわけ，仕事の種類によって，隔離がみられる。

263 Opportunity costs　機会コスト
さまざまな資金の使用用途のなかから，ある用途のために資金が費やされたために，実現されないさまざまな機会のこと。

264 Ozone　オゾン
三つの酸素原子の結合から構成されるガスのこと。大気高度の低い部分のオゾン層は都会のスモッグの危険な要因である。大気中の高い部分のオゾン層は太陽からの紫外線を遮蔽する役割を果たす（「27 フロン」，「246 モントリオール議定書」も参照）。

265 Parental leave　育児休暇
新生児や養子の世話をするために，有給か，無給のいずれかで会社から休暇をとること。

266 Paternalistic　温情主義的

父親（注―経営者）が子どもの面倒をみるのと同様に、万一の事態の際に、他者（注―従業員）の面倒をみること。

267　Patriarchal society　家父長的社会
男性が組織のなかで支配的立場を占める社会のこと。そのような社会では、社会の価値が男性の特権を反映し強化するように機能しており、女性は従属的立場に居続ける傾向がある。

268　Pay gap　賃金格差
賃金、給料、および、収入の平均レベルに関する異なるグループ間の差異のこと。例えば、男性と女性（ジェンダー賃金格差）や白人と有色人種（人種賃金格差）など。

269　perestroika　ペレストロイカ
ソビエト連邦が政治的主体として崩壊しはじめた、1980年代後半から1990年代初期の経済改革と再構築を説明するときに用いられるロシア語のこと。

270　Performance-expectations gap　「成果と期待」のギャップ
企業の実際の成果と企業のステイクホルダーによって期待されている成果との間の認識された乖離。

271　Perpetual political campaign　絶え間なき政治運動
資金を集め、選挙区の有権者とコミュニケーションを図り、再選のために立候補する継続的プロセス

272　Personal spirituality　個人のスピリチュアリティ
絶対的存在（至高の存在）、宗教的組織、自然や他の何らかの外的な力のなかに、人生を導く力があると信じる個人的信念のこと。

273　Philanthropy　フィランソロピー
（「企業フィランソロピー」を参照）

274　Plant closing laws　工場閉鎖法
施設の閉鎖に関して、工場継続のための交渉、従業員による工場買収の調整、新しい職場探し等、各種調整の時間を準備するために、事前に従業員に通知することを雇用者に命ずる法律のこと。

275　Pluralism　多元主義
経済、政治、教育、社会、文化、宗教等に関する多様な集団が集団の利益を促進するために組織されている社会のこと。

276　Point source　点源汚染
特定の工場として明確化できるように、簡単に認識可能な水や大気の汚染源のこと（「258 非点源汚染」も参照）。

277　Policy decision　政策決定
法案が可決すること（否決すること）、裁判の見解を発すること、もしくは、新しい規制を導入するように、政府がある行動を権威づける（もしくは、権威づけに失敗する）ときの公共政策過程のある段階のこと。

278　Policy evaluation　政策評価
公共政策の結果がその利害関係者によって判断される段階のこと。これは、公共政策過程の最終段階になる。

279　Policy formulation　政策策定
利益集団がある立場から、他者にもその立場を採用するように説得を試みる段階のこと。公共政策過程の一つの段階である。

280　Policy implementation　政策実施
公共政策決定を強化するように行動する段階のこと。公共政策過程の一つの段階である。

281　Political action committee（PAC）　政治活動委員会
個人から自発的寄附を受け入れ、選挙候補者のために官庁に献金する目的で、選挙法に従って任意集団によって組織化された委員会のこと。

282　Political cynicism　政治的シニシズム
国民、一般大衆が政治と政治家へ不信任感を抱く傾向のこと。

283　Polluter pays principle（PPP）　汚染者負担原則
汚染者が税と同じく、その汚染の全コストを支払う責任をもつべきであるという原則のこと。

284　Pollution charge　汚染負担金
環境に放出された汚染量に基づいて、汚染源に課せられた費用のこと。

285　Pollution prevention　汚染防止
（「363　発生源削減」を参照）

286　Polygraph　ポリグラフ＝ウソ発見器
人間が意識してウソをついているときに起こる生理的変化を測定することによって、人間の

言明が真実か，ウソかを判断するために用いられる機器のこと。

287 Populism　ポピュリズム＝大衆主義
　草の根民主主義，並びに，大企業の集中化に反対し，中小企業を基盤とした経済活動を指示する政治哲学のこと。（訳者注：政治的な意味での「大衆迎合主義」とは異なる，米国的な意味［個人的努力による経済的成功］で使用されている）

288 Precautionary principle　予防原則
　企業や個人はもし彼らの行動が深刻な害をもたらすリスクがあるのならば，人々や環境に害を与えない方法で行動する責任があるとする倫理的原則のこと。

289 Predatory pricing　略奪的価格設定
　競合他社を事業から撤退させる目的で，コストを下回る売価をつけること。通常，米国独占禁止法の下では違法行為にあたる。

290 Preferential hiring　優先的雇用
　組織の従業員のなかで非主流の少数派や女性等のグループを優先する雇用計画のこと。

291 Price-fixing　価格調整
　二社以上の企業が商品やサービスについて価格を設定したり，〈調整〉したりすること。通常，米国独占禁止法の下では違法行為にあたる。

292 Primary interactions or involvement　第一次的相互作用，もしくは，関与
　企業が，商品の製造やサービスの提供に関与している集団ともつ直接的な関係のこと。

293 Primary stakeholders　直接的ステイクホルダー
　企業の経済活動や意思決定によって直接的に影響を受ける人々や集団のこと。

294 Principle of national sovereignty　国家主権の原則
　各国政府は，国内で活動しているその国民と他の国民の行動に関する法をつくるために法的に存在しているという考え方のこと。

295 Priority rule　優先順位の原則
　倫理的分析において，意思決定や行動の前に，三つの倫理的な理論的推論である功利，権利，正義に関して，その重要性の点で順位づけるための手順のこと。

296 Privacy　プライバシー
　（「335　プライバシー権」を参照）

297 Privacy policy　プライバシー政策
　企業技術の使用が許されることや企業が従業員活動をどのようにに監視するかを説明する企業の経営政策のこと。

298 Private property　私有財産
　私的所有者に対して与えられた権利で，彼らの有形資産と無形資産を管理する権利のこと。私的所有は資本主義の基本的制度である。

299 Privately held corporation　非公開企業
　個人や集団によって，私的に所有されている企業のこと。その株式を，一般の大衆投資家は購入することができない。

300 Privatization　民営化
　さまざまな経済的機能，組織，プログラムを政府所有や政府支援から私的経営に変えていく過程のこと。

301 Product liability　製造物責任
　ある製品を使用したために，製品購買者に生じた有害な結果に関して，製造・販売を行った個人，あるいは，企業が法的責任を負うこと。

302 Product recall　製品リコール
　企業が欠陥製品や危険な製品を消費者やすべての流通チャネルから回収すること。

303 productivity　生産性
　全投入量と全算出量の間の関係のこと。組織の産出量が製造に必要な投入量よりも迅速に増加していく時，生産性は向上する。

304 Profit maximization　利益の極大化
　企業が事業運営からの収益の比率を，もっとも可能な限り大きくしようとする試みのこと。

305 Profit optimization　利益の最適化
　企業が事業運営からの収益の比率を最大化するよりも，むしろ満足できるような比率にしようとする試みのこと。

306 Profits　利益
　個人や企業の収入から，収入を生む際に生じるコストを引いたもの。

307 Proxy　委任状
　不在株主の株の議決権を他者に与えている法的文書のこと。

308 Proxy statement　委任状

企業の株主総会開催やそこで検討される事業情報を報告し、会議に出席しない株主のための代理人用紙を同封して、取締役から企業株主へ送られる書面のこと。

309 Public affairs function パブリック・アフェアーズ機能（職能）
国や地方のコミュニティ、政府、住民の意見を含む外的環境を説得し、監視し、理解し、交流して、影響を与えていくことを意図した組織的活動のこと。

310 Public affairs management パブリック・アフェアーズ・マネジメント
国会議員、政府事務所、規制機関のようなステイクホルダーとの対外的関係をマネジメントする活動のこと。

311 Public expectations 一般大衆からの期待
ステイクホルダーのような一般大衆が企業の行動や事業推進方法に関して、正当な期待をもっているという考え方のこと。

312 Public issue 公共的課題事項
企業ステイクホルダーが政治的事項となるような問題や課題事項のことで、それらが法制化、法的規制、その他の公式的な政府行動をもたらす可能性をもっていること。

313 Public issue life cycle 公共的課題事項のライフサイクル
公共的課題事項が通過していくさまざまな局面の結果のこと。

314 Public policy 公共政策
政府が大多数の一般市民に影響を与えるような特定の広義を達成するために打ち出す行動計画のこと。

315 Public policy agenda 公共政策のアジェンダ（討議事項）
政府の役人が能動的、かつ、真剣に関心をもつような、あらゆる公共政策上の問題、ないし、課題事項のこと。

316 Public policy process 公共政策過程
公共政策の開発、実行、評価という、すべての活動段階のこと。

317 Public-private partnerships 「公（官）と民」のパートナーシップ
犯罪、ホームレス、ドラッグ（麻薬）、経済発展、コミュニティ問題といった、さまざまな深刻な社会問題に対応していくために、企業と政府機関が協働していくためのコミュニティに根ざした組織のこと。

318 Public referendum 住民投票
一般投票における選挙投票にもとづいて、政策課題の解決や政策争点を提起していくための市民の発議権（イニシアティヴ）のこと。

319 Public relations Society of America 米国広報協会
メディア産業における人権に関する自由な運動や個々の尊厳を維持するために委ねられた広報責任者のための専門機関のこと。

320 Public trustee 公的信託人
企業の所有者や経営者は幅広い範囲の企業ステイクホルダーや一般大衆の利害に基づいて意思決定をすべきであるとする概念のこと。その結果、企業の役員は公益の受託者として行動することになる（「373　スチュワードシップ原則」も参照）。

321 Publicly held corporation 公開企業
その株式を一般の大衆投資家が売買することができる企業のこと。

322 Questionable payment 問題のある支払い
ホスト国や他の国で正しいか、間違っているかという倫理的に重要な問題を提起するような、個人や企業に対して与えられる対価のこと。

323 Quotas (job, hiring, employment) 割当て人数
組織の労働力において非主流である少数派、女性といった集団を、特定の人数、もしくは、特定の割合を雇用するという雇用計画のこと。

324 Racial harassment レイシャル・ハラスメント
職場環境を脅したり、敵対させたり、不快にさせたりするものであり、または、個人の仕事の業績を妨害するようなハラスメントのなかで、少数民族への中傷、悪口、罵声といったものや人種による身体的ハラスメントのような人種に関する職場のハラスメントのこと（「340　セクシャル・ハラスメント」も参照）。

325 Rain forest 熱帯雨林
1年間に少なくとも100インチ（254cm）の降

369

雨のある森林地帯のこと。それらは，生物多様性の点では，地球上で最も豊かな領域のなかにある。

326 Reengineering リエンジニアリング
生産性を強化し，効率的な職場活動を推進していくために，仕事のシステムや組織を再設計する概念のこと。

327 Regulation 規制
産業や他の集団が，彼らが，通常，活動上行わなければならない規則を政府が打ち立てること。

328 Reinventing government 政府の行政改革
政府の再設計，再構築，コスト削減といった取組みを表す言葉のこと。

329 Relational capital 関係資本
組織とその主要なステイクホルダーの関係から生じるものであり，貴重な組織的資源である。

330 Relationship investing 関係的投資
大規模株主（通常は，機関投資家）がある企業と長期的な委任関係を構築すること。

331 Renewable resources 再生可能資源
新鮮な空気や樹木のように，自然に補充されうる天然資源のこと（「259 再生不能資源」も参照）。

332 Reregulation 再規制
かつて規制緩和された活動に規制を課すこと。

333 Reverse discrimination 逆差別
個人や集団が他の個人や集団に対する差別に打ち勝つために，正当な努力をした結果として経験する意図せざる，負の影響のこと。

334 Rights (human) 権利（人間の）
（「197 人権」を参照）

335 Right of privacy プライバシー権
個人の私的な生活は，政府や企業や他人による侵害から守られるという権利のこと。

336 Rule of cost 費用の原則
人間の行為はすべての費用（コスト）を生むという考え方のこと。

337 Sanctions 制裁＝サンクション
国際法や国際的同意に違反した国を各国が経済的圧力という手段で罰すること。

338 Secondary interactions or involvement 第二次的相互作用，もしくは，参加
企業の主要な活動の影響を受け，それについて何らかの動きを起こす社会的・政治的集団と企業がもつ関係のこと。これらの関係は，企業の第一次的相互作用から派生するものである。

339 Secondary stakeholders 間接的ステイクホルダー
企業の経済的活動や意思決定によって，間接的に影響を受ける人々や集団のこと。

340 Sexual harassment セクシャル・ハラスメント
人間が受ける不必要で押しつけられた性的気配や性的な方法で不快にさせたり，恐れさせたりする職場環境のこと（「324 レイシャル・ハラスメント」を参照）。

341 Shareholder シェアホルダー
（「375 株主」を参照。）

342 Shareholder resolution 株主議決
企業が何らかの行動をとるよう株主によってなされた提案で，企業の株主総会の通知に含まれる提案のこと。

343 Shareholders' lawsuit 株主訴訟
企業経営に原因があると考えられることで株主が被った損害を回復するために，一人以上の株主が起こす訴訟のこと。

344 Social accountability ソーシャル・アカウンタビリティ
社会や公的な集団，もしくは，政治的集団に，ある行為に関する責任を保持している状態のこと。一般的にはこれらの活動について，特定の会計や報告の責任を含む状態のことを示している。

345 Social auditing 社会監査
組織の社会的，倫理的業績を体系的に検討し，評価すること（「351 社会業績監査」も参照）。

346 Social capital ソーシャル・キャピタル＝社会資本
組織やコミュニティにおけるメンバー間のつながりや相互支援をしている程度のこと。このようなコミュニティへの参加はコミュニティにおける企業の基本的な役割の一つである。

347 Social Charter 社会憲章
EC（ヨーロッパ共同体）の国々で発展した

社会政策のこと。

348　Social contract　社会契約
　ある組織とそのステイクホルダーが相互に相手に対して，どのように行動するかについて，両者の間に存在する暗黙的な理解のこと（「255 新しい社会契約」も参照）。

349　Social forecasting　社会予測
　未来の環境と企業運営に影響を与える可能性のある，社会と政治の主たる傾向を予測する試みのこと。

350　Social overhead costs　社会的間接費用
　新会社や主要機関を効果的に運営することを目的に，その環境を整える際に必要となる公共投資と民間投資のこと。

351　Social performance audit　社会業績監査
　理想的な社会責任の尺度で企業活動を測定すること。もしくは，企業の社会業績を測定した結果の評価を，他の似たような組織と比較すること。

352　Social regulation　社会的規制
　雇用の機会均等や職場の安全と健康のような社会的改善をめざした規制のこと。

353　Social responsibility　社会的責任
　（「70　企業の社会的責任」を参照）。

354　Social responsibility shareholder resolution　社会的責任株主の議決案
　通常は社会活動家集団によって，企業の株主総会の議決権をもつ株主に提起された企業の社会責任問題に関する議決案のこと。

355　Social responsiveness　社会的即応性
　（「71　企業の社会的即応性」を参照）。

356　Socially responsive strategy　社会的即応性戦略
　社会に即応する企業が彼らのステイクホルダーに対処するとき，相互に協働することによって問題解決型のアプローチをよく用いる傾向がある。

357　Socially responsive structure　社会的即応性の構造
　外部の社会変化に，より一層早く反応し，社会即応性戦略を実行することが可能となるように，企業構造を変化させる方法のこと。

358　Society　社会

　認識可能な人的コミュニティを構築している人々・制度・技術のこと。

359　Socioeconomic system　社会経済システム
　社会を特徴づけるものであり，結合して相互に関連づけられた社会的・経済的・政治的制度のこと。

360　Soft money　ソフト・マネー
　特定の候補者名，投票への働きかけ，世論調査の意図を明示しないテレビ・コマーシャルのように，一般的な政党設立活動を支援するための政党への寄附金のこと。ソフト・マネーは，しばしば，政治運動資金法の抜け穴として批判されている。

361　Software piracy　ソフトウエアの海賊行為，著作権侵害
　著作権で保護されたソフトウエアを違法コピーすること。

362　Solid waste　固形廃棄物
　都市のごみや下水汚物，産業廃棄物，農業廃棄物のように，人間の活動から生じる固形の廃棄物のこと。

363　Source reduction　発生源削減
　汚染の発生後にその汚染物質を廃棄したり処理するよりも，発生源の段階で汚染を防止したり，削減したりする事業戦略のこと（汚染防止としても知られている）。

364　Special economic zones　特別経済地域＝経済特区
　外国企業が事業運営することを許可する，中華人民共和国の産業地域のこと。

365　Specialized learning　専門的学習
　経営者や実務管理責任者が社会問題や社会的圧力に対処していくために，必要とされる新しい実践的活動を専門家の指導を受けて学ぶという企業社会即応性の開発への一つの段階のこと。

366　Stages of moral development　道徳性発達段階
　自己への関心からはじめて，他の人々や広範な原理への関心を広げていくことで，どのようにして人々は道徳的思考を育て，発達させるのか，ということに関する連続的なパターンのこと。

367 Stakeholder　ステイクホルダー
（「73 企業ステイクホルダー」を参照）

368 Stakeholder analysis　ステイクホルダー分析
企業（事業）と企業によって影響を受ける，または，企業に影響を及ぼすような，個人や集団との関係を評価すること。

369 Stakeholder coalitions　ステイクホルダー連合
ある特定の問題に対して，共通見解を表明したり，共通目的を達成したりするために，企業のステイクホルダー集団が一時的に連合すること。

370 Stakeholder power　ステイクホルダー・パワー
企業との相互作用の中で望ましい結果の達成を可能にする一つ以上のステイクホルダーの能力のこと。

371 state-owned enterprise　国営企業
政府所有の事業や産業のこと（例：政府所有石油企業）。

372 stateless corporation　無国籍企業
非常に多くの国で企業活動を展開しているために，一国での活動依存度を最小化し，実質的には世界中どこでも本社機能を設置することが可能な多国籍企業のこと。

373 Stewardship principle　スチュワードシップ原則
企業経営者は，公的な受託者，ないしは，信託者として，企業へ要求をもつ人々を含む，企業行動から便益を受けるすべての人々に配慮する義務があるという考え方のこと。

374 Sticky floor　スティッキー・フロアー
女性やマイノリティといった集団が入社ランク時の仕事や低賃金の仕事に止まり続けて，職場で昇進することができない状況のこと。

375 Stockholder　株主
企業の株式を1株以上所有している人，集団，組織のこと（「シェアホルダー（shareholder）」としても知られている）。

376 Strategic philanthropy　戦略的フィランソロピー
寄附組織が直接的，もしくは，間接的に非営利組織の事業目的を達成するために，非営利組織に寄附するフィランソロピーの形態。

377 Strategic rethinking　戦略的再考
組織がどこへ進んでいくのか，どのような事業活動を展開するのか，どの市場でどのように戦うのか，ということに関する主要な事業仮説を再考する過程のこと。

378 Strategies of response　対応戦略
ステイクホルダーに対応する企業の行動パターンであり，対応的（reactive），事前対応的（proactive），相互作用的（interactive）の種類がある。

379 Streaming　ストリーミング
音楽の著作権を守るために，音楽配給者によって開発されたオンデマンドのラジオ・サービスのこと。

380 Strict liability　厳格責任
メーカーが不注意であったかどうか，保証に関して違反しているかどうかに関係なく，そこの商品を使用したことで傷害を受けた場合，メーカーがその責任をもつという法的原則のこと。

381 Subliminal advertisements　サブリミナル広告
広告の受け手の意識的な心よりも，無意識に向けてメッセージを送る広告戦略のこと。

382 Superfund　スーパーファンド
危険で有害な汚染用地をきれいにするために，1980年に制定された米国の法律。この法律によって，汚染用地のクリーンアップ費用のために，主として石油化学関連企業への税金を基にした基金が創設された（包括的環境対応・補償・責任法（CERCLA）としても知られている）。

383 Sustainability　サステイナビリティ＝持続可能性
企業は経済的成果に加えて，自然環境面への成果や企業を取り巻くステイクホルダーの社会的厚生（social well-being）といった側面も追求していかなければならないという考え方のこと。

384 Sustainable development　持続可能な開発
将来の世代のニーズのために，地球の潜在能力に損害を与えないようとの観点から現在の経

済開発を進めていくことを示す概念のこと。

385　Sweatshop　労働搾取工場
しばしば，安全性の低い労働環境下で，子供を含む従業員に低賃金の長時間労働を強制する工場のこと。

386　Technology　技術
科学の応用のこと。とりわけ，産業や商業においての科学の応用をさす。

387　Technology cooperation　技術協力
先進的テクノロジーを発展途上国に移転するために，先進国と発展途上国の企業間において結ばれる長期的パートナーシップのこと。

388　Technology superpowers　テクノロジー・スーパーパワー
グローバル情報テクノロジー・システムを構築・管理する企業のこと。

389　Telecommunications　テレコミュニケーション＝電子通信
電磁信号によって，距離を越えて情報を伝達すること。

390　Telecommuting　（情報端末機器を利用した）在宅勤務
従業員が在宅か職場から離れた場所で働きながら，組織の中央データ・バンクやマネジメント・センターにコンピュータ端末を利用してアクセスして，知的労働を遂行し，その成果を伝達すること。

391　Term limits　任期制限
政治家の任務に関して，その最大任期に関する制限のこと。

392　Third world nations　第三世界
先進工業国と比べると，相対的に貧しい発展途上国のこと。

393　Tissue engineering　細胞組織工学
機能しなくなった人の器官や老化細胞を取り替えるために，健康な細胞や組織の複写や再生を行うこと。

394　Top management philosophy　トップ・マネジメントの哲学
社会における組織の役割に焦点を当てている，企業のトップ・マネジメント（経営者）の価値観のこと。

395　Total quality management（TQM）　トータルな品質管理
製品やサービスの絶え間ない改善とチームワークを通して，高品質と顧客満足を達成する経営方法のこと。

396　Toxic substance　有毒物質
毒性をもち，かつ，使用した人々が深刻な健康問題を引き起こす可能性のある製品に含まれる物質のこと（「189　有害廃棄物」も参照）。

397　Tradable allowances　排出権取引の猶予条件
他企業と売買可能な許可されている特定の汚染量の権利を政府が企業に保証する，という汚染管理に関する市場ベースのアプローチのこと。

398　Trade association　業界団体
医者，化学製品メーカー，中古車ディーラーのような業界，産業，同業者における企業や人の事業および職業上の利害を代表する組織のこと。

399　Trade-offs, economic and social　トレード・オフ，経済と社会
経済的，社会的観点双方で望まれるすべてを達成することが不可能なときに，経済的・社会的成果を経済的・社会的コストと均衡化させ，比較する試みのこと。

400　Trade policy　貿易政策
他の国との商業を促進させたり，抑制したりする政府行動のこと。

401　Transparency　透明性
政府の，もしくは，他組織の意思決定過程に関する開放性と可視性の程度のこと。

402　Triple bottom line　トリプル・ボトムライン
組織はその経済的成果と環境への影響，および，社会厚生（social well-being）への貢献に基づいて，評価されるべきだとする考え方のこと。

403　Unanimity rule　全員一致のルール
倫理的分析において，倫理的推論の三つのモードである功利主義・権利・正義のすべてが，ある倫理的問題に矛盾なく統一した応答を提供するということを決定するための手順のこと。

404　United Nations Global Compact　国連グローバル・コンパクト

持続可能な開発目標を機能させるために，企業，労働者，非政府組織によって自発的に結ばれた協定のこと。

405　U. S. Corporate Sentencing Guidelines　米国企業量刑ガイドライン

刑事違反に対する適切な罰金を判断する際の連邦法の基準であり，この基準によって，米国企業には倫理的行動を強化するインセンティヴが強く働いている。

406　U. S. Foreign Corrupt Practices Act　米国海外腐敗行為防止法

企業が外国の政府高官や政党，または，選挙候補者に賄賂を用いることを禁じる連邦法。

407　Utilitarian reasoning　功利主義的推論

行為の結果を強調し，行為や意思決定によって生み出される善の全体量を追求する倫理的アプローチ。

408　Utility（social）　効用（社会）

何らかの行為や意思決定によって社会に生じたプラスの成果や便益のことを示し，倫理的推論で用いられる概念のこと。

409　Value chain　バリュー・チェーン（価値連鎖）

すべての製品は原材料から最終製品として消費者への経済的価値につながるまでの経済的活動の連鎖の結果である，とする概念のこと。

410　Values　価値

人生の最も望ましい状態と目的についての根本的で永続的な信念のこと。

411　Values issue　価値に関する課題事項

人間，および，社会の態度を決定する基本的要因に影響を与えている社会的態度と社会的価値の形成にメディアがどのようにして貢献するか，ということ。

412　Venture philanthropy　ベンチャー・フィランソロピー

裕福な寄附者がプログラムの目標を達成するために，資金に加えて個人的に取り組みに参加するという，起業家的事業と関連づけられた寄附の新しい形態のこと。

413　Vertical merger　垂直合併

同じ産業に所属するけれども，製造や販売の異なる段階，もしくは，活動範囲に属する二つ以上の企業が一つの企業へと結合すること（「46　コングロマリット合併」，「193　水平合併」も参照）。

414　Virtue ethics　美徳倫理

正しい行動規範に焦点を当てるよりも，人間自身の本質に基づいて尊敬される貴重なことは何かに焦点を当てること。

415　Volunteerism　ヴォランティア活動

コミュニティにおいて，人々が他者を援助しようと自発的に取り組むこと。

416　Wall Street　ウォール・ストリート

ニューヨークのウォール・ストリート地区に集中している銀行，投資施設，株式取引所，といった金融コミュニティを示す慣行的表現のこと。

417　Warranty　製品保証

売り手による製品やサービスの保証のこと。

418　Water Pollution　水質汚濁

廃棄物が自然に希薄化され，流されていくのではなく，湖や河川のような水路に廃棄物が排出されている状態のこと。

419　Whistle-blowing　内部告発

悪弊だといわれていることに対して，組織内の当事者や管理者に対処するように説得して無駄に終わった後にしばしば，行なわれることで，組織における違法行為だと考えられることを従業員が社外公表すること。

420　White-collar crime　ホワイトカラーの犯罪

横領や詐欺のように，企業の管理者という立場の人々が犯す違法行為のこと。

421　Women's movement　女性運動

「女性の権利」に関する社会運動のこと。

422　Workforce diversity　労働力の多様性

従業員の多様性（「98　ダイバーシティ（多様性）」も参照）。

423　Workplace safety team　職場安全チーム

職場の事故の発生を極力抑えることを目的に，労働者と管理者によって組まれるチームのこと。

424　World Business Council for Sustainable Development（WBCSD）　持続可能な開発のための世界経済人会議

高い基準で環境経営を推進していくことを奨励し，持続可能な開発に関連している企業，政

府,各種組織間の協力を促進していくために,1995年に数カ国から125以上の企業が集結した。

425 World Trade Organization (WTO) 世界貿易機関

すべての国で自由貿易と開かれた市場を推進していく立場に賛同している国々から成る組織のこと。

参考文献

〈第Ⅰ部〉

Academy of Management Review. Special Topic Forum on Shifting Paradigms : Societal Expectations and Corporate Performance, vol. 20, no. 1, January 1995.

Dennis, Lloyd B., ed. *Practical Public Affairs in an Era of Change*. Lanham, MD: Public Relations Society of America and University Press of America, 1996.

Dertouzas, Michael L. *The Next Revolution*. New York: Harper, 2001.

Dertouzas, Michael L.; Richard K. Lester; and Robert M. Solow. *Made in America: Regaining the Productivity Edge*. Cambridge, MA: MIT Press, 1989.

Drucker, Peter. *The New Realities*. New York: Harper and Row, 1989.

Etzioni, Amitai. *The New Golden Rule*. New York: Basic Books, 1996.

——. *The Spirit of Community*. New York: Crown Publishers, 1993.

Frederick, William C. *Values, Nature, and Culture in the American Corporation*. New York: Oxford University Press, 1995.

Freeman, R. Edward. *Strategic Management : A Stakeholder Approach*. Marshfield, MA: Pitman, 1984.

Heath, Robert L., ed. *Strategic Issues Management*. 2d ed. San Francisco, CA: Jossey-Bass, 1996.

Kennedy, Paul. *Preparing for the Twenty-First Century*. New York: Vintage/Random House, 1994.

Kessler, David. *A Question of Intent : A Great American Battle With A Deadly Industry*. New York: Public Affairs, 2001.

Krugman, Paul. *The Age of Diminished Expectations*. Cambridge, MA: MIT Press, 1994.

Post, James E., ed. *Research in Corporate Social Performance and Policy*. "The Corporate and Public Affairs," vol. 14. Greenwich, CT: JAI Press, 1994.

Post, James E.; Lee E. Preston ; and Sybille Sachs. *Redefining the Corporation : Stakeholder Management and Organizational Wealth*. Palo Alto, CA: Stanford University Press, 2002.

Putnam, Robert D. *Bowling Alone: The Collapse and Revival of American Community*. New York: Simon and Schuster, 2000.

Werhane, Patricia H. *Adam Smith and His Legacy for Modern Capitalism*. New York: Oxford University Press, 1990.

Wolfe, Alan. *One Nation, after All*. New York: Viking, 1998.

〈第Ⅱ部〉

Ackerman, Robert, *The Social Challenge to Business*. Cambridge, MA : Harvard University Press, 1975.

Academy of Management Journal. Special Research Form on Stakeholders, Social Responsibility, and Performance, vol. 42, no. 5, October 1999.

Bollier, David. *Aiming Higher.* New York : American Management Association, 1996.
Bowen, Howard R. *Responsibilites of the Businessman.* New York: Harper, 1953.
Business and Society Review, Special Issue: Corporate Citizenship, vol. 105, no. 1, Spring 2000.
Chamberlain, Neil W. *The Limits of Corporate Social Responsibility.* New York: Basic Books, 1973.
Clarkson, Max, B. E., ed. *The Corporation and Its Stakeholders: Classic and Contemporary Readings.* Toronto: University of Toronto Press, 1998.
Domini, Amy L. *Socially Responsible Investing: Making a Difference and Making Monry.* Chicago: Dearborn Trade, 2001.
Forward, David C.; and Richard F. Schubert. *Heroes after Hours: Extraordinary Acts of Employee Volunteerism.* San Francisco: Jossey-Bass, 1994.
Himmelstein, Jerome. *Looking Good and Doing Good.* Bloomington, IN: Indiana University Press, 1997.
Levy, Reynold. *Give and Take: A Candid Account of Corporate Philanthropy.* Cambridge, MA: Harvard Business School, 1999.
McIntosh, Malcolm, et al. *Corporate Citizenship : Successful Strategies for Responsible Companies.* Upper Saddle River, NJ: Prentice Hall, 1998.
Sagawa, Shirley; Eli Segal; and Rosabeth Moss Kanter. *Common Interest, Common Good: Creating Value through Business and Social Sector Partnerships.* Cambridge, MA: Harvard Business School, 1999.
Scott, Mary ; and Howard Rothman. *Companies with a Conscience : Intimate Portraits of Twelve Firms That Make a Difference.* New York: Citadel Press Book/Carroll Publishing Group, 1994.
Svendsen, Ann. *The Stakeholder Strategy: Profiting from Collaborative Business Relationships.* San Francisco: Berrett-Koehler, 1998.

〈第Ⅲ部〉

Allegretti, Joseph G. *Loving Your Job, Finding Your Passion: Work and the Spiritual Life,* New York: Paulist Press, 2000.
Cavanaugh, Gerald F. *American Business Values: With an International Perspective.* 4th ed. Englewood Cliffs, NJ: Prentice Hall, 1998.
Ciulla, Joanne B., ed. *Ethics, the Heart of Leadership.* Westport, CT: Quorum Books, 1998.
Colby, Anne ; and Lawremce Kohlberg. *The Measurement of Moral Judgment: Volume I, Theoretical Foundations and Research Validations.* Cambridge, MA: Harvard University Press, 1987.
Donaldson, Thomas; and Thomas W. Dunfee. *Ties That Bind: A Social Contracts Approach to Business Ethics.* Cambridge, MA: Harvard Business School Publishing, 1999.
Jackall, Robert. *Moral Mazes: The World of Corporate Managers.* New York: Oxford University Press, 1988.
Kidder, Rushworth M. *How Good People Make Tough Choices,* New York: William Morrow & Co., 1995.

Nash, Laura L. *Believers in Business*. Nashville, TN: Thomas Nelson Publishers, 1994.
Petrick, Joseph A.; and John F. Quinn. *Management Ethics: Integrity at Work*. Thousand Oaks, CA: Sage Publications, 1997.
Rawls, John. *A Theory of Justice*. Cambridge, MA: Harvard University Press, 1971.
Rosenthal, Sandra B.; and A. Rogene Buchholz. *Rethinking Business Ethics: A Pragmatic Approach*. New York: Oxford University Press, 1999.
Sethi, S. P.; and Oliver F. Williams. *Economic Imperatives and Ethical Values in Global Business: The South African Experience and International Codes Today*. Boston/Dordreecht/London: Kluwer, 2000.
Solomon, Robert C. *A Better Way to Think about Business*. New York: Oxford University Press, 1999.
Stone, Christopher D. *Where the Law Ends: The Social Control of Corporate Behavior*. Prospect Heights, IL: Waveland Press, 1975.
Velasquez, Manual G. *Business Ethics: Concepts and Cases*. 4th ed. Upper Saddle River, NJ : Prentice Hall, 1998.
Werhane, Patricia H. *Moral Imagination and Management Decision-Making*. New York: Oxford University Press, 1999.
Werhane, Patricia H.; and R. Edward Freeman. *The Blackwell Encyclopedic Dictionary of Business Ethics*. Malden, MA: Blackwell, 1997.

〈第Ⅳ部〉

Ayres, Ian ; and John Braithwaite. *Responsive Regulation: Transcending the Regulation Debate*. New York: Oxford University Press, 1992.
Berry, Jeffrey M. *The Interest Group Society*. Boston: Little, Brown, 1985.
Derber, Charles. *Corporation Nation: How Corporations Are Taking over Our Lives and What We Can Do about It*. New York: St. Martin's Press, 1998.
Dewey, Donald. *The Anti-Trust Experiment in America*. New York: Columbia University Press, 1990.
Epstein, Edwin M. *The Corporation in American Politics*. Englewood Cliffs, NJ: Prentice Hall, 1969.
Fugate, Wilbur L.; assisted by Lee Simowitz. *Foreign Commerece and the Anti-Trust Laws*. 4th ed. Boston: Little, Brown, 1991.
Galambos, Louis; and Joseph Pratt. *The Rise of Corporrate Commonwealth: United States Business and Public Policy in the Twentieth Century*. New York: Basic Books, 1988.
Garvey, George E.; and Gerald J. Garvey. *Economic Law and Economic Growth: Anti-Trust, Regulation, and the American Growth System*. New York: Greenwood Press, 1990.
Judis, John B. *The Paradox of American Democracy: Elites, Special Interests, and the Betrayal of the Public Trust*. New York: Pantheon, 2001.
Lipset, Seymour Martin: and Willam Schneider. *The Confidence Gap: Business, Labor, and Government in the Public Mind*. Baltimore: Johns Hopking University Press, 1987.
Lodge, George C. *The New American Ideology*. New York: Alfred A. Knopf, 1978.
――. *Comparative Business-Government Relations*, Englewood Cliffs, NJ: Prentice Hall, 1990.

―. *Perestroika for America: Restructuring Business-Government Relations for World Competitiveness*. Boston: Harvard Business School Press, 1990.

Mahon, John F.; and Richard A. McGowan. *Industry as a Player in the Political and Social Arena: Defining the Competitive Environment*. Westport, CT: Quorum Books, 1996.

Maitland-Walker, Julian, ed. *Toward 1992: The Development of International Anti-Trust*. Oxford, England: ESC Publishing, 1989.

Marcus, Alfred A.; Allen M. Kaufman ; and David R. Beam. *Business Strategy and Public Policy: Perspectives from Industry and Academia*. Westport, CT: Quorum Books, 1987.

Mcgowan, Richard. *State Lotteries and Legalized Gambling: Painless Revenue or Painful Mirage*. Westport, CT: Quorum Books, 1994.

―. *Business, Politics, and Cigarettes: Multiple Levels, Multiple Agendas*. Westport, CT: Quorum Books, 1995.

―. *Government Regulation of the Alcohol Industry: The Search for Revenue and the Common Good*. Westport, CT: Quorum Books, 1997.

Porter, Michael. *The Competitive Advantage of Nations*. New York: Basic Books, 1991.

Reich, Robert B. *The Work of Nations*. New York: Free Press, 1991.

Reich, Robert B., ed. *The Power of Public Ideas*. Cambridge, MA: Ballinger, 1988.

Scherer, F. M. *Competition policies for an Integrated World Economy*. Washington, DC: The Brookings Institution, 1994.

Schier, Steven E. *By Invitation Only: The Rise of Exclusive Politics in the United States*. Pittsburgh, PA: University of Pittsburgh Press, 2000.

Vietor, Richard H. K. *Strategic Management in the Regulatory Environment*. Englewood Cliffs, NJ: Prentice Hall, 1989.

Vogel, David. *Kindred Strangers: The Uneasy Relationship between Politics and Business in America*. Princeton, NJ: Princeton University Press, 1996.

Weidenbaum, Murray. *Business, Government and the Public*. 4th ed. Englewood Cliffs, NJ: Prentice Hall, 1990.

Wolf, Charles. *Markets or Government: Choosing between Imperfect Alternatives*. Cambridge, MA: MIT Press, 1988.

〈第Ⅴ部〉

Anderson, Ray C. *Mid-Course Correction : Toward a Sustainable Enterprise*. Atlanta, GA: Peregrinzilla Press, 1998.

Arnold, Matthew B.; and Robert M. Day. *The Next Bottom Line: Making Sustainable Development Tangible*. Washington, DC: World Resources Institute, 1998.

Brown, Lester R., et al., eds. *State of the World 2000*. New York: W. W. Norton, 2000.

Collins, Denis; and Mark Starik, eds. *Research in Corporate Social performance and Policy*. "Sustaining the Natural Environment: Empirical Studies on the Interface between Nature and Organizations," vol. 15, supp. 1. Greenwich, CT: JAI Press, 1995.

Daly, Herman E. *Beyond Growth: The Economics of Sustainable Development*. Boston: Beacon Press, 1996.

Easterbrook, Gregg. *A Moment on the Earth: The Coming Age of Environmental Optimism*.

New York: Viking, 1995.

Ehrlich, Paul R.; and Anne H. Ehrlich. *The Population Explosion*. New York: Simon & Schuster, 1990.

Fischer, Kurt ; and Johan Schot, eds. *Environmental Strategies for Industry: International Perspectives on Research Needs and Policy Implications*. Washington, DC: Island Press, 1993.

Foreman, Christopher H., Jr. *The Promise and Perils of Environmental Justice*. Washington, DC: The Brookings Institution, 2000.

Frankel, Carl. *In Earth's Company: Business, Environment, and the Challenge of Sustainability*. Gabriola Island, British Columbia: New Society Publishers, 1998.

Friedman, Frank B. *Practical Guide to Environmental Management*. 8th ed. Washington, DC: Environmental Law Institute, 2000.

Gore, Al. *Earth in the Balance: Ecology and the Human Spirit*. Boston, MA: Houghton Mifflin, 1992.

Hammond, Allen. *Which World ? Scenarios for the Twenty-First Century*. Washington, DC: Island Press, 1998.

Hawken, Paul; Amory Lovins; and L. Hunter Lovins. *Natural Capitalism: Creating the Next Industrial Revolution*. Boston: Little Brown, 1999.

Hertsgaard, Mark. *Earth Odyssey: Around the World in Search of Our Environmental Future*. New York: Broadway Books, 1998.

Hoffman, Andrew J. *Competitive Environmental Strategy: A Guide to the Changing Business Landscape*. Washington, DC: Island Press, 2000.

Hoffman, Andrew J., ed. *Global Climate Change: A Senior Level Debate at the Intersection of Economics, Strategy, Technology, Science, Politics, and International Negotiations*. San Francisco: New Lexington Press, 1997.

Hoffman, W. Michael; Robert Frederick; and Edward S. Petry, eds. *The Corporation, Ethics and the Environment*. Westport, CT: Quorum Books, 1990.

Mann, Charles C.; and Mark L. Plummer. *Noah's Choice: The Future of Endangered Species*. New York: Alfred A. Knopf, 1995.

Nattrass, Brian; and Mary Altomare. *The Natural Step for Business: Wealth, Ecology and the Evolutionary Corporation*. Gabriola Island, British Columbia: New Society Publishers, 1999.

Poltorzycki, Steven. *Bringing Sustainable Development Down to Earth*. New York: Arthur D. Little, 1998.

Postel, Sandra. *Pillar of Sand*. New York: W. W. Norton, 1999.

Schmidheiny, Stephan. *Changing Course: A Global Perspective on Development and the Environment*. Cambridge, MA: MIT Press, 1992.

Stead, W. Edward; and Jean Garner Stead. *Management for a Small Planet*. Newbury Park, CA: Sage Publications, 1992.

Stone, Christopher. *The Gnat is Older Than man : Global Environment and Human Agenda*. Princeton, NJ: Princeton University Press, 1993.

〈第Ⅵ部〉
Barbour, Ian G. *Ethics in an Age of Technology.* San Francisco: Harper, 1993.
Brin, David. *The Transparent Society.* Reading MA: Addison-Wesley, 1998.
Castells, Manuel. *The Rise of the Network Society.* Malden, MA: Blackwell, 2000.
Compaine, Benjamin M. *The Digital Divide Companion : Facing a Crisis or Creating a Myth?* Cambridge, MA: MIT Press, 2001.
Davies, Kevin. *Cracking the Genome: Inside the Race to Unlock Human DNA.* New York: Free Press, 2001.
Dhillon, Gurpreet, ed. *Information Security Management: Global Challenges in the New Millennium.* Hershey, PA: Idea Group Publishing, 2001.
Dorf, Richard C. *Technology, Humans, and Society: Toward a Sustainable World.* San Diego: Academic Press, 2001.
Hawkes, Nigel. *Genetically Modified Foods (Saving Our World).* Brookfield, CT: Millbrook Press, 2000.
Heinberg, Richard. *Cloning the Buddha: The Moral Impact of Biotechnology.* San Juan Capistrano, CA: Quest Books, 1999.
Johnson, Steven. *Interface Culture: How New Technology Transforms the Way We Create and Communicate.* New York: Basic Books, 1999.
kass, Leon R.; and James Q. Wilson. *The Ethics of Human Cloning.* Washington, DC: AEI Press, 1998.
Lane, Frederick S. *Obscene Profits: The Entrepreneurs of Pornography in the Cyber Age.* London : Routledge, 1999.
Mannion, Michael. *Frankenstein Foods : Genetically Modified Foods and Your Health.* London: Welcome Rain, 2001.
McHughen, Alan. *Pandora's Picnic Basket : The Potential and Hazards of Genetically Modified Foods.* New York: Oxford University Press, 2000.
Nichols, Randall K.; Daniel J. Ryan; and Julie J. C. H. Ryan. *Defending Your Digital Assets against Hackers, Crackers, Spies, and Thieves.* New York: McGraw-Hill, 1999.
Reich, Robert B. *The Future of Success.* New York: Knopf, 2001.
Reiss, Michael J. *Improving Nature? The Science and Ethics of Genetic Engineering.* New York: Cambridge University Press, 1996.
Zilinskas, Raymond A.; and Peter J. Balint, eds. *The Human Genome Project and Minority Communities: Ethical, Social, and Political Dilemmas.* Westport, CT: Prager, 2000.

人名索引
（上巻は太字，下巻はイタリック）

ア 行

アリストテレス　**141**
ウィルキンス，ロジャー　*124*
ウィルソン，エドワード・O.　**267**
ウエルチ，ジャック　**138**
ウォルトン，クラレンス　**142**
エルキントン，ジョン　*320*

カ 行

ガーストナー，ジュニア，ルイス　**18, 65**
カーネギー，アンドリュー　**66, 67**
クライン，カルバン　*153, 154*
ゲイツ，ビル　*253*
ゴイダー，ジョージ　**101**

サ 行

サマランチ，ジャン・アントニオ　*215*
サリバン，レオン牧師　**128**
サロウィワ，ケン　*297, 313*
ジャクソン，ジェシー師　*67*

タ 行

ダーバー，チャールズ　*230*
ダベンポート，キム　**101**

ナ 行

ドナルドソン，トーマス　**129**
トフラー，アルヴィン　*306*

ネーダー，ラルフ　**42, 88**, *31, 32, 274*

ハ 行

ハークシュトローター，コー　*316, 319, 322*
パットナム，ロバート・D.　**210**, *53*
バフェット，ウォーレン　*241*
フィオリーナ，カールトン　*119*
フォード，ヘンリー　**66**, *168*
フリードマン，ミルトン　*23*

マ 行

メドウズ，ドネラ　*262*
モンクス，ロバート　*14*

ヤ 行

ヤング，アンドリュー　*289*
ユベロス，ピーター　*216*

ラ 行

ロックフェラー，ジョン・D.　**67**
ロディック，アニータ　*19, 314*

383

事項索引
（上巻は太字，下巻はイタリック）

ア 行

ISEA **102**
ISO **102**
足留めの床 **120**
アドヴォカシー広告 **216**
アムネスティ・インターナショナル **308, 309,** *319, 322*
e コマース *309*
育児休暇 *132*
一般システム理論 **5**
一般大衆からの期待 **20**
遺伝子組み換え食品 **344**
遺伝子工学 **344**
委任状 **7**
イノベーション **239**
「イメージ」的課題事項 *145*
インサイダー取引 **20**
インターネット *316*
ヴォランティア活動 *75, 98, 99*
衛生政策 *179, 181*
エコロジー（生態学） **255**
FDA *246, 249, 275*
M&A **236, 243**
M コマース *316*
エルダー・ケア *132*
エンゲージメント *321*
欧州連合（EU）社会憲章 **20**
横断的メディア汚染 **286**
OEM *257, 260*
OEM 契約 *263*
オゴニ権利章典 *303*
オゾン *263*

カ 行

会計倫理 **117**
改正大気浄化法 **287**
買い手危険負担 **29**
課税政策 *177, 182*
化石燃料 **259**

課題事項の認識 **48**
課題事項の分析 **37, 48**
課題事項（の）マネジメント **47, 50-52**
「価値」的課題事項 *147*
家庭休暇 *132*
家庭にやさしい企業 *134*
株式会社　アメリカ（Corporate America） **69,** *119*
株主 **3**
株主訴訟 **7**
ガラスの壁 *120*
ガラスの天井 *119*
環境基準 **286**
環境業績 *321*
環境効率性 **270**
環境収容能力 **262**
環境スキャニング **37**
環境的正義 **284**
環境的に持続可能な組織 **293**
環境パートナーシップ **296**
環境防衛基金 **278**
環境保護 **23, 24**
環境保護庁 **43**
環境保護法 **291**
関係資本 **189**
関係的投資 **13**
監査委員会 **9**
患者の権利章典 *32*
慣習法 *171*
間接的ステイクホルダー **11**
管理者学習 **92**
機関投資家 **4, 13, 22**
危機管理（crisis management） **52,** *158*
企業合併 **241**
企業寄附 **70**
企業権力のジレンマ **231**
「企業—コミュニティ」関係 **54**
企業財団 **71**
企業市民 **89,** *183*
企業市民戦略 *184*

企業城下町　*184*
企業とコミュニティの協働　*78*
「企業と社会」　**8, 24, 74, 97, 177, 263, *312*, *324***
「企業と社会」の関係　*2, 15, 16, 19, 27*
「企業と社会」の相互作用モデル　*12*
「企業と社会」の問題　*89*
「企業と政府」　*170, 202*
企業（の）権力　*65, 70, 229, 231*
企業の財務業績　*76*
企業の社会業績　*20, 76*
企業の社会的責任　*63, 64, 66, 106*
「企業の社会的責任」論に反対　*72*
企業の社会的即応性　*89, 92*
企業の政治戦略　*208*
企業の政治的エージェンシー理論　*220*
企業（の）フィランソロピー　*89, 97, 70, 78*
企業の倫理的行動基準　*277*
企業の倫理的・社会的責任　*144*
企業文化　**145**, *152*
企業倫理　**113**
議決権力　*13*
気候変動に関する政府間パネル　*264*
技術　*306*
技術協力　*271*
技術的セグメント　*37*
規制緩和　*190*
規制プログラム　*189*
機能別規制　*186*
逆差別　*125*
キャリア開発　*192*
行政改革　*192*
協働型パートナーシップ　*89*
共同決定　*92*
京都議定書　*265*
虚偽広告　*34*
金満病　*178*
金融政策　**177**
金融倫理　**117**
草の根プログラム　*216*
グリーン・マーケティング　*297*
グリーンピース　*313, 323*
クレイトン法　*236*
グローバリゼーション　*170*
グローバル・コモンズ　*256, 263*
グローバル・サリバン原則　**128**

グローバル・マーケット・チャネル　*172*
グローバル企業市民　*183*
グローバルなサプライチェーン　*172*
グローバルな立地　*172*
クローン　*341*
経営のグリーン化　*292*
傾向分析　*37*
経済的権力　*13*
経済的セグメント　*36*
啓発された自己利益　*75*
結果の評価　*50*
厳格責任　*40*
厳格責任の原理　*246*
「言論の自由」に関する課題事項　*151*
公共政策　*169-172, 216*
公共的課題事項　*40*
公共的課題事項（の）ライフサイクル　*40, 50, 53*
公正　**149**
公正ドクトリン　*150, 154*
「公正とバランス」に関する課題事項　*150*
公正な労働基準　*103*
拘束する絆　*16*
「公ー民」のパートナーシップ　*77*
公務員年金基金　*314*
功利主義的推論　*147, 148, 150*
コー円卓会議　*78, 129*
コーズ・リレーティッド・マーケティング　*72, 74*
コーポレート・ガバナンス　*8*
国際標準化機構　*270*
国連（の）グローバル・コンパクト　*20, 104*
個人の精神性　**142**
国家の競争力　*245*
子どものケア（子育て支援）　*131*
コミュニティ（community）　*52, 182-184*
コミュニティ関係　*53*
コミュニティ再投資法　*63*
コミュニティ諮問委員会　*69*
コモンズ（共有地）　*256*
コモンズ（共有地）のパラドックス　*256*
雇用機会均等　*122*
雇用機会均等委員会　*123, 127*
雇用機会均等法　*112*
コングロマリット合併　**241**

コンピュータ・ハッカー　331
コンプライアンス（法令遵守）　110, 203, 289, 128

サ 行

再規制　192
最高情報責任者　334
財政政策　176
サイバー・スペース　307
裁判外紛争処理　43
細胞組織工学　342
債務減免　179
裁量雇用　91
サブリミナル広告　154
産業エコロジー　271
産業政策　179
酸性雨　282, 304
GRI　103
GM食品　29
シエラ・クラブ　314
ジェンダー　115, 118, 120, 134
ジェンダー格差　117
事業認可　59
市場の失敗　183, 184
慈善原則　67, 89
持続可能性　192
持続可能な開発　256, 257
持続可能な開発のための世界経済人会議　269
執行委員会　9
シニシズム（冷笑主義）　192
市民参加　54
シャーマン法　235, 255
社会監査　101
社会規範　20
社会業績　321
社会業績監査　101
社会契約　16, 17, 59, 92
　新しい——　18
社会憲章　80
社会的規制　186
社会的契約　93
社会的行動プログラム　80
社会的精査　5
社会的・政治的情報　47
社会的責任株主の議決案　15

社会的責任投資（SRI）　5
社会的セグメント　36
社会的即応性　87, 91, 93, 94, 103
社会的即応性の構造　96
社会的即応性戦略　88, 91, 95, 96
社会的費用　183
社会的倫理規範　203
社会保障　181
従業員持株制度（ESOP）　16
住民投票　221
受給権者の心性　182
正直度テスト　99
消費者運動　29
消費者の権利章典　30
消費者プライバシー　37
消費者保護諸法　33
消費者ホットライン　44
情報技術倫理　119
情報社会　307
職業安全衛生管理局　90
職業行動規範　291
職業的隔離　117
職能領域別倫理　116
食品医薬品局（FDA）　200, 266
ジョブ・シェアリング　133
人権　149
人口爆発　259
人種的少数者集団（マイノリティ）　116
人的資本　18
森林破壊　264
水質汚濁防止法　283, 291
垂直合併　241
垂直統合　230
垂直分割　263
水平合併　241
水平統合　230
水平分割　262
スウェットショップ（労働搾取工場）　103, 290, 292
スーパーファンド法　285, 288
スチュワードシップ原則　68, 69, 89
ステイクホルダー（stakeholders）　8
　——のもつ権力　13
　——の連合　14, 211
　直接的な——　185

――分析　38
ストック・オプション　11, 18
ストリーミング　340
生活の質　12
「成果と期待」のギャップ　39, 40
政策オプション　49
政治活動委員会　213
政治的関与　205
政治的権力　13
政治的シニシズム　210
政治的セグメント　37
製造物責任　40
成長の限界仮説　262
製品リコール　45
政府権力の委譲　21
生物多様性　267
生物多様性保護協定　269
政府と企業　195
世界貿易機関（WTO：World Trade Organization）　194
世界貿易機関のシアトル大会　75
責任の鉄則　66
セクシャル・ハラスメント　95, 96, 125, 126
積極的差別是正措置（アファーマティブ・アクション）　124
CERES（セリーズ）　103
――原則　16
全員一致のルール　150
全米女性経営者財団　121
専門的学習　92
戦略的計画　54
戦略的提携　245
戦略的フィランソロピー　72
贈賄　125, 305
ソーシャル・キャピタル　211, 53
組織文化　312
ソフトウエアの著作権侵害　336
ソフトマネー　215, 243

タ　行

対応戦略　55
対外的行動プログラム　48
大気浄化法　281
ダイバーシティ（多様性）　113, 128
ダイバーシティ・プログラム　67
タイレノール　159
――危機　267
――事件　71
ダウンサイジング　17, 77, 94
絶え間なき政治運動　212
抱き合わせ　259
多国籍企業　229
タバコ産業協会　239
単一文化主義　178
地球温暖化　15, 264
地球サミット　254, 268
地球中心主義的視点　176
知識経済　26
知的財産　206, 239, 189
知的財産権　337, 263
懲罰的損害賠償　42
直接行動主義　15
直接的ステイクホルダー　11, 85
TIAA-CREF（全米教職員退職年金基金）　3
デジタル・デバイド　319
デジタル・ミレニアム著作権法　338
テレコミュニケーション　306
電子通信プライバシー法　95
電子的モニタリング　94
道徳推論　144
道徳性発達段階　143
道徳的価値　140
道徳的推論　143
道徳的責任回避　277
透明性　218
トータルな品質管理　43, 66
独占　238
特定利益集団　214
トップ・マネジメント　10
――哲学　95
ドラッグテスト　97
取締役会　8, 15
トリプル・ボトムライン　189, 320

ナ　行

内部告発　100
内部告発者　245, 247, 248
内部コミュニケーション　48
ナチュラル・ステップ　258
ニジェール・デルタ　304

387

任期制限　220
人間工学　89
ネットワーク資本　230

　　　　　ハ　行

排出権取引　287
パックス・クリスティ　322
発生源削減　284
パブリック・アフェアーズ　157
パブリック・アフェアーズ協議会　202
パブリック・アフェアーズ・マネジメント　47
バランス・スコアカード　190
バルディーズの原油流出事件　279
反競争的合併　237
反トラスト　252
反トラスト改正法　236
反トラスト政策　231, 246
反トラスト法違反訴訟　264
反トラスト法　229, 232-235, 237, 241, 244, 245, 247, 252
非政府組織（NGO）　15, 175
美徳倫理　141
ヒトゲノム　341
費用の原則　188
費用─便益分析　188
ピンクカラー・ゲットー　118
ビント・ガスタンク事件　277
フォーカス・グループ　38
福祉支援プログラム　66
プライバシー　94, 98, 100
プライバシーに関する方針　329
プライバシーの権利　30
ブレント・スパー　312, 314-316, 320, 323
ブレント・スパー事件　312
プログラムの設計　50
フロンガス　263, 265
分解性配慮設計　271
文化的距離　176
文化的社会的性差（ジェンダー）　113
ペイ・ギャップ　117
米国海外腐敗行為防止法　126
米国環境保護庁（EPA）　281, 288
米国企業量刑ガイドライン　115
米国刑罰量刑委員会　289
米国広報協会　156

米労働総同盟産業別組合会議（AFL-CIO）　88, 295
ベンチャー・フィランソロピー　74
貿易政策　178
報酬委員会　18
法的義務　77

　　　　　マ　行

マーケティング倫理　119
マイノリティ　117, 119, 120, 124, 145
マクロ環境　37
マッテル独立監視委員会　102
マトリックス組織　315
水資源　258
「緑」の革命　261
民族性（エスニシティ）　113
民族中心主義的視点（ethnocentric）　176
無形資産　188
命令と統制による規制　287
メディア　143
メディア教育　161
モントリオール議定書　263

　　　　　ヤ　行

役員報酬　17
有害化学物質規制法　283
優先順位の原則　152

　　　　　ラ　行

ライフサイクル分析　271
ライン・マネジャーの関与　96
リエンジニアリング　16
リクレーム（RECLAIM─環境改善）　278
リストラクチャリング　243, 77, 78
略奪的価格設定　233
倫理　112
倫理委員会　155
倫理オンブズパーソン　157
倫理監査　159, 278
倫理基準　124, 125
倫理規則　122
倫理規範　111, 154, 155
倫理訓練プログラム　158
倫理原則　110, 112, 115, 123, 125, 130
倫理セーフガード　152

倫理担当役員　156
倫理評議会　156
倫理風土　152
倫理プログラム　159
倫理ホット・ライン　157
倫理的課題事項　4
倫理的カリスマ・リーダー　141
倫理的ジレンマ　110, 124
倫理的推論　144, 149, 150, 152
倫理的相対主義　112, 125
倫理的風土　146
倫理的自己中心主義者　122

レイシャル・ハラスメント　127
レゾリューション10　319
レバレッジド・バイアウト　11
レピュテーション・マネジメント（評判マネジメント）　188
連邦取引委員会法　236
労働組合　87
労働力のダイバーシティ　114
ロビー活動　203

ワ　行

賄賂　126, 214

企業名索引
（上巻は太字，下巻はイタリック）

ア 行

アメリカのプルーデンシャル保険会社　**114**
イーストマン・コダック社　**3, 16, 17**
MCI ワールド・コム　**3**
オドワラ社　**71**, *201*

カ 行

ガスプロム　**22**
カルパース　*19*
グラクソ　**88**
コロンビア／HCA　**147, 225**

サ 行

サステナビリティ社　*320*
シェブロン社　**22**
シェル・インターナショナル社（シェル社）　*312*
　「新しい」――　*324*
シティ・バンク　**93**
シティコープ　**68**
ジョンソン・アンド・ジョンソン　**68, 71, 100**
ゼネラル・エレクトリック（GE）社　**138**

タ 行

ダイムラー・ベンツ　**103**
ダウ・ケミカル社　**49**
ダウ・コーニング社　*266*
チェイス・マンハッタン　**68**

ナ 行

ナイキ社　*282*

ハ 行

ヒューレット・パッカード社　**145**
ファイアストーン社　**37, 54**
ファイザー製薬　**88**
フィリップ・モリス社　**51**
フォード・モーター社　**33, 37, 54**
プライス・ウォーターハウス社　*321*
プライスウォーターハウスクーパース社　**117**
ブリストル・マイヤーズ社　**87**
ブリヂストン・ファイアストーン社　**33**
ブリティッシュ・エアウェイズ　**103**
ブリテッシュ・テレコム　**103**
ベーリンガー・インゲルハイム社　**88**
ボーイング社　**62**
ホーム・デポ　**100**
ボディショップ・インターナショナル社　**18, 101**, *313*
ホフマン・ラ・ロシュ社　**115**
ボルボ　**103**
ホンダ　**125**

マ 行

マイクロソフト社　**23, 70, 228**
マクドナルド　**100**
メルク・アンド・カンパニー　**100**
モービル　**54**
モトローラ社　**129, 207**

ヤ 行

ユナイテッド航空　**2**
ユニオン・カーバイド社　**43**

ラ 行

リーバイ・ストラウス　**17**
リーボック　**103, 129**
ルーセント・テクノロジー　**92**
ロイヤル・ダッチ・シェル社　**22, 55**
ロイヤル・ダッチ・シェル・グループ　*297*

ワ 行

ワーナー・ランバート社　**3, 38**

《原著者紹介》

ジェームズ・E. ポスト（James E. Post）
　ジェームス・E. ポスト氏はボストン大学の経営学教授である。彼の教育と研究における主な領域は，企業と公益事業の経営，公共政策，および，企業市民権である。彼は，『私的経営と公共政策』（Lee E. Preston との共著），『環境問題の管理――事例集』（Rogene Buchholz，および，Alfred Marcus との共著），および，『株式会社の再評価――ステイク・ホルダーの管理と組織の富』（Lee E. Preston，および，Sybille Sachs との共著）といった本の著者，または，共著者である。企業の実践と責任にかかわる課題事項の分野で，企業，非政府組織，および，政府機関の助言者も務めてきた。アメリカ議会や規制機関での専門家としての証人であり，カンファレンスボードの「企業と社会」についてのプログラムにおける研究理事としての任務を果たしてきている。アメリカ経営学会の「経営活動における社会的課題事項」部門（SMI）の委員長であり，多くの経営学関連の機関誌の編集委員会メンバーであり，査読者としての仕事をしてきた。また，いくつかの主要な機関誌に論文を発表してきた。彼の著書『私的経営と公共政策』は，アメリカ経営学会から，「『企業と社会』の研究に対する永続的な貢献」として紹介されている。

アン・T. ローレンス（Anne T. Lawrence）
　アン・T. ローレンス氏は，サンノゼ州立大学の組織論と経営学担当の教授である。彼女はカリフォルニア大学のバークレー校で博士号をとり，スタンフォード大学で博士課程修了後の研究を2年間行なった。彼女の論文，事例集，および，レビューは，Academy of Management Review, Administrative Science Quarterly, Journal of Management Education, Case Research Journal, Business and Society Review, および Research in Corporate Social Performance and Policy を含むさまざまな機関誌に掲載された。「企業と社会」についての彼女の事例研究集は多くの教科書や選集にも再掲載されてきた。Case Research Journal の副編集長の仕事や北米事例研究学会と北西事例執筆者学会の両方の会長としての仕事にも従事してきた。彼女は北米事例研究学会から年間のすぐれた事例研究に与えられる賞を授与され，また，サンノゼ州立大学から経営学部の「優れた教育指導者」という称号を与えられ，「学部最優秀者への学部長賞」も授与されている。

ジェームズ・ウェーバー（James Weber）
　ジェームズ・ウェーバー氏は，デュケーン大学の経営学と企業倫理を担当する教授であり，倫理学におけるリーダーシップの Beard Center の理事である。彼はピッツバーグ大学で博士号を取得し，サンフランシスコ大学，ピッツバーグ大学，そして，マルケット大学で教えてきた。彼が関心を持ち研究している領域には，管理的・組織的価値，認知的な道徳的推論，企業倫理，倫理学の訓練と教育，および，企業社会監査と業績が含まれる。彼は，さまざまな企業や専門職協会のために，倫理的な意思決定や企業・コミュニティ関係の領域で企業訓練のワークショップを行ってきた。彼は Organization Science, Business and Society, Human Relations, Journal of Business Ethics, Teaching Business Ethics, および，Reseearch in Corporate Social Performance and Policy などのさまざまな経営学と倫理学の雑誌で研究業績を出版してきた。彼はアメリカ経営学会の「経営活動における社会的課題事項」部門（SMI）から1989年と1994年に最優秀論文賞を授与された。彼はアメリカ経営学会の会員であり，学会の「経営活動における社会的議題事項」部門の責任者でありプログラム委員長として活動してきた。また，彼は International Association of Business and Society の会長であり，プログラム委員長として活動してきた。加えて，Society for the Advancement of Socio-Economics，および，Society for Business Ethics においてさまざまな指導的役割を果たしてきている。

《訳者・執筆者紹介》（担当順，＊は監訳者）

＊松野　弘（監訳者紹介参照，最終的全体調整，用語集，解説，監訳者あとがき）
＊小阪隆秀（監訳者紹介参照，第1章，索引，第二次全体調整，原著者紹介）
＊谷本寛治（監訳者紹介参照，第一次全体調整）
W.C.フレデリック（ピッツバーグ大学経営大学院名誉教授／元米国企業倫理学会会長，推薦の言葉）
櫻井克彦（東海学園大学教授／名古屋大学名誉教授，刊行によせて）
合力知工（福岡大学商学部教授，序文，謝辞，序論と概要，事例研究1・6・7・9，解説）
小室達章（金城学院大学現代文化学部准教授，第2章，事例研究8）
大島正克（亜細亜大学経営学部教授，第3章）
西　剛広（明治大学商学部専任講師，第4章）
山口善昭（東京富士大学経営学部教授，第5・6章）
日髙克平（中央大学商学部教授，第7・8章）
桑原和典（琉球大学観光産業科学部准教授，第9章）
木暮　啓（株式会社電通　ソーシャル・ソリューション局部長，第10・11章）
宇田　理（日本大学商学部准教授，第12・13章）
出見世信之（明治大学商学部教授，第14・15章）
小山嚴也（関東学院大学経済学部教授，第16章）
相原　章（成城大学経済学部教授，第17章）
松田　健（駒澤大学経済学部准教授，第18章）
高橋正泰（明治大学経営学部教授，第19章）
宇田川元一（西南学院大学商学部准教授，第20章）
江崎　徹（故人，元三菱UFJ証券アナリスト，事例研究2）
鈴木由紀子（日本大学商学部准教授，事例研究3・4・5）
横山恵子（神戸学院大学経営学部教授，用語集）

《監訳者紹介》

松野　弘（まつの・ひろし）
　1947年　岡山県生まれ。
　現　在　千葉大学大学院人文社会科学研究科教授。博士（人間科学，早稲田大学）。東京農業大学客員教授。千葉商科大学大学院客員教授，新潟産業大学客員教授。
　主　書　『大学生のための「社会常識」講座』（編著，ミネルヴァ書房，2011年），『大学教授の資格』（NTT出版，2010年），『大学生のための知的勉強術』（講談社，2010年），『環境思想とは何か』（筑摩書房，2009年），『「企業の社会的責任論」の形成と展開』（共編著，ミネルヴァ書房，2006年），『地域社会形成の思想と論理』（ミネルヴァ書房，2004年），『自然の権利』（R. F. Nash, 訳，ミネルヴァ書房，2011年），『緑の国家』（R. Eckersley, 監訳，岩波書店，2010年），『社会にやさしい企業』（N. J. Mitchell, 監訳，同友館，2003年）他多数。

小阪隆秀（こさか・たかひで）
　1948年　和歌山県生まれ。
　現　在　日本大学商学部教授。
　主　著　『現代組織の論理と変革』（共著，ミネルヴァ書房，2005年），『情報ネットワーク経営』（共編，ミネルヴァ書房，2001年），『現代企業の構図と戦略』（共編，中央経済社，1999年）他。

谷本寛治（たにもと・かんじ）
　1955年　大阪府生まれ。
　現　在　一橋大学大学院商学研究科教授。経営学博士（神戸大学）。社会・経済システム学会会長，企業と社会フォーラム（JFBS）会長。
　主　著　*Corporate Social Responsibility in Asia,*（共著），Routledge, 2009，『SRIと新しい企業・金融』（編著，東洋経済新報社，2007年），『CSR』（NTT出版，2006年），『ソーシャル・エンタープライズ』（編著，中央経済社，2006年）他多数。

　　　　　　　　　企業と社会（上）
　　　　　　──企業戦略・公共政策・倫理──

2012年3月20日　初版第1刷発行　　　　　　　検印省略

　　　　　　　　　　　　　　　定価はカバーに
　　　　　　　　　　　　　　　表示しています

　　　　　　　　　　松　野　　　弘
　　監訳者　　　　　小　阪　隆　秀
　　　　　　　　　　谷　本　寛　治

　　発行者　　　　　杉　田　啓　三

　　印刷者　　　　　坂　本　喜　杏

　　発行所　　株式会社　ミネルヴァ書房
　　　　607-8494　京都市山科区日ノ岡堤谷町1
　　　　　　　　　電話（075）581-5191（代表）
　　　　　　　　　振替口座・01020-0-8076

©松野・小阪・谷本，2012　　冨山房インターナショナル・兼文堂

ISBN978-4-623-05248-6
Printed in Japan

「企業の社会的責任論」の形成と展開

―――― 松野　弘／堀越芳昭／合力知工　編著　A5判　408頁　本体3500円

企業の社会的責任論のこれまでの歴史を理論的に検証したうえで，今後の方向性を展望する。市民・企業・行政等，企業を取り巻く数多くのステイクホルダーが公共的利益のもとで関係性を維持し，さらなる発展を志向するための必読の一冊である。

近江商人　三方よし経営に学ぶ

―――――――――――――― 末永國紀　著　四六判　238頁　本体2800円

企業の社会的責任に関する関心が高まるなか，近江商人が改めて注目されている。本書では，近江商人の歴史と，その経営理念，ダイナミックな「三方よし経営」の実態と現代的意義を分かりやすく描き出す。

現代日本企業の競争力

―――――――――――― 林　正樹　編著　A5判　292頁　本体2800円

●日本的経営の行方　日本企業の競争力の実態と課題について，主要テーマごとに，競争力が生れる原因・プロセス・結果の分析を，これまでの日本の経営学の研究の蓄積を踏まえ検証。日本的経営の現状を把握しなおし，今後の展開を読む。

よくわかる経営管理

―――――――――――― 高橋伸夫　編著　B5判　248頁　本体2800円

経営管理について，各項目見開きで平易に解説。マーケティング，経営組織，国際経営，経営戦略，製品開発を学ぶための対応表も掲載。

テキスト経営学　[第3版]

―――――――――――― 井原久光　著　A5判　368頁　本体3200円

●基礎から最新の理論まで　学生やビジネスマンの独学にも最適と定評あるテキストに現代的課題を加えて改訂。

―――――― ミネルヴァ書房 ――――――

http://www.minervashobo.co.jp/